古代字書輯刊

隸篇

〔清〕翟云升編撰

中華書局

圖書在版編目(CIP)數據

隸篇/(清)翟云升編撰.—北京:中華書局,1985.11
(2012.2 重印)
(古代字書輯刊)
ISBN 978-7-101-04146-0

Ⅰ.隸… Ⅱ.翟…Ⅲ.隸書-中國-古代-字典
Ⅳ.H123-61

中國版本圖書館 CIP 數據核字(2003)第 107279 號

隸　篇

〔清〕翟云升 編撰

*

中 華 書 局 出 版 發 行

(北京市豐臺區太平橋西里 38 號 100073)

http://www.zhbc.com.cn

E-mail:zhbc@zhbc.com.cn

北京市白帆印務有限公司印刷

*

787×1092 毫米 1/16·23½印張·2 插頁

1985 年 11 月第 1 版 2012 年 2 月北京第 3 次印刷

印數:5401-7400 册 定價:60.00 元

ISBN 978-7-101-04146-0

出版説明

《隸篇》十五卷、續十五卷、再續十五卷、再續增本十五卷，清人翟云升編撰。這是一部隸字形義字典。字形選自漢魏吉金、石刻。前十四卷依《類篇》體例按部類排列，所收各字均注明出處，並解釋字義，説明正、借、别體及其源流。第十五卷爲偏旁及隸變通例。本書是漢字發展、隸法源流研究者和書法篆刻工作者的重要參考書。

今據翟云升家刻本及杭州許槤刻本拼合縮印爲十六開上下兩欄。原書常有字體横跨兩頁者。爲了使字體完整，便於閲覽，作了必要的拼版，因而出現了一些空白，請讀時注意。

中華書局編輯部

一九八三年十一月

隸篇

杭州許槤題

隸篇序

東萊同年友翟君文泉性耽六書尤耆隸古吉金樂石搜奇日富蓋寢食於中者四十餘年近取所得金石選字雙鉤區分部類彙爲隸篇一書陳偉堂少宰特嘉其體例之善信然而體例之在編字者所未暇及余復爲約略言之夫隸法善變率似異而實同列在字書輒多分析是書編字概準類篇故著别於箸春别於曓而主客互應其或因形易義質之隸法昔不如今如謂王非玉摻非操者則詳加辨說成式是循習俗無狃大氐然矣亦有銓量由心酌爲位置者撮舉如左一曰類篇一字每疊見數部茲撟以說文各主所屬荆專歸艸從專歸从是也一曰類篇不收同音假借之字茲仍按偏旁繫之本部而著其所通禎讀爲楨琦讀爲奇是也一曰字爲類篇所無而確如所有齌猶夫齋羛猶夫義即以當齋與義也祉生於祉話生於喆即以當祉與喆也一曰麤以損而爲麄兩以益而溷萬王以譌而肖王勒以誤而成鞀寋以轉移而得惛皆以抵所當然作未嘗損益譌誤轉移觀也至於皓白字正從日而類篇以爲從白寒凉字正從水而類篇以爲從仌若此之疇則不得趨非而偝是貶古而徇今矣又如㫗不言止故㫗麗於寸穅既省禾故康傳於庚此行權而不戾乎經者也凡與類篇依違離合皆由精識靡不適宜編字體例辜較如是是書無發凡試以此代之亦司馬溫公序類篇之意云爾道光十有八年歲在著雍閹茂季夏之月聊攝東樵楊以增書於安襄鄖荆道官舍

隸篇序

予年十三應童子試主翟君文泉家遂締交既而補博士弟子員食廩餼領鄉薦皆同年情好彌篤逮予宦京師文泉來詣公車必與數晨夕談笑歡洽一如在郡時今不與晤歷十六年矣前年秋倩予中表弟譚怡堂攜所箸隸篇十五卷見示寓書曰是區區者不足言著述況學殖淺研辨討論非疏即濫婁欲易稿因病未能今出以就正者以君知我深當不我姍笑也時予承乏銓曹公冗少暇退食之頃輒一繙閱卷既終持謂怡堂曰善哉此書之體例乎以部領字如枝附榦而筆迹各異者易於對觀也以摹代臨如景隨形而楷式所存者期於曲肖也此爲從前所未有即爲後來所不可無矣且夫隸之爲字也兼正借判古今未諳乎此往往曲爲之說而義難通又如別體駁文在兩京亦所不免學者重於所受承用固宜然習矣而竟不察幾於是末師而非往古矣此書於諸字悉爲著明或因委而溯原或假賓以定主可以扶羣經之絕學祛字書之積習破世俗之拘墟偶有忽遺猶申緒論非所篤信時復闕疑此雖襲前人之成跡而詳審奚翅倍之既無從指其疏又安得目爲濫耶枕中之藏不宜終祕爲付剞劂公諸同好可乎怡堂以爲然欣然爲董其事先是聊城楊東樵觀察聞文泉有是作嘗欲爲梓行乃合謀而同郡邑諸戚好及一時鉅公官吾東者又樂與贊成焉去年夏五月遺工抵萊就文泉所開彫文泉館諸從叔穉橋丈之來薰園晨夕考誠并校舛誤越年餘而工告竣爲書簡端以志不朽

道光十八年夏五月平壽偉堂陳官俊序

隸篇序曰自南宋以來集隸字爲書者皆以韻分愚以爲保氏六書羣於偏旁說文偏旁五百四十分別部居爲文字根苑繇篆變隸去繁趣約非偏旁無以觀其變非分別部居無以觀其變之變隸篇所爲作也洪文惠公之言曰字書行於今者篇莫加於類篇類篇之編字也頗異說文而不竄亂偏旁之舊是以篇內部居式遵乎此其有未收則文惠所謂所載隸古以石刻校之攟摭尚多脫略者今以所得比類羼入譬諸艸木區以別矣而一艸之中芸若殊莖一木之間松柏各葉且於終卷目錄竊取顧氏隸辨偏旁之意而引伸之推本說文以篆爲綱凡篆同而隸異者屬焉又副以通例以隸爲綱凡隸同而篆異者屬焉經緯參互曲盡其藴所以觀其變與變之變者於是乎在矣至於所據遺文爲拓本爲可信之橅本手自雙鉤豪芒必謹一點一畫疑似闕如而於諸箸錄家無所販鬻以劉氏隸韻婁氏字源以下諸書皆經傳寫重栞漸失本眞沿譌襲謬心所未安爾嘗慨金石隸古流傳至今者視宋人所録裁三之一耳聞有後出不敵所亡余又伏處海澨見聞竝隘猥欲捊盈卷軸豈易爲功賴諸同志不吝所藏競相餽遺積數十年得溢百種羣分類聚連綴成篇然而粗具規模尚多罣漏非有衛荊居室之節不無馮煖彈鋏之思是後復徵遺佚相繼登來余以甲子餘年因此區落而廣益之乃爲厚幸耳同志者謂蒙古奎榆邨觀察昌錢塘吳仲雲觀察振棫石埭方友山司馬熙海昌許珊林刺史槤元和張六琴巡政禄卿漢陽葉潤臣名澧道州何子貞紹基何子毅紹業海豐吳子苾式芬日照許印林瀚安邱王菉友筠諸城劉燕庭喜海李月汀璋煜蓬萊葛瀛賓元昶棲霞牟農星房濰縣譚怡堂均讚郭次虎熊飛劉徽五文典陳敬堂官儁陳壽卿介祺膠州張不羣羣雁孫貽亭榮曾孫雲舫榮艮傅鐵巒賡巖柯康侯名晋孫渥田既堂張小雲祖樾同邑呂筠莊延慶諸君子也道光十有五年歲在乙未秋八月東萊翟云升書

西漢

君子館甎 景武閒

君子

道光初肅寧苗仙露學植得之郊野瓦礫中肅寧漢河閒地河閒爲漢景帝子獻王德封國宋史太宗紀契丹敗劉廷讓軍於君子館金史地理志河閒府河閒有君子館三輔黃圖河閒獻王德置客館二十餘區君子館葢卽獻王所置二十餘區之一也又河閒府志瑣録云河閒有毛精壘者里俗以稱毛公冢名至不雅馴明時舊志載有御史胡姓者過毛精壘夢一人紫衣幞頭來謁自謂毛公窘而詢父老云有毛精壘乃漢毛萇墓因令穿之得石志有明道於君子館設敎於詩經邶之語亟掩之而謀於太守立祠今河閒府北三十里堡有毛公祠祀獻王博士毛萇距祠二三里有邨曰君子館閒獻縣人盧和圃中致令滎城者言祠内掘得古碑有明道於君子館二語葢祠卽御史胡所立而古碑卽御史所得之石志據此則獻王築是館專以待小毛公者此甎其所施也獻王以景帝前二年封薨於武帝元光五年築館當在此二十六年之内

地節買山石刻 地節二年

地節二口正月巴州民揚量買山直錢千百作業口子孫永保其母替

魯孝王石刻 五鳳二年六月四日

石出蜀中吳興錢安父得之攜歸藏於家

天鳳石刻 新天鳳三年二月十三日

始建國天鳳三年二月十三日萊子矦爲支人爲封使偖子良等用百余人後子孫毋壞敗

嘉慶二十二年滕縣顏逢甲得此石於鄒縣南臥虎山下移置孟廟題識於石之右

東漢

建武泉范 建武二十年三月

建武廿手三月丙申大僕監掾蒼考工令通丞或令史鳳工周儀造

漢陽葉東卿志詵所藏器

開通褒斜道石刻 永平六年

跳山造冢石刻 建初元年

大吉昆弟六人共買山地建初元年造此冢地直三萬錢

在會稽跳山摩崖

永元石刻 永元八年二月十日

永元七手九月辛卯朔昌德口于口口以君口作立是堂八手二月十日戊戌工成口一十九丈下闕直錢十萬君本治下闕令建初九手下闕君下闕弟兄竝立

嘉慶二十一年魚台馬寄園邦玉得殘石於梟山前寨里井闌邊移置家塾次年厥弟臥盧邦皋又訪得石之後半於井北人家兩石合之成完璧拓本模糊已甚今諦視又參以寄園釋文得字如右

王稚子左闕 無年月據隸釋稚子以元興元年卒故列於此

祀三公山碑 元初四年

此與隸釋所載之三公山碑不同故題加祀字以別之篆體不錄

嵩山太室闕銘 元初五年四月

子游殘碑 無年月安陽縣志以碑文度之子游之殁葢在元初之後故附於此

嵩山少室東闕題名 無年月以少室闕銘在延光二年故列延光四年之前

延光碑 延光四年六月卅日

孝堂山畫象題字 無年月以題名在永建四年故列其前

孝堂山畫象題名 永建四年四月廿四日

裴岑碑 永和二年八月

金石圖云碑在西塞巴爾庫爾亦爲巴爾庫勒舊名巴里坤城西五十里地名石人子以碑上銳下大孤笴挺立望之如石人故也雍正七年大將軍岳鍾琪移置將軍府十三年徹師又移置漢壽亭侯廟今案其地圖石人子實在巴爾庫爾城東漢壽亭侯廟在城之直北皆瀕巴爾庫爾淖爾之支流淖爾譯言海也支流之上爲亘浸今名海子在漢爲蒲類海碑自乾隆二十二年裘文達公按行西域以拓本歸求者日衆戍卒居民摹刻射利凡數本故世所傳者多雁鼎也大興徐星伯松新疆北路賦自注云祁連山即巴里坤南山山下臨巴爾庫勒淖爾有漢裴岑紀功碑星伯親歷其地嘗手搨之此本李月汀所贈來書云徐星伯太史手拓者與此分豪無異世人多信耳不信目可怪也案著録諸家皆以作除西域之灰兩漢金石記云灰即灾字立德祠以表萬世者爲眞而以灰作疢德作海者爲僞此本正作疢作海然其字蒼勁古茂剝泐處皆出自然斷非摹刻者所能到又玩其文義疢字較灰字爲優曰海祠者石人子在海岸即祠之故趾也亦較德祠爲切然則此本爲眞而諸家所録者反僞也

仙集題字 漢安元年四月十八日

北海相景君銘 漢安三年仲秋

景北海碑陰

武斑碑 建和元年二月廿三日

武斑碑額

武斑碑陰

武氏石闕銘 建和元年三月四日

石門頌 建和二年仲冬上旬

武梁祠畫象題字 無年月以隸釋武斑碑在元嘉元年故附武氏祠諸畫象題字於建和之後

武氏前石室畫象題字

武氏左石室畫象題字

武氏祠祥瑞圖題字

孔子見老子畫象題字 無年月當與武氏祠諸畫象題字同時故附於此

孔龢碑 永興元年六月十八日

李孟初神祠碑 永興二年六月十日

孔謙碣 永興二年七月

孔君墓碣 永壽元年

李壽石刻 永壽元年

右扶風丞楗爲武陽李君諱尃字季士以永壽元年中□斛大㙜□由其界下□□叒萬□橦𢾭行人蒙福君故□□□從事甬舉孝廉尚□□□□巴郡朐忍令換漢中成固令□□□宜禾都尉

在褒城縣石門近歲帖估始有鬻此本者

禮器碑 永壽二年

禮器碑陰

禮器碑側

鄭固碑 延熹元年四月廿四日

淮源廟碑 延熹六年正月八日

元吳炳重書本

孔宙碑 延熹七年

孔宙碑陰

華山廟碑 延熹八年四月廿九日

此本舊藏商邱宋漫堂犖家即長垣本也後歸成邸今爲劉燕庭所得燕庭倩武原陳南叔克明雙鉤寄贈

武榮碑 無年月碑言遭孝桓大憂云云攷後漢書孝桓帝崩於永康元年十二月榮之卒當在此時抑或在建寕元年也

武榮碑額

張壽殘碑 建寕元年五月

衡方碑 建寕元年九月十七日

衡方碑額

衡方碑陰
口南郡闕故闕故吏口北平口東闕故口官口京兆闕故吏郎
中闕故民京兆口安口字闕故民東平中口川闕故民闕門生
女陽闕門生北口字子闕門生北平闕門生北口皮闕門生北
闕門生北闕門生闕門生闕門生闕門生闕門生闕門生闕門
生闕門生闕門生闕
漫滅已甚此其中橫排一列可辨者二十三行其字如右𢾾
上路約齋榮光手拓
史晨奏銘 建寧二年三月七日
史晨後碑
夏承碑 建寧三年六月
世所傳者皆明唐曜摹本此則金陵張芷原復純依宋本重
刻者首題臧修堂摹本又鈐一印曰乾隆甲寅江寧張復純
屬如皋喬昱摹宋拓本其字無一譌誤亦無庸俗氣視唐本
遠勝會稽徐松琴少尉方震贈本

西狹頌 建寧四年六月十三日
自丞右扶風以下小字題名十二行與頌毘連一石隸續謂
在天井摩崖之後前人已正其誤矣余所藏本雖與頌各爲
一紙而頌之左邊與六月十三日五字相値處顯帶丞右扶
風陳倉呂國入字右畔合之宛如符節則其與頌爲一萬無
可疑矣又據兩漢金石記云年月一行末有時府二字葢謂
是時府中之官丞某掾某也是其文亦與頌相連如史晨秦
銘時副言云云後碑時長史云云之例與它碑題名不同故
篇內仍標爲西狹頌云
黽池五瑞圖題字 無年月當與西狹同時
黽池五瑞圖題名
楊叔恭殘碑 建寧四年七月六日
闕害闕適主口野闕四郡粘絀十城闕甄口者也忴旦芝闕先

陳留韓大口弡闕怑泰山縣球口万口平闕彰盛德示口巨寸
辭巨闕城宣仁播威賞若紂懤闕育開聦四聽招賢與程闕亍
奮旅揚旌殄威醜類闕勛劉煥爾聿用作詩闕七月六日甲子
造
石舊在鉅野昌邑聚土人置之屋隅嘉慶二十一年馬寄園
移置家塾跋云昌邑聚卽漢昌邑國沇州刺史治所水經濟
水注菏水又東逕昌邑縣故城北地理志曰縣故梁也漢景
帝中六年分梁爲山陽國武帝天漢四年更爲昌邑國以封
昌邑王髆賀廢國除以爲山陽郡王莽之鉅野郡也後更爲
高平郡大城東北有金城城內有沇州刺史河東薛季像碑
次西有沇州刺史茂陵楊叔恭碑從事孫光等以建寧四年
立西北有東太山成人班孟堅碑玉案玆石末書七月六日
甲子造范氏後漢書靈帝紀建寧四年三月辛酉朔日有食
之司馬彪續漢書五行志亦同劉昭注引潛潭巴日辰辛酉

之說由三月辛酉朔閱兩小建則七月己未朔六日當得甲
子又武都太守李翕西狹頌末書建寧四年六月十三日壬
寅造由壬寅後歷一小建七月六日得甲子是碑卽建寧四
年從事孫光等爲沇州刺史茂陵楊叔恭立者也韓詩外傳
曰牧者所以開四目通四聰司馬彪續漢志劉昭注刺史職
引之玆碑開聦四聽乃刺史職漢書黃霸傳馬不適士顏師
古注馬少士多不相補滿玆碑有適士字碑言口絀十城據
紹統續漢郡國志山陽郡十城昌邑鉅野湖陵方與悉屬焉
金石索云其中有於是從三字其下必有事字正合從事孫
光之語定爲楊碑信不誣也
楊叔恭殘碑陰
可識者惟書佐元盛叔舉十餘字亦細淺難辨
楊叔恭殘碑側
闕禪伯友闕佐陳留圉范緒興祖闕吉佐濟北茌平口納口使

闕羊公諱

孔彪碑建寧四年七月

孔彪碑陰

鄐閣頌建寧五年二月額未見

孔褒碑山左金石志云碑無年月可系今以其與弟融爭死事在靈帝年間故列於熹平之前抱經堂文集云碑之立必在中平元年黨禁已解之後故得直書其事而無所諱也

孔褒碑額

楊淮表紀熹平二年二月廿二日

魯峻碑熹平二年四月

魯峻碑額

魯峻碑陰

熹平殘碑熹平二年十一月

婁壽碑熹平三年正月

金匱錢梅溪泳雙鉤華氏眞賞齋本曲阜桂未谷馥刻

耿勳碑熹平三年四月廿日

韓仁銘熹平四年十一月廿二日

堂谿典嵩山石闕銘熹平四年

石經尚書殘碑熹平四年

石經魯詩殘碑熹平四年

石經儀禮殘碑熹平四年

石經公羊殘碑熹平四年

石經論語殘碑熹平四年

以上石經五種大興翁覃谿方綱刻於南昌學宮本又錢梅溪刻本

尹宙碑熹平六年四月

校官碑光和四年十月廿一日

校官碑額

白石神君碑光和六年

白石神君碑額

白石神君碑陰

朱龜碑光和六年

黃氏小蓬萊閣金石文字雙鉤宋拓本又蔡氏寶漢齋重刻本

鄭季宣碑中平二年四月

鄭季宣碑陰

曹全碑中平二年十月

曹全碑陰

張遷碑中平三年二月

張遷碑陰

譙敏碑中平四年七月十八日

張虎如錫士傑游皖江得重刻本手自雙鉤未審其本出自誰氏字畫稍肥而端凝可喜故據以入録黃氏小蓬萊閣所刻雙鉤本視此細瘦而近弱筆迹不同處亦似有誤也

唐公房碑以下皆無年月

唐公房碑陰

劉熊碑

翁覃谿據江秋史雙鉤舊本汪容甫宋拓殘本巴儁堂雙鉤本合校而成者葉東卿刻

魯相謁孔廟碑

竹葉碑陰

華嶽廟殘碑陰

蜀侍中楊公石闕

朱君長題名

劉君殘碑

劉君殘碑側

元孫殘碑

正直殘碑
白楊樹邨畫象題字
元帝廟畫象題字
白楊店畫象題字
十三字殘碑
　兩漢金石記金石萃編皆以此爲魏碑今據金石録補雍州
　金石記所云屬之漢
周仲鏡銘
　周仲作竟四夷服多賀國家人民息胡虜口威天下復風雨時
　節五穀朝長保二親得天力吴胡傷里
千万鈎
　千万
　　右二器家藏
魏

上尊號奏 金石文字記云此文當在延康元年而刻於黃初之後
受禪表 黃初元年十月
封孔羨碑 黃初元年
膠東令王君殘碑 黃初五年
黃初殘碑 黃初五年
范式碑 青龍三年正月
　錢塘黃小松易雙鈎趙相國家藏宋拓本又濟寧李鐵橋東
　琪所得原碑殘石拓本
范式碑陰
王基殘碑 景元二年四月
李苞開通閣道題名 景元四年十二月十日
　西晉
吴寶鼎甎 泰始三年吴寶鼎二年
造橋題名 泰始六年五月十日

孫夫人碑 泰始八年十二月
孫夫人碑領
吴谷朗碑 泰始八年吴鳳皇元年
咸寧甎 咸寧四年
　咸寧四圭
太康甎 太康四年七月
　牟農星之僕李翠於黃縣道上檢得此甎
　惟大康四年歲在癸卯七月造口
　　出寧波陽湖呂堯仙全孫藏
太公呂望表 太康十年三月十九日
太公呂望表領 元康
逢將軍甎 元康
　晉故逢將軍　晉元康　弌尺
　此三甎與膠東令王君二甎皆同邑侯漢京式玉得之掖城

　東北龍冢邨古墓中
膠東令王君甎 永嘉二年八月
　晉口郹東令王君　永嘉二年八月
劉韜墓志 以下無年月
大吉千秋甎
　大吉千秋
　同邑張授黃素書得之掖城土中
名依篇內標題計百二十二種又以碑本漫漶或字形重複
篇內未經采入亦列其目備核遺者九種武班碑領武班碑陰孔子見老子畫象題字衡方碑陰楊叔恭殘碑陰孔褒碑領白石神君碑領朱君長題名白楊店畫象題字所見前人著
録已詳載者茲不復述間有附說惟以徵信
隸篇金石目

隸篇部目 類篇全目見第十五

第一 一丄示三王玉玨气士丨中屮

艸

第二 小八釆半牛告口吅哭走止癶

步此正是辵彳廴延行齒牙足

品龠冊

第三 㗊干谷㕯句丩古十卅言誩音

辛丵菐廾𠬜共異舁𦥑䢅爨革

鬲爪丮又𠂇史支聿聿畫隶臤

臣殳殺寸皮攴教卜用爻

第四 目䀠自白習羽隹奞雈首羊羴

雔雥鳥烏華冓幺丝叀玄予放

𠬪奴歺死冎骨肉刀刃耒角

第五 竹箕丌左工㠭巫甘曰乃丂可

兮号亏旨喜壴鼓豈豆豊虍虎

皿去血丶丹青井皀鬯食亼會

倉入缶矢高冂京亯㫗畗亩嗇

來麥夊舛舜韋弟夂桀

第六 木東林才叒之帀出𣎵生𠂹𠌶

華稽巢束囗員貝邑䢞

第七 日旦倝㫃冥晶月有明囧夕多

毌马𠧪齊朿片鼎克彔禾秝黍香

米臼凶瓜宀宮呂穴㝱疒冖冃

冃㒳网襾巾帛白㡀

第八 人七匕从比北丘㐺𡈼重臥身

㐆衣裘老毛尸尾履舟方儿兄

皃先禿見欠㱃次

第九 頁面首県須彡彣文髟后司卪

印色卯辟勹包茍鬼甶厶嵬山

屵广厂危石長勿而豕𢑚豸舄

易象

第十 馬廌鹿麤㲋犬㹜鼠能熊火炎

黑炙赤大亦夨夭交壺壹㚔奢

亢夲夰亣夫立竝囟思心

第十一 水沝瀕巜泉灥永𠂢谷仌雨雲

魚𩺰燕龍飛非卂

第十二 乙不至西鹵鹽戶門耳𦣝手女

毋民丿乀氏氐戈戉我亅乚亾

匸匚曲瓦弓弜弦系

第十三 糸素絲率虫䖵蟲風它龜黽卵

二土垚堇里田畕黃男力劦

第十四 金勺几且斤斗矛車𠂤𨸏𨺅叕

亞五六七九禸嘼甲乙丙丁戊

己巴庚辛辡壬癸子𠫓丑寅卯

辰巳午未申酉酋戌亥

隸篇部目

隸篇字目

標舉字形率取便檢故不盡依類篇類篇重文與所未收亦不具録其判然兩形非涉筆之異而類篇失載者增入

第一

一　一元天吏万
丄　上旁下帝
示　示祇祗祠祺祈齋神禋禪祥禳
禜禎禁社祀禦祖禮礼禱禍社
祕祚祭祐福祝祿礿禝
三　三
王　王呈閏
玉　玉琮珪琦琪璣珍瑗璉璿瑤瑕
璋琅璜瑛靈璆球琫理瑋瑾瓚
瑱瑞珮王琢璧碧
玨　班斑

气　气氛
士　士壻壯
丨　中串
屮　屯每毒
艸　蓳蓬家蕃著芝荏萊菲蔬蘇茹
著蒀蒲虆莧菰莘菅荀莘芬薰
苑藩蘭蔓蓮蕭苗茅苞蒿莪芳
蔣蘠莊萇英蒼藏荒萌荆萁菸
荀蔭苫芟董莒莿藪薄苦蓼藐
草茂范積蔽莅蓺藝蔡蓋艾菜
蓄蕢葛薛若藥落葉莢
茻　莽莫葬茎

第二

小　小少

入　入公余分會介尙必仌
釆　番審悉釋
半　叛
牛　牛犧犂犀牢牲牟物特
告　告
口　口吹咨唯台吁喻哺呼嘑吾鳴
咳哀哉君吞嘆哮咷和嗟唐呈
名周含咸吐噩味問召咏命叩
吉哲喆各嘖喋
吅　單嚴
哭　哭喪
走　走趍趨超趣起趙赳赴越
止　止歸歷歰
癶　登

步　步歲
此　此
正　正整乏
是　是
辵　通逢隨追遺遲達導巡適還邊
遷連遖遼遭過遐迎遊邇近遠
遺道送避遂遇遭逝邁退迅進
運遜選造迸遘速邈違迭述迄
過達迫逆迹適迪逼遝
彳　徙徲徠微徐徒循徧徼假往征
彼待御後復律得德
廴　廷建
延　延
行　行衢衙衕衛術

齒 齡 齔
牙 牙
足 足 踰 踵 踊 踞 趾 跱 距 踐 路 蹈 躍
品 品
龠 龢
冊 冊 嗣
弟三
㗊 器
干 干
谷 却
㕯 商
句 句 鉤
丩 糾
古 古 嘏

十 十 千 丈 博 廿
卅 卅 世 卌
言 言 誰 諮 詩 諸 諏 誅 謨 諧 該 諲 詢
論 誾 訢 調 譙 謠 訞 課 譱 詳 誠 訓
謀 諶 談 謙 譏 講 誄 語 許 詡 誧 謹
謇 誕 討 讜 請 誦 議 諡 識 試 記 謂
諱 譽 訴 護 計 詣 譪 誡 誨 訊 訓 讚
諫 諺 訃 詔 謝 詐 訪 讓 諒 詠 謬 讖
讀 訖 謁 說 設 託 諾 啻
誩 譱 善
音 音 韶 章 響 韻 增 竟
辛 童
丵 對 業
菐 僕

廾 兵 丞 奉 具 戒 奐 弈
𠬜 樊
共 共 龔
異 異 戴
舁 與 與
田 要
晨 農
爨 爨
革 革 鞠 靳 勒
鬲 鬲 融
爪 爲 孚
丮 埶 孰
又 又 曼 取 父 尹 反 秉 右 友 度 叔 村
及

ナ 卑
史 史 事
支 支
聿 肅
聿 聿 書
畫 畫 晝
隶 隸 隸
臤 臤 堅 豎
臣 臣 臧
殳 毆 毀 段 殿 轂 役
殺 殺 弒
寸 寸 專 將 尋 寺 尋 導
皮 皮
攴 攻 孜 救 數 敝 敦 嗷 叜 攸 收 改 敘

數 敏 肇 敵 斂 故（類篇今補）敓 敗 變 效 赦 政
寇 敉 敵
敎 敎 學
卜 卜 貞 兆 卦
用 用 庸 甫 甯
爻 爾 爽

第四

目 目 相 盲 瞻 睹 眇 眚 睦 督
眉 眉 省
自 自
白 皆 魯 者 智 智 百
習 習
羽 羽 翁 翻 翰 翔 翦 翟 翊 翕
隹 雄 雖 離 雞 難 雅 雉 雒

奞 奮 奪
雈 舊
苜 蔑
羊 羊 羣 羔 羌 美
羴 羼
雔 雙
雥 集
鳥 鳥 鴻 鴟 鶉 鸞 鳴 鳩 鳳 朋 鴈
烏 烏 於 焉
𠦒 棄 畢
冓 再
幺 幼
𢆶 幾 丝
叀 疐

元 元 茲
予 予 舒
放 放
𠬪 爰 爭 受 敢 𠭥
𣦼 叡 壑
歺 殂 殊 殘 殫 殲 殆 殞 殄 歾 殯 殁 殖
死 死 薨 薧
冎 別
骨 骨 體 骾
肉 肉 膿 胥 膚 朐 脯 胡 胎 肩 脩 脊 膠
膏 膺 肱 股 散 胙 背 允 胄 腹 膝 臈
刀 刀 初 刳 刊 刪 削 剽 剿 創 剛 刑 劉
剖 前 刺 利 剔 制 列 判 辨 劍 剝 罰
割 劇 副 則 劓 刻 剋 刦

㓞 栔
耒 耒 耘 耕 耦
角 角 觶 觚 觴 觥 衡 解 觸

第五

竹 竹 笞 符 籩 筵 篇 籌 笙 篋 籃 簿 等
管 筭 簡 箸 筮 笮 節 策 筴 籍 答
箕 其
丌 畀 亓 典 巺 巽 奠
左 左
工 工 巨 榘 矩 巧 式
㠭 塞
巫 靈
甘 甘 猒 甚
曰 曰 曹 替 曷

乃 乃 迺
丂 寧
可 可 奇
兮 兮 乎
号 号 號
亏 于 虧 平 粤
旨 旨 嘗
喜 喜 憘 憙
壴 嘉 彭
鼓 鼓
豈 豈 愷 凱
豆 豆 梪
豐 豐
虍 虞 虖 虔 虐

隸篇字目 七

虎 虎 虒
皿 盧 盆 盛 盈 盡 盪 益
去 去
血 血 卹 衁
主
丹 丹
青 青 靜
井 井 刑
皀 既 卽
鬯 鬯 爵
食 食 饑 餘 餍 饗 餧 館 養 饒 饉 饁
亼 今 僉 舍 合
會 會 㑹
倉 倉

入 入 全 内 糴
缶 𢽟
矢 矢 知 侯 矣 矧 短 射
高 高 亭
冂 市
京 京 就
亯 享 亨
㫗 厚
畗 良
㐭 稟
嗇 嗇
來 來 徠
麥 麥
夊 夒 憂 夏 致 夔

隸篇字目 八

舛 舞
舜 舜
韋 韋 韓 韞 韜
弟 弟 第
夂 久
桀 桀 乘

第六

木 木 桐 松 枝 柴 櫰 棃 棐 機 柤 楮 模
橅 樞 朱 榆 樸 枯 梧 栖 核 槐 梅 材
棬 根 栞 桓 欒 閑 櫂 條 桃 梟 杓 橋
校 柯 查 楊 槍 梁 棠 横 榮 櫌 休 柔
樓 柽 棰 梓 李 杼 杜 杜 朵 杖 楗 本
杳 果 任 朽 楝 棣 樹 桂 柰 檜 械 棜
案 構 樗 槃 棫 桷 椎 樂 櫛 札 末 格

柏 析 檄 極 梒 柙
東 東
林 林 彬 楙 楚 埜 欝
才 才
叒 桑
之 之 㞢
帀 師
出 出
米 南
生 生 㽒 產
乑 乑
𠦝 𠦝
𠦝 華
稽 稽

巢 巢
束 束
囗 圍 圖 回 因 園 圀 四 固 圃 固 因 國
員 員
貝 貝 賁 貽 貴 負 財 賓 貧 賢 賙 貪 賈
買 賞 貶 貢 贛 賜 贄 質 費 貴 賦 賻
賴 贊 賤 賀 貨 賵 賃 贍 贖 責
邑 邑 邦 鄘 郗 邳 邪 鄃 都 鄰 邯 鄲 郊
郙 加 鄣 郎 邢 邢 郵 鄒 郯 部 扈 郈
邴 郡 郃 鄭 鄧 鄙 郴 郭 鄂 郤 郃 鄴
𨛜 鄉 巷

弟七

日 日 時 旻 春 昆 昏 昭 昌 昂 暹 普 晷
晚 早 曉 晧 晑 早 昉 晜 晃 景 昃 晻

晰 昧 晦 晉 晏 晩 曉 曜 暴 暇 曠 昱
晊 昔 的
旦 旦 暨
倝 朝 幹
㫃 施 旗 旋 旌 游 旃 旅 族
冥 冥
晶 晨 星 參 曡
月 月 朞 期 朗 朔 霸
有 有
朙 明 明
囧 盟
夕 夕 夢 外 夜 夙
多 多
毌 虜 貫

乃 由
𠧪 粟 栗
齊 齊
朿 棘
片 牖 牒
鼎 鼎
克 克
禾 禾 种 種 移 私 秕 泰 年 稍 穰 程 稱
稜 秋 稻 穎 稔 積 稚 穖 稼 秀 穀 穆
秩 稙 稷 穡
秝 兼
黍 黍 黎
香 香 馨
米 米 粢 糧 粻 精 氣 糒 竊

臼 臼
凶 凶
瓜 瓜
宀 寵宗容宜宛寒安寬完宣寮宵
家宂宄宇寓宰寶寫寡守寢寑
宋室察害宦奧向定宥富宿宙
實宅寂寔
宮 宮營
呂 呂膂躳
穴 穴空穹窮窺窆究穸
㝱 寐寤
疒 瘁瘳疢痛癘病疾疫
冖 冠
冃 同

隸篇字目 十一

冃 冕最冒肯
㒳 兩
网 网罔罹罷羈罪罕置署
襾 覆覈
巾 巾帷常帥幟布幣帶幕幘飾餝
席
帛 帛
白 白皤皛的
㡀 敝
弟入
人 人供伎俾倚儀俛僞伊仍僖儗
侯依儲俱傅儒低佳偕佪倍信
仁倫俊僊仙偏便傳僚傲僑何
他假傷倡伉仰傾仇優侔侵任

使仕偫傻佇俯傿但倦保倒佐
像咎佑儉儼仲企位備侍住係
傺代伐儁弔儆借侒伏候佶促
俗佚作佰伯側億
匕 眞化
匕 匕卬卓
从 并從
比 比毖
北 北冀
丘 丘虛
㐺 眾
壬 徵朢
重 重量
臥 監臨覽

隸篇字目 三

身 身軀體軄
㐆 殷
衣 衣衷衰褻褘褱褒袁褊褻襄裳
衿補衺表褓䙅被裕裔福卒袥
襲雜
裘 求
老 老耆考壽耇孝
毛 毛麾
尸 尼居屠屏屢展屋屑
尾 尾屈屬
履 履屨
舟 舟般朕服
方 方
儿 充兒允兗 增 兌亮

兄 兄 兟
皃 卞
先 先
禿 穨
見 見 親 觀 覬 覩 覽 視 覬 覲 覺 覿
欠 欺 欷 歔 歍 欣 歎 歡 歌 歆 欽 歈 款
次 欲
㱃 飲
次 盜 羨
第九
頁 頁 頌 題 煩 顏 頑 顛 額 瀕 頗 頭 項
頡 顧 顯 顥 領 順 顯 頓 項 頡 碩
面 面
首 首 馘

県 縣
須 須
彡 形 彫 彰 形 彧 弱
彣 彣 彥
文 文 斐
髟 髺 髦 髮 髴 髲
后 后
司 司 詞
卩 卷 令
印 印 抑
色 色
卯 卿
辟 辟
勹 匈 旬 冢

包 包
茍 敬
鬼 鬼 魂 醜
甶 畏
厶 篡
嵬 嵬 巍 魏
山 山 嵩 崇 岐 嵯 崎 崖 嶷 嶇 嵫 嶠 峨
華 岡 嶸 崢 崩 岑 巖 嶔 嶄 嵬 岵 岱
峻 嶽 岳 密
屵 崖
广 廱 廬 廛 底 廧 廊 廎 庭 庱 庵 廉 庬
序 府 庾 廣 廮 廢 廟 廓 席
厂 厲 厥
危 危

石 石 碑 砥 磦 礧 磪 磐 研 磨 碭 礝 破
磬 确
長 長 肆
勿 勿
而 而
豕 豕
希 豪
豸 豹
兕 兕
易 易
象 象 豫
第十
馬 馬 馮 馳 騎 驅 駒 驕 騶 驩 騫 騷 駕
驚 騃 騰 騃 駐 駿 驗 篤 駮 駱 驛

廌：薦 法
鹿：鹿 麋 麟 麃 麗
麤：塵
兔：冤 免 逸
犬：犬 狐 猶 狠 獫 狁 猛 狩 犯 類 獲 戾
獻 狀 獨 猾 狄 獵 狹
㹜：獄
鼠：鼠
能：能
熊：熊 羆
火：火 炊 熙 熹 煇 灾 災 烟 焚 燔 熅 煙
燀 然 燎 燒 炤 燿 炕 光 煌 烝 煖 燥
炳 熾 尉 爐 煥 照 熟 燭 熱 烈 烕 灼
炎：炎

黑：黑 黔 黨 黜 點
炙：炙
赤：赤 赫
大：大 夷 奎 奄 太 夾
亦：亦
夨：吳
夭：夭 奔 幸
交：交
壺：壺
壹：壹 懿
夲：圉 報 執
奢：奢
亢：亢
本：皋 奏

夰：昊
亣：奚
夫：夫 規
立：立 端 竫 竭
竝：竝 替
囟：毗
思：思 慮
心：心 忠 恭 惟 悲 慈 意 愚 憮 悽 懷 恢
悝 惇 恂 悛 懟 慇 慼 懃 悶 恩 懽 憐
懸 愆 愁 忉 忘 惶 慊 憿 情 應 恬 憓
悀 愹 恐 恥 怙 悌 悔 忍 憤 忿 惲 怛
想 感 忝 戇 惴 悴 懟 志 忌 慰 恕 忬
懼 慕 怖 愬 態 慨 愼 怨 恨 憲 患 慢
悼 慶 性 慘 念 慼 慓 恤 忽 悊 悅 窸
恪 惡 愕 惻 息 愿 悳 忒 急

第十一

水：水 洪 江 池 濡 滋 治 沂 渠 沮 汙 溥
洙 濟 泥 淮 津 泯 淳 淪 渚 淨 汶 汾
瀸 源 溫 漢 潘 漫 泫 淵 激 消 湫 漂
河 波 沙 湯 洋 漿 涼 蕩 滂 清 淩 滕
溹 浮 溝 寖 深 沈 淫 淡 澹 漸 潛 沽
淹 氾 涌 涕 汝 洗 海 演 準 滿 衍 減
泗 淚 注 澍 渡 決 滯 泄 泰 沛 沒 潤
浚 灌 渙 泮 滌 溺 況 遲 瀆 漏 汎 濮
沐 漉 淑 涿 滴 溢 漆 滦 活 滅 洛 潩
澤 測 汁 濕 泣 汲 洽 浹 潔
林：林 流 涉
頻：頻

巛 川 巟 州 侃
泉 泉
灥 原
永 永
𠂢 脈
谷 谷 谿
仌 冬 冶
雨 雨 霧 需 雷 賈 零 霜 霖 露 震 霓 雩
雲 雲 云
魚 魚 鯢 鱗 鯀 鮮 鱻 鮑 鯨
鱻 漁
燕 燕
龍 龍
飛 飛 翼

非 非 靡
卂 煢

第十二

乚 孔 孔
不 不 否
至 至 臺 臻 到
西 西
鹵 鹹
鹽 鹽
戶 戶 扉 房 戹
門 門 闌 閭 閨 開 閶 闇 關 閒 闓 閡 闈
閻 閔 闡 閉 闕 閣 閾 閤
耳 耳 聰 聞 聲 聽 聆 耽 耿 聖 聘 職 聶
𦣝 頤

手 手 拱 提 擣 披 推 持 捄 扶 拊 擕 排
摧 振 捥 攣 招 播 操 摩 揚 承 拏 投
探 摻 指 揆 擬 舉 抒 撫 損 擾 抱 掌
挺 拼 擘 據 摶 捕 拜 按 換 援 擅 撰
掾 挍 播 授 拉 掐 推 握 擢 失 括 撥
拔 撮 挈 折 擇 擿 摭 掖 擊 揖 拾 把
接 攝
女 女 姿 姬 妃 斐 威 如 娱 奴 姑 妻 姦
姚 姜 嬴 嬰 婁 委 姊 姚 始 姒 娣 婉
好 婦 媿 母 妙 姓 媵 娶 嫖
毋 毋
民 民 氓
丿 乂 乂 弗
乀 也

氏 氏
氐 氐
戈 戎 戔 武 戲 成 戰 戮 截 或 賊 戢
戉 戚
我 我 義
珡 琴 瑟
乚 直
亡 亡 無 无 望
匸 區 匽 匹 匿
匚 匱 匡 匪 匵 匠
曲 曲
瓦 瓦 甄 甍 甓
弓 弓 彌 彈 張 彊 弸 宏 弛 弭 彃 引 發
弜 弼

弦 弦
系 系 孫 緜 繇 繇
第十三
糸 縱 終 彝 綏 絺 維 徽 綻 繻 紳 純 綸
紛 繁 緄 編 縺 緣 綱 紘 經 繩 繆 紫
累 紀 緒 纘 纏 蕳 紹 繼 綜 統 絳 緯
細 緊 繼 縉 綠 繕 繡 綬 續 絀 紱 絜
結 絕 縛 約 綽 績 織 緝 給 級 納
素 素
絲 絲 轡
率 率
虫 虫 雖 蚊 蝘 蠻 蠲 強 蝗 蛑 螻 蜀 蛭
蜂 蟋 蜜
蚰 蠶

蟲 蟲
風 風 飄 颺
它 蛇
黽 鼉
龜 龜 鼂
卵 卵
二 二 亙 凡
土 土 封 埤 墀 圯 基 塗 圭 垓 埃 均 墳
垣 災 壇 場 堂 坑 城 增 壐 壝 在 墠
堊 地 墓 壞 凷 壓 堵 壁 域
垚 堯
堇 艱
里 里 釐 野
田 田 畿 當 疇 畱 畤 畝 界 畯 畔 畼 畜

略
畕 畺 疆
黃 黃
男 男 舅
力 力 功 勤 劬 務 動 勛 勞 加 勝 勳 勇
勉 助 勸 効 勮 勃 劣 劾 飭
劦 協
第十四
金 金 銅 鍾 鈞 銀 鑽 錢 鐫 鐉 銘 鉅 鉉
錮 鉞 鎮 鏡 鑒 鑣 錄 銍 鑠 錯 鋒 鑿
錫
勺 勺 与
几 几 處
且 且 俎

斤 斯 新 所 斧 斷 斬 斨 增
斗 斗 魁 料 升
矛 矜
車 車 輿 輪 軍 轅 軒 轓 軻 輕 軌 輔 軫
轉 輦 轝 載 較 轂 輯 輒
𠂤 官
阜 阜 隋 隨 除 隅 隃 階 隤 陪 陳 隣 陶
阿 陽 防 陵 陰 隴 阻 陛 隧 隕 隱 限
陜 險 降 際 阬 隩 附 陋 陸 陟 隰
四 四 罒
叕 綴
亞 亞
五 五
六 六

七 七
九 九
内 禽 禹 萬
嘼 獸
甲 甲
乙 乙 乾 尤 亂 乞
丙 丙
丁 丁
戊 戊 成
己 己
巴 巴
庚 庚 康
辛 辛 辤 辝 辭 辜 辠
辡 辯

壬 壬
癸 癸
子 子 疑 孳 孤 孩 存 字 季 孟
𠫓 疏 育 毓
丑 丑
寅 寅
卯 卯
辰 辰 辱
巳 巳 㠯 以
午 午
未 未
申 申 臾
酉 酉 醫 酤 醇 醪 酬 醴 酒 類篇脫今補 酢 醊 配
醮 酷 醳

酋 尊
戌 戌
亥 亥

一

孔龢碑大宰大祝令各一人

禮器碑乾一以來

北海相景君銘一二鰥寡

北海相景君銘元一鰥寡 此元字重文附載以見例也凡重文作小二字昉自古款識及石鼓文然惟兩字相連爲宜其兩字分屬兩句者不得依此例矣如唐文宣王廟新門記歸天下之往日王二者應歷數以宰物之類殊與古法未合若石門頌中遺元二隸釋謂是元年二年兼正後漢書鄧騭傳注之誤其說甚確非重文也

孔龢碑經緯一地

史晨後碑與一無極

孔龢碑鮑君造作百石一舍

曹全碑部一王皐程橫等

史晨後碑恐縣一斂民

万

千万鈞千一 廣韻万十千攴

諸碑及古款識經典皆通用萬無用万者玉篇云万俗萬字是也

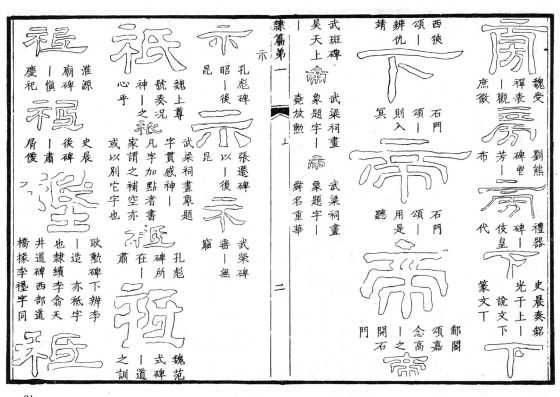

上

禮器碑一極華紫 說文上篆文丄

史晨後碑孔彪元一

張遷碑一從言

石門頌數奏一請

魏受禪表一觀庶徵

劉熊碑陰芳一布

禮器碑一伎皇代

史晨奏銘光于上一 說文下篆文丅

鄗閣頌嘉念高一之開石門

西狹頌一辨仇靖

石門頌一則入冥

石門頌一用是聽

武斑碑昊天上一

武梁祠畫象題字一堯放勳

武梁祠畫象題字一舜名重華

示

孔彪碑昭一後昆

張遷碑以一後昆

武榮碑垂一無窮

魏上尊號奏況神一之心乎

武梁祠畫象題字貫感神一 凡字加點者書家謂之補空亦或以別它字也

孔彪碑所在一肅

魏范式碑一道之訓

淮源廟碑一慎慶祀

史晨後碑一肅屑僾

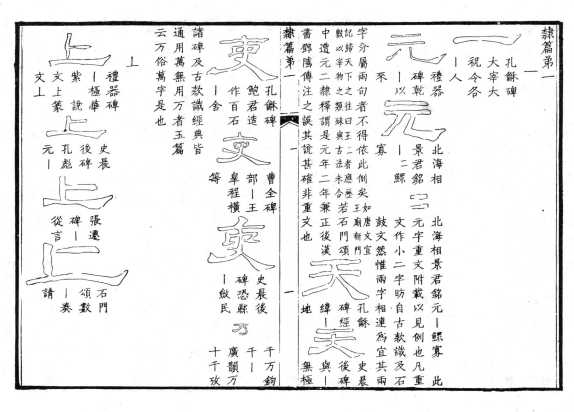

耿勳碑下辨李一造 亦祇字也隸續李翕天井道碑西部道橋掾李禔字同

孔宙碑｜傳五教說見偏旁

韓仁銘郡遣吏吕少牢｜

李孟初神祠碑有守｜義民

曹全碑陰伯｜

西狹頌石祥宇元｜

孔彪碑陰程｜

史晨奏銘以｜豐穰

白楊樹邮畫象題字食｜祠園

淮源廟碑｜絜沈祭　隸釋云字書無𥛮字以文意推之當爲齋戒之齋隸辨云說文齋從示齊省聲此則不省齊而移示於傍耳

武氏前石室畫象題字｜王　經典多以齊爲齋此復以齋爲齊禮記祭統齊之爲言齊也齋齊義同故二字互通

武氏前石室畫象題字此｜桓公也　亦以齋爲齊

北海相景君銘化行如｜

史晨奏銘拜謁｜坐

祀三公山碑其靈尤｜

白石神君碑四時｜祀

華山廟碑｜祀豐備

華山廟碑脩封｜之禮

衡方碑禮服｜除

魏封孔羡碑想貞｜之來集

西狹頌石｜宇元祺

華山廟碑過｜凶札

晉太公吕望表是禳是｜

北海相景君銘堅幹｜令　隸辨云以禎爲楨案詩維清維周之禎釋文出之祺云祥也爾雅同徐云本又作禎爾雅釋言祺祥也舊注引文王詩維周之禎注祺而引禎必無是理又以釋文爾雅同證之蓋所引者維清維周之祺而傳寫者改祺爲禎且誤以爲文王詩非文王詩維周之楨亦可作禎也此碑書楨爲禎乃同音而借用耳

禮器碑籩柉｜壺

夏承碑竝時繁｜

北海相景君銘口｜吕榮

張遷碑旣多受｜卽祉字

韓仁銘則｜之

孔龢碑敬恭明｜

淮源廟碑祇愼慶｜

吳谷朗碑不畏彊｜

衡方碑諱方字興｜

禮器碑君於是造立｜器

史晨後碑春秋復｜

景北海碑陰口綱｜備

婁壽碑｜義滋醇

石門頌循｜有常

孔龢碑春秋饗｜

韓仁銘經國吕｜

衡方碑口弔賻｜　說文礼古文禮

鄭固碑導我｜則

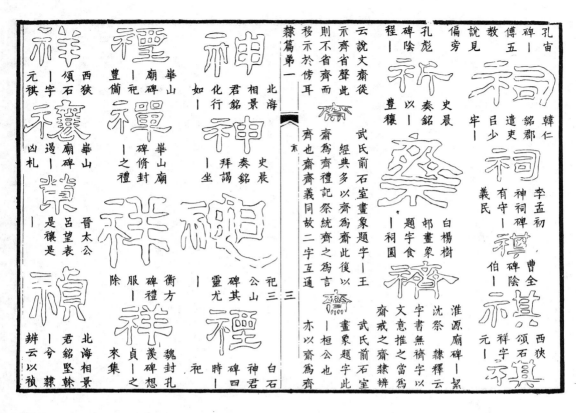

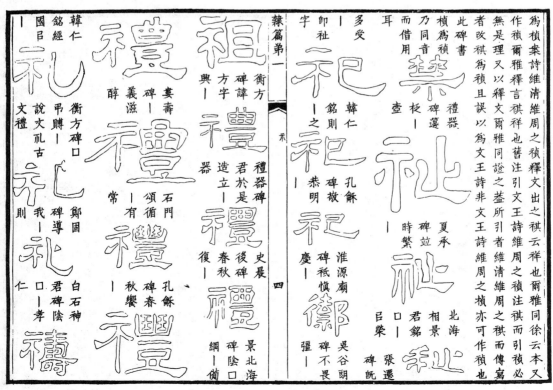

白石神君碑陰口｜孝仁

華山廟碑歲一|而三祠
譙敏碑當亨南山難老之|
郙閣頌酷烈爲|隸釋云卽禍字
尹宙碑守長|令之元子也
禮器碑陰潁川長|
衡方碑鑴茂伐|將來漢隸拾遺云伐功也祕告也言刻石紀功以告來世廣韻曰毖告也車騎將軍馮緄碑刊石表績以毖來世
祕與毖古字通案祕亦通用毖說見毖字
魏封孔羨碑允神明之所福|
夏承碑夙世實|
張遷碑共享天|說見偏旁

隸篇第一 示 五

魏受禪表紹天卽|以卽祚爲卽阼福祚之祚古用胙說文新附祚字徐鉉曰凡祭必受胙胙卽福也荀子哀公登自胙階隸釋曹騰碑陰踐胙之初阼皆作胙以祚爲阼猶以胙爲阼也
華山廟碑天子|天地
史晨奏銘四時來|
景北海碑陰降垂嘉
西狹頌須亦世賴|
禮器碑側趙|
魯相謁孔廟碑口以獲|
曹全碑|祿攸同
華山廟碑精通誠至礿祭之|
祀三公山碑戶曹史翟|

孔龢碑大宰大|令各一人
西狹頌上|石祥宇元祺
曹全碑福|攸同
黽池五瑞圖題名上|楊嗣
華山廟碑精通誠至|祭之福
禝
武氏祠祥瑞圖題字口主后|類篇禝堯臣能播五穀廣韻稷俗作禝攷周禮地官大司徒設其社稷之壝疏五穀不可遍舉稷爲五穀之長立稷以表神名故號稷棄爲堯時稷官立稼穡之事有功於民死乃配稷而食是后稷之稷卽黍稷之稷後人或以社稷皆神名乃別爲禝字以與社之從示相稱也隸釋張表碑爰暨后稷隸韻引亦作禝

三
史晨奏銘養徒|千

隸篇第一 三 六

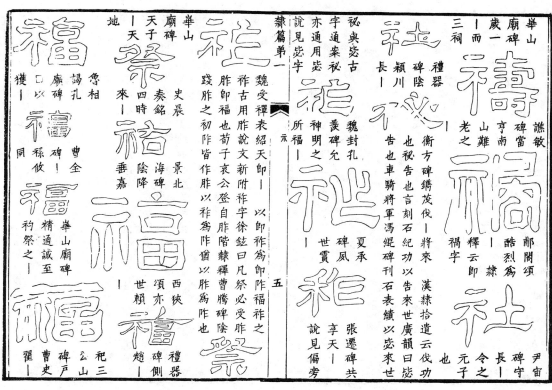

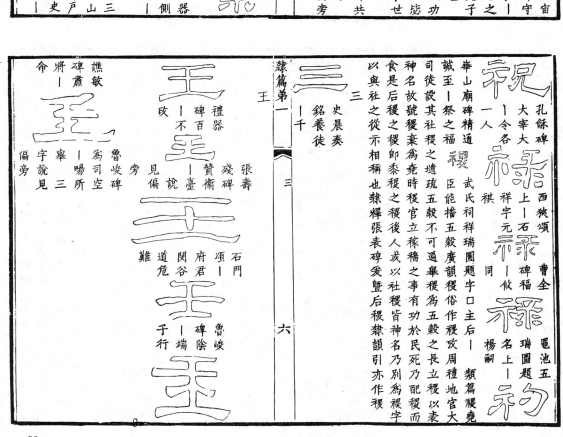

王
禮器碑百|不攷
張壽殘碑贊衛|臺說見偏旁
石門頌|府君閔谷道危難
魯峻碑陰|端子行
譙敏碑肅將|命
魯峻碑爲司空|暘所舉三字說見偏旁

魏封孔羡碑況今聖｜

禮器碑｜莅之日

夏承碑於穆｜祖从古文王

耿勳碑匪｜啟處　今詩作不遑啟處遑古作皇經典凡作遑者皆後人所改也隸釋靈臺碑匪皇啟居周憬功勳銘憯寒慄兮不皇計皆與碑同

吳谷朗碑鳳｜元年

說文鶠一曰鳳皇廣韻凰本作皇今書益稷鳳凰來儀及隸釋麒麟鳳凰碑麒麟鳳凰皆俗字

皇武氏祠祥瑞圖題字｜帝時南夷乘鹿來獻巨暢　山左金石志云此葢以皇帝爲黃帝案莊子齊物論是黃帝之所聽瑩也釋文出皇帝云本又作黃至樂吾恐回與齊侯言堯舜黃帝之道釋文亦出皇帝云司馬本作黃帝漢書百官公卿表易敘宓羲神農皇帝作教化民黃通用皇也隸釋靈臺碑陰守皇屋嗇夫又時令管君欲造皇屋殿廡黃亦作皇

張遷碑陰韋｜德

玉

史晨奏銘黃｜諿應　說見偏旁

史晨後碑史文陽馬｜

曹全碑陰故功曹王衍彣｜　說文古文圭从玉

張遷碑析｜於畱

鄭固碑｜瑢延以爲至惠不紀

禮器碑尊｜大人之意　隸辨云卽奇字案公羊傳文十二年注他技奇巧異端也釋文本又作琦荀子非十二子玩琦辭楊倞注琦讀爲奇異之奇奇古通用琦也異　亦以琦爲奇又孔褒碑衆琦紛眇隸釋帝堯碑琦表射出修堯廟碑各進琦巧修華嶽廟碑圖珍琦

孔宙碑陰張｜字子

魯峻碑陰任｜孝長

鄭季宣碑陰邯鄲｜元珪

鄭固碑邦后｜瑋

張遷碑陰韋叔｜

禮器碑陰朱熊伯｜

淮源廟碑安衆劉｜

曹全碑陰行止一字說文槤瑚槤也徐鉉曰今俗作璉非是

魏受禪表上在｜機

華山廟碑亦相｜光

禮器碑馬｜　說見偏旁

魏范式碑糾剔｜慝

孔宙碑陰｜邱丁瑢

禮器碑側山陽｜邱

景北海碑陰魂靈｜顯　隸續云以瑕爲遐案詩泉水不瑕有害傳瑕遠也思齊烈假不瑕釋文毛音遐遠也又隰桑遐不謂矣鄭訓遠禮記表記引作瑕鄭又訓胡當以詩爲主也遐說見假字

孔宙碑陰戴｜字元珪

李孟初神祠碑｜邪開陽貴君

孔宙碑陰徐｜字幼彣

曹全碑陰程｜孔休

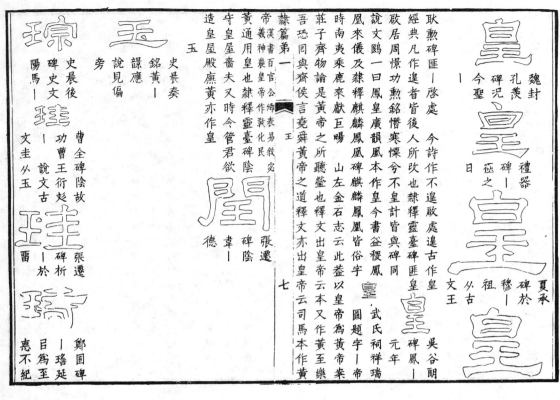

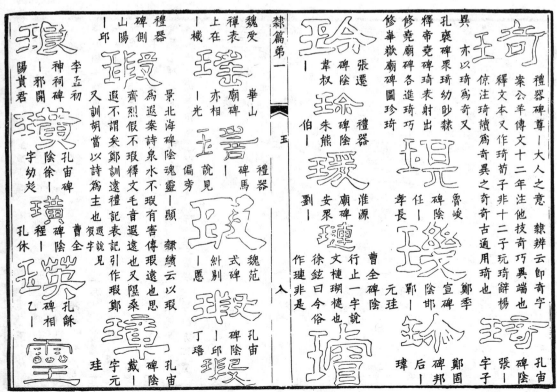

孔龢碑相乙｜

禮器碑神｜祐誠　从巫者别見巫部

靈

石門頌惟巛｜定位

靈

禮器碑霜月之｜義如儀禮士冠禮以月之令而以靈為令也令古通用靈爾雅釋詁令善也書盤庚弔由靈孔傳靈善也正義謂傳用釋詁文是其證也

璆

華山廟碑孫府君諱｜　說文球或从翏

球

校官碑門下史時｜

球

楊叔恭殘碑泰山縣｜

琫

曹全碑父｜少貫名州郡

理

魏上尊號奏大｜東武亭侯

理

景北海碑陰顔理字中｜

理

鄐閣頌行｜咨嗟　隸釋云以行理為行李案左傳僖公三十年行李之往來注行李使人正義曰襄八年傳云一介行李杜云行李行人也昭十三年傳云行理之命杜云行理使人李理字異為注則同都不解理字周語行理以節逆之賈逵云理吏也小行人也孔晁注國語其本亦作李字注云行李行人之官也然則兩字通用本多作理訓之為吏故為行人使人也又諸書亦理李同用以字義論則理為正李為通也

瑋

耿勳碑耿君諱勳字伯｜　以瑋為偉玉篇引埤蒼云瑰瑋珍琦或作偉偉古通用瑋也

瑋

白石神君碑左尉上郡白土樊｜

瑋

張遷碑晉陽珮｜隸辨云借瑋為韋

瑋

西狹頌李瑾字｜甫

瑾

西狹頌李｜字瑋甫

瑨

鄭季宣碑陰處士呂｜　下二點闕

瑱

禮器碑陰宋｜元世

瑱

孔宙碑陰鄉｜字仲雅

瑞

魏封孔羡碑於是揖五｜

瑞

魏受禪表班｜節

瑞

魏上尊號奏珍祥｜物

瑞

西狹頌致黃龍嘉禾木連甘露之｜

瑞

西狹頌｜降豐稔

珮

張遷碑晉陽｜瑋　說文佩从人徐鉉曰今俗別作珮非是經典釋文詩佩觿禮記垂佩論語不佩並謂作珮者非

玊

華山廟碑｜帛之贄　玉篇玊欣救思六二切玉工也亦姓也

與玉字各別今諸碑多作玊止是玉耳非玉工也其姓氏則史記有公玊帶後漢書有玊況並音肅亦音異而字不異或以姓獨異音而以玉作玊者別之實亦非兩字也類篇承諸字書之誤強為區分過矣

璪

校官碑｜質繡章

璧

白石神君碑奉其珪｜質

璧

北海相景君銘珪｜之

璧

武梁祠畫象題字奉｜於秦

璧

史晨奏銘臣伏見臨｜廱日

字源云即辟雍隸辨云詩大雅於樂辟雍釋文云辟音壁水旋邱如璧白虎通云天子立辟雍辟者璧也象璧圓碑故以璧為辟案辟雍以璧為義則碑作璧為正經典作辟者通用也史晨後碑述脩辟廱社稷品制字與碑同

碧

白石神君碑陰郭稚子｜

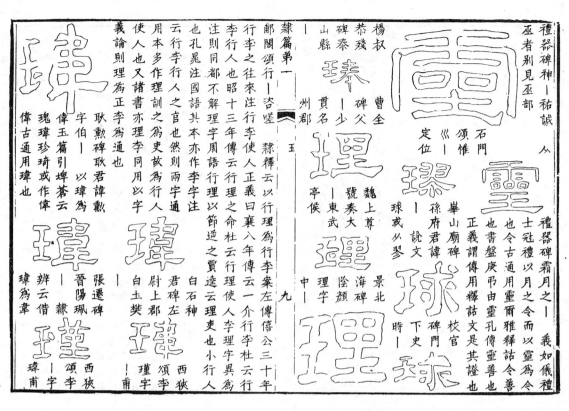

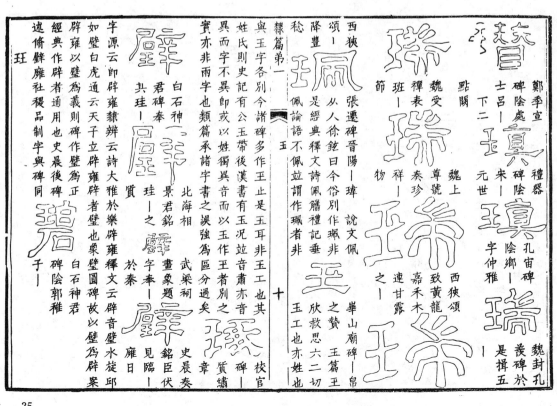

玨

孔宙碑陰下邳朱一

魏受禪表一瑞節

武梁祠畫象題字衣服一連　說文作辨玉篇辨亦作班是也廣韻辨同班則反以班爲正矣

武班碑武君諱一

衡方碑一敘口口　說文辨駁文也班分瑞玉碑以班爲班廣雅釋詁班文也又云班分也文選景福殿賦斑閒賦白注引之班無分義爲借作班者訓耳班又通用班禮記祭義班白者注班白者髮雜色也王制作班白者注雜色曰班

張壽殘碑登一敘優

鄐閣頌雖昔魯一二碑皆以斑爲班又魏封孔羨碑班宗彝隸釋揚著碑頎甫斑爵堯廟碑有斑道之巧班皆作斑

气

魯峻碑自一拜議郎　說文气雲气也玉篇气求也廣韻气今作乞葢雲气爲本字而借以爲气求字後人或省作乞以別之也類篇乙部別出乞字今以字之近乞者入乞部近乞者入乙部

朱龜碑授手一降

鄭固碑乃遭一災

士

曹全碑及脩身之一

禮器碑於是四方一仁　隸釋云卽士字又說見偏旁

石門頌庶一悅龐

魯峻碑行爲一表

譙敏碑識眞之一

李壽石刻李君諱壽字季一　三字說見偏旁

唐公房碑故使一鄉春夏毋蚑蝻　禮記旮義壻執鴈入釋文字又作聟依字從士從胥俗從知下作耳其字似智故水經注壻鄉或譌作智鄉竝譌壻水爲智水也

晉孫夫人碑昔臧武仲先犯齊一　齊壯卽齊莊也詩君子偕老箋非由衣服之盛顏色之莊與釋文本又作壯禮記檀弓衛有大史曰柳莊漢書古今人表作柳壯師古曰壯讀曰莊莊子天下不可與莊語釋文一本作壯莊古通用壯也

丨

曹全碑常爲治一別駕

韓仁銘刑政得一

禮器碑稽之一和

夏承碑右一郎將弟也

說文中籀文中

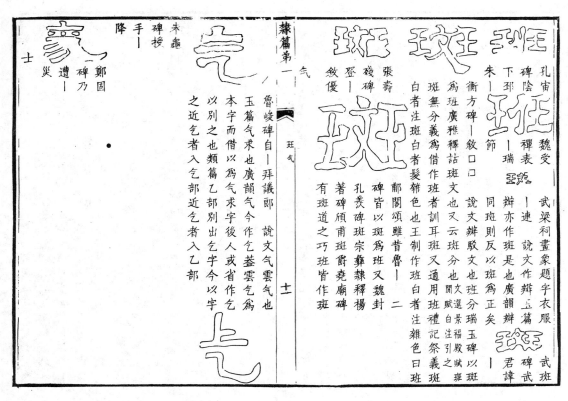

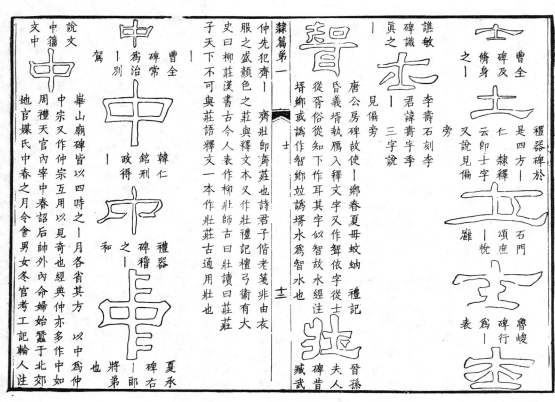

華山廟碑皆以四時之一月各省其方　以中爲仲中宗又作仲宗互用以見奇也經典仲亦多作中如周禮天官內宰中春詔后帥外內命婦始蠶于北郊地官媒氏中春之月令會男女冬官考工記輪人注

材在陽則中冬斬之

屮

中

張遷碑丨謇於朝 金石文字記云中謇於朝者忠之誤案隸釋魏橫海將軍呂君碑君呂中勇顯名州司忠亦作中皆以同音借用也

屯

魯峻碑陳亹誠丨

屯

曹全碑陰故功曹曹丨

毐

孔彪碑丨合天心

毒

石門頌蚰蜒丨蝘即毒字

艸

董

曹全碑陰丨溥建禮 董董本字諸碑書董爲董者非通用也漢書匈奴傳漢遣長樂衛尉高昌侯董忠後漢書孝靈帝紀母董夫人並與碑同

董

武梁祠畫象題字丨永

蓬

婁壽碑丨戶茅宇

蒙

魏受禪表丨晭龥之養 說文蒙玉女也冡覆也諸碑及經典皆以蒙爲冡

蒙

禮器碑舉國丨慶

蒙

史晨後碑上下丨福

蒙

曹全碑咸丨瘳悛

蒙

李壽石刻行人丨福

蕃

竹葉碑陰丨仲勤

菑

鄭固碑丨君元子也

芝

魏受禪表嘉禾神丨

茌

楊叔恭殘碑側丨平

萊

夏承碑東丨府君之孫

萊

魏王基殘碑爲丨大夫

萊

武梁祠畫象題字丨子父

菲

張壽殘碑躬自丨薄

蔬

婁壽碑糲粢丨菜之食

蘇

禮器碑陰成宰丨漢明

蘇

孔宙碑陰丨觀字伯臺

蘇

嵩山太室闕銘崇高亭長丨重時

茹

衡方碑光大茅丨

著

夏承碑策薰丨于王室 說文新修字義著本作箸說文注云飯攲也借爲住箸之箸後人从艸今以類篇別出著字故以諸碑从艸者當之實則隸法艸竹不分未必果爲从艸者也

著

魏王基殘碑既丨於口

著

禮器碑陰劉靜子丨

著

熹平殘碑名立聲丨

著

吳谷朗碑咸恩素丨

蓲

石經魯詩殘碑山有丨 隸釋云毛作樞案釋文云本或作蓲蓋魯詩也

蒲

魯峻碑陰河東丨反陽成口

麄

婁壽碑丨絺大布之衣 即麤字經典多以麤爲粗碑則以麤爲粗而省兩鹿類篇別有麄字訓艸名與此異

菟

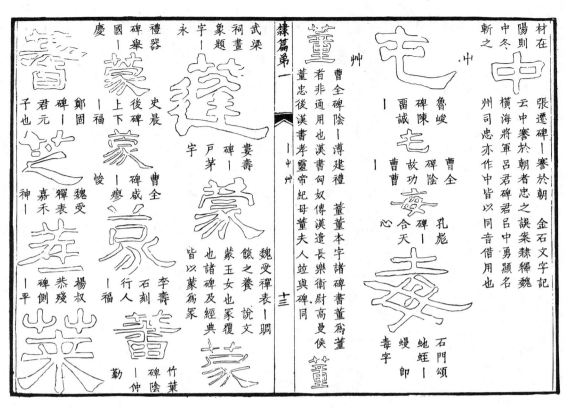

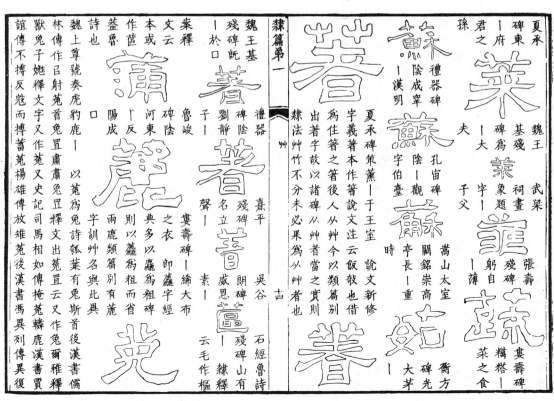

魏上尊號奏虎豹鹿丨 以菟爲兔詩瓠葉有兔斯首後漢書儒林傳作呂射菟首兔罝肅肅兔罝釋文出菟罝云又作兔爾雅釋獸兔子娩釋文字又作菟又史記司馬相如傳掩菟轔鹿漢書賈誼傳不搏反寇而搏蓄菟楊雄傳放雉菟後漢書馮異列傳異復

進麥飯莬肩皆以莬爲兔隸釋唐扶頌白莬素鳩兔亦作莬也案禮記內則釋文菰而苽又作菰五經文字引菰作孤蓋傳寫之譌碑止是同音借用耳

校官碑履|竹之廉　字源云義作孤隸辨云玉篇菰同苽五經文字云苽釋文作孤以菰爲孤猶以孤爲苽

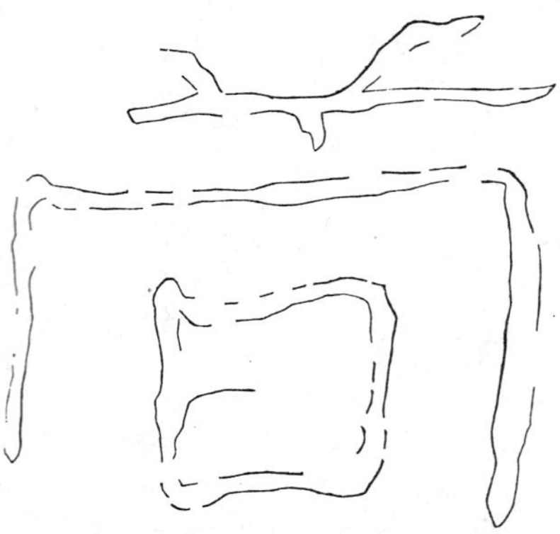

校官碑惠我|蒸　隸釋云以蓻爲黎案隸釋韓勑後碑□□莂民脩華嶽廟碑犂民時雍皆借用碑則兼莂犂而爲華也

孔謙碣脩|秋　經又作春分見日部

開通褒斜道石刻史|茂張宇韓岑等　說文新附荀艸也徐鉉曰今人姓荀氏本郇侯之後宜用郇字

竹葉碑陰薛|琣

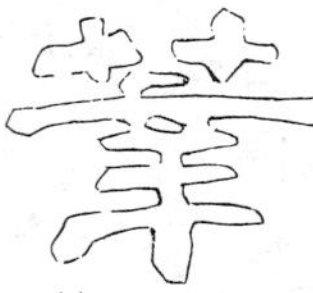

婁壽碑紳晁|莘

白石神君碑燔炙芬|

說文岺从屮芬岺或从艸

張遷碑蘭生有|

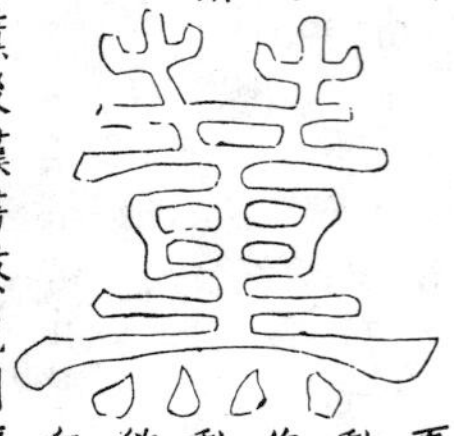

夏承碑策|著于王室　以薰爲勳易艮卦厲薰心薰熏通釋文薰荀作動以虞注荀氏以薰爲勳讀作動證之勳爲動義字固作勳漢書敘傳薰胥呂刑師古曰詩小雅雨無正之篇曰若此無罪淪胥以鋪韓詩淪字作薰後漢書蔡邕列傳下獲熏胥之辜注詩小雅曰若此無罪勳胥以痛見韓詩詩攷韓詩引此作熏兩注韓詩薰勳不同薰與勳古通用也孟子注況於親見而薰炙之者乎音義出勳炙云與薰同是又以勳爲薰矣

張遷碑|令不對

衡方碑剖符守|

魏范式碑陰嚴德|

張遷碑|生有芬

校官碑趙勳字|伯　隸釋云卽蔓字兩漢金石記云蔓字非蔓字乃曼字也蓋曼衍之義與勳爲近案楚辭九思菽藟兮蔓衍注蔓衍廣延也曼衍正作蔓衍又爾雅釋草蔓莤于釋文或作曼亦蔓爲正而曼爲通也

華嶽廟殘碑陰|匀田巴

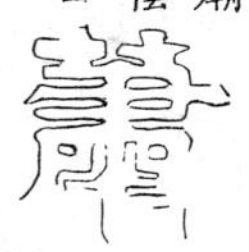

魏封孔羨碑闕里|條

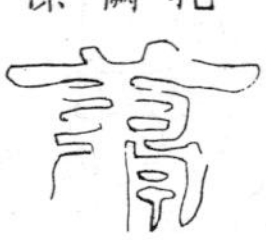

孔宙碑陰|誨字伯□

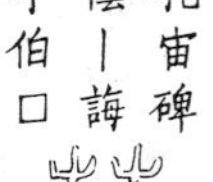

曹全碑陰故塞曹史杜|幼始

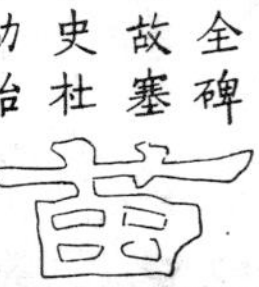

華嶽廟殘碑陰吉|元裔

鄭固碑|而弗毓

武氏石闕銘|秀不遂

祀三公山碑元氏令|匡

婁壽碑蓬戶|宇

曹全碑遭白|谷水灾害

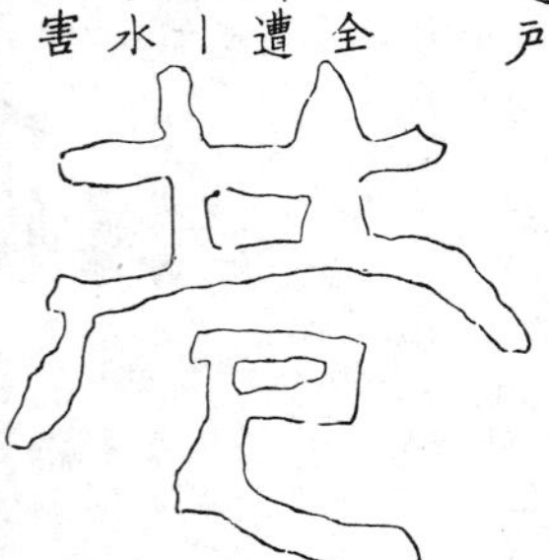

魏李苞開通閣道題名李|

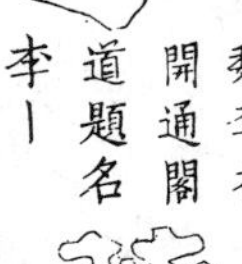

魏封孔羨碑廣大|於無方　五經文字云苞經典或借爲包裹字攷說文苞艸也包象人褢妊也勹裹也是訓裹者本作勹經典苞包皆借用也

自唐石經以來直以包爲勹裹字而以苞爲包之借古經古注苞之借作勹者多改爲包（說文蔪字注艸相蔪苞也書曰艸木蔪苞是爲孔氏古文今書亦改作包）

苞 魏王基殘碑兼|五才九德之茂

苞 張遷碑南|八蠻二碑義竝同上

苞 夏承碑永|歸里

莪 魯峻碑悲蓼|之不報 蓼義卽蓼莪也書洪範無偏無頗遵王之義義古音俄與頗爲韻詩實惟我儀協在彼中河樂且有儀協在彼中阿周禮春官肆師注古者書儀但爲義是義古音俄之確證唐開元以義與頗不協詔改頗爲陂不知義之古音耳說文莪从艸我聲碑字从艸義聲其實一也

芳 嵩山廟碑神歆其|

芳 禮器碑側薛王|

芳 禮器碑陰|元道

蘠 石經論語殘碑而在於蕭|之內 此季氏篇終著盍毛包周有無不同之文也隸釋載此碑辟諸宮蘠云板本作牆隸辨云說文牆垣蔽也蘠蘠蘼虋冬也碑蓋借蘠爲牆又隸釋脩華嶽廟碑牆屋傾亞牆亦作蘠

莊 武梁祠畫象題字魯|公

莊 嵩山廟碑嵩陰王|

英 衡方碑擥|接

英 武氏祠祥瑞圖題字上下文闕

蒼 嵩山廟碑峻極|穹

藏 晉太公呂望表而|於秀邱墓 說見臧字

藏 晉太公呂望表書|之年

荒 孔宙碑田畯喜于|圃

荒 嵩山廟碑遂|華陽

荒 張遷碑|遠既殯

荒 石門頌厲清八|

荒 張壽殘碑冈|饑 說文穢虛饑也薉荒饑本字

萌 魯峻碑魏郡馬|

萌 張遷碑故吏韋|等

萌 曹全碑陰|仲謀

荊 子游殘碑有莒有|

荊 曹全碑兗豫|楊

荊 魏王基殘碑還|州刺史

荊 武氏前石室畫象題字|軻

蓂 武氏祠祥瑞圖題字|莢

蒸 武氏左石室畫象題字未明|盡

蒸 校官碑惠我犂| 說見烝字

苟 婁壽碑窮下不|

蔭 石門頌常|鮮晏 隸釋云以蔭爲陰隸辨云左傳昭元年趙孟視蔭曰朝夕不相及杜注蔭日景也釋文云蔭於金反本亦作陰漢書五行志引此語師古曰蔭讀與陰同案詩桑柔既之陰女禮記祭義陰爲野土義皆作蔭二字又互通也

苫 衡方碑寢闇|甴 說文苫蓋也蕿喪藉也碑以苫爲蕿經典相承用之

茭 曹全碑|不臣

蓳 禮器碑側|元厚 說見董字

董 景北海碑陰|方

董 景北海碑陰|純

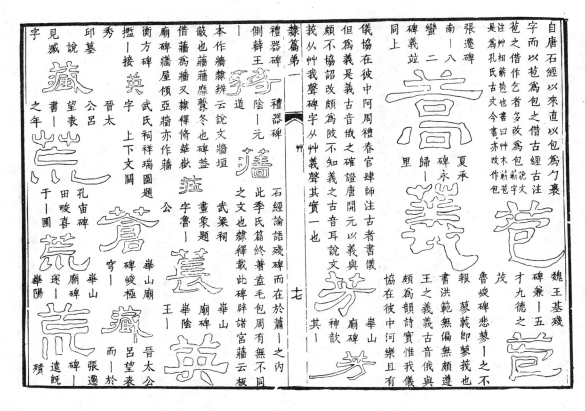

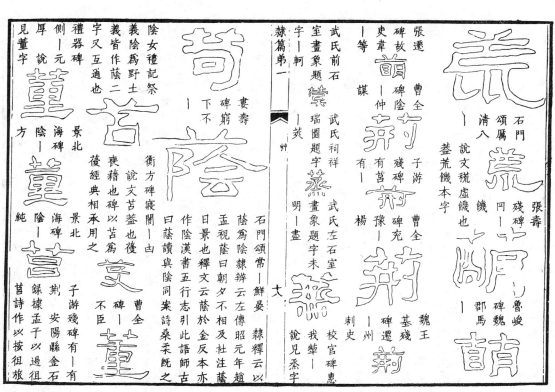

莒 子游殘碑有|有荆 安陽縣金石錄據孟子以遏徂莒詩作以按徂旅

傳疏言旅爲周地謂漢永初中西羌最甚疑銘所謂莒指叛羌而言如其說是莒卽旅也

西狹頌是呂三丨符守　隸釋云以蔀爲剖

魏范式碑寔紹德之奥丨

張壽殘碑躬自菲丨

禮器碑陰陳國丨

魯峻碑悲丨蓁之不報

衡方碑悼丨儀之劬勞

武榮碑丨然高厲

朱龜碑除惡如農夫之務去丨　說文草斗櫟實也徐鉉曰今俗以此爲艸木之艸

魏受禪表甘露零於豐丨

華嶽廟殘碑陰司隸丨才

衡方碑鐫丨伐

張遷碑陰故吏丨巨

張遷碑陰故守令丨伯犀

楊叔恭殘碑側陳留圉丨緒

晉太公呂望表丨陽盧无忌

石門頌造作石丨　隸釋云以蕢爲積案一切經音義引埤蒼蕢積也碑言六部道橋外又積石以通道也

石經論語殘碑コ口不丨

張遷碑丨沛棠樹　詩召南蔽芾甘棠碑用詩語蔽沛卽蔽芾也它碑以幣爲敝故此碑蔽亦从幣隸釋魏元丕碑幣芾其縱祝睦後碑幣以葭蘷靈臺碑永口幣令蔽皆作幣

石門頌惡虫丨狩　隸辨云他碑蔽或作幣蔽古通獘莊子執獘獘馬釋文獘獘司馬本作蔽蔽碑葢以蔽狩爲獘獸廣韻獘又惡也幣狩猶惡獸也案周禮夏官司弓矢句者謂之獘弓注獘猶惡也是獘訓惡之見於經者易明夷注蔽僞百姓者也釋文本或作獘僞又以獘爲蔽

吳谷朗碑丨政未期　說文埭臨也是莅本字經典亦作涖禮記緇衣恭以涖之宋本作埭也

孔龢碑經通一丨雜試通利　桂馥跋云說文埶艸木不生也蓺當爲蓺不生當爲才生木部槸或从蓺火部爇从蓺徐鉉謂說文無蓺字當从火从艸熱省聲蓋不知蓺僞作埶反致疑於从蓺之字是戴假髯而攻武安矣說文才多誤爲不蓄才耕田也誤爲不耕暘才生也誤爲不生蓺从埶埶種也故訓才生既種矣何爲不生

平案此說甚確說文新修字義藝本只作埶後人加艸云義無所取謂不應加云則是謂不應加艸則非碑作蓺正埶之加艸者也

孔龢碑經通一丨雜試能奉宏先聖之禮

夏承碑秉覽羣丨

北海相景君銘根道核丨

史晨奏銘刪定六丨三碑皆埶加艸云實則蓺下加云也

校官碑丨漢三百八十有十載

景北海碑陰平昌丨規

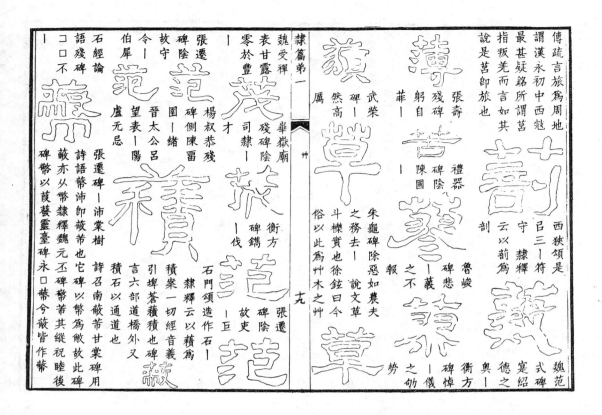

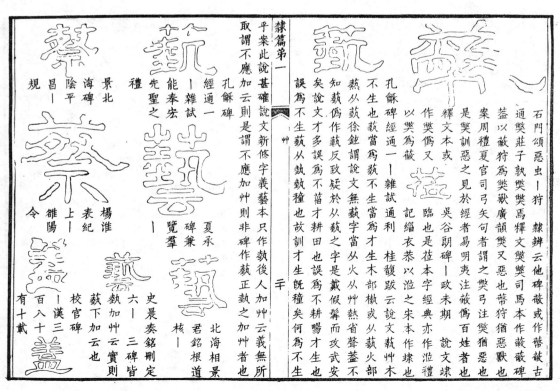

楊淮表紀上丨雒陽令

曹全碑其先｜周之胄

蓋

衡方碑肇先｜堯之苗

艾

尹宙碑子孫以銀｜相繼

艾

校官碑仰止龜｜

艾

石經尚書殘碑｜用三德

隸釋云孔作乂案孔傳云治民必用剛柔正直之三德說文𡰪治也虞書曰有能俾𡰪說文引書本孔氏知孔本洪範故書爲𡰪後作乂者𡰪之通經典凡訓治者皆如此艾又乂之通也漢書五行志引書亦作艾用三德郊祀志天下艾安師古曰艾讀曰乂漢書皆以艾爲乂史記封禪書方內艾安酷吏列傳黎民艾安乂亦作艾又石門頌烝々艾寧裴岑碑邊竟艾安鄐閣頌艾康萬里

艾

曹全碑雋｜王敞王畢等 亦以艾爲乂書皋陶謨俊乂在官漢書谷永傳作俊艾在官又李孟初神祠碑劉俊叔艾

菜

婁壽碑糲糌蔬｜之食

蕃

北海相景君銘｜道脩德

蓄

西狄頌百姓有｜

藚

石經魯詩殘碑言采其｜

葛

石經魯詩殘碑｜屨魏風葛屨篇記章句文

薛

禮器碑陰｜曹訪 說文薛艸也从艸辥聲辥辠也从辛𡴂聲隸省作薛玉篇薛說文薛是也六書正譌云辥辠也又姓辥以國爲氏是諸碑皆以薛爲辥經典相承用之

薛

史晨後碑｜東門榮

薛

禮器碑陰故｜令

若

華山廟碑閔其｜兹

若

史晨後碑髣髴｜在

藥

曹全碑合七首｜

落

失龜碑磥｜煥炳

落

張遷碑隨就虛｜

葉

華山廟碑在漢中｜

葉

曹全碑枝分｜布

葉

武氏祠祥瑞圖題字萁｜

茻

莫

唐公房碑相傳以爲王｜居攝二年

莫

衡方碑｜不失聲

莫

華山廟碑｜能存識

莫

禮器碑｜不騐思

莫

正直殘碑｜不□□

莫

嵩山太室闕銘不蒙恩

莫

武梁祠畫象題字孝｜大馬

莽

魯峻碑四月庚子｜

塟

魏膠東令王君殘碑｜于京師者五世 類篇葬或作塟衡方碑其年九月十七日辛酉塟隸釋靈臺碑葢塟于茲孫叔敖碑塟枯稾乏葬皆作塟

綴說

魏受禪表祚 紹天卽祚三國魏志文帝紀所謂王升壇卽阼也鍾會檄文受命踐祚亦如碑作祚史記燕召公世家當國踐祚後漢書輿服志故至世祖踐祚郎頡列傳陛下踐祚自來皆以祚爲阼故廣韻祚亦訓位也

武氏祠祥瑞圖題字稷 隸釋靈臺碑日稷不夏是如鄐閣頌以稷爲昃而字亦从示蓋漢人變禾爲示猶秖秪之變示爲禾不必社稷字也

吳谷朗碑皇 說文𦏧樂舞以羽䎃自翳其首以祀星辰也讀若皇周禮春官樂師有皇舞注故書皇作𦏧鄭司農云𦏧讀爲皇書亦或爲皇元謂皇雜五采羽如鳳皇色是皇古又作𦏧也

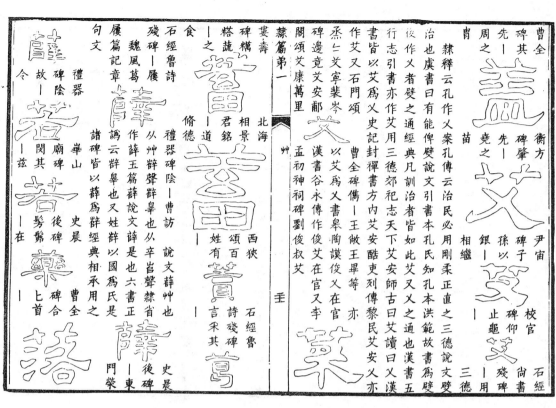

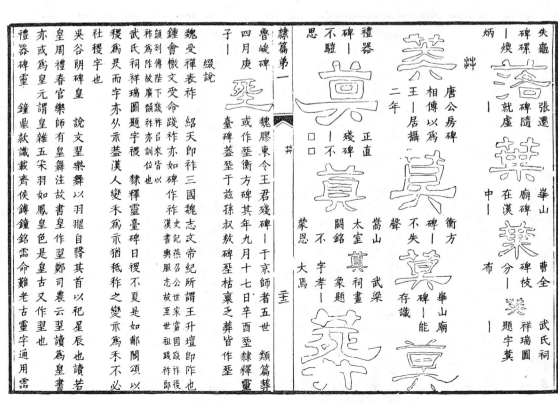

禮器碑霝 鐘鼎款識載齊侯鎛鐘銘霝命難老古靈字通用霝

靈命卽令命也

張遷碑瑋　兩漢金石記云因珮而加玉也

張遷碑珮　韻會稱其服用則字從人名其器則字從玉攷說文佩大帶也佩必有巾巾謂之飾不專言服用也左傳定三年蔡昭侯爲兩佩注佩佩玉也又未嘗不名其器也碑云珮瑋亦言服用非名其器韻會之說鑿矣集韻佩通作珮竝非

張遷碑中　書仲虺之誥建中于民釋文以本或作忠爲非孝經事君章中心藏之釋文本亦作忠恐亦有誤未可據此謂中忠互通也

校官碑華　漢書匈奴傳新華之國字與碑同殆亦書黎爲華漢人每如此作也

校官碑蕚　漢書王莽傳遂至延曼連州師古曰曼與蔓同是曼轉以蔓爲義矣

曹全碑芟　說文芟刈艸也癹以足蹋夷艸春秋傳曰癹夷薀崇之今左傳作芟其義同也碑義亦如是

小

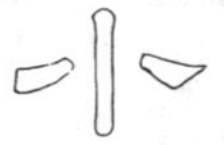

史晨後碑吏無大｜

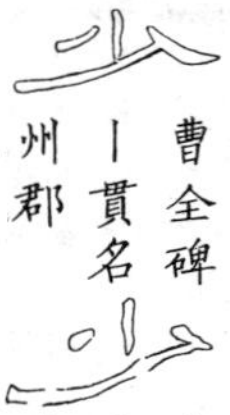

曹全碑｜貫名州郡　孔彪碑君｜履天姿

八

裴岑碑永和二年｜月　孔龢碑十｜日辛酉　禮器碑｜皇三代　延光碑｜月廿一日

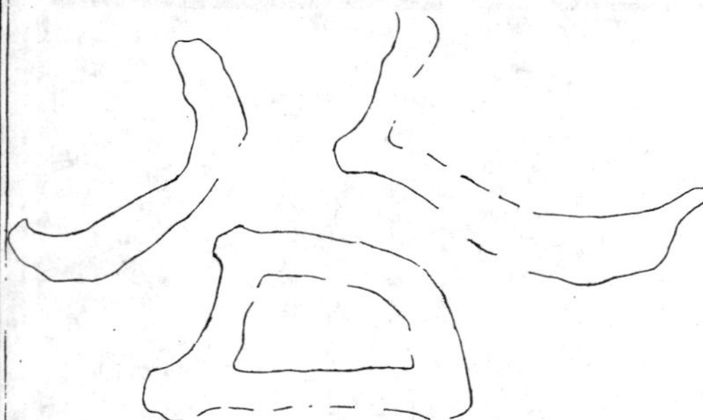

蜀侍中楊公石闕　蜀故侍中楊｜之闕

孔龢碑鮑疊字文｜　華嶽廟殘碑陰郭旺｜休

魯峻碑陰干商朝｜　元帝廟畫象題字周｜　魯峻碑其先周文｜之碩胄　天鳳石刻用百｜人以余爲餘周禮地官委人凡其余聚以待頒賜注余當

爲餘聲之誤也以此碑及隸釋吳仲山碑父有余財證之是古以餘與余同音而借用非聲之誤也又史記屈原列傳余何畏懼兮索隱作餘何畏懼云楚詞餘竝作余知小司馬所讀史記書余爲餘然則余且通用餘矣

石門頌丨谷之川隸釋云以余谷爲斜谷案說文斜从斗余聲讀若荼荼从艸余聲急就章板枏所產谷口斜王應麟曰斜碑本作荼古字同音借用以余爲斜猶之以荼爲斜也集古錄云以余爲斜漢人皆爾據今所見者此碑余谷之川又詔書開余及開通褒斜道石刻開通褒余道三斜字皆作余

尹宙碑丨趙地爲鉅鹿

郙閣頌口以析丨

石門頌丨置六部道橋

北海相景君銘丨明好惡

曹全碑丨止右扶風

景北海碑陰營陵徐丨

魏王基殘碑丨不憖遺

石經儀禮殘碑上丨至亦如之

魏王基殘碑下文闕

晉太公呂望表報以丨福

史晨奏銘上丨書

石門頌言丨忠義

孔彪碑仁丨有勇

白石神君碑丨乃陟景山

校官碑卑丨織昌說文尒詞之必然也爾麗爾猶靡麗也經典

以爲爾汝字玉篇爾汝也碑用詩俾爾熾而昌而以尒爲爾書文侯之命用賚爾秬鬯一卣說文賚字注引作賚尒秬鬯亦以尒爲爾故廣韻謂尒義與爾同也

釆

禮器碑陰丨君舉

白石神君碑永永丨昌隸釋云以番爲蕃隸辨云書洪範庶草蕃蕪古文尚書作番案禮記明堂位周人黃馬蕃鬣釋文字又作番漢書卜式傳隨牧蓄番章賢傳學者番滋蕃皆作番蕃古通用番也又隸釋無極山碑鳥獸艸木番茂隆口

西狹頌揆仇丨說文篆文宷从番

曹全碑丨以簿官

張遷碑丨出議爲不可

半

吳谷朗碑犕邑丨國說見畔字

牛

孔龢碑河南尹給丨羊豕

白石神君碑備其丨牲

張遷碑丨種宿野說文作犂

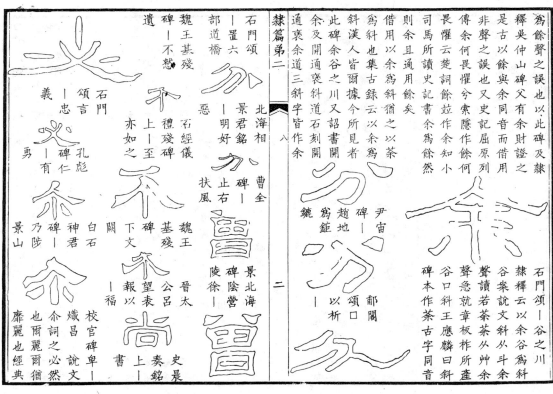

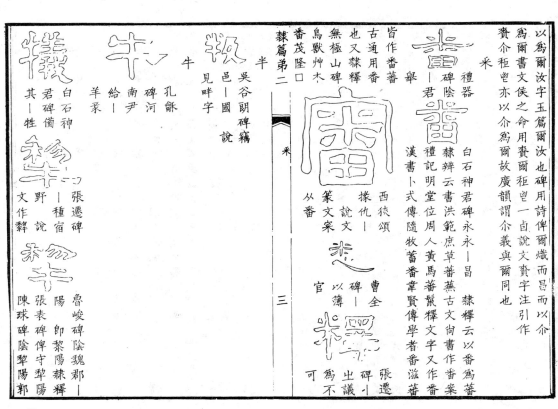

魯峻碑陰魏郡丨陽郎黎陽隸釋張表碑俾守犂陽陳球碑陰犂陽郭

口隸續劉寬碑陰犂陽張乾亦以犂陽爲黎陽史記呂后本紀犂明孝惠還齊太公世家犂明至國左傳鄭犂公羊傳作倪黎左傳犂彌史記作黎鉏又隸釋靈臺碑犂元賴斈三公山碑羣犂百姓造橋碑撫育犂元脩華嶽廟碑犂民時雍黎皆作犂黎古通用犂也

張遷碑陰｜范伯

孔龢碑大常祠曹掾馮｜

韓仁銘郡遣吏以少｜祠

史晨奏銘祠孔子以大｜

白石神君碑備其犧｜

曹全碑威｜諸貢 以牟爲侔周禮冬官攷工記弓人筋三侔釋文本又作牟漢書司馬相如傳德牟往初師古曰牟等也侔通用牟耳又楊淮表紀元弟功德牟盛唐公房碑道牟羣仙

禮器碑永享｜壽 疑以牟爲髦詩角弓如蠻如髦釋文髦舊音毛尋毛鄭之意當與尙書同音莫侯反左傳王孫牟春秋世族譜作王孫髦是牟與髦古以同音通用也詩七月傳眉壽豪眉也爾雅釋言釋文毛中之長豪曰髦碑言牟壽猶詩所謂眉壽也

夏承碑佐時理｜

衡方碑鶉火光｜

孔龢碑故｜立廟

告

鄭固碑印號馬｜

曹全碑三郡｜急

口

唐公房碑公房乃先歸於谷｜

淮源廟碑見于陽｜

史晨後碑雅歌｜笙

校官碑｜疑元老

孔彪碑｜乎不朽 說文咨謀事曰咨嗞嗟也諸碑及經典皆以咨爲嗞說文薔字亦云咨也

魏封孔羨碑｜可謂

命世大聖 字源云義作茲隸辨云爾雅釋詁茲斯咨皆巳此也邢昺疏咨與茲同案三國魏志文帝紀茲亦作咨詩綢繆子兮子兮傳嗟茲也又以茲爲咨

張遷碑｜淑是親說見惟字

晉孫夫人碑｜恐不還

景北海碑陰｜邱暹

譙敏碑｜嗟昊蒼 說見于字

魏受禪表未足以｜

武梁祠畫象題字邢渠｜父

校官碑獄無｜嗟之冤

武氏石闕銘嗚｜哀哉

唐公房碑｜其師 說文呼外息也評召也經典相承評皆作呼

譙敏碑嗚｜哀哉 說文嘑嗁也呼通用嘑漢書五行志烏嘑箕子又隸釋樊敏碑歍嘑懷哉劉脩碑人命嘑吸呼皆作嘑也經典復以嘑爲評召之評

夏承碑｜呼痛哉 說見於字

武榮碑遷執金｜丞

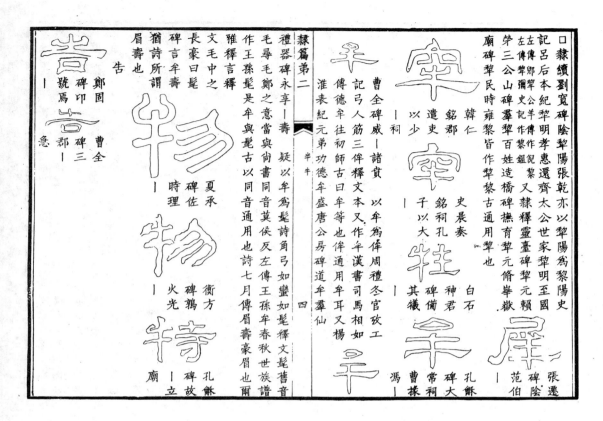

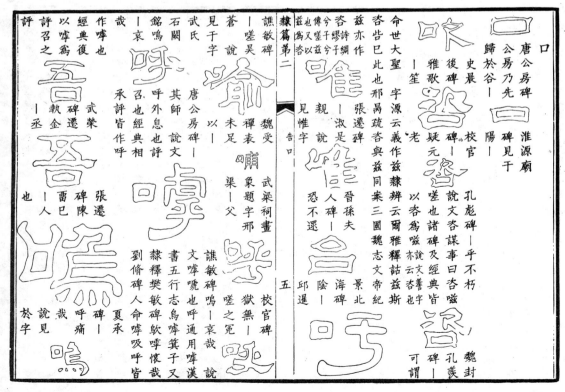

張遷碑陳雷巳｜人也

吳谷朗碑｜呼哀哉

武氏石闕銘｜呼哀哉

北海相景君銘明府弗畱歔歔｜哉

武氏石闕銘嗚呼｜哉

譙敏碑｜哮哀哉

劉君殘碑｜哉

譙敏碑嗚哮｜哉

夏承碑｜孤憤泣　隸辨云說文咳古文從子作孩史記扁鵲列傳曾不可以告咳嬰之兒咳即孩字

夏承碑嗚呼痛｜

曹全碑咸曰君｜

石經論語殘碑

口若從避世之士｜

魏封孔羨碑盛德百世必祀者｜

衡方碑頌漢故衛尉衡府｜卿衡之碑

譙敏碑嗚哮哀｜

景北海碑陰鞠欣字｜大

孔彪碑口口哀｜

君子館甎｜子

孝堂山畫象題名平原濕陰邵善｜

武氏石闕銘嗚呼哀

禮器碑｜於是造立禮器

魏上尊號奏冈漏｜舟

西狹頌｜曰

耿勳碑國人僉｜

禮器碑｜印師鏡

武斑碑口厲吏士｜虎之怒　說文哮豕驚聲也虓虎鳴也碑以哮爲虓詩常武闞如虓虎風俗通正失作哮虎文選七啟哮闞之獸注毛詩曰闞如虓虎哮與虓同又武榮碑陵惟哮虎｜

孔彪碑羣臣號｜

禮器碑百姓訢｜說文作咊

白石神君碑光｜四年

武氏石闕銘建｜元年

校官碑獄無呼｜之冤廣誼嗟蒼同

譙敏碑吁｜昊蒼

魏封孔羨碑｜平

曹全碑｜逆賊

孔龢碑平原高｜人

禮器碑側｜安季與

衡方碑溫故前｜

孔龢碑除補｜

熹平殘碑｜立聲著

元孫殘碑二子｜重

孔彪碑口也正｜

曹全碑少貫｜

建武泉范｜工｜

曹全碑其先蓋｜之胄

儀造州郡

張遷碑出自有｜

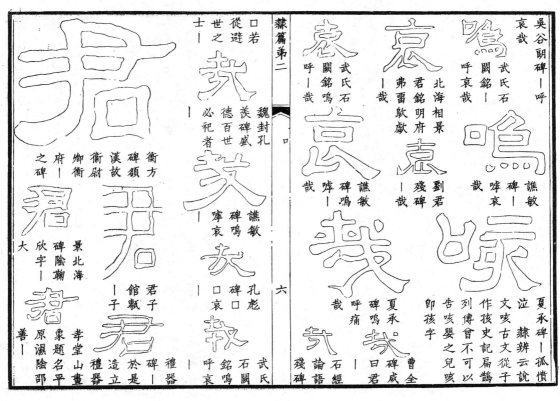

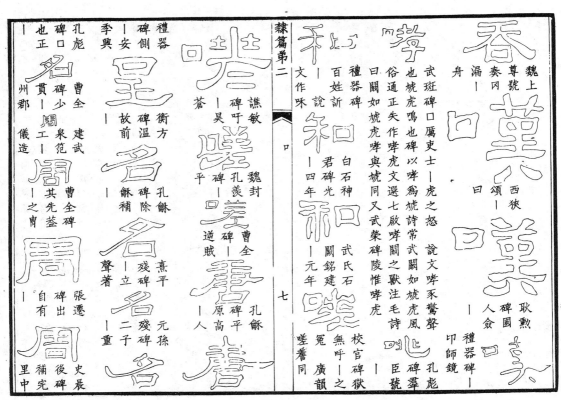

史晨後碑補完里中

道之丨左說文周密也匊帀徧也碑以周爲匊經典相承用之集韻匊通作周也又魏范式碑窮神周覽

含

魏封孔羡碑丨夏苞商

合

尹宙碑丨純履軌

咸

史晨後碑丨俾來觀

咸

曹全碑丨曰君哉

吐

禮器碑三陽丨圖

嚜

婁壽碑元丨有成字源云義作默隸辨云書說命恭默思道古文尚書作嚜史記賈生列傳于嗟嚜嚜兮生之無故漢書作默

嚜

魏受禪表寬容淵丨義同上

味

孔彪碑□□□□之丨

問

孔龢碑謹丨大常祠曹掾

問

張遷碑不殞高丨以問爲聲聞之聞經典聞多作問碑用緜詩亦不隕厥問之語而與鄭箋小聘曰問之義不同知鄭箋當時未行且以孟子引此詩之意及趙岐注證之其義固優於鄭箋也夏承碑令問不巳晉孫夫人碑口問日新吳谷朗碑淑問宣流隸釋孫根碑令問弗銘聞皆作問

召

魯峻碑有黃霸丨信臣在潁南之歌隸辨云漢書召信臣傳注師古曰召讀曰邵廣韻云召同邵邑名又姓案邑名姓氏之邵經典多作召

魯峻碑陰汝南丨陵同上

咏

禮器碑敬丨其德說文詠或从口

命

史晨奏銘元邱制丨帝卯行

命

韓仁銘不幸掩丨

叩

孔龢碑平叩頭卜頭卽敂字玉篇敂或作扣廣韻敂亦作扣叩

吉

曹全碑陰故功曹王丨子僑

吉

華山廟碑掔斂丨祥

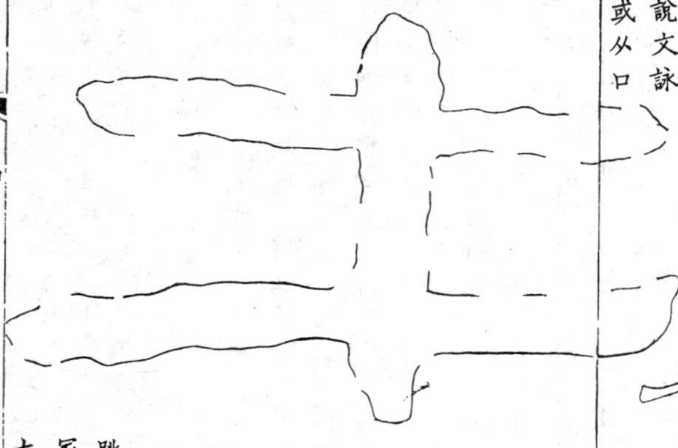

跳山造冢石刻大丨

哲

白石神君碑古先丨王

北海相景君銘豈夫仁丨

張遷碑前丨遺芳　說文古文哲从三吉此省其一也玉篇喆同哲

譙敏碑謂君爲丨卽喆字

史晨後碑丨種一行梓

華山廟碑丨省其方

曹全碑丨獲人齎之報

魏范式碑探丨研機　易繫辭聖人有以見天下之賾釋文京作嘖又探賾索隱虞翻竝作嘖說文新修字義賾周易疏義云深也案此亦假借之字當通用嘖繫傳嘖春秋左傳曰嘖有繁言然則嘖又訓至也故太元經探賾索隱之賾皆作嘖而說文無賾字也碑亦正用古字耳又隸釋祝睦碑探嘖窮神督郵斑碑嘖意五業賾皆作嘖

張遷碑嗇夫喋丨小吏

吅

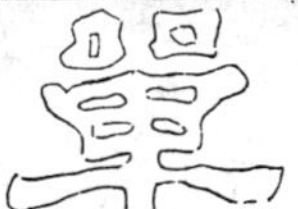
魏受禪表南丨于

衡方碑有丨襄穆英謨之風

孔龢碑脩春秋丨氏經

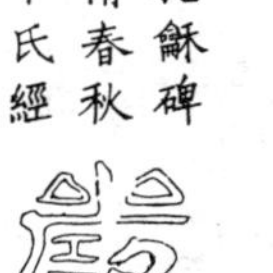
嵩山太室闕銘嵩鄉三口丨壽

西狹頌不丨而治

哭

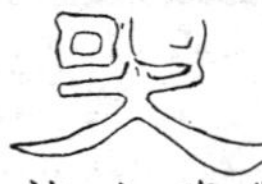
鄭固碑俯丨誰訴

夏承碑若丨考妣

正直殘碑家丨厥口

孔彪碑丨過乎哀

魯峻碑丨父如禮

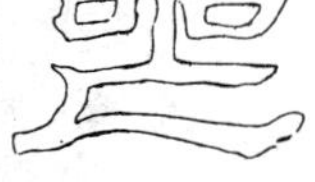
韓仁銘丨身爲口

孔褒碑丨予英彥

曹全碑赴丨紀

楊淮表紀國丨名臣

衡方碑會丨太夫人

晉孫夫人碑九歲丨母

走

淮源廟碑奔丨志食

西狹頌屬縣丨教 說文趍趍趙夊也趨走也碑以趍爲趨詩猗嗟巧趨蹌兮釋文本又作趍葢相承借用佩觿云奔趍之趍爲進趨其順非有如此者

耿勳碑勸課丨時亦以趍爲趨

校官碑屈私丨公

孔彪碑魂神丨邁

孔宙碑陰高沐字季丨

史晨奏銘獲麟丨作

華山廟碑脩廢丨頓

曹全碑陰行止一字

曹全碑丨兵幽冀

張遷碑黃巾初丨

鄭季宣碑陰邯鄲謀孝丨

禮器碑魯傳世丨

白石神君碑灾害不丨

曹全碑陰丨旻文高

尹宙碑或徙丨地

石門頌南鄭丨邵

淮源廟碑宛丨旻

孔宙碑陰丨恭字和平

禮器碑陰丨國邯鄲

景北海碑陰淳于丨尚字上卿

曹全碑陰丨福文祉

校官碑孔武丨著

曹全碑丨喪紀

魏封孔羨碑遐夷丨險阻而來賓

禮器碑違丨絕思

史晨後碑從丨騎校尉拜

止

夏承碑意顯未丨

止云本亦作趾說文止下基也象艸木出有址故以止爲足止趾古今字也

魯峻碑守疏廣丨足之計

曹全碑分丨右扶風

晉孫夫人碑振振有麟丨之口化詩周南麟之趾釋文出麟之

尹宙碑京夏丨德

晉太公呂望表遂與之丨

孔彪碑而丨干德

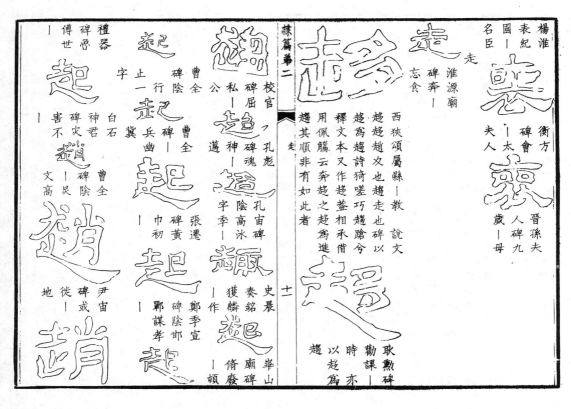

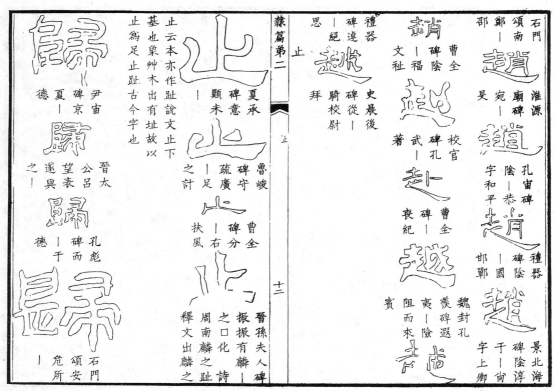

石門頌安危所丨

曹全碑和德面縛｜死

衡方碑｜來洙泗

北海相景君銘鄭邦｜向

孔龢碑能奉宏先聖之禮爲宗所｜者

孔龢碑爲宗所｜

尹宙碑仕郡｜主簿督郵

夏承碑是故寵祿傳于｜世

史晨後碑彌｜億萬

吳谷朗碑右｜職

魏封孔羨碑曆｜數以攺物說文日部新附厤厤象也从日厤聲史記通用歷此碑與魏受禪表厤亦作歷也隸釋劉曜碑厤三縣令則又以厤爲歷矣

石門頌澀路｜難說文作歰从四止二正二倒碑省上一止且不倒也

癶 步

孔宙碑貢｜王室

白石神君碑｜崢嶸

魯峻碑陰殷敦｜高

景北海碑陰淳于｜字登成

衡方碑賈拜｜兵校尉

石經魯詩殘碑｜聿其逝

吳谷朗碑三｜喪母

曹全碑｜獲豐年

劉君殘碑側｜在辛酉

張遷碑｜在攝提

郙閣頌｜數千兩

崋山廟碑以｜時往祠

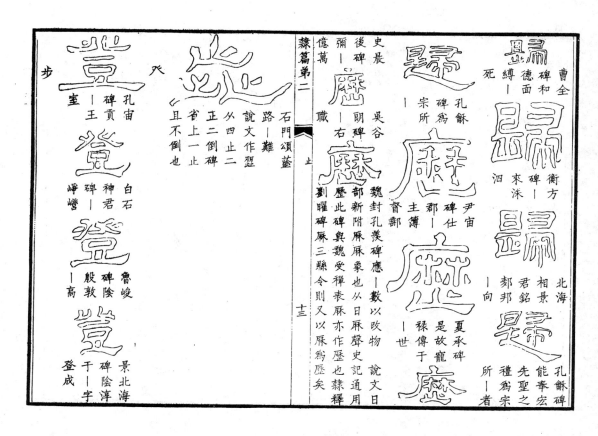

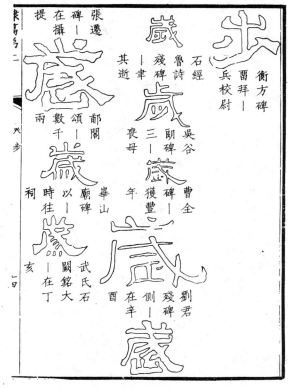

武氏石闕銘大｜在丁亥

此

夏承碑殲丨良人

孔彪碑舉丨口口君子風也

魏范式碑寶丨醇懿

魏上尊號奏不施於丨時

裴岑碑振威到丨

武氏前石室畫象題字丨騎吏

晉造橋題名造丨石口

跳山造冢石刻建初元年造丨冢

孝堂山畫象題名來過丨堂

楊淮表紀謁歸過丨

正

魏受禪表改元丨始

正直殘碑丨直是以

西狹頌平夷丨曲

張遷碑購丨之傑

史晨後碑蕩邪反丨

孔彪碑自然之丨

校官碑省無丨繇以正為征周禮地官司門正其貨賄注正讀為征征稅也夏官司勳無國正注正謂稅也釋文本亦作征

石門頌南鄭魏丨

耿勳碑作衣賜給貧丨

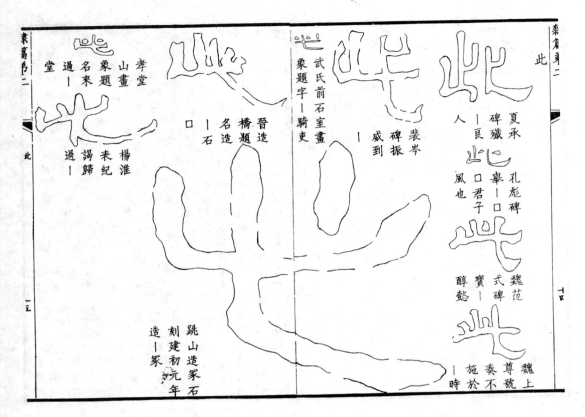

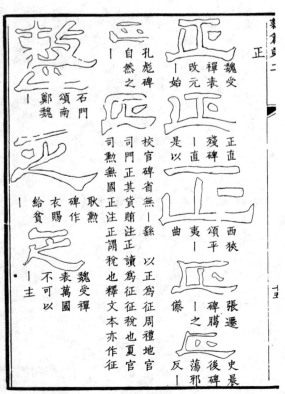

魏受禪表萬國不可以丨主

是

孔龢碑於｜始口

華山廟碑是秩｜望

景北海碑陰｜遷字世達

尹宙碑貞賢｜與

北海相景君銘於｜故吏諸生

白石神君碑是度｜量

孔宙碑於｜故吏門人

曹全碑｜後舊姓

張遷碑於｜進畜夫爲令

禮器碑於｜四方土仁

張遷碑張｜輔漢張是卽張氏也儀禮覲禮大史是右注古文是爲氏

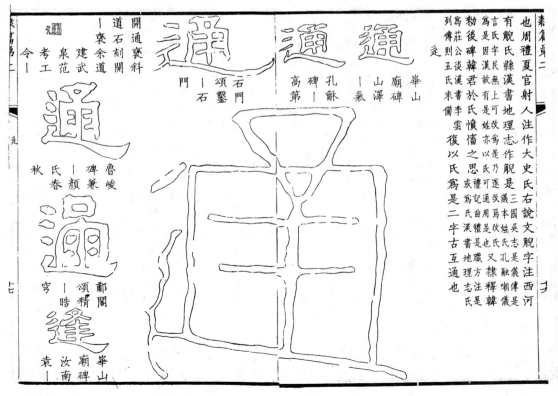

也周禮夏官射人注作大史氏右說文鯢字注西河有鯢氏縣漢書地理志作鯢是三國吳志是儀傳是儀本姓氏孔融嘲儀言氏字民無上可改爲是乃遂改焉改氏爲是因漢故有是姓亦以氏可通用是也又隸釋韓勑後碑韓君於氏憒慉之思禮記曲禮是職方注是或爲氏漢書地理志氏是爲莊公後漢書李列傳則五氏來備雲復以氏爲是二字古互通也

辵

華山廟碑山澤｜氣

孔龢碑｜高第

石門頌鑿｜石門

開通褒斜道石刻開｜褒余道

建武泉范考工令｜

魯峻碑兼｜顏氏春秋

郙閣頌精｜晧穹

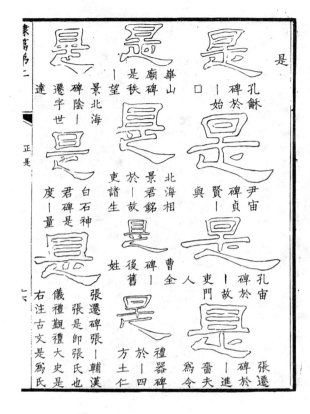

華山廟碑汝南袁｜

逢

晉逢將軍甎晉故丨將軍逢姓之逢卽逢迎之逢讀曰蓬俗作逄讀曰龐說見隸釋逄盛碑陰及隸辨鍾韻

逢

景北海碑陰淳于丨許

隨

尹宙碑壽不丨仁

隨

北海相景君銘丨舉飲淚

隨

石門頌更丨圍谷

隨

張遷碑丨就虛落

隨

武梁祠畫象題字丨時設防

迆

劉熊碑卷舒委丨說文委委遺也委遺卽委蛇又說見褘字隋字

追

石經論語殘碑來者猶可丨也

追

景北海碑陰愼終丨遠

追

楊淮表紀丨述鞀銘

遠

魏王基殘碑孫湫丨難

遺

孔宙碑丨畔未寧

遺

曹全碑禮無丨闕

遺

禮器碑側淳于鄰季丨

遲

魏上尊號奏漢朝雖承季末陵丨之餘

遲

禮器碑禮樂陵丨

違

石經論語殘碑毋丨

遵

峚山廟碑丨而成之

巡

白石神君碑南陽馮丨

巡

峚山廟碑五歲壹丨狩

巡

峚山廟碑有事西丨

巡

禮器碑陰孔丨

巡

耿勳碑至屬縣丨行窮匱

巡

孔宙碑陰捕丨宇升臺

遷

禮器碑側九江浚丨說文迺或从酉

還

史晨後碑丨所斂民錢財

還

曹全碑丨師旅

還

曹全碑丨師振旅

還

郿閣頌休謁往丨

邊

裴岑碑丨竟艾安

邊

魏上尊號奏綏丨將軍

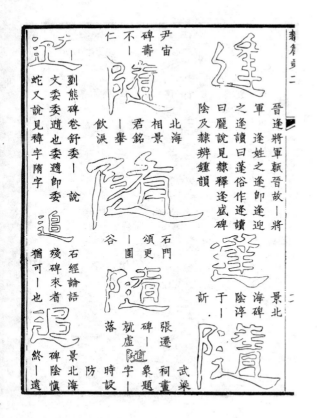

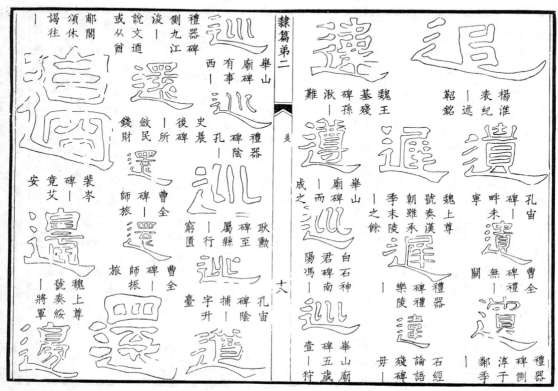

邊

衡方碑丨民是鎮

遷 孔宙碑丨元城令

遷 魯峻碑丨九江大守

遷 張遷碑君諱丨字公方

遷 曹全碑子孫丨于雍州之郊

遷 曹全碑丨右扶風槐里令

遷 吳谷朗碑丨長沙劉陽令

遷 衡方碑丨大醫令

遷 景北海碑陰台邱丨

連 西狹頌黃龍嘉禾木丨甘露之瑞

連 武梁祠畫象題字衣服斑丨隸釋云以斑連爲斑爛隸辨云淮南子至于連石是謂下春高誘注連音爛江鄰幾雜志同州民謂連雨爲爛雨毛晃增韻云楚詞青黃雜揉文章爛兮韓詩華燭光爛爛竝讀平音以連爲爛卽以爛爲爛也又案說文瀾或從連作漣瀾從闌得聲連與闌古本同音故或從之徐鉉注曰今俗漣音力延切則不知連有闌音矣此碑以連爲爛或是同音而借亦未可知耳

遼 魏封孔羨碑羣小丨沮

遼 禮器碑陰丨西陽樂張普仲堅

遼 史晨後碑去市丨遠

遼 石門頌百丨咸從　隸釋云以遼爲寮案以遼爲寮卽以遼爲僚也說見寮字論語公伯寮史記仲尼弟子列傳作公伯僚索隱曰僚亦作遼三字古葢通用又隸釋楊統碑百遼歎傷謁者景君墓表百遼失氣高彪碑遼

黨感慟夏堪碑官遼臨唏李翊碑顯名遼疇僚皆作遼

遭 孔宙碑會丨篤病

遭 石門頌中丨元二

遭 孔彪碑丨大君憂

遭 曹全碑丨白茅谷水灾害

過 華山廟碑軓丨亨祭

過 孔褒碑所丨夷口

過 石門頌剌丨拾遺

過 楊淮表紀謁歸丨此

過 魯峻碑陰許踰伯丨

過 西狹頌丨者創楚

遐 譙敏碑丨邇咨悼說見假字

遐 魏黃初殘碑口授丨年

遐 北海相景君銘路丨攣親

遐 吳谷朗碑宜延丨紀

遐 魏封孔羨碑丨夷越險阻而來賓

迎 鄗閣頌常車丨布

遊 魏封孔羨碑雖大晧丨龍以君世　玉篇遊與游同說見斿字

遊 張遷碑帝丨上林

邇 譙敏碑遐丨咨悼

近 禮器碑孔子丨聖

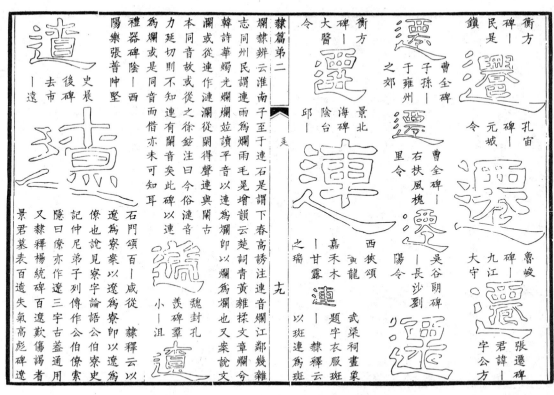

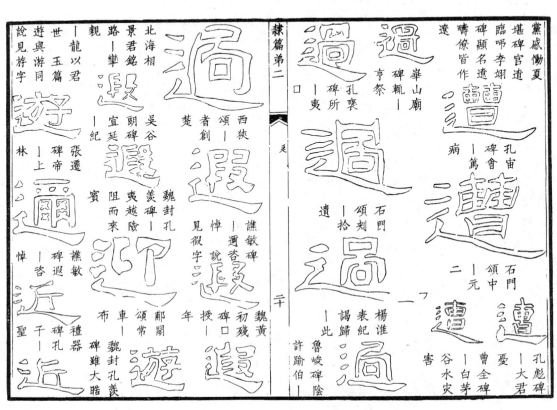

近

張遷碑雖遠猶|

遠

淮源廟碑疏穢濟|

遠

張遷碑陰韋叔|

遠

景北海碑陰張耽字季|

遠

禮器碑陰呂松口|

遠

子游殘碑|近同哀

遠

曹全碑|近憚威

遠

武氏祠祥瑞圖題字王者德及高|

遣

華山廟碑|書佐新豐郭香察書

遣

韓仁銘郡|吏呂少牢祠

遣

石門頌特|行丞事

道

韓仁銘口墳|頭訖成

道

石經尚書殘碑王|蕩蕩

道

禮器碑側王芳伯|

道

張遷碑乾|不繆

道

禮器碑倍|畔德

道

子游殘碑敢我漢|

道

石經論語殘碑以|之以德道爲導今本論語同經典導多作道也

送

張遷碑隨|如雲

送

魏王基殘碑|呂輕車

避

石經論語殘碑口若從|世之士哉隸釋云板本作辟案辟者避之通也

遂

鄭固碑|窮究于典籍

遂

西狹頌下辨李|

還

武榮碑加|害氣

還

曹全碑續|禁冈

遰

石門頌|昇弗前隸釋云遰卽滯字隸辨云禮記內則右佩玦捍管遰釋文云遰時世反徐作滯案此同音借用非遰卽滯也

逝

孔彪碑夫|往不可追令

遞

衡方碑|種舊京

退

譙敏碑身|名存說文復从彳退古文从辵諸碑經典用之

退

夏承碑進|以禮

退

曹全碑|於戎亥之閒

退

吳谷朗碑功成辭|

退

衡方碑|就勑巾

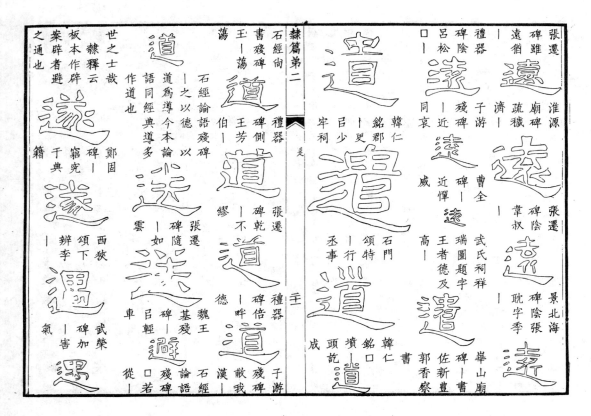

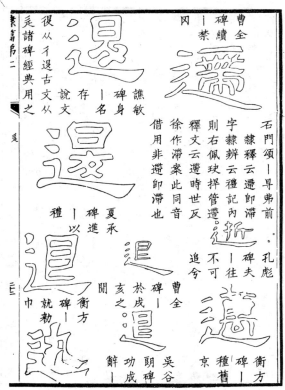

迅

晉孫夫人碑嗣子｜

進 白石神君碑｜其馨香

進 禮器碑陰蕃加｜

進 曹全碑陰杜安元｜

運 魏受禪表□□□之期｜也

遜 譙敏碑是用｜讓說文遜遁也愻順也唐書曰五品不愻諸碑皆以遜爲愻經典相承用之今書舜典亦作五品不遜

選 孔龢碑｜年卌以上

造 曹全碑復｜逆亂

造 禮器碑脩｜禮樂

造 跳山造冢石刻建初元年｜此冢造字省文

逆 曹全碑芟夷殘｜

遘 譙敏碑曷億｜罹

遘 鄭固碑乃｜凶慭

速 衡方碑化｜郵置

遐 孔彪碑｜矣不意

遐 魯峻碑穆清然｜

逴 禮器碑｜彌之思

迭 華山廟碑自三五｜興

迭 曹全碑會祖父｜

述 史晨後碑｜脩辟廱社稷品制

述 孔宙碑□□□□｜

追 尹宙碑迺｜于周說見訖字

追 晉太公呂望表｜用康年

過 耿勳碑廷陳惠康安｜之謀

過 華山廟碑｜禳凶札

達 曹全碑陰王河孔｜

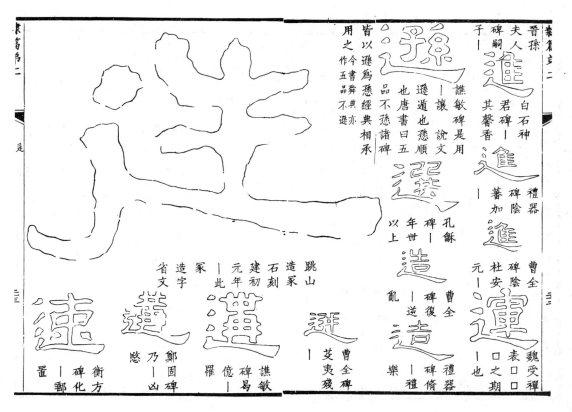

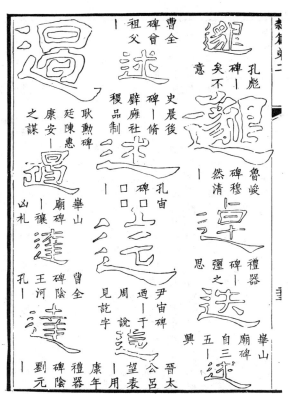

達 禮器碑陰劉元｜

達 魏上尊號奏抑虞夏之｜節
達 華山廟碑深｜和民事神之義
迫 西狹頌阨笮促｜
逆 曹全碑嗟｜賊 說文逆迎也 石經尚書殘碑其或屰不順也經典相承屰皆作逆
迹 校官碑脩口達之｜
迹 孔彪碑惟君之軌｜兮
適 楊叔恭殘碑｜士上下文闕
迪 石經尚書殘碑口其或｜
逼 淮源廟碑崎嶇｜狹
還 魏封孔羨碑休徵雜｜
遝 晉孫夫人碑唯恐不｜ 說文遝迨也又迨遝也玉篇遝行相迨及逮唐逮及也爾雅釋言逮遝也遝與逮其義雖通究是兩字而禮記中庸所以逮賤也釋文出以遝云本又作逮同公羊傳哀十四年祖之所逮聞也石經作遝聞遝逮至於無別竊謂二經故作遝字後人狃於逮之訓及又以形近遂改遝爲逮耳碑與隸釋陳球後碑遝完祖齊州輔碑遝事和熹后孝安帝劉寬碑未遝誅討皆卽用遝字可證二經作逮之譌

彳

徙 尹宙碑或｜趙地 說文作⿺辶止
徙 石門頌伯玉卽日｜署行丞事
徲 婁壽碑｜徲衡門下學上達 說見下
徲 婁壽碑｜徲衡門禮義滋醇 徲卽遲也音義同栖據說文遟爲籀文遟則徲似與徲同故以當類篇徲字而實非也說見徲字

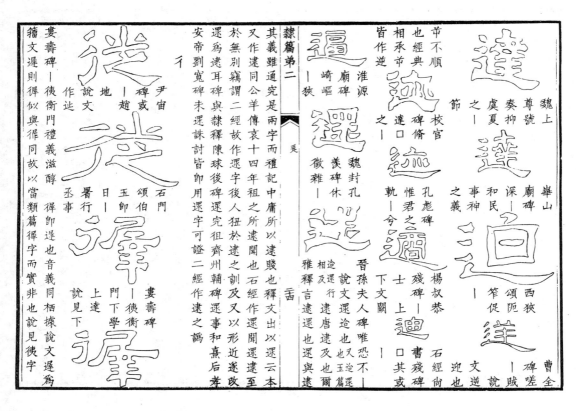

徲 婁壽碑徲｜衡門下學上達 徲徲栖遲也徲卽遟字說文从辵之字或从彳也遟字从犀說文犀遟也先稽切徐鍇曰犀遟不進也遟葢以犀爲義亦以犀得聲而自爲一字音義竝與栖同又有籀文筆迹無異說文闕遟本字而誤以籀文遟爲遲之籀文費鳳碑栖遟歷稔實沿其誤六書正誤云漢人遟字作遟承習巳久葢誤自說文其說良是鐘鼎款識周鐘銘有遟父者薛氏釋爲遲亦承說文之誤也徲卽遟字說文遟或从尸尸古文夷徲則尸作夷又从彳說文徲字當爲遲之或文也諸碑栖遟字惟此碑得之漢書楊雄傳靈遟迟兮師古曰遟音栖迟音又夷反李善文選注遟迟卽棲遟也可證至於繁陽令楊君碑之徲迟孔彪碑之徲徲徲卽遟之从彳者說文徲字亦當爲遟之或文彼費鳳碑遟誤用遟此二碑遟又誤用遟矣諸書及字書尤多舛錯
徹 白石神君碑史｜解
徹 白石神君碑
徹 武榮碑廣學甄｜
徹 北海相景君銘｜弱蒙恩
徐 魏封孔羨碑若乃紹繼｜絕
徐 景北海碑陰｜德字漢昌
徒 史晨奏銘
徒 禮器碑側司｜魯｜伯賢
徒 大司農司空 說文作辻
徒 西狹頌因常繇道｜
徒 禮器碑側司｜掾
徒 孔龢碑司｜雄
徒 孔龢碑司｜臣雄
徒 孔龢碑司｜司空府
循 曹全碑君乃閔縉紳之｜不濟
循 劉熊碑｜東口之惠

華山廟碑大宗承丨

石門頌丨禮有常

華山廟碑天子祭天地及山川歲丨馬

武梁祠畫象題字愛有丨移 以徧為偏集韻偏亦作徧易益卦偏辭也釋文孟作徧云周匝也以碑證之徧即偏之通孟喜則因字為訓耳

祀三公山碑偏雨四維偏又作偏二字古互通也

武氏前石室畫象題字門下游丨

武氏前石室畫象題字游丨車

華山廟碑思登丨之道 說文假至也新附遐遠也徐鉉曰或通用假字漢書禮樂志假狄合處師古曰假即遐字耳其字從彳蓋假亦古遐字後人始變彳為辵而專訓遠也隸釋武班碑商周假藐楊統碑假爾莫不隕涕繁陽令楊君碑假爾僉服遐皆作假

石經論語殘碑丨囗囗可諫也

武梁祠畫象題字取兄子丨

石門頌揆丨卓今

曹全碑君興師丨討 說文延或从彳

張遷碑周公東丨

耿勳碑東撫西丨

魏范式碑穢丨今眦

史晨後碑因丨左右

孔宙碑帥丨凶人

淮源廟碑陟丨高岡

石經論語殘碑囗景公丨孔子

孔宙碑陰孟忠字丨政

魏上尊號奏丨史大夫

魏范式碑舉高弟侍丨史

孔彪碑拜治書丨史

魯峻碑丨史中丞

禮器碑陰丨史魯孔翊

武梁祠畫象題字丨車失樞

楊淮表紀丨史中丞

史晨後碑史君饗丨

張遷碑以示丨昆

石門頌丨遺趙誦字公梁

嵩山太室闕銘以傳丨賢

曹全碑是丨舊姓

魏封孔羡碑以紹厥丨

魏受禪表丨存于今

曹全碑丨造逆亂

魏封孔羡碑脩丨舊堂

曹全碑丨舉孝廉

禮器碑丨顏氏幷官氏邑中繇發

楊淮表紀丨舉孝廉

孔彪碑靡所丨遑

郙閣頌文翁丨存

禮器碑丨聖二族

孔宙碑丨從所好

史晨後碑考之六丨入音克諧

禮器碑事丨禮儀

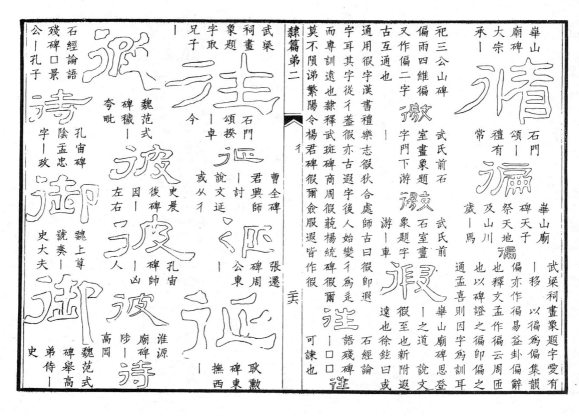

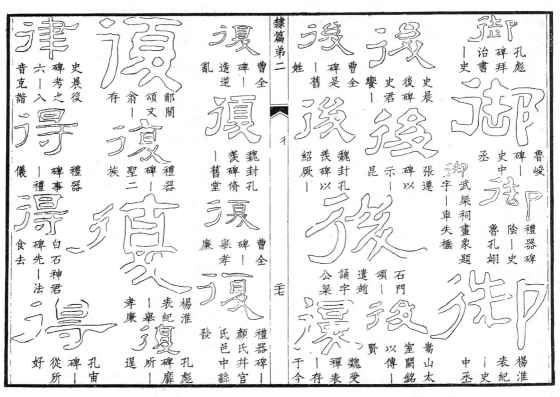

白石神君碑先丨法食去

[得]
西狄頌息不|駐

[德]
朱龜碑口世載|說見悳字

[德]
孔宙碑懿|惟光

晉孫夫人碑姊奴宗其|音

[德]
熹平殘碑旌善表|

[德]
西狹頌仇靖字漢|

[德]
楊叔恭殘碑彰盛|

[德]
張遷碑陰范|寶

[德]
張遷碑陰章|榮

[德]
禮器碑倍道畔|

[德]
曹全碑時疏勒國王和|弒父篡位

[德]
衡方碑|義是經

[德]
夏承碑皆|任其位

又

[廷]
史晨奏銘誠朝|聖恩所宜特加

[廷]
北海相景君銘奈何朝|奪我慈父

[廷]
孔君墓碣朝|口口

[廷]
曹全碑|曹廊閤以廷爲庭漢書古今人表大廷氏師古曰廷讀曰庭古庭通用廷也

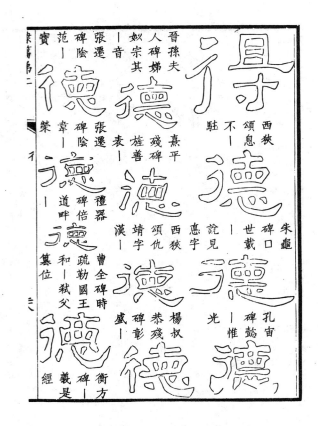

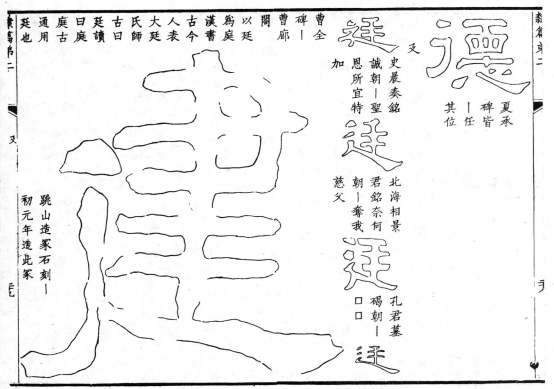

[廷]
跳山造冢石刻|初元年造此冢

白石神君碑｜立兆域

孝堂山畫象題名以永｜四年四月廿四日

曹全碑陰董溥｜禮

孔彪碑｜寧四年

西狹頌｜寧四年

石門頌至｜和二年

延

華山廟碑｜熹四年

魏上尊號奏尙｜陵之讓體

子游殘碑廣｜衛士

鄭固碑｜熹元年

史晨後碑大漢｜期

曹全碑張掖居｜都尉

吳谷朗碑宜｜遐紀

行

石門頌案察中曹卓｜

衡方碑聞斯｜諸

魯峻碑陰王端子｜

禮器碑陰｜義掾

淮源廟碑｜廷宏敞

魏上尊號奏都亭侯臣｜

北海相景君銘強｜改節　隸釋云以衘爲禦隸辨云周禮田僕注衘還之使不出圍釋文云衘又作御同禦本通御故亦借衘釋名云衘止也則又與禦同義案易蒙卦利用禦寇釋文禦本又作衛衛或衘之譌也

石門頌綏億｜彊　亦以衘爲禦又武氏祠祥瑞圖題字王者明無不衘

魯峻碑休神家｜　廣韻衘同巷易睽卦遇主于巷釋文云說文里中道也字書作衘爾雅釋宮衘門謂之閎釋文廣雅云道也聲類猶以爲巷字

魏封孔羡碑以守｜之

孔宙碑陰東郡｜公國趙恭

北海相景君銘羽｜藩屛

魏上尊號奏武｜將軍

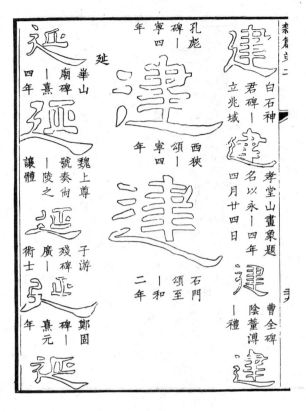

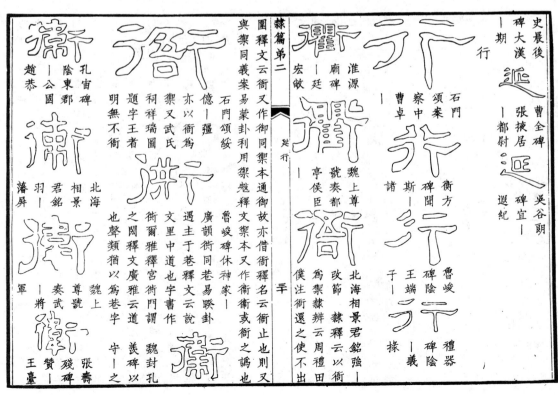

張壽殘碑贊｜王臺

齒

西狹頌幼而宿|

子游殘碑廣延|士

衡方碑少呂濡|安貧樂道

魯峻碑永傳嗇| 說文新附齡年也徐鉉曰禮記夢帝與我九齡疑通用靈武王初聞九齡之語不達其義乃云西方有九國若當時有此齡字則武王豈不達也葢後人所加

曹全碑君童|好學

牙

魏上尊號奏虎|將軍

足

魯峻碑守疏廣止|之計

北海相景君銘輕黠|竟

晉孫夫人碑明敏|以辯物

景北海碑陰辥逸字佰|

魏受禪表未|以喻

魏封孔羨碑嘉瑞|武

曹全碑極鼎|

夏承碑臣隸辟| 說文踊跳也踊喪辟踊碑以踊爲踊經典相承用之義通故也

史晨後碑式路虔|

華山廟碑訖今垣|營兆猶存 說見止字又說文阯基也址或从土則垣趾字作阯址亦是

魏受禪表|圭

辟 隸辨云跱與跱通後漢書章帝紀無得設儲跱注跱具也此碑又作踦

石門頌木石相| 以距爲拒集韻拒通作距詩皇矣敢距大邦太平御覽作敢拒大邦禮記檀弓注有司拒之釋文本又作距論語人將拒我釋文出距云本今作拒皆拒正而距通也又史記魯仲連列傳距全齊之兵張耳陳餘列傳自以城距君漢書高帝紀秦將章邯距破之郊祀志是呂明王距而不聽拒亦作距

武氏左石室畫象題字與項相| 亦以距爲拒又魏受禪表口口口口以意距隸釋石經論

語殘碑可者口口口口口者距口

西狹頌君|其險

孔彪碑脩身|言

西狹頌|呂安直

張遷碑|無拾遺

石門頌蓬|歨難

魯峻碑陰|福世輔

北海相景君銘|遐攣親

魯峻碑陰|龍顯公

北海相景君銘|帥禮仁

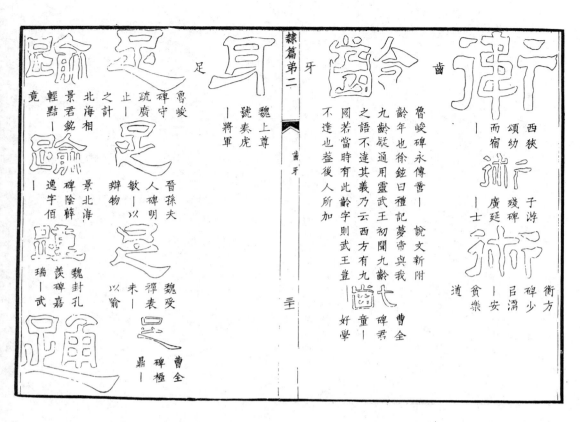

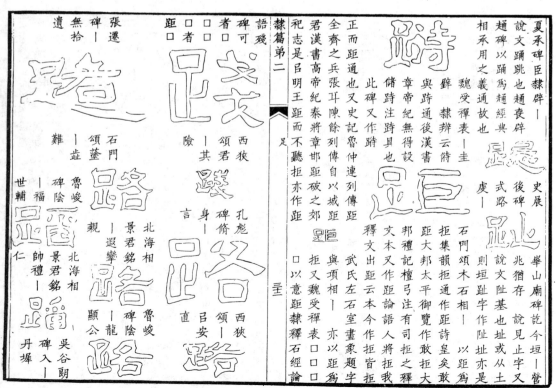

吳谷朗碑入|丹墀

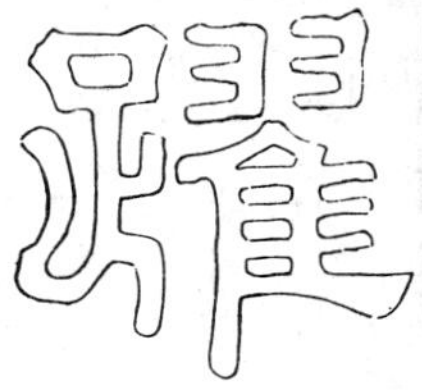

夏承碑飛｜臨津

品

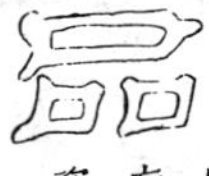

華山廟碑資糧｜物

史晨後碑逑脩辟雍社稷｜制

龠

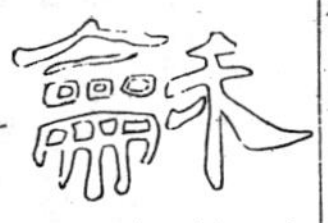

孔龢碑雜試｜脩春秋嚴氏經

冊

魏王基殘碑於是將矩奉｜

魏受禪表讓德不｜

西狹頌姜納字元｜

曹全碑陰李譚伯｜

綴說

禮器碑咏　漢書禮樂志歌咏言師古曰咏古詠字也與說文小異

張遷碑喆　書說命知之曰明哲詩下武世有哲王釋文並云本又作喆詩抑靡哲不愚左傳成八年賴前哲以免也釋文出靡喆前喆漢書敘傳是旦聖喆之治嚞皆作喆

晉孫夫人碑止　易噬嗑屨校滅趾釋文出滅止云本亦作趾賁賁其趾釋文一本作止大壯壯于前趾艮艮其趾釋文並云荀作止禮記內則長者奉席請何趾釋文出何止云本又作趾作止者皆古經也漢書趾亦作止

劉熊碑遁　後漢書竇憲列傳而仁厚委隨字與碑同注但云委隨猶順從而不言即委蛇也

石門頌遼　一切經音義寮孔注蒼頡篇云寮小孔也經文作遼遠之遼非體也經文葢亦如碑以遼爲寮

婁壽碑倭　詩四牡釋文倭遲亦遲之誤韓詩作倭夷夷葢倭之省文古

夷作尸見六書通引古尚書玉篇尸古文夷字說文曰古文仁字

北海相景君銘衕　詩谷風亦以御冬傳御禦也是禦通御之證

器

禮器碑禮｜升堂

夏承碑抱｜幽潛

孔龢碑掌領禮｜

孔龢碑廟有禮｜

張遷碑利｜不覿

干

吳谷朗碑｜戈未戢

衡方碑斯｜作歌

曹全碑役不｜時

校官碑｜侯用張以干爲豣儀禮大射儀干五十注干讀爲豣周禮夏官射人士以三耦射豣侯注大射禮豣作干又則以貍步張三侯注大射禮曰干五十釋文與豣同

景北海碑陰故｜淳于董純　金石萃編云午卽干字干卽幹字後漢書百官志河南尹官屬循行之下有幹小史二百三十一人此碑故午在循行之後小史之前其爲幹字無疑西狹頌乃刊斯石馮緄碑刊石表績祝睦後碑刊勒金石刊字左旁皆作干此午卽干字之證也鄭季宣碑陰有直事干四人卽直事幹也司馬整碑陰有諸曹干十三人卽諸曹幹也詩云公侯干城釋文云干音幹廣雅甲乙爲幹寅卯爲支史記歷書作干支古蓋省幹爲干惟韓勑後碑魯相門下幹則直書作幹矣

谷

史晨奏銘｜揆未然　玉篇卻俗作却

㕼

華山廟碑夏｜則未聞所損益

曹全碑陰縣三老｜量

北海相景君銘｜人空市　說文商从外知內也賫行賈也碑以商爲賫經典相承用之

句

石經魯詩殘碑　蟋蟀篇記章句末字

武榮碑治魯詩經章君章｜

史晨奏銘｜河摘雒

丩

楊叔恭殘碑賞恭｜慢

曹全碑彈枉｜邪

朱龜碑鮮不｜摘

古

禮器碑存｜舊宇

孔龢碑政教稽｜

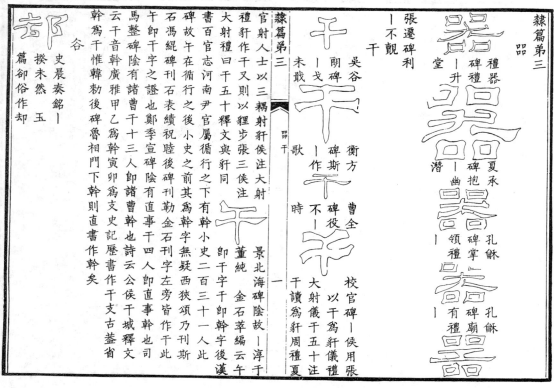

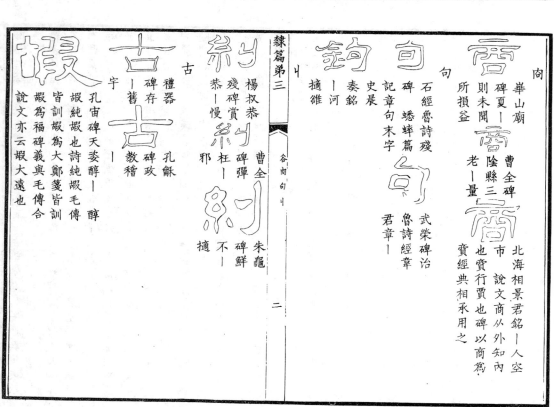

孔宙碑天姿醇｜　醇嘏純嘏也詩純嘏毛傳皆訓嘏爲大鄭箋皆訓嘏爲福碑義與毛傳合說文亦云嘏大遠也

十

孔龢碑孔子丨九世孫

禮器碑陰孔宙季將丨

禮器碑側敬謙字季松丨

魏王基殘碑增邑五丨戸

魏封孔羨碑騰聲乎丨載

禮器碑陰鮑宮元威丨

郙閣頌三百餘丨

魯峻碑丨覽羣書

西狹頌先之㠯丨愛

孔宙碑陰下丨蘇觀

曹全碑陰安平邳丨

韓仁銘十一月丨二日乙酉

熹平殘碑年丨有七

孔龢碑三月丙子朔廿丨七日 建武泉笵建武丨年 玉篇廿二十廾也廿卽廿字卄者廿之變文作兩十字解者非漢大官壺銘建武卄汾陰宮鼎銘汾陰共官銅鼎卄枚二器篆文同此

卅

韓仁銘表言會月丨日

景北海碑陰紀政字丨堅

尹宙碑丨作師尹

夏承碑是故寵祿傳于歷丨

曹全碑陰王畢丨異

禮器碑陰袁隆展丨

魏上尊號奏此乃千丨時至之會

禮器碑聖人不丨

孔龢碑孔子十九丨孫麟

曹全碑丨宗廓土庠竟

禮器碑側麃愾元丨

鄭固碑年丨二廣韻卌說文數名今說文無此字

孔彪碑口丨九

言

孔龢碑臣愚以爲如瑛丨

石門頌馬可具丨

鄭固碑俯哭丨訴

曹全碑于時聖主丨諏羣僚 隸辨云詩小雅周爰咨諏釋文云本亦作諮

景北海碑陰炅丨字孟道

楊叔恭殘碑聿用作丨

衡方碑聞斯行丨

衡方碑丨人所詠

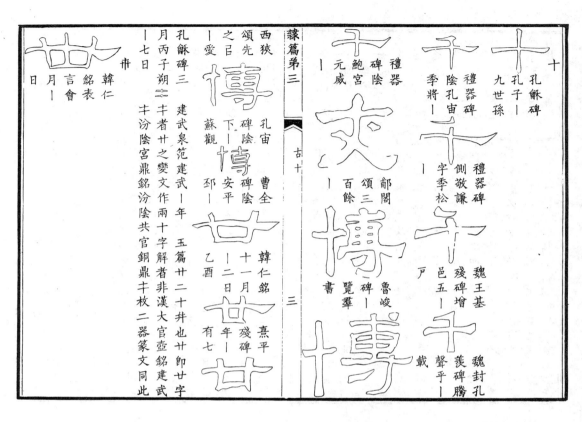

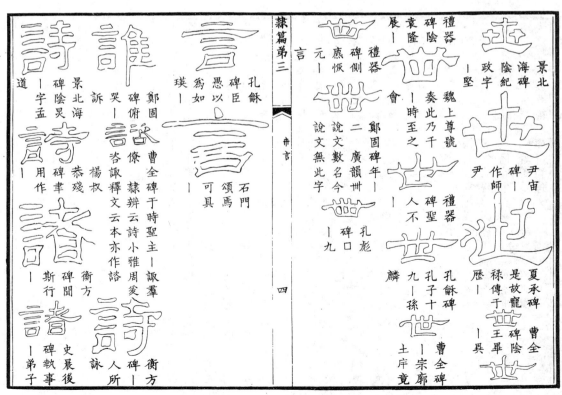

史晨後碑執事丨弟子

諏　劉熊碑咨度丨詢

諏　曹全碑諮丨羣僚

誅　唐公房碑召鼠丨之

謨　魏范式碑光演宏丨

謨　北海相景君銘規筴槼丨

謨　張遷碑建忠弼之丨

諧　史晨後碑考之六律八音克丨　說文諧詥也虞書曰八音克諧今書如碑作諧

該　衡方碑履丨顏原　說文該軍中約也晐兼也碑以該爲晐經典相承用之

諲　曹全碑陰李丨伯嗣

詢　魏范式碑丨爾髦士

論　婁壽碑國人乃相與丨惪處謚

論　尹宙碑於是丨功敘實

誾　衡方碑誾丨侃侃

訢　禮器碑百姓丨和　史記萬石君列傳僮僕訢訢如也晉灼曰訢許慎曰古欣字今說文無之

譊　武氏前石室畫象題字丨聞二人

譙　譙敏碑其先故國師丨贛　漢書儒林傳京房受易梁人焦延壽師古曰延壽其字名贛焦以國爲氏碑作譙者漢改焦國爲譙縣焦姓亦因之而改也

謠　劉熊碑采摭丨言　說文作䚻集韻䚻或作謠

訞　曹全碑丨賊張角

訞　衡方碑國外浮丨　二碑皆訞字也漢書文帝紀今法有誹謗訞言之罪藝文志請官除訞祥十九卷師古竝云訞與妖同左傳昭二十九年秦人降妖釋文本又作訞　玫玉篇訞

芺也說文無訞字妖作娱亦非訞芺之義祥字云地反物爲祥也蓋訞之本字

課　耿勳碑勸丨趨時

詹　魯峻碑莫不號丨

詳　魏上尊號奏所丨者輕

詳　石經尚書殘碑口道出于不丨　孔作其終出于不祥傳以出於不善之故祥古通用詳易履卦視履考祥釋文本亦作詳公羊傳昭十一年經盟于侵羊疏穀梁傳作侵祥服氏注引者直作詳然易大壯不祥也釋文出不詳云詳審也鄭王肅作祥善也若此之類字不同而義亦異非必其通用也今書其終出于不祥鄭注亡矣而呂刑告爾祥刑孔傳告汝以善用刑之道後漢書劉愷傳作詳刑注尚書周穆王曰告爾詳刑鄭元注云詳審察之也據此注則鄭本君奭或亦書祥爲詳而訓審察亦因文釋義孔自孔鄭自鄭耳又逸周書皇門解以昬求臣作威不詳淮南子說山訓六畜生多耳目者不詳注竝云詳善也義如祥而不言通是詳亦自有善義也

誠　魏上尊號奏誠惶丨懼

誠　禮器碑出丨造口

誠　石門頌勤〻竭丨

誠　孔龢碑誠惶丨恐

訓　吳谷朗碑丨咨有司　說文訓譸也𠷎詶也虞書帝曰𠷎咨今書作疇碑以訓咨爲疇咨也後漢書崔駰傳亦號咷吕訓咨字與碑同又隸釋魏元丕碑訓咨羣寮劉寬碑訓咨儒林隸續晉鄭烈碑訓咨俾乂

謀　曹全碑陰馬訪丨子

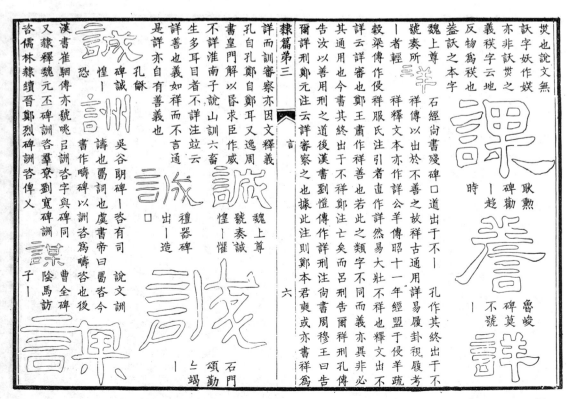

諫

石門頌｜合朝情

諆

孔宙碑陰齊納字槷｜

諜

曹全碑｜若涌泉

諶

孔彪碑上帝棐｜以諶爲忱書棐忱孔傳皆訓諶說文諶誠諦也音義同故通用

談

史晨奏銘象與天｜

讓

晉孫夫人碑加｜勤之

讓

禮器碑側臨汾｜敬

讓

史晨後碑李｜敬讓

讓

魯峻碑陰張｜伯讓

讒

武梁祠畫象題字｜言三至

講

校官碑祖｜詩易

講

魏封孔羨碑闕里不聞｜誦之聲

講

武榮碑闕幘傳｜孝經論語漢書史記左氏國語

誄

校官碑弇｜曰

誄

北海相景君銘乃作｜曰

語

禮器碑承天之｜

語

祀三公山碑口惟三公御｜山三條別神

許

魏上尊號奏宜蒙納｜

許

孔龢碑可｜臣請

許

孔宙碑陰｜祺許姓出許國說文作鄦

詡

魏上尊號奏臣歆臣｜

詡

曹全碑陰故功曹王｜

誧

史晨後碑部史仇｜

謹

孔龢碑｜問大常祠曹掾馮牟史郭元

謹

孔龢碑｜案文書守文學掾魯孔龢

謇

衡方碑｜王臣　說文蹇跛也徐鉉曰易王臣蹇蹇今俗作謇非楚辭離騷余固知謇謇之爲忠兮後漢書魯恭列傳陛下既廣納謇謇樊準列傳志謇謇之忠朱暉列傳進無謇謇之志三國魏志高堂隆傳謇謇匪躬隸釋張表碑謇謇匪躬蹇蹇皆作謇謇又張遷碑中謇於朝張壽殘碑妻炕忠謇其義竝同

謇

鄭固碑犯顏｜愕　謇愕亦蹇蹇之義後漢書陳蕃列傳謇愕之操儒林列傳臣無謇諤之節蹇亦作謇

誕

魏范式碑｜表靈和

誕

劉熊碑｜生照明

誕

衡方碑｜降于君

誕

劉熊碑｜生岐嶷

討

曹全碑君興師征｜

讜

北海相景君銘建筴忠｜

謨

石門頌｜而益明

請

孔龢碑可許臣｜

誦

魏封孔羨碑闕里不聞講｜之聲

誦

石門頌世仁嘆｜　以誦爲頌詩崧高吉甫作誦烝民吉甫作誦皆以誦爲頌周禮春官大師曰頌注頌之言誦也其義通也又隸釋脩華嶽碑刊銘紀誦靈臺碑陰誦出錢名後漢書逸民列傳專精頌讀誦又作頌

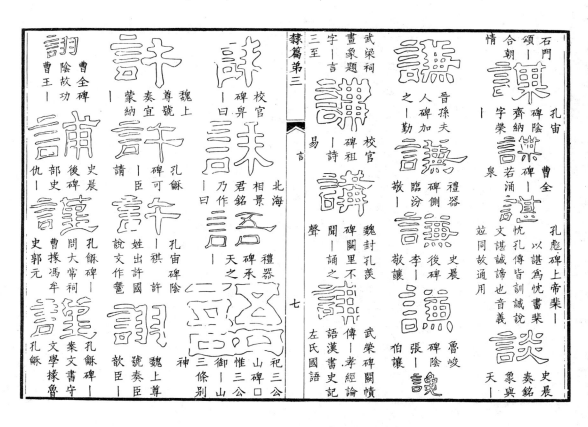

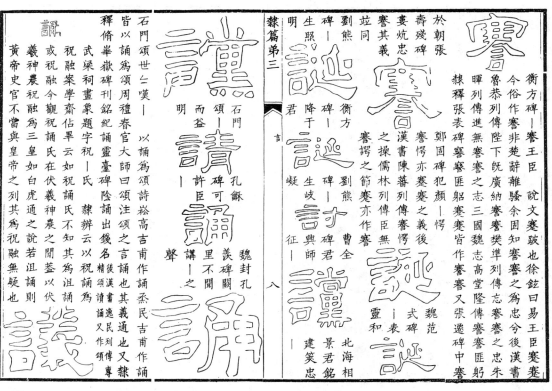

武梁祠畫象題字祝｜氏　隸辨云以祝誦爲祝融案學齋佔畢云如祝誦氏不知其爲沮誦或祝融今觀祝誦氏在伏羲神農之間蓋以伏羲神農祝融爲三皇如白虎通之說若沮誦則黃帝史官不當與皇帝之列其爲祝融無疑也

魯峻碑徵拜｜郎

議

魏封孔羨碑其以｜郎孔羨爲宗聖侯

議

景北海碑陰故門下｜史

議

衡方碑徵拜｜郎右北平大守

議

石門頌有司｜駮

謚

魯峻碑｜君曰忠惠父　說文謚行之迹也今本作謚而以謚爲笑皃乃後人專主字林笑聲之義而別出之因改說文之謚爲謚玉篇類篇皆承其誤也兹以當類篇謚字晉孫夫人碑又有號謚與此同

謚

衡方碑｜吕旌德卽謚字又隸釋馮緄碑因謚爲桓

識

華山廟碑莫能｜存

識

晉孫夫人碑潛神內｜

識

孔彪碑功□□□｜

識

石門頌豫｜難易

識

孔龢碑雜｜龢脩春秋嚴氏經

記

華山廟碑禮｜曰

記

石門頌春秋｜異

記

武氏前石室畫象題字主｜車

謂

尹宙碑｜京寫□

謂

西狹頌詩所｜如集于木

諱

孔宙碑君｜宙字季將

諱

吳谷朗碑府君｜朗

諱

衡方碑府君｜方

諱

史晨後碑史君｜晨

諱

張遷碑君｜遷

諱

武榮碑君｜榮

諱

西狹頌李君｜翕

譽

孔宙碑生播高｜

譽

延光碑□其功｜

訴

鄭固碑俯哭誰｜

讓

景北海碑陰是盛字｜宗

計

曹全碑上｜掾史

詣

白石神君碑始爲無極山｜大常求法食

詣

武氏左石室畫象題字贖｜寺門

譪

婁壽碑甘山林之杳｜

誡

嵩山太室闕銘齋｜奉祀以誡爲戒說文誡敕也戒警也義近故通用玉篇誡亦有警義

讓

鄭固碑頤｜親弟

讓

孔宙碑陰蕭｜字伯□

訊

李孟初神祠碑□更｜治

訓

孔宙碑少習家｜

訓

魏受禪表遵大鹿之遺｜

訓

魏王基殘碑敷崇惠｜

讚

張遷碑奚斯｜魯

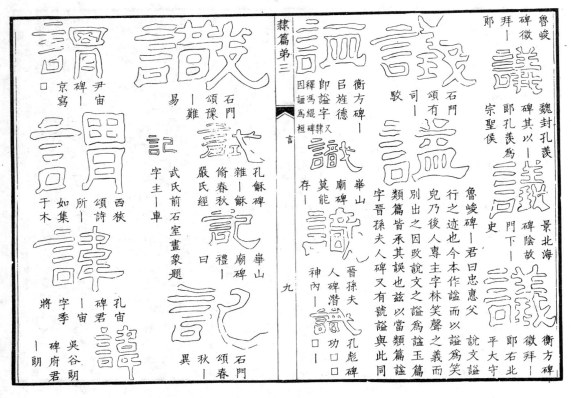

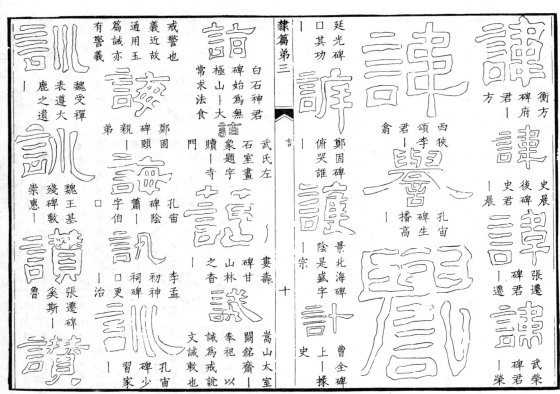

讚

孔龢碑｜曰

讚

孔龢碑幽｜神明 字書讚字義主稱美謂與贊異不知贊讚古今字耳易說卦幽贊于神明而生蓍釋文本或作讚碑字正同可證也 妾臣顏本讚作贊 急就章譯道讚拜稱

讚

白石神君碑幽｜天地

諫

石經論語殘碑往□□可｜也

諺

曹全碑是以鄉人爲之｜曰

詔

晉太公呂望表其後文王見大公而｜之

詔

魏上尊號奏臣等伏讀｜書

詔

孔龢碑｜書崇聖道

謝

禮器碑陰｜伯威

詐

西狹頌知不｜愚

訪

曹全碑遂｜故老商量

訪

禮器碑陰薛曹｜

讓

孔宙碑陰吳｜字子敬 說文讓相責讓攘推也漢書禮樂志盛揖攘之容是敬讓本字諸碑以讓爲攘經典如之

讓

史晨後碑李謙敬｜

讓

曹全碑升降揖｜

讓

鄐閣頌漢水逆｜ 以讓爲襄義如書懷山襄陵之襄史記梁孝王世家梁平王襄索隱漢書作讓又周禮地官保氏注襄尺釋文本作讓襄與讓古互通也

諒

魏范式碑忠｜足以弼國

諒

景北海碑陰｜闇沈思 禮記喪服四制書曰高宗諒闇注諒古作梁楣謂之梁是以諒爲梁也今書作亮陰諒亮亦通用字

詠

北海相景君銘後來｜其烈

詠

鄐閣頌乃｜新詩

詠

西狹頌｜歌懿德

詠

孔彪碑敢｜顯□

謬

曹全碑朱紫不｜

識

禮器碑二陰出｜

讀

魏上尊號奏臣等伏｜詔書

訖

韓仁銘豎石｜成 義作迄書禹貢聲教訖于四海漢書成帝紀訖今不改藝文志下訖于秦迄皆作訖攷說文訖止也新附字迄至也葢古無迄字訖訓止亦訓至也

訖

崋山廟碑｜今垣趾營兆猶存 義同上

謁

史晨奏銘拜｜神坐

謁

北海相景君銘遵考孝｜

謁

楊淮表紀｜歸過此

謁

曹全碑孝廉｜者

說

崋山廟碑民｜無疆 說卽悅本字說文新修字義悅經典只作說耿勳碑君敦詩說禮語本左傳西狹頌作敦詩悅禮說乃本字隸續謂其以說爲閱非也

設

崋山廟碑建｜宇堂

設

白石神君碑脩｜壇屏

設

孔宙碑明器不｜

託

晉太公呂望表明靈所｜

諾

孔彪碑｜則不宿

啻

魯峻碑永傳｜齡 說文啻快也意滿也一曰十萬曰啻碑則以啻爲意也又孔宙碑啻載揚聲

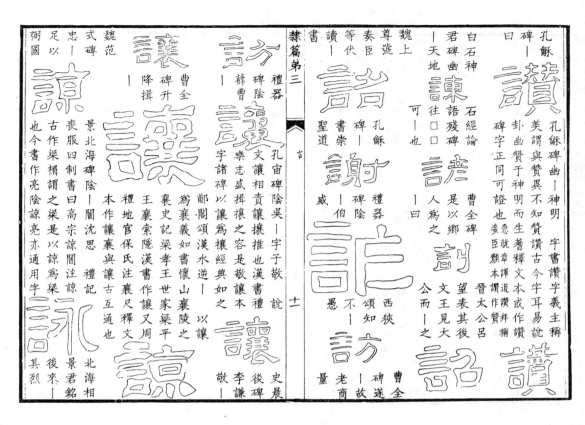

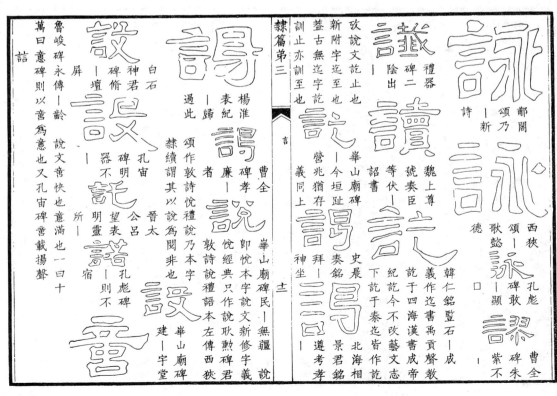

詣

音

夏承碑流恩褒｜

韓仁銘宣｜口口說文篆文譱从言

張壽殘碑登｜濟可

石經儀禮殘碑口口｜平

孝堂山畫象題名平原濕陰邵｜君

張遷碑有張艮｜用籌策

史晨後碑考之六律八音｜克諧

禮器碑樂之｜符

晉孫夫人碑娣姒宗其德｜

禮器碑陰虞｜與公

武榮碑治魯詩經章君｜句

張遷碑陰章武｜

曹全碑德義｜說文章樂竟爲一章彰文彰也諸碑多以章爲彰經典亦多相承用之

祀三公山碑報如景｜

史晨奏銘黃玉｜應 隸釋云韾古響字又隸續嚴發殘碑桓韾佐陳章

孔彪碑服竟還署

曹全碑世宗廓土庈｜義作境境古止作竟說文新附境疆也經典兩用之

｜四夷服 周仲鏡銘周仲作漢鏡銘鏡字多省金

辛

丵

曹全碑君｜齔好學 說文童男有辠曰奴奴曰童僮未冠也諸碑皆以童爲僮經典相承用之

孔龢碑辟｜故事辟廱禮未行說文對从口或从士

石經論語殘碑我｜曰

張遷碑苑令不｜

婁壽碑掩髮傳｜

孔宙碑緝熙之｜既就

華山廟碑欽若嘉｜

譙敏碑爰惟懿｜

白石神君碑陰郭孝仲｜

誤姑附存之

地節買山石刻作｜

武梁祠畫象題字初造王｜

耿勳碑百姓樂｜此字經後人剔刻似有譌

菐

魏上尊號奏大｜臣雯

建武泉范大｜監掾蒼

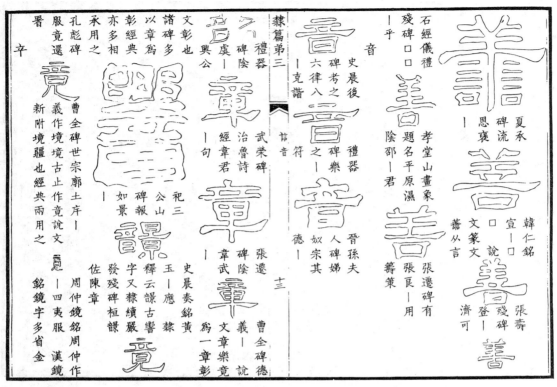

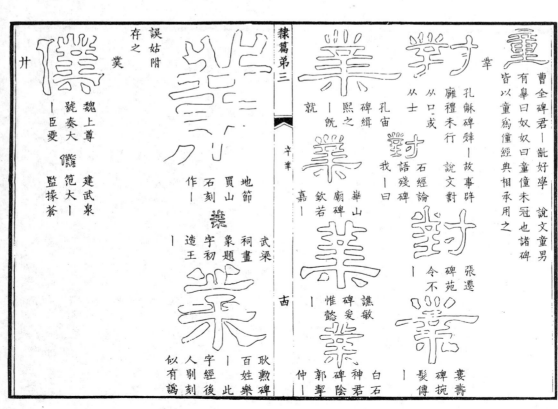

廿

兵
衡方碑畱｜拜步校尉
兵
曹全碑起｜幽冀 說文併古文兵
兵
武梁祠畫象題字造｜井田
兵
孔宙碑□□祠｜
兵
魏受禪表料敵用｜
丞
曹全碑張掖屬國都尉｜
丞
禮器碑側故｜魏令
奉
孔龢碑雜試通利能｜宏先聖之禮
奉
史晨奏銘臣卽自以｜錢 說文新修字義云俸本只作奉古爲之奉祿後人加人周禮天官大宰注若今月奉也釋文本或作俸是唐以來所改史漢俸字皆作奉也又耿勳碑出奉錢
具
史晨奏銘脩上案食醊｜
具
白石神君碑乃｜載本末

具
石門頌馬可｜言
戒
石門頌西成王｜
戒
孔龢碑臣雄臣｜
奐
晉孫夫人碑｜平文母 以奐爲煥玉篇煥亦作奐
尹宙碑｜世載勛
禮記檀弓美哉奐焉釋文本亦作煥又隸釋王純碑奐矣王君魏元丕碑洋洋奐乎煥皆作奐然說文煥爲新附字或古止作奐耳說文奐一曰大也漢書韋元成傳惟懿惟奐師古曰奐盛也如字亦通
吳谷朗碑稾｜世之高素
弈
說文弈圍棊也 奕大也諸碑皆以弈爲奕
弈

𠬜
樊
共
白石神君碑上郡白土｜瑋
樊
魯峻碑陰任城｜
樊
石經論語殘碑｜遲□
樊
武梁祠畫象題字｜於其頭
共
張遷碑｜亨天秩
共
李孟初神祠碑｜案文□
共
跳山造冢

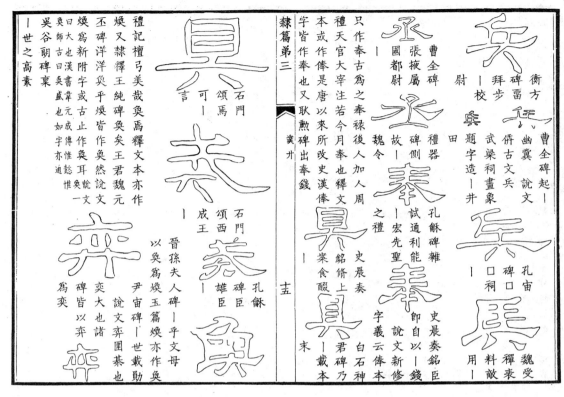

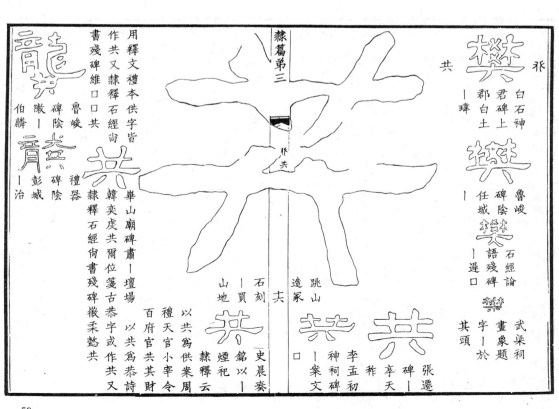

石刻｜買山地
共
史晨奏銘以｜煙祀 隸釋云以共爲供案周禮天官小宰令百府官共其財用釋文禮本供字皆作共又隸釋石經尙書殘碑維□□共
共
華山廟碑肅｜壇場 以共爲恭詩韓奕虔共爾位箋古恭字或作共又隸釋石經尙書殘碑徽柔懿共
龔
魯峻碑陰噭｜伯麟
龔
禮器碑陰彭城｜治

異

曹全碑陰王畢世

孔宙碑陰張琦字子丨

禮器碑禮所宜丨

孔宙碑陰丨璋字元珪

曹全碑百姓丨恩

舁

禮器碑陰虞詔丨公

曹全碑丨造城郭

魏受禪表且有熊之丨

李孟初神祠碑永丨二年

魯峻碑陰任城任城吳盛子丨

魯峻碑陰勃海南皮劉盛丨口

張遷碑周宣王中丨

楊叔恭殘碑招賢丨程

史晨後碑月丨佐除

禮器碑丨乾運燿

郙閣頌丨寇爲鄰

石門頌攺丨乾通

北海相景君銘丨相論曰

禮器碑天丨厥福說見与字

武梁祠畫象題字報乃借丨

石經論語殘碑是魯孔丘丨以與爲歟廣韻歟說文云安气也又語末之辭亦作與攷經典歟皆作與孝經諫諍章是何言與釋文出是何言歟云本亦作與又漢書成帝紀鬱滯而不通與郊祀志意舊臧與師古竝曰與讀曰歟

臼

石門頌功餝爾丨說文與古文[illegible]

曹全碑恤民之丨

晨

孔龢碑大司丨給米祠

華山廟碑宏丨大守

李孟初神祠碑口部勸丨

史晨奏銘大司丨

曹全碑丨夫織婦

石門頌丨夫永同

爨

魏王基殘碑上文闕

革

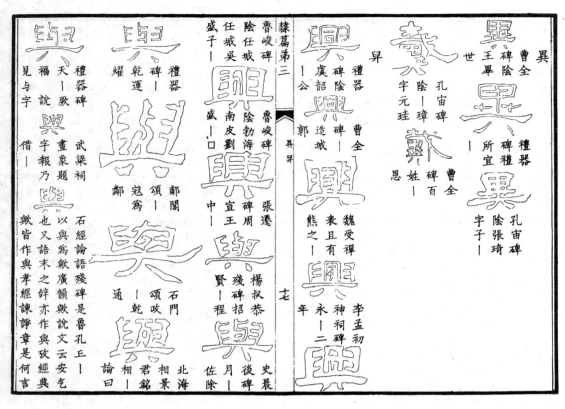

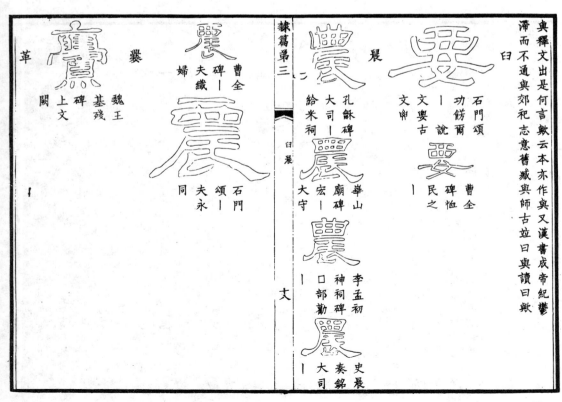

丨

革

魏受禪表｜器械

景北海碑陰朱虛｜欣

勒

曹全碑時｜疏國王和德

孔宙碑陰｜京字君賢

耿勳碑刊｜斯石

尹宙碑宜｜金石

石門頌｜石頌德

子游殘碑故｜斯口

夏承碑｜銘金石

鞀

楊淮表紀追述｜銘義當作勒碑實鞀字非有剝泐蓋筆誤也

鬲

石門頌垓｜尤艱以鬲爲隔爾雅釋水鬲津釋文李云河水狹小可隔以爲津故曰鬲津史漢諸書隔多作鬲隔古通用鬲也

祀三公山碑蝗旱｜抍亦以鬲爲隔隔抍見後漢書

融

魏范式碑本支著宣｜之祚

白石神君碑顯｜昭明

爪

爲

孔龢碑｜漢制作

晉孫夫人碑父｜侍郎

史晨奏銘臣以｜素王稽古

張遷碑少｜郡吏

尹宙碑卑官不｜以恥

張遷碑令退｜畜夫

魏封孔羨碑伯禹命元宮而｜夏后

正直殘碑祖考｜口

石門頌益域｜充

天鳳石刻爲支人｜封

武氏石闕銘使石工孟｜李弟卯造此闕

丮

埶

校官碑剖演奧｜說見蓺字此與張遷碑皆埶下加云者也

張遷碑｜於從畝

武氏祠祥瑞圖題字神鼎不炊自｜說見熟字

孰

石經論語殘碑｜爲夫子

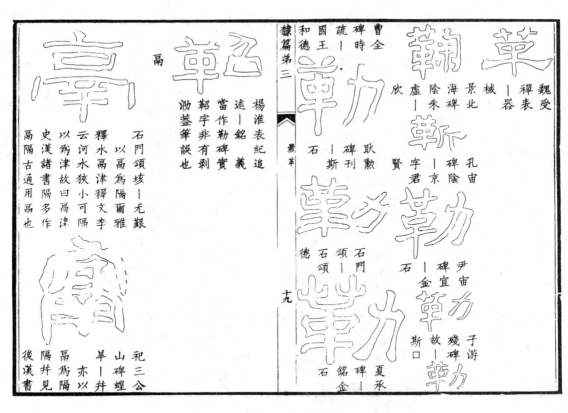

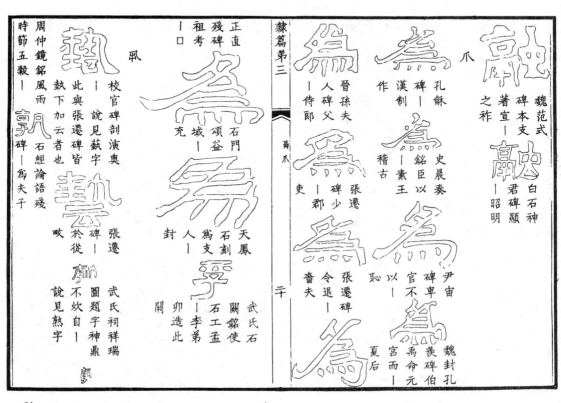

周仲鏡銘風雨時節五穀｜

又

史晨奏銘—尚書考靈耀曰
華嶽廟殘碑陰口躬—節
曹全碑陰成播—舉
淮源廟碑明哲—所
石經魯詩殘碑胡—禾三百廛兮
晉孫夫人碑—悅
禮器碑側任城亢—
曹全碑君高祖—敏
北海相景君銘黃朱邵—
韓仁銘河南—校尉
華山廟碑京兆—

孔宙碑貴速朽之—眞
史晨後碑蕩邪—正
魯峻碑陰蒲—陽戍口坂古用反漢書地理志蒲反注故曰蒲應劭曰秦始皇東巡見長坂故加反後漢書郡國志始作蒲坂也
尹宙碑—心惟常
曹全碑武王—乾之機
白石神君碑—斧鉞之威
衡方碑—北平大守說見左字
校官碑—尉

仙集題字會仙—
楊叔恭殘碑陰禪伯—
石門頌原—天道
張遷碑以孝—為行
史晨奏銘觸期—稽
譙敏碑君商時—世
魯峻碑雅—宏綽
白石神君碑是—是量
禮器碑側—徵漢賢
武氏前石室畫象題字蔡叔—
曹全碑封弟—振鐸于曹國

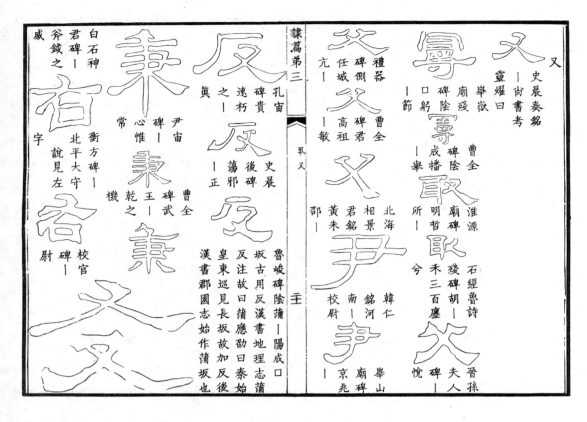

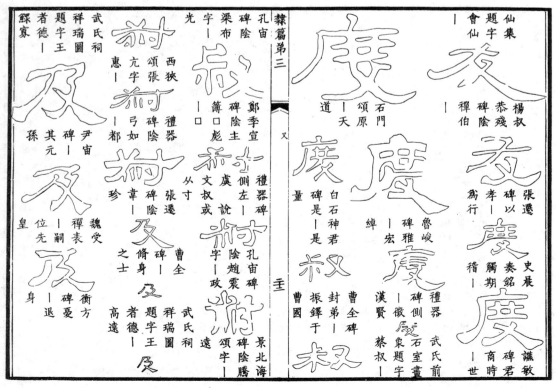

孔宙碑陰梁布字—光
鄭季宣碑陰主簿口彪—口
禮器碑側左—虞 說文叔或从寸
孔宙碑陰趙震字—政
景北海碑陰騰頌字—遠
西狹頌張亢字惠—
禮器碑陰弓如—都
張遷碑陰章—珍
曹全碑—脩身之士
武氏祠祥瑞圖題字王者德—高遠
武氏祠祥瑞圖題字王者德—鰥寡
尹宙碑—其元孫
魏受禪表—嗣位先皇
衡方碑憂—退身

ナ

尹宙碑丨官不以爲恥

石門頌丨者楚惡

校官碑丨介識昌隸釋云以卑爲俾案集韻卑通作俾經典釋文多出卑字云本又作俾諸書引經俾亦多作卑蓋同音而借也卑古音婢

史

尹宙碑景王載丨在典

建武泉范丨令鳳

史晨後碑部丨仇誧

孔龢碑爲孔子廟置百石卒丨一人掌主禮器

西狹頌故從丨主簿下辨李遂子游殘碑丨人上文闕

華山廟碑刻紀時丨

張遷碑陰故從丨原宣德

石門頌伯玉卽日徙署行丞丨守安陽長

支

校官碑永世丨百

尹宙碑丨判流僄

聿

孔彪碑所在祇丨

白石神君碑丨雍顯相

譙敏碑丨將王命

嵩山太室闕銘聖朝丨敬

淮源廟碑肅丨其敬

尹宙碑諸夏丨震

史晨後碑於穆丨雍

聿

楊叔恭殘碑丨用作詩

石經魯詩殘碑歲丨其逝

書

夏承碑治詩尚丨

韓仁銘丨到

石門頌丨佐西成王戒

景北海碑陰故丨佐都昌羽質

畫

禮器碑承天丨卦

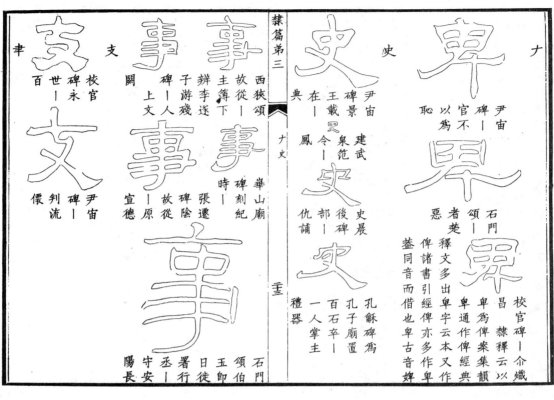

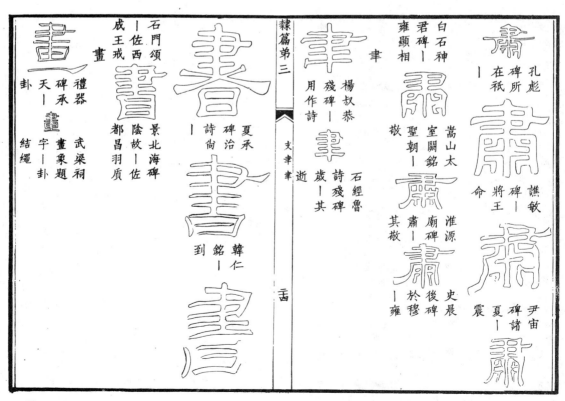

武梁祠畫象題字丨卦結繩

淮源廟碑口口丨夜

隶

石門頌故司丨校尉　隸辨云說文作隸從隶從柰九經字樣云周禮女子入于舂槀男子入于罪隸隸字故從又持米從柰聲又象人手也經典相承作隸已久不可改正其說與說文不同未詳何據諸碑隸皆作隸無從隶者字原載王純碑隸字從隶碑本作隸字原誤也隸韻載王純碑隸字亦從隶

楊淮表紀司丨校尉

魯碑碑頌漢故司丨校尉　說文隸篆文作隸

韓仁銘司丨　下文闕

楊淮表紀故司丨校尉

臤

校官碑親丨寶智　隸辨云說文云臤堅也古文以為賢字說者謂臤蒙下文寶字故省貝非也碑中師臤臤字不蒙下文袁良碑優臤之寵賢亦作臤

西狹頌丨固廣大

景北海碑陰紀政字世丨

景北海碑陰丨建黹呰

韓仁銘丨石訖成

張遷碑於是刊石丨表

臣

史晨奏銘丨即自以奉錢

史晨奏銘丨伏見臨辟雍日

曹全碑芟不丨

孔龢碑司徒丨雄

孔龢碑臣雄丨戒

白石神君碑終然允丨

曹全碑陰丨就元就

晉孫夫人碑昔丨武仲

衡方碑用行舍丨　說文新附藏匿也徐鉉曰漢書通用臧字玫漢書禮樂志臧於理官師古曰古書懷藏之字本皆作臧漢書例為臧耳說經家改懷臧字為藏或不改而訓為善者皆非也武班碑勳臧王府字與碑同

殳

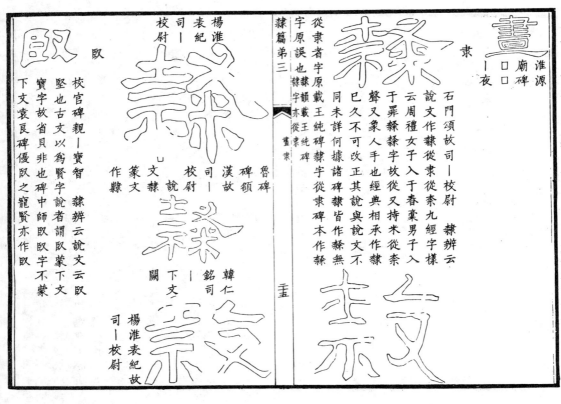

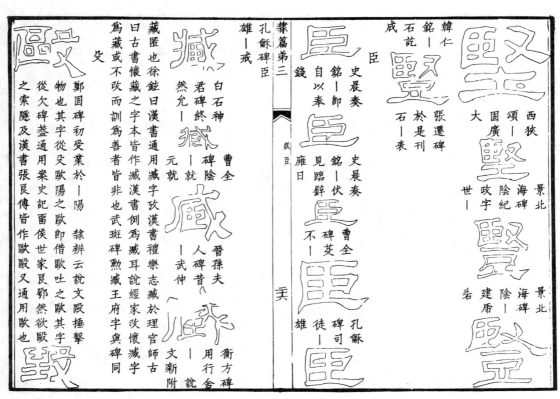

鄭固碑初受業於丨陽　隸辨云說文毆捶擊物也其字從殳歐陽之歐即借歐吐之歐其字從欠碑葢通用案史記畱侯世家良鄂然欲毆之索隱及漢書張良傳皆作歐毆又通用歐也

魏封孔羨碑—而不脩

景北海碑陰—音字世節

白石神君碑殹立—堂

北海相景君銘或—頌於管𠴲

說文毄相擊中也繫繫繶也古以毄爲繫周禮地官司門祭祀之牛牲繫焉釋文出毄字云本又作繫夏官校人三阜爲繫釋文出爲毄云本又作繫漢書景帝紀無所農桑毄畜師古曰毄古繫字又孔龢碑演易毄辭孔彪碑揆脅毄辭繫皆作毄

曹全碑—不干時

殺

石經論語殘碑—雞□□□□□

武梁祠畫象題字豫讓—身以報知已

曹全碑—父篡位

寸

嵩山太室闕銘膚—起雲

白石神君碑膚—而合

武梁祠畫象題字—諸炙魚刺殺吳王

左傳昭二十年乃見鱄設諸焉史記吳太伯世家作專諸廣韻專字云吳刺客專諸鱄字云專諸吳刺客或作鱄又左傳襄二十七年經衛侯之弟鱄出奔晉穀梁作專專葢鱄之省也

魏王基殘碑揚—武軍

校官碑有漢—興

衡方碑—授緄職

曹全碑陰故—軍令史

楊淮表紀—作大匠

魏封孔羨碑—其世武

衡方碑—李廣之在邊

石門頌遭—弗前

夏承碑靡不—暘

曹全碑繕—官

曹全碑燔燒城—

武氏左室室畫象題字贖詣—門

隸釋云㝵卽碍字案廣韻㝵五漑切釋典云无㝵也玉篇㝵丁勒切今作㝵㝵五愛切一切經音義引衛宏古文官書云㝵得二字同體葢㝵爲古文得字又與碍同變作㝵㝵碑作㝵實一字也

史晨後碑—物嘉會

皮

魯峻碑陰勃海南—劉盛

曹全碑陰河東—氏岐茂

攴

曹全碑—城野戰

武梁祠畫象題字怨家—者

郙閣頌挍—致堅

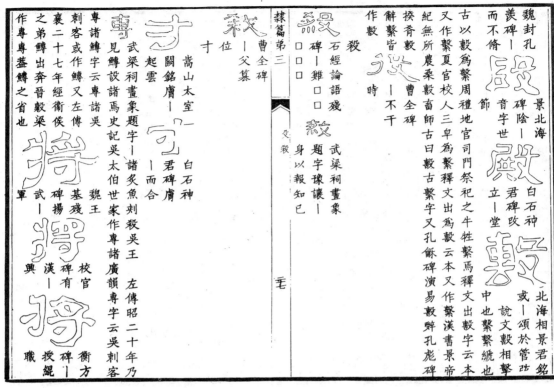

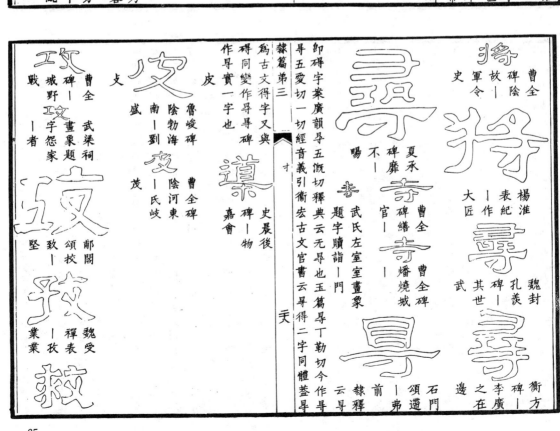

魏受禪表—孜業業

魏封孔羨碑貶身以—世

鄭季宣碑陰上下字闕

武斑碑長—斿夏之文學

魏王基殘碑—崇惠訓

武榮碑—燿赫然

子游殘碑厥—伊何其上文曰散我漢道安陽縣金石録云散即補字案集韻補或作散

北海相景君銘仁—海代說文敦怒也一曰誰何也惇厚也諸碑皆以敦為惇經典相承惇亦多作敦也

衡方碑—庬允元

魯峻碑陰—殷登高

裴岑碑—煌太守說文

河宇注水出焞煌六書故作燉煌焞燉通也周禮春官華氏注士喪禮曰楚焞置于燋疏作楚燉諸碑皆以敦為焞漢書地理志同應劭曰敦音屯

武氏石闕銘除—煌長史

曹全碑—煌效穀人也

校官碑匽豆用—

孔宙碑簠簋不—

魯峻碑陰—龔伯麟說文敶列也陳宛邱舜後嬀滿之所封陳姓即陳國字它碑及經典皆以陳為敶碑則以敶為陳也攷周敶侯敦銘敶侯作嘉姬寶敦陳亦作敶是自古已通用矣

石門頌—隨圍谷

禮器碑—作二輿

吳谷朗碑彝倫—敘

曹全碑福—祿同

衡方碑口—口寧

婁壽碑不—廉隅隸釋云兩脩字皆作攸隸辨云古文尚書脩皆作攸案兩脩字謂碑首復有曾祖父攸春秋之文而今闕矣說文脩以攸得聲周禮春官鬯人廟用脩注鄭司農云脩讀曰卣脩攸同音故借用攸亦脩之省也史記秦始皇本紀上會稽立石刻頌秦德其文曰德惠修長索隱曰王劭案張徽所録會稽南山秦始皇碑文修作攸鄭文寶摹刻秦繹山碑咸思攸長修亦作攸又隸釋張表碑令德攸分

曹全碑—合餘燼

華山廟碑—秦淫祀

禮器碑百王不—

北海相景君銘強衙—節

吳谷朗碑彝倫攸—

史晨奏銘以—小節

北海相景君銘竹帛—其勳

西狹頌—有顛覆實隧之害

石門頌—上奏請

晉太公呂望表口考年—

白石神君碑時無逆—

張遷碑—為從事

魏封孔羨碑應歷—以改物

景北海碑陰營陵留—字元成

曹全碑君高祖父—

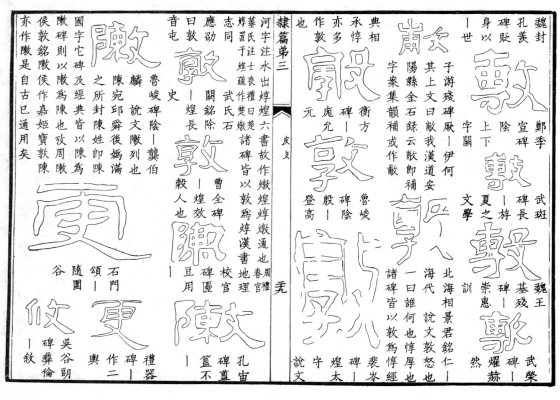

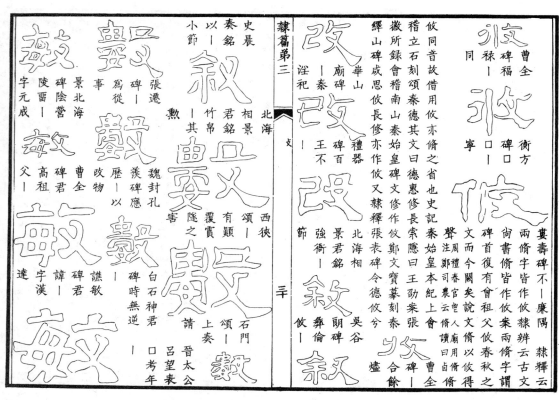

譙敏碑君諱—字漢達

西狄頌天姿明一

史晨後碑恐縣吏一民

罷池五瑞圖題字一圖畫其像

衡方碑一先蓋堯之苗　說文肇擊也肇始開也諸碑皆以肇爲肇經典相承肇亦作肇也

崋山廟碑肇一吉祥

張遷碑陰一吏韋孟平

曹全碑門下掾王一

西狄頌一從事功曹

張遷碑陰一吏范世節

魏王基殘碑一以時服

禮器碑陰一豫州從事

衡方碑溫一前星

禮器碑離一聖輿

史晨奏銘庶政報稱爲一

曹全碑陰劉一元方

魏受禪表大一天下說文赦或从亦

吳谷朗碑莅一未期

天鳳石刻後子孫毋壞一

崋山廟碑六樂之一

曹全碑敦煌一轂人也

石門頌一與乾通

唐公房碑天下莫知斯德祐之一也

史晨奏銘恢崇壹一

張遷碑蓺於從一此用論語求也藝於從政乎何有而誤政爲畋或曰碑本作政因徹損壞諸家誤釋作畋非也

西狄頌一三國守

鄐閣頌與一爲鄰

裴岑碑克一全師

祀三公山碑遺離羌一

魏王基殘碑克一獲儁

夏承碑累葉一守

敎

孔宙碑祇傳五一

孔龢碑文一掾

說文學篆文斆省

史晨奏銘重一化也

史晨後碑拌畔官文一先生

孔龢碑攷一稽古

曹全碑君童齔好一

西狄頌屬縣趨一

晉太公呂望表先秦滅一

卜

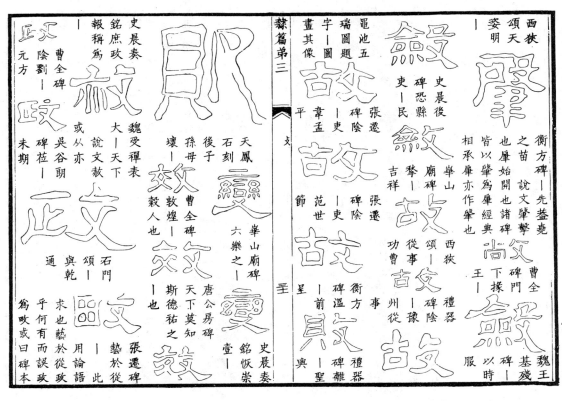

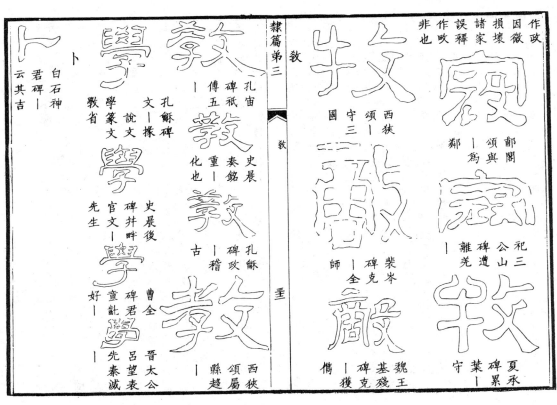

白石神君碑一云其吉

貞 尹宙碑|賢是與

貞 校官碑表孝|節

貞 石門頌|雅以方

貞 魏封孔羨碑想|祥之來集以貞爲禎嵩山開母廟石闕銘貞祥符瑞禎亦作貞其字篆體作貞與說文小異或釋作原非

兆 嵩山太室闕銘京|杜陵 說文兆古文𠧞省諸碑及經典皆用之

兆 華山廟碑訖今垣趾營|猶存

兆 白石神君碑建立|宇

兆 禮器碑陰京|劉安初

卜 禮器碑承|天畫

卜 |

用

用 校官碑干|侯張

用 晉太公呂望表若時|登

用 孔宙碑陰呂升字山|

用 白石神君碑縣|出經

用 魏受禪表育物|奮

用 譙敏碑在|昔武

用 張遷碑有張良善|籌策

用 尹宙碑吉|相周宣

用 禮器碑陰魯孔|儀

㸚

爾 楊叔恭殘碑勛|列煥

爾 魏王基殘碑皓|之質

爾 孔彪碑乃翻|東帶

爾 朱龜碑|乃邁種

爾 曹全碑既|定勳

爾 石門頌功|飭要

爽 孔彪碑帥禮不| 說文爽篆文爽經典釋文左傳文五年九爽穀梁傳宣八年昧爽皆用篆文也

綴說

譙敏碑譙 焦國周封神農之後於此左傳僖二十三年楚成得臣帥師伐陳遂取焦夷注焦今譙縣也漢書地理志譙縣屬沛郡路史國名紀炎帝後姜姓國焦春秋時爲陳邑魏爲譙郡後周爲亳州今亳治譙縣有古焦城譙焦一也

吳谷朗碑訓 晉書音義疇一作訓

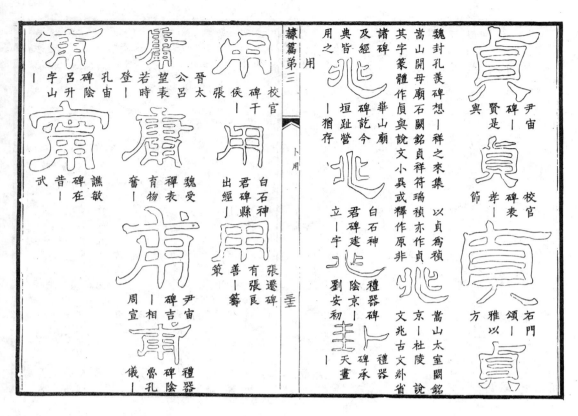

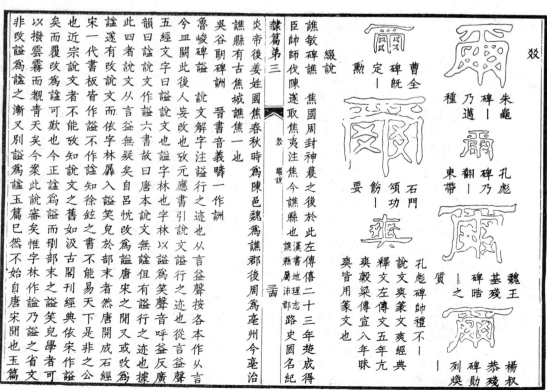

魯峻碑謚 說文解字注謚行之迹也从言益聲按各本作从言兮皿闕此後人妄改也攷元應書引說文謚行之迹也從言益聲五經文字曰謚說文也謚字林也字林以謚爲笑聲音呼益反廣韻曰謚說文作謚六書故曰唐本說文無謚但有謚行之迹也據此四者說文从言益無疑矣自呂忱改爲謚唐宋之閒又或改爲謚遂有改說文而依字林羼入謚笑皃於部末者然唐開成石經宋一代書板皆作謚不作謚知徐鉉之書不能易天下是非之公也近宗說文者不能攷知說文之舊如汲古閣刊經典依宋作謚矣而覆改爲謚可歎也今正謚爲謚而刪部末之謚笑皃學者可以撥雲霧而覩青天矣今案此說審矣惟字林作謚乃謚之省文非改謚爲謚之漸又別謚爲謚玉篇巳然不始自唐宋閒也玉篇

旣別謚爲謚且謂謚與諡同蓋以謚爲諡之省文類篇同是則一誤
而再誤矣
嵩山太室闕銘誡　漢書賈誼傳前車覆後車誡後漢書馮勤列
傳覽照前世吕爲鏡誡皇甫規列傳吕荅天誡皆以誡爲戒
石門頌㝵　通志六書略㝵的則切說文取也从見从寸寸度之
以手也隸作㝵又云㝵牛代切止也出浮屠書又有得音从旦从
寸一切經音義罣礙注經文又作㝵音都勒反字是而音非也
魯峻碑陰敶　廣韻敶古文陳與說文異然以敶侯敦銘陳作敶
及它碑敶作陳證之其說固有本也

隸篇第四

目

武氏祠祥瑞圖題字比—魚

楊淮表紀下邳—

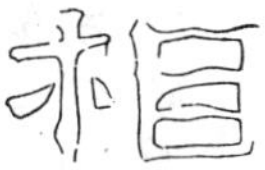
北海相景君銘故北海—

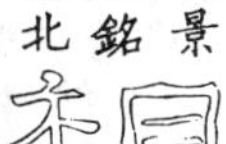
禮器碑陰—主簿薛曹訪

曹全碑賜瘁—

晉孫夫人碑—前口後

史晨奏銘仰—榱桷

魏封孔羨碑—廟堂之始復

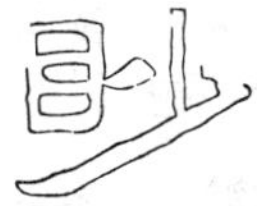
孔褎碑眾琦幼—古無妙字止書爲眇易說卦神也者妙萬物而爲言者也釋文云王肅作眇音妙史記漢書多以眇爲妙碑云幼眇卽幼妙也漢書元帝紀贊窮極幼眇師古曰幼眇讀曰要妙中山靖王傳每聞幼眇之聲楊雄傳憎聞鄭衞幼眇之聲師古竝曰幼音一笑反眇音妙皆用古字若文選司馬相如長門賦聲幼妙而復揚則作妙矣

禮器碑陰張嵩—高妙亦作眇義如魯峻碑陰周普字妙高也又鄭固碑清眇冠乎羣彥

淮源廟碑灾—以興

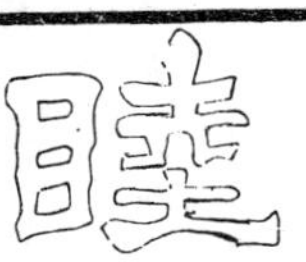
魏上尊號奏稽古篤—

魯峻碑—司京師

西狹頌—郵部職

張遷碑陰 故丨鄐范齊公

禮器碑陰 故丨鄐魯开煇

曹全碑陰 故丨鄐李諲

武氏前石室畫象 題字爲丨鄐時

石門頌 都丨掾 南鄭 魏整

華嶽廟殘碑陰 故丨口

武榮碑 主簿丨 鄐

眚

孔彪碑 當享丨

者

華山廟碑各丨其方 說文古文眚从少从囧

華山廟碑禮從其丨說文省視也消少減也碑以省爲消經典相承用之

自

史晨後碑丨以城池道濡麥給令

鄭固碑 清邑丨 脩

禮器碑 丨天王 以下

白

史晨後碑 丨會 廟堂

孔龢碑丨 備爵

華山廟碑 丨以四時之中月各省其方

鄐閣頌 雖昔丨 班

魯孝王石刻丨 世四年

禮器碑側 丨徐 伯賢

史晨後碑 丨孔 暘

曹全碑賦 與有 疾丨

石門頌 皁丨楚 惡

石門頌行 丨欣 然焉

祀三公山碑存 之丨 難

華山廟碑 主丨掾華 陰王萇

校官碑親臤寶丨 說文智隸省作智碑正用 本字廣韻以智爲古文 智

魯峻碑 陰陽成 口文丨

魏受禪表 叡丨 神武

天鳳石刻 用丨 余人

曹全碑 丨工截 恩

百

孔龢碑 造作丨 石吏舍

禮器碑後 制丨 王

禮器碑陰 李申 伯丨

禮器碑側文陽公丨煇世平 公伯複姓魯有公伯寮碑以百爲伯也舊讀文陽公爲一人百爲錢數煇世平爲一人金石存潛研堂金石文跋尾始以公百煇爲姓名世平爲字其說甚當古亦以伯爲百穀梁傳百里子釋文或作伯孟子百里奚韓非子作伯里奚是也

習

劉熊碑講 禮丨 聆

孔宙碑少 丨家 訓

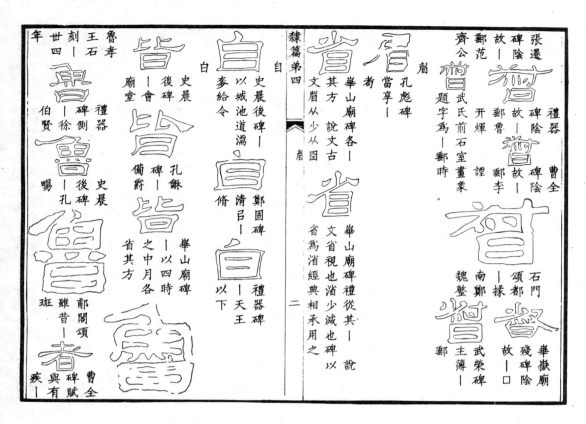

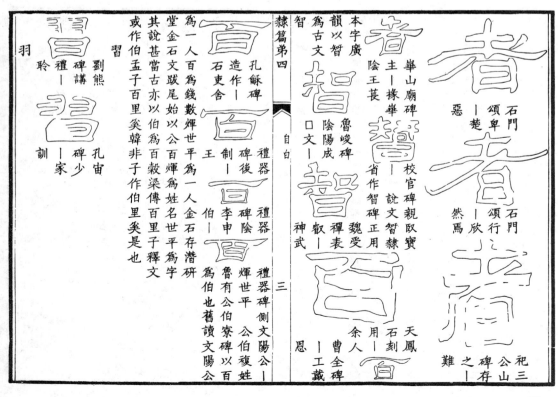

羽

景北海碑陰都昌丨忠

尹宙碑當漸鴻丨

郙閣頌文丨復存

孔彪碑乃丨爾東帶

孔彪碑□□之丨

校官碑門下史吳丨

北海相景君銘丨議郎令

曹全碑丨伐殷商　說文翦羽生也从羽歬聲碑則从羽前聲而以翦爲前經典相承用之又說見前字

魏范式碑陰丨公遠

禮器碑陰魯孔丨

子游殘碑扶危丨放

西狹頌李君諱丨字伯都

佳

魯峻碑陰兒丨大平

禮器碑華胥生皇丨

曹全碑所在爲丨

崋山廟碑古曰丨梁

曹全碑子孫遷于丨州之郊

白石神君碑肅丨顯相

西狹頌四方无丨　說文雝𪆫也它義皆借用碑義如壅亦止借用雝字經典及史漢諸書皆如此作壅者後人加土也左傳昭元年而有所壅塞不行是懼釋文出所雍云本又作壅壅俗字集韻壅通作雍非是又據李巡爾雅雝州注河西其氣蔽壅故曰雍則崋山曹全二碑雍字竝如碑義又說見廱字

尹宙碑遭丨寖疾

祀三公山碑遭丨羌蔻二碑說見罹字

魯峻碑陰濟陰丨狐周維

曹全碑親至丨亭

禮器碑丨敗聖輿

武氏祠祥瑞圖題字璧流丨山左金石志云流離同瑠璃案瑠璃古作流離漢書地理志俱入海市明珠璧流離西域傳珠璣珊瑚虎魄璧流離吳禪國山碑明月火珠璧流離卅有六皆與碑同又說見流字

石經論語殘碑殺丨□□□□□

晉孫夫人碑喪丨宏多　說文鷬或从佳

西狹頌危丨阻峻

郙閣頌閩此爲丨

魏封孔羨碑就大師而正丨頌

鄭固碑將從丨意

譙敏碑言合丨謨

晉孫夫人碑以儒丨稱

張遷碑披覽詩丨

孔宙碑陰鄉瑱字仲丨

禮器碑陰孔曜仲丨

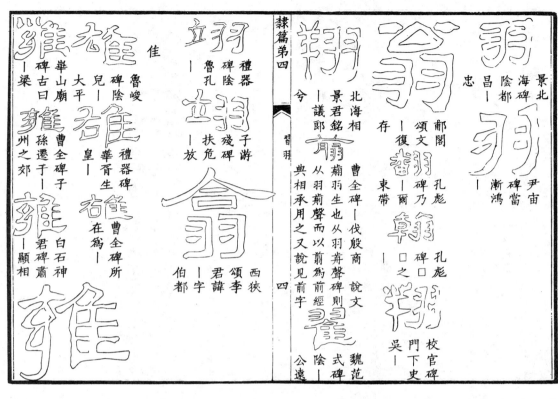

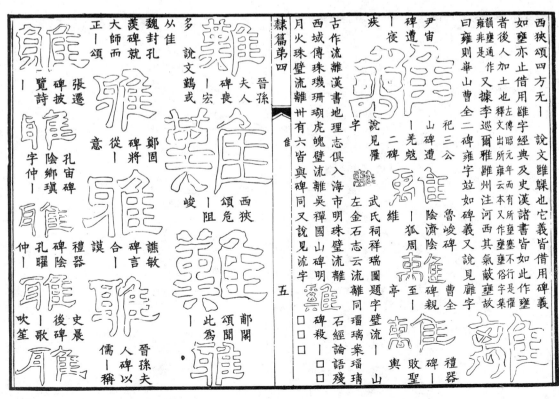

史晨後碑丨歌吹笙

禮器碑側趙宣字子丨

張遷碑陰韋元丨

石門頌貞丨以方

魏上尊號奏丨鴆燕爵亦白其羽

史晨奏銘鉤河擿丨

禮器碑陰丨陽李申伯 詩清廟序釋文雒邑後漢都洛陽以火德爲水尅火故改爲各旁佳漢書地理志雒陽注魚豢云漢火行忌水故去洛水而加佳實則雒自有字說文雒鵋鵙也後漢以雒代洛非[illegible]爲雒字也

奞

楊叔恭殘碑丨旅揚旌

魏受禪表育物丨庸

北海相景君銘丨我慈父 說文夒手持佳失之也敓彊取也

周書敓攘矯虔碑以奪爲敓今書敓攘字亦作奪經典皆以奪爲敓也

萑

魏封孔羨碑令魯郡脩起丨廟

史晨後碑依依丨宅

張遷碑詩云丨國

史晨奏銘而本國丨居

禮器碑存古丨宇

曹全碑是後丨姓

白石神君碑匪由丨章

晉孫夫人碑先帝丨臣

苜

張遷碑子賤孔丨

羊

夏承碑羔丨在公

衡方碑素絲羔丨

尹宙碑治公丨春秋經

武梁祠畫象題字義漿丨公 山左金石志云

搜神記有楊雍伯義漿事此作羊字與彼異案碑蓋借羊爲楊

魯峻碑掌察丨寮

北海相景君銘上世丨后

夏承碑丨羊在公

衡方碑素絲丨羊

耿勳碑外丨且口等

韓仁銘旨旌其丨

夏承碑君鍾其丨

石經魯詩殘碑丨口口

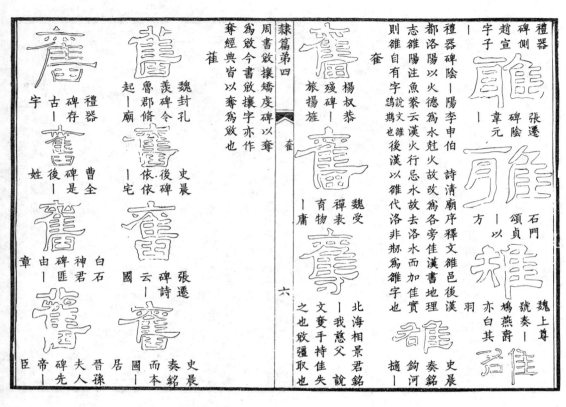

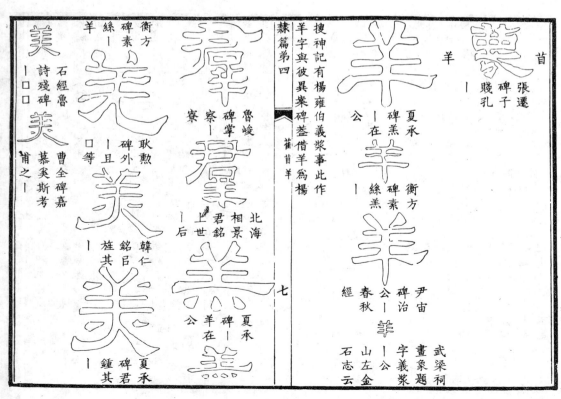

曹全碑嘉慕𡨋斯考甫之丨

犨

譙敏碑恥與鄰人|竝柃驅

雔

譙敏碑泣涕|流

張遷碑能|其勛

雥

西狹頌詩所謂如|于木說文集雧或省

華山廟碑宮日|靈宮

鳥

武氏祠祥瑞圖題字比翼|

石經論語殘碑|獸不可與同口

張遷碑纘戎|緒

衡方碑馮隆|軌

景北海碑陰營陵慶|

石經尚書殘碑口伊|水隸釋云孔作洪案說文鴻鴻鵠也洪洚水也碑以

鴻爲洪禮記祭法鯀鄣鴻水而殛死史記夏本紀鴻水滔天河渠書禹抑鴻水三國吳志孫權傳鴻水溢出洪水皆作鴻水又禮記緇衣夫水近於人而溺人注至於深淵洪波釋文本又作鴻蓋鴻洪皆有大義故通用也

孔宙碑合鹿|於樂崩

北海相景君銘|梟不鳴說文籀文雖从鳥

衡方碑|火光物說文作雜

華嶽廟殘碑陰田巴叔

劉熊碑雀|一震

魏上尊號奏雉|燕爵亦白其羽

曹全碑祖父|孝廉

史晨奏銘嘆|不臻

石經論語殘碑|兮鳳兮

建武泉范令史|

天鳳石刻始建國天鳳|三年

魯孝王石刻五鳳|二年

尹宙碑交|會友說文翢古文鳳象形鳳飛羣鳥從以萬數故以爲朋黨字

鳥

譙敏碑寮|親感

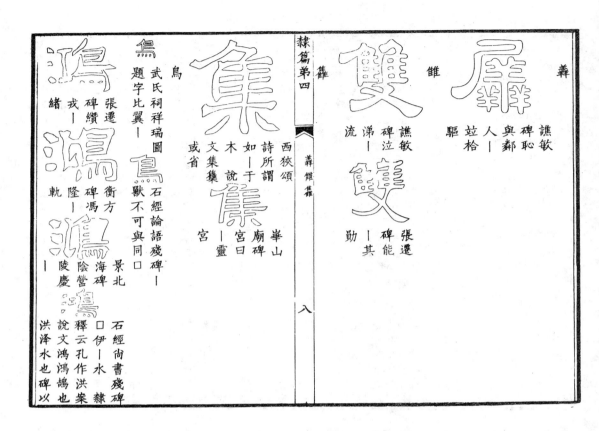

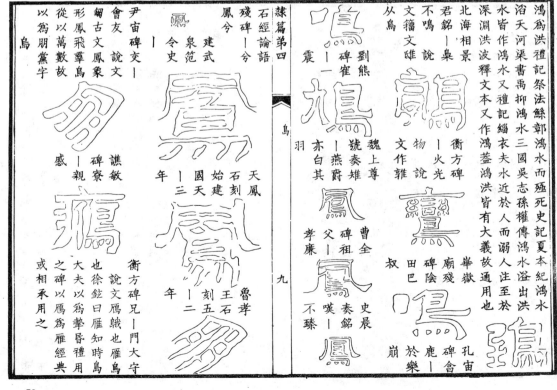

衡方碑兄|門大守說文鴈鵝也雁鳥也徐鉉曰雁知時鳥大夫以爲摯昏禮用之碑以鴈爲雁經典或相承用之

鄭固碑有楊丨之才盱呼也取其助气故以爲烏呼徐鉉曰今俗作鳴非是烏爲鳴本字碑與下二碑亦古文省也

魏封孔羨碑丨是揖五瑞

武梁祠畫象題字樊丨其頭說文緩古文烏象形於象古文烏省

堂谿典嵩山石闕銘丨惟我君

熹平殘碑行成丨內

張遷碑丨穆我君

禮器碑丨是四方土仁

石經尚書殘碑丨戲君口曰時我孔作鳴呼禮記大學疏於戲猶言鳴呼矣說文孔子曰烏

孔宙碑濟宏功丨易簡類篇於又衣虛切于也諸碑及經典多以爲于字于於義通說文于於也象气之舒于於

北海相景君銘垂芳燿丨書篇

武梁祠畫象題字奉璧丨秦

吳谷朗碑因而氏丨

尹宙碑宰司嘉丨

石經論語殘碑人丨廋

武梁祠畫象題字孝莫大丨

石門頌以漢詆丨隸釋云焉字

石門頌行者欣然丨

華山廟碑天子祭天地及山川歲徧丨

華

曹全碑遺同產弟憂丨官

校官碑位既丨說文畢田罔也歐盡也碑以畢爲歐經典相承用之

北海相景君銘丨臣子兮隸辨云說文棄古文作弃碑蓋合弃棄爲一字也

史晨奏銘丨卽歸國義同上

曹全碑儁艾王丨王敞等

冓

淮源廟碑一年丨至

魏受禪表至于丨

李壽石刻丨舉孝廉

幺

孔宙碑復長丨於酬酢

譙敏碑丨而好學

曹全碑陰杜苗丨始

丝

魏受禪表年丨三千

孔彪碑漫漫庶丨

曹全碑起兵丨冀

孔龢碑丨讚神明

夏承碑抱器丨潛

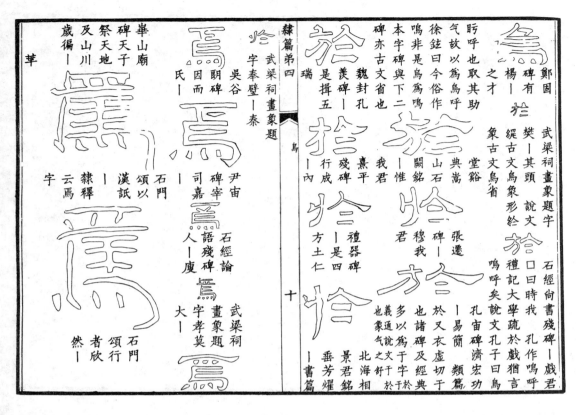

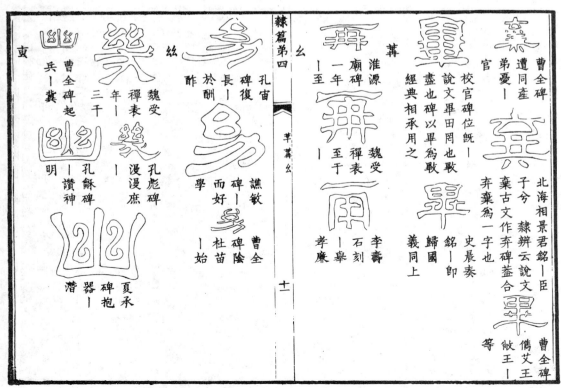

叀

韓仁銘勖厲清丨

西狄頌民歌德丨

曹全碑丨沾渥

元

宜敬謹避用遵
廟諱
功令以元字代偏旁缺末筆

武榮碑屯守丨武

史晨奏銘丨邱制命帝卯行

白石神君碑丨圖靈像

白石神君碑陰杜斐丨逵

尹宙碑君東平相之丨

孔宙碑撫丨岱方

吳谷朗碑勒丨口石

淮源廟碑臻丨廟側

魏封孔羨碑文亦在丨

華山廟碑閔其若丨

校官碑察廉除丨

說文茲艸木多益从艸絲省聲茲黑也从二元繫傳徐鍇曰借爲茲此也碑譌以茲爲茲前五碑皆與艸之字相混从經典或相承用之葢形似音同遂致無别干祿字書茲茲玆上俗中通下正言世俗之沿譌也又說見偏旁

予

石經尚書殘碑丨不口口口

石經魯詩殘碑丨子行役

劉熊碑卷丨委遺

魏范式碑陰魯倉丨

史晨後碑盧江丨李謙

放

子游殘碑扶危翊丨

校官碑垂化丨庳岐周

廣韻放同倣經典及史記兩漢書倣皆作放葢古無倣字止作放耳

武梁祠畫象題字帝堯丨勳書堯典曰若稽古帝堯曰放勳注言堯放上世之功化疏此帝堯能放效上世之功而施其教化釋文放方往反

魏上尊號奏茂于丨勳

爰

孔彪碑丨尚桓桓

譙敏碑丨惟懿業

魏封孔羨碑爰居丨處

張遷碑丨既且於君

婁壽碑與世無丨

石門頌君遂執丨

禮器碑工不丨賈

張遷碑既多丨祉

晉太公呂望表大晉丨命

魏封孔羨碑大魏丨命

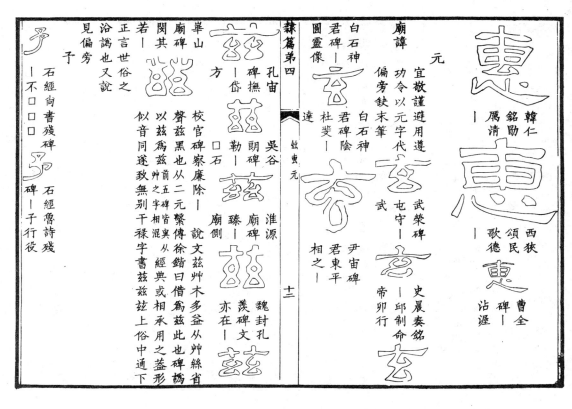

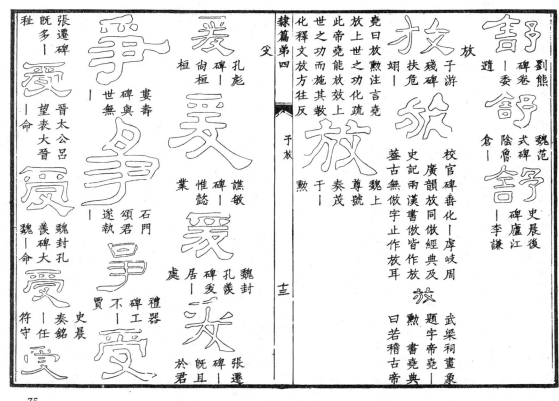

史晨奏銘丨任符守

曹全碑特丨命

開通褒斜道石刻以詔書丨廣漢蜀郡巴郡徒

衡方碑丨任浹旬

魏上尊號奏是以臣等丨以死請

曹全碑陰王丨文國

孔彪碑丨詠顯口

孔龢碑丨言之

史晨後碑乃丨承祀

史晨奏銘不丨空謁

北海相景君銘丨曰　隸釋云其前巳有誺曰其後又有𤔔曰亂省其乙也隸辨云說文𤔔讀若亂同古文尚書亂皆作𤔔案碑義如楚辭亂曰之亂王逸楚辭注訓亂爲理理者治也碑作𤔔者說文亂𤔔皆訓治故同用經典訓治者專用亂且借爲煩𤔔之𤔔諸碑同而𤔔字遂廢矣

奴

魏受禪表丨智神武

孔宙碑陰都昌丨章字文理　隸釋云逢盛碑陰有姓殖者二人趙氏謂氏族書无殖姓此碑有都昌殖章則古來自有此姓但譜者考之不詳爾漢人雖姓氏亦借用字如伍爲五歐陽爲歐羊之類或是借殖爲解亦不可知也

歺

譙敏碑降茲丨疾　隸辨云殉卽殉字

晉孫夫人碑同歸丨塗尒

魏范式碑體元亮之丨高

曹全碑安丨亢

魏受禪表丨嶽幟

石門頌西夷虐丨

北海相景君銘丨僞易心

孔彪碑醜類巳丨

曹全碑理丨圮

夏承碑丨此良人

西狹頌斯丨其哉

鄐閣頌改解危丨

夏承碑垂後不丨

張遷碑不丨高問殞同隕孟子引詩亦不隕厥問宋本隕作殞一切經音義尚殞注字書作隕同于敏反聲類殞沒也殞墜

楊叔恭殘碑丨威醜類

堂谿典嵩山石闕銘殁而不丨

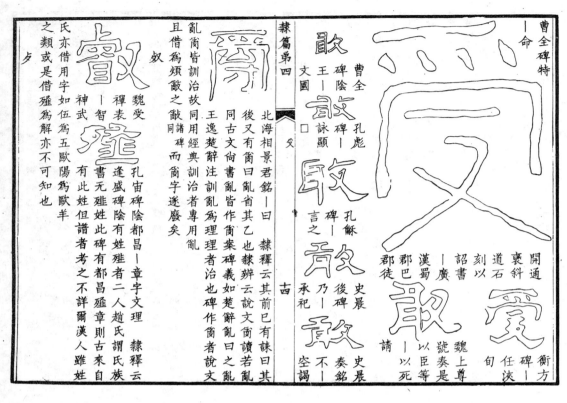

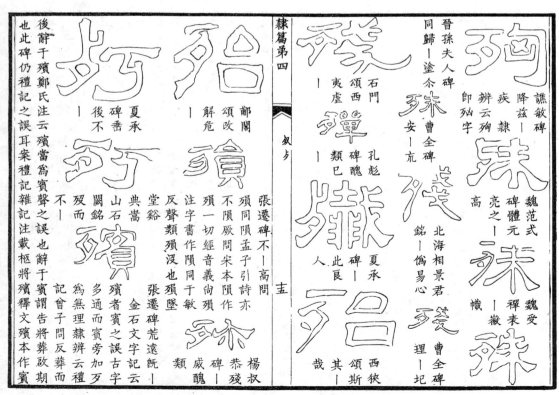

張遷碑荒遠既丨　金石文字記云殯者賓之誤古字多通而賓旁加歹爲無理隸辨云禮記曾子問反葬而後辭于殯鄭氏注云殯當爲賓聲之誤也辭于賓謂告將葬啟期也此碑仍禮記之誤耳案禮記雜記注載柩將殯釋文殯本作賓

是殯又作賓矣書多士予惟四方罔攸賓釋文徐音殯益賓亦有殯音故互通然書者可以賓爲殯不可以殯爲賓也

北海相景君銘身丨而行明

說文歾从叟

堂谿典嵩山石闕銘丨而不歾

武梁祠畫象題字二親終丨

張壽殘碑稼嗇滋丨

華山廟碑所生丨也

死

史晨奏銘臣晨頓首頓首丨罪死罪臣盡力思惟

孔龢碑丨罪死罪

武氏左石室畫象題字自伏劒丨

魏王基殘碑四月辛丑丨

魏范式碑潤枯丨於荆漢說文薨或从死

冎

祀三公山碑口惟三公御語三條丨神迴在領西

張遷碑其道區丨

曹全碑常爲治中丨駕

骨

魏上尊號奏則臣等之白骨丨旣交横于曠野矣

白石神君碑丨連封龍

魏上尊號奏尚延陵之讓丨

尹宙碑君丨溫良恭儉之德

北海相景君銘丨亡而名存

校官碑桀刈丨雄

古骾鯁同用漢書杜欽傳朝無骨骾之臣師古曰骾亦鯁字碑以骾爲梗猶後漢書段熲傳之至今爲梗作至今爲鯁也注鯁與梗同大雅云至今爲梗

肉

武梁祠畫象題字退爲丨刑

史晨後碑不能得香酒美丨 隸釋云宍卽肉字案廣韻肉俗作宍

曹全碑有充丨之仁說文俗盥从肉農聲

校官碑于丨樂焉

禮器碑華丨生皇雄

禮器碑皇戲統華丨

白石神君碑丨寸而合說文膚籒文臚

祀三公山碑興雲丨寸

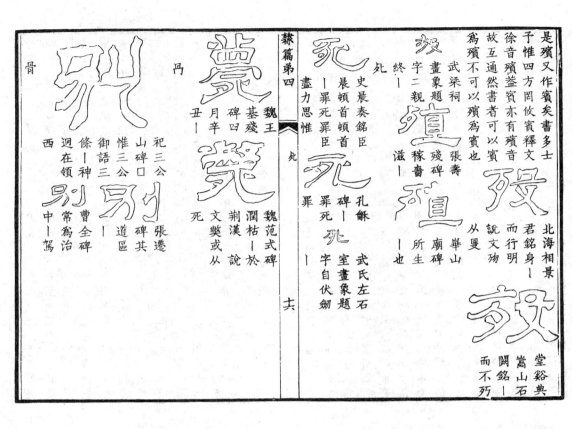

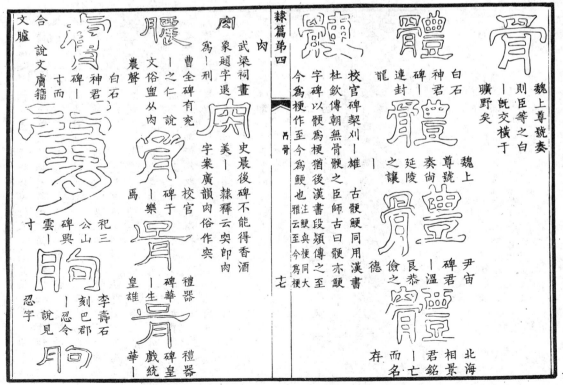

李壽石刻巴郡丨忍令說見忍字

曹全碑巴郡丨忍令

脯　史晨奏銘而無公出酒丨之祠

胡　魯峻碑陰丨嵩永高

胡　武氏前石室畫象題字秋丨婦

胡　禮器碑丨輦器用隸釋云胡輦者瑚璉也案左傳哀十一年胡簋之事注胡簋禮器名瑚亦作胡吕武氏祠祥瑞圖題厂字不刲丨殘少

肩　武氏祠祥瑞圖題字比丨獸說文俗肩从戶

脩　白石神君碑丨設壇屏諸碑皆以脩爲修經典多相承用之

脩　華山廟碑丨封禪之禮

脩　史晨後碑丨通大溝

脩　史晨後碑述丨壁雝社稷品制

脩　十三字殘碑丨德義

脩　孔龢碑丨春秋嚴氏經

脩　衡方碑丨清滌俗

脩　鼂池五瑞圖題字丨崤嶔之道

脩　景北海碑陰故丨行營陵畱岕金薤琳琅云景君碑陰列門下書佐及故吏等中有脩行凡十九人趙氏謂後漢書百官志河南尹官屬有循行一百三十人而晉書百官志注亦有循行以爲循脩字畫相類遂致譌謬予謂景君碑刻於漢而後漢書舊皆出傳錄則以脩爲循者特傳錄之誤耳趙氏不信碑本而信漢書且復引晉書爲證殊不知晉書脩於唐其亦曰循行葢仍漢書之誤而云然也案此說是也金石錄又云漢及晉碑數有之亦與此碑陰所書同豈自漢迄晉世異人殊皆沿襲譌謬無一作循者乎脩非循之譌可即以趙氏之說證之至隸續謂循脩二字隸法只爭一畫書碑者好奇所以從省借用今攷石門頌子午復循循禮有常二循字作𢓍與脩字相似然一畫之多少即循脩所由別省一畫而顯然各爲一字書碑者好奇或不至此兩漢金石記謂漢隸脩循二字通用諸碑無可取證其見於書者易履卦注不脩所履釋文云本又作循繫辭德之脩也釋文云馬作循莊子大宗師以德爲循者釋文云本亦作脩天地循於道之謂備釋文云或作脩史記商君列傳湯武不循古而王索隱曰商君書作脩古竊謂凡兩文岐出形近而義遠者必有一誤未敢遽謂通用也

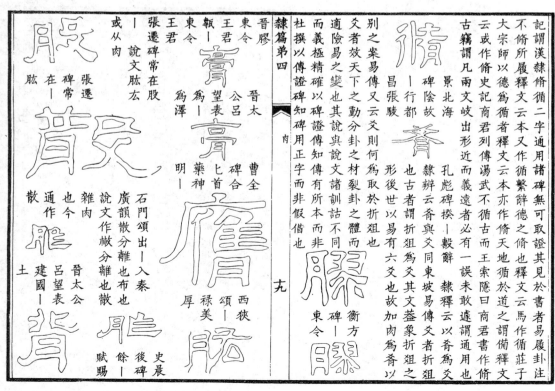

脩　景北海碑陰故丨行都昌張駿

肴　孔彪碑揆丨數辭　隸釋云以肴爲爻　隸辨云肴與爻同東坡易傳爻者折俎也古者謂折俎爲爻其文葢象折俎之形後世以易有六爻也故加肉爲肴以別之案易傳又云爻則何爲取於折俎也爻者效天下之動分卦之材裂卦之體而適險易之變也其說與說文諸訓詁不同而義極精確以碑證傳知傳有所本而非杜撰以傳證碑知碑用正字而非假借也

膠　衡方碑丨東令

膠　晉膠東令王君甄丨東令王君

膏　晉太公呂望表爲丨爲澤

膏　曹全碑合七首藥神明丨

膺　西狹頌丨祿美厚

肱　張遷碑常在股丨說文肱厷或从肉

股　張遷碑常在丨肱

散　石門頌出丨入秦廣韻散分離也布也說文作㪔分離也散雜肉也今通作散

胙　史晨後碑餘丨賦賜

胙　晉太公呂望表建國丨土

背

衡方碑感丨人之凱風　金石存云背人卽邶人也案廣韻邶同鄁左傳成九年注綠衣詩邶風也釋文又作鄁漢書地理志詩風邶鄘衛國是也師古曰邶字或作鄁碑則用鄁而省邑也

廟諱　宜敬謹避用遵功令以允字代

魏范式碑實唐之丨

魏封孔羨碑丨軒轅之高縱

曹全碑其先蓋周之丨

尹宙碑龜銀之丨

唐公房碑視其丨中

鄭固碑造丨俛辭　說文厀脛頭卩也徐鉉曰今俗作膝非是

張遷碑丨正之傺　廣韻臈俗臘字

刀

景北海碑陰丨暹字武平　玉篇刀又丁幺切莊子云刀刀平亦姓俗作刁漢書貨殖傳而刀閒獨受貴之師古曰刀姓閒名也刀音貂匈奴傳共殺戊巳校尉刀護師古曰刀音貂蓋刀兵刀姓本一字後人始改刀姓爲刁也

禮器碑至于丨學

孔彪碑君下口之丨

禮器碑陰京兆劉安丨

子游殘碑永丨下文闕

祀三公山碑永丨四年

魏王基殘碑丨舉孝廉

張遷碑黃巾丨起

跳山造冢石刻建丨元年造此冢

武氏祠祥瑞圖題字不丨胎殘少

孔宙碑永矢不丨

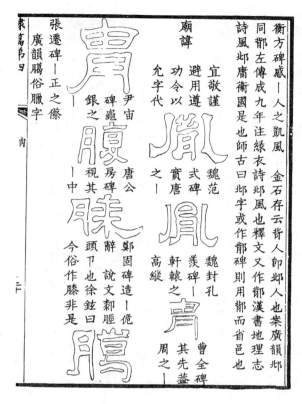

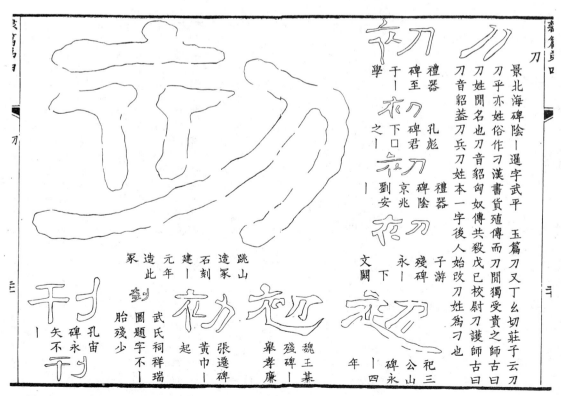

丨

曹全碑乃共丨石紀功

西狹頌乃丨斯石

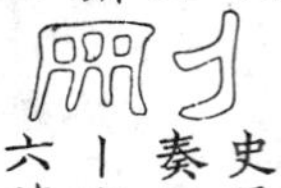
史晨奏銘丨定六藝

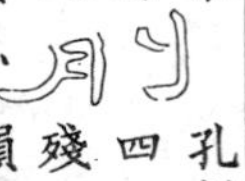
、孔彪碑丨四凶以勝殘據隸韻作削

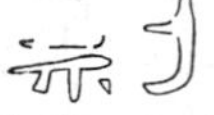
孔彪碑白日攻丨據隸韻作剽

衡方碑隕霜丨姦

西狹頌過者丨楚說文刅傷也創或从刀倉聲

魏封孔羨碑丨業垂統說文刱造法刱業也碑以創為刱經典因之

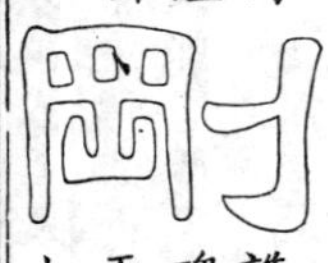
譙敏碑柔而能丨

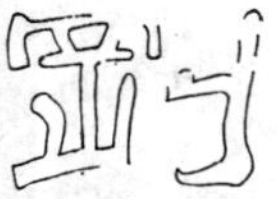
魏受禪表皇帝體乾丨之懿姿

北海相景君銘寔渘寔丨

韓仁銘丨政得中 說見刑字

晉孫夫人碑下惟詩人丨于之言 以刑為型詩思齊文本作刑經典多以刑為型也 又隸釋楊信碑追念義刑

武氏前石室畫象題字孝子丨口 又一榜曰刑渠口以武梁祠畫象題字邢渠哺父證之孝子刑下當是渠字刑渠下當是父字蓋以刑為邢也

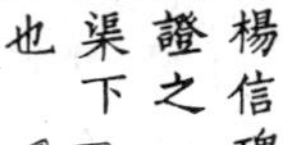
禮器碑陰京兆丨安初 說文鐂殺也徐鍇曰說文無劉字偏旁有之此字又史傳所不見疑此卽劉字也从金从丣刀字屈曲傳寫誤作田爾愚謂說文蓋別有劉字為鐂之重文傳寫者失之耳

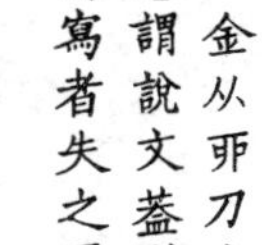
禮器碑陰魯丨仲俊

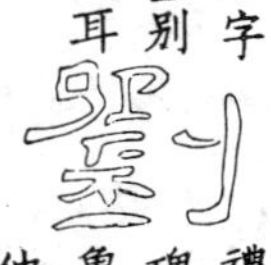
魯峻碑陰丨扶節

史晨後碑縣吏丨耽等

曹全碑陰丨政元方

吳谷朗碑遷長沙丨陽令劉陽縣吳所置據元和郡縣志以縣南瀏水為名

而三國吳志及晉書水經皆作劉陽不獨此碑也

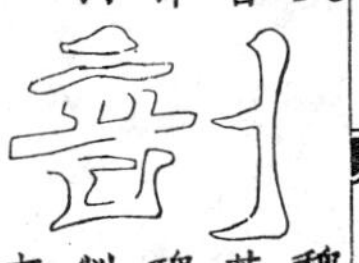

魏王基殘碑｜判羣言

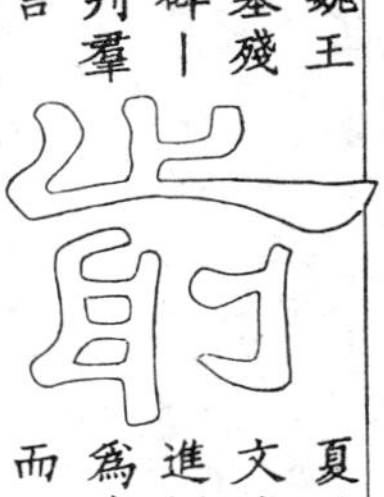

夏承碑慕｜賢列說文揃齊斷也歬不行而進謂之歬諸碑皆以揃爲歬經典亦相承用之而以翦爲揃諸碑同俗又作剪以代前字

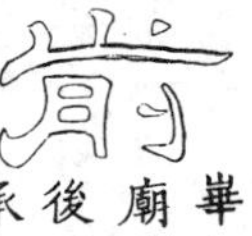

華山廟碑後不承｜

衡方碑溫故｜呈

石經儀禮殘碑受爵于筵｜

孔龢碑魯｜相瑛書言

石門頌遰㝵弗｜

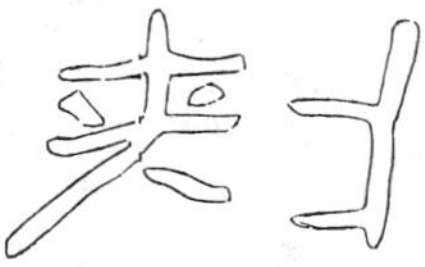

石門頌｜過拾遺

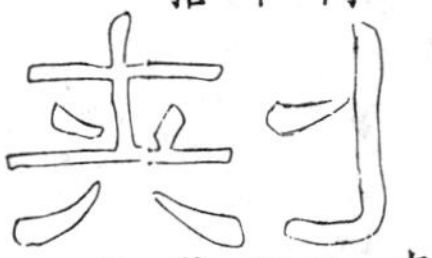

李孟初神祠碑益州｜史

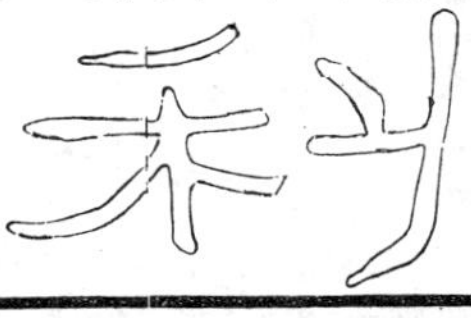

石門頌｜磨确磐

郙閣頌思惟惠｜有以綏濟

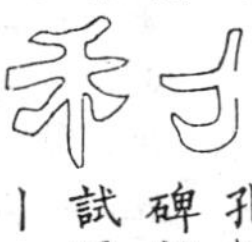

孔龢碑雜試通｜

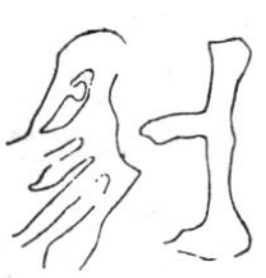

魏范式碑糾｜瑕慝

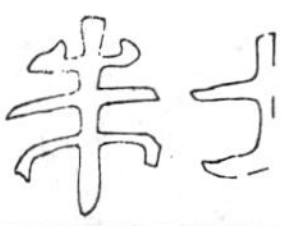

孔龢碑｜孝經

史晨奏銘爲漢｜作

韓仁銘王｜之禮也

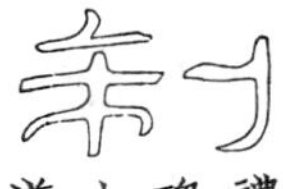

禮器碑俱｜元道

夏承碑慕前賢｜

尹宙碑｜于風雅

北海相景君銘｜宿虧精

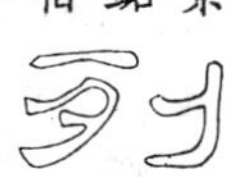

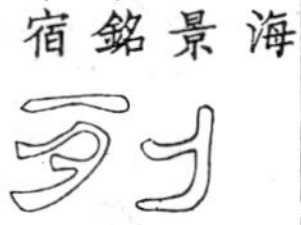

史晨後碑幷｜本奏

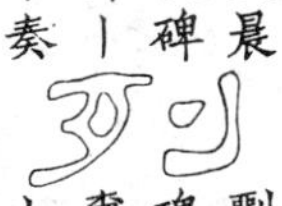

劉熊碑受爵｜土

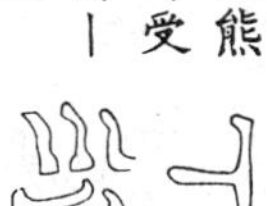

楊叔恭殘碑勛｜煥爾以列爲烈書舜典烈風雷雨弗迷漢書王莽傳作列風雷雨不迷烈古通用列也又詩大叔于田火烈具舉傳烈列籛列人持火疏爛熟謂之烈火烈嫌爲火猛此無取爛義故轉烈爲列文選張衡東京賦正作火列具舉注毛萇曰列人持火也然則詩本作列其作烈者又以烈爲列矣

衡方碑懿｜孔純亦以列爲烈

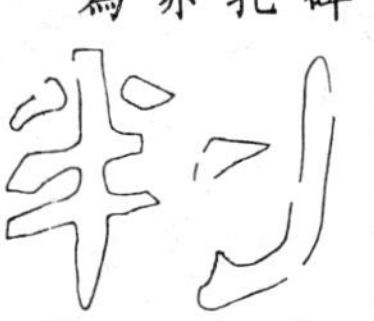

尹宙碑支｜流儽

耿勳碑下｜李稷造

郙閣頌下 —仇審

𪓕池五瑞圖題名下 —李京

西狹頌書文下 —道長

西狹頌下 —李旻字仲齊

北海相景君銘 —秩東衍 辨秩即書堯典之平秩周禮春官馮相氏辨其序事鄭注謂若仲春辨秩東作仲夏辨秩南譌仲秋辨秩西成仲冬辨在朔易皆據堯典之文史記五帝本紀假借同音之字辨秩作便程辨在作便在是書平秩故作辨秩而碑正用本字也今書作平秩者說文釆辨別也象獸指爪分別也讀若辨古文作乎釆字注釆古文辨字亐从亐从八語平舒也古文作𠂆二字形似而易混傳書者或從辨之古文而轉譌爲平孔傳以下皆沿襲之耳又堯典平章百姓鄭曰辨別文選班固典引亦云惇睦辨章之化洽李注辨與平古字通也非是 洪範王道平平史記張釋之馮唐列傳贊作王道便便徐廣曰亦作辨平章平平亦辨之譌皆可取以證是碑也

武氏左石室畫象題字自伏— 死說文籒文劒从刀

北海相景君銘 顛倒— 摧

衡方碑威 肅—巛

武梁祠畫象題字刑 —未施

張壽殘碑明德慎— 五經文字云罰罸上說文下石經五經多用上字佩觿云刑罰从寸古罰如此謂持刀詈人與說文義同 元命苞攺刀作寸寸法也

景北海碑陰曰 義—志

孔宙碑陰北海 —陸遲

孔宙碑陰北海 如盧—浮

禮器碑陰北海—袁隆展世

景北海碑陰— 姚進字元豪

景北海碑陰— 徐德字漢昌

禮器碑側北海 —趙福

曹全碑是以位不—

德說見福字 — 文闕

嵩山太室闕銘佐石 上下

史晨奏銘 時— 言

魏受禪表 創口作—

孔宙碑 慕寧儉之遺— 說文籒文則从鼎

𡸣山廟碑 —者 潁川邯鄲公脩

西狹頌— 名確嵬

婁壽碑— 石作銘

白石神君碑指日—期

北海相景君銘攸—不遺 廣韻剋殺也一切經音義剋勝也引字林剋能也與克同義

衡方碑—亮天功 義亦與克同碑又云剋長剋君即詩皇矣克長克君也

武梁祠畫象題字曹子—桓 類篇刦強取也莊子刦請之賊說文人欲去以力脅止曰刧與碑義尤近刦蓋卽刧之變也

㓞

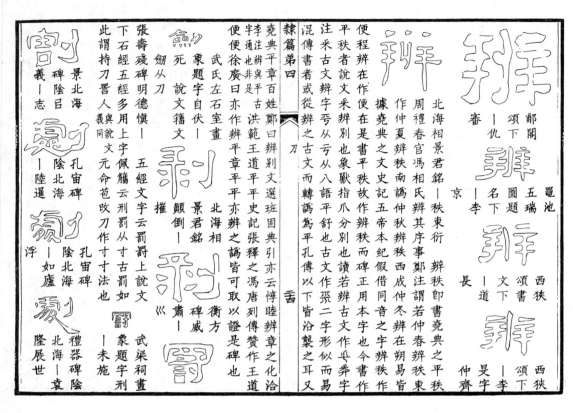

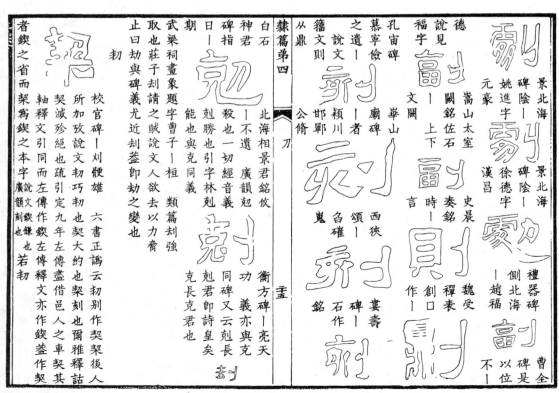

校官碑—刈髏雄 六書正譌云㓞別作契栔後人所加攷說文㓞巧㓞也契大約也栔刻也爾雅釋詁契滅殄絕也疏引定九年左傳盡借邑人之車契其軸釋文引同而左傳作鍥左傳釋文亦作鍥蓋作契者鍥之省而栔爲鍥之本字說文鍥鎌也廣韻鍥刻也 若㓞

與契則義近而字不同六書正譌之說殆非也

耒

耒
北海相景君銘農夫醳｜

耒
吳谷朗碑桂陽｜陽人　水經耒水出桂陽郴縣漢書地理志桂陽郡耒陽師古曰在耒水之陽也說文作郲陽

耘
石經論語殘碑置其杖而｜　隸釋云板本作芸案經典釋文耘芸竝見於論語出而芸云多作耘字芸香草也又漢書王莽傳終年耕芸師古曰芸字與耘同似皆以耘爲正芸爲借者攷說文䅽重文作䒀注䅽或从芸是作芸者䒀省耒作耘者䒀省艸皆非本字芸亦非借用香草字也

耕
婁壽碑榮且溺之耦｜

耕
耿勳碑發荒田｜種

耦
婁壽碑榮且溺之｜耕

角

角
曹全碑訞賊張｜

觶
石經儀禮殘碑執｜待□□□

觚
石經儀禮殘碑升媵｜于賓

觚
禮器碑雷洗觴｜

觴
禮器碑雷洗｜觚

觥

孔宙碑稱彼光｜說文俗觵从光今周禮猶作觵字釋文本或作觥

衡
衡方碑領漢故衞尉卿｜府君之碑

衡
曹全碑陰王｜道興

衡
吳谷朗碑平｜淸格

衡
尹宙碑舉｜以處事

衡
武榮碑不竟台｜

觧
禮器碑漆不水｜

觧
魏封孔羨碑殊俗｜編髮而慕義

解

石門頌或｜高格

解
李壽石刻｜大臺口

解
晉太公呂望表春秋匪｜以解爲懈今詩魯頌閟宮之文同經典懈皆作解也隸釋陳球碑夙夜匪解懈亦作解

觸
華山廟碑｜石興雲

觸
史晨奏銘｜期稽度綴說

觸
魏上尊號奏臣｜臣當

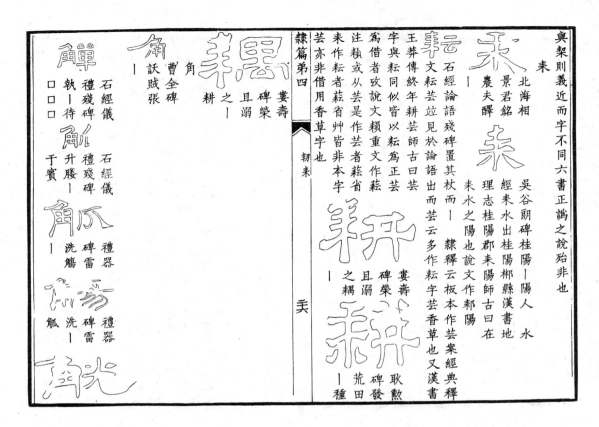

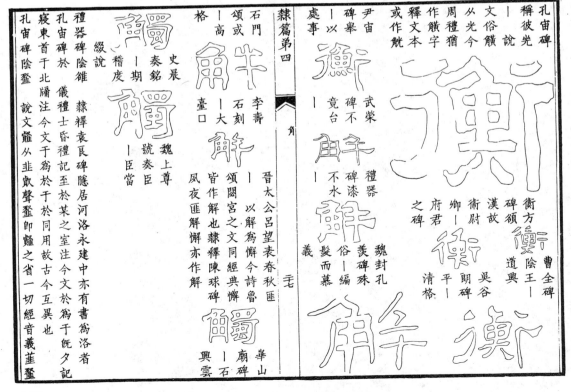

禮器碑陰雒　隸釋袁良碑隱居河洛永建中亦有書爲洛者孔宙碑於　儀禮士昏禮記至於某之室注今文於爲于旣夕記寢東首于北牖注今文于爲於于於同用故古今互異也孔宙碑陰甾　說文𩞄从韭𢧢聲甾即𩞄之省一切經音義韮甾

注又作䃍

史晨後碑宊　金石文字記云越絕書陳音對越王斷竹續竹飛土逐宊作此宊字乃俗書也而今人以為古字誤矣

景北海碑陰脩　漢碑脩行史譌作循行者隸變脩為循其左从彳其右又與盾相似不知者遂以為循耳又吳禪國山碑執金吾脩吳槿客云當卽滕循循脩古通故三國志作滕循晉書作滕脩也見兩漢金石記　案此亦當以碑為正作循者譌也

張遷碑勝　晏子春秋諫下當勝冰月之閒而寒作此勝字

衡方碑剿　說文剿絕也周書曰天用剿絕其命此夏書甘誓之文作周書者字誤也今書作勦說文勦勞也春秋傳曰安用勦民與書義不符當如說文作劋碑義亦當作劋剿卽劋之變也廣韻勦劋同　書葢有如碑作剿者傳寫譌為勦耳

武梁祠畫象題字刦　史記齊太公世家曹沫以匕首刦桓公於壇上刼刦之譌字與碑同然本亦作劫又以畱侯世家乃使建成侯呂澤劫畱侯證之史記皆作劫也廣韻劫俗作刦

隸篇第四

隸篇第五

竹

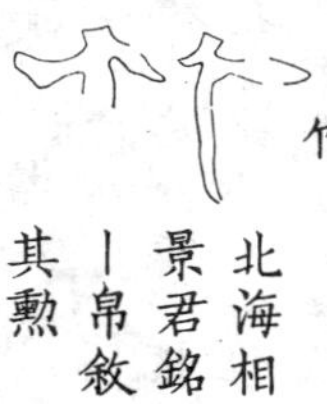

北海相景君銘｜帛敘其勳

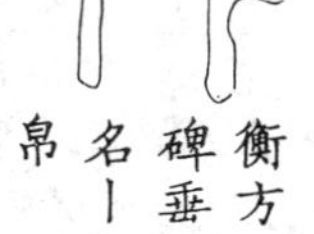

衡方碑垂名｜帛

武梁祠畫象題字｜之口癒

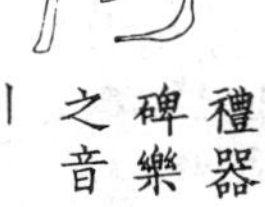

禮器碑樂之音｜

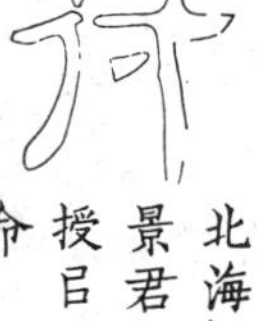

北海相景君銘授吕｜命

禮器碑｜柸禁壺

史晨奏銘俯視几｜

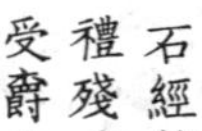

石經儀禮殘碑受爵于｜前

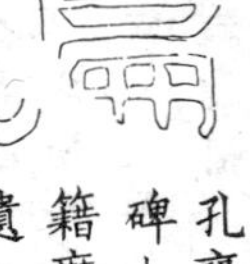

孔褒碑｜籍靡遺

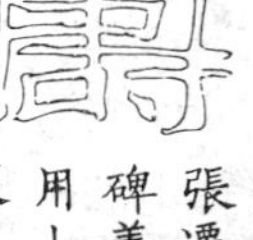

張遷碑善用｜策

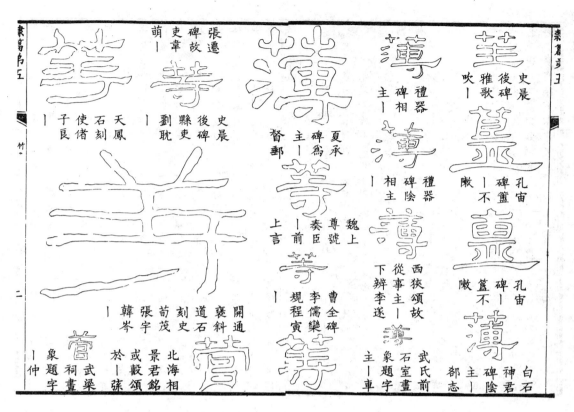

史晨後碑雅歌吹丨

孔宙碑簋丨不嗷

孔宙碑丨簋不嗷

白石神君碑陰主丨都志

禮器碑相主丨

禮器碑陰相主丨

西狹頌故從事主丨下辨李遂

武氏前石室畫象題字主丨車

夏承碑爲主丨督郵

魏上尊號奏臣丨前上言

曹全碑李儒欒規程寅丨

張遷碑故吏韋萌丨

史晨後碑縣吏劉耽丨

天鳳石刻使偖子良丨

開通褒斜道石刻史荀茂張宇韓岑丨

北海相景君銘或豰頌於丨張

武梁祠畫象題字丨仲

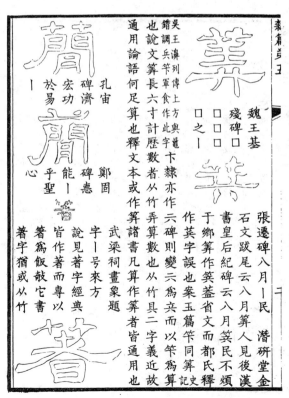

魏王基殘碑□□□□□□之丨□

張遷碑八月丨民　潛研堂金石文跋尾云八月筭人見後漢書皇后紀碑云八月筭民不煩于鄉筭作筭蓋省文而都氏釋作莫字誤也案玉篇笇同算史記吳王濞列傳上方與鼂錯調兵笇軍食作此字卞隸亦作六碑則變六爲兵而以笇爲算也說文筭長六寸計歷數者从竹弄算數也从竹具二字義近故通用論語何足算也釋文本或作筭諸書凡算作筭者皆通用也

孔宙碑濟宏功於易丨

鄭固碑悳能丨乎聖心

武梁祠畫象題字丨号來方　說見著字經典皆作著而專以箸爲飯攲它書著字猶或从竹

尹宙碑二子丨詩

魏受禪表丨之周易說文簭从巽巽古文巫字碑从巫經典相承用之又說文筮从口筮聲是古自有筮字當爲簭之重文而說文佚之耳

西狹頌阨丨促迫說文笮迫也詩雨無正孔棘且殆箋甚急迮且危釋文出急笮左傳成十六年注壓笮其未備是笮字之義隸釋云以笮爲窄窄卽笮之俗也

武氏左石室畫象題字蒸盡搚丨續之說見搚字

史晨奏銘以敘小丨

張遷碑二月震丨

曹全碑風雨時丨

魯峻碑陰梁嵱叔丨

魏上尊號奏使持丨節前將軍說文節竹約也卩瑞信也諸碑及經典卩皆通用節

隸篇弟五　竹　三

晉太公呂望表得竹丨之書說文策馬箠也同玉篇冊符命也玉篇冊簡也諸碑皆以策爲冊經典多相承用之

張遷碑善用籌丨

北海相景君銘規丨榘謨筴亦策字也顏氏家訓簡策字竹下施束末代隸書似杞宋之宋亦有竹下遂爲夾者猶如刺史之旁應爲朿今亦作夾

魏受禪表上公丨祝

魏王基殘碑上文闕

夏承碑丨薰著于王室

孔褒碑篇丨靡遺

魏受禪表皇帝乃受天子之丨

石經儀禮殘碑公丨拜

石門頌下丨巛皇廣韻答當也亦作荅說文無答字未詳所始六書故荅說文小尗也借爲荅問之荅據此則廣韻當以荅爲本字答爲或文諸碑作荅荅者乃艸之變非竹之變也類篇亦訓答爲當而荅字專訓小尗不言答亦作荅尤失之矣

箕

韓仁銘吕旌丨美說文箕古文作甘籀文作𠀠無其字然偏旁有之又周寶簠銘其子孫永寶用字亦作其葢亦古箕字而說文失載也

祀三公山碑神熹丨位

隸篇弟五　箕　四

晉太公呂望表大公言丨年月與其日

晉孫夫人碑娣如宗丨德音

譙敏碑不忝丨美

西狹頌斯丨殆哉

熹平殘碑芳麗丨華

嵳山廟碑丨奉山川

石門頌至於永平丨有四年

衡方碑長發丨祥

白石神君碑丨辭曰

孔宙碑乃委丨榮

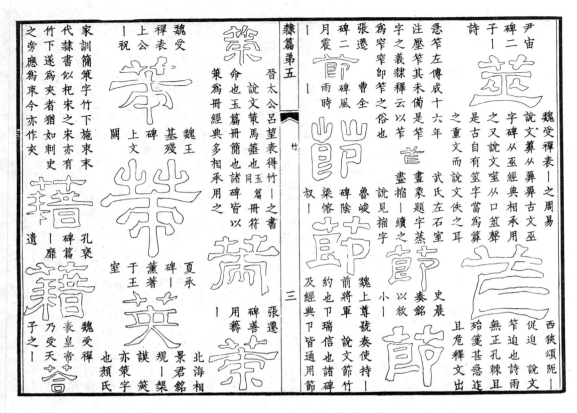

鄭固碑丨四月廿四日

延光碑口｜功譽

武梁祠畫象題字樊於｜頭　隸釋云以樊於其為樊於期

尹宙碑及｜元孫

李壽石刻由｜卑下

丌

耿勳碑｜奥口流

校官碑｜誄曰　舊釋為畀攷說文畀舉也从廾甶聲碑字正同又張仲簠銘張仲畀壽鐘鼎彝器款識云畀舉也與畀與之畀音義迥別張仲為獻主故曰舉壽也碑字訓舉義亦似優於畀或即是畀字非畀之變也存疑俟質通人

禮器碑陰魯｜煇即亓字隸辨云玉篇亓古文其類篇云亦姓通志氏族略有亓氏

正直殘碑｜辭曰亦亓字也

華山廟碑祀｜曰

校官碑口學｜謨

孔宙碑乃擢君｜戎　說文典五帝之書也數主也碑及經典皆以典為數

韓仁銘｜統非任

曹全碑出｜諸郡二碑義竝同上

譙敏碑深明｜隩說文古文典从竹

孔彪碑化以｜成

魏上尊號奏懷遠將軍關內侯臣｜說文巽篆文巺

石經儀禮殘碑坐｜齊

祀三公山碑敬｜不行

左

白石神君碑｜尉上郡白土樊瑋　說文ナナ手也左手相左助也又手也右手口相助也諸碑及經典皆以佐佑為左右而以左右為ナ又

尹宙碑｜翼牧伯

華山廟碑｜尉唐佑

工

武氏石闕銘使石｜孟孚李弟卯造此闕

禮器碑｜不爭賈

曹全碑百｜戴恩

鄐閣頌口口｜巧

張遷碑陰故吏范｜

武氏祠祥瑞圖題字皇帝時南夷乘白鹿來獻｜暘　山左金石志云以巨暘為秬鬯也案宋書符瑞志巨鬯三禺之禾亦以巨為秬

北海相景君銘規筴｜謨

衡方碑蹈規履｜

魏封孔羨碑永作憲｜

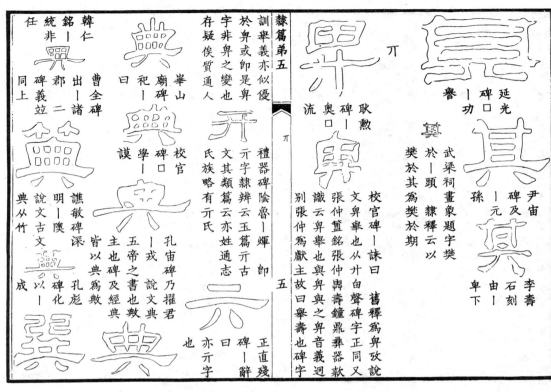

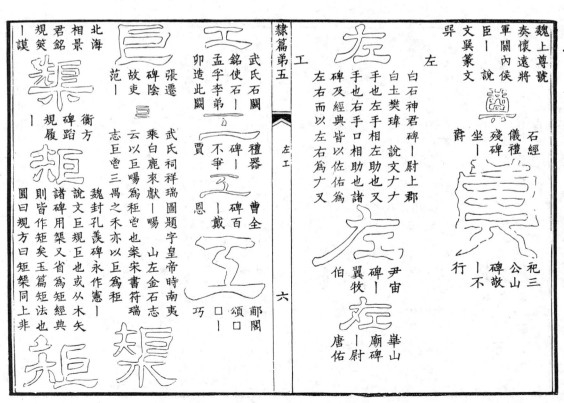

說文巨規巨也或从木矢諸碑用榘又省為矩經典則皆作矩矣玉篇矩法也圓曰規方曰矩榘同上非

魏王基殘碑於是將丨奉冊

淮源廟碑與河合丨

郙閣頌口口工丨

史晨後碑丨路虔跽

孔宙碑俾有彝丨

武梁祠畫象題字後世凱丨

玨

曹全碑陰故丨曹史杜苗幼始

衡方碑少吕文丨敦庬允元義如書剛而塞之塞說文作𡫳云實也虞書曰剛而塞

巫

魏封孔羨碑有𩕄其丨說文靈或从巫

史晨奏銘又尚書考丨燿曰

景北海碑陰魂丨瑕顯

甘

崋山廟碑丨陵鄃人

孔宙碑陰丨陵廣川

魏受禪表丨露零於豊草

婁壽碑好學不丨　說文猒飽也厭笮也一曰合也碑義正當作猒經典凡訓足訓斁而字作厭者通用也國語周語豈敢猒縱其耳目心腹以亂百度注猒與厭同是反以厭為正矣

魏上尊號奏於邑益丨

魏封孔羨碑朕丨閔馬

曹全碑丨於置郵

曰

石經尚書殘碑二丨貨

晉太公呂望表帝丨昌

禮器碑其丨文丨

郙閣頌僉丨大平兮

孔龢碑讚丨

曹全碑咸丨君哉

石經尚書殘碑丨陳其五行　隸釋云孔作汩尚書後案云汩从水曰聲蔡省筆故作曰也

西狄頌嘆丨

曹全碑丨參夾輔王室

淮源廟碑戶丨史宛謝綜

石門頌案察中丨卓行

夏承碑五官掾功丨

曹全碑陰故功丨杜安元進

崋嶽廟殘碑陰故功丨司隸茂才

禮器碑陰辥丨訪

景北海碑陰劇丨麟字敬石　隸辨云說文作朁從曰兓聲徐鉉曰今俗有替字蓋朁之譌廣韻云朁姓也

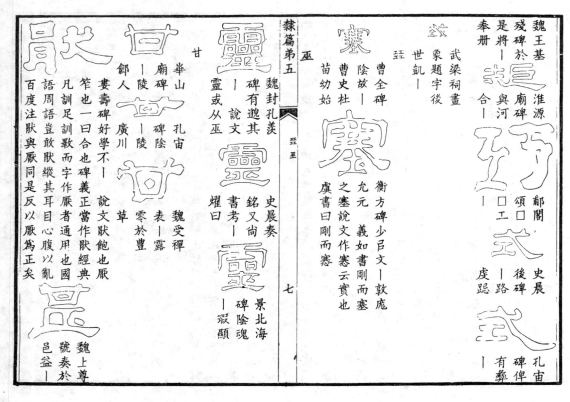

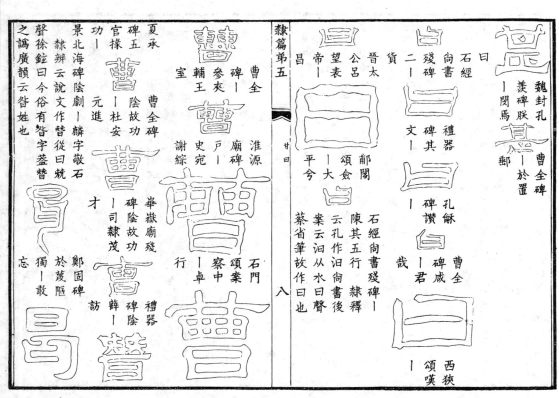

鄭固碑於蔑陋獨丨敢忘

譙敏碑丨億遷攉

乃

北海相景君銘丨武乃文

西狹頌丨刊斯石

史晨後碑丨以令日

魏封孔羡碑丨作頌曰

白石神君碑丨依無極

尹宙碑丨迄于周 說文鹵驚聲也从乃省鹵聲籒文鹵不省讀若仍石鼓文繹山碑皆以爲乃字爾雅釋詁注迺卽乃廣韻迺古文乃是也周禮大祝注乃立冢土孟子乃積乃倉乃裹餱糧詩故作迺易書諸乃字漢書引之皆作迺又它碑乃字用古文者據隸韻字源繁陽令楊君碑如籒文作鹵宗俱碑譌作鹵祝睦碑周憬功勳銘皆變作迺經典相承用迺字

丂

御名 功令作寧仍宜避用以昭敬謹偏旁作寍可也

孔宙碑陰東平丨陽

曹全碑建丨二年

魏王基殘碑上文闕

晉咸寧甎咸丨四年

石門頌烝ヒ艾丨

可

晉孫夫人碑丨沒而無稱哉

孔龢碑丨許臣請

魏受禪表丨禽靈獸

婁壽碑先生童孩多丨

兮

北海相景君銘奔臣子丨

石經論語殘碑鳳丨鳳兮

淮源廟碑于胥樂丨

乎

孔宙碑商旅交丨險路

魏封孔羡碑能無頌丨

孔彪碑喪過丨哀

鄭固碑悳能簡丨聖心

号

号 武梁祠畫象題字箸丨來方 箸号猶云箸名說文号痛聲也號呼也呼名號義亦碑以号爲號它碑又以號爲号玉篇号號義與說文相反蓋二字互通至於互易經典則概用號也

號

魏上尊號奏議年丨正朔服色

晉太公呂望表著其名丨

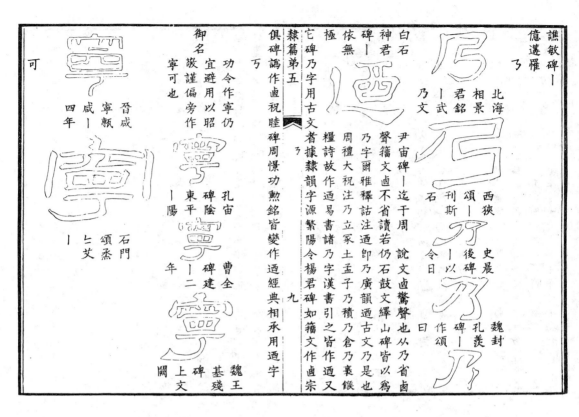

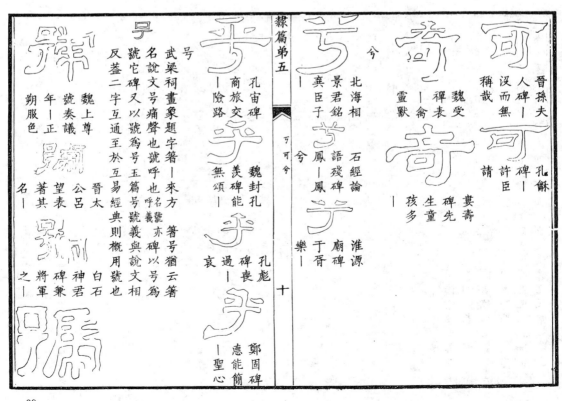

白石神君碑兼將軍之丨

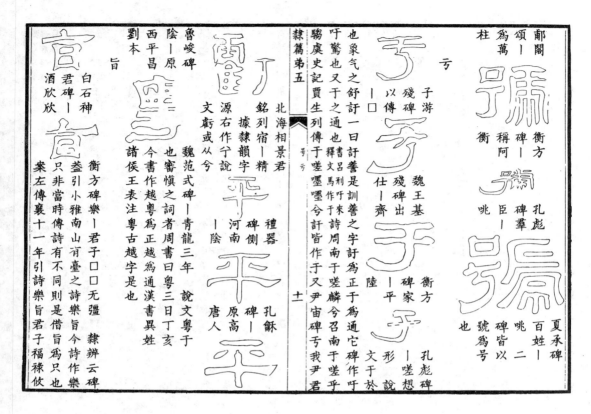

郙閣頌丨爲萬柱

衡方碑丨稱阿衡

孔彪碑羣臣丨兆

夏承碑百姓丨兆二碑皆以號爲号也

亏

子游殘碑以傳丨□

魏王基殘碑出仕丨齊

衡方碑家丨平陸

孔彪碑丨嗟想形說文于於也象气之舒訏一曰訏譼是訓譼之字訏爲正于爲通它碑作吁吁驚也又于之通也書呂刑吁來釋文馬作于詩周南于嗟麟兮召南于嗟乎騶虞史記賈生列傳于嗟嚜嚜兮訏皆作于又尹宙碑亏我尹君

北海相景君銘列宿丨精據隸韻字源右作亇說文虧或从兮

禮器碑側河南丨陰

孔龢碑丨原高唐人

魏范式碑丨青龍三年說文粵于也審愼之詞者周書曰粵三日丁亥今書作越粵爲正越爲通漢書異姓諸侯王表注粵古越字是也

魯峻碑陰丨原西平昌劉本

旨

白石神君碑丨酒欣欣

衡方碑樂丨君子□□无彊隸辨云碑葢引小雅南山有臺之詩樂旨今詩作樂只非當時傳詩有不同則是借旨爲只也案左傳襄十一年引詩樂旨君子福祿攸同疏旨美也襄二十四年昭十三年引詩樂只君子邦家之基皆如詩作只而宋本皆作旨襄二十四年疏亦云旨美也襄二十年注取其樂只君子釋文只本亦作旨是凡左傳樂只故皆作旨其作只者傳寫之誤王應麟詩攷以南山有臺樂旨君子爲齊詩也

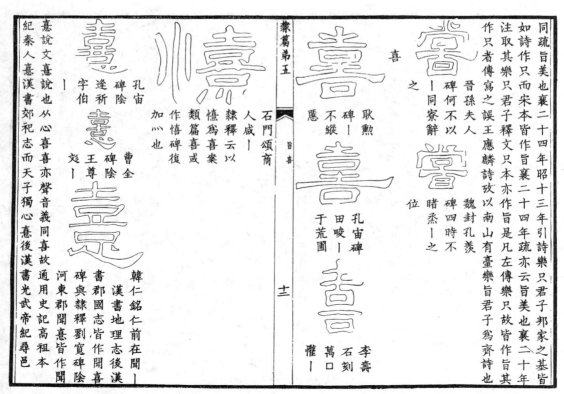

晉孫夫人碑何不以丨同寮辭之

魏封孔羡碑四時不睹烝丨之位

喜

耿勳碑丨不縱慝

孔宙碑田畯丨于荒圃

李壽石刻萬□懽丨

石門頌商人咸丨隸釋云以憘爲喜案類篇喜或作憘碑復加巛也

孔宙碑陰逢祈字伯丨

曹全碑陰王尊彣丨

韓仁銘仁前在聞丨漢書地理志後漢書郡國志皆作聞喜碑與隸釋劉寬碑陰河東郡聞憙皆作聞憙說文憙說也从心喜喜亦聲音義同喜故通用史記高祖本紀秦人憙漢書郊祀志而天子獨心憙後漢書光武帝紀尋邑

得之不憙喜皆作憙又史記張儀列傳乃使其舍人馮喜之楚索隱曰此與戰國策同舊本作憙誤也不知喜古通用憙耳

壴

魯峻碑欽謚｜樂

曹全碑｜慕奚斯考甫之美

北海相景君銘帝｜厥功

尹宙碑宰司｜馬

西狹頌致黃龍｜禾木連甘露之瑞

黽池五瑞圖題字｜禾

景北海碑陰降垂｜祐

衡方碑采｜石

禮器碑陰｜城龔治

孔彪碑｜祖賦詩

鼓

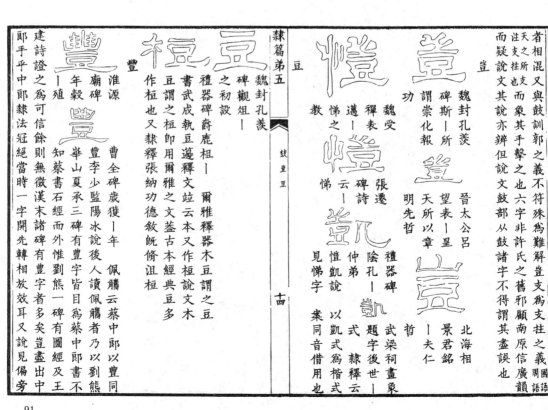

禮器碑鍾磬瑟｜　說文鼓郭也春分之音萬物郭皮甲而出故謂之鼓从壴支象其手擊之也廣韻引作鼓云亦作鼓玩說文所謂鼓郭也者釋鼓字之義非以器言春分時萬物郭皮甲而出其音亦郭皮甲以象之因以鼓名鼓仍訓郭不應於名器之後變字从皮廣韻承漢以來之俗體隸釋孫叔敖碑陰倡優鼙鼓亦从皮皷奪說文之正字故顏黃門有鼓外設皮之譏也說文字原云壴古鼓字以木爲匡而革冒之象形其說雖與說文迴異然以鼜从壴而爲夜戒守鼓彭从壴而爲鼓聲證之亦未必無據是冒革已在壴中若从皮則牀上安牀矣更惟支象手擊之說既與鼓字从攴訓擊鼓者相混又與鼓訓郭之義不符殊爲難解豈支爲支拄之義國語周語天之所支注支拄也而象其手擊之也六字非許氏之舊邪顧南原信廣韻而疑說文其說亦辨但說文鼓部从鼓諸字不得謂其盡誤也

豈

魏封孔羨碑斯｜所謂崇化報功

晉太公呂望表｜星天所以章明先哲

北海相景君銘｜夫仁哲

魏受禪表邁｜悌之教

張遷碑詩云｜悌

禮器碑陰孔｜仲弟愷凱說見悌字

武梁祠畫象題字後世｜式　隸釋云以凱式爲楷式案同音借用也

豆

魏封孔羨碑籩俎｜之初設

禮器碑爵鹿柤｜　爾雅釋器木豆謂之豆書武成執豆籩釋文豉云本又作梪說文木豆謂之梪卽用爾雅之文蓋古本經典豆多作梪也又隸釋張納功德敘既脩俎梪

豐

淮源廟碑年穀｜殖

曹全碑歲獲｜年　佩觿云蔡中郎以豐同豊李少監陽冰說後人讀佩觿者乃以劉熊華山夏承三碑有豐字皆目爲蔡中郎書不知蔡書石經而外惟劉熊一碑有圖經及王建詩證之爲可信餘則無徵漢末諸碑有豐字者多矣豈盡出中郎手乎中郎隸法冠絕當時一字開先轉相放效耳又說見偏旁

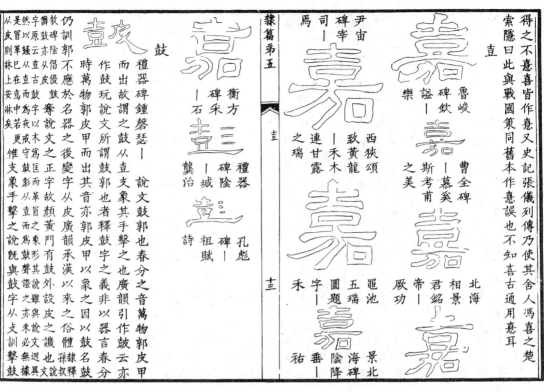

史晨奏銘以祈丨穰

夏承碑名丨其壽

虍

石經論語殘碑謂丨仲夷佚

華山廟碑是以唐丨疇咨四嶽

禮器碑陰丨部

禮器碑側左叔丨

衡方碑不丨不陽潛研堂金石文跋尾云不虞不陽不吳不揚之別古人吳虞多通用泰伯弟仲雍以居吳稱吳仲雍而左氏傳論語皆作虞仲是其證也說文吳姓也亦郡也一曰吳大言也是吳敖之吳與吳越之吳無別體矣陸德明謂吳說文作吳又引何承天從口下大之說毋乃誤讀說文乎孔氏詩正義謂鄭讀不吳爲不娛人自娛樂必讙譁爲聲今此碑作虞虞娛亦通用字也案左氏傳論語虞仲吳越春秋作吳仲又詩不吳不敖史記孝武帝紀作不虞不驁公羊傳定四年伐鮮虞釋文本或作吳亦吳虞通之證孟子驩虞如也丁音驩虞義當作歡娛古字通用耳莊子讓帝王許由虞于穎濱釋文虞本作娛虞娛通之證也

校官碑流愛雙丨口口

集韻乎古作虖說文虖嘷虖也

孔宙碑閣閣是丨

史晨後碑式路丨跽

西狹頌下辨李丨

淮源廟碑丨恭禮祀

魯峻碑外捄強丨

石門頌西夷丨殘

虎

魏王基殘碑故能野戰則飛丨摧翼

魏上尊號奏丨牙將軍

魏上尊號奏丨豹鹿菟

嵩山太室闕銘人丨上下文

闕

景北海碑陰豎建丨砦

衡方碑繼南仲邵丨之軌

鄭季宣碑陰主簿口丨叔口

禮器碑側彭城劉丨

孔彪碑君諱丨

禮器碑陰魯孔丨

皿

孔宙碑陰丨脩字子節

晉太公呂望表范陽丨无忌

淮源廟碑中山丨奴口君

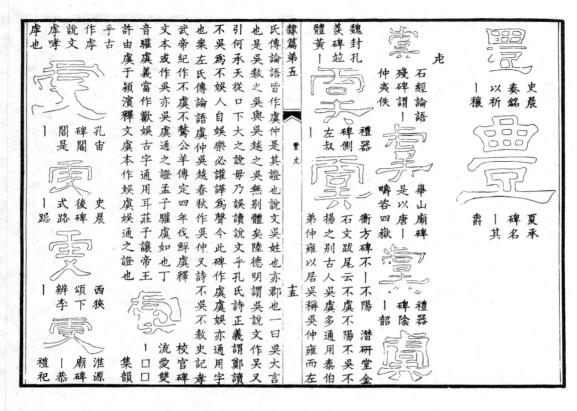

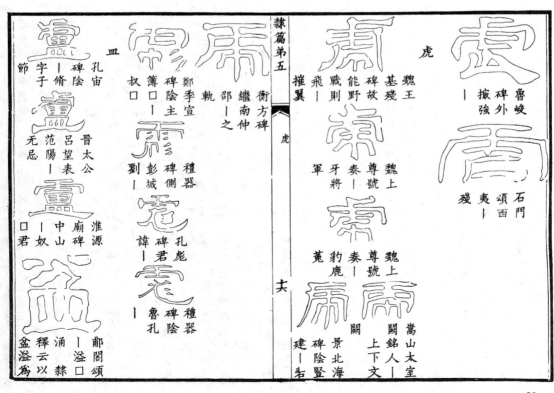

郙閣頌丨溢口涌隸釋云以盆溢爲

隸篇第五 皿 七

溢溢桀後漢書陳忠傳海水盆溢溢溢亦作盆溢

晉太公呂望表稼穡茂丨

白石神君碑絜其粢丨

禮器碑於丨復授

魯峻碑陰吳丨子興

嵩山少室東闕題名相丨

魯峻碑任城吳丨

白石神君碑百姓豐丨

尹宙碑進思丨忠

史晨奏銘臣丨力思惟

嵩山太室闕銘戰慄丨勤

華山廟碑夏商則未聞所損丨

李孟初神祠碑丨州刺史

魏李苞開通閣道題名丨寇將軍

去

北海相景君銘丨官未旬

白石神君碑先得法食丨

魏受禪表漢氏觀歷數之丨已

史晨後碑丨市遼遠

魏上尊號奏祿丨帝室七世矣

隸篇第五 十八

血

史晨奏銘丨書著紀

耿勳碑勤丨民隱

石經論語殘碑丨毛包周無於此季氏篇末載四家有無不同之文盍姓卽盇姓古字通用韓詩外傳晉船人盍胥王應麟姓氏急就篇列盇氏下是也禮記檀弓子盇言子之志於公乎盍作蓋

曹全碑歷丨簿王

白石神君碑陰丨簿

部志 去血

丹

孔彪碑表干丨青

禮器碑陰泰山鮑丨

青

禮器碑丨龍在涒歎

魏范式碑粵丨龍三年

魯峻碑閒門丨居

曹全碑陰秦竝丨先

石門頌寧丨黍庶

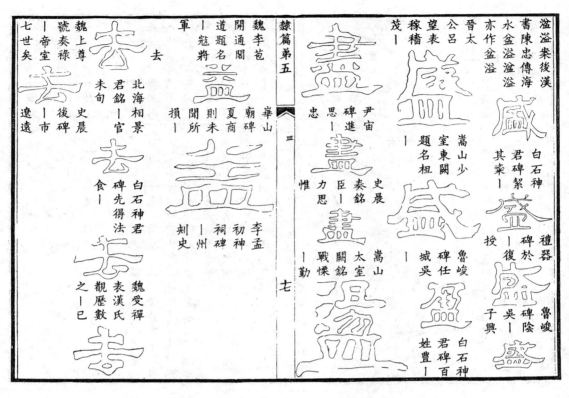

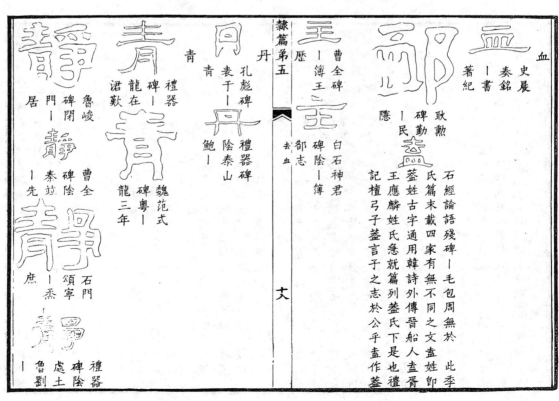

禮器碑陰處土魯劉丨

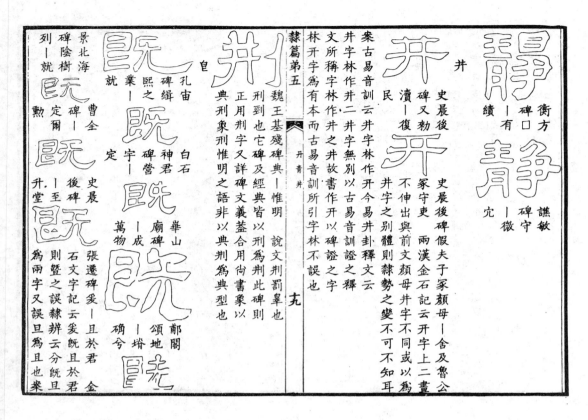

靜

衡方碑口｜有績

靜

譙敏碑守｜微宂

井

开

史晨後碑又勑瀆｜復民

开

史晨後碑假夫子冢顔母｜舍及魯公冢守吏　兩漢金石記云开字上二畫不伸出與前文顔母井字不同或以爲井字之别體則隸勢之變不可不知耳

案古易音訓云井字林作开今易井卦釋文云井字林作井二井字無别以古易音訓證之釋文所稱字林作井之井故書作开以碑證之字林开字爲有本而古易音訓所引字林不誤也

荆

魏王基殘碑典｜惟明　說文荆罰辠也刑到也它碑及經典皆以刑爲荆此碑則正用荆字又詳碑文義葢合用尚書象以典刑象刑惟明之語非以典荆爲典型也

皀

既

孔宙碑緝熙之業｜就

既

白石神君碑營宇｜定

既

華山廟碑｜成萬物

既

鄗閣頌地｜塎确兮

既

景北海碑陰樹列｜就

既

曹全碑｜定爾勳

既

史晨後碑｜至升堂

既

張遷碑爰｜且於君　金石文字記云爰既且於君則曁之誤隸辨云分既旦爲兩字又誤旦爲且也來

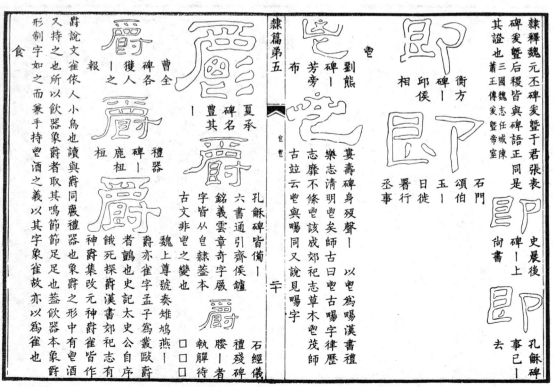

隸釋魏元丕碑爰暨于君張表碑爰暨后稷皆與碑語正同是其證也三國魏志任城陳蕭王傳爰暨帝室

即

史晨後碑｜上尚書

即

孔龢碑事已｜去

即

衡方碑｜邱侯相

即

石門頌伯玉｜日徙署行丞事

鬯

鬯

劉熊碑｜芳旁布

鬯

婁壽碑身歾聲｜　以鬯爲暢漢書禮樂志清明鬯矣師古曰鬯古暢字律歷志靡不條鬯該成郊祀志草木鬯茂師古竝云鬯與暢同又說見暢字

爵

夏承碑名豐其｜

爵

孔龢碑皆備｜　六書通引齊侯鑪銘義雲章奇字[illegible]字皆从皀隸葢本古文非鬯之變也

爵

石經儀禮殘碑縢｜者執觶待□□□

爵

曹全碑各獲人之｜報

爵

禮器碑｜鹿柦桓

爵

魏上尊號奏雉鳩燕｜　爵亦雀字孟子爲叢敺爵者鸇也史記太史公自序餓死探爵漢書郊祀志有神爵集改元神爵雀皆作爵說文雀依人小鳥也讀與爵同[illegible]禮器也象爵之形中有鬯酒又持之也所以飲器象爵者取其鳴節節足足也葢飲器本象爵形制字如之而兼手持鬯酒之義以其字象雀故亦以爲雀也

食

禮器碑丨粮七于沙邱

白石神君碑始爲無極山詣大常求法丨

史晨奏銘脩上案丨醊具

白石神君碑先得法丨去

白楊樹郙畫象題字丨齋祠園

孔彪碑口以丨饉

史晨後碑丨胙賦賜

晉太公呂望表蓋壽百一十丨歲

西狹頌面縛二千丨人

耿勳碑扶活丨餐千有餘人 類篇饘或作餍禮記內則注則似今膏餍矣玉篇饕炙餅餌碑言爲食以食餓者也字畫分明非經剔刻不知諸箸錄家何以或闕或誤

孔龢碑春秋丨禮 說文饗鄉人飲酒也亯獻也諸碑及經典享多通用饗

史晨後碑史君丨後

魏受禪表龍興丨國

石門頌匱丨之患 說文餧飢也五經文字云餧經典相承別作餒爲飢餒字以此字爲餧飼之餧禮記祭統非上積重而下有凍餒之民也釋文出凍餧云乃罪反字與碑同

淮源廟碑口齋傳丨

孔宙碑陰魏郡丨陶王時

孔宙碑尊賢丨老

曹全碑收丨季祖母

魏受禪表蒙暘饑之丨

魏受禪表蒙暘丨之養 說文氣或从食

孔彪碑口以饑丨

孔宙碑南畝孔丨

亼

崋山廟碑訖丨垣趾營兆猶存

魏封孔羨碑況丨聖皇

李孟初神祠碑丨聽復

晉太公呂望表口丨墮廢

郙閣頌於丨乃造

郙閣頌自古迄丨

郙閣頌丨曰大平兮

晉太公呂望表丨以爲大公功施於民

吳谷朗碑丨以君任部南州

孔龢碑鮑君造作百石吏丨

史晨後碑假夫子冢顏母开丨及魯公冢守吏

衡方碑用行丨臧 說文市居曰舍始夜切捨釋也書冶切碑以舍爲捨與論語同經典捨皆作舍釋文竝云音捨

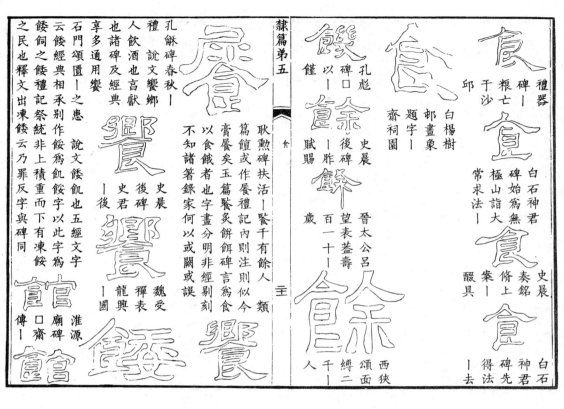

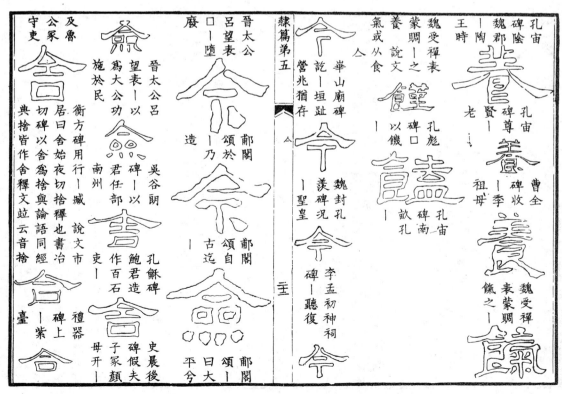

禮器碑上丨紫臺

曹全碑收丨餘爐

會

韓仁銘表丨言丨月廿日

孔褒碑後丨事覺

仙集題字漢安元年四月十八日丨仙友

史晨後碑皆丨廟堂

史晨後碑於昌平亭下立丨市

孔宙碑丨鹿鳴於樂崩　玉篇會古文會

倉

西狹頌丞右扶風陳丨呂國宇文寶

西狹頌丨庾惟億

史晨奏銘黑不代丨以倉爲蒼孝經援神契云孔子黑龍之精不合代周家木德之蒼碑蓋用其語也蒼古

通用倉詩黍離悠悠蒼天釋文本亦作倉禮記月令駕倉龍服倉玉漢書五行志與倉龍俱伏食貨志今王朝賀㠯倉璧亦以倉爲蒼又北海相景君銘于何穹倉熹平殘碑何辜穹倉武梁祠畫象題字伏戲倉精魏上尊號奏則重華必忿憤於倉梧之神墓隸釋脩堯廟碑上交倉元恩如浩倉無極山碑倉氣蔚伊楊著碑卬叫穹倉柳敏碑何辜穹倉周公禮殿記倉龍甲戌蒼皆作倉

入

魏范式碑罔深不丨

石門頌下則丨冥

石門頌出散丨秦

郙閣頌丨育口遺說文全完也篆文全从玉

曹全碑君諱丨字景完

張遷碑斯縣獨丨

魯峻碑丨懷溫潤

魏范式碑充洽外丨

魯峻碑陰魏郡丨黃

張遷碑在帷幕之丨

熹平殘碑行成於丨

曹全碑以家錢丨米粟

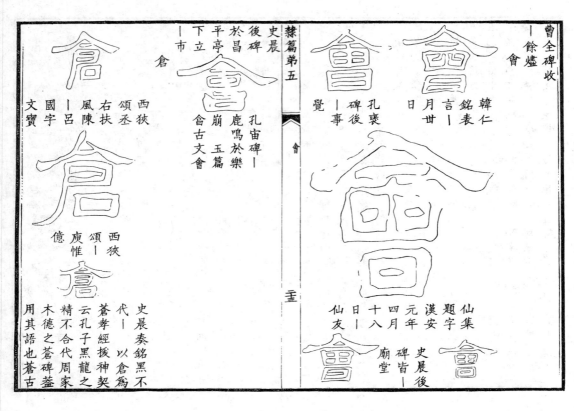

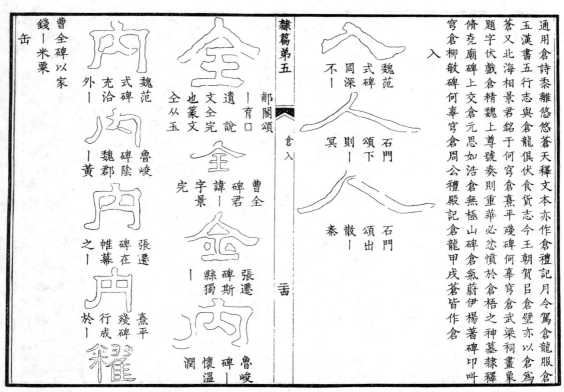

缶

夏承碑丨後不殁

說文䍃小口罌也从缶䍃聲䍃艸木華葉𠂹象形諸碑多以䍃爲𠂹經典則借用邊垂字它碑从垂之字亦皆作垂

校官碑丨化放虖岐周

晉太公呂望表丨示無窮者矣

鄭固碑口口見於丨髦

衡方碑丨名竹帛

禮器碑聲丨億載

孔龢碑功丨无窮

劉熊碑丨精接感

景北海碑陰降丨嘉祐

張遷碑君丨其仁

隸篇弟五 缶 三五

郙閣頌所歷丨勳

石門頌丨流億載

矢

孔宙碑永丨不刊

魏上尊號奏遂集丨石于其宮殿

禮器碑以侯丨奧

張遷碑煥丨其祖

魏上尊號奏堯丨天命去已

西狹頌丨不詐愚諸碑及經典多以知爲智

孔龢碑褎成丨四時來祠

曹全碑右扶風隃麋丨相

禮器碑側故安國丨相

竹葉碑陰文陽丨脩

魏封孔羨碑爲崇聖丨

曹全碑陰義士丨褒

孔彪碑海內歸公鄉之任丨

魏上尊號奏可謂信矣著丨

魏上尊號奏祿去帝室七世丨

隸篇弟五 矢 三六

校官碑鍾磬縣丨

史晨奏銘丨乃孔子說文䠶从矢引省聲碑从引不省經典皆如此

熹平殘碑降此丨口

魏上尊號奏丨督校尉

說文篆文䠶从寸

高

曹全碑君丨升

禮器碑陰开煇景丨

孔龢碑字季丨

嵩山廟碑丨祖初興

白石神君碑陰郝幼丨

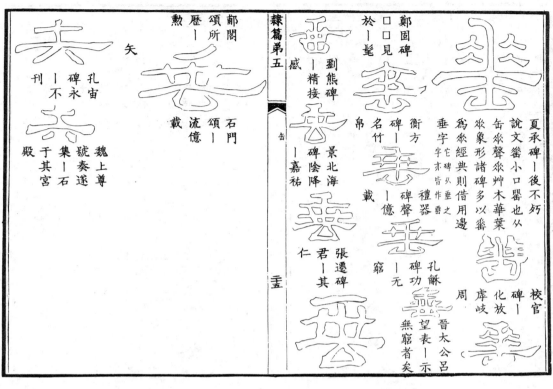

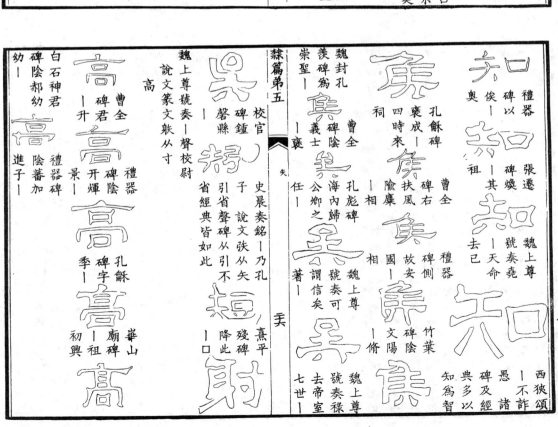

禮器碑陰蕃加進子丨

亭 曹全碑親至離｜

亭 魏上尊號奏大理東武｜侯

亭 魏王基殘碑比進爵常樂｜安樂鄉東武侯

亭 開通褒斜道石刻郵｜驛置

冂

市 張遷碑燒平城｜

市 史晨後碑於昌平亭下立會｜

京

京 嵩山太室闕銘｜兆杜陵

京 禮器碑陰｜兆劉安

京 孔彪碑未出｜師

就 華山廟碑四月廿九日甲子｜

就 張遷碑隨｜虛落

就 武梁祠畫象題字｜之如雲

就 曹全碑陰臧就元｜

就

亯

就 衡方碑退｜勑巾

就 祀三公山碑｜衡山起堂立壇

就 夏承碑旌招俯｜

就 石門頌下｜平易

就 西狹頌滅高｜埤

亨 史晨後碑長｜利貞 說見下

亨 張遷碑永｜南山

亨 張遷碑共｜天秨

亨 華山廟碑軓過｜祭 說文亯許兩切又許庚切篆文作亯隸用篆文變作享亦變作亨經典相承多以享爲許兩切亨爲許庚切享與亨遂分爲二九經字樣言之詳矣易大有公用亨于天子釋文許庚反通也衆家竝香兩反京云獻也干云享宴也姚云享祀也衆家說是陸音義竝非

亯

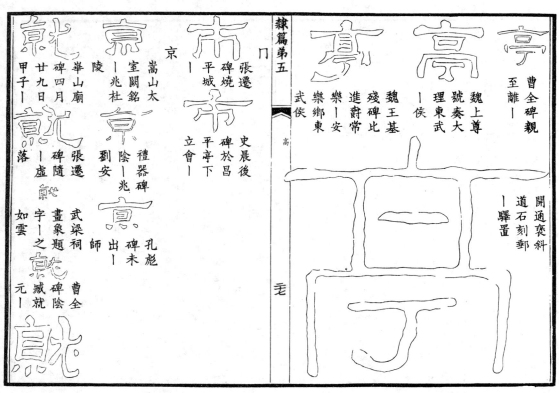

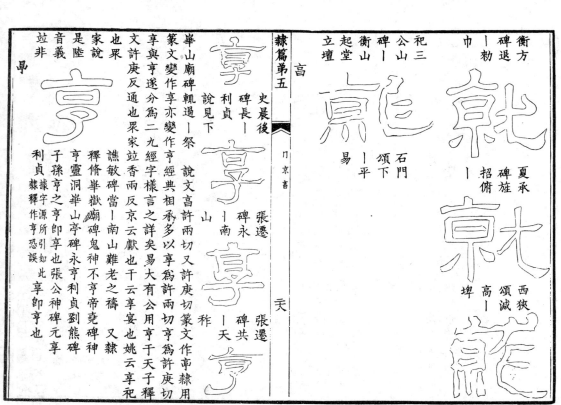

亨 譙敏碑當｜南山難老之禱 又隸釋脩華嶽廟碑鬼神不亨帝堯碑神亨靈洞華山亭碑永亨利貞劉熊碑子孫亨之亨卽亨也張公神碑元亨利貞隸釋作亨恐誤（據字源所引如此）亨卽亨也

禮器碑側董元丨

史晨奏銘臣蒙丨恩

朱龜碑丨載多容

婁壽碑高位丨祿

西狹頌膺祿美丨

畐

張遷碑有張丨善用籌策

曹全碑陰王時孔丨

魯峻碑陰史強強丨

孔彪碑誕生忠丨

張遷碑國之丨幹

天鳳石刻使偖子丨等

亩

魏王基殘碑口丨天素

吳谷朗碑丨弈世之高素

吳谷朗碑丨性元通六書通引摭古遺文稟从米

啚

張遷碑丨夫喋喋小吏

張遷碑於是進丨夫為令

張遷碑丨夫事對

曹全碑陰故鄉丨夫

石經魯詩殘碑不稼不丨　隸釋云毛作穡案說文嗇愛濇也从來从㐭來者㐭而藏之故田夫謂之嗇夫穡穀可收曰穡从禾嗇聲書洪範土爰稼穡疏穡是惜也嗇與穡音同義通碑故以嗇為穡詩桑柔好是稼穡釋文本亦作嗇又史記殷本紀舍我嗇事漢書成帝紀服田力嗇律歷志稼嗇蕃息穡皆作嗇書大誥若穡夫左傳僖二十一年務穡勸分昭元年大國省穡而用之又以穡為嗇也

張壽殘碑稼丨滋殖　亦以嗇為穡又隸釋石經尚書殘碑□□□嗇之艱難陳球碑稼嗇繁阜

來

孔龢碑褒成侯四時丨祠

史晨奏銘四時丨祭

魏封孔羨碑想貞祥之丨集

張遷碑三代以丨

禮器碑乾元以丨

孔褒碑□遠□丨

西狹頌傲外丨庭

唐公房碑休謁往丨類

篇來古作倈漢書武帝紀氏羌徠服禮樂志天馬徠文選揚雄甘泉賦徠祇郊禋注皆云徠古來字又爾雅釋言格懷來也釋文出徠云本今作來釋親元孫之子為來孫釋文出徠云本亦作來

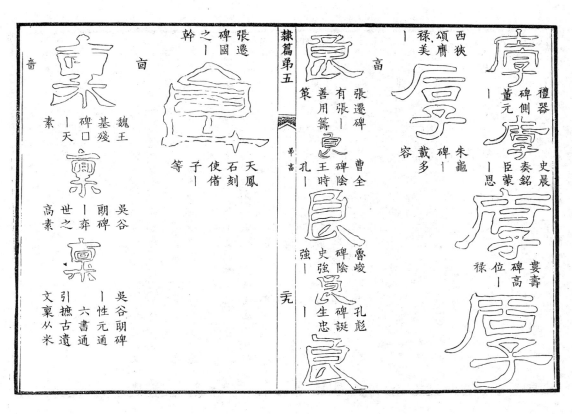

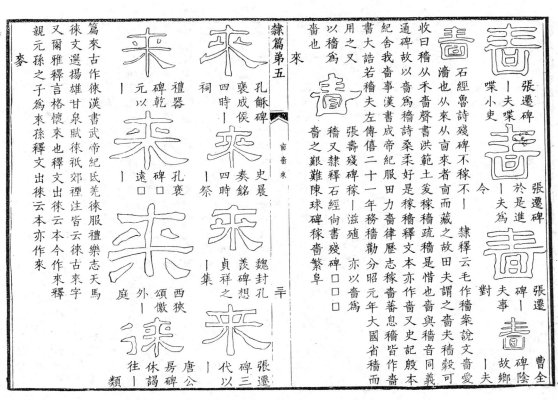

麥

史晨後碑自以城池道濡｜給令

西狹頌粟｜五錢

夊

魏上尊號奏大僕臣｜夒何夔也碑誤以夒爲夔說文夒貪獸也夔神魖也如龍一足故夔字叔龍也

魯峻碑遭母｜說文憂和之行也恳愁也諸碑及經典皆以憂爲恳

武榮碑遭孝桓大｜

史晨奏銘夙夜｜怖

曹全碑遭同產弟｜

隸篇第五　夊　卅二

衡方碑｜及退身

孔宙碑猾｜不口

魏封孔羨碑肇造區｜

曹全碑｜夏陽令

武梁祠畫象題字｜禹

曹全碑重親｜歡曹景完

華山廟碑｜商則未聞所損益

尹宙碑諸｜肅震

禮器碑陰｜侯盧頭

華山廟碑舞以致｜康

魏受禪表帝者之高｜也

孔宙碑告困｜仕

尹宙碑｜位執金吾

郿池五瑞圖題字｜黃龍白鹿之瑞

西狹頌｜黃龍嘉禾木連甘露之瑞

郙閣頌校｜攻堅以致爲緻詩斯干鳥鼠攸去箋其堅致則鳥鼠之所去也釋文本亦作緻都人士綢直如髮箋其情性密緻釋文出密致云本亦作緻假樂抑抑威儀箋致密無所失釋文出緻云本或作致禮記聘義縝密以栗注縝緻也釋文出致云本亦作緻皆緻爲正致爲通也然緻爲說文新修字義或古止作致耳

夏承碑允道篤｜說文夌行皃恣惠也諸碑皆以夌爲恣經典相承用之

西狹頌先之呂博｜

隸篇第五　夊　卅三

張遷碑垂｜在民

郙閣頌｜垠如口

耿勳碑甘棠之｜

舛

華山廟碑｜以致康

舜

魏受禪表堯｜(舜)之事

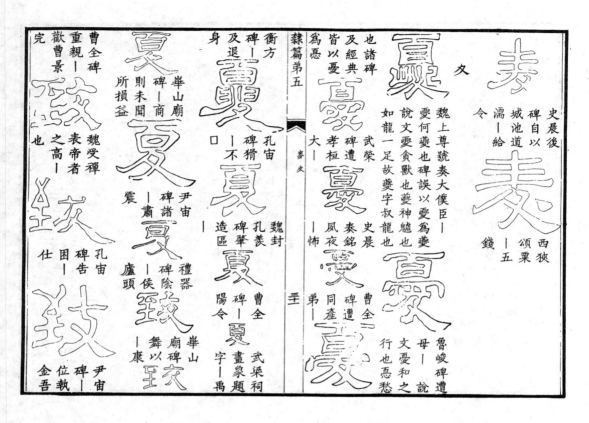

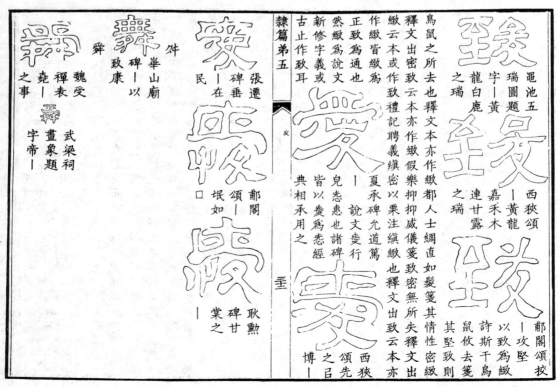

武梁祠畫象題字帝｜

隸篇弟五　鉡舜章

章

張遷碑陰丨元緒

張遷碑陰丨公儁

禮器碑陰騶丨仲卿

開通褒斜道石刻史苟茂

禮器碑魯相河南京丨君

武梁祠畫象題字丨王

晉造橋題名丨仲元

張宇丨岑等

晉劉韜墓志君諱丨

譙敏碑韜光丨玉

譙敏碑丨光韞玉

石門頌西成丨朖

隸篇弟五　弟

弟

武氏石闕銘丨綏宗景興開明

張遷碑孝丨於家說見悌字

史晨後碑執事諸丨子

禮器碑陰孔凱仲丨說見悌字

孔宙碑陰丨子下邳下邳朱班

十三字殘碑口丨故上下文闕

魏范式碑舉高丨說文弟韋束之次弟也男子之生以次爲序故以爲兄弟字高弟之弟亦次弟也後人專以弟爲兄弟別作第爲次第二字區分至於不可改正漢書陳萬年傳曰高弟入爲右扶風張敞傳曰高弟入守王尊傳曰高弟擢爲安定大守字猶作弟也又魯峻碑府舉高弟

孔龢碑通高丨類

篇弟或作第廣韻第次第也說文本作弟

久

景北海碑陰冀遷字漢丨

景北海碑陰淳于闓字丨宗

魏受禪表大統不可以丨曠

武榮碑丨斿大學

桀

孔褒碑口丨骨栗

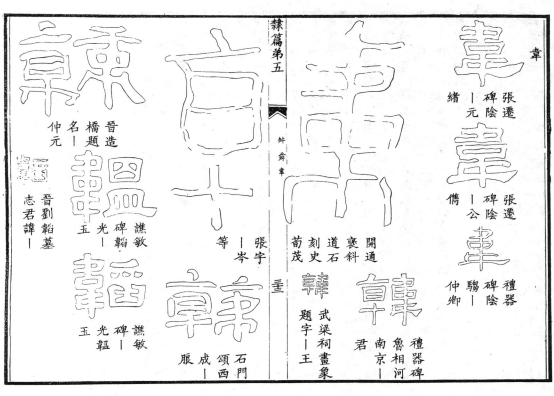

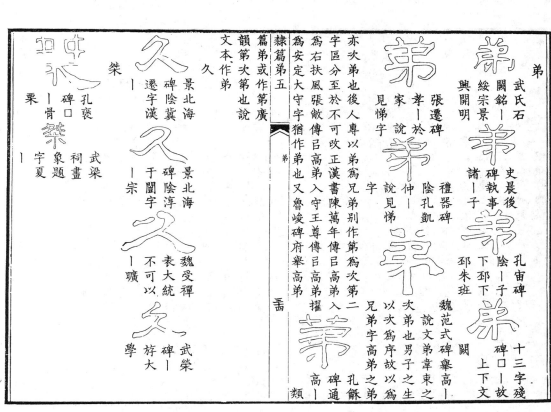

武梁祠畫象題字夏丨

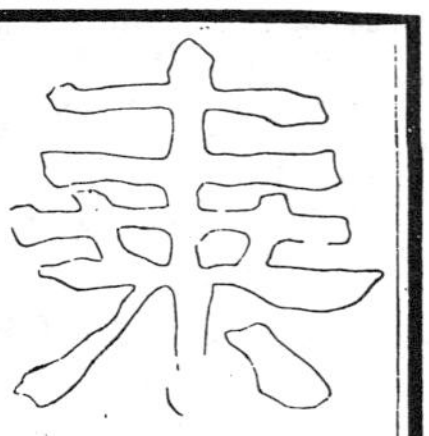

郙閣頌載丨爲下

魯峻碑陰濟陰丨氏

綴說

晉太公呂望表策　一切經音義策古文冊篇曹三形又策古文篇同是合策冊爲一字矣

石經儀禮殘碑荅　爾雅釋言俞畣然也釋文畣古荅字一本作荅玉篇畣當也對也然也今作荅雖以荅爲今字然作荅不作荅也六書故之說不爲無本今經典專用答字有作荅者反斥爲誤矣

尹宙碑迺　說文从乃省卤聲當作卣省聲

武梁祠畫象題字号　著号猶漢書功臣表存吕著其號也

孔彪碑于　說文口部吁驚也于部吁驚語也徐鉉曰口部已有此重出口部蓋脫語字

衡方碑旨　詩南山有臺樂只君子采菽樂只君子箋竝云只之言是也蓋詩本作只左傳及碑皆借旨爲只左傳疏訓美者因文釋義也

校官碑虖　漢書乎多作虖如元帝紀庶幾虖無憂矣又詩不云虖之類

婁壽碑㬎　詩江漢秬鬯一卣箋謂之鬯者芬香條鬯也卽以鬯釋鬯如暘義

隸篇第六

木

李孟初神祠碑垣宇樹丨

罷池五瑞圖題字丨連理

西狹頌詩所謂如集于丨

淮源廟碑立廟丨柏

史晨後碑又勅瀆井復民餝治丨車馬於瀆上　潛研堂金石文跋尾云漢書禮樂志桐生茂豫師古讀桐爲通言草木皆通達而生此碑云桐車馬於瀆上亦以桐爲通也案漢書廣陵厲王胥傳毋桐好逸師古曰桐音通桐輕脫之貌也是桐有通音釋名釋言語通洞也法言學行桐子之命也注桐洞也是

桐亦有通義故以桐爲通碑下文云東行道表南北各種一行梓蓋瀆上道狹至是始餝治之使可通車馬而又種梓以表道也

孔宙碑陰張祺字叔丨

禮器碑陰相史卞呂丨

曹全碑丨分葉布

華山廟碑丨祭燔燎　說文柴燒柴樊燎以祭天神从示此聲虞書曰至于岱宗柴馬融曰柴祭時積柴其上而燔之故碑卽用柴字今書相承亦作柴竊謂說文燒柴之柴當作柴柴亦柴省聲也

史晨奏銘仰瞻丨楠

淮源廟碑丨庶賴祉以棃爲黎

張壽殘碑丨烝殷　亦以棃爲黎又隸釋唐扶頌棃庶攸寧衛彈碑棃民用寧費鳳碑棃儀瘁傷棃皆作棃

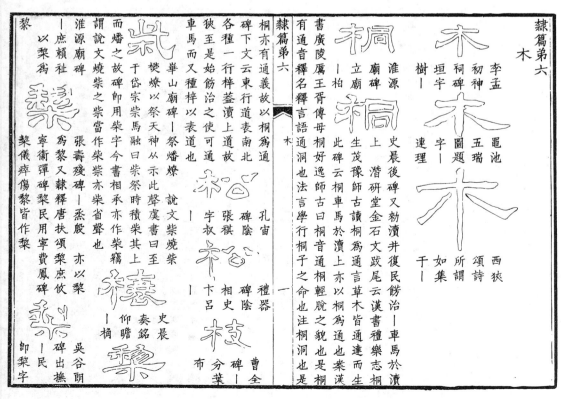

吳谷朗碑出撫丨民卽棃字

旁見偏亦以爲黎詩韓奕籩黎比公也釋文出梨與碑同又隸釋高頤碑梨庶踊泣而忉怛字源作棃

棐　孔彪碑上帝丨諶

機　吳谷朗碑靖密樞丨

機　曹全碑武王秉乾之丨

機　魏受禪表上在璿丨　書舜典在璿璣玉衡鄭注其轉運者爲機其持正者爲衡皆以玉爲之璿璣玉衡渾天儀也馬注機渾天儀可旋轉故曰機衡其中橫筩所以視星宿也以璿爲機以玉爲衡蓋貴天象也孔傳機衡正天文之器可運轉者璣皆作機蓋書本作機唐石經始因璿字从玉幷改機爲璣其義難通諸書凡作璣者承其謬也是碑與隸釋堯廟碑據旋機之政周公禮殿記旋機離常皆璣本作機之證

機　魏范式碑探嘖研丨　以機爲幾易繫辭聖人之所以極深而研幾也釋文本或作機鄭云機當作幾幾微也後漢書賈逵列傳亦作研機綜微幾通用機也又尚書大傳堯典機者幾也微也是機即具有幾義

柤　禮器碑爵鹿丨梪　隸釋云以柤爲組案集韻柤爲組重文注或从木　武梁祠畫象題字口口丨綱

楷　魏上尊號奏安昌亭侯臣丨

橆　魏范式碑思隆丨懿

橆　山左金石志云橆即模字說文無或說規模字是模可作無此又加木旁耳案說文橆徐鍇曰或說大卌爲規模之模非無全字橆則从全無也玉篇橆同模

樞　婁壽碑棬丨甕牖

朱　北海相景君銘黃丨邵父

朱　曹全碑丨紫不謬

榆　石經魯詩殘碑隰有丨

榆　武梁祠畫象題字丨母榆母伯俞母也說見柏字以榆爲俞周禮天官疾醫注岐伯榆柎釋文本亦作俞榆或亦俞之通也

樸　魏受禪表燔燎棫丨

栝　魏范式碑潤丨斃於荊漢

梧　魏上尊號奏則重華必忿憤於倉丨之神墓

栖　魏封孔羨碑栖丨焉　說文西或从木妻碑从木西經典相承用之五經文字云棲作栖同

核　北海相景君銘根丨道丨藝　以核爲荄漢書五行志孕毓根核師古曰核亦荄字也荄古通用核

槐　曹全碑遷右扶風丨里令

檜　校官碑議曹掾丨檜

杆　魏受禪表丨秉三極

材　史晨後碑還所斂民錢丨　字源云義作財案孟子有達財者疏以其有材之具漢書鼂錯傳資財不下五帝師古曰謂天子之材質文選魏都賦財以工化注財與材古字通彼皆以財爲材碑則以材爲財也或曰材材木也如字亦通

棬　婁壽碑丨樞甕牖

根　曹全碑丨生於心

根　北海相景君銘丨道核藝

栞　魯峻碑無物不丨　說文栞槎識也夏書曰隨山栞木篆文从幵又史記夏本紀九山栞旅今書皆作刊碑則以栞爲刊也隸釋蔡湛頌栞銘樹石高彪碑栞稱紀功刊亦作栞隸辨云漢書地理志隨山栞木師古曰栞古刊字碑云無物不栞乃刊正之刊隸釋云以栞爲看非是

桓　禮器碑側丨仲豫

桓　武梁祠畫象題字齊丨公

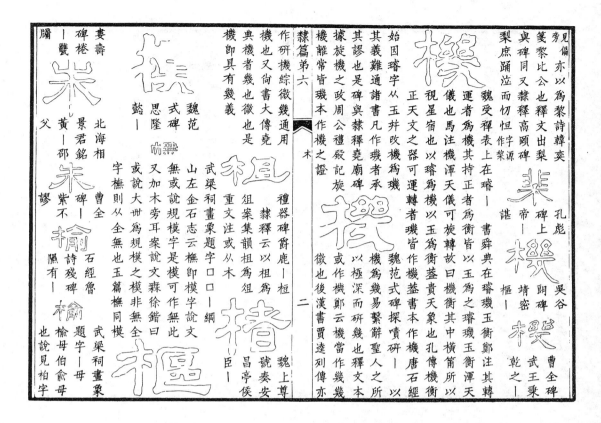

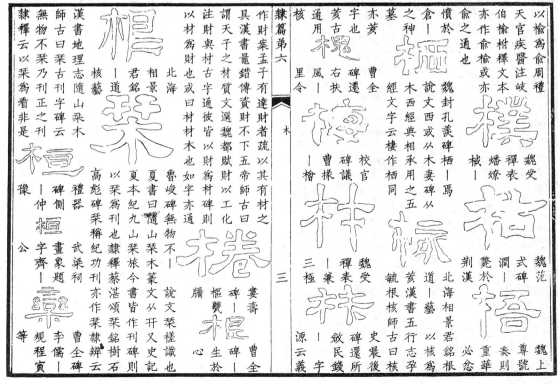

欒　曹全碑李儒丨規程寅等

閑

白石神君碑華殿清丨　說文木部閑止也門部閑闌也闌止物之出入是有暇義故暇字云閑也又玉篇閑闌也暇也閒隙也又音閑廣韻同經典訓暇者閑閒竝用詩十畝之閒桑者閑閑兮釋文出閒閒云本亦作閑爾雅釋訓注近處優閒釋文本今作閑其作閒者顏氏家訓書證所謂以閒爲閑亦不勞改集韻閒通作閑也攷說文閒隟也隟卽隙字徐鍇曰夫門夜閉閉而見月光是有閒隟也有閒隟可乘則不迫笮亦與暇義合禮記曲禮少閒注言欲須少空閒閒字音閑故經典閑通用閒也

閑

校官碑雅容素丨　易大畜曰閑輿衛馬注詩卷阿旣閑且馳鄭箋孟子閑先聖之道趙注皆訓閑爲習又後漢書欒巴列傳不閑典訓酷吏列傳閑達故事三國吳志嚴畯傳不閑軍事其義竝同碑義亦如是也一切經音義嫺睒注說文嫺雅也謂奄靜也今竝爲閑字集韻嫺或从閑

欋

魏范式碑燿仁闌於丨輿

欋

讙敏碑引己倍丨

欋

讙敏碑慮中聖丨

條

白石神君碑參三丨之壹

桃

曹全碑大女丨斐等

梟

北海相景君銘鴟丨不鳴　漢隸拾遺云說文梟不孝鳥也日至捕梟磔之从鳥在木上俗省作梟俗書梟字作梟島字作島誤與此同傳寫說文者因誤爲梟後人不知又改其注爲從鳥頭在木上以牽合已誤之說文謬矣俗書梟字其上半鳥形已具但無足耳何云鳥頭在木上乎說文梟字在木部玉篇以梟是鳥名遂改入鳥部是玉篇梟字亦從鳥也而今本玉篇亦誤爲梟廣韻以下竝同張參五經文字說此字云從鳥在木上隸省據此則說文梟字本從鳥而注內本無頭字明矣今經傳中梟字皆從俗作梟唯此碑作梟中間四點分明與說文從鳥在木上之解相合足證五經文字之不謬而隸釋隸辨復誤作梟若非此碑至今尚在誰能正其失乎案說文梟字从梟其[illegible]从鳥梟本作梟卽以說文自證可見若經傳及諸字書皆作梟乃五經文字所謂隸省蓋隸別有省梟爲梟者後人狃於省文習非勝是遂至滅說文之字因而增說文之注也

杓

石門頌奉魁承丨

檀

石門頌丨梁斷絕

橋

石門頌分置六部道丨

校

石門頌故司隸丨尉

校

韓仁銘河南尹丨尉

校

史晨後碑從越騎丨尉拜

校

魏上尊號奏射聲丨尉

桐

曹全碑陰丨相文舉

柦

嵩山少室東闕題名丨盛　兩漢金石記云柦或是查案碑前又有柦仲柦姓卽查姓也說文柤从木且聲側加切碑則變且爲旦而爲柦後人復移木於上而爲查柦與類篇音蕩旱切訓木器之柦不同也攷姓氏急就篇注宋有查道查本音如乘楂之楂宋眞宗與道語及姓氏謂曰宜求音之近而美者稱之又問姓所起引春秋會吳于柤以對自是改稱音若柤云據此則柦卽查字無疑又查與柦爲一字而類篇分爲二也

楊

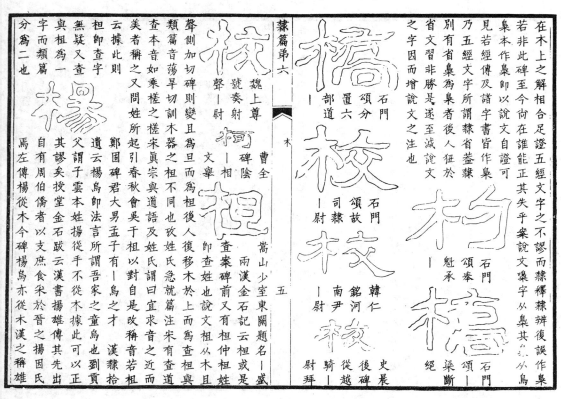

鄭固碑君大男孟子有丨鳥之才　漢隸拾遺云楊鳥卽法言所謂吾家之童烏也劉貢父謂子雲本姓揚從手不從木據此可以正其謬矣授堂金石跋云漢書揚雄傳其先出自有周伯僑者以支庶食采於晉之揚因氏焉左傳楊從木今碑楊烏亦從木漢之稱雄

氏族者楊與揚兩用之案地節買山石刻巴州民揚量其字又從手兩用之說是也

曹全碑陰｜榮長華

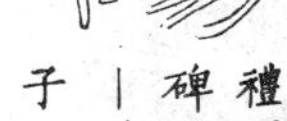

禮器碑側｜萬子

曹全碑兗豫荆｜漢隸拾遺云藝文類聚州部初學記州郡部鈔本太平御覽州郡部三引尚書周官爾雅楊州字皆從木佩觿云楊柳也亦州名又云按禹貢淮海惟楊州正義云江南其氣燥勁厥性輕揚則非當從木據此則郭氏所見本尚從木也宋本爾雅江南曰楊州宋本史記夏本紀淮海維楊州字竝從木唐許嵩建康實錄引春秋元命苞云地多赤楊因取名焉其說雖不足爲據然亦可見楊州字之本從木矣自張參五經文字以从木者爲非而唐石經遂定從手旁廣韻揚舉也又州名亦踵張氏之誤禹貢正義引李巡爾雅注云江南其氣燥勁厥性輕揚故曰楊楊揚也今本作揚輕也乃後人所改辯見下後人徒以厥性輕揚之語遂謂楊州字當從手旁不知以揚釋楊猶以雝釋雍也若改楊州爲揚州則亦將改雍州爲雝州乎楊州字既改爲揚則楊揚也之文不可通故又改爲揚輕也以彌縫其闕不知李釋九州皆取同聲之字爲訓輕與揚不同聲也今書傳中楊州字皆改從手旁唯漢碑從木人不能改故至今尚存耳案詩唐風揚之水釋文或作楊木之字非然隸釋所載石經魯詩殘碑云胡其憂之下是楊木字可知揚之水魯詩作楊之水而釋文所駁或文本魯詩也魯詩葢字作楊而義如揚亦可爲揚州字本作楊之確證又攷諸碑楊州字皆從木惟隸釋馮緄碑督使徐揚二州陳球碑陸梁荆揚二揚字從手漢隸拾遺引之皆從木馮緄碑注今本譌作揚依萬歷本改陳球碑無注則其所據隸釋亦作楊矣

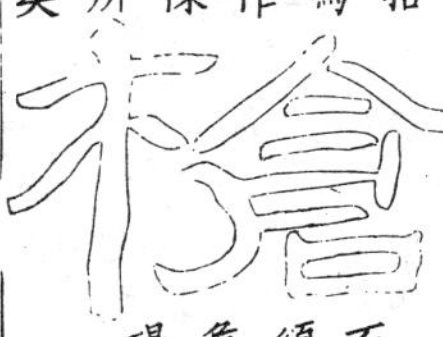

石門頌臨危｜碭

華山廟碑古曰雍｜

孔宙碑陰｜淑字元祖

魯峻碑陰｜熔叔節

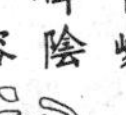

武梁祠畫象題字｜高行

張遷碑君懿于｜

魯峻碑｜棠忠惠隸釋云堂堂作棠棠案管子小稱臣願君之遠易牙豎刁堂巫公子開方史記齊太公世家索隱作棠巫堂古通用棠也又隸釋嚴訢碑棠棠容貌亦以棠棠爲堂堂

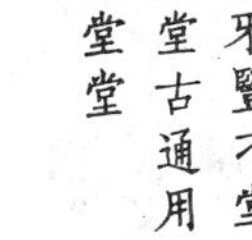

魏上尊號奏既交｜于曠野矣

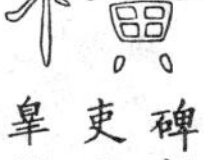

曹全碑部吏王皐程｜等

郙閣頌｜柱于道

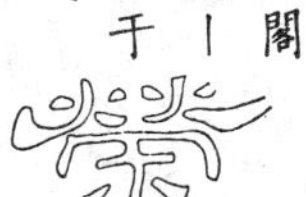

史晨後碑薛東門｜

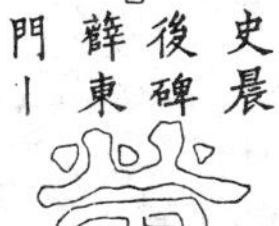

魏范式碑陰翟仲｜

石門頌有勳有｜

石經論語殘碑｜不輟 隸釋云板本作櫌案說文櫌摩田器从木憂聲論語曰櫌而不輟字與碑同是漢時論語皆作櫌也五經文字云櫌覆種見論語張參推本說文助以漢石經作五經文字所云論語卽漢石經而其時傳本則久改爲耰故釋文已書爲耰矣廣韻謂耰出玉篇是梁以來已有耰字然亦始於梁耳何晏注引鄭說所用當是漢本今本作耰正梁唐人所改也

華嶽廟殘碑陰郭暀公｜

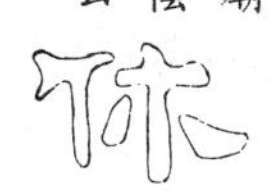

魏范式碑陰段｜甫

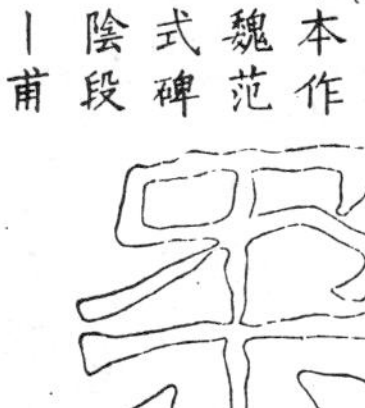

西狹頌｜嘉維則

譙敏碑丨而能剛

柔

魏受禪表撫丨烝民

樓

孔宙碑陰毋丨覬　潛研堂金石文跋尾云廣韻婁下引何氏姓苑云毋婁氏今琅邪人此碑有毋樓覬一人婁樓葢通也案左傳僖三十三年取訾婁穀梁傳作訾樓左傳襄二十四年部婁無松柏釋文婁本或作樓

柉

禮器碑籩丨禁壺　隸辨云博雅盌杯也集韻音凡或作盌匥盌與柉同音或是借柉爲盌此碑借用字如罍爲雷璉爲輦之類甚多

棰

武梁祠畫象題字御車失丨　說文捶以杖擊也棰卽捶之異文周禮天官腊人棰之而施薑桂碑則以棰爲箠猶公羊傳注馬箠作馬捶也史記秦始皇本紀贊執棰拊以鞭笞天下漢書路溫舒傳棰楚之下字與碑同

梓

史晨後碑各種一行丨

李

孔宙碑陰丨鎮字世君

李

曹全碑丨儒欒規程寅等

李

曹全碑陰丨儒文優

李

史晨後碑丨謙敬讓

杼

武梁祠畫象題字慈母投丨

杼

曹全碑陰秦丨漢都

柱

郙閣頌處隱定丨

柱

郙閣頌橫丨于道　隸釋云以柱爲注案漢書天文志三淵葢五車之三柱也集注引晉灼曰柱音注解之注晉書天文志三柱亦曰三泉三淵主水而謂之三柱又謂之三泉則柱乃灌注之義注通用柱也

杜

白石神君碑陰丨斐元達

采

孔宙碑丨嘉石

采

白石神君碑丨元石

采

孔褎碑猶觀山丨玉

采

魏上尊號奏五丨之魚　玉篇采色也說文新附彩字經典所無

杖

石經論語殘碑置其丨而耘

楗

石門頌丨爲武陽楊君　兩漢書犍爲郡其字從牛郡由漢置兩書宜得其實又說文犍溫等字注亦作犍爲故新附犍字附注郡名諸碑皆書爲楗自是借用猶潁川之作頴川也

楗

石門頌丨爲武陽王升

本

華山廟碑原丨所由

本

永元石刻上下文闕

本

石門頌推序丨原

本

史晨後碑并列丨奏

本

曹全碑絕其丨根

本

白石神君碑乃具載丨末

杳

婁壽碑甘山林之丨藹

果

唐公房碑丨有被具

柱

魏上尊號奏所丨者大

枉

石經論語殘碑丨道而事人

朽

孔宙碑貴速丨之反眞　說文歾或从木

朽

子游殘碑而貴不丨之名

棟

譙敏碑家隕丨梁

棣

魯峻碑陰丨眞子然　卽棣字說見偏旁通志氏族略有棣氏王莽時有司馬棣竝

樹

張遷碑蔽沛棠丨

樹

景北海碑陰丨列既就

桂

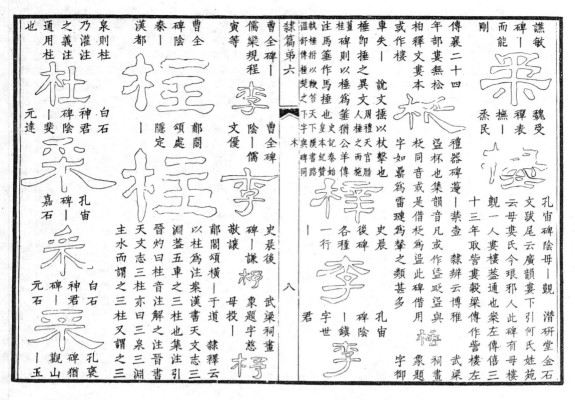

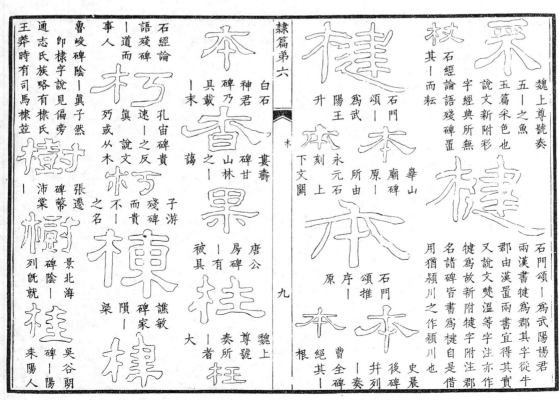

吳谷朗碑丨陽耒陽人

北海相景君銘丨何朝廷奪我慈父　說文柰果也繫傳徐鍇曰亦假借爲柰何也俗變爲奈玉篇奈正作柰是也

校官碑議曹掾梅丨

魏受禪表革器丨

北海相景君銘堅丨禎兮

史晨奏銘脩上丨食醊具

孔龢碑謹丨文書守文學掾魯孔龢說見按字

華山廟碑乃丨經傳所載

校官碑丨脩學官

孔宙碑口口口丨五經文字云字書樗字從木經典相承從来久故不可改

魏受禪表遂於繁昌丨靈壇

魏受禪表燔燎丨樸

史晨奏銘仰瞻丨榱

婁壽碑丨乎其不可拔也　隸辨云今易文言作確漢書陳萬年傳沒入辜榷財物師古曰榷專固也則堅確之確亦借用榷案說文确磬石也徐鉉曰今俗作確非是葢漢人傳易本以榷爲确後人始以確易之耳

魯峻碑爲國之丨　爲國之榷字義難通疑是以榷爲較爾雅釋詁較直也釋文較古學反尚書大傳湯誓覺兮較兮注較兮謂直道者也較通用榷周禮冬官考工記輿人爲之較崇注故書較作榷是其證爲國之榷猶詩云邦之司直也以銘內已有碣落彰較之語此較字當訓明較較本字嫌其相犯故以榷代之似亦可備一說若碑文云榷然疏發則如顏注漢書專固之義

婁壽碑丨以忘憂

曹全碑吏丨政

孔宙碑會鹿鳴於丨崩

耿勳碑百姓丨業

禮器碑陰平原丨陵朱恭

魏上尊號奏沐雨而丨風

華山廟碑過禳丨凶

白石神君碑乃具載本丨

衡方碑永康之丨

魏王基殘碑忠正足㠯丨非

嵩山太室闕銘平陵亭部陽陵丨王孟

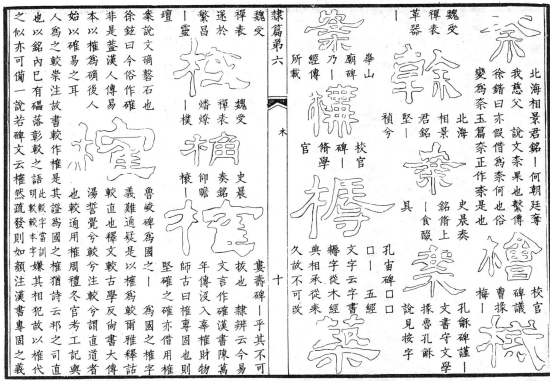

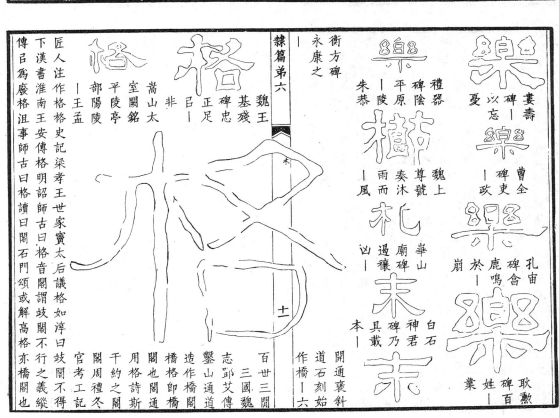

開通褒斜道石刻始作橋丨六百世三閒　三國魏志鄧艾傳鑿山通道造作橋閣橋格卽橋閣也閣通用格詩斯干約之閣閣周禮冬官考工記匠人注作格格史記梁孝王世家竇太后議格如淳曰攱閣不得下漢書淮南王安傳格明詔師古曰格音閣謂攱閣不行之義縱傳㠯爲廢格沮事師古曰格讀曰閣石門頌或解高格亦橋閣也

柏

桐柏廟碑　立廟桐丨

柏

武梁祠畫象題字丨榆傷親年老　山左金石志云益以柏榆爲伯俞也案伯俞事見說苑穆天子傳河宗之子孫蒯柏絮注古伯字多以木今攷書伯益漢書地理志作柏益公羊傳伯莒左傳作柏舉又漢書古今人表凡左傳人名以伯稱者皆作柏伯古通用柏也

析

西狹頌鐉燒破丨

析

張遷碑丨珪於雷

析

張遷碑陽氣厥丨

極

曹全碑羽丨仍至

極

華山廟碑峻丨穹蒼

極

禮器碑上丨華紫

極

禮器碑皇丨之日

極

魏受禪表傳之罔丨

極

史晨後碑與天無丨

極

石經尚書殘碑建用皇丨

極

石門頌上順斗丨

榙

譙敏碑恥與鄰人羼竝丨驅　隸辨云集韻云榙棔木名朝舒暮卷亦作合昏則榙與合同詳碑文義蓋不與相廁爲竝相合爲驅也案碑以榙爲合隸辨之說得之合借木義亦與羼字相稱但木以朝舒暮卷得名則合昏是其本字加木者非古耳

柙

西狹頌丨致土石

東

東

魯峻碑陰丨郡濮陽

東

曹全碑陰河丨安邑劉政

東

禮器碑側丨郡武陽董元厚

東

禮器碑陰丨平陸王褒

東

禮器碑側河丨臨汾敬信

林

林

張遷碑帝遊上丨

彬

校官碑丨文赴武　說文古文份从彡林

林

譙敏碑文武丨彧

林

魏上尊號奏臣照臣丨臣陟

楚

西狹頌過者創丨

楚

鄐閣頌莫不創丨

楚

武梁祠畫象題字丨昭貞姜

楚

武梁祠畫象題字丨人也

楚

石門頌卑者丨惡

埜

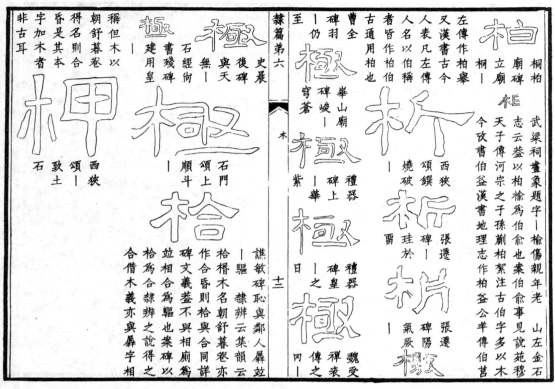

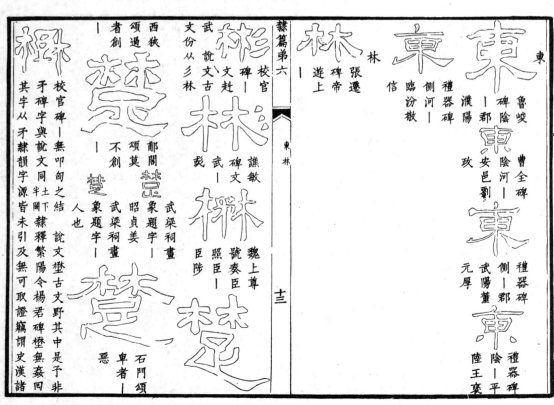

校官碑丨無叩匈之結　說文埜古文野其中是予非矛碑字與說文同土下半闕隸釋緐陽令楊君碑埜無姦回其字从矛隸韻字源皆未引及無可取證竊謂史漢諸

書壂多从矛乃因楙字相涉而誤隸釋葢亦傳寫之譌耳

才

魏上尊號奏大夏必丨邑於會稽之山陰

武梁碑賛丨卓茂

唐公房碑陰趙英字彥丨

張遷碑苑令有公卿之丨

鄭季宣碑陰上下文闕

西狹頌皇甫彥字子丨

叒

禮器碑顏育空丨

之

楊淮表紀俱大司隸孟文丨元孫也

白石神君碑營宇丨制

曹全碑賢孝丨性

嵩山太室闕銘蘇重時監丨

郙閣頌處漢丨右

禮器碑尊琦大人丨意

張遷碑在帷幕丨內類篇之古作㞢實則篆作㞢變隸爲之非字有古今也

校官碑頌校官丨碑

晉孫夫人碑頌晉任城大守夫人孫氏丨碑

巿

尹宙碑世作丨尹

白石神君碑石丨王朗

禮器碑陰河南匽丨胥鄰

孔龢碑祠先聖丨

曹全碑還丨振旅

魯峻碑督司京丨

武氏石闕銘孫宗作丨子　金石萃編云師子卽獅子案古無獅字止書爲師說文虓字注虎鳴也一曰師子爾雅釋獸狻麑注卽師子也俗本改爲獅子漢書皆作師後漢書則師獅竝見矣

出

西狹頌不丨府門

張遷碑君之先丨自有周

禮器碑丨誠造口

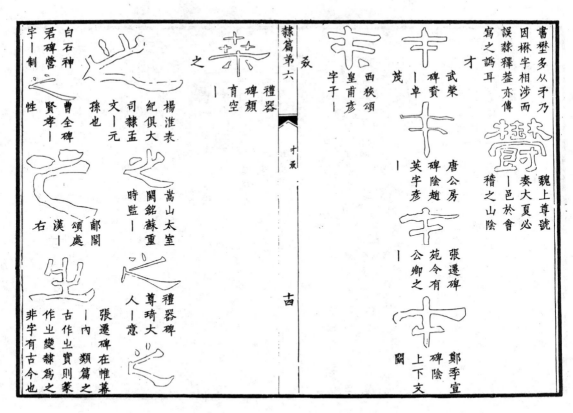

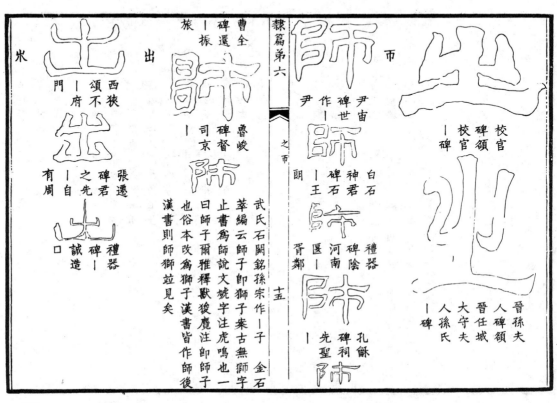

朮

隸篇第六　出米生　十六

南

禮器碑陰汝｜宋公國

魯峻碑陰勃海｜皮劉扶節

南

魯峻碑匪究｜山

史晨後碑｜注城池

孔褒碑汝｜陳府君

生

生

魯峻碑命口時｜

史晨後碑井畔官文學先｜

隆

石門頌其澤南｜

西狹頌威恩竝｜

衡方碑口｜寬慄

魏范式碑世昭其｜

魏范式碑若乃立德｜禮

韓仁銘有子｜君子口

曹全碑遭同｜弟憂棄官

乑

隸篇第六　乑𠌶蕐　十七

孔宙碑双｜令名據隸韻字源作乑

𠌶

魯峻碑｜夏祇肅說文𠌶艸木華也从乑亏聲蕐榮也从艸从𠌶玉篇華榮也三千五百里曰華夏也碑以𠌶為蕐

蕐

華嶽廟殘碑陰池陽吉｜伯房

孔宙碑陰泰山｜毋樓覲

鄭固碑｜夏歸服

白石神君碑｜殿清閑

淮源廟碑飭治｜蓋

景北海碑陰徐會字會｜

武梁祠畫象題字帝舜名重｜

禮器碑｜胥生皇雄

魏上尊號奏｜鄉侯以華為𠌶九經字樣云𠌶經典相承用華字又隸釋樊敏碑𠌶南西畺

西狹頌李遂字子｜

稽

尹宙碑會｜大守之曾

魏受禪表上｜儀極

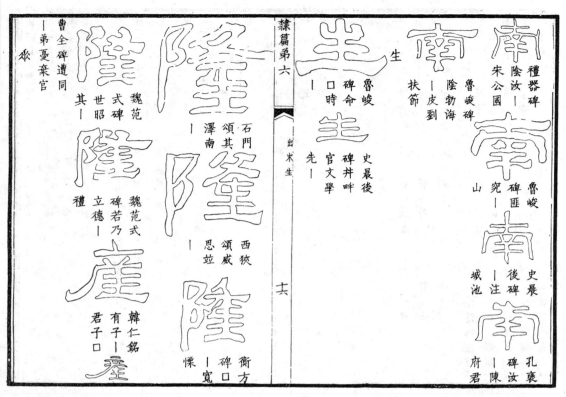

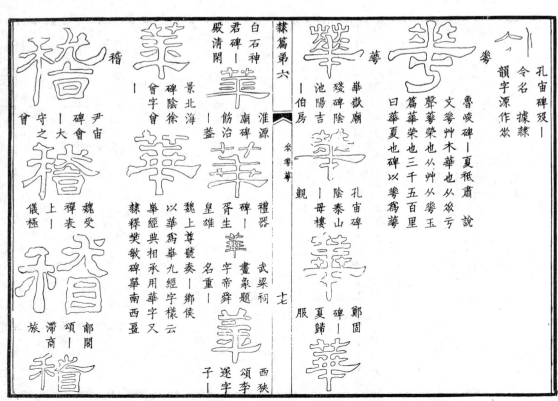

郙閣頌｜滯商旅

史晨奏銘觸期丨度

稽

禮器碑丨之中和

孔龢碑司徒臣雄司空臣戒丨首　說文稽畱止也䭫下首也碑以稽爲䭫經典相承用之惟周禮作䭫

巢

禮器碑側丨壽文后

東

禮器碑陰河南丨州齊伯宣

口

石門頌更隨丨谷

禮器碑不尊丨書

北海相景君銘或著形像於列丨

魯峻碑陰呂丨世階

黽池五瑞圖題字故丨畫其像

西狹頌令不丨之

北海相景君銘臨卒不丨

魏封孔羨碑丨魯史而制春秋

尹宙碑丨以爲氏

武梁祠畫象題字丨宜教田

史晨後碑丨彼左右

魯峻碑樂於陵灌丨之契

白楊樹邮畫象題字食齋祠丨

魏受禪表丨圖虛靜

張遷碑休丨歸賀

魏受禪表图丨虛靜說

文图圍所以拘罪人碑以圖爲圖經典相承用之說文圖守之也義與圍近故通用淮南子乃使馬圉往說之論衡作馬圍

孔宙碑田畯喜于荒丨

西狹頌堅丨廣大

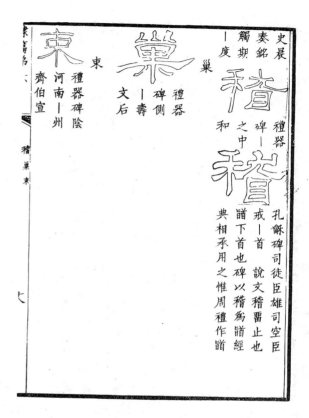

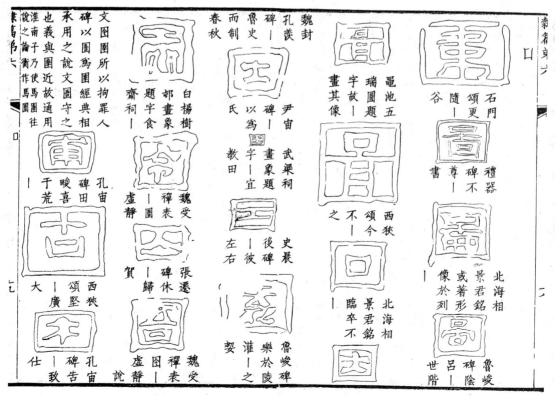

孔宙碑告丨致仕

西狹頌丨其事則為設備

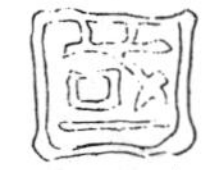
劉君殘碑為丨之口

曹全碑諸丨禮遺

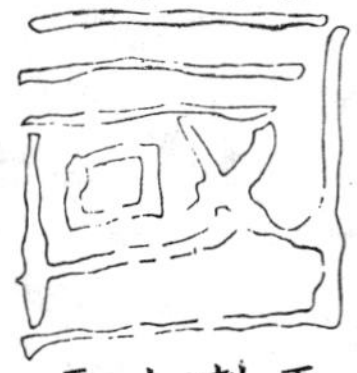
天鳳石刻始建丨天鳳三年

史晨奏銘而本丨舊居

韓仁銘經丨吕禮

禮器碑舉丨蒙慶

張遷碑陰汜定丨

孔宙碑陰魯丨戴璋

白石神君碑蓋聞經丨序民

員

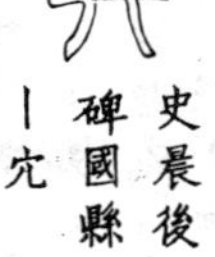
史晨後碑國縣丨宂

貝

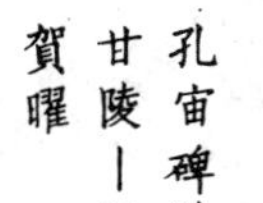
孔宙碑陰甘陵丨邱賀曜

衡方碑天丨純懿說見姿字

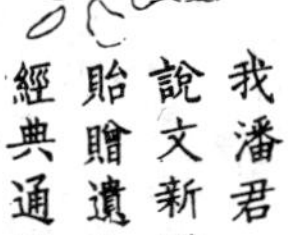
校官碑丨我潘君說文新附貽贈遺也經典通用詒

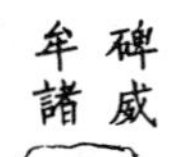
曹全碑威牟諸丨

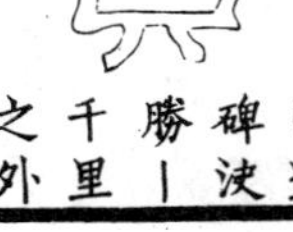
張遷碑決勝丨千里之外

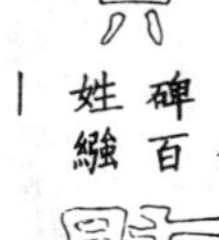
曹全碑百姓繈丨

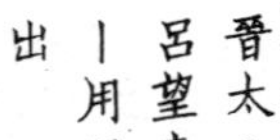
晉太公呂望表丨用所出

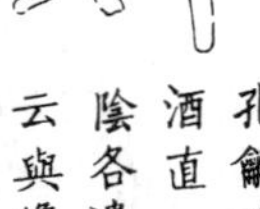
孔龢碑丨出王家錢給犬酒直　隸辨引孫叔敖碑陰各遺一子財入九歲注云與纔同案說文纔帛雀頭色一曰微黑色如紺纔淺也讀若讒一切經音義引三蒼纔僅也僅因淺為義玉篇重音疾來切蓋古已兼有財音則其字由來久矣然據說文才草木之初也昨哉切是才為正字才通用財史記孝文本紀太僕見馬遺財足漢書李陵傳財令陵為助兵杜欽傳高廣財二寸李廣利傳士財有數千霍光傳長財七尺三寸揚雄傳財足吕奉郊廟尹賞傳財數十百人匈奴傳餘財三千人到康居是也史記索隱漢書注竝云與纔同惟李廣利傳注云與才同碑亦以財為才言僅出王家錢給犬酒直證以下文出王家錢給犬酒直他如故事其義甚明以財出王家析句財訓貨財者非是

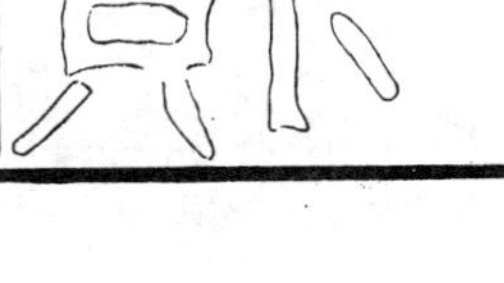

楊淮表紀故丨表紀

[illegible]

西狹頌丨容車騎二碑義竝同上

賓

石經儀禮殘碑升賸觚于丨

賓

西狹頌遠人丨服

賓

魏封孔羨碑遐夷越險阻而來丨

賓

劉熊碑丨者不獨口口

賢

尹宙碑貞丨是與

賢

楊叔恭殘碑招丨與程

賢

嵩山太室闕銘以傳後丨

賢

曹全碑丨孝之性

賢

禮器碑側魯徐伯丨

賙

魏受禪表蒙丨饎之養賙經典多作周詩雲漢靡人不周箋周當作賙䟽以周救於人其字當從貝故轉為賙

貪

曹全碑丨暴洗心

賈

禮器碑工不爭丨說文新附價物直也古止用賈字經典釋文遇賈直字但云音嫁無作價者

賈

史晨後碑百姓丨酤

賞

楊叔恭殘碑丨恭糾慢

貶

石門頌秋丨若霜

[illegible]

魏封孔羨碑丨身以救世

貢

曹全碑丨王庭

貢

衡方碑階夷愍之丨

貢

張遷碑各丨所有

贛

譙敏碑其先故國師譙丨

賜

石經儀禮殘碑口口口丨使者幣

賜

史晨奏銘餘口丨先生執事

賜

曹全碑丨瘅盲

賜

淮源廟碑懷君惠丨

賜

耿勳碑作衣丨給貧乏

賜

吳谷朗碑丨姓嬴氏

贄

華山廟碑玉帛之丨

質

白石神君碑皓丨皓素丨

質

武梁祠畫象題字曾子丨孝

質

北海相景君銘受丨自天

費

曹全碑丨不出民

費

孔宙碑陰泰山淳于丨黨

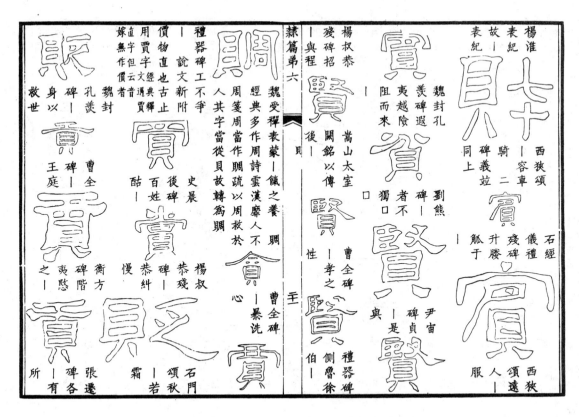

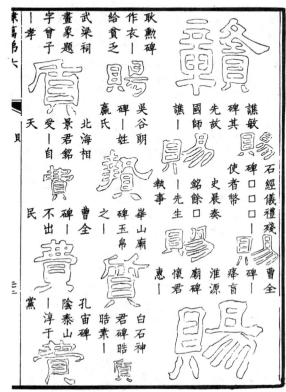

費

禮器碑側泰山｜淳于鄭

曹全碑｜與有疾者

賈

婁壽碑知賤爲｜

貴

孔宙碑｜速朽之反眞

貴

李孟初神祠碑琅邪開陽｜君

賢

賦

史晨後碑餘胙｜賜

賦

耿勳碑｜與寡獨

賻

衡方碑□弔｜礼

賴

西狹頌亦世｜福

賴

淮源廟碑黎庶｜祉

賴

孔宙碑帝｜其勳

贊

張壽殘碑｜衛王臺

賤

婁壽碑知｜爲貴

賤

張遷碑子｜孔蔑

質

孔宙碑陰｜曜字升進

價

西狹頌民｜呂稙

償

石經尚書殘碑二日｜

贈

魏王基殘碑｜呂東武侯蜜印綬

債

張遷碑｜師孫興刊石立表

贍

魏王基殘碑文｜辯□

贖

武氏左石室畫象題字｜不｜自詣寺門

實

校官碑｜畢

邑

邑

孔宙碑陰陳留｜襄

邑

禮器碑復顏氏幷官氏｜中繇發

邑

魏封孔羨碑｜百戶

邑

魏上尊號奏於｜益

邑

魏上尊號奏大夏必

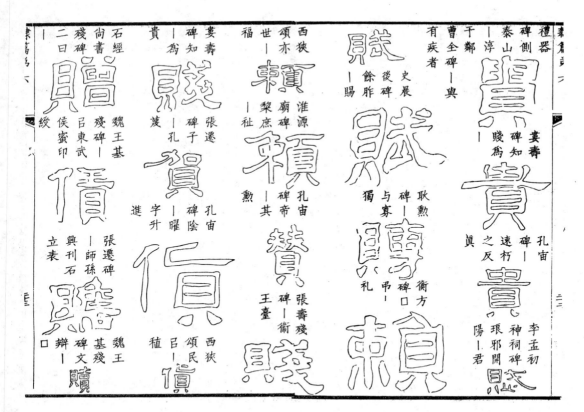

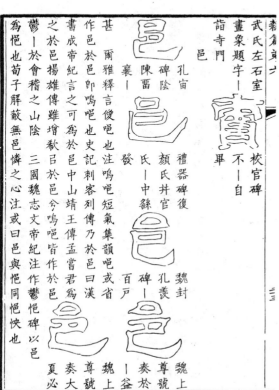

甚　爾雅釋言僾唈也注嗚唈短氣集韻唈或省作邑於邑卽嗚唈也史記刺客列傳乃於邑曰漢書成帝紀言之可爲於邑中山靖王傳孟嘗君爲之於邑揚雄傳雖增欷呂於邑兮嗚唈皆作於邑鬱｜於會稽之山陰　三國魏志文帝紀注作鬱悒碑以邑爲悒也荀子解蔽無邑憐之心注或曰邑與悒同悒怏也

邦 晉孫夫人碑御于家丨

邦 魏王基殘碑化流二丨

邦 北海相景君銘䢼丨歸向

邦 鄭固碑丨后珍瑋

酈 淮源廟碑功曹史丨周謙

郗 魏范式碑陰丨公然

邳 孔彪碑遷下丨相

邳 禮器碑陰故下丨令

邳 楊淮表紀楊君厥諱淮字伯丨

邳 孔宙碑陰下邳下丨朱班

邪 曹全碑彈枉糾丨

邪 史晨後碑蕩丨反正

邪 李孟初神祠碑琅丨開陽貴君

鄃 華山廟碑甘陵丨人

都 西狹頌李君諱翕字伯丨

都 孔宙碑陰北海丨昌逢祈

都 延光碑我丨上下文闕

都 衡方碑遷會稽東部丨尉將

都 景北海碑陰丨昌齊冰

都 曹全碑或處武丨

都 曹全碑張掖屬國丨尉丞

鄰 武梁祠畫象題字丨人假物

鄰 禮器碑側胥丨通國

鄰 譙敏碑聡與丨人羼竝柃驅

鄰 北海相景君銘丨邦歸向　隸釋云卽鄰字

邯 禮器碑陰趙國丨鄲

邯 鄭季宣碑陰丨鄲謀孝起

鄲 鄭季宣碑陰故吏邯丨口盛伯

鄲 禮器碑陰趙國邯丨

郊 石經儀禮殘碑口丨之丨

郊 曹全碑子孫遷于雍州之丨

那 西狹頌安定朝丨皇甫彥

邡 西狹頌廣漢汁丨任詩　說見汁字

鄣 衡方碑保丨二城　說文鄣紀邑也障隔也碑以鄣爲障　集韻障通作鄣禮記祭法鯀鄣鴻水而殛死又爾雅釋言障畛也釋文亦作鄣史記酷吏列傳居一障閒漢書張湯傳作鄣呂覽達鬱是障之也國語周語作鄣

鄣 朱龜碑鮮卑數犯丨塞　亦以鄣爲障又隸釋馮煥詔去年鮮卑連犯鄣塞

郎 譙敏碑丨中君之昆也

郎 楊淮表紀舉孝廉尚書侍丨

郎 西狹頌繼世丨吏

郎 孔宙碑除丨中都昌長

郎 曹全碑舉孝廉除丨中

郎 曹全碑七年三月除丨中

郎 魏封孔羨碑其以議丨孔羨爲宗聖侯

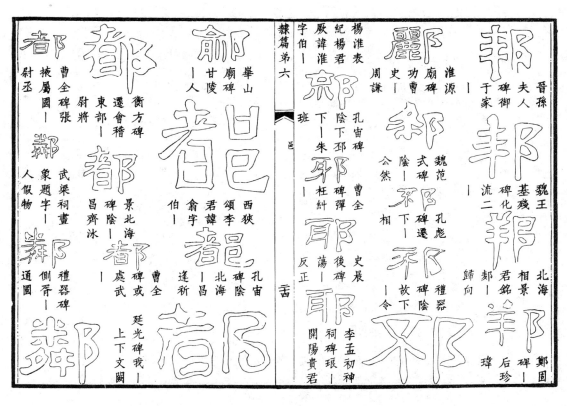

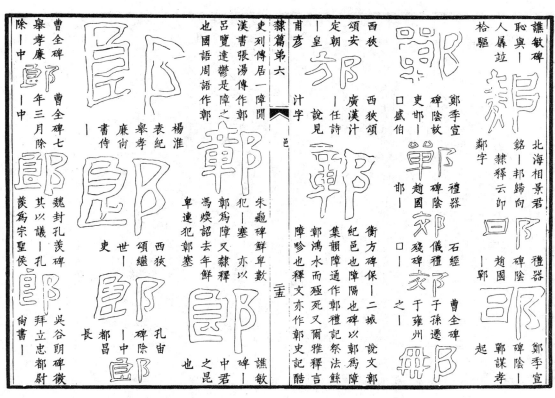

郎 吳谷朗碑徵拜立忠都尉尚書丨

武梁祠畫象題字丨渠哺父　邪姓邪侯之後邯鄲地名碑以邯爲邪然隸續魏三體石經左傳遺字𢱢䊵邪爲一字是古巳作邯矣

尹宙碑仕郡歷主簿督丨

曹全碑甚於置丨

武榮碑主簿督丨

禮器碑陰故督丨魯开煇　邑

魯峻碑陰東郡樂平丨顯

西狹頌督丨部職

景北海碑陰故中部督丨

夏承碑爲主簿督丨

張遷碑陰故督丨

武氏前石室畫象題字爲督丨時

孔宙碑陰梁丨趙震

魯相謁孔廟碑東海丨人

嵩山太室闕銘平陵亭丨

史晨後碑丨史仇誧

北海相景君銘丨城十九

石門頌分置六丨道橋

曹全碑陰故市掾丨安

婁壽碑鄉丨州鄰

玉篇鄐說文云地名廣雅云居也一曰五百家爲鄐今作黨六書通黨字下引說文鄐字云籀文黨字同此又引古論語鄐字未詳所出是鄉黨字本作鄐它碑及經典皆通用黨也又郭輔碑歸懷鄉鄐集古録云用鄉鄐字與婁壽碑同

景北海碑陰丨鍾字元鍾

魯峻碑陰魏丨繁陽

北海相景君銘守丨益州

曹全碑巴丨朐忍令

曹全碑陰故丨曹史守丞楊榮

武榮碑君即吳丨府卿之中子

白石神君碑河南李丨

衡方碑繼南仲丨虎之軌

北海相景君銘黃朱丨父

西狹頌有阿丨之化

石門頌都督掾南丨魏整　邑

石門頌五官掾南丨趙卲

曹全碑陰丨化孔彥

淮源廟碑安衆丨疑

開通褒斜道石刻大守鉅鹿丨君

白石神君碑陰丨明孔休

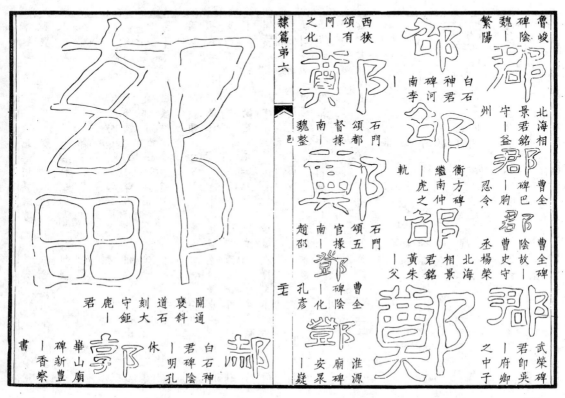

華山廟碑新豐丨香察書

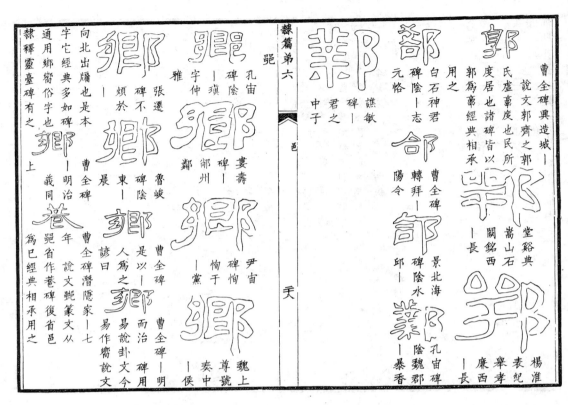

郭

曹全碑興造城｜　說文郭齊之郭氏虛𩫖度也民所度居也諸碑皆以郭爲𩫖經典相承用之

郭

堂谿典嵩山石闕銘西｜長

郭

楊淮表紀舉孝廉西｜長

郃

白石神君碑陰｜志元恪

郃

曹全碑轉拜｜陽令

郃

景北海碑陰水邱｜

鄴

孔宙碑陰魏郡｜暴香

鄴

譙敏碑｜君之中子

䢼

鄉

孔宙碑陰｜瑱字仲雅

鄉

婁壽碑｜郙州鄰

鄉

尹宙碑恂恂于｜黨

鄉

魏上尊號奏中｜侯

鄉

張遷碑不煩於｜

鄉

魯峻碑陰｜東晨

鄉

曹全碑是以｜人爲之諺曰

鄉

曹全碑｜明而治　碑用易說卦文今易作嚮說文向北出牖也是本字亡經典多如碑通用鄉嚮俗字也隸釋靈臺碑有之

鄉

曹全碑｜明治上義同

巷

曹全碑潛隱家｜七年　說文𨞰篆文从䢼省作巷碑復省邑爲巳經典相承用之

綴說

孔彪碑　以上下文義參之似用詩蕩其命匪諶之文而以棐爲匪非用書之棐忱而以諶爲忱也

武梁祠畫象題字橅　漢書楚元王傳初陵之橅應劭曰橅音規摹之摹說文摹規也模法也繫傳徐鍇曰以木爲規模也摹模義通師古曰韋元成傳及蕭望之傳規橅音義皆同其字從木韋元成傳其規橅可見師古曰橅讀曰摹其字從木蕭望之傳今將軍規橅師古曰橅讀曰模其字从木

北海相景君銘核　玉篇核果實中也爾雅釋木桃李醜核根核屬對亦通

校官碑閑　說文頤字注頭閑習也亦以閑爲嫻六書故閑吕木限門中也畜馬者閑之故謂廄閑引之爲防閑又引之爲閑習

北海相景君銘梟　漢書司馬相如傳射游梟字猶从鳥

孔龢碑財　說文注亦有作財者如賑目財視也瞽一曰財見也叀中財見也之類

魏受禪表賙　一切經音義周窮注引詩靡人不周亦作賙周禮地官鄉師而賙萬民之囏阮注鄭司農讀爲周急之周

曹全碑鄉　經典釋文出鄉則云又作嚮出嚮則云又作鄉通與俗不分也漢書高帝紀臨河南鄉師古曰鄉讀曰嚮以俗釋通也

隸篇第七

日

日 史晨奏銘復禮之|

日 石門頌伯玉即|徙署行丞事

日 禮器碑皇極之|

日 華山廟碑|月星辰

時 孔宙碑是|東嶽黜首

時 禮器碑側|令漢中南鄭趙宣

時 西狹頌|府

時 張遷碑孝武|

時 曹全碑于|聖主諮諏羣僚以時為是經典是多作時又石經尚書殘碑君口曰時我今本同晉太公呂望表時惟大公

御名 功令鈌文上一點仍宜避用以昭敬慎

旻 西狹頌下辨李|

春 孔龢碑|秋饗禮 卽暜字依類篇分出

春 石門頌|宣聖恩

春 尹宙碑治公羊|秋經

昆 尹宙碑守|陽令

昆 張遷碑以示後|

昆 孔彪碑昭示後|

昆 譙敏碑郎中君之|也 說文周人謂兄曰罤碑及經典皆作昆

昏 尹宙碑早卽幽| 說文昏从日氐省一曰民聲

昭 魏上尊號奏|告昊天上帝

昭 魏封孔羨碑|顯上世

晗 張壽殘碑式|令巌

昌 史晨後碑於|平亭下立會市

昌 華山廟碑文武克|

昂 衡方碑顒顒|昂 隸辨云詩大雅卷阿作顒顒卬卬案說文新附昂舉也說文卬望欲有所庶及也卬為瞻卬字亦低卬字碑作昂非古也禮記曲禮注令左昂右低釋文出卬云本又作昂穀梁傳昭八年注卬車以其轅表門釋文本又作昂作卬者是古字

暹 孔宙碑陰陸|字孟輔

暹 景北海碑陰台邱|字世德

普 禮器碑陰張|仲堅

普 魯峻碑陰周|妙高

景 鄐閣頌恆失日|

晚 北海相景君銘|學後時

旱 華山廟碑其有風|

曉 石門頌咸|地理

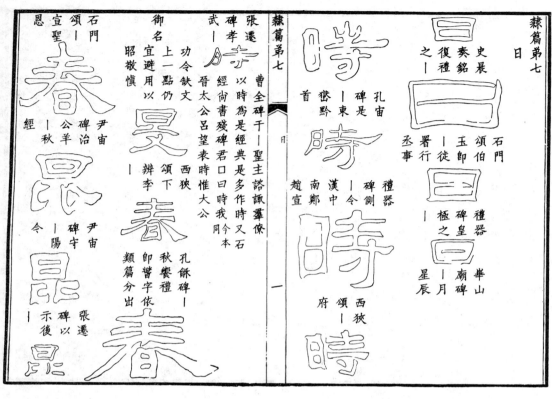

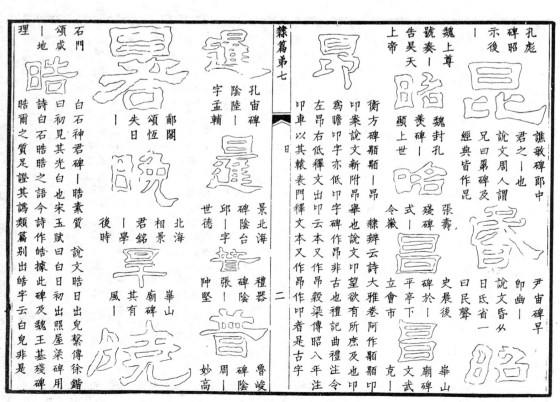

晧 白石神君碑|晧素質 說文晧日出皃繫傳徐鍇曰初見其光白也宋玉賦曰白日初出照屋梁碑用詩白石晧晧之語今詩作皓據此碑及魏王基殘碑晧爾之質足證其譌類篇別出皓字云白皃非是

隸篇第七　日　三

夏承碑｜天不弔
以皓天爲昊天
爾雅釋天夏爲昊
天注言氣皓旰釋
文晧本亦作昊又
鄐閣頌精通晧穹
魏封孔羡碑雖大
｜遊龍以君世
大皓卽大暤也典經
从白暤亦譌史傳作大
昊碑以皓爲皡猶
以皓爲昊耳
禮器碑陰曲成侯王｜
夏承碑｜喪懿
寶
堂谿典嵩山石闕銘｜
終
華山廟碑丞張｜隸釋云昜卽昉字
魏上尊號奏臣俊臣｜
景北海碑陰淳于孫｜隸續云晃字案說文正作晄隸行爲晃也
魏上尊號奏臣郃臣｜

曹全碑重親致歡曹｜完
魯峻碑陰丁直｜榮
唐公房碑轉｜卽至俗別作影說文新修字義影者光景之類合通用景非毛髮藻飾之事不當从彡周禮地官大
司徒正日景釋文本或作影非諸碑及經典皆作景無作影者
景北海碑陰｜詩字孟道
曹全碑陰趙｜文高
武斑碑｜忽徂逝說文晻不明也昒尚冥也隸續
平輿令薛君碑晻㫚薨徂同㫚昒其義如此碑與隸續冀州從事郭君碑晻忽而終昒竝作忽它碑晻又作奄皆借用也
魏受禪表皇符昭｜
晉孫夫人碑｜旦囗
曹全碑陰王瑍季｜

隸篇第七　日　四

石經公羊殘碑｜者何
張壽殘碑其先蓋｜大夫張老
晉孫夫人碑額｜任城大守夫人孫氏之碑
晉逢將軍甎｜故逢將軍
張遷碑｜陽珮瑋
石門頌敞而｜平
景北海碑陰齊｜字本子
魯峻碑｜矣昒隸釋云暵矣昒昒俱易火以日案玉篇諸書皆云暵國名

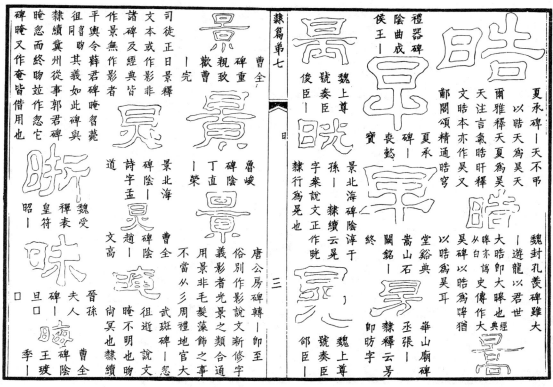

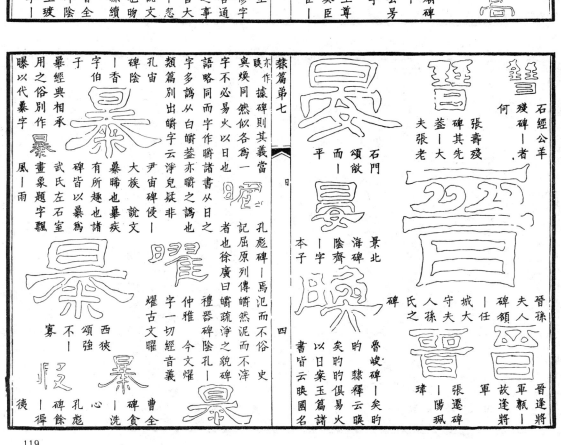

暵亦作據碑則其義當與燠同然似各爲一字不必易火以日也
孔彪碑｜馬氾而不俗史記屈原列傳皭然泥而不滓者也徐廣曰皭疏淨之皃碑語略同而字作皭諸書从日之字多譌从白皭蓋亦皭之譌也類篇別出皭字云淨皃疑非
禮器碑陰孔｜仲雅今文燿字一切經音義燿古文曜
孔宙碑陰｜香字伯子
尹宙碑侵｜大族說文暴晞也暴疾有所趣也諸碑皆以暴爲暴經典相承用之俗別作曝以代暴字
武氏左石室畫象題字飄風｜雨
西狹頌強不｜寡
曹全碑貪｜洗心
孔彪碑餘｜徫徯

曠

魏上尊號奏旣交橫于|野矣

昱

魯峻碑陰胡|仲表

暀

華嶽廟殘碑陰郭|公休

昔

校官碑尚旦在|

昔

史晨奏銘|在仲尼

昔

郙閣頌雖|魯斑

昀

魯峻碑暎矣|昀說文昀明也从日勺聲易曰爲昀顙今易作的說文作的廣韻昀古音酌說見卓字故說文曰勺聲都歷切是唐韻而碑與較樂諸字爲韻也隸釋謂易火以日非是

旦

旦

校官碑尚|在昔

旦

武氏前石室畫象題字周公|

暨

魏范式碑|子汜孫

倝

朝

史晨奏銘誠|廷聖恩所宜特加

朝

尹宙碑綱紀本|

朝

曹全碑|覲之階

幹

張遷碑國之良|說文榦从木徐鉉曰今別作幹非是

榦

武榮碑內|三署

㫃

施

華山廟碑雲行雨|說文施旗皃岐較也讀與施同諸碑皆以施爲岐經典相承用之

施

晉太公呂望表僉以爲大公功|於民

施

石經論語殘碑君子不|其親以施爲弛論語釋文出不弛云本今作施經典弛多通用施也又隸釋丁魴碑巴蜀施刑弛亦作施

旗

魏受禪表入自|門

旗

武榮碑旌|絳天

旗

衡方碑|守中獄

旌

夏承碑|招俯就

旌

楊叔恭殘碑奮旅揚|

旌

鄭固碑乃刊石以|遺芳

旌

熹平殘碑|善表德

旌

韓仁銘以|其美

旌

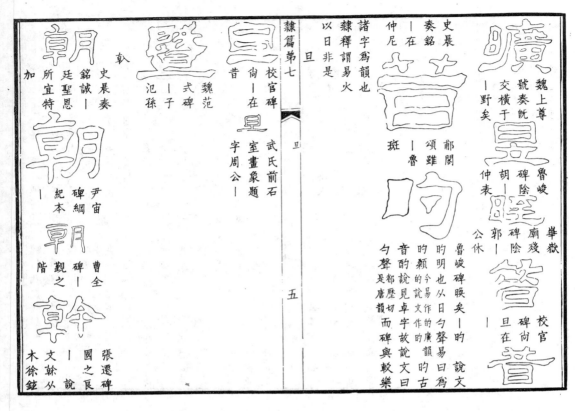

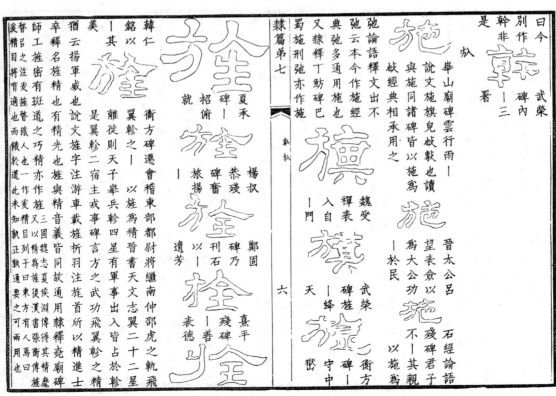

衡方碑遷會稽東部都尉將繼南仲邵虎之軌飛翼軫之|以旌爲精晉書天文志翼二十二星離從則天子舉兵軫四星有軍事出入皆占於軫是翼軫二宿主戎事碑言方之武功飛翼軫之精猶云揚軍威也說文旌字注游車載旌析羽注旄首所以精進士卒釋名旌精也有精光也旌與精音義皆同故通用隸釋堯廟碑師工旌密有斑道之巧精亦作旌三國魏志夏侯淵傳得其精麾又以精爲旌後漢書張衡傳旌瞀呂之注爰旌瞀餓人也一作爰精目列子曰東方有人焉曰爰精目將有適也而餓於道此未知孰正孰通要之可兩用也

堂谿典嵩山石闕銘學兼—夏

子游殘碑宇子—

華嶽廟殘碑陰—殷幼齊

武氏左石室畫象題字—徽車

說文游旌旗之流也汓浮行水上也是游行字本作汓諸碑及經典皆借用游也

武斑碑長斆—夏之文學

說文㫃旌旗之游㫃蹇之皃讀若偃古人名㫃字子游今子游名作偃碑省作斿周禮春官巾車建大常十有二斿以祀秋官大行人建常九斿冬官考工記輈人龍旂九斿鳥旟七斿熊旗六斿龜蛇四斿漢書五行志君若綴斿後漢書輿服志建其斿旐皆游之省也又隸釋石經論語殘碑子斿游亦作斿

孔彪碑浮—塵埃之外

此游借爲汓者亦省作斿也禮記學記游其志也釋文出斿其云本亦作游注游暇釋文亦出斿假又漢書禮樂志神之斿五行志斿朐衍武榮碑久斿大學孔彪碑浮斿塵埃之外隸釋庐彰長田君碑乃始斿學竝與碑同書六正譌斿旌旗斿也借爲浮斿斿敎字隸通它碑用游非是復加辵爲遊經典多相承用之

楊叔恭殘碑奮—揚旌

武榮碑外口師—

孔宙碑商—交乎險路

禮器碑聖—之親

尹宙碑侵暴大—

冥

孔彪碑冢兮—冥

孔彪碑冢兮冥—

石門頌下則入—

晶

史晨後碑史君諱—字伯時

說文曟房星爲民田時者晨曟或省故史君名晨字伯時經典則以此爲晨夕字說文晨早昧爽也

魯峻碑陰東鄉—子口

華山廟碑日月—辰所昭卬也

說文曐或省作星

衡方碑—國起

按說文曑或省作曑

史晨後碑—以符驗

孔龢碑令鮑—字文公

曹全碑曹—夾輔王室

月

韓仁銘十一—廿二日

裴岑碑永和二年八—

史晨後碑—與佐除

魯峻碑口—癸酉卒

孔龢碑三—廿七日

魏李苞開通閣道題名十二—十日

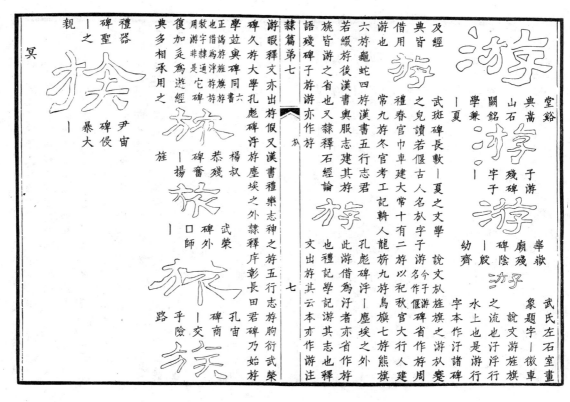

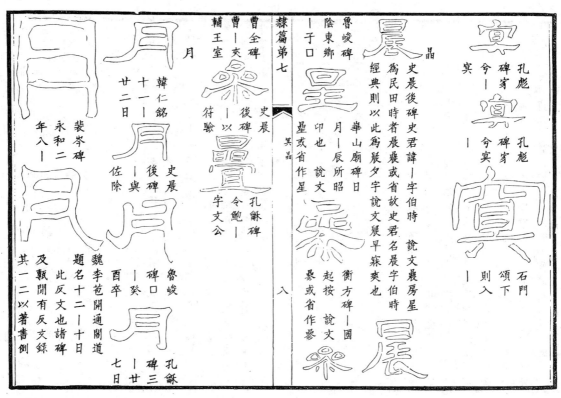

此反文也諸碑及瓻閒有反文録其一二以著書例

魏上尊號奏是以布政未丨　說文稘復其時也虞書曰稘三百有六旬居之切它碑及經典多通用期碑則移其於上經典亦相承用之實一字也周禮地官質人國中一旬郊二旬野三旬都三月邦國朞期內聽期外不聽則作朞以別期耳

夏承碑天挺應丨

禮器碑長丨蕩蕩

史晨後碑大漢延丨

北海相景君銘大命所丨

吳谷朗碑莅政未丨此以期為稘者

石門頌西城韓丨字顯公

魏上尊號奏臣丨臣仁

佩觿云詞朗之字是謂隸行

衡方碑高丨神武

唐公房碑陰祝丨字德口

吳谷朗碑府君諱丨

韓仁銘甲子丨

史晨奏銘三月癸卯丨

孔龢碑三月丙子丨

武氏石闕銘三月庚戌丨

華山廟碑丨陵杜遷市石　漢書地理志京兆尹南陵注沂水出藍田谷北至霸陵入霸水師古曰茲水秦穆公更名以章霸功視子孫是霸陵之霸霸王之義也說文霸月始生霸然也普伯切徐鉉曰今俗作必駕切以為霸王字　六書正譌云霸今俗作必駕切㠯為王霸字而月霸乃用魄字非本義王霸只當借用伯字而月魄當用霸字其義始正

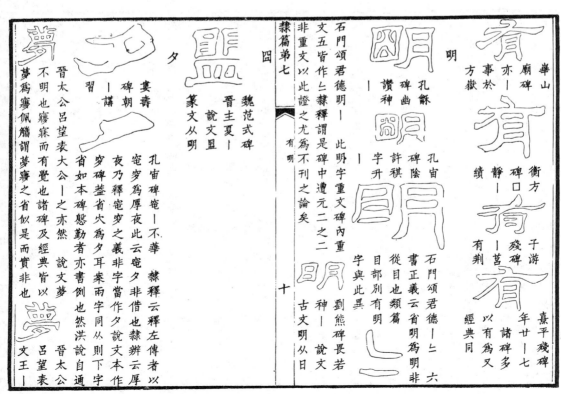

有

華山廟碑亦丨事於方嶽

衡方碑口丨靜績

子游殘碑丨莒有荆

熹平殘碑年廿丨七　諸碑多以有為又經典同

明

孔龢碑幽讚神丨

孔宙碑陰許祺字升丨

石門頌君德丨ㄙ　六書正義云省明為明非從目也類篇目部別有明字與此異

石門頌君德明丨　此明字重文碑內重文五皆作ㄙ隸釋謂是碑中遭元二之二非重文以此證之尤為不刊之論矣

劉熊碑畏若神丨　說文古文明从日

囧

魏范式碑晉主夏丨　說文盟篆文从明

夕

婁壽碑朝丨講習

孔宙碑窀丨不華　隸釋云釋左傳者以窀穸為厚夜此云窀夕非借也隸辨云厚夜乃釋窀穸之義非字當作夕說文本作穸碑蓋省穴為夕耳桼兩字同从則下字省如本碑慇勤者亦書例也然洪說自通

晉太公呂望表大公丨之亦然　說文夢不明也寢寐而有覺也諸碑及經典皆以夢為寢佩觿謂夢寢之省似是而實非也

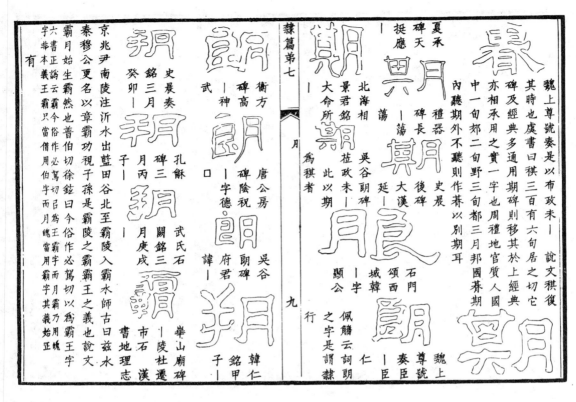

晉太公呂望表文王丨

天帝服元褸

孔彪碑浮斿塵埃之—

孔彪碑陰—黃令

張遷碑決勝負千里之—

魯峻碑—撮強虐

吳谷朗碑夙—靖恭

史晨後碑西流里—

淮源廟碑口口晝—

衡方碑夙—惟寅

史晨奏銘夙—憂怖

西狹頌可呂—涉

北海相景君銘—宵朝廷　說文殅徐鉉曰今俗書作夙九經字樣云隸省

史晨奏銘—夜憂怖

多

晉孫夫人碑喪難宏—

孔彪碑斯—草竊

毌

魏上尊號奏以時則—未滅

周仲鏡銘胡—殄威天下復

武斑碑—洞聖口

曹全碑父琫少—名州郡

𢎘

武榮碑靡不—綜

卣

衡方碑秉脩季—　說文甹木生條也从𢎘由聲商書曰若顚木之有甹枿古文言由枿徐鍇曰說文無由字今尚書只作由枿蓋古文省𢎘而後人因省之通用爲因由等字繫傳疑義由說文有油宙軸等字而無此字脫誤

西狹頌—麥五錢

白石神君碑—斗五錢

曹全碑以家錢糴米—

孔褒碑口桀骨—　說文𣡌古文桌从西从二卣徐巡說木至西方戰栗隸用古文而省二卣經典相承用之碑云骨栗卽戰栗字正作栗論語周人以栗使民戰栗是其明證从心者後人所加也

齊

西狹頌李旻字仲—

張遷碑陰范—公

淮源廟碑口—傳館

禮器碑側—國廣

孔宙碑陰—納字榮謀

景北海碑陰—晏字本子

景北海碑陰—冰字文達

曹全碑清擬夷—

朿

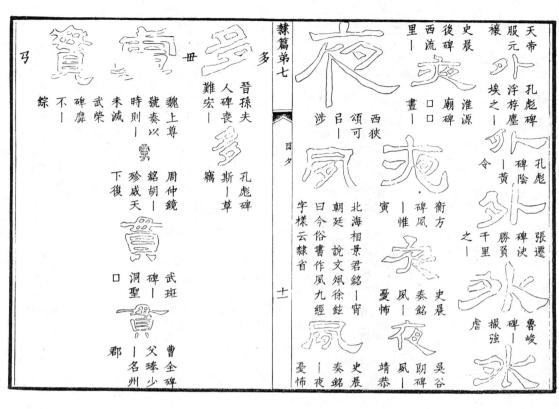

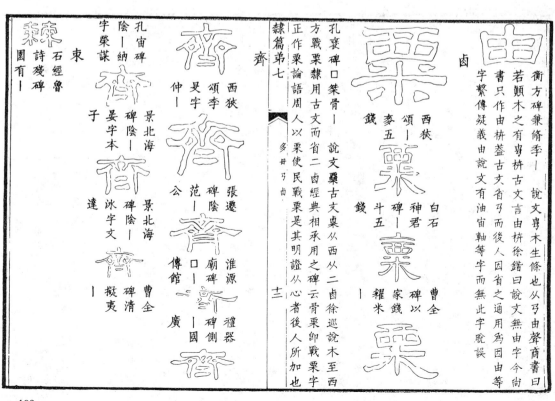

石經魯詩殘碑園有—

片

婁壽碑棬樞甕丨

說文牖从片戶甫譚長以爲甫上日也非戶也牖所以見日碑字則似从由未詳

孔龢碑如丨

鼎

晉孫夫人碑古者鍾丨□□

吳寶鼎甎大吳寶丨二年

鄭固碑則鍾丨奚銘

北海相景君銘宜參丨鉥

曹全碑極丨足

克

魏王基殘碑征有獨丨之威

張遷碑丨岐有兆

尹宙碑丨纘祖業

華山廟碑文武丨昌

禾

石經魯詩殘碑胡取丨三百廛□

黽池五瑞圖題字嘉丨

禮器碑陰丨亮奉高

衛方碑邁丨舊京

說文種先種後埶也種埶也諸碑皆以種爲種經典承譌不可改正

張遷碑犂丨宿野

武梁祠畫象題字辟土丨穀

史晨後碑各丨一行梓

武梁祠畫象題字愛有偏丨

吳谷朗碑風丨俗與

說文移禾相倚移也迻遷徙也碑以移爲迻經典相承用之

校官碑屈丨趨公

說文私禾也ム姦衺也碑以私爲ム經典相承用之

孔彪碑朝無丨政

孔宙碑陰丨麟

禮器碑丨項作亂

曹全碑陰丨杼漢都

尹宙碑熹平六丨

韓仁銘熹平四丨

祀三公山碑元初四丨

西狹頌建寧四丨

魏李苞開通閣道題名景元四丨

張遷碑惟中平三丨

魯孝王石刻五丨

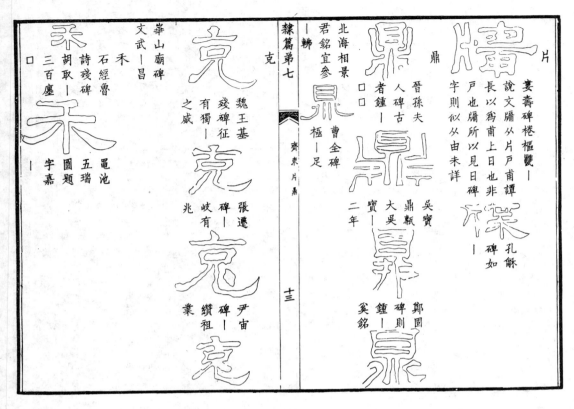

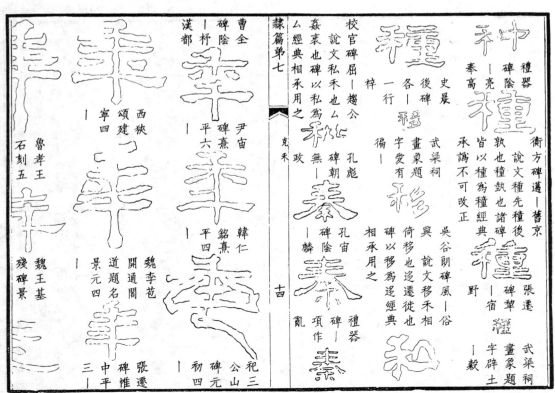

魏王基殘碑景丨

鳳二丨

元二丨

石門頌至於永平其有四丨

跳山造冢石刻建初元丨造此冢

華山廟碑延熹八

建武泉范建武十丨

曹全碑以河平元丨

曹全碑中平二丨

史晨奏銘建寧二丨

武梁祠畫象題字氣力丨衰

史晨奏銘以祈豐丨

張壽殘碑國丰豐丨

楊叔恭殘碑招賢與丨

曹全碑部吏王皐丨橫等

武榮碑位不丨功

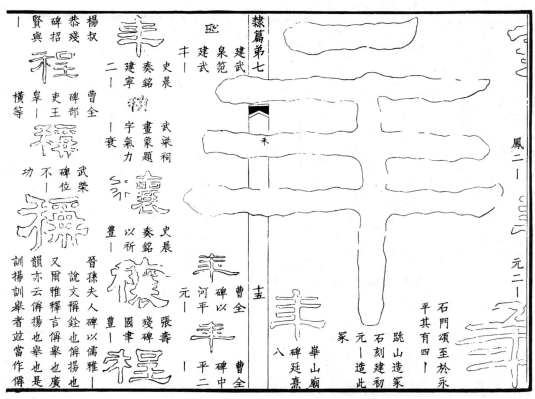

晉孫夫人碑以儒雅丨說文稱銓也偁揚也又爾雅釋言偁舉也廣韻亦云偁揚也舉也是訓揚訓舉者竝當作偁

諸碑皆以稱爲偁經典相承用之爾雅釋言注引書偁爾戈玉篇引左氏傳禹偁善人今皆作稱矣

稱　孔宙碑丨彼光觥

稱　史晨後碑奉爵丨壽

稱　衡方碑號丨阿衡

稜　魯峻碑陰尹丨超口　說文稜柧也廣韻以稜爲稜之俗類篇但云烏稜稻名是別爲一字也

秋　孔龢碑脩嚴氏春丨經

秋　劉君殘碑口口春丨

秋　孔宙碑治嚴氏春丨

稻　白石神君碑黍稷丨粮

穎　楊淮表紀諱弼字丨伯

穎　尹宙碑在丨川者　隸辨云說文穎水之潁從水禾穎之穎從禾諸碑皆以穎爲潁案止是同音借用耳

穎　禮器碑陰丨川長社

穎　禮器碑丨川長社

穩　孔宙碑口口口丨

穩　鄐閣頌豊丨口口

積　北海相景君銘考丨幽穸

稚　白石神君碑陰郭丨子碧

穢　魯峻碑佞丨者遠　說文薉蕪也諸碑皆作穢經典相承用之玉篇薉行之惡也亦作穢

穢　淮源廟碑疏丨濟遠

稼　張壽殘碑丨嗇滋殖

秀　孔彪碑歔其元丨

秀　衡方碑攙英接丨

穀　白石神君碑五丨熟成

穀　石經論語殘碑口丨不分

穀　曹全碑敦煌效丨人也

穆　史晨後碑於丨肅雍

穆　禮器碑於丨韓君

穆　譙敏碑於丨使君

穆　張遷碑於丨我君

穆　魯峻碑丨然清邈

秩　北海相景君銘辨丨東衍　說文秩積也䄇爵之次弟也虞書曰平䄇東作碑正用平䄇而以秩爲䄇今書同它經典䄇亦皆作秩

秩　崋山廟碑是丨是望

秩　西狹頌勑衡官有丨李瑾二碑義竝同上

稙　西狹頌民㠯貨丨　隸釋云以稙爲殖隸辨云詩魯頌稙穉菽麥釋文云稙徵力反讀若陟又云徐時力反讀若殖碑以稙爲殖乃同音而借

稷　鄐閣頌勈勞日丨兮　說文𣅿日在西方時側也古借用稷易當從徐音爲正

稷　白石神君碑黍丨稻粮

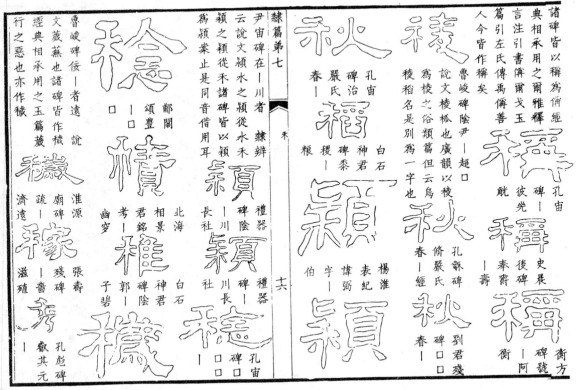

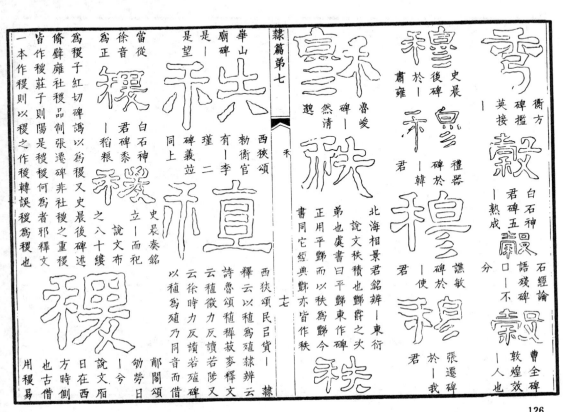

稷　史晨奏銘立丨而祀　說文布之八十縷爲稯子紅切碑譌以爲稷又史晨後碑述脩辟廱社稷品制張遷碑非社稷之重稷皆作稯莊子則陽是稯稯何爲者耶釋文一本作稷則以稷之作稯轉誤稯爲稷也

豐卦日中則昃釋文孟作稷左傳公羊傳定十五年春秋經日下昃穀梁傳作稷書中候舜至於下稷中候握河紀昒明禮備至日稷孝經鉤命訣日稷而赤光起注竝云稷讀若側又隸釋費鳳別碑乾乾日稷造橋碑□□日稷昃皆作稷

秝

晉太公呂望表稼｜茂盛

耿勳碑傷害稼｜

衡方碑｜脩季由

夏承碑｜覽羣藝

䢜山廟碑｜命斯章

魯峻碑｜通顏氏春秋

孔君墓碣｜行相事

魏受禪表材｜三極

劉熊碑｜古業

黍

白石神君碑｜稷稻粮

孔宙碑豐年多｜

石經魯詩殘碑｜口食我

魏受禪表恩洽羣｜

孔宙碑｜儀以康

香

䢜山廟碑新豐郭｜察書

孔宙碑陰景｜字伯子

白石神君碑進其馨｜

史晨後碑不能得｜酒美肉

䢜山廟碑明德惟｜

白石神君碑進其｜香

米

孔龢碑大司農給｜祠

曹全碑以家錢糴｜粟

白石神君碑絜其｜盛 說文粢稻餅也粢餈或从米齍黍稷在器以祀者碑以粢為齍經典或相承用之

䢜山廟碑資｜品物

禮器碑食｜亡于沙邱

孔彪碑惟嶽降｜

史晨奏銘汁光之｜

劉熊碑垂｜接感

白石神君碑｜ 說文氣為餼本字諸碑及經典皆專用餼而以氣為气

婁壽碑｜糲蔬菜之食

武榮碑加遇害｜

史晨後碑屏｜拜手

䢜山廟碑山澤通｜

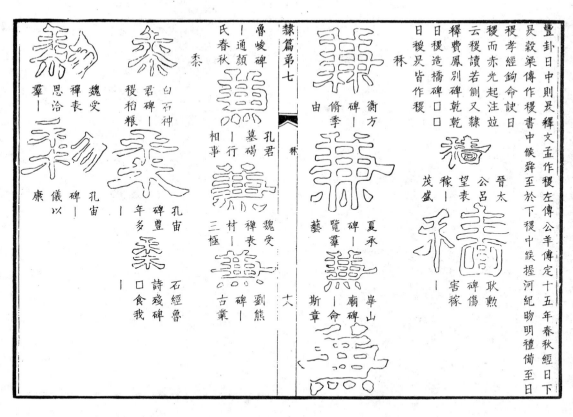

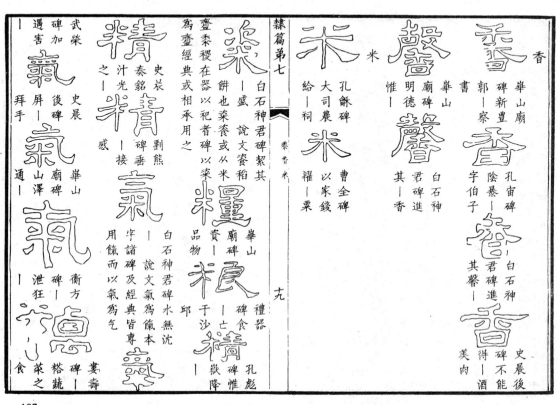

衡方碑｜泄狂｜

臼

孔彪碑斯多草|

吳谷朗碑|邑叛國

西狹頌刻|確嵬以臽爲陷說文臽小阱也義與陷近故通用隸續天井道碑堅無臽瀆陷亦作臽

凶

嶨山廟碑遏禳|札

孔彪碑削四|以勝殘

瓜

魏上尊號奏同心之|

唐公房碑而君獨進美|

宀

魏受禪表|神當時

孔龢碑欲加|子孫

嶨山廟碑大|承循

禮器碑陰虞崇伯|

曹全碑世|廟土庠竟

武氏石闕銘弟綏|景與開明

晉孫夫人碑寬仁足以|眾

張遷碑陰韋|人

西狹頌財|車騎

校官碑雅|素閑　說文容盛也頌皃也又皃頌儀也是訓皃訓儀頌爲本字漢書儒林傳頌禮甚嚴師古曰頌讀曰容言今之容也古頌美之義卽由此起頌字說見之頌諸碑專以頌爲頌美而以容爲皃爲儀經典並相承用之

魏受禪表物有其|

孔彪碑|乎三事

史晨奏銘誠朝廷聖恩所|特加

李壽石刻口|禾都尉

淮源廟碑|謝綜

李孟初神祠碑故|令

禮器碑陰南陽|張光

魏上尊號奏|者以煖

石門頌履尾心|

延光碑是吾字|都上下闕

禮器碑在|樂里

曹全碑或在|、安定

孝堂山畫象題字此題止一字

禮器碑側故|德侯相彭城劉彪

魏王基殘碑出爲安平|豊大守

衡方碑口隆|懍

史晨後碑補|里中道之周左

曹全碑重親致歡曹景|

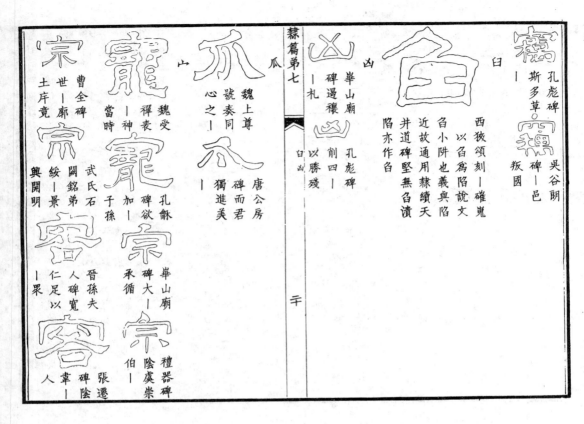

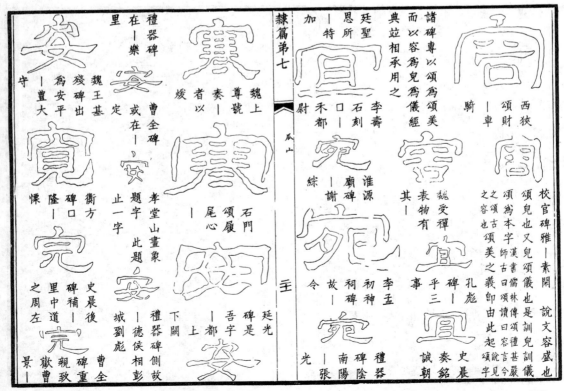

禮器碑丨扜元汙

張遷碑周丨王中興

尹宙碑吉甫相周丨

禮器碑側趙丨宇子雅

張遷碑陰原丨德

譙敏碑羣丨有司　說文寮穿也論語有公伯寮今本論語作寮寮卽寮之省也羣寮之寮它碑作僚與尚書同六書故云寮書傳亦用為僚釆之僚是僚為正寮為通而說文僚好皃無官僚之義經典釋文出僚則云本又作寮出寮則云本又作僚孰正孰通終無的據又正字通云寮小窗也楊愼曰古人謂同官為寮亦指齋署同窗為義其說雖未知所本然寮為小窗與訓穿義正合據此則寮轉為正僚為通矣存疑以俟博雅

魯峻碑掌丨察羣

衡方碑百丨臨會二碑同上又晉孫夫人碑何不以嘗同寬辝之隸釋劉寬碑公卿百寮

孔龢碑財出王丨錢

北海相景君銘夙丨朝廷

衡方碑丨于平陸

禮器碑丨居魯親里

張遷碑孝弟於丨

曹全碑兩縣民郭丨等

譙敏碑守靜微丨

史晨後碑國縣員丨

朱龜碑吕糾姦丨

李孟初神祠碑垣丨樹木

禮器碑存古舊丨

開通褒斜道石刻史荀茂張丨韓岑等

張遷碑開定畿丨說文籀文宇从禹

史晨奏銘得在奎婁周孔舊丨

孔龢碑大丨大祝令各一人

魏范式碑丨疏氏之至順

夏承碑早喪懿丨

禮器碑顏口育孔丨

張遷碑陰范德丨

校官碑親歐智

韓仁銘詳京丨口

譙敏碑丨憤斯銘

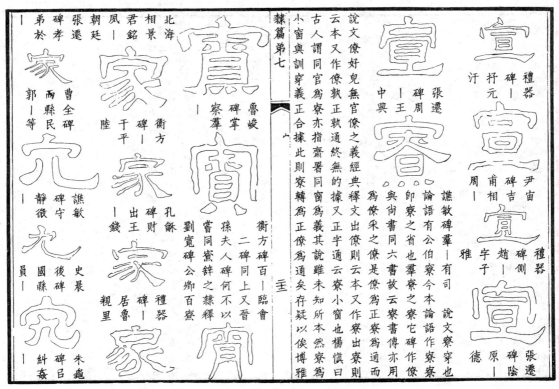

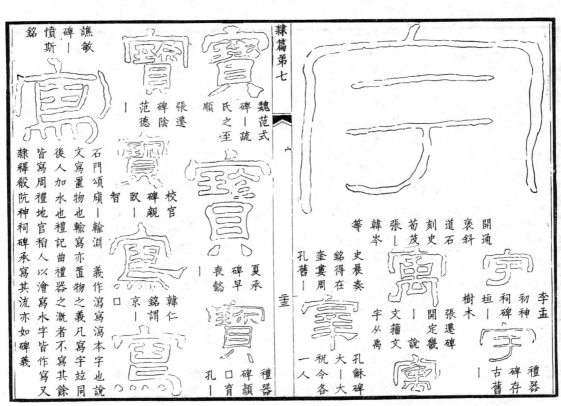

石門頌瘨丨輸淵　義作瀉寫瀉本字也說文寫置物也輸寫亦置物之義凡寫字竝同後人加水也禮記曲禮器之漑者不寫其餘皆寫周禮地官稻人以澮寫水字皆作寫又隸釋殽阬神祠碑承寫其流亦如碑義

北海相景君銘元二鰥丨

曹全碑撫育鰥丨

延光碑丨居

張遷碑陰故丨令范伯犀

衡方碑遷穎川大丨

曹全碑陰故郡曹史丨丞馬訪

吳谷朗碑丨疾而卒卽說文寢碑省而變經典相承用之亦借作寑臥之寑類篇以爲寑之

重文非是餘見寢部

史晨奏銘臣丨息耿耿

尹宙碑遭離丨疾寑卽寑之省說文寑臥也寢病臥也碑以寑爲寢

禮器碑陰丨頊元世

禮器碑陰汝南丨公國

孔宙碑貢登王丨

曹全碑曹參夾輔王丨

魏王基殘碑乃心帝丨

孔龢碑乙君丨舉守宅除吏

武氏石闕銘曹府君丨舉孝廉

華山廟碑新豐郭香丨書

孔彪碑拯馬鏑丨

史晨奏銘皆爲百姓興利除丨

淮源廟碑灾丨以生

白石神君碑灾丨不起

魏上尊號奏且漢政在奄丨

石經魯詩殘碑三歲丨女 隸釋云毛作貫案詩傳貫事也正義曰釋詁文箋我事女三歲矣左傳僖十七年及子圉西質妾爲宧女焉注宧事秦爲妾貫宧皆訓事魯毛字異其義實同而釋文貫女云徐音宧今本譌作官事也則是以魯詩讀毛詩也

魏范式碑寔紹德之丨藪

禮器碑以俟知丨

北海相景君銘郪邦歸丨

史晨奏銘脩丨禮義

魯峻碑陰濟陰丨陶桂眞

曹全碑陰曹屯丨吉

曹全碑既爾丨勳

張遷碑陰汜丨國

淮源廟碑大常丨甲

景北海碑陰羽忠宇丨公

禮器碑爲漢丨道

張遷碑開丨鐖寓

石門頌惟巛靈丨位

耿勳碑寬不丨姦

唐公房碑雖王公之尊四海之丨

尹宙碑丨波侯相之孫

西狄頌幼而丨衛

石經論語殘碑止子路丨

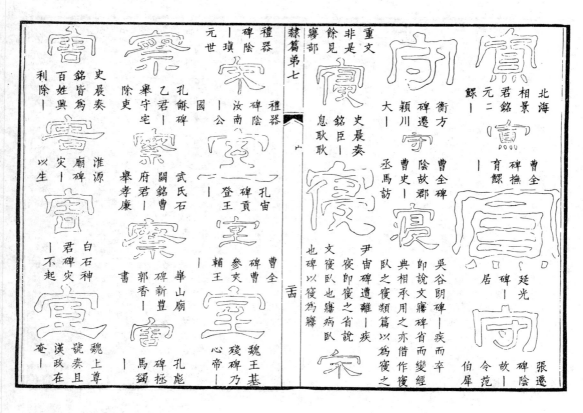

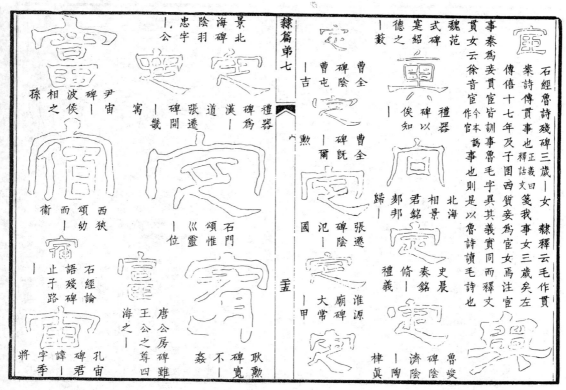

孔宙碑君諱丨字季將

尹宙碑於是論功敘|

魏范式碑|唐之允

校官碑官不失|

孔彪碑有|若虛

堂谿典嵩山石闕銘|有立言

史晨後碑依依舊|

禮器碑慇懃|廟

孔彪碑|兮冥冥　隸釋云宊卽寂字案說文作宗玉篇寂宊竝同宗莊子齊物論注取其宊漠無情耳釋文本亦作寂大宗師其容寂釋文出容宊云本亦作寂崔本作宗又隸釋老子銘顯虛无之清宊張納功德敘四竟宊謐孫根碑闔門守宊隸續任伯嗣碑官朝宊靜寂皆作宊

劉熊碑|我劉父　說文寔止也古與是實字通書秦誓是能容之尚書後案曰大學引是作寔釋詁寔卽訓是無逸云時舊勞于外傳訓時爲是中論引之時直作寔秦惠王詛楚文曰昔我先君穆公及楚成王是戮力同心讀是爲寔則是寔同也戰國策蘇厲曰白起是攻用兵高誘曰是實也公羊桓六年傳云寔來者何猶曰是人來也穀梁略同高氏以是爲實者古春秋經寔來宋板左傳作實來詩韓奕箋云實墉實壑實當作寔趙魏之東寔實同聲高誘涿人故亦以寔爲實然則是與寔通而寔又可與實通也又詩小星寔命不同釋文是也韓詩作實云有也燕燕實勞我心釋文實是也本亦作寔禮記坊記寔受其福釋文易作實

北海相景君銘寔渘|剛義

同上

宮，

禮器碑俱祖紫|

衡方碑□翼紫|

孔龢碑奏雒陽|

白石神君碑|宇之制

史晨奏銘累息屏|

婁壽碑不可|以祿　兩漢金石記云李鼎祚周易集解否卦象辭君子以儉德辟難不可營以祿虞翻曰君子謂乾坤爲營乾爲祿謂辟難遠遯入山故不可營以祿營或作榮儉或作險碑作營字正可見漢時讀本如此洪氏見今本皆作榮而幷改碑文誤矣案漢書敘傳不營不拔應劭曰爵祿不能營其志易曰不可榮以祿應注中營榮不宜岐出蓋傳寫者亦以今本易作榮遂專於易文改爲榮也

景北海碑陰|陵畱敏

景北海碑陰|陵慶鴻

呂

西狹頌|國宇文寶

禮器碑陰任城|育

禮器碑陰相史卞|松

晉太公呂望表遂作心|　說文篆文呂从肉从旅

華嶽廟殘碑陰□|曼節　說文躳或从弓

魏王基殘碑上文闕

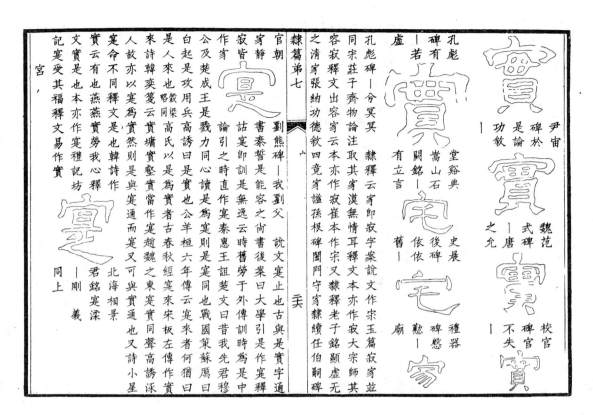

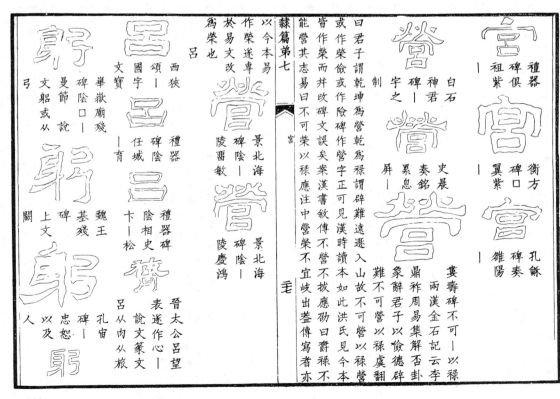

孔宙碑|忠恕以及人

石經論語殘碑朕丨有罪

石門頌川澤般丨

北海相景君銘丨伯遜讓

穴

魏王基殘碑上文闕

石門頌丨輿輕騎

韓仁銘丨闓

禮器碑顏育丨桑

熹平殘碑何辜丨倉

華山廟碑峻極丨蒼

孔褒碑濟渡丨尼　說文窮从穴躳聲躳或从弓故窮亦作窮類篇先窮後窮失其序矣

婁壽碑丨下不苟

北海相景君銘莫不流光口於無丨

孔龢碑功垂无丨

孔彪碑宏論丨理

孔宙碑丨夕不華

孔彪碑天秩未丨

正直殘碑部職丨口

北海相景君銘考積幽丨

㝲

衡方碑丨闇苦由　㝲字之省說文㝲病臥也寑臥也碑以㝲為寑經典用之作寢臥本字今依類篇入穴部

北海相景君銘遂不寤丨　說文寤从㝱省碑變為穴下悟寤悟皆有覺義故兼用之也

魏封孔羨碑乃感殷人路丨之義　亦以㝲為寑吳谷朗碑寢疾而卒經典寢字本此乃病

晉孫夫人碑父意乃丨　碑復變為穴下悟而直以

為悟史漢諸書悟多通用寤也

疒

曹全碑賜丨盲　說文瘁籒文癃省

曹全碑咸丨蒙惾

裴岑碑除西域之丨

吳谷朗碑莫不丨嗟

魯峻碑丨昊天之靡嘉

夏承碑嗚呼丨哉

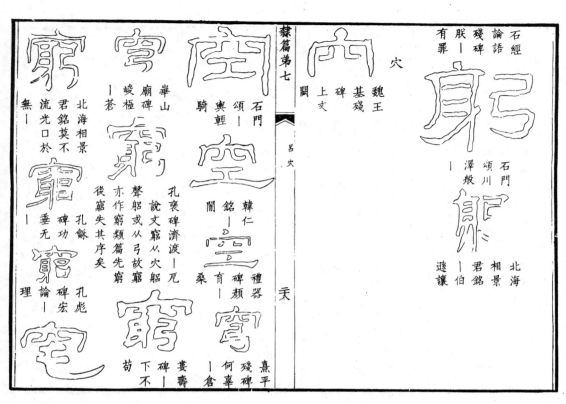

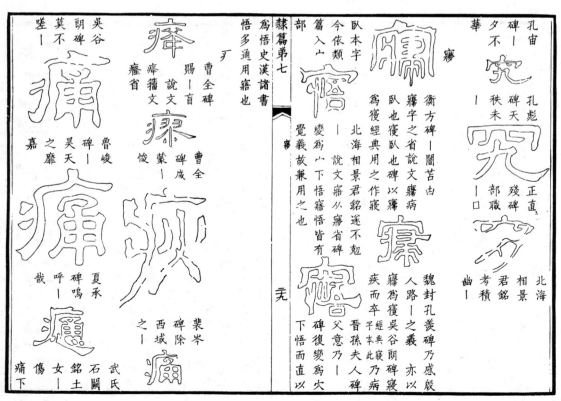

武氏石闕銘土女丨傷痛下

加心又武梁祠畫象題字咎之不瘱武榮碑瘱乎我君隸釋費鳳碑瘱兮切惻吳仲山碑感瘱奈何李翊夫人碑瘱感路人痛皆作瘱

唐公房碑|蠱不遐

武氏石闕銘祓|天沒

北海相景君銘呂|被徵

譙敏碑降|茲殉

孔宙碑口口口口|

武榮碑遺|愼靈

尹宙碑遺離寢|

鄭固碑呂|錮辭

熹平殘碑必以|辭

郙閣頌縱源漂|

祀三公山碑民無|苦

晉太公呂望表水旱癘|

一

西狹頌弱|典城

北海相景君銘四海|荩

冂

晉孫夫人碑何不以嘗|寮辭之

張遷碑僉然|聲

魏上尊號奏|心之瓜

曹全碑福祿依|

月

婁壽碑紳|革革

嵩山太室闕銘岱氣|純說文冣積也音義同聚碑謂以為最史記周本紀齊重則固有周聚以收齊徐廣曰一作最最亦古之聚字馮唐列傳令顏聚代之索隱曰漢書作最三最字蓋本作冣傳寫者亦誤以為最逐改為最耳廣韻最俗作冣非也

耿勳碑身|炎赫火星之熱

魏上尊號奏武王親衣甲而冠|

网

西狹頌|山壁立說文二十四銖為一兩网再也經典相承网皆作兩

魏受禪表懿侔|儀

郙閣頌歲數千|亦兩字也實㒳字變文

网

譙敏碑傳干|極

張壽殘碑|荒饑

魏上尊號奏|漏呑舟廣韻网俗作网經典釋文禮記少儀爲周本亦作网射義公罔又作网論語則罔本又作网网蓋网之省文

曹全碑續遇禁|

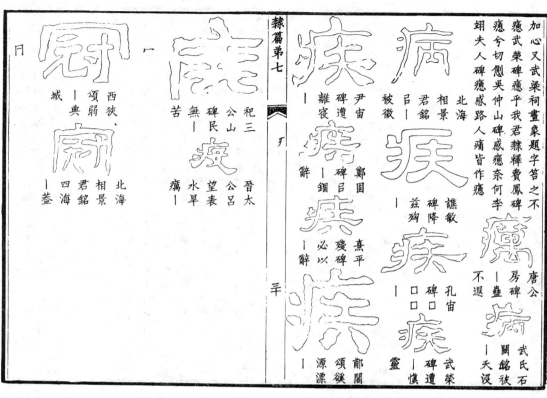

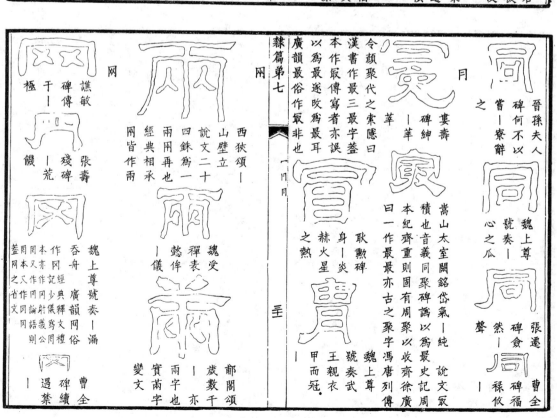

晉孫夫人碑雖有隱括傳母之訓丨以加

魏范式碑丨深不入 說文网或从亡

孔龢碑傳于丨極

禮器碑赫赫丨窮

譙敏碑曷億溝丨 說文新附羅心憂也古多通用離通用離者謂詩兔爰逢此百羅傳羅憂釋文本又作離之類也若書洪範不羅于咎史記宋微子世家作不離于咎則字本作離義如詩新臺鴻則離之猶言遭遇也漢書揚雄傳注離遭也玉篇離遇也傳書者以羅或通用離轉改離為羅耳尹宙碑遭離寢疾祀三公山碑遭離羌寇皆與書不離于咎同義非羅之通也

魏受禪表丨戍役

張遷碑西丨七戎 說文作罬或作羉

石經論語殘碑朕躬有丨 說文罪捕魚竹网秦以罪為辠字

孔龢碑誠惶誠恐頓首頓首死罪死丨

孔龢碑叩頭死丨

祀三公山碑醮祠希丨

孔龢碑丨百石卒史一人 說文置赦也徐鍇曰从直與罷同意值措也諸碑皆以置為值經典相承用之

孔彪碑如列宿之錯丨

石經論語殘碑丨其杖而耘 隸釋云板本作植案論語疏植倚立也碑以置為植置說見上詩那置我鞉鼓箋置讀曰植植鞉鼓者為楹貫而樹之釋文鄭作植字莊子外物草木之倒植者過半釋文立也本亦作置植通用置也然書金縢植璧秉珪傳植置也疏鄭云植古置字故為置也又漢書周勃傳注置立也玉篇亦云置立也是二字古無別耳

西

石門頌伯玉即日徙丨行丞事

譙敏碑屋棟廎丨

西狹頌數有顛丨賣隧之害

楊淮表紀州里失丨

劉熊碑丨其妙 據隸韻作覈

正直殘碑 下文闕 上文云揚名於州里以文義度之蓋覈實云云而譌覈為覈也

巾

張遷碑黃丨初起

衡方碑退就勑丨 隸辨引此碑勑字注云釋名云巾謹也當自謹修於四教碑云勑巾者整飭謹修之義也

衡方碑經丨伯之寮

曹全碑丨為治中別駕

張遷碑在丨幕之內

說見裳字

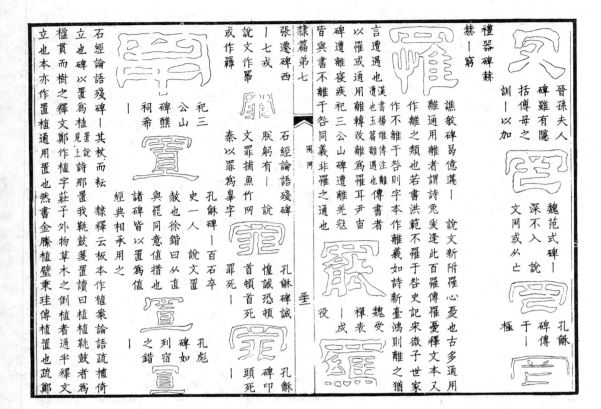

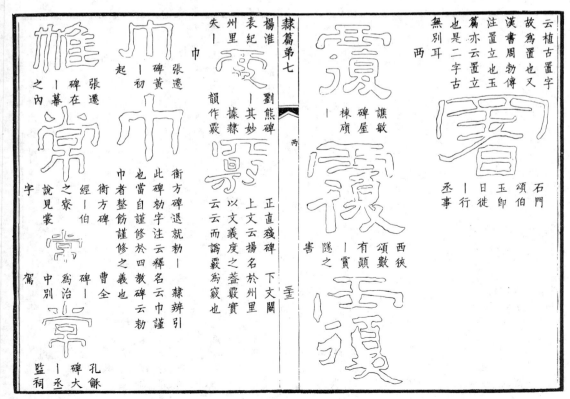

孔龢碑大丨丞監祠

耿勳碑卿守將丨 說文帥佩巾也衛將衛也碑以帥爲衛經典多相承用之六書正譌云衛將衛也今趨簡易借用帥字是也說文將字亦云帥也

北海相景君銘丨禮蹈仁 玉篇衛循也卽說文將衛字它碑以帥爲將衛字此碑則以帥爲衛循字也經典或相承用之

晉孫夫人碑夫人由此相丨孝口

魏受禪表殊徽丨 說文新附幟旌旗之屬詩六月織文鳥章箋織徽織也蓋幟之古字史記高祖本紀旗幟皆赤索隱幟或作識或作志識志又幟之異文也然說文蔛字云幡幟也徽字幖字竝云幟也豈說文故有幟字而久佚卽織字亦通用與

孔宙碑陰梁丨字叔光

曹全碑枝分葉丨

劉熊碑陰芳旁丨

校官碑丨政優優

石經儀禮殘碑口口口賜使者丨

孔宙碑口口彤丨 隸釋云以幣爲獘隸辨云幣古通獘急就章帗獘囊橐不直錢王應麟曰碑本作幣案急就章顏師古本作敝注敝敗衣也王應麟本作獘云碑本作幣獘者敝之通幣亦敝之通耳碑云彤幣卽是彤敝乃以幣爲敝非以幣爲獘也

張遷碑西門丨丨弦

武榮碑闕丨傳講孝經論

孔彪碑乃翻爾東丨

張遷碑在帷丨之內

鄭固碑作世丨式 隸釋云以幙爲模案字書無幙字蓋幕之變所謂隸行也

語漢書史記左氏國語據隸韻作幘

禮器碑脩丨宅廟

華山廟碑易碑丨闕

史晨後碑丨治桐車馬於瀆上此餝字也類篇誤以爲飾之或文餝與飾篆文相似故隸釋柳敏碑汶餝不雕譌以餝爲飾餝者餝之變故隸釋韓勑後碑脩餝宅廟復譌以餝爲飾經傳及諸字書多沿韓碑之譌以爲餝與飾同非是碑則正書餝爲餝非飾之譌也詩六月戎車既飭釋文依字從力脩飾之字從巾不同也又云今人食邊加芳以爲脩飭之字此飭字當作飾借作勑音非則不庠以餝爲飾之譌而反以餝音勑爲借矣

石門頌功丨爾要 同上

夏承碑到官正丨

帛

白石神君碑犧牲玉丨

白

魏上尊號奏則臣等之丨骨既交橫於曠野矣

白石神君碑巖巖丨石

曹全碑遭丨茅谷水灾害

㡀

張壽殘碑丨白之老

北海相景君銘丨白清方

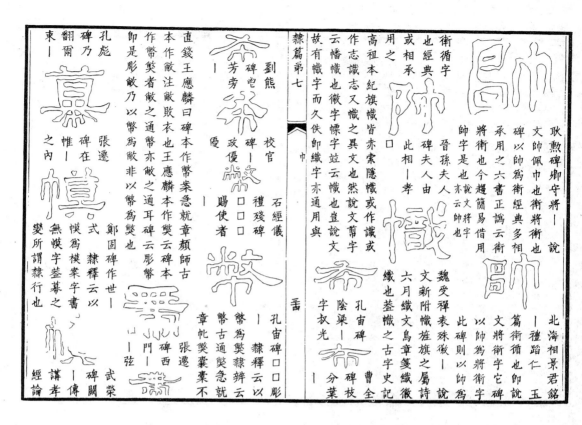

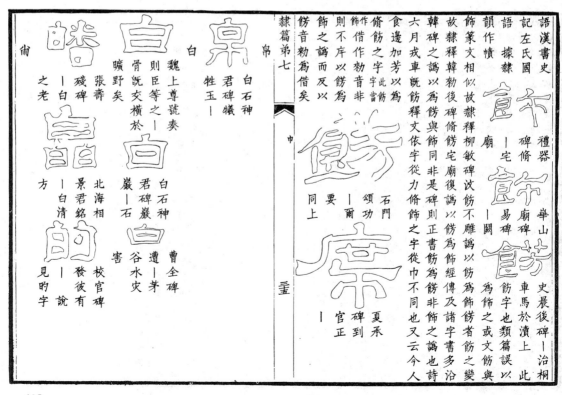

校官碑發彼有丨 說見旳字

史晨奏銘承丨
遺衺

綴說

尹宙碑昬　昬爲昏之正字世俗諱避唐太宗諱始改昬爲昏非是野客叢書辨之詳矣惟以昬爲俗書則未攷說文耳

白石神君碑晧　詩白石晧晧釋文亦譌作皓唐石經初作晧後磨刻作皓初沿譌後改正也

夏承碑晧　爾雅注言氣晧旰之晧今本亦譌从白

魏封孔羨碑晧　說文暤晧旰也與昊同義故昊暤皆通用晧

衡方碑穜　字林考逸穜直龍反與說文同玉篇種先種後熟曰種種類也又種植也二字互誤蓋自此始傳寫經典者承其誤也詩七月黍稷重穋周禮天官內宰而生穜稑之種釋文皆力正二字互誤之失而五經文字乃云字林以種爲穜稑之穜似以字林爲誤何也詩云重穋重即種之省是穜當作種之明證

孔彪碑家　豕不成字从之無說方言家安靜也江湘九嶷之郊謂之家蓋江湘九嶷閒有此俗字揚雄采之以箸其異書者因相仍以代宗寂也

婁壽碑營　隸釋費鳳碑不營榮祿老子銘祿執弗營語義皆與碑同費鳳碑營榮竝見尤足證榮之不可以代營也

孔宙碑幣　王應麟急就章補注云一作幣幣帛謂皇象碑本作幣即訓幣也今證以此碑當以顏本作敝爲正

史晨後碑餝　史記秦始皇本紀以飾法設刑張儀列傳飾車騎皆當作飭蓋或書飭爲餝傳寫者狃於餝與飾同遂改爲飾也

隸篇第七

隸篇第八

人

孔龢碑大宰大祝令各一丨

禮器碑側其丨處士

曹全碑丨事繼母

禮器碑旁丨皇代　隸辨云廣韻伎侶也隸釋云以伎爲暨非是案字源亦取洪說是碑用字多奇奧未易深解以文義度之似仍以洪說爲優

晉太公呂望表丨萬載之後

史晨後碑咸丨來觀

晉太公呂望表丨侯于東

西狹頌緣崖丨閣　字源云義作禪案說文俾益也猶禪接益也之義

孔彪碑賢丨口庭

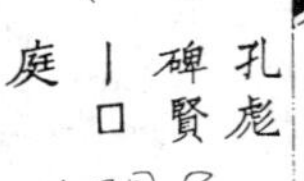

魏封孔羨碑虞氏丨鳳以臨民　說見義字

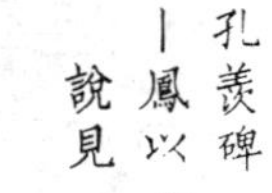

魏受禪表懿侔兩丨

禮器碑陰孔丨甫

譙敏碑各敬爾丨

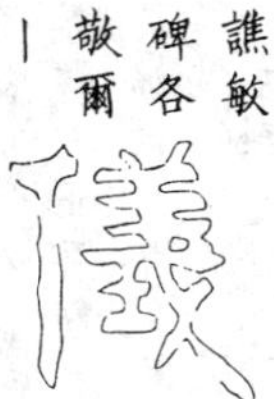

北海相景君銘紛紛令丨

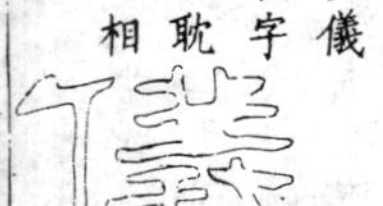

衡方碑悼蓼丨之劬勞　蓼儀即蓼莪古儀字音俄說見義字碑以同音而借用也隸釋孔耽神祠碑惟蓼儀呂愴恨平都相蔣君碑蓼蓼者儀皆與碑同

孔宙碑黎丨以康　以儀爲旄倪之倪又隸釋費鳳碑棃儀瘁傷隸續庠彰長田君碑安惠黎儀倪皆作儀

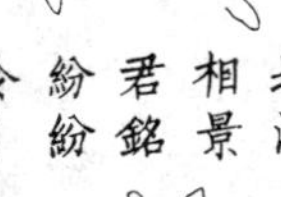

佹
鄭固碑造膝ㅣ辭 隸釋云以佹為詭隸辨云溫嶠侍臣箴云或造膝詭辭與碑語正同詭與佹古葢通用穀梁傳晉侯詭諸卒釋文云詭左氏作佹荀子賦篇天下不治請陳佹詩楊倞注云請陳佹異激切之詩言天下不治之意也碑云佹辭卽佹詩之義案漢書劉輔傳此其言必有卓詭切至當聖心者卽所謂佹辭也

偽
北海相景君銘殘ㅣ易心

伊
衡方碑則有ㅣ尹

伊

子游殘碑厥敝ㅣ何

伊
石經尚書殘碑□ㅣ鴻水 今書作鯀陻洪水案云蔡邕石經陻作伊古音相似通案說文伊殷聖人阿衡尹治天下者尹治也伊从尹兼有治義伊鴻水或卽治鴻水治鴻水而汩陳五行其陻自見石經多異字殆所受不同也

仍
耿勳碑家ㅣ典軍

仍
晉孫夫人碑ㅣ羅□□

仍
曹全碑羽檄ㅣ至

僖
魏封孔羨碑以為高宗ㅣ公

儗
郙閣頌雖昔魯斑亦其ㅣ象 說文儗僭也僭有相比竝之義禮記曲禮儗人必於其論注儗猶比也漢書溝洫志且褒斜材木竹箭之饒儗於巴蜀淮南厲王傳爲黃葢儗天子貫誼傳諸侯王僭儗師古竝云儗比也碑言雖巧如魯斑亦能比而象之葢正用儗字或謂以儗爲擬如周禮夏官射人注行則止而擬度焉釋文本又作儗似與碑義未合

俟
禮器碑以ㅣ知臭 說文俟大也竢待也經典相承竢皆作俟

依
史晨奏銘靈所馮ㅣ

依
白石神君碑乃ㅣ無極

依
史晨後碑ㅣ依舊宅

依
魏受禪表負ㅣ而治 字源云義作扆隸辨云儀禮覲禮天子設斧依於戶牖之閒鄭氏注云依如今綈素屏風也禮記曲禮天子當依而立釋文云依本又作扆同漢書徐樂傳南面背依攝袂而揖王公師古曰依讀曰扆案集韻扆通作依經傳扆多作依也

儲
魏受禪表ㅣ犧牲

儲
張壽殘碑ㅣ偫非法

備
禮器碑ㅣ制元道

俱
郙閣頌人物ㅣ隓

傳
禮器碑側魯ㅣ兗子豫

傳
禮器碑魯ㅣ世起

傳
禮器碑側東海ㅣ

傅
孔宙碑祗ㅣ五教 隸辨云傅與敷通書舜典敬敷五教在寬古文尚書作敬傅漢書文帝紀傅納已言師古曰傅讀曰敷案廣雅釋言傅敷也周禮大司樂注禹治水傅土史記五帝本紀興人徒以傅土宋微子世家用傅錫其庶民又王極之傅言漢書宣帝紀已傅奏其言後漢書東平憲王列傳傅聞在下書竝作敷詩長發敷奏其勇大戴禮衞將軍文子作傅奏其勇（經典釋文亦出傅奏）

儒
白石神君碑陰□由季ㅣ

儒
曹全碑陰李ㅣ文優

儒
晉太公呂望表乃咨之碩ㅣ

儒
晉孫夫人碑以ㅣ雅稱

儒
魯峻碑學爲ㅣ宗 譌儒爲偄說見偏旁

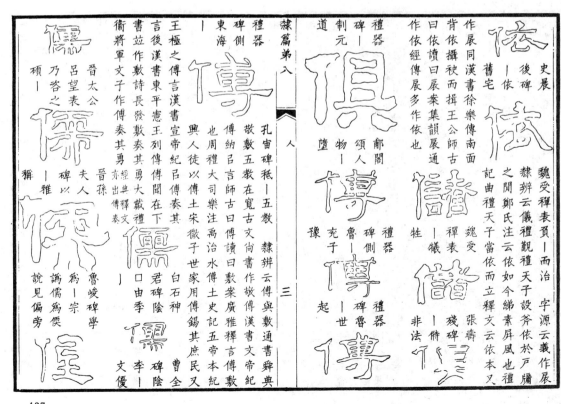

偃

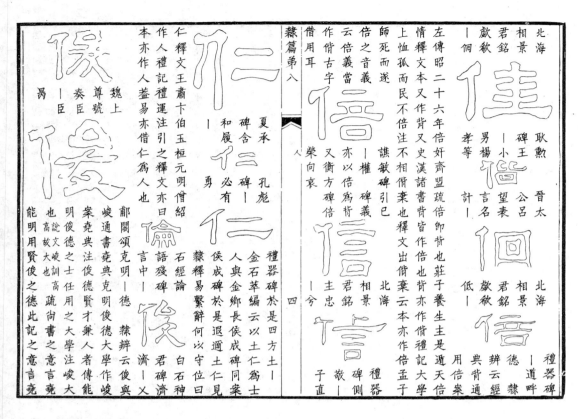

北海相景君銘歔欷｜佪

佳

耿勳碑王｜小男楊孝等

偕

晉太公呂望表言名計｜

佪

北海相景君銘歔欷低｜

倍

禮器碑｜道畔德 隸辨云經典背通用倍案左傳昭二十六年倍奸齊盟疏倍卽背也莊子養生主是遁天倍情釋文本又作背又史漢諸書背皆作倍也背亦作偝禮記大學上恤孤而民不倍注不相偝棄也釋文出偝棄云本亦作倍孟子師死而遂倍之音義云倍義當作偝古字借用耳

倍

譙敏碑引已｜權 碑義亦以倍爲背又衡方碑倍榮向衰

信

北海相景君銘主忠｜兮

信

禮器碑側敬｜子直

仁

夏承碑含和履｜ 仁 孔彪碑｜必有勇

仁

禮器碑於是四方土｜金石萃編云以土仁爲士人與金鄉長侯成碑同案侯成碑於是退遹土仁見隸釋易繫辭何以守位曰仁釋文王肅卞伯玉桓元明僧紹作人禮記禮運注引之釋文亦曰本亦作人盖易亦借仁爲人也

俊

魏上尊號奏臣｜臣咼

俊

石經論語殘碑 倫 言中｜

俊

白石神君碑濟濟｜乂

鄘閣頌克明｜德 隸辨云俊與峻通書堯典克明俊德大學作峻案堯典注俊德賢才兼人者傳能明俊德之士任用之大學注峻大也說文峻訓高高故大也疏尚書之意言堯能明用賢俊之德此記之意言堯

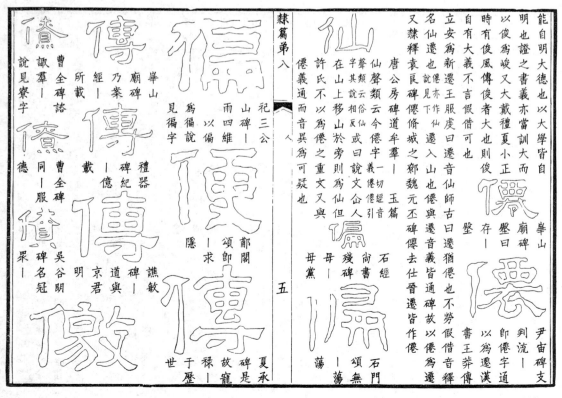

能自明大德也以大學皆自明也證之書義亦當訓大而以俊爲峻又大戴禮夏小正時有俊風傳俊者大也則俊自有大義不言假借可也

僊

華山廟碑壁曰存｜壁

僊

尹宙碑支判流｜卽僊字通以爲遷漢書王莽傳立安爲新遷王服虔曰遷音仙師古曰遷猶僊也不勞假借音釋名仙遷也僊亦作仙說見下遷入山也僊與遷音義皆通碑故以僊爲遷又隸釋袁良碑僊脩城之鄭魏元丕碑僊去仕晉遷皆作僊

仙

唐公房碑道牟羣｜玉篇仙聲類云今僊字一切經音義引僊聲類云俗仙字其說相反或曰說文仚人在山上移山於旁則爲仙但許氏不以爲僊之重文又與僊義通而音異爲可疑也

偏

石經尚書殘碑毋｜毋黨

偏

石門頌無｜蕩蕩

徧

祀三公山碑｜雨四維以偏爲徧說見偏字

便

鄘閣頌卽｜求隱

傳

夏承碑是故寵祿｜于歷世

傳

華山廟碑乃案經｜所載

傳

禮器碑紀｜億載

傳

譙敏碑｜道與京君明

僚

曹全碑諮諏羣｜說見寮字

僚

曹全碑同｜服德

僚

吳谷朗碑名冠罘｜

儌

西狹頌｜外來庭 說文徼循也邊徼字卽循徼字五經文字云徼經典及釋文皆別作傚承隸省也玉篇徼邊徼也傚行也非是

僑

曹全碑陰 王吉子｜

何

魯峻碑斯薪弗｜ 說文何儋也徐鉉曰儋何卽負何也借爲誰何之何今俗別作擔荷非是碑作何爲正經典作荷者後人改也

何

熹平殘碑｜辜穹倉

佗

孔龢碑｜如故事

假

武梁祠畫象題字與｜母居

假

武梁祠畫象題字鄰人｜物

假

北海相景君銘｜階司農

假

史晨後碑｜夫子冢顏母开舍及魯公冢守吏凡四人

假

魏封孔羨碑洪聲登｜ 登假卽登遐遐古用假華山廟碑思登假之道是也碑通作假經典相承用之詩下武箋既沒登假釋文假本或作遐禮記曲禮天王登假釋文音遐莊子德充符彼且擇日而登假釋文徐音遐列子黃帝而帝登假周穆王世以爲登假焉注竝云假當爲遐惟莊子大宗師釋文登假更百反至也與說文訓至古領切之說合爲不同也

傷

魏上尊號奏視之如｜

傷

武氏石闕銘士女瘱｜

傷

北海相景君銘驚憧｜襃

倡

唐公房碑｜率羣義

伉

石門頌深執忠｜ 集韻伉剛正皃後漢書難經伉伉劉太常碑義如是或曰此以伉爲抗隸釋劉寬碑伉浮雲之志是其證然劉碑如廣韻抗之訓舉訓振自是以伉爲抗此碑非其義也

仰

魏王基殘碑俯｜哀歎 說文

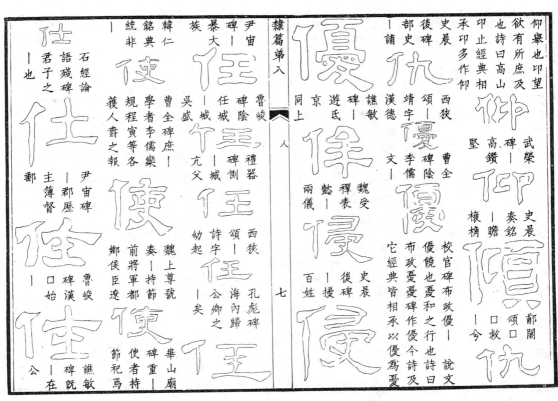

仰舉也卬望欲有所庶及也詩曰高山卬止經典相承卬多作仰

仰

武榮碑｜高鑽堅

仰

史晨奏銘｜瞻榛梢

傾

郙閣頌口口救｜今

仇

史晨後碑部史｜諱

仇

西狹頌｜靖字漢德

優

曹全碑陰李儒文｜

優

校官碑布政優｜ 說文優饒也憂和之行也詩曰布政憂憂碑作優今詩及它經典皆相承以優爲憂

優

譙敏碑｜遊京氏 同上

侔

魏受禪表懿｜兩儀

優

史晨後碑｜擾百姓

優

尹宙碑｜暴大族

任

魯峻碑陰任城｜城吳盛

任

禮器碑側｜城亢父

任

西狹頌｜詩字幼起

任

孔彪碑海內歸公卿之｜矣

任

韓仁銘典統非｜

使

曹全碑庶｜學者李儒欒規程寅等各獲人爵之報

使

魏上尊號奏｜持節前將軍都鄉侯臣遼

使

華山廟碑重｜使者持節祀焉

仕

石經論語殘碑君子之｜也

仕

尹宙碑｜郡歷主簿督郵

仕

魯峻碑漢口始｜

仕

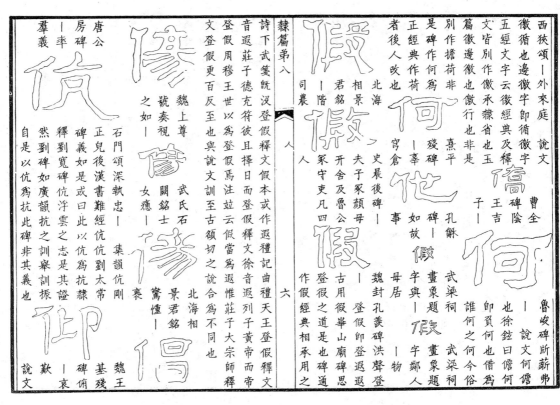

譙敏碑既｜在公

住 孔宙碑告困致丨

偫 張壽殘碑儲丨非法

僾 史晨後碑祗肅屑丨

佇 孔彪碑日恪位丨

俯 夏承碑旌招丨就 說見類字

俯 史晨奏銘丨視几筵

傿 尹宙碑家于丨陵

恒 華山廟碑丨使二千石以歲時往祠

倦 子游殘碑右書不丨 說文券然也徐鉉曰今俗作倦義同

保 魏受禪表永丨天祿

保 劉熊碑天丨 保 臨漢

保 周仲鏡銘長丨二親得天力

保 衡方碑丨郭二城

倒 北海相景君銘顛丨剎摧 說文注中倒止作到新附倒仆也

佐 史晨後碑月與丨除 說文左手相左助也徐鉉曰今俗別作佐

佐 景北海碑陰故書丨營陵徐會

像 北海相景君銘或著形丨於列圖

像 黽池五瑞圖題字故圖畫其丨

像 白石神君碑元圖靈丨

佫 正直殘碑上下闕

佑 華山廟碑唐丨 說文右手口相助也徐鉉曰今俗別作佑

儉 禮器碑西門丨

儼 石經論語殘碑丨然口口而畏之

仲 史晨奏銘昔在丨尼

仲 禮器碑陰孔曜丨雅

仲 夏承碑君諱承字丨兗

仲 華山廟碑丨宗之世 隸釋云以宣帝為仲宗則是借仲為中帝者廟號而借以它字不恭孰甚焉案隸釋孫根碑𪉈毅仲行柳敏碑其先蓋五行星仲廿八舍柳宿之精也皆以仲為中又仲中互通說見中字

位 魯峻碑類丨有紀 企字

位 曹全碑弒父篡丨

位 曹全碑是以丨不副德

位 夏承碑皆德任其丨

備 西狄頌困其事則為設丨

備 史晨奏銘長吏丨齋

備 白石神君碑丨其犧牲

侍 孔龢碑丨祠者

侍 禮器碑陰尚書丨郎

侍 吳谷朗碑僉以君丨部南州

係 張遷碑牧守相丨 抱經堂文集云以相係為相繼案爾雅釋詁係繼也係自有繼義

傺 張遷碑騰正之丨卽傺字借以為際

代 華山廟碑周鑒於二丨

代 武氏左石室畫象題字求丨考軀

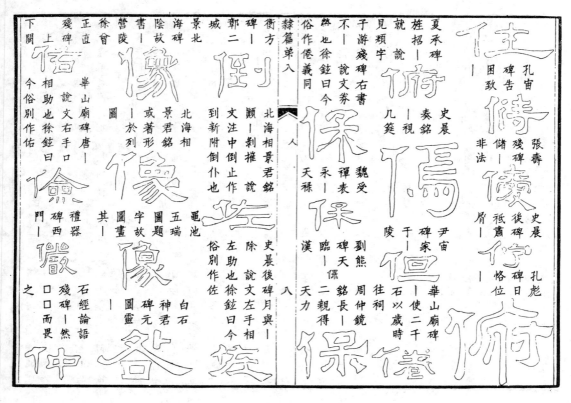

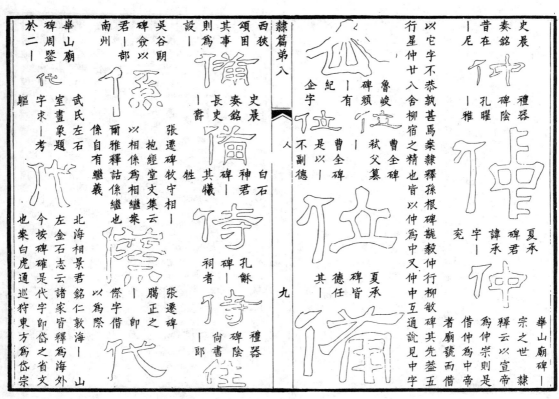

代 北海相景君銘仁敦海丨山 左金石志云諸家皆釋為海外今按碑確是代字卽岱之省文也案白虎通巡狩東方為岱宗

者言萬物更相代於東方也代與岱音義竝同故以代爲岱

曹全碑蒯—殷商

衡方碑鑄—茂—

張遷碑陰韋公—

曹全碑—艾王畝王畢等

迒至也碑以弔爲迒經典相承借用也

魏王基殘碑克敵獲—

衡方碑口—賻礼

吳谷朗碑昊天不—用詩節南山不弔昊天之語詩傳弔至說文弔問終也

景北海碑陰羽質字孟—卽做字

武梁祠畫象題字報乃—與

魯峻碑—穢者遠

隸篇第八　人　十

史晨奏銘臣—見臨辟雍日

白石神君碑故天無𦧵—陰

武氏左石室畫象題佶字—朱亥

武梁祠畫象題字帝—高辛者隸辨

云與譽同管子侈靡篇佶堯之時注佶帝佶也史記三代世表亦作帝佶

西狹頌阸笮—迫

夏承碑風—改易

魏范式碑濟—侔平皇訓

衡方碑脩清滌—

婁壽碑恬—淨漠說文佚佚民也逸失也經典互用無別然論語逸民注節行超逸也超逸莊子作超軼文選蕪城賦注佚與軼通是佚民乃超軼之義碑義亦如此則諸書凡如此義而作逸者皆佚之通也

石經論語殘碑謂虞仲夷—隸釋云板本作逸案論語板本此章佚民之佚亦作逸此殆與佚民同義而板本皆通用逸也

楊叔恭殘碑聿—詩用

禮器碑制不空—

北海相景君銘乃—誄曰

石門頌造—石積

婁壽碑千載—珍

景北海碑陰徐允字—允說文佰相什伯也

繫傳作什佰是義與百通碑以佰爲伯孟子或相什伯又以伯爲佰矣

史晨後碑史君諱晨字—時

禮器碑陰齊—宣

衡方碑經常—之寮書立政常伯說文引作常敀

隸篇第八　人　十一

北海相景君銘躬—遜讓義作迫淮南子人閒訓而陽虎將舉劒而伯頤注伯迫也迫亦作伯白虎通姓名伯者子最長迫近父也伯亦有迫義也又周禮春官司几筵其柏席注鄭司農云柏席迫地之席釋文劉依司農音迫史記河渠書魚沸鬱兮柏冬日徐廣曰柏猶迫也伯古通用柏說見柏字以柏爲迫猶以伯爲迫也

景北海碑陰當—離墓—

淮源廟碑臻兹廟—

譙敏碑昜—溝

石門頌綏—衙彊

西狹頌倉庚惟—

羅此億之省文也義如此億之變

文廣韻億度也說文訓安經典相承用之

此亦億之省文

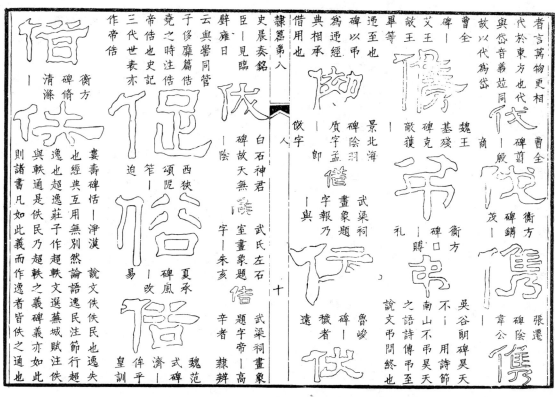

億說見下億卽億

而以億爲意也說文億安也意十萬曰意

億

石門頌垂流丨載此下皆以億之變爲意經典相承用之

億

禮器碑紀丨傳丨載

億

張遷碑丨載萬年

七

真

譙敏碑識丨之士

真

禮器碑王元君丨

真

北海相景君銘抱淑守丨

真

魯峻碑陰棣丨子然

真

孔宙碑貴速朽之反丨

真

吳谷朗碑遷九丨太守

化

夏承碑旬月丨行

化

曹全碑陰鄧丨孔彥

化

西狹頌有阿鄭之丨

化

史晨奏銘重教丨也

化

郙閣頌丨流若神

化

魏受禪表造丨之道說文化教行也七變也碑云造化之道是以化爲七也經典相承用之

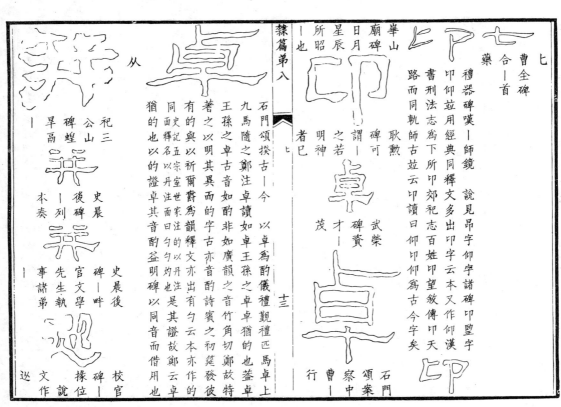

七

曹全碑合丨首藥

七

卬

禮器碑嘆丨師鏡 說見昂字仰字諸碑卬望字卬仰竝用經典同釋文多出卬字云本又作仰漢書刑法志爲下所卬郊祀志百姓卬望敘傳卬天路而同軌師古竝云卬讀曰仰卬仰爲古今字矣

卬

華山廟碑日月星辰所昭丨也

卬

耿勳碑可謂丨之若明神者巳

卓

武榮碑資才丨茂

卓

石門頌案察中曹丨行

卓

石門頌揆古丨今 以卓爲酌儀禮覲禮匹馬卓上九馬隨之鄭注卓讀如卓王孫之卓卓猶的也蓋卓王孫之卓古音如酌非如廣韻之音竹角切鄭故特著之以明其異而的字古亦音酌詩賓之初筵發彼有的與以祈爾爵爲韻釋文亦出有勺云本亦作的同史記五宗室世家注的以丹注面釋名以丹注面曰勺勺灼也是其證故鄭云卓猶的也以的證卓其音酌益明碑以同音而借用也

从

并

祀三公山碑蝗旱鬲丨

并

史晨後碑丨列本奏

并

史晨後碑丨畔官文學先生執事諸弟丨

迸

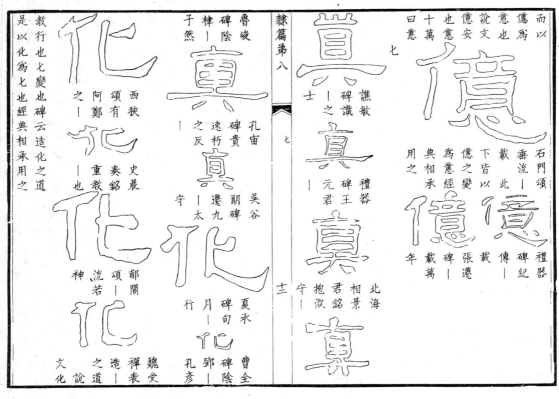

校官碑丨掾位說文作迸

史晨後碑丨越騎校尉拜

淮源廟碑丨郭君以來

石經論語殘碑口若丨避世之士哉

張遷碑陰故丨事章世節

郙閣頌丨朝陽之平慘

華山廟碑禮丨其省

尹宙碑州辟丨事

武榮碑功曹守丨事

西狹頌故丨事功曹

西狹頌故丨事尉曹史

西狹頌故丨事議曹掾

張遷碑上丨言說文從隨行也从相聽也諸碑及經典聽从字皆作從

鄭固碑將丨雅意

比

魯峻碑丨縱豹產

史晨奏銘與乾丨崇

武氏祠祥瑞圖題字丨肩獸

曹全碑甄極丨緯 隸辨云廣韻毖告也慎也一曰遠也碑蓋以毖為祕詩邶風毖彼泉水釋文云毖韓詩作祕毖與祕古蓋通用案衡方碑鐫茂伐祕將來又以祕為毖

北

禮器碑側丨海劇

史晨後碑東行道南丨

楊叔恭殘碑側濟丨茬平

禮器碑陰馬瑤元丨

曹全碑起兵幽丨

景北海碑陰丨還字漢久

丘

聖諱

功令敬謹避用非聖諱本字加阝作邱惟圜丘字不加阝

孔宙碑陰北海安丨齊納

史晨奏銘元丨制命帝卯行

魯峻碑東郡頓丨令

華山廟碑㝑用丨虛

景北海碑陰營陵水丨邰

禮器碑側山陽瑕丨

魏范式碑陰丨子則

華山廟碑㝑用邱丨說文虛大邱也崐崘邱謂之崐崘虛古者九夫為井四井為邑四邑為邱邱謂之虛徐鉉曰今俗別作墟非是

張遷碑隨就丨落

武氏左石室畫象題字丨左

孔彪碑有實若丨

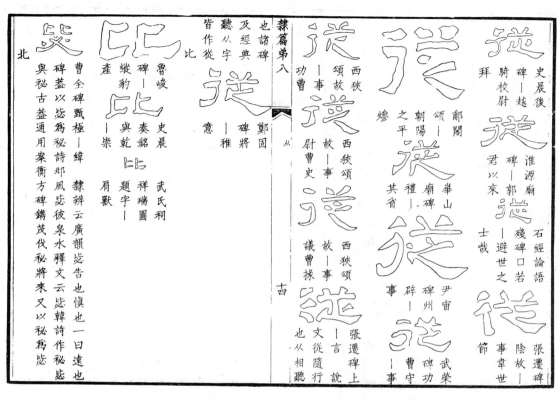

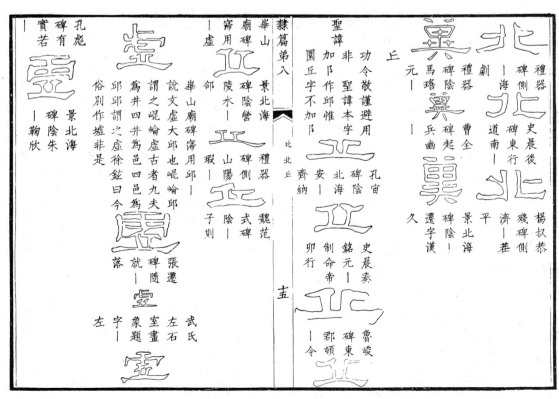

景北海碑陰朱丨鞠欣

乑

吳谷朗碑名冠丨僚

嵩山太室闕銘丨庶所尊

晉孫夫人碑寬仁足以容丨

孔龢碑祠用丨牲

孔褒碑丨琦㓜眇

正直殘碑爲丨所口

耿勳碑得丨兆之歡心 此字似經後人剟改

武氏祠祥瑞圖題字六足獸謀及丨則至

王

魯峻碑丨拜議郎

史晨奏銘端門見丨

曹全碑陰丨博士李儒文優

淮源廟碑丨君輿駕

史晨後碑丨見闕觀

重

白石神君碑莫丨於祭

禮器碑陰石子丨

張遷碑非社稷之丨

魏受禪表宣丨光以照下說

文重厚也緟增益也經典相承皆以重爲緟

曹全碑丨親致歡曹景完 義同上又武梁祠畫象題字帝舜名重華

魏封孔羨碑同度丨

曹全碑陰縣三老商丨

曹全碑遂訪故老商丨

臥

嵞山廟碑勑丨都水掾

嵩山太室闕銘蘇重時丨之

史晨奏銘臣伏見丨辟雍日

西狹頌如丨于谷

景北海碑陰丨照宇景燿

衡方碑百寮丨會

耿勳碑扶活羸丨千有餘人 說見羸字

身

武梁祠畫象題字豫讓殺丨以報知已

北海相景君銘匏已治丨

韓仁銘喪丨爲口

衡方碑憂及退丨

曹全碑及脩丨之士

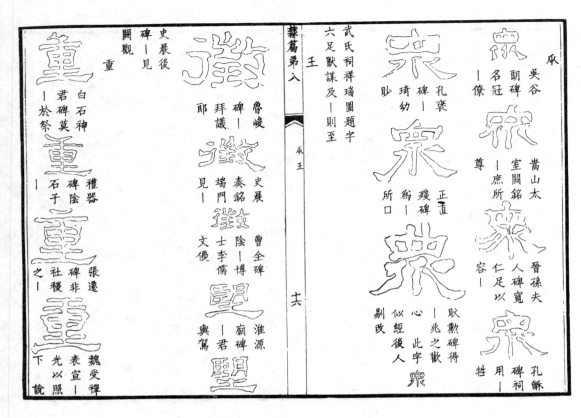

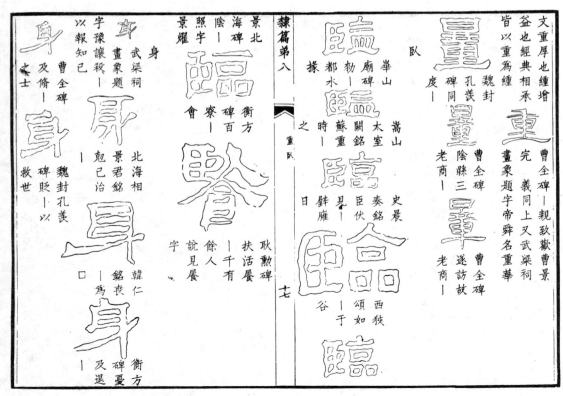

魏封孔羨碑貶丨以救世

軀

武氏左石室畫象題字求代考丨

張遷碑君之丨素玉篇體俗體字

曹全碑歷郡右丨玉篇職俗職字

衡方碑將授緄丨

㐆

張遷碑隱練丨位

白石神君碑降福孔丨

魏受禪表丨湯之略

華山廟碑王巡狩丨國

張遷碑考父頌丨

魯峻碑陰丨敦登高

尹宙碑其先出自有丨

劉熊碑勤恤民丨隸釋云以殷爲隱隸辨云詩召南殷其雷之殷釋文音隱碑蓋同音而借也案詩柏舟如有隱憂文選注引韓詩作如有殷憂尚書大傳說命以孝子之隱乎注隱痛字或爲殷

衣

武梁祠畫象題字子騫丨寒

魏上尊號奏武王親丨甲而冠冑

孔彪碑考衷度丨國語周語作考中度衷中古通用衷左傳閔二年用其衷國語晉語衷而思始注竝云衷中也書呂刑士制百姓于刑之中後漢書梁統列傳作爰制百姓于刑之衷碑欲見奇故疊書之

武梁祠畫象題字氣力稍丨

石經論語

祀三公山碑承饑丨之後

殘碑何而德之丨也

史晨奏銘承敝遭丨

魏封孔羨碑大道丨廢

裴岑碑雲中丨岑

衡方碑丨隋在公隸釋云禕隋卽委蛇出韓詩內傳金石存云內傳久不傳未知洪氏何據經典釋文引韓詩但作逶迤案王應

麟詩攷據隸釋以禕隋二字入韓詩而注曰出韓詩外傳今外傳亦無其文也詩攷外傳疑內傳之譌又委蛇二字諸碑形各不同疑委遺爲正餘皆通也

北海相景君銘驚悼傷丨隸釋云褱卽懷字案說文褱袖也

一曰藏也懷念思也自它碑及經典多借懷爲褱隸釋菀鎮碑畏威褱德又借褱爲懷遂致相混非褱卽懷也漢書外戚傳褱誠秉忠師古曰褱古懷字亦非

曹全碑人丨不安

婁壽碑丨德惟明

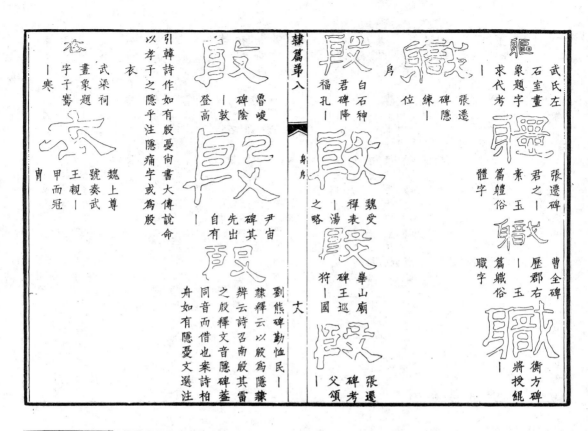

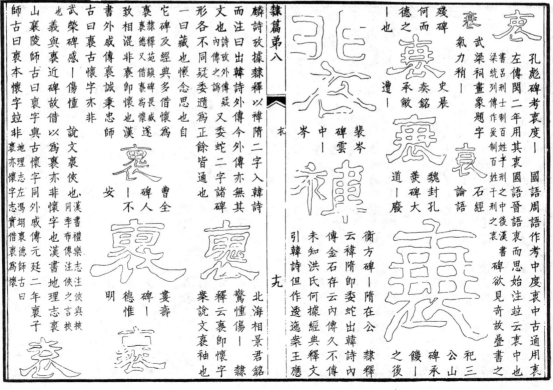

武榮碑感丨傷悁說文褱俠也漢書禮樂志注俠與挾同季布傳注俠之言挾也義與褱近碑故借以爲褱亦非懷字也漢書地理志褱山褱陵師古曰褱字與古懷字同外戚傳元延二年褱子師古曰褱本懷字竝非地理志左馮翊褱德師古曰褱亦懷字志實借褱爲懷

華山廟碑汝南丨逢
禮器碑陰丨隆展世
石經魯詩殘碑惟是丨心
孔龢碑丨成侯四時來祠
孔褒碑君諱丨
孔宙碑陰陳丨字聖博
尹宙碑武丨猗犺
孔宙碑陰陳畱丨邑
李孟初神祠碑南郡丨陽
石經論語殘碑擊磬丨
武梁祠畫象題字口衣丨
說文常下帬也裳常或从衣
諸碑及經典專以裳爲下帬
而以常爲恒常太常等字

曹全碑陰司馬集仲丨
郙閣頌經用丨沮
隸辨云碑蓋以⿰衤宁爲佇案以从衣之字爲从人之字猶漢書循吏傳禹爲廉裾荀子宥坐裾拘必循其理之以裾爲倨也
孔龢碑除龢丨名
史晨後碑丨完里中道之周左
魏受禪表龔丨龍
譙敏碑於是立丨
楊淮表紀故財丨紀
韓仁
張遷
魏受禪表襁丨

銘丨言如律口
碑刊石立丨
之孤
說文緥小兒衣也徐鉉曰今俗作褓非是
魏受禪表丨褓之孤
北海相景君銘呂病丨徵
武氏石闕銘丨病夭殁
魏上尊號奏丨于周文
魏上尊號奏而始有造於華丨
魏王基殘碑光示來丨
華嶽廟殘碑陰吉苗元丨

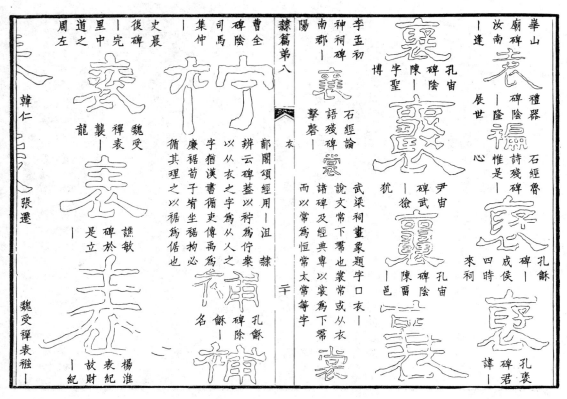

尹宙碑位不丨德
廣韻福衣一福今作副匡謬正俗云副貳之字副字本爲福字從衣畐聲今俗呼一襲爲一福衣蓋取其充備之意非以覆蔽形體爲名也然而書史假借遂以副字代之副本音普力反義訓剖劈字或作疈詩云不坼不副周禮有疈辜並其正義也據此則碑字正當作福而曹全諸碑作副爲假借矣然說文無福字副判也判一爲二合二如一卽充備相副貳之義竊謂副福字同而副反近古也
魏上尊號奏以丨海內欣戴之望義同上
孔龢碑置百石丨史一人
石經儀禮殘碑口丨爵
北海相景君銘任城景府君丨
說文卒隸人給事者殌大夫死曰殌諸碑皆以卒爲殌猶它碑以卒爲終盡之義經典竝同爾雅釋詁卒死也又曰卒盡也卒終也
魏黃初殘碑疾病丨

白石神君碑於是遂開｜舊兆隸辨云玉篇祏廣大也隸釋以爲卽拓字非是案太元經元瑩宇宙祏坦注祏廣而坦明也

淮源廟碑開｜神門

魏受禪表｜袞龍

孔龢碑｜試龢

孔龢碑｜試通利

裘

華山廟碑禱請祈｜說文裘皮衣也求古文省衣

武氏左石室畫象題字｜代考軀

白石神君碑始爲無極山詣大常｜法食

淮源廟碑水旱請｜

張遷碑紀行｜本 漢隸拾遺云来卽求字言紀其行而求其始也始謂初生時也故下文云蘭生有芬克岐有兆矣来字首筆作曲形自右而左與上文三代以来之来字不同而金薤琳琅乃直作来矣隸書求字或作来與来字相似說見前三公山碑兩漢金石記以来字爲誤筆亦非也案此說是矣惟碑字實来右加點首筆非作曲形自右而左

老

淮源廟碑扶｜攜息

譙敏碑當亭南山難｜之禱

曹全碑陰鄉三｜司馬集

武梁祠畫象題字｜萊子

孔宙碑尊賢養｜

曹全碑遂訪故｜商量

武梁祠畫象題字未有｜欲 隸釋云耆卽嗜字案經典釋文嗜多作耆云市志反漢書嗜皆作耆師古曰耆讀與嗜同隸釋老子銘絕嗜去欲隸韻作耆字源作耆云與孟子耆秦人之炙同

夏承碑若｜喪妣

正直殘碑祖｜爲上下文闕

曹全碑嘉慕奚斯｜甫之美

武氏左石室畫象題字求代｜軀山左金石志云考字與詩山有樞弗鼓弗考同皆爲攷之假借說文攷敂也敂擊也今俗作拷字案後漢書董卓列傳乃考殺從者宧者列傳無少長悉考之獨行傳掠考五毒攷皆作考

史晨後碑｜之六律八音克諧 說文攷訓敂敂訓擊敂與禮學記小叩大叩同義玉篇叩擊也則考究之考亦當作攷碑作考與經典攷究字作考者皆假借也

張壽殘碑君諱｜字仲吾

禮器碑側魯孔｜建

禮器碑永享牟｜

禮器碑陰魯孔｜建

嵩山太室闕銘鄉三老嚴｜

吳谷朗碑當永黃｜

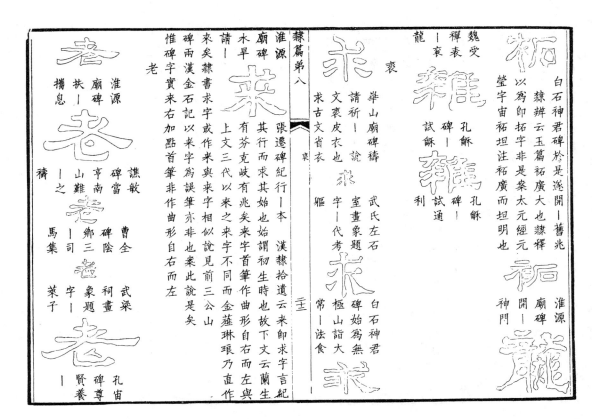

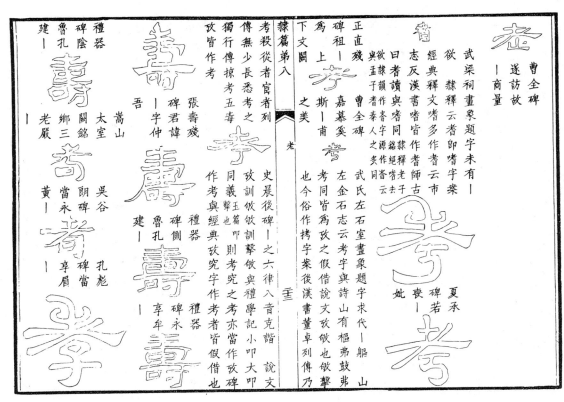

孔彪碑當享眉｜

夏承碑察｜不行

孔龢碑事親至｜

孔宙碑遂｜舉｜廉

張遷碑｜弟於家

曹全碑復｜舉｜廉

曹全碑舉｜廉

曹全碑祖父鳳｜廉

毛

孔彪碑授命如｜

魏范式碑陰｜子堅

魏王基殘碑朱旗所｜ 說文作麾

尸

史晨奏銘昔在仲｜

西狹頌武都王｜

孔謙碣宣｜公廿世孫

尹宙碑式｜三川 說文居蹲也尻處也孝經曰仲尼｜尻諸碑及經典皆以居爲尻

魏封孔羨碑以｜學者

白石神君碑申｜熊

白石神君碑脩設壇｜

史晨後碑｜氣拜手

西狹頌年穀｜登 說文新附屢數也按今之婁字本是屢空字此字後人所加从尸未詳又說見婁字

祀三公山碑甘雨｜降

禮器碑袁隆｜世

白石神君碑｜有祈請

曹全碑戰治廧｜

魏王基殘碑｜奏封章

史晨後碑作｜塗色

華山廟碑天子｜義

史晨後碑祇肅｜僾

尾

石門頌履｜心寒

石門頌｜曲流顛

夏承碑｜已匡君

曹全碑張｜掖｜國都尉丞

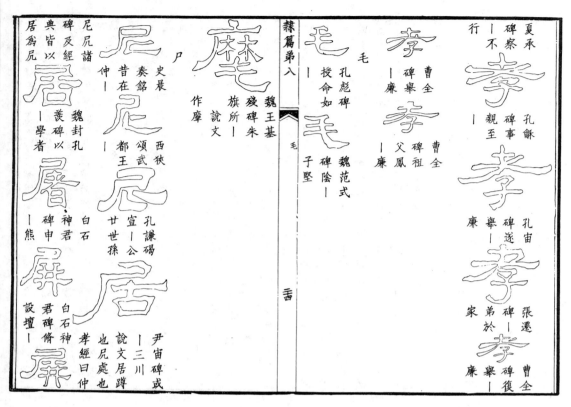

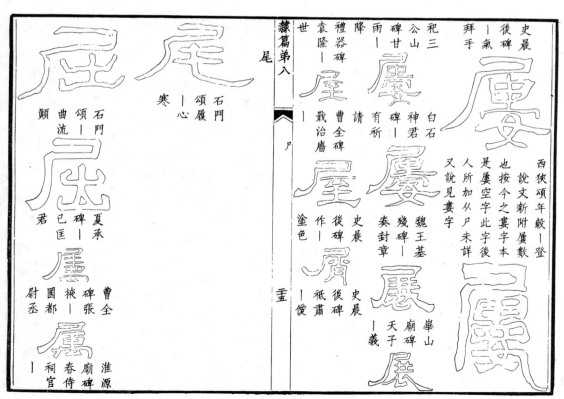

淮源廟碑春侍祠官｜

履

西狹頌丨縣趍敹

石門頌丨褒中鼂漢彊

石門頌丨尾心寒

衡方碑丨該顏原

吳谷朗丨道思順

尹宙碑舍純丨軌

石經魯詩殘碑葛丨魏風葛屨篇記章句文

舟

魏上尊號奏冈漏吞丨

禮器碑側魯孫丨

魯峻碑陰平原丨張謙卽般字漢書地理志平原郡般師古曰爾雅說九河云鉤般郭注以爲水曲如鉤流般桓也般今爾雅作盤古今字也釋文出般云本又作盤李本作股云水曲如鉤折如人股故曰鉤股李巡此說蓋因隸變般字與股肱字相似遂致誤耳邢疏引李巡說則云鉤盤水曲如鉤流盤桓也與釋文同不

石門頌惟巛靈定位川澤丨躬般亦般桓之義易蒙卦見金夫不有躬虞注坤身稱躬蹇卦匪躬之故震卦震不于其躬虞注竝云坤爲躬碑言地平之後川澤皆順道安流般桓於地上也

石經尙書殘碑丨庚旣口隸釋云孔作盤案左傳襄九年祀盤庚于西門之外釋文出般庚云字亦作盤漢書古今人表揚雄傳亦作般庚

晉太公呂望表丨谿之下又般谿之山明靈所託　金石文字記云水經注曰縣故汲郡治城西北有石夾水飛湍濬急人亦謂之磻谿言太公常釣於此也今其文曰般谿之山明靈所託般卽磻之異文

魏封孔羨碑丨甚閔焉

石經論語殘碑丨躬有罪

孔宙碑莫不解甲丨罪

石經論語殘碑口爲則民丨

曹全碑同僚丨德

孔彪碑丨竟還署

鄭固碑當世以此丨之

唐公房碑丨藥以後

武梁祠畫象題字衣丨班連

方

石經論語殘碑毋以萬丨

武氏祠祥瑞圖題字王者德純洽八丨爲一家

禮器碑陰處士魯孔丨

曹全碑陰王敞元丨

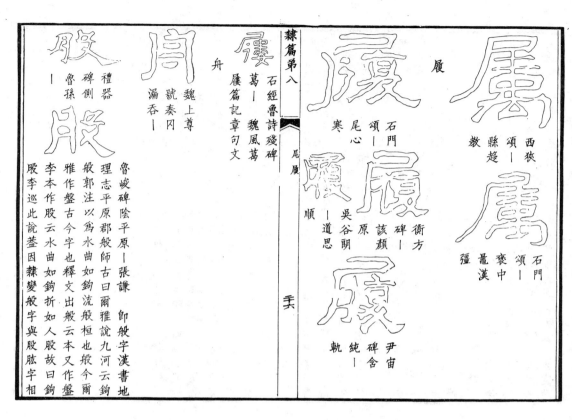

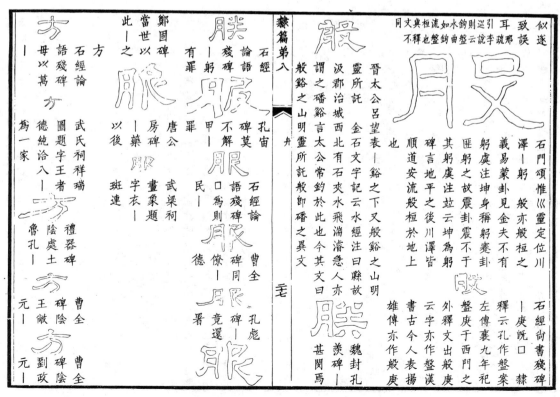

曹全碑陰劉政元丨

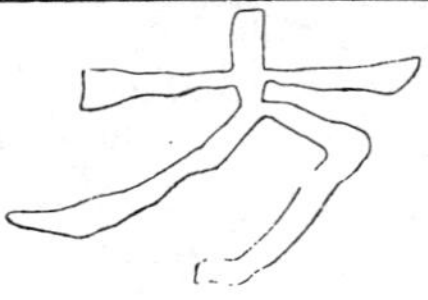
西狄頌四|无雍

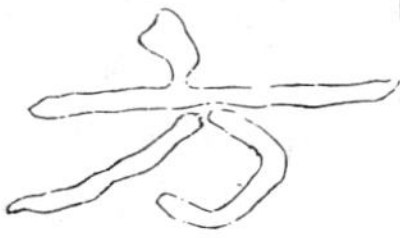
石門頌貞雅以|

景北海碑陰董芳字季|隸續云方字

儿

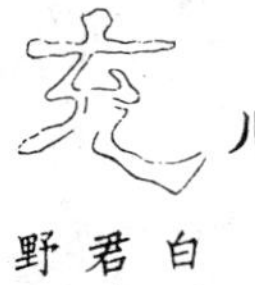
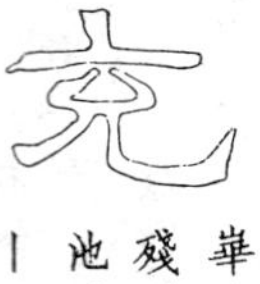
白石神君碑朝野|盈華嶽廟殘碑陰池陽吉|

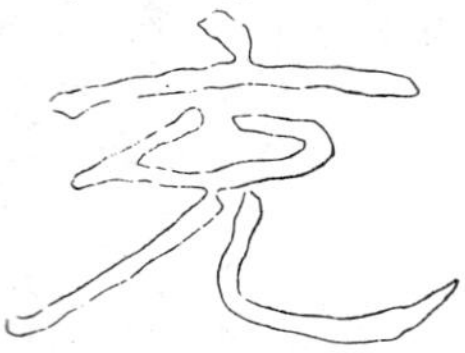
石門頌益域爲|隸釋云以充爲衡案廣雅釋詁衡當也六書故衡衢道經緯往來相直死也碑義如是直亦當也漢書揚雄傳財足以奉宗廟御賓客充庖廚而已師古曰充當也後漢書班彪列傳以充厥道注充當也充亦有衡義故通用

武梁祠畫象題字長婦|

魯峻碑陰|雄大平 通志氏族略郳氏即小邾也兒氏即郳氏也或省文作兒碑及隸釋楊統碑陰皆作兒後漢以前見於諸書者亦皆作兒至唐書有倪若水蓋後人又改兒爲倪也世遂以兒爲古倪字

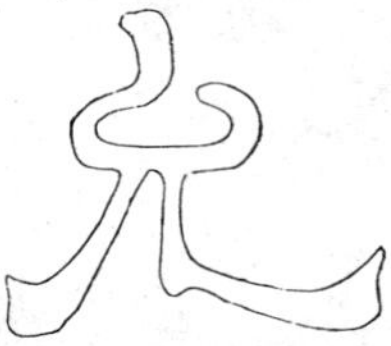
夏承碑|道篤愛

白石神君碑終然|臧

堂谿典嵩山石闕銘明|廣淵

子游殘碑|字子游上文闕

魏封孔羨碑|神明之所福祚

禮器碑陰故|州從事 說文沇水出河東東垣王屋山从水允聲沇州以水得名曰沇州諸碑皆作兖六書統書沇爲兖兗豈兖之變經

隸篇第八

方儿

二十六

典作兖又兗之省與或據台爲古兖字見說文台字注及兒字注謂兖當从台隸作公者猶衮之从台變公不知兖非从衣何由如衮之加亠且从儿尤無謂矣

曹全碑有|膿之仁 金石遺文錄云兖即吮字案史記吳起列傳卒有病疽者起爲吮之吮膿即吮疽也史記索隱爲吮之鄒氏音弋軟反又才軟反碑非以音近借用則是與兖字相涉而誤耳

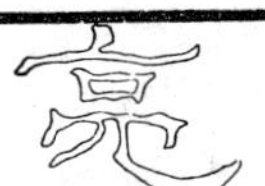
禮器碑陰种|奉高 徐鉉注說文掠字云今俗隸書作亮而諸碑及經典亮字與說文掠字義絕不類六書故徐本說文無亮字唐本曰明也从儿从高省是古亦自有亮字也

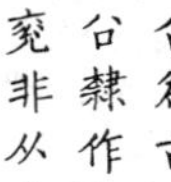
曹全碑|豫荊楊

禮器碑側傳|子孫碑復變六爲非

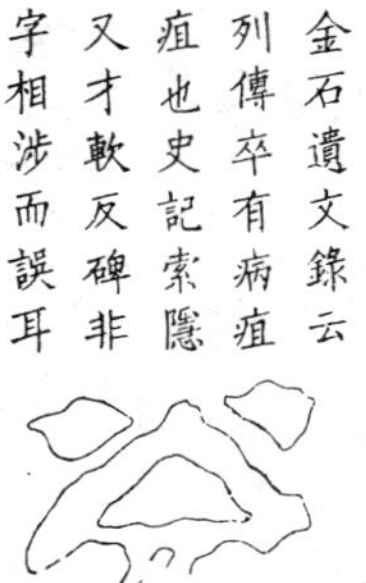
鄐閣頌巛|之間

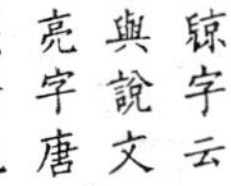
孔彪碑|彼我口

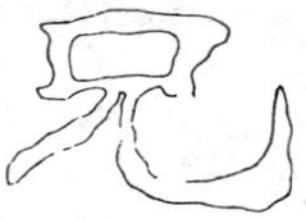
衡方碑|鴈門大守

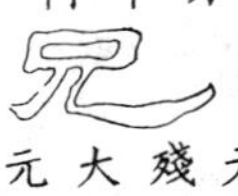
元孫殘碑大|元孫早終

衡方碑競|業業

皃

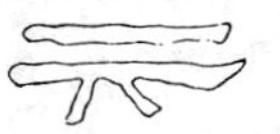
禮器碑側|盧城子 說文皃籒文作皃或文作弁諸碑皆弁之省也

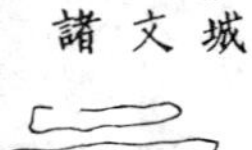
孔宙碑陰魯國|

禮器碑陰相史|呂松 經典作卞者本此又作弁則皃之省與卞同用

隸篇第八

兄

二十九

楊淮表紀黃門同郡丨玉

孔宙碑於丨時靡隸辨云碑葢以於卞爲於變當是同音而借

先

魯峻碑其丨周文公之碩冑

孔龢碑能奉丨聖之禮

晉太公呂望表丨秦滅學

孔龢碑祠丨聖師

兂

魏王基殘碑囗泰山之速丨

見

史晨奏銘臣伏丨臨辟廱日

晉太公呂望表其後文王丨大公而訓之

曹全碑丨至離亭

禮器碑家居魯丨里

禮器碑聖族之䙝丨

周仲鏡銘長保二丨得天力

孔宙碑陰蘇丨字伯臺

武榮碑葢丨德於始視也眈視近而志遠也易曰虎視眈眈易釋文眈眈馬云虎下視貌覘義近眈碑故通用集韻徐視謂之覘或作眈

史晨後碑咸俾來丨

魏受禪表是以漢氏丨歷數之去已說文睹古文从見

張壽殘碑覘丨虎視字源云卽眈眈字傳寫誤作眈眈案說文覘內

魏范式碑窮神周丨

夏承碑秉丨羣藝

張遷碑拔丨詩雅

魯峻碑博丨羣書

劉君殘碑博丨囗囗

史晨奏銘俯丨几筵

孔宙碑陰毋樓丨字世光

曹全碑朝丨之階

孔褒碑後會事丨

張遷碑利器不丨

欠

子游殘碑犯而不丨

北海相景君銘歔丨低佪

北海相景君銘丨欷低佪

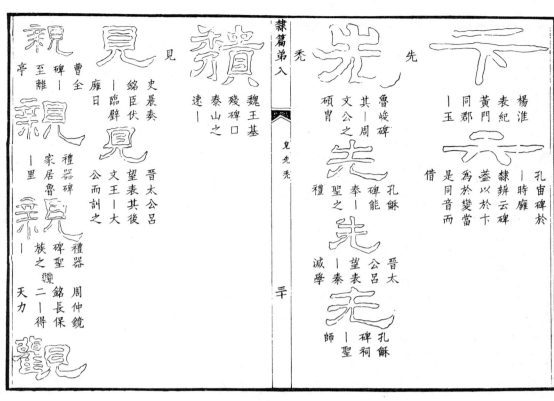

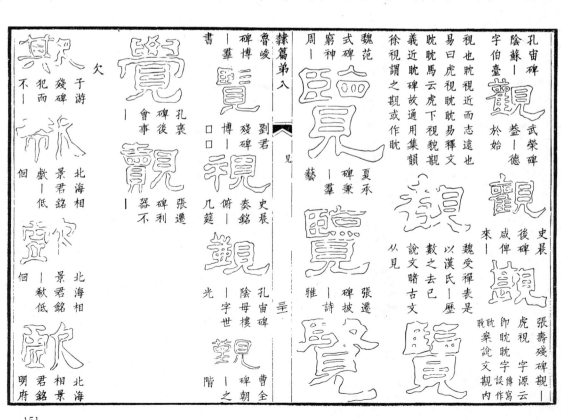

北海相景君銘明府

弗畱歔｜哀哉　歔歔二字古無連用者此與任城景府君卒歔歔哀哉之歔皆當作歔蓋歔與碑中歔字形似相涉而誤也爲鳴集韻鳴亦作歔又隸釋仲秋下旬碑歔歔悢哉樊敏碑歔嗟悢哉劉曜碑歔呼哀哉鳴皆作歔鳴說見鳥

欣　白石神君碑旨酒欣｜

景北海碑陰朱盧鞠｜

歎

歔

歔　北海相景君銘明府弗畱｜歔哀哉

歔　北海相景君銘任城景府君卒｜歔哀哉　說文歔心有所惡若吐也一曰口相就也碑以歔

欣　魏王基殘碑俯仰哀｜

欣　郙閣頌行人夷｜

歎　魏封孔羨碑乃慨然而｜曰　說文歎吟也嘆吞歎也一曰太息也諸碑及經典多通用

歔　晉孫夫人碑口然｜曰

歎　禮器碑青龍在涒｜　隸釋云以歎爲灘也案歲陽歲名諸書各異太歲在申爾雅淮南子竝作涒灘史記作涒漢碑又作涒歎似無定字然集韻汭漢之漢亦音他干切是以灘爲正而漢爲借據此則碑亦借歎爲灘也

歡　校官碑百姓心歡｜完

歡　曹全碑重親致｜曹景

歡　郙閣頌百姓｜欣

歌　耿勳碑得衆兆之｜心

歌　西狹頌詠｜懿德

歌　史晨後碑雅｜吹笙

歆　劉熊碑黔首｜頌

歆　華山廟碑神｜其芳

歆　魏上尊號奏安樂鄉侯臣｜

歆　魏封孔羨碑靡｜靡馨

歆　孔彪碑｜銘洪基

歆　史晨後碑｜因春饗

歆　華山廟碑｜若嘉業

歆　石經魯詩殘碑　下文闕字在不素食兮之下是欲飲伐輪兮之首字也隸釋云毛作坎案易坎卦習坎入于坎窞注最處坎底釋文出處欲云亦作坎字爾雅釋言坎律銓也釋文字又作欲坎古通用欲也

次　魏上尊號奏因漢朝之｜誠

次　武榮碑敦煌長史之｜弟也

次　石經尙書殘碑｜六曰艾用三德

次　禮器碑魯麃｜公

欲　孔彪碑義之所｜

欲　魏封孔羨碑｜屈已以存道

欲　武梁祠畫象題字未有者｜

歃

飲　史晨奏銘｜酒畔宮畢　說文歃歠也廣韻飲同歃隸變飲爲飲也玉篇遂以歃爲古文飲

飲　北海相景君銘隨輦｜涙

次

盜　景北海碑陰故門下督｜賊

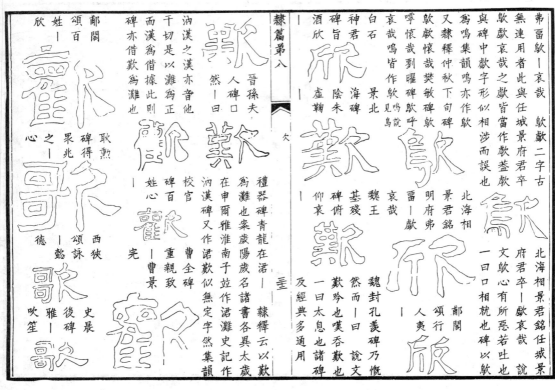

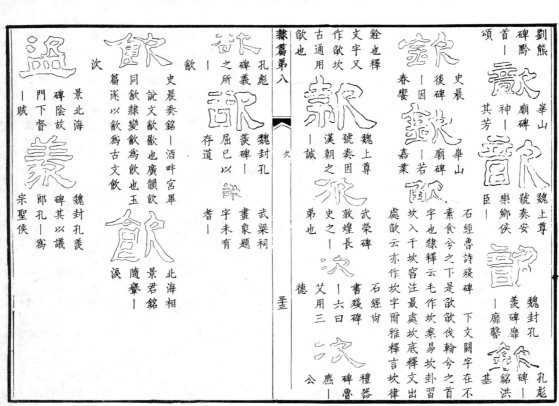

羨　魏封孔羨碑其以議郎孔｜爲宗聖侯

綴說

石經尚書殘碑伊　隸釋云孔無是不以當陻字也不知將焉寘此

鄘閣頌𪑦　它碑復有以擬爲𪑦者廣雅釋詁又以擬釋偕與說文之以偕訓𪑦相混故或以擬爲正𪑦爲借也

唐公房碑仙　漢書郊祀志來僊人羡門之屬師古曰古以僊爲仙字王莽傳太一黃帝皆僊上天師古曰僊古仙字與玉篇引聲類合

張遷碑傺　禮器碑陰張普仲堅兩漢金石記謂仲即仲字今屬疑字隸釋劉熊碑惟德之偶以偶爲隅是亻阝可互用也傺或卽是際之異文非必借傺爲際也

武梁祠畫象題字衰　說文衰艸雨衣象形新修字義云借爲衰朽之衰玉篇㾪說文減也一曰秏也今作衰

衡方碑禕　爾雅釋訓委委佗佗是也諸儒本竝作禕於宜反舍人云禕禕者心之安引詩云亦作禕案詩委委佗佗或云當作委佗委佗卽委蛇委蛇後漢書儒林列傳委佗乎其中可證也禕亦委之異文音於宜反者疑非

尹宙碑福　凡从畐之字皆以畐得聲說文畐房六切又芳逼切其轉音爲敷救切故史記龜策列傳邦福重寶徐廣曰音副而廣韻副與福同音敷救切也匡謬正俗分爲二音似亦未合又說文貳副益也可證副卽副貳本字且有充備之義

張遷碑来　漢隸拾遺三公山碑跋云乃来道要本祖其原翁黃皆以来爲來字案乃來道要義不可通此字碑文本作来其首筆作曲形自右而左與上文由是之来作来者不同来卽求字謂道之要而本祖其原也求字篆文作𠦄隸作求又變而爲𣏾與来字相似而不同此碑字體在篆隸之閒故作来張遷碑紀行求本求字作来是其證呂刑惟貨惟來馬融本來作求注云求有求請賕也蓋漢律有受賕之條卽經所云惟貨也又有聽請之條卽經所云惟求也二者相因故馬注云云以兼釋惟貨惟求之義求字傳寫作来故與来字相似而某氏傳遂訓爲往來之来失之矣求來二字書傳多互譌管子任法篇富人用金玉事主而求焉小稱篇以求美名今本求字皆譌作來孟子離婁篇舍館定然後來見長者乎史記李斯傳來丕豹公孫支於晉今本來字又皆譌作求隸釋所載成陽靈臺碑云厥後堯来祖統慶都告以河龍碑陰云来索忠良揆其文義皆本是求字而洪氏不言與求同則直以爲來字矣今世所傳雙鉤本亦作堯來祖統蓋自宋以降不復知来爲求之異文故傳寫皆作來也

魯峻碑陰股　詩六月鄭箋鉤鞶疏定本鉤鞶作鉤般釋文出股字云音古今經注作鞶無股字蓋鄭箋別本省鞶爲般而書爲股陸氏誤以鞶股爲兩字也又易明夷夷于左股釋文音古馬王肅作般云旋也馬王作般者亦以書般者與股相混而轉誤以股爲般因訓爲旋耳

禮器碑陰亮　六書故亮京省聲與注中引唐本說文从高省不符又京字注云說文从高省丨象高形按許氏之說絕不通蓋从高省巾聲是自相矛盾矣

禮器碑側卞　六書故𢍁字之外別有卞字六書通引籀韻弁作𠀤皆未詳所本

隸篇弟八

隸篇第九

頁

曹全碑陰故市掾高｜顯和

石門頌勒石｜德 說見容字經典釋頌美字者曰歌成功之容狀美盛德之形容禮見詩疏則頌美猶頌皃義也

尹宙碑文則作｜

魏封孔羨碑乃作｜曰

廟諱 功令缺末二筆仍宜避用以昭敬慎

衡方碑顒｜昂

張遷碑不｜於鄉

禮器碑法舊不｜

隸篇第九 頁 一

祀三公山碑長史魯國｜浮

禮器碑｜氏聖暘

史晨奏銘｜毋毓靈

武氏左石室畫象題字｜淑獨處

北海相景君銘｜倒剝摧

劉熊碑上下文闕

石門頌屈曲流｜

西狹頌數有｜覆賈隧之害

吳谷朗碑其先出自｜項

曹全碑功曹史王｜等

武梁祠畫象題字帝｜項高陽者

魯峻碑｜企有紀 說文頫低頭也太史卜書頫仰字如此徐鉉曰今俗作俯非是漢書陳勝項籍傳贊頫首係頸司馬相如傳頫杳眇而無見師古竝云頫古俯字

張遷碑吏民頡｜說文亢或从頁

禮器碑陰夏侯盧｜

孔龢碑平叩頭叩｜亂

禮器碑秦｜作

孔宙碑陰薛｜字勝輔

晏壽碑終不回｜

晉孫夫人碑而｜違尊命 玉篇顧同顧俗類篇別有頋字異是

景北海碑陰營陵鍾｜

隸篇第九 頁 二

嵩山太室闕銘垂｜口異

孔宙碑於｜我君

白石神君碑｜融昭明

魯峻碑陰路龍｜公

祀三公山碑迴在｜西兩漢金石記云以領為嶺案漢書嚴助傳輿轎而隃領注項昭曰領山領也說文新附嶺字益古止作領後人加山也王羲之禊帖崇山峻領嶺猶作領

魯峻碑陰魏｜文臺

孔龢碑掌｜禮器

魏上尊號奏｜楊州刺史

魏上尊號奏虞｜之唐

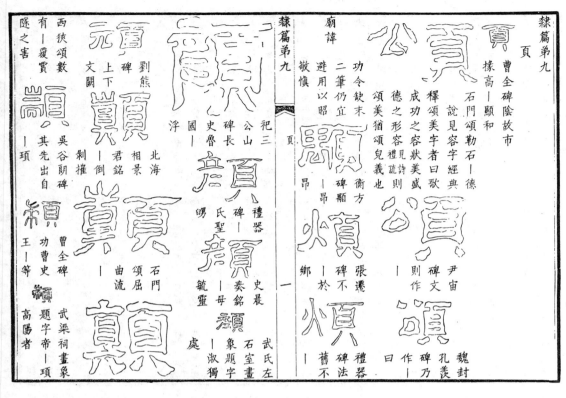

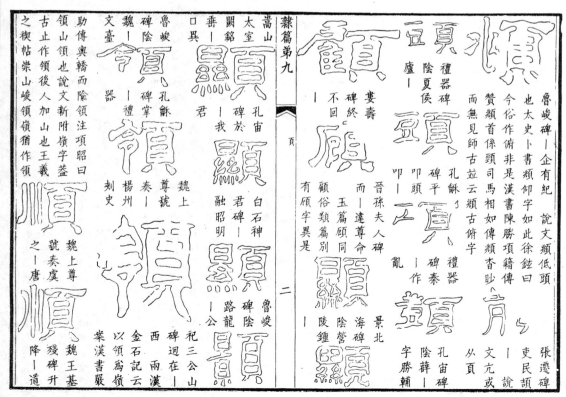

魏王基殘碑升降｜道

孔彪碑丨如流水

吳谷朗碑履道恩丨 類篇順古作順

夏承碑意丨未止 卽顯字說文顯顚頂也諸碑以爲顯欲字 廣雅釋詁顯欲也 經典通用願說文願大頭也

史晨後碑咸所丨樂 亦顯字也

華山廟碑脩廢起丨

魯峻碑東郡丨邱令

史晨奏銘臣晨頓首丨首死罪死罪臣以建寧元年到官

孔龢碑誠惶誠恐丨首頓首

史晨奏銘臣晨丨首頓首死罪死罪臣蒙厚恩受任符守

吳谷朗碑其先出自顓丨

武梁祠畫象題字帝顓丨高陽者

張遷碑吏民丨頏

華山廟碑時令朱丨

魯峻碑其先周文公之丨胄

面

西狹頌丨縛二千餘人

曹全碑和德丨縛歸死

首

魏王基殘碑斬丨萬計

校官碑執訊獲丨

孔宙碑是時東嶽黔丨

曹全碑寧黔丨

孔龢碑稽丨言

裴岑碑斬丨部衆 說文聝或从首

県

石門頌上則丨峻 說文縣繫也徐鉉曰此本是縣挂之縣借爲州縣之縣 釋名縣縣也縣係於郡也 釋州國縣 今俗加心別作懸義無所取

史晨後碑丨吏劉耽等

孔宙碑乃綏二丨

曹全碑丨前以河平元年遭白茅谷水災害

白石神君碑前後國丨

張遷碑斯丨獨全

須

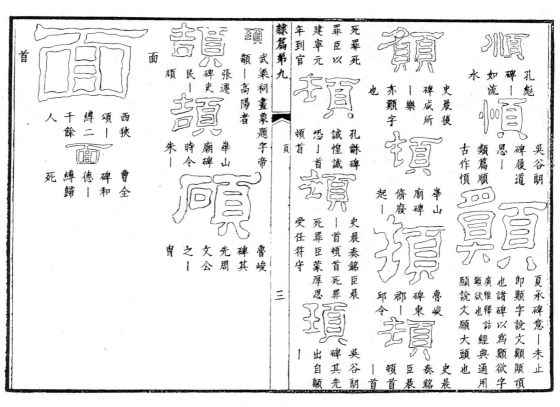

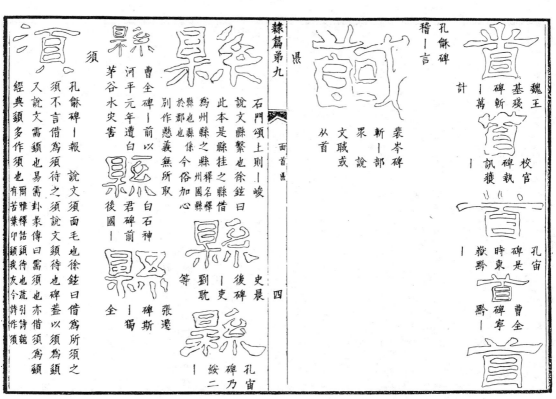

孔龢碑丨報 說文須面毛也徐鉉曰借爲所須之須不言借爲須待之須說文𩒹待也碑蓋以須爲𩒹又說文需𩒹也易需卦彖傳曰需須也亦借須爲𩒹 爾雅釋詁𩒹待也疏引詩𩒹我友今詩作須 經典𩒹多作須也 有苦葉卬𩒹我友今詩作須

彡

景北海碑陰張｜字朔甫　此彤字也左从肉書高宗
彤日傳祭之明日又祭殷曰彤周曰繹穀梁傳宣八年
繹者祭之旦日之享賓也尚書大傳甘誓夏以平旦為
朔殷以鷄鳴為朔周以夜半為朔莊子逍遥遊朝菌不
知晦朔釋文朔旦也彤祭
以朔故張彤字朔甫也又
說文有彤字船行也其左
从舟从肉从舟之字隸皆
作月然彤非碑義也

孔宙碑口｜幣　隸辨云以
彫幣為凋獎案說文彫琢文
也凋半傷也經典相承皆以
彫為凋而以雕為彫論語然
後知松柏之後彫也釋文彫
依字當作凋
漢書傳喜傳
作然後知松
柏之後凋也

楊叔恭殘碑｜盛德

鄭固碑善性｜於岐嶷

孔彪碑干嗟想｜

隸篇第九　須彡　五

晉孫夫人碑皆是義｜　以義形
為儀型經典型多作刑亦作形孝
經天子章刑于四海釋文出形于
云法也字又作刑是也此碑既以
刑為型字見刑復以形為型

譙敏碑文武彬｜

北海相景君銘徵｜蒙恩

校官碑扶｜抑彊

彣

孔宙碑以｜脩之
隸辨云說文文錯畫
也彣䰄也古文尚書
文皆作彣古葢通用
案集韻彣古通作文

孔宙碑陰徐璜字幼｜

禮器碑側｜陽公百煇　彣陽汶陽也說見文字

曹全碑陰杜靖｜淵

唐公房碑陰趙英字｜才

孔褒碑喪子英｜

文

孔龢碑鮑疊字｜公

魏封孔羨碑莫不釆其｜以述作

史晨後碑｜陽馬琮
隸釋云以文陽為汶陽
隸辨云漢書地理志後
漢書郡國志皆作汶陽
屬魯國潛研堂金石文
跋尾云後漢書王梁傳
擊肥城文陽拔之注文
音汶與此碑正同也

竹葉碑陰辭曹史｜陽
口口　亦汶陽也諸碑
皆以文陽為汶陽亦作
彣陽它碑文通用彣也

隸篇第九　彣文　六

白石神君碑陰張｜休武

髟

校官碑｜髦克敏

魏范式碑詢爾｜士

白石神君碑｜士挺生

鄭固碑口口見於垂｜

史晨後碑｜髴若在　髣髴說
文作仿佛仿相似也佛視不審
也又髴若似也與仿佛同義豈
別有髣髴字髴存而髣逸邪

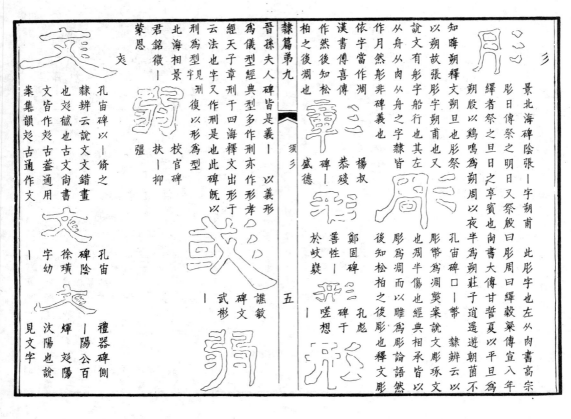

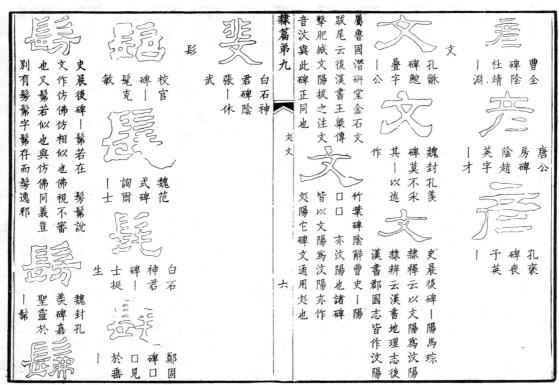

魏封孔羨碑嘉聖靈於｜髴

史晨後碑髟丨若在

魏封孔羨碑嘉聖靈於髟丨

魏封孔羨碑殊俗解編丨而慕義

婁壽碑掝丨傳業

后

西狹頌赫赫明明丨

石經尚書殘碑古我先丨

曹全碑懿明丨

魏封孔羨碑彬彬我丨

禮器碑側巢壽文丨

司

曹全碑拜西域戊部丨馬

孔龢碑丨空臣戒

曹全碑陰丨馬集仲裳

卩

婁壽碑其丨曰

劉熊碑丨舒委遺

張遷碑陰故守丨韋元考

張遷碑於是進嗇夫爲丨

史晨後碑丨還所斂民錢村

建武泉范考工丨通

孔龢碑大宰大祝丨各一人

張遷碑陰故守丨范伯犀

韓仁銘遷槐里丨

禮器碑陰故穎陽丨文陽鮑宮

印

魏王基殘碑贈呂東武侯璽丨綬

夏承碑丨紱典據

西狹頌威儀丨抑說文归俗从手

色

尹宙碑立朝正丨

石經論語殘碑子曰丨難

史晨後碑作屋塗丨

魏上尊號奏咸素其丨

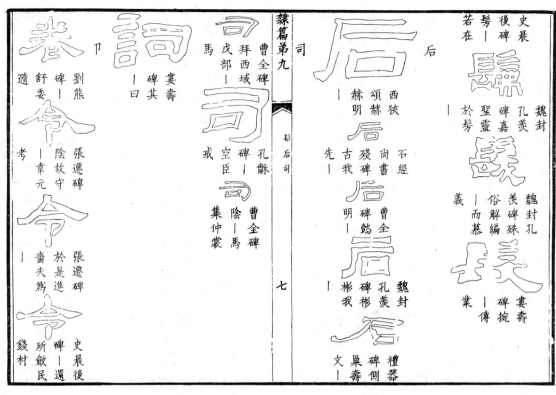

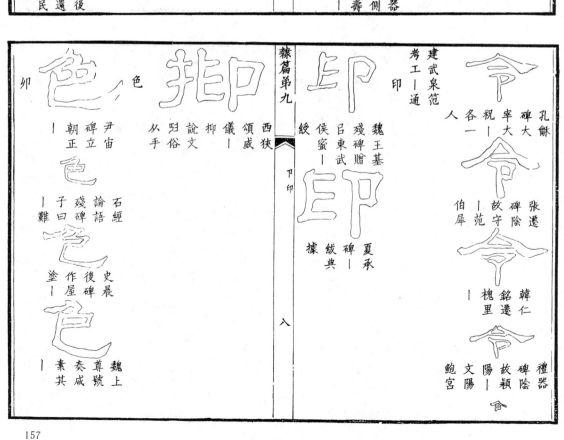

卯

孔龢碑乙瑛字少丨

張遷碑苑令有公丨之才

衡方碑領漢故衞尉丨衡府君之碑

武氏前石室畫象題字尉丨車

張遷碑陰韋府丨

曹全碑陰姚之辛丨

魯峻碑彈絀五丨

禮器碑陰騶韋仲丨

辟

曹全碑仍丨涼州

魏王基殘碑後丨大將軍府

夏承碑臣隸丨踊以辟爲擗五經文字云辟經典又爲擗踴之擗爾雅釋訓擗拊心也釋文出辟云字宜作擗詩云寤擗有摽玉篇擗字亦引詩寤擗有摽今詩作辟又晉孫夫人碑辟踊靡及擗亦作辟

武梁祠畫象題字丨土種穀以辟爲闢經典相承用之

勹

校官碑槧無叩丨之結 說文匃膺也肖匈或从肉集韻匈亦作肖胷碑作匈本字也史漢諸書亦多如此玉篇廣韻謂胷亦作匈是反以胷爲本字非是

魏受禪表口丨奴

北海相景君銘去官未丨

耿勳碑丨灾乃平以匈爲凶

孔宙碑丨月之閒

張遷碑紀日上丨

跳山造冢石刻建初元年造此丨郎冢字

史晨後碑假夫子丨顏母井舍及魯公冢守吏凡四人 說文冢高墳也爾雅釋詁冢大也疏舍人曰冢封之大也俗加土作塚專爲高墳字

包

石經論語殘碑盍毛丨周

苟

北海相景君銘先以丨讓

史晨後碑李謙丨讓

曹全碑存亡之丨

禮器碑側丨信子直

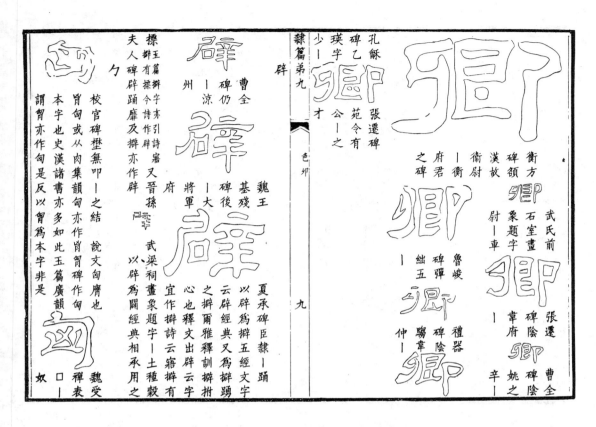

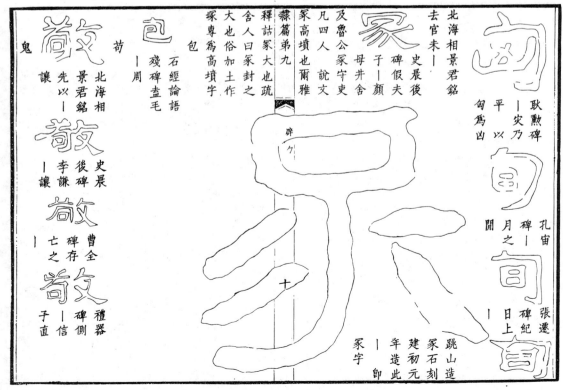

鬼

鬼

曹全碑征丨方

魂

孔彪碑丨神超邁

魂

夏承碑黨丨有靈

醜

譙敏碑臣多丨直

醜

楊叔恭殘碑珍丨威類

甶

畏

石經論語殘碑儼然口口而丨之

畏

孔彪碑謹丨舊章

厶

篡

曹全碑弒父丨位

嵬

嵬

西狹頌刻召確丨

魏

孔龢碑魏丨大聖

巍

石門頌南鄭丨整 說文魏高也从嵬委聲徐鉉曰今人省山以為魏國之魏諸碑

魏

魯峻碑陰丨顥文臺

魏

史晨奏銘丨魏蕩蕩

魏

皆不省山猶是魏之本字也左傳閔元年魏大名也義同高至山之或上或下是謂隸行無所區別

魏

孔宙碑陰丨郡館陶文儉

魏

魏封孔羨碑大丨受命

魏

禮器碑側故丞丨令

山

山

曹全碑望華丨

山

夏承碑高丨景行

山

禮器碑陰泰丨鮑丹

山

孔宙碑陰泰丨南武陽

山

張遷碑陰韋排丨

嵩

魯峻碑陰胡丨永高

嵩

禮器碑張丨卧高

嵩

淮源廟碑宮廟高丨以嵩為崇說見崇字又隸釋三公山碑厥體嵩厚唐扶頌嵩如不傾崇皆作嵩

崇

華山廟碑丨二州

崇

張遷碑君丨其寬

崇

禮器碑陰虞丨伯宗

崇

魏封孔羨碑丨配乾巛

崇

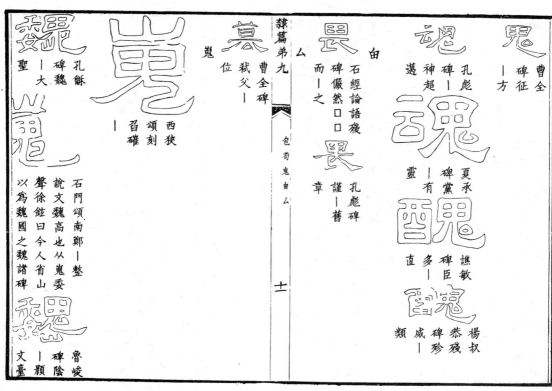

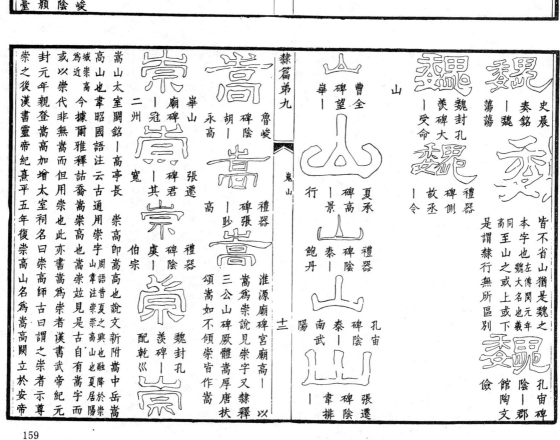

嵩山太室闕銘丨高亭長 崇高卽嵩高也說文新附嵩中岳嵩高山也韋昭國語注云古通用崇字周語昔夏之興也融降於崇山韋注崇崇高山也夏居陽城崇高為近今據爾雅釋詁喬嵩崇高也嵩崇竝見是古自有嵩字而或以崇代非無嵩而但用崇也此亦書嵩為崇者漢書武帝紀元封元年親登嵩高加增太室祠名曰崇高師古曰謂之崇者示尊崇之後漢書靈帝紀熹平五年復崇高山名為嵩高闕立於安帝

元初五年值巳改爲崇未復爲嵩之際故書作崇（漢書地理志崈高縣武帝置當與增太室祠同時故字亦作崈崈崇同如）一則遵王一則循古兩得之道也古以崇爲嵩淮源廟等碑又以嵩爲崇嵩與崇且互通也義同故耳

崋山廟碑馮于豳｜說文郊或从山支聲因岐山以名之也

婁壽碑｜嶷有志

曹全碑陰｜茂孝才

劉熊碑誕生卜嶷

曹全碑闕｜峨

淮源廟碑｜嶇逼狹

郙閣頌高山｜嵬令

婁壽碑岐｜有志

淮源廟碑安眾鄧｜

隸篇第九　山　十三

劉熊碑誕生岐｜

淮源廟碑崎｜逼狹說文嶇敧也徐鉉曰今俗作嶇非是

崋山廟碑馮于｜岐說文豳美陽亭卽豳也有豳山邠周太王國在右扶風美陽經典豳邠同用詩于豳斯館孟子作大王居邠爾雅釋地西至於邠國釋文邠本或作豳字是也史記周本紀慶節立國於豳索隱豳卽邠也古今字異耳據說文則豳邠皆古字主山名豳主邑名邠也

罷池五瑞圖題字脩｜嶔之道

衡方碑｜峨我君

曹全碑闕嵯｜

崋山廟碑｜陰王萇

曹全碑望｜山

曹全碑承望｜嶽

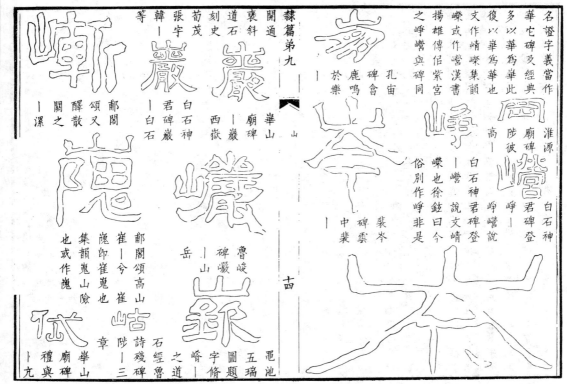

唐公房碑陰祝榮字文｜以名證字義當作華它碑及經典多以華爲崋此復以崋爲華也

淮源廟碑陟彼高｜

白石神君碑登崢｜崢嶸說文作崝嶸集韻嶸或作嶒漢書揚雄傳佀紫宮之崢嶸與碑同

白石神君碑登｜嶸說文崝嶸也徐鉉曰今俗別作崢非是

孔宙碑含鹿鳴於樂｜

裴岑碑雲中裴｜

隸篇第九　山　十四

開通褒斜道石刻史荀茂張宇韓｜等

崋山廟碑｜巖西嶽

白石神君碑巖｜白石

郙閣頌又醳散關之｜漯

魯峻碑巗｜山岳

郙閣頌高山崔｜兮崔嵬卽崔嵬也集韻嵬山險也或作嵬

罷池五瑞圖題字脩嶔｜之道

石經魯詩殘碑陟｜三章

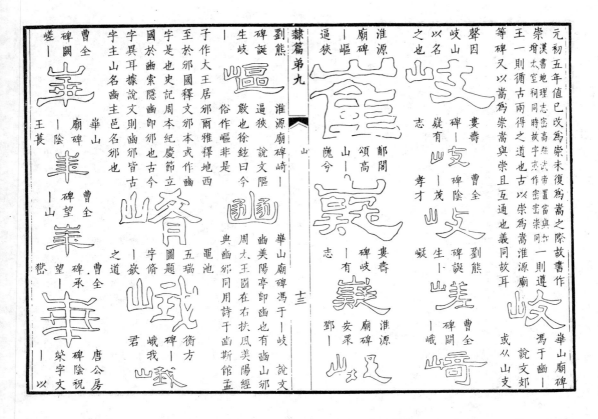

崋山廟碑禮與｜九

峻 西狹頌危難阻｜說文陵高也峻陵或省

峻 華山廟碑｜極穹蒼

嶽 華山廟碑亦有事于方｜

嶽 白石神君碑氣通北｜

嶽 曹全碑承望華｜

岳 魯峻碑巖巖山｜說文嶽古文作岳象高形

岳 耿勳碑泰華惟｜

密 華山廟碑河南｜人

屵

崖 西狹頌緣｜俾閣

崖 郙閣頌緣｜鑿石此字雖非後人剔改然筆畫可疑

广

廱 史晨奏銘臣代見臨辟｜日

廱 孔宙碑於丅時｜說文廱天子饗飲辟廱爾雅釋訓廱廱和也鄭氏注禮記王制天子曰辟廱卽用爾雅之文曰廱和也是廱和之廱亦辟廱之廱碑云於丅時廱用書堯典語今書作於變時雍它碑亦以雍爲廱和之廱經典相承多用之也經典諸書辟廱之廱亦或作雍又詩思樂泮水箋辟廱者築土雝水之外圓如璧雝水之雝俗作壅說見雍字是辟廱之廱兼有雝水之義故雝水之雝亦或作廱漢書五行志廱河水三日不流是也爾雅釋地河西曰雝州疏引李巡云河西其氣蔽壅故曰雍雍壅也與雝水同義故雝州之雝亦或作廱後漢書孝獻帝紀分涼州河西四郡爲廱州文苑列傳世據廱州之利是也然以字形論之廱从广辟廱爲本義雝从隹䧹爲本義曰和曰壅竝皆假借是以交互通用至於無別耳

廱 石門頌庶士悅｜

廱 史晨後碑於穆肅｜二碑義竝同上

廬 孔宙碑陰如｜淳宇遺伯

廬 魏范式碑遷｜江大守

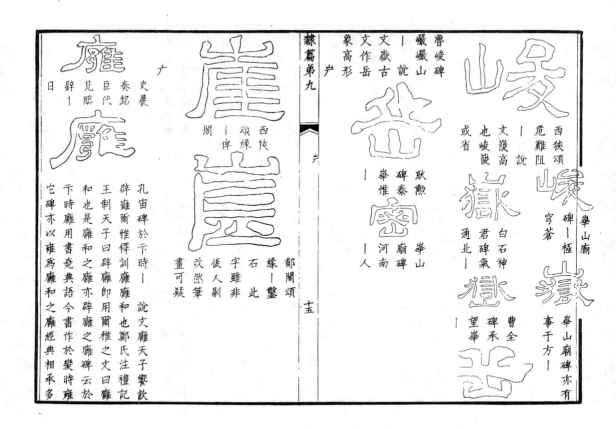

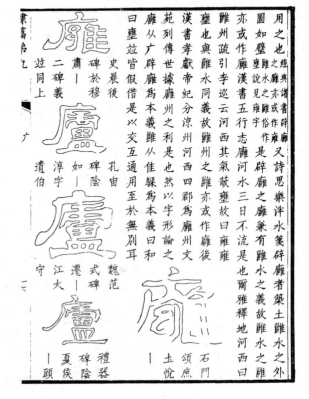

廬 禮器碑陰夏侯｜頭

廬 禮器碑側下|城子

廬 衡方碑考|江大守

廛 石經魯詩殘碑胡取禾三百|口

廡 史晨奏銘|政報稱爲效

廡 曹全碑|使學者李儒欒規程寅等各獲人爵之報

廡 嵩山太室闕銘眔|所尊

廡 夏承碑|同如蘭

廧 曹全碑戢治|屋 隸篇云與牆同書五子之歌峻宇彫牆古文尚書作廧詩小雅常棣兄弟鬩于牆釋文云牆本或作廧左傳狄人伐廧咎如穀梁傳作牆漢書鄒陽傳牽帷廧之制文選作牆案廧卽牆之變也說見偏旁

廧 史晨後碑|垣壞決

廊 曹全碑廷曹|閤 說文新附廊東西序也漢書通用郎 隸釋韓勑後碑庫室中郎廊作郎

廎 譙敏碑屋棟|覆 說文高小堂也廎或从广頃傾仄也碑以廎爲傾

廎 石門頌|寫輸淵亦以廎爲傾又隸釋樊敏碑能無撓廎

庭 西狹頌邊徼來|

庭 曹全碑貢王|

廋 石經論語殘碑人馬|此廋字也說見偏旁類篇作廋又別有廋字當以廋爲廋之重文

庵 衡方碑|離寢疾 隸釋云以庵爲奄

廡 孔龢碑|請置百石卒史一人

廡 曹全碑陰高|

廡 曹全碑復舉孝|

廡 楊淮表紀復舉|孝尚書侍郎

廡 楊淮表紀舉孝|西鄂長

廡 衡方碑舉孝|

庬 衡方碑敦|允元 說文厖石大也類篇一曰厚也碑作庬厖之變也類篇別出此庬字義異仍同殆誤分耳

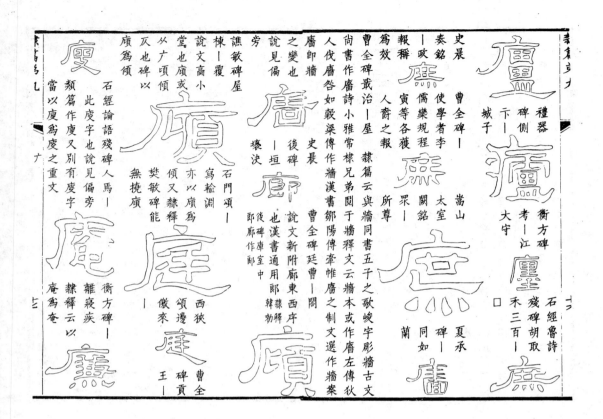

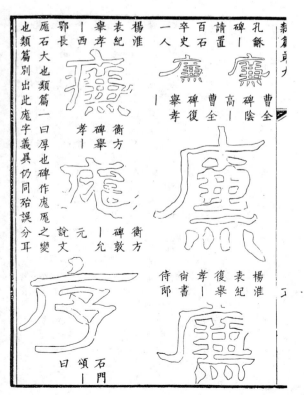

序 石門頌|曰

魏受禪表速承天丨

晉孫夫人碑長沙人桓伯丨潛研堂金石文跋尾云長沙人伯序者桓階也魏志階字伯緒此碑作序古人名字多相應當以序爲正授堂金石跋云爾疋釋詁序緒也是古字通用故也案或史誤也當從碑

衡方碑丨君諱方

夏承碑四丨歸高

北海相景君銘明丨宜之

西狄頌倉丨惟億

張遷碑丨通風俗

禮器碑陰彭城丨戚

曹全碑廓丨聽事官舍

孔宙碑陰丨陶張雲

魏封孔羨碑興脩丨官

晉太公呂望表口今墮丨

華山廟碑脩丨起頓

孔龢碑魯相爲孔子丨置百石卒史一人

孔龢碑典主守丨

禮器碑般勲宅丨

曹全碑丨廣聽事官舍

說文霩雨止雲罷皃徐鉉曰今別作廓非是

曹全碑世宗丨土庠竟

曹全碑世宗廓土丨竟卽庠字也類篇別有庠字云山名與此異

魯峻碑陰魏郡丨邱亦庠字說見偏旁

丆

韓仁銘勛丨清惪

武榮碑巍然高丨

校官碑初丨清肅

尹宙碑清身以丨時

石門頌匪石丨章

禮器碑天與丨福

張遷碑陽氣丨析

正直殘碑家喪丨口

魏封孔羨碑以紹丨後

危

石門頌臨丨槍碭

子游殘碑扶丨翊放

石

西狄頌柙致土丨

石門頌造作丨積

西狄頌乃刊斯丨

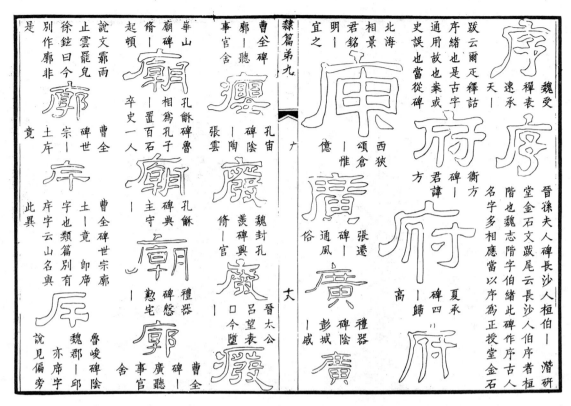

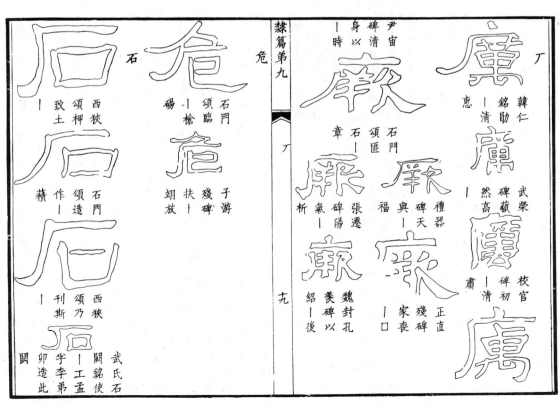

武氏石闕銘使丨工孟孚李弟卯造此闕

景北海碑陰督麟字敬—

魏封孔羡碑鈞衡—

衡方碑領漢故衞尉卿衡府君之—

魯峻碑領漢故司隸校尉忠惠父魯君—

𡺸山廟碑然其所立—石吴谷朗碑乃立—作頌

晉孫夫人碑領晉任城大守夫人孫氏之—

校官碑領校官之—

劉熊碑—口口素說文厎柔石也砥厎或从石孟子周道如厎詩作砥

衡方碑—仁厲口

朱龜碑—落煥炳落也䃬落卽磊集韻磊重文䃬或从累石也文䃬云說文選嵇康琴賦作䃬硌注䃬與磊同

魯峻碑—落彰較文選王延壽魯靈光殿賦注引郭璞山海經注磊落又作礧硌是礧亦同磊也

西狹頌刻白—

嵬礭嵬卽崔嵬也集韻崔籀文作礭文選嵇康琴賦礭嵬岑嵓注作崔嵬

孔褒碑上下—文闕

魏范式碑採嘖—機

石門頌利—确磐說文作礭

石門頌利—磨确

石門頌臨危槍—槍碭卽槍唐也說文鋸槍唐也鋸名槍唐言其槍距唐突故別作搶搪碑義蓋亦如是而以碭為唐也文選馬融長笛賦奔遯碭突注碭徒郎切碭突卽唐突也與碑正同又漢書司馬相如傳珉玉旁唐師古曰唐字本作碭說文碭文石也是碭復通用唐矣

校官碑禮器碑鐘—縣鐘—瑟矣

石經論語殘碑擊—襄

白石神君碑陰—石神君—卽硬字說見偏旁

西狹頌鐉—燒析

石門頌利—磨磐說見權字

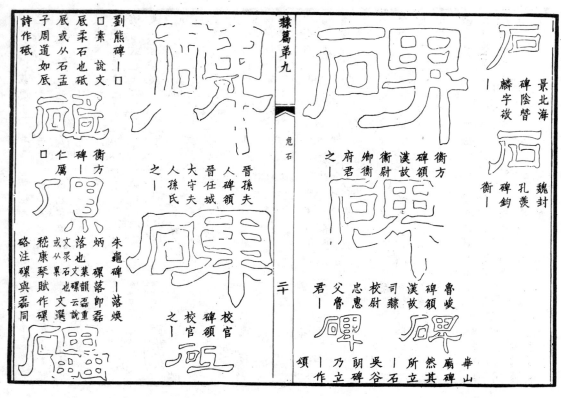

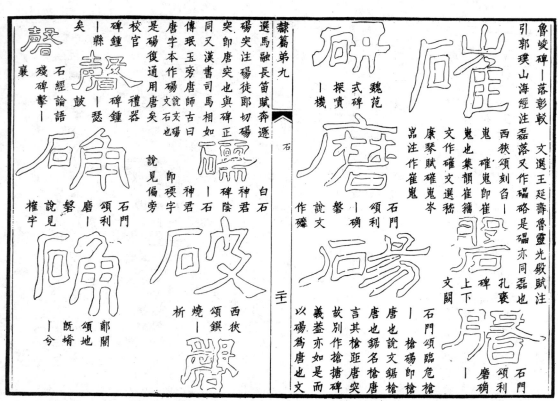

郙閣頌地既埼—兮

長

西狄頌克|克君

說文𠑷汗簡作镸隸蓋兼用古文也

楊淮表紀舉孝廉西鄂|

禮器碑|期蕩蕩

武榮碑敦煌|史之次弟也

曹全碑拜酒泉祿福|

禮器碑穎川|社

曹全碑市|列陳

晉太公呂望表|伐大商

勿

子游殘碑犯而|欺

而

西狄頌不肅|成

西狄頌不嚴|治

婁壽碑慨然|義

禮器碑備|不奢

曹全碑鄉明|治

晉太公呂望表荒|不治

豕

孔龢碑河南尹給牛羊|雞　隸釋云豕即豕字案說文家古文作家豕古豕字也

希

景北海碑陰姚進字元|　說文豪从希高聲豪籀文从豕徐鉉曰今俗別作毫非是

曹全碑陰楊動子|

豸

魏上尊號奏虎|鹿菟

舄

孔宙碑稱彼|觥　說文舄古文从儿作兕

易

孔宙碑濟宏功於|簡

曹全碑世|載德

華山廟碑|碑飾闕

石門頌豫識難|

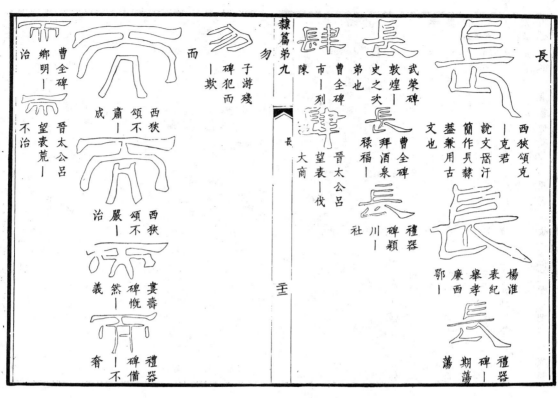

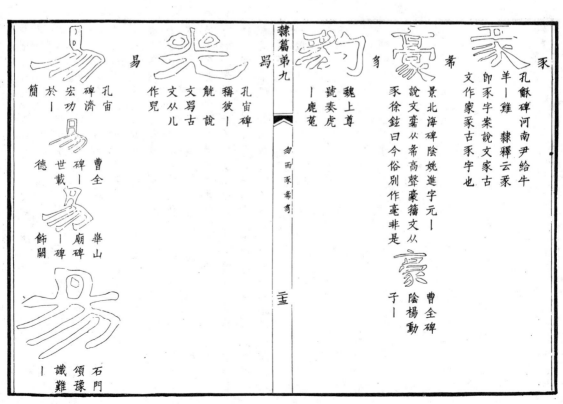

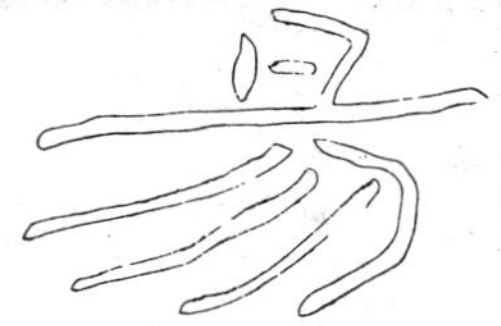

石門頌下就平丨

張遷碑治京氏丨

象

郙閣頌雖昔魯斑亦其擬丨

孔龢碑則丨乾巛

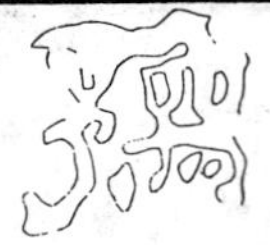

校官碑丨章南昌程陽

禮器碑側魯傳兖子丨

曹全碑兖丨荆楊

綴說

晉孫夫人碑頋　詩日月寧不我顧釋文本又作頋禮記大學顧諟天之明命釋文本又作頋皆俗字然竝如碑作頋知玉篇作頋者譌也

吳谷朗碑傾　六書通引汗簡順字作傾正類篇所謂古順字也然今汗簡無之

石門頌縣　漢書禮樂志高張四縣師古曰縣古懸字

景北海碑陰彤　玉篇舟部彤余弓切祭也又丑林切舟行也混彤爲彤由在隸無別之故

孔宙碑彫　漢書循吏傳民用彫敝後漢書仲長統列傳時政彫敝荀子子道故勞苦彫萃而能無失其敬凋亦作彫

夏承碑辟　詩寤辟有摽釋文亦出寤辟云本又作擘擘擗同

譙敏碑頋　汗簡頋出碧落文上照亭字亭蓋亯之誤

曹全碑嶽　卽嶽之移山於下者是隸行也詩崧高崧高維嶽釋文字亦作嶽時邁及河喬嶽釋文本亦作嶽

衡方碑庬　左傳成十六年民生敦庬國語周語敦庬純固注竝云庬大也字皆作庬有作庬者承隸變也

魯峻碑磊　集韻磊或作磊

西狹頌長　六書通長古文印文亦多與隸形近者然未審知其原也

曹全碑易　字源云李翊碑其先出自萁子之苗易世載德楊震碑奉遵先訓易世不替夏堪碑易世承系義皆作奕隸辨注楊震碑易字云易世不替乃正用易字夏堪碑易世承系與此碑同字原誤也案碑云易世載德亦當讀如本字莊子外物易世而無以相賤

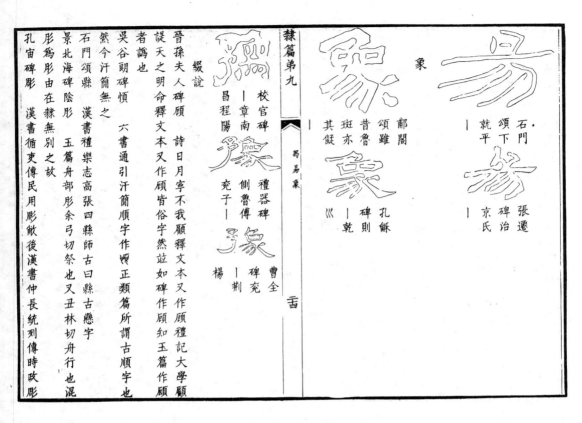

隸篇弟九

馬

馬 史晨後碑飭治桐車丨於瀆上

馬 曹全碑拜西域戊部司丨

馬 曹全碑陰司丨集仲裳

馮 孔龢碑大常祠曹掾丨牟

馮 史晨奏銘靈所丨依說文馮馬行疾也徐鉉曰本音皮冰切經典通用爲依馮之馮今別作憑非是

馳 唐公房碑丨周郃之風

騎 西狹頌財容車丨

史晨後碑從越丨校尉拜

騎

騎 景北海碑陰故丨吏劇晉麟

驅 譙敏碑恥與鄰人羼竝柗丨

駒 孔彪碑而絜白丨

驕 石經論語殘碑口口不丨

騶 禮器碑陰丨章仲卿 隸辨云漢書地理志魯國騶故邾國後漢書郡國志同說文作鄒注云魯縣古邾國蓋騶鄒古通用字又騶氏鏡銘隸續云太史書齊有三騶子范史春秋家有騶夾班史竝作鄒則知二字通用案鄒嶧山班馬皆作騶

騶 張遷碑陰丨叔義

驩 武梁祠畫象題字令親有丨說文驩馬名歡喜樂也碑以驩爲歡左傳文六年經晉侯驩卒史記晉世家作襄公歡孟子驩虞如也音義引丁音驩虞義當作歡娛古字通用耳荀子大略夫婦不得不驩注驩與歡同又史記秦始皇本紀驩欣奉教高祖本紀日樂飲極驩孝文本紀塡撫諸侯

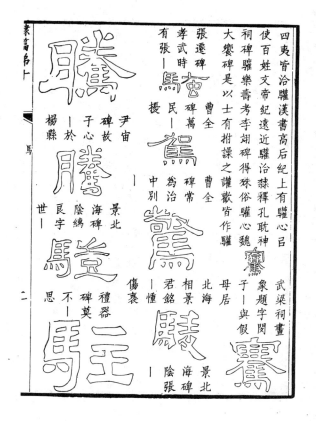

四夷皆洽驩漢書高后紀上有驩心呂使百姓文帝紀遠近驩洽隸釋孔耽神祠碑驩樂壽考李翊碑得殊俗驩心魏大饗碑是以士有拊譟之讙歡皆作驩

騫 武梁祠畫象題字閔子丨與假母居

騫 張遷碑孝武時有張丨

騷 曹全碑萬民丨擾

駕 曹全碑常爲治中別丨

驚 北海相景君銘丨慟傷褱

駿 景北海碑陰張丨

騰 尹宙碑故子心丨於楊縣

騰 景北海碑陰縛良字世丨

□ 禮器碑莫不丨思

駐

西狹頌息　不得　｜

曹全碑陰曼｜安雲

白石神君碑應時有｜

尹宙碑｜親於九族

孔宙碑會遺｜病

夏承碑允道｜愛

石門頌有司議｜以駁爲駁說文駁獸如馬倨牙食虎豹駁馬色不純漢書薛宣傳兄弟相駁不可師古曰駁者執意不同猶如色之間雜質之說文其字當作駁此碑借駁爲駁諸書相承皆用之也惟左傳成十二年注以駁亂義釋文作以駁

張壽殘碑｜驛要請

字源云義作絡繹桒漢書王莽傳助作者駱驛道路後漢書祭彤列傳駱驛款塞郭伋列傳駱驛不絶呂布列傳當駱驛復致三國吳志三嗣王傳注晉紀曰皓駱驛追止文選王延壽魯靈光殿賦縱橫駱驛王褒洞簫賦或漫衍而駱驛兮成公綏嘯賦聲駱驛而響連絡繹皆作駱驛又隸釋張公神碑車騎駱驛兮交錯重丁魴碑□起駱驛

開通褒斜道石刻鄐亭｜置

張壽殘碑駱｜要請　說見駱字隸辨云詩大雅徐方繹騷釋文云繹鄭作驛魯頌以車繹繹釋文云繹崔本作驛爾雅釋訓繹繹生也邢昺疏曰載芟云驛驛其達驛與繹音義同

廌

祀三公山碑｜牲納禮

史晨後碑而無公出享獻之｜隸釋云薦卽薦字

孔彪碑｜可黜否

曹全碑陰故｜曹史　說文灋刑也平之如水从水廌所以觸不直者去之从去法今文省

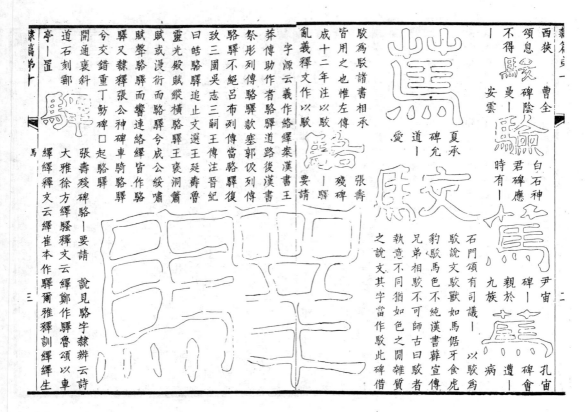

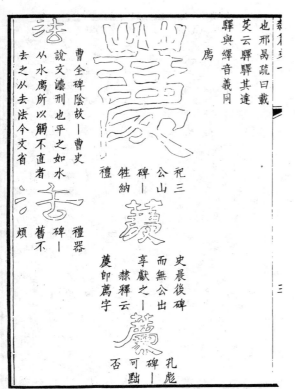

禮器碑｜舊不煩

鹿

黽池五瑞圖題字白|

武氏祠祥瑞圖題字南夷乘|來獻巨暘

孔宙碑含|鳴於樂崩

魏受禪表遵大|之遺訓大

鹿卽前所云書陳納於大鹿今書作大麓麓古通用鹿也詩旱麓釋文本亦作鹿麓山足國語周語正作旱鹿易屯卦卽鹿无虞釋文王肅作麓云山足左傳僖十四年經沙鹿崩服注鹿山足風俗通山澤作沙麓又隸釋陳球後碑口升大鹿亦以大鹿爲大麓也

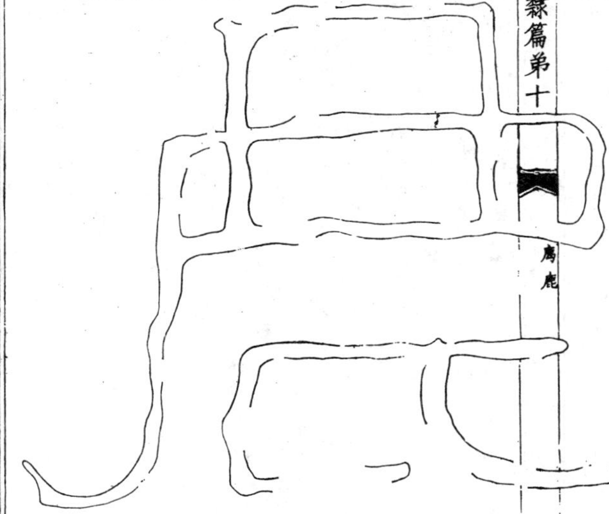

開通褒斜道石刻大守鉅|鄐君

漢書地理志鉅鹿郡鉅鹿注臣瓚曰山足曰鹿是亦以鹿爲麓也漢書地理志鉅鹿禹貢大陸澤在北後漢書郡國志鉅鹿故大鹿有大陸澤釋名釋山山足曰麓麓陸也言水流順陸燥也鉅鹿亦卽大陸也後漢書郡國志及諸書皆作鉅鹿諸碑亦皆作鉅鹿惟尹宙碑作鉅鏕其字从金說見鏕字

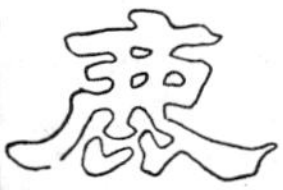

孔宙碑陰鉅|慶陶張雲

禮器碑爵|祖桓　桂馥跋云鹿角也漢隸拾遺云鹿卽角也古音角與鹿同周南麟之趾以角族爲韻名南行露以角屋獄足爲韻周頌良耜以角續爲韻喪大記寔于綠中鄭注云綠當爲角聲之誤也史記晉侯世家角里先生李濟翁資暇錄引荀悅漢紀作祿里角祿綠鹿四字古竝同音故角通作鹿特牲饋食禮記實二爵二觚四觶一角一散鄭注引舊說云爵一升觚二升觶三升角四升散五升禮器云宗廟之祭貴者獻以爵賤者獻以散尊者舉觶卑者舉角是角與爵觚觶散同爲飲器故碑於觴觚爵之下次以角也

曹全碑右扶風隃|侯相

北海相景君銘不永|壽　隸釋云以麋爲眉案儀禮士冠禮眉壽萬年注古文眉作麋荀子非相伊尹之狀面無須麋注麋與眉同方言麋黎老也注麋猶眉也史記趙世家鬢麋髭頞眉亦作麋

孔宙碑陰秦|字伯麟

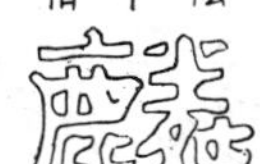

景北海碑陰替|字敬石

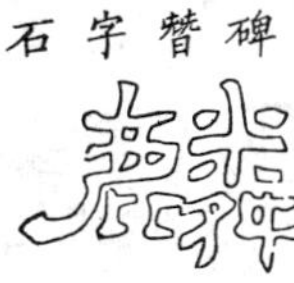

史晨奏銘西狩獲|說文麟大牝鹿也麒仁獸也麐身牛尾一角麐牝麒也經典相承皆以麟爲麐

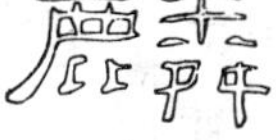

禮器碑獲|來吐

禮器碑魯|次公

熹平殘碑芳|其華

張遷碑聰|摧略

石門頌榮名休|

麤

塵

孔彪碑浮斿｜埃之外　說文𪋻行揚土也玉篇今作塵

兔

兔

校官碑獄無呼嗟之｜

逸

衡方碑招先｜民以逸爲佚說見佚字

兔

夏承碑中遭｜天

兔

武氏左石室畫象題字以｜其子

逸

景北海碑陰薜｜宇佰踰

犬

犬

孔龢碑給｜酒直

狐

魯峻碑陰濟陰｜離

狐

晉太公呂望表以立於令｜之津

猶

石經論語殘碑來者｜可追也

猶

史晨奏銘肅肅｜存

猶

白石神君碑｜自挹損

猶

華山廟碑訖今垣趾營兆｜存

猶

張遷碑雖｜遠近

猶

魏范式碑□□其｜充洽外內與本碑邁德繳猶字同猶猷本字謂惟猷字訓謀訓圖者

非也詩采芑克壯其猶文王厥猶翼翼桑柔秉心宣猶箋竝云謀也小旻不我告猶訪落繼猶泮奐般允猶翕河箋竝云圖也字皆作猶又隸釋石經尚書殘碑女比猶念以相從楊統碑譬茲筭猶

狠

禮器碑側蕃王｜子

狠

武氏祠祥瑞圖題字｜井宋書符瑞志浿井不鑿自成碑則以狠爲浿也史記齒侯世家擊秦皇帝博浪沙中師古曰狠音浿史記秦始皇本紀亦云始皇東游至陽武博狠沙中注則云地理志河南陽武縣有博浪沙浿與狠古通用也

獫

尹宙碑武襄｜狁

狁

尹宙碑武襄獫｜

猛

魏上尊號奏尉｜亭侯

猛

石經論語殘碑斯不亦威而不｜乎

狩

史晨奏銘西｜獲麟

狩

華山廟碑巡｜省方以巡狩爲巡守經典多相承用之守狩同義故通用孟子巡狩者巡所守也是以守訓狩也

狩

張遷碑文景之閒有張釋之傳之建忠弼之謨帝遊上林問禽｜所有隸辨云漢書張釋之傳作禽獸碑蓋以狩爲獸也案詩車攻搏獸于敖箋作狩後漢書安帝紀引之亦作狩禮記曲禮疏獸者守也言其力多不易可擒須先圍守然後可獲故曰獸也左傳隱五年注狩圍守也獸狩皆以守爲義故獸可作狩公羊傳桓四年注取獸于田故曰狩又狩猶獸也直謂狩卽獸矣石門頌惡虫蘩狩獸亦作狩隸釋云以蘩狩爲蘩獸

犯

鄭固碑｜顏謇愕

犯

子游殘碑｜而勿欺

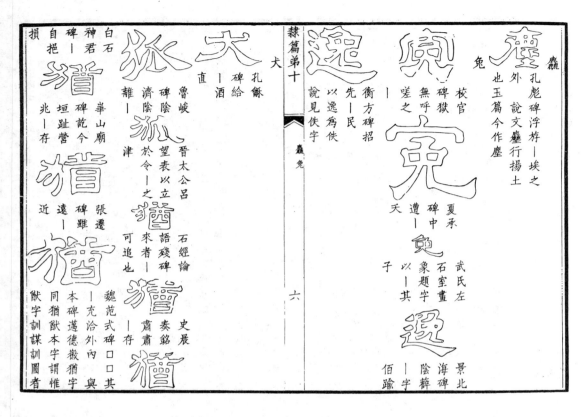

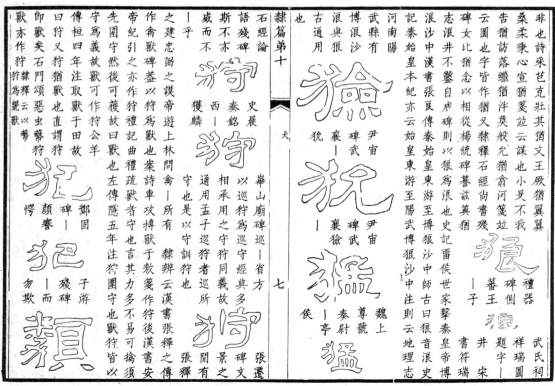

獷

魏受禪表□□品一

晉孫夫人碑皆此一也

楊叔恭殘碑殄威醜一

魏王基殘碑克敵一儁

曹全碑各一人裔之報

史晨奏銘一麟輒作

熹平殘碑當一自天之祥

魯相謁孔廟碑□以一福

武氏左石室畫象題字王□□□一於楚

朱龜碑獲一胥靡

曹全碑陰王一子上

史晨後碑而無公出享一之薦

武氏祠祥瑞圖題字皇帝時南夷乘鹿來一巨暘

孔龢碑一如牒

禮器碑一見天意

張遷碑斯縣一全

武氏左石室畫象題字顏淑一處

劉熊碑貧者不一□□

鄭固碑一曷敢忘隸釋云獸卽獨字

孔宙碑一夏不□

校官碑禽姦戔一

張遷碑北震五一

魏王基殘碑獲一如榮

武氏祠祥瑞圖題字白馬朱一山左金石志云此以猶爲獸也

耿勳碑脩治一道

淮源廟碑崎嶇逼一

西狹頌郡西一中道

犾

魏受禪表哀矜庶一

鼠

唐公房碑名一誅之

能

華山廟碑莫一存識

石經尚書殘碑□□一迪

魏封孔羨碑一無頌乎

張遷碑一雙其勛

西狹頌進一不濟

孔宙碑故一興朴□

譙敏碑柔一而剛

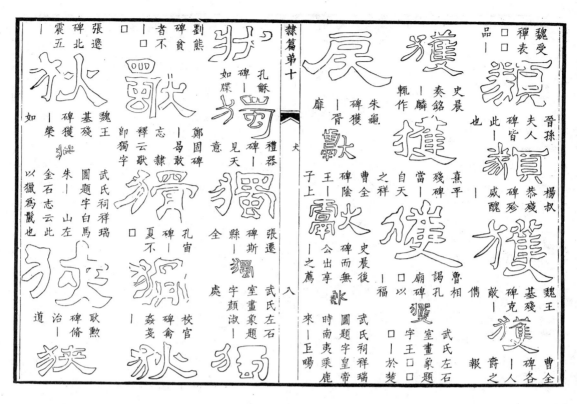

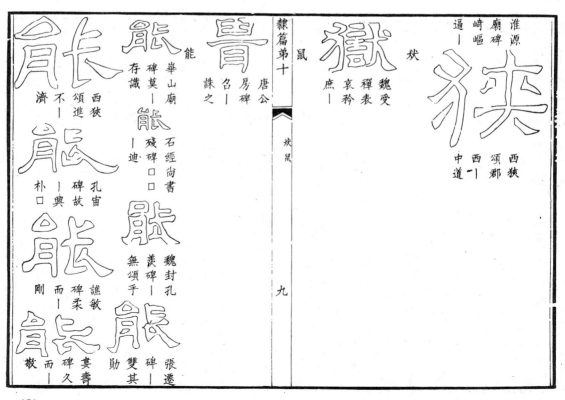

婁壽碑久一而敬

熊

熊 白石神君碑穎川申屠丨

熊 武氏祠祥瑞圖題字赤丨

熊 禮器碑陰朱丨伯珍

火

火 衡方碑鶉丨光物

火 武氏祠祥瑞圖題字不丨自孰

火 白石神君碑丨無灾燀

熙 魏封孔羨碑既乃緝丨聖緒

熙 孔宙碑緝之丨業既就

熹 韓仁銘丨平四年

熹 禮器碑朝車威丨

熹 孔宙碑陰逢祈字伯丨

熹 熹平殘碑丨平二年

熹 魯峻碑延丨七年

熹 孔宙碑延丨六年

熹 祀三公山碑神丨其位　以熹為熙熙和樂也文選陶潛歸去來辭恨晨光之熹微注引聲類熹亦熙字也隸釋唐扶頌治致雍熹熙亦作熹或曰禮記樂記天地訢和注訢讀為熹疏訢熹聲相近彼以訢為熹此以熹為訢也

煇 禮器碑陰魯开丨

灾 白石神君碑火無丨燀　說文裁或从宀

火

災 鄭固碑乃遭氛丨　說文裁籀文从巛

烟 魏受禪表和氣丨熅　隸釋云以烟熅為絪縕案說文煙火气也烟或从因又壹壹也易曰天地壹壹今易作絪縕而精氣為物注精氣絪縕釋文作烟熅後漢書班固傳降烟熅又烟烟熅熅張衡傳天地烟熅莊子知北遊注變化烟熅文選王延壽魯靈光殿賦含元氣之烟熅皆作烟熅蓋壹壹為正亦作烟熅別作絪縕碑非以烟熅為絪縕乃以烟熅為壹壹也朱龜碑星精壹縕壹為正字隸釋云以壹縕為絪縕非是

烟 魏封孔羨碑神氣丨熅義同上

烟 魏受禪表丨于六宗　隸釋云以烟于六宗為禋于六宗案烟亦煙字碑以烟為禋猶史晨奏銘之以煙為禋也

焚 魏受禪表丨丹書　說文作燓

燔 曹全碑丨城市

燔 崋山廟碑柴祭丨燎

熅 魏受禪表和氣烟丨　說見烟字下同

熅 魏封孔羨碑和氣烟丨

煙 史晨奏銘以共丨祀　隸釋云以煙為禋隸辨云周禮大宗伯以禋祀昊天上帝鄭氏注云禋之言煙周人尚臭煙氣之臭聞者也以煙為禋有所自來案詩生民克禋克祀疏引袁準曰禋者煙氣煙熅也是禋竝以烟熅為義矣

燀 白石神君碑火無灾丨

然 白石神君碑終丨允臧

然 崋山廟碑丨其所立碑石

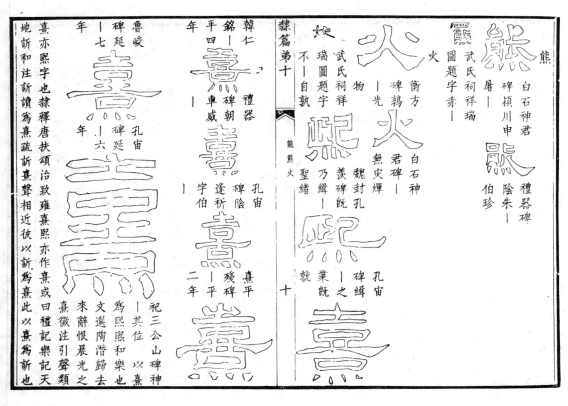

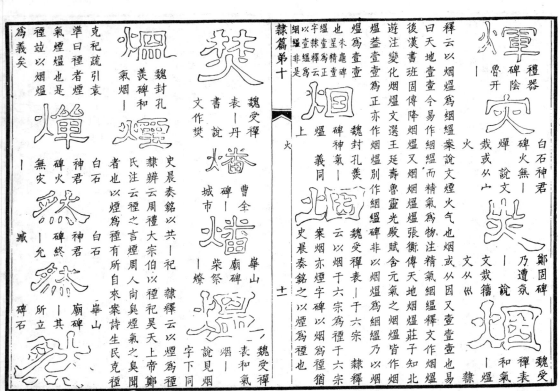

然

魯峻碑穆丨清遡

然

史晨奏銘却揆未丨

然

張遷碑僉丨同聲

然

武榮碑蘊丨高厲

燃

武氏左石室畫象題字丨蒸自燭說文然燒也徐鉉曰今俗別作燃蓋後人增加漢書賈誼傳後漢書文苑傳中有此燃字實俗體也

燎

華山廟碑柴祭燔丨 說文燎放火也尞柴祭天也諸碑尞皆作燎經典相承用之

燎

魏受禪表燔丨械樸

燒

曹全碑燔丨城寺

燒

西狹頌鏁丨破析

炤

譙敏碑盛德丨明 以炤為昭 玉篇炤同照集韻以炤為昭之重文周禮春官大祝注炤炤大明釋文章遙反禮記祭法注炤晢也釋文本又作昭中庸斯昭昭之多釋文本亦作炤又亦孔之昭釋文本又作炤昭古通用炤也

爟

魏范式碑丨仁闡於權輿

爟

禮器碑與丨乾運

爟

景北海碑陰臨照字景丨

炕

張壽殘碑婁丨忠謇 以炕為抗漢書揚雄傳炕浮柱之飛欂今師古曰炕與抗同文選甘泉賦注炕與抗古字同又爾雅釋木葉晝聶宵炕釋文樊本作抗

光

延光碑延丨四年

光

孔宙碑懿德惟丨

光

魏范式碑丨演宏謨

煌

魏封孔羨碑丨煌大魏

煌

曹全碑敦丨效穀人也

煌

曹全碑或家敦丨

烝

魏封孔羨碑四時不睹丨嘗之位 說見下

烝

魏受禪表撫柔丨民 說文烝火气上行也六書故气之所烝雜然畢達故有衆義焉有盛多之義焉詩云天生烝民又曰南有嘉魚烝然罩罩蜎蜎者蜀烝在桑埜翩翩者隹烝然來思皆此義也四時之祭惟冬可以備物祭莫盛於冬故冬祭曰烝周官中冬獻禽以享烝康成之說亦云然烝民之烝它碑及經典或通用蒸烝祭之烝經典亦通用蒸說文蒸析麻中幹也

燰

魏上尊號奏寒者以丨 說文燰煗皆訓溫義同而字異集韻類篇並以燰為煗之重文

燥

郙閣頌從朝陽之平丨卽燥字類篇燥俗作⿰火參

炳

史晨奏銘元德煥丨

炳

石門頌丨煥彌光卽炳字

熾

校官碑卑爾丨昌

尉

華嶽廟殘碑陰故功曹大丨掾頻陽游殷

尉

曹全碑金城西部都丨

尉

武氏前石室畫象題字丨卿車

燼

曹全碑收合餘丨 說文㶳火餘也徐鉉曰今俗別作燼非是

煥

史晨奏銘元德丨炳 說見奐宇渙字

煥

楊叔恭殘碑勛列丨爾

照

魏受禪表宣重光以丨下

昭

景北海碑陰臨丨字景燿

照

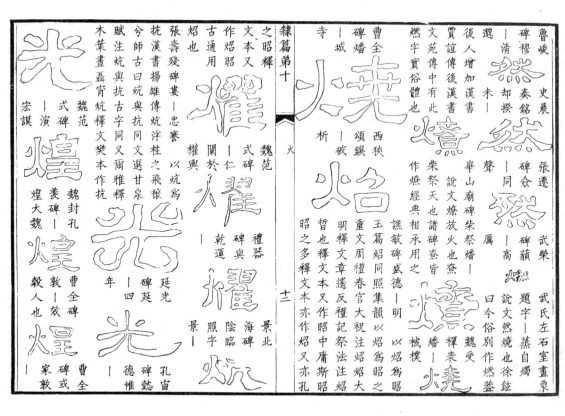

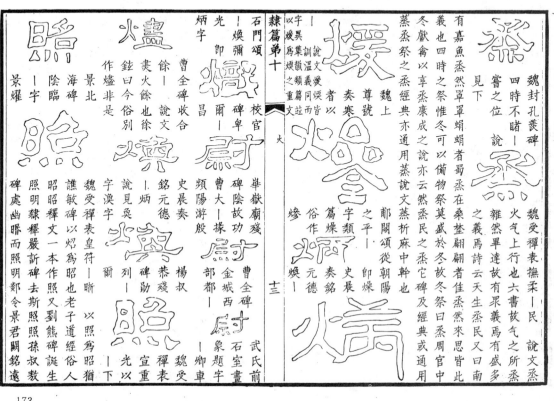

魏受禪表皇符丨晣 以照為昭猶譙敏碑以炤為昭也老子道經俗人昭昭釋文一本作照又劉熊碑誕生照明隸釋嚴訢碑去斯照照孫叔敖碑處幽暗而照明鄭令景君闕銘遠

近照聞富春丞張君碑刊照厥勛昭皆作照

耿勳碑身冒炎赫火星之丨

興威繼絕滅亦作威說文威滅也滅盡也其義一也

白石神君碑年穀歲丨　說文䎞食飪也新修字義云熟本作孰亯羊以手進之

衡方碑君之丨祖

曹全碑威布丨

白石神君碑道德丨然

武氏左石室畫象題字燃蒸自丨

楊叔恭殘碑殄丨醜類　左傳昭元年詩曰褒姒滅之釋文詩作烕又隸釋靈臺碑

炎

耿勳碑身冒丨赫火星之熱

黑

史晨奏銘丨不代倉

孔宙碑是時東獄丨首

曹全碑䆠丨首

鄭固碑至行立乎鄉丨　說文黨不鮮也諸碑多以爲鄉郷之郷說見郷字

禮器碑側上丨長子　說文鄙地名廣韻鄻地名說文作鄙鄙疑卽漢之上黨郡而諸碑及漢志亦借用黨字其作鄻者後人復加邑以別之也

石經尚書殘碑毋偏毋丨　史

夏碑丨魂有靈

隸釋云以記宋微子世家注引鄭元曰黨朋黨說文攩朋羣也是黨宜作攩然朋黨亦鄉黨之義六書故黨又借爲朋黨之黨鄉黨之名生焉是也隸辨注婁壽碑郷字云洪範無偏無黨古文尚書作郷則今書亦借黨爲郷耳說文攩字未引尚書分別觀之可也

黨爲儻隸辨云漢書伍被傳黨可曰徼幸師古曰黨讀曰儻又董仲舒傳黨可得見乎于定國傳咎黨在是乎揚雄傳黨鬼神可也儻皆作黨禹廟殘碑口忍令黨往還儻亦作黨案六書故黨說文曰不鮮也因之爲黨來黨或之義漢書曰黨可曰徼幸亦謂出於攸闇不可知也據此則黨爲正而儻爲借說文新附儻倜儻也

孔彪碑薦可丨否

北海相景君銘輕丨踰竟

炙

武梁祠畫象題字專諸丨魚刺殺吳王

白石神君碑燔丨芬芬

赤

武氏祠祥瑞圖題字丨罷

史晨奏銘爲丨制

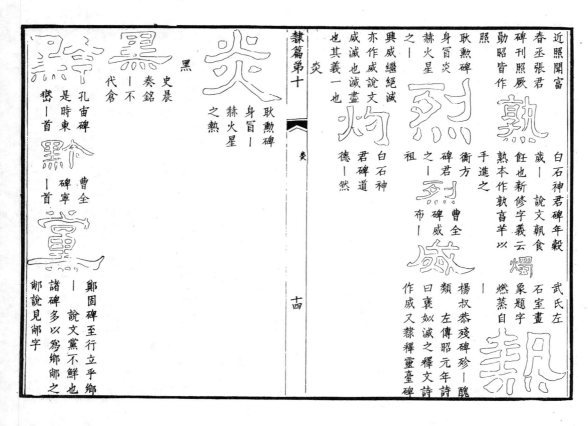

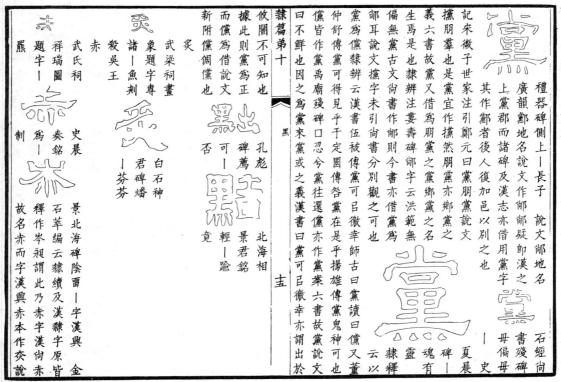

景北海碑陰酉丨字漢興　金石萃編云隸續及漢隸字原皆釋作岑祖謂此乃赤字漢尚赤故名赤而字漢興赤本作炎說

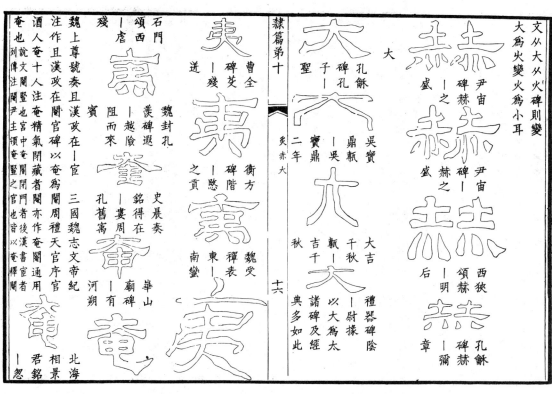

文从大从火碑則變
大爲火變火爲小耳

尹宙碑赫一之盛

尹宙碑一赫之盛

西狹頌赫一明后

孔龢碑赫一彌章

大

孔龢碑孔子一聖

吳寶鼎甎一吳寶鼎二年

大吉千秋甎一吉千秋

禮器碑陰一尉掾以大爲太諸碑及經典多如此

隸篇弟十　炎赤大　十六

曹全碑芝一殘迸

衡方碑階一慼之貢

魏受禪表東一南蠻

魏封孔羨碑退一越險阻而來賓

石門頌西一虐殘

史晨奏銘得在一婁周孔舊寓

華山廟碑一有河朔

魏上尊號奏且漢攺在一官　三國魏志文帝紀注作且漢攺在閹官碑以奄爲閹周禮天官序官酒人奄十人注奄精氣閉藏者閹亦作奄閹通用奄也說文閹豎也宮中奄閽閉門者後漢書宦者列傳注閹尹主領奄豎之官也皆以奄釋閹

北海相景君銘一忽

不違　說見晻字諸書相承晻昒皆作奄忽新序雜事奄忽焉莫知所從出可爲奄忽義如晻昒之證

大也㚐爲泰古文故㚐亦訓大

白石神君碑峻極一清

類篇㚐或省

衡方碑恩降乾一　說文㚐古文泰乾㚐卽乾泰卦名也與下剝巛爲對

祀三公山碑雙闕一門

曹全碑曹參一輔王室

衡方碑會喪一夫人　廣韻泰

亦

晉太公呂望表大公夢之一然

魏封孔羨碑文一在茲

武榮碑一世載德　以亦爲奕詩文王不顯亦世後漢書袁術傳作不顯奕代噫嘻亦服爾耕箋亦大疏亦大釋詁文彼亦作奕音義同又西狹頌亦世賴福隸釋樊安碑亦世載德綏民校尉熊君碑亦世載德楊震碑亦世繼明奕皆作亦隸釋帝堯碑弈孔頳純奕通用弈復以奕爲亦奕與亦古互通也

隸篇弟十　亦　十七

夨

孔宙碑陰一讓字子敬

孔宙碑陰一進字升臺

吳寶鼎甎大一寶鼎二年

曹全碑陰故塞曹史一產

校官碑門下史一翔

魯峻碑陰一盛子輿

武梁祠畫象題字一王

天

夏承碑中丨遭冤丨卽夭字

晉太公呂望表民無丨命 玉篇殀歿也短折曰殀古今亦作天夭殀古今字經典兩用之

鄭固碑年七歲而丨

石門頌穢苗丨殘 武氏石闕銘被病丨沒 三碑皆夭字也義並同殀

北海相景君銘隕涕丨哀

淮源廟碑丨走忘食

曹全碑不丨早世

韓仁碑不丨拰命

楊淮表紀不丨早隕

交

魏王基殘碑前無丨兵

尹宙碑丨朋會友

魏上尊號奏既丨橫於曠野矣

壺

禮器碑籩柉禁丨 隸釋云壺與上下文符觚輿汙協韻當是壺字也

壹

華山廟碑五歲丨巡狩 以壹爲一儀禮士冠禮壹揖壹讓升注古文壹皆作一疏一壹得通用雖疊古文不破之也又它經及史漢諸書一多作壹唐武后以後改數字爲壹貳參等以防姦易參字叁卽參字惟壹貳參三字實有一二三之義自古用之不始於唐也

孔宙碑丨德惟光

史晨奏銘恢崇丨變

白石神君碑參三條之丨 二碑義並同上

魯峻碑□□伯禽之丨緒

夏承碑早喪丨寶

孔彪碑惇丨允元

曹全碑丨明后

西狹頌詠歌丨德

魏范式碑徽柔丨恭

孔褒碑清和挺丨

魏受禪表丨作兩儀

衡方碑丨列孔純

譙敏碑爰惟丨業

張遷碑君丨于棠

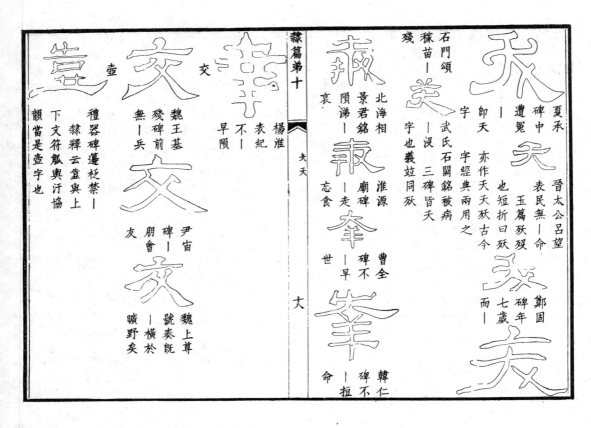

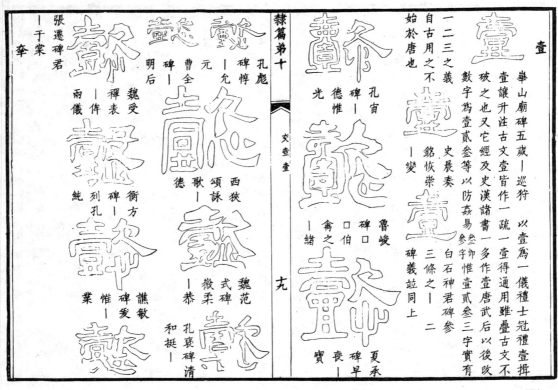

夅

圉

楊叔恭殘碑側陳留|

岪山廟碑|祀以之

岪山廟碑靡不|應

魏封孔羨碑斯豈所謂崇化|功

禮器碑竭敬之|

孔龢碑須|

史晨奏銘庶政|稱爲效

曹全碑各獲人爵之|

孔彪碑固|謙需

夏承碑所在|憲

尹宙碑致位|金吾

石門頌深|忠伉

武榮碑額漢故|金吾丞武君之碑

史晨後碑|事諸弟子

奢

禮器碑備而不|

白石神君碑匪|匪儉

九

西狹頌張|字惠叔

禮器碑側任城|父

岪山廟碑禮與岱|隸釋云亢即抗字案碑義當訓敵儀禮燕禮注莫敢伉禮也釋文敵也碑蓋以亢爲伉穀梁傳桓九年使世子伉諸侯之禮而來朝釋文本又作亢正與碑同伉古通用亢也又史記漢書凡言伉禮者字皆作亢

本

曹全碑部吏王|程横等

孔彪碑曆|陶之廉

禮器碑陰河南成|

岪山廟碑樂|六歌

石門頌數上|請

魏王基殘碑屢|封章

夰

魏范式碑如何|天

亣

張遷碑|斯讚魯

子游殘碑|□之難

曹全碑嘉慕|斯考甫之美

夫

史晨奏銘|封土爲社

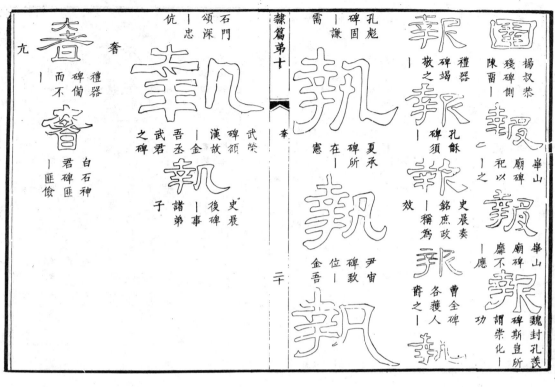

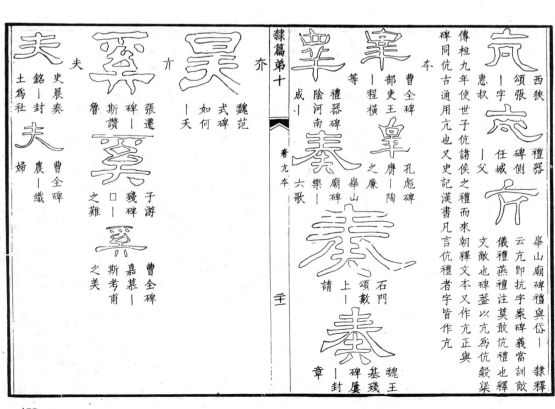

曹全碑農|織婦

魏范式碑陰王文一

魏王基殘碑懷濟世之宏一

孔龢碑若重一矩

鄭固碑從其本一

魏范式碑蹈一履信

北海相景君銘一筴榘謨

曹全碑李儒欒一程寅等

立

北海相景君銘威一澤宣

史晨後碑孔一元世

孔龢碑故特一廟

禮器碑乃共一表石

夼亣夫立

石經論語殘碑口乎異一

魯峻碑陰王一子行

史晨奏銘一門見徵

曹全碑陰杜一彥淵

衡方碑北一口

孔彪碑以孝一口

說文竭負舉也渴盡也諸碑皆以竭爲渴經典相承用之而以渴爲瀏字說文瀏欲飲也

史晨後碑空府一寺

禮器碑一敬之報

石門頌勤亾一誠

竝

譙敏碑恥與鄭人犨一柗驅

西狹頌威恩一隆

曹全碑陰秦一靜先

嵩山太室闕銘一天四海　金石文字記云竝天普天也古人省文案孫叔敖碑陰別口誼紀也隸釋云卽譜字隸辨云徐鉉說文新附字云譜史記從竝杜預左傳序譜第歷數釋文云譜本又作誼彼從普之字省爲竝此則普字省爲竝也

晉太公呂望表所宜不一　說文普从竝白聲普或从曰替或从兟从曰徐鉉曰今俗作替非是類篇別有替字音義皆異故以此當𣈆字

囟

竝囟

魏范式碑䅶彼夸一

魏王基殘碑輒請雷己自一輔

思

鄭季宣碑陰邯鄲瑾子一

史晨奏銘情所一惟

禮器碑違之一

譙敏碑一中聖權

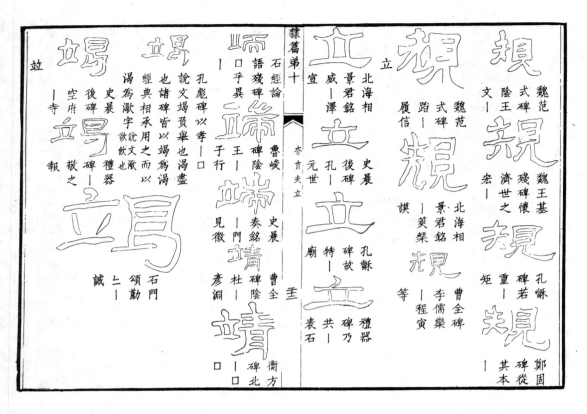

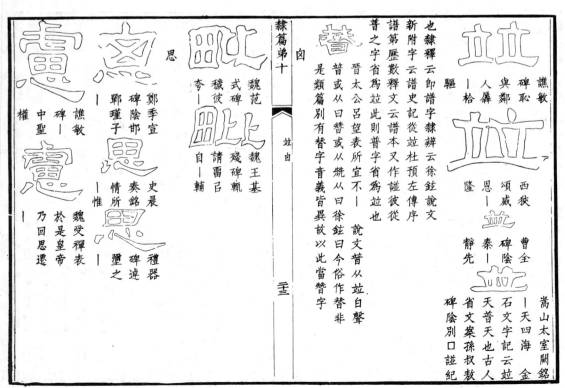

魏受禪表於是皇帝乃回思遷一

心

心 魏王基殘碑乃|帝室

心 曹全碑根生於|

心 禮器碑以尊孔|

心 劉熊碑□|顧下

心 石門頌履尾|寒

心 北海相景君銘殘僞易|

心 魏上尊號奏民|之繫於魏政

忠 孔宙碑|告慇勤

忠 張遷碑建|弼之謨

忠 北海相景君銘主|信兮

忠 魏王基殘碑|正足吕格非

忠 孔宙碑陰張|字公直

恭 孔龢碑敬|明祀

恭 白石神君碑敬|明祀

恭 淮源廟碑虔|禮祀

恭 吳谷朗碑孝友溫|

恭 孔宙碑而閏閾之行允|

恭 張遷碑溫溫|人

恭 魏范式碑嶽柔懿|

恭 華山廟碑肅|明神

惟 史晨奏銘情所思|

惟 禮器碑|永壽二年　說文惟凡思也諸碑多用作語辭又維車蓋維也它碑亦用作語辭唯諾也他碑訓獨經典則惟維唯皆作語辭古款識同惟唯皆訓獨也

惟 夏承碑|以告哀

惟 西狹頌倉庚|億

惟 郙閣頌|惠勤勤

惟 武榮碑陵|哮虎

惟 嵩山太室闕銘|中□□□

惟 石經魯詩殘碑|是褊心　毛詩作維夏承碑惟以告哀張遷碑其命惟新毛詩皆作維也

惟 張遷碑其命|新

悲 魯峻碑|蓼莪之不報

慈 晉孫夫人碑少爲父所見|撫

慈 魏王基殘碑|和孝友

慈 武梁祠畫象題字|母投杼

慈 劉熊碑愛|若父

意 孔龢碑字|伯

意 曹全碑先|承志

意 晉孫夫人碑父|乃寤

愚 孔龢碑臣|以爲如瑛言

愚 孔龢碑臣雄臣戒|戇

憮 石經論語殘碑子|然曰

悽 正直殘碑□□慘|

懷 魏王基殘碑永|慘悴

懷 張壽殘碑君常|色

懷 景北海碑陰永|□

懷 曹全碑感孔|

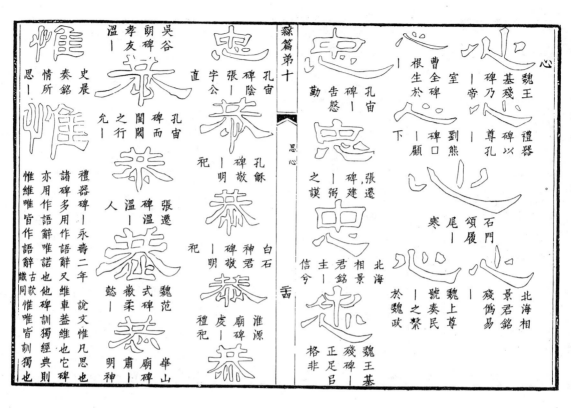

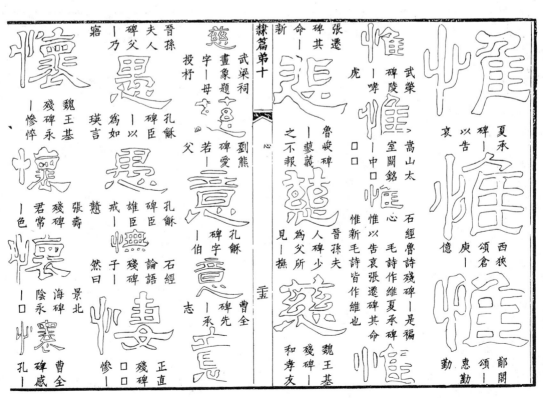

魯峻 斯□

碑內|溫懷潤

武梁祠畫象題字心|楚悲 二碑皆以懷為襄說見襄字

史晨奏銘|崇壹變

禮器碑陰魯孔|

孔彪碑|懿允元

衡方碑|魏絳之和戎

尹宙碑恂|于鄉黨

石門頌|宏大節

曹全碑咸|蒙瘳

禮器碑陰魯曹|

魏王基殘碑會|不|遺

隸釋云㾓即恢

禮器碑|懃宅廟 說文慇痛也經典慇通用殷碑則殷通用慇而勤作懃以配之詩卷耳箋申殷勤也 釋文俗本下竝加心非也

孔宙碑忠告|勤義 同上

衡方碑階夷|之貢 以慇為閔抱經堂文集云鄭固碑乃夷謂伯夷慇謂閔子古閔慇通用如春秋諸侯之遭凶|謚閔者亦作慇也攷詩載馳序閔其宗國顛覆釋文一本作慇禮記儒行不閔有司釋文本亦作慇 然二經皆以慇為正義說見閔字

禮器碑慇|宅廟 說見慇字

婁壽碑遯世無||

曹全碑百工戴||

史晨奏銘臣蒙|厚|

西狹頌威|竝隆

延光碑□維|

西狹頌行人| 說文懽喜款也歡喜樂也

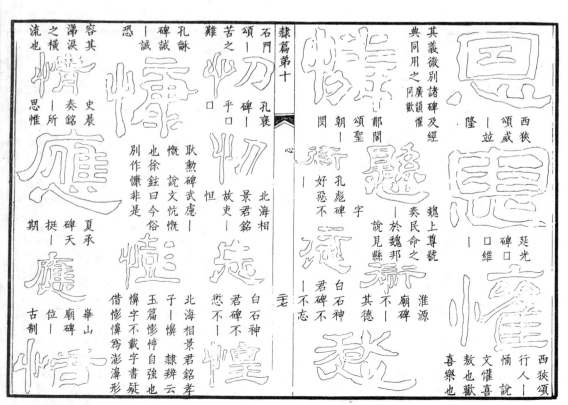

其義微別諸碑及經典同用之 廣韻懽同歡

郙閣頌聖|朝|閔

魏上尊號奏民命之|於魏邦 說見縣字

淮源廟碑不|其德

孔彪碑好惡不|

白石神君碑不|不忘

石門頌|苦之難

孔褒碑|乎□怛

北海相景君銘|故吏|

耿勳碑武慮|慨 說文忼慨也徐鉉曰今俗別作慷非是

白石神君碑不|悊不|

北海相景君銘孝子|㦧 隸辨云玉篇㦧悙自強也㦧字不載字書疑借㦧㦧為澎濞形

孔龢碑誠|誠|恐

史晨奏銘|所思惟

容其涕泗之橫流也

夏承碑天挺|期

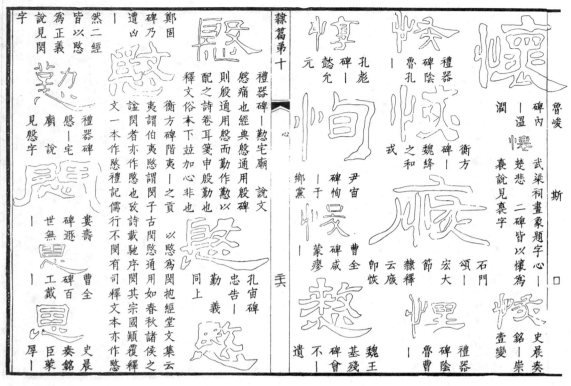

華山廟碑位|古制

婁壽碑｜佚淨漢

憧　北海相景君銘驚｜傷褭　隸釋云以憧爲慟案武榮碑感褱傷憧（隸釋誤作感褱傷愴）隸釋郭仲奇碑悲憧剝裂李翊夫人碑憧切剝兮年不榮慟皆作憧說文憧遲也新附慟大哭也豈古無慟字止作憧與

悀　西狹頌行人懽｜　隸辨云廣韻悀心喜也隸釋云以悀爲踊非是

愹　魯峻碑陰梁｜叔節　類篇悀或從容

恐　孔龢碑誠惶誠｜

恥　尹宙碑卑官不以爲｜

耻　譙敏碑｜與鄭人羼竝柗驅

怙　鄭固碑家失所｜

悌　魏受禪表邁愷｜之敎　愷悌經典多作豈弟說文愷樂也豈者愷之省諸碑作愷者正也它碑又作凱音義與愷同故禮器碑陰孔凱字仲弟也說文新附悌善兄弟也經典多作弟汗簡弟作悌出古孝經是古自有悌字經典作孝悌字者正用古文而諸碑因以爲愷悌也

悌　張遷碑詩云愷｜

悔　耿勳碑怖威｜惡

悔　譙敏碑呂遠｜咎

忍　曹全碑巴郡朐｜令　諸碑及漢書地理志後漢書郡國志皆作朐忍（漢書注師古曰朐音劬）惟後漢書吳漢傳作朐䏰注朐音劬䏰音忍又引十三州志朐音春（疑蠢字之譌）䏰音閏其地下濕多朐䏰蟲因以名縣說文新附字作朐䏰云朐䏰蟲名漢中有朐䏰縣地多此蟲因以爲名攷其義當作潤蠢朐如順切䏰尺尹切義既難憑形聲亦混當以諸碑及兩漢書地志爲正也

忍　李壽石刻巴郡朐｜令

憤　譙敏碑寫｜斯銘

憤　夏承碑咳孤｜泣

忿　魏上尊號奏則重華必｜憒於倉梧之神墓

憚　曹全碑遠近｜威

怛　北海相景君銘故吏忉｜

想　孔彪碑于嗟｜形

感　曹全碑｜孔懷

感　張遷碑｜思舊君

忝　譙敏碑不｜其美

忝　衡方碑不｜前人

戇　孔龢碑臣雄臣戒愚｜

惴　西狹頌惴｜其慄

悴　魏王基殘碑永懷慘｜

懟　晉孫夫人碑然事君不｜

志　婁壽碑岐嶷有｜

志　曹全碑先意承｜

忌　晉太公呂望表范陽盧无｜

忌　武梁祠畫象題字王慶｜

慰　曹全碑存｜高年

恕　孔宙碑躬忠｜以及人

⿰忄孚　楊叔恭殘碑上文闕

懼　魏上尊號奏｜者寧之

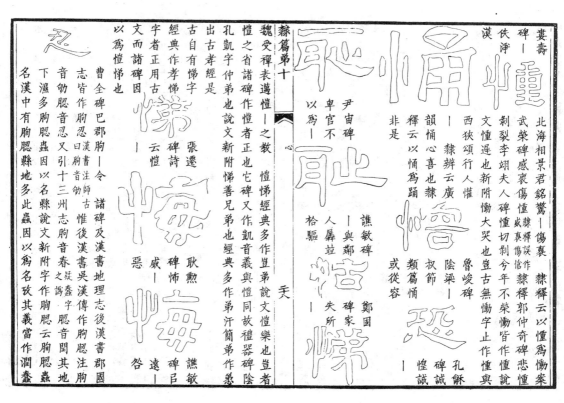

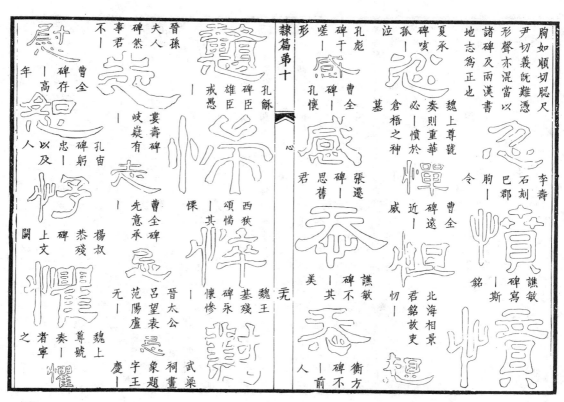

懼

武氏左石室畫象題字丨見意疑

慕

孔宙碑丨寧儉之遺剿

慕

魏封孔羨碑殊俗解編髮而丨義

慕

曹全碑直丨史魚

慕

北海相景君銘民心思丨

怖

耿勳碑丨威悔惡說文悑惶也从心甫聲怖或从布聲

悑

史晨奏銘夙夜憂丨

愬

淮源廟碑災異告丨說文訴或从朔心

愬

武梁祠畫象題字嬰兒之丨

慨

婁壽碑丨然而義

慨

魏封孔羨碑乃丨然歎曰說文慨忼慨士不得志也愾太息也

碑以慨為愾經典或相承用之

慎

劉熊碑丨徽五典

慎

張壽殘碑明德丨罰

慎

景北海碑陰丨終追遠

慎

禮器碑陰王敬子丨

怨

張遷碑西人丨思

怨

晉孫夫人碑口無丨惡

恨

魏王基殘碑丨元勳之未遂

憲

衡方碑羣公丨章

憲

孔彪碑發號施丨

憲

禮器碑陰魯孔丨

憲

孔龢碑師孔丨

憲

魏封孔羨碑永作丨矩

憲

曹全碑陰侯褒文丨

憲

夏承碑所在執丨

憲

西狹頌為丨無已

⿰忄寧

楊叔恭殘碑賞恭糾丨

悼

子游殘碑口庶閔丨

悼

衡方碑丨蓼儀之劬勞

⿰忄到

魯峻碑遐邇忉丨兩漢金石記云顧南原云⿰忄到疑即惻字非也按詩倬彼甫田陸德明云倬陟角反韓詩作菿音同云菿卓也傳云倬明貌疏云毛以為倬然明大者可見倬字本有大義矣爾雅菿大也注云

菿義未聞然爾雅注云菿音罩則是菿有卓罩二音矣疑當時方言⿰忄到與悼通也雖輶軒絕代語所未採然似可備一說不必以去入之界為疑耳說文悼从心卓聲徐鼎臣謂悼當从罩省卓非聲者誤也山左金石志云翁說是也倬字或作菿則悼字亦可通作⿰忄到悼罩悼皆从卓得聲古音卓聲到聲同在一部本與銘辭上下諸韻合或以為字書無⿰忄到字以音義求之似與怛字同疏矣案⿰忄到者悼之異文也

慶

魏受禪表而猶以一至之丨寵

慶

神當時

武梁祠畫象題字王丨忌

慶

淮源廟碑穰穰其丨

慶

景北海碑陰丨鴻字中口

性

張遷碑雪白之丨

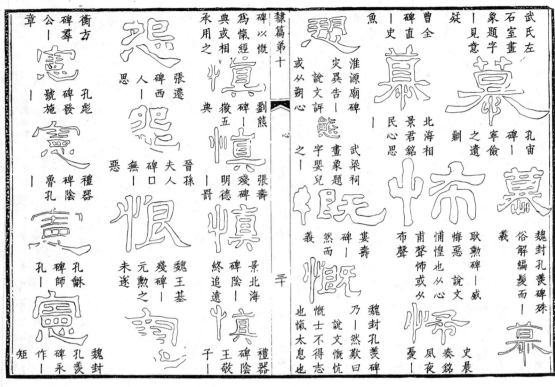

性

夏承碑受｜淵歎

曹全碑賢孝之｜

史晨後碑史君｜孔濱顏母井去市遼遠

譙敏碑寮朋親｜義同上又隸釋郭仲奇碑貴慽肅承慼亦作感

魏王基殘碑永懷｜悴

夏承碑君之聾｜隸釋云以感爲慼隸辨云說文作慽廣韻云或作慼感憂也慼親也經典感皆借慼故碑慼亦借感

嵩山太室闕銘戰｜盡勤說見栗字

正直殘碑□□｜悽

禮器碑｜聖歷世

衡方碑□隆寬｜

曹全碑｜民之要

張遷碑存｜高年

有哲王釋文本又作悊抑靡哲不愚釋文出靡喆云本又作哲亦作悊五經文字云哲作悊同

石門頌庶土｜靡

武斑碑晻｜徂逝說見晻字又北海相景君銘奄忽不違

淮源廟碑民用｜服說見說字

吳谷朗碑和顏｜色

衡方碑能｜能惠說文哲知也悊或从心碑又悊敬也用書皋陶謨語詩下武世非敬義

西狹頌敦詩｜禮

魏封孔羨碑追存二代三｜之禮說文𢡟敬也徐鉉曰今俗作恪恪卽𢡟字移心於旁耳非類篇悉忓伏態之忓或从客與恪忓多伏計之恪也

石門頌｜虫蠍狩隸釋云卽惡字

魯峻碑敬｜恭儉隸釋帝堯碑若不虔恪𢡟亦作恪

石門頌卑者楚｜

案古諤字通用愕後漢書陳蕃列傳謇愕之操三國吳志諸葛瑾傳與權談說諫喻

白石神君碑陰部志元｜玉篇𢡟同恪說見上

孔彪碑日｜位竹

孔彪碑□之所｜

北海相景君銘分明好｜隸釋云卽惡字

鄭固碑犯顏謇｜隸釋云以愕爲諤

未嘗切愕是其證也

孔彪碑俾世憒｜

史晨奏銘臣寢｜耿耿

婁壽碑國人乃相與論｜處謚說文悳外得於人內得於已也德升也是悳爲悳行字它碑多以德爲悳行之悳經典相承用之後人遂以悳爲古德字

鄭固碑｜能簡乎聖心說文悳古文悳然此卽悳之橫目者如說文德字所从非悳之變也

淮源廟碑扶老攜｜

耿勳碑喜不縱｜

北海相景君銘蓄道脩｜

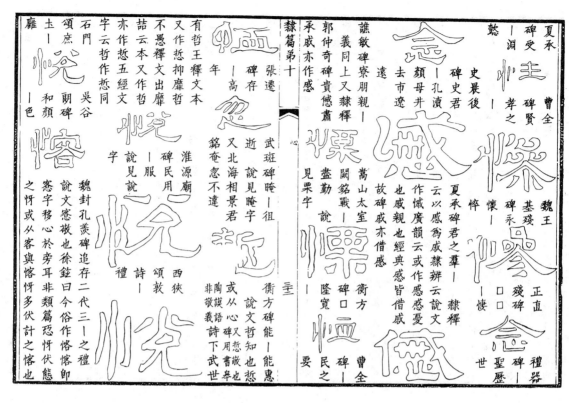

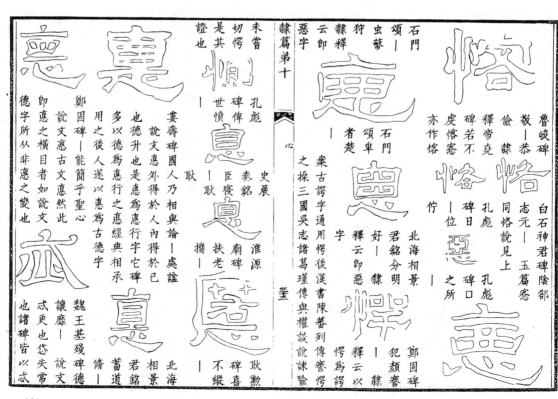

魏王基殘碑德讓靡｜說文忒更也忒失常也諸碑皆以忒

為忒經典相承用之

淮源廟碑　陰陽以｜

白石神君碑　莫｜於禮

曹全碑　三郡告｜

綴說

禮器碑⿰馬豈　隸辨云⿰馬豈同驥禮記文王世子注州里⿰馬豈于邑正義曰⿰馬豈謂仰冀之也釋文云⿰馬豈音冀及也兩漢金石記云廣韻⿰馬豈同驥是但為驥字訓耳若專訓⿰馬豈則直當引禮記正義希⿰馬豈仰慕之義音義皆當主冀字不必主驥字也案廣雅釋言⿰馬豈企也

石門頌駮　玉篇駮今作駁據相承通用而言非謂駮即駁也

孔彪碑虋　經典釋文多出蔿字云又作虋作虋者葢漢人寫經本也

北海相景君銘麋　集古錄云余家集錄三代古器銘有云眉壽者皆為麋古字簡少通用至漢魏猶然也今攷集古錄所載古器銘有眉壽字而摹其文者為毛伯敦銘為韓城鼎銘而敦銘釁釋作釁鼎銘釁釋作麋又釋作釁實則二銘皆古眉字固非釁釁亦非麋也

孔龢碑犬　後漢書禮儀志明帝永平二年三月郡縣道行鄉飲酒于學校皆祀聖師周公孔子牲以犬碑云給犬酒直顯是犬字闕里志誤作大或以祭先師無用犬之禮因疑犬為別字鑿矣

魏范式碑猶　詩抑遠猶辰告常武王猶允塞韓詩外傳引之猶竝作猷又小星寔命不猶陟岵猶來無棄爾雅釋言注引之猶亦竝作猷隸釋袁良碑其儉猷稱猶猷止是一字字書兩分與言互通者竝非

白石神君碑然　碑用詩定之方中語也明監本汲古閣本今坊本皆作終焉允臧而唐石經小字本相臺本閩本今國子監石經皆作終然允臧據碑知漢本同矣又攷禮記檀弓穆公召縣而問然注然之言焉也焉與然其義同也

譙敏碑炤　禮記禮器注金炤物釋文音照本亦作照哀公問注照察有功釋文出炤察云音照本亦作照是炤與照同之證荀子儒效炤炤兮其用知之明也正如碑以炤為昭注云炤炤明見之貌炤與照同而未言其義作昭也

郙閣頌慘　此與操之譌摻同經典釋文凡从喿作參者皆譌也

魏受禪表照　魏上尊號奏督軍御史將作大匠千秋亭侯臣照即董昭也三國魏志本傳作昭碑通用邪抑史誤邪

子游殘碑奚　後漢書安帝紀元初二年右扶風仲光安定太守杜恢京兆虎牙都尉耿博與先零羌戰於丁奚城光等大敗此碑奚上闕文若是丁字則安陽縣金石錄疑莒指羌叛而言信矣

嵩山太室闕銘竝　中州金石記云竝普聲相近於五音同為羽也故說文普以竝為聲徐鉉删聲字徐鍇繫傳有云傳寫誤多之非也案徐鉉於說文非聲之字皆注云某非聲此聲字葢後人據繫傳删之也

曹全碑悛　說文悛止也故病止亦曰悛玉篇痊病瘳也非古字

婁壽碑悳　漢書地理志平原郡安悳禮樂志武臣承悳賈誼傳悳至渥也師古竝云古德字

隸篇第十

隸篇第十一

水

禮器碑丨通口注

郙閣頌漢丨逆讓

西狹頌若涉淵丨

魏封孔羨碑丨聲登假

張壽殘碑遭丨楊劇賊

魯峻碑陰九丨壽春任琪

郙閣頌禹丨導河

史晨後碑南注城丨　說文沱江別流也徐鉉曰沱沼之沱通用此字今別作池非是又說見偏旁

罷池五瑞圖題字君昔在罷丨

衡方碑少吕丨術安貧樂道　隸釋云以濡爲儒案禮記目錄儒行疏儒者濡也以先王之道能濡其身儒有濡義不第同音而借也隸釋堯廟碑濡術之宗儒亦作濡

史晨後碑自以城池道丨麥給令　隸釋云以濡爲壖說見偏旁

婁壽碑禮丨義醇

張壽殘碑稼嗇丨殖

史晨後碑飭丨桐車馬於瀆上

禮器碑側丨眞

李孟初神祠碑口更訊丨

曹全碑鄉明而丨

北海相景君銘剋已丨身

孔彪碑永永無丨　說文垠地垠也一曰岸也語斤切圻垠或从斤碑以沂爲圻集韻垠或作圻通作沂禮記少儀注附纏爲沂鄂也釋文沂魚巾反漢書敘傳漢艮受書於邳沂注晉灼曰沂崖也下邳水之崖也師古曰沂音牛斤反一切經音義圻際說文地圻咢也經文从水作沂隸釋注此碑云以沂爲涯不如注帝堯碑億不殄兮祉無沂云以沂爲垠之爲得也

武梁祠畫象題字丨父

魏封孔羨碑羣小遡丨

禮器碑深除元丨

曹全碑陰董丨建禮

衡方碑歸來丨泗

武氏石闕銘仕丨陰　說文濟水出常山房子贊皇山沇水出河東東垣王屋山東爲泲泲沇也諸碑濟陰濟北濟南等字皆當作泲禹貢所言濟水皆是泲水亦書泲爲濟惟漢書地理志作泲耳

魯峻碑陰丨陰定陶[木聿]眞

楊叔恭殘碑闕丨北茬平

曹全碑君乃閔縉紳之徒不丨

淮源廟碑疏穢丨遠

石門頌平阿淥丨

校官碑戶曹掾楊丨

史晨後碑功曹史孔丨

熹平殘碑府君君國丨民

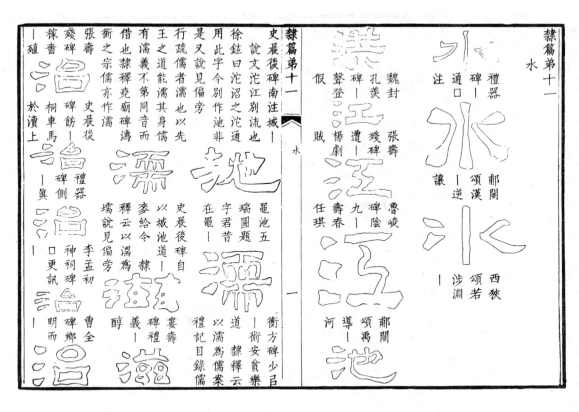

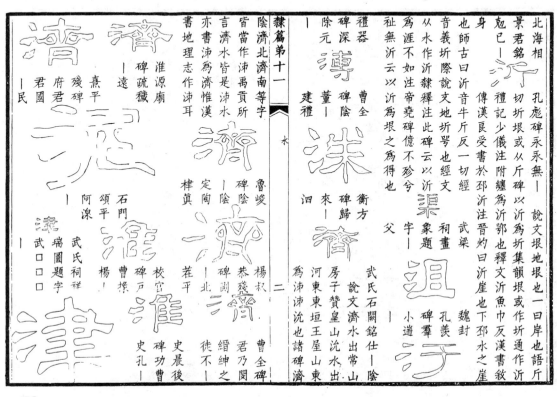

武氏祠祥瑞圖題字武口口口丨

夏承碑飛躍臨丨

泯 尹宙碑萬祀不丨

淳 孔宙碑陰丨于黨口季道

淳 禮器碑側丨于鄉

淳 景北海碑陰丨于孫悝

淳 景北海碑陰丨于孫眈

淪 魏封孔羡碑口恩丨於不測

涒 禮器碑青龍在丨歎

淨 婁壽碑恬佚丨漠 說文淨魯北城門池也瀞無垢薉也碑以淨為瀞俗書因之

洙 魏封孔羡碑教化乎丨泗之上

汾 禮器碑側河東臨丨敬信

汾 石經魯詩殘碑彼丨一曲

濦 魯峻碑陰汝南丨強尹稜 說文作濦

源 淮源廟碑泫泫淮丨 說文灥水泉本也原篆文从泉徐鉉曰今別作源非是

源 郙閣頌緩丨漂疾

源 嵩山太室闕銘潤施丨流

溫 婁壽碑丨然而恭

溫 衡方碑丨故前呈

溫 魯峻碑內懷丨潤

溫 尹宙碑君體丨良恭儉之德

溫 張遷碑溫丨恭人

溫 石經論語殘碑丨故口口口

漢 尹宙碑丨與以三川為潁川

漢 王稚子左闕丨故兗州刺史雒陽令王君稚子之闕

漢 華山廟碑在丨中葉

漢 禮器碑陰鮑丹丨公

漢 曹全碑陰秦杼丨都

漢 孔龢碑為丨制作

漢 衡方碑領丨故衛尉衛鄉衡府君之碑

漢 仙集題字丨安元年四月十八日會仙友

漢 子游殘碑口在

潛 嵩山太室闕銘上下

潛 校官碑貽我丨

潭 孔彪碑丨潭庶幾 隸釋云潭

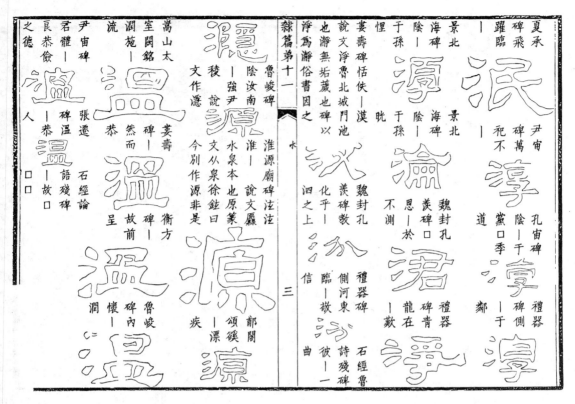

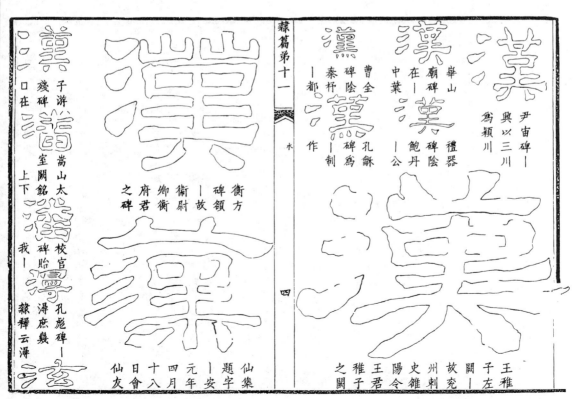

泫

聖｜　文闕　君　卽漫字

淮源廟碑｜泣淮源

孔褒碑爲｜爲林

夏承碑受性｜懿

郙閣頌臨深長｜

孔宙碑陰魏郡清｜

淵

曹全碑陰杜靖彥｜

北海相景君銘孝弟｜懿

石門頌瘨寫輸｜

郙閣頌｜揚絕道

子游殘碑下文闕

禮器碑側｜東臨汾敬謙

河

魏王基殘碑孫｜達難

曹全碑陰｜東安邑

尹宙碑富｜侯相之孫

郙閣頌徯源｜疾

郙閣頌濤｜滂沛

尹宙碑｜南尹校尉

禮器碑食粮亡于｜邱

吳谷朗碑還長｜劉陽令

晉孫夫人碑長｜人桓伯序

孔宙碑兼禹｜之皐已

淮源廟碑｜湯其逝

孔宙碑陰謝｜字子讓

武梁祠畫象題字乞｜者

曹全碑仍辟｜州

石門頌清｜調和　寒涼字卽涼薄字類篇別作凉訓薄寒今俗因之非是

禮器碑長期｜蕩

石門頌無偏｜亾

史晨後碑｜邪反正　說文蕩水出河內蕩陰盪滌器也碑以蕩爲盪又吳谷朗碑流清蕩濁經典多相承用之爾雅釋訓盪盪疏盪蕩音義同

郙閣頌濤｜波沛

淮源廟碑天地｜和

曹全碑｜擬夷齊

衡方碑脩｜滌俗

魏上尊號奏臣｜臣福

孔宙碑陰｜穆字奉德

北海相景君銘寔｜寔剛　字源云漢碑多以渘爲柔案隸釋魏元丕碑旣膺渘德督郵班碑渘遠而邇柔皆作渘

孔宙碑陰如盧｜字遺伯

史晨後碑脩通大｜

崋山廟碑｜用邱虛　卽說文㴻字經典作浸釋文亦作寖皆㴻之省也漢書閒有如碑作濅者如外戚恩澤侯表濅廣博矣之類

譙敏碑｜明奠隩

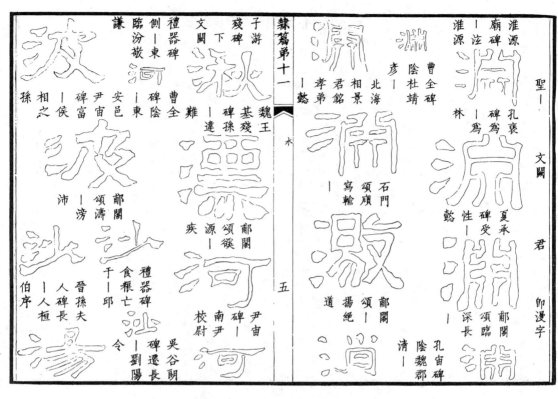

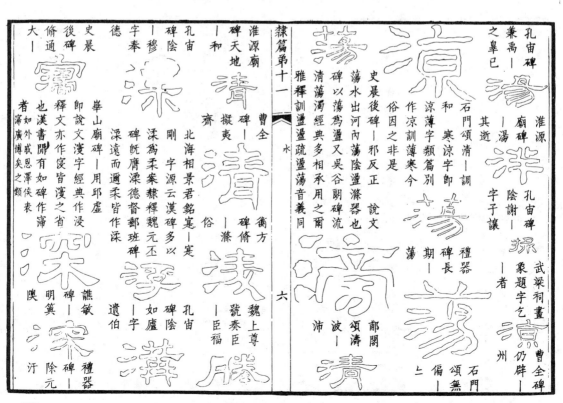

禮器碑｜除元汙

深

郙閣頌臨｜長淵｜

沇

淮源廟碑執玉以｜

沈

景北海碑陰諒闇｜思

沈

白石神君碑水無｜氣

沉

淮源廟碑禋絜｜祭

淫

華山廟碑改秦淫｜祀

石經尚書殘碑無有｜朋

淡

衡方碑｜界繆動隸釋云以淡為痰衆華嚴經音義引文集字略淡謂胷中液也又引方言騖師注淡字又作痰也蓋古無痰字止書作淡王羲之帖匈中淡悶干嘔是晉時痰猶作淡抱朴子甘遂葶藶之逐痰癖後人所改耳

澹

耿勳碑開倉振｜以澹為贍史記司馬相如傳漉沇贍蓄漢書作灑沈澹災漢書食貨志

猶未足呂澹其欲也司馬遷傳澹足萬物東方朔傳朔之進對澹辭趙充國傳呂澹一隅師古竝云澹古贍字鹽鐵論本議將何以澹之又哀元元之未澹注竝云古贍字隸釋張納功德敘邺澹湅餕贍亦作澹說文新附贍字古作澹也

漸

尹宙碑當｜鴻羽

潛

晉孫夫人碑｜神內識

潛

曹全碑｜隱家巷七年

潛

淮源廟碑｜行地中

潛

晉太公呂望表而發其｜書

沾

白石神君碑不終朝日而澍雨｜洽 說文沾益也霑雨䨿也沾為添本字諸碑皆以沾為霑

沾

曹全碑惠｜渥

淹

夏承碑｜疾卒官 隸辨云淹當為淹滯之淹隸釋云以淹為奄非是

氾

孔彪碑曠焉｜而不俗

氾

張遷碑陰故吏｜定國

涌

曹全碑謀若｜泉

淚

北海相景君銘隕｜奔哀

涕

譙敏碑泣｜雙流

汝

孔宙碑陰｜南平輿謝洋

汝

禮器碑陰｜南宋公國

洗

石經儀禮殘碑□人盥｜說文洗灑足也洒滌也諸碑皆以洗為洒經典多相承用之

洗

曹全碑貪暴｜心

海

淮源廟碑惟｜是造

海

北海相景君銘據□□北｜相

海

魏上尊號奏以福｜內欣戴之望

海

孔宙碑陰北｜都昌呂升

海

禮器碑側東｜傳

海

嵩山太室闕銘竝天四｜

瀆

史晨奏銘復｜孝經

瀆

孔龢碑｜易毄辟

準

淮源廟碑君｜則大聖 隸辨云準則之準說文從水從隼玉篇云俗作准案五經文字云準字林作准佩觿云字林以准為平準之準其多僻有如此者蓋俗書省準為准嫌與江淮字無別故變氵為冫也

滆

鄭固碑未｜期限

衍

曹全碑陰故功曹王｜

衍

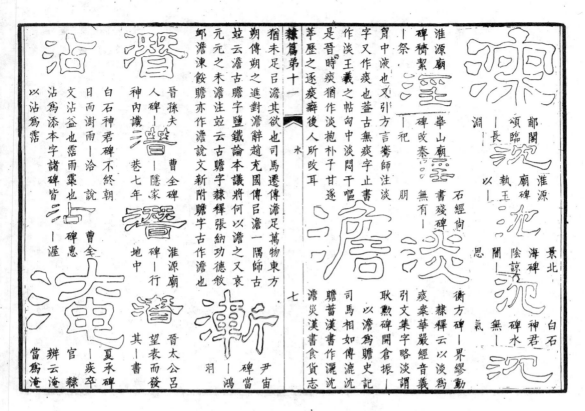

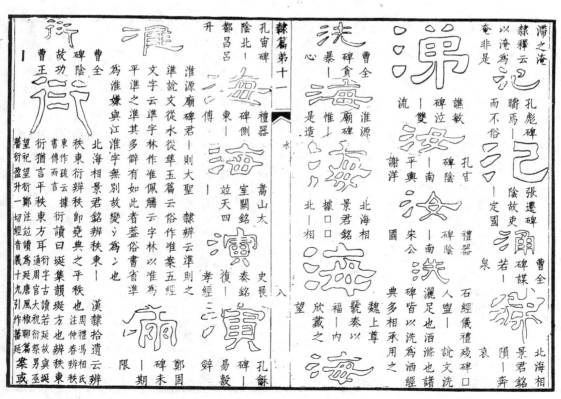

北海相景君銘辨秩東｜ 漢隸拾遺云辨秩東衍辨秩卽堯典之平秩也周禮馮相氏注仲春辨秩東作疏云書傳而言據衍讀曰埏集韻埏方也辨秩東衍猶言平秩東方耳衍字古讀若延故與埏通周官大祝衍祭男巫望祀望衍鄭注竝讀為延唐風椒聊篇蕃衍盈升一切經音義十九引作蕃延案或

曰東方衍沃可耕作之地也

北海相景君銘隨轝飲丨

孔褒碑濟丨窮尼

減 西狹頌丨高就埤

泗 衡方碑歸來洙丨

泗 魏封孔羨碑教化乎洙丨之上

泣

注 史晨後碑南丨城池

澍 白石神君碑不終朝日而丨雨沾洽

澍 禮器碑天雨降丨

渡

決 史晨後碑廧垣壞丨

滯 衡方碑振丨起舊

泄 衡方碑氣丨狂口

泰 禮器碑陰山丨鮑丹

泰 晉造橋題名以丨始六年五月十日造此石橋

沛 孔宙碑陰丨國小沛周升

沛 魯峻碑陰丨國譙

沛 鄭固碑隕命顛丨

沛 張遷碑蔽丨棠樹　隸辨云碑以蔽沛為蔽芾案易豐卦豐其沛釋文子夏作芾是今易文亦以沛為芾也

沒 晉孫夫人碑可丨而無稱哉

沒

魏封孔羨碑仲尼既丨　說文沒沈也歿終也諸碑多以沒為歿經典相承用之玉篇歿死也今作沒

沒 武氏石闕銘被病夭丨

潤 魯峻碑內懷溫丨

潤

嵩山太室闕銘丨施源流

浚 西狹頌鑿山丨瀆

灌 魯峻碑樂於陵丨園之契

渙 劉熊碑丨乎成功　隸釋戚伯著碑功德渙彰與碑義同後漢書延篤列傳渙爛兮其溢目也注渙爛文章貌也文選物色題注易曰風行水上渙渙然卽文章也是渙為正字非以渙為煥乎文章之煥也又說文新附煥字豈煥乎文章之煥古亦書為渙與

泮 魏封孔羨碑嘉先民丨宮之事

滌 衡方碑脩清丨俗

溺 婁壽碑榮且丨之耦耕

況 魏上尊號奏丨神祇之心乎　廣韻況矧也說文曰寒水也況俗玉篇亦云況俗況字據此則訓矧者卽是況字變作況耳類篇水部況說文寒水也一曰益也矧也冫部別有况字云寒冰也殆以況之變從冫遂因寒水而訓為寒冰其實亦況之變也佩觿又別作況其字从二云況況況上發語之端中寒冰也下形況亦脩況琴名則并失說文況字訓寒水本義支蔓橫生正俗倒置矣又說見偏旁

況 魯相謁孔廟碑東海丨基人　隸釋云碑以況基為祝其乃春秋夾谷之地

渥 曹全碑惠沾丨

渥 吳谷朗碑播丨惠以育物

瀆 西狹頌鑿山浚丨

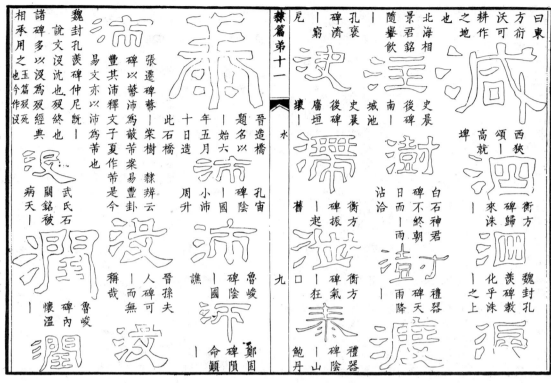

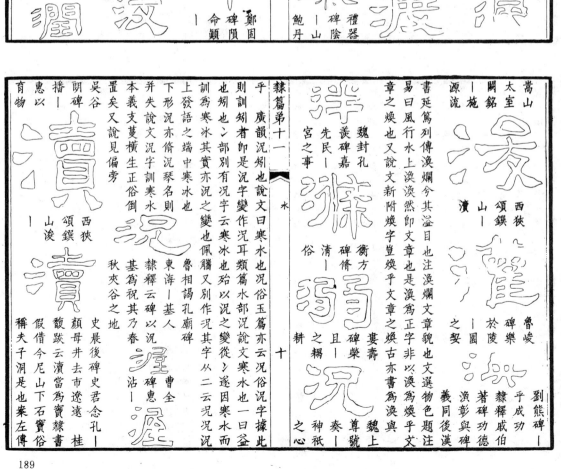

瀆 史晨後碑史君念孔丨顏母井去市遼遠　桂馥跋云瀆當為竇隸書假借今尼山下石竇俗稱夫子洞是也案左傳

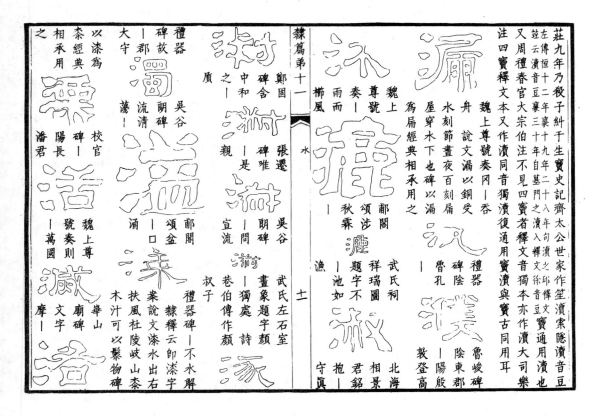

莊九年乃殺子糾于生竇史記齊太公世家作笙瀆索隱瀆音豆左傳桓十二年襄十九年二十八年句瀆之邱釋文竝云瀆音豆襄三十年自墓門之瀆入釋文徐音豆竇通用瀆也又周禮春官大宗伯注不見四竇者釋文音獨本亦作瀆大司樂注四竇釋文本又作瀆同音獨瀆復通用竇瀆與竇古同用耳

漏

魏上尊號奏冈—吞舟 說文漏以銅受水刻節晝夜百刻扁屋穿水下也碑以漏爲扁經典相承用之

汎

禮器碑陰魯孔—

濮

魯峻碑陰東郡—陽殷敦登高

沐

魏上尊號奏—雨而櫛風

漉

郙閣頌涉秋霖—

漉

武氏祠祥瑞圖題字不—池如漁

淑

北海相景君銘抱—守眞

淑

鄭固碑含中和之—質

淑

張遷碑唯—是親

淑

吳谷朗碑—問宣流

淑

武氏左石室畫象題字顏—獨處 詩巷伯傳作顏叔子

涿

禮器碑故—郡大守

濁

吳谷朗碑流清藻—

溢

郙閣頌盆—口涌

漆

禮器碑—不水解 隸釋云卽漆字 案說文漆水出右扶風杜陵岐山桼木汁可以鬃物碑以漆爲桼經典相承用之

溧

校官碑—陽長潘君

活

魏上尊號奏則—萬國

滅

華山廟碑文字摩—

洛

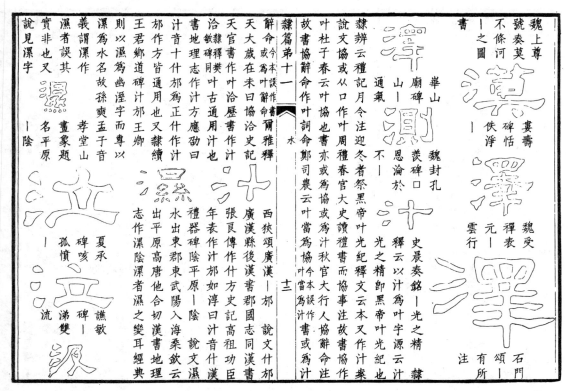

魏上尊號奏莫不條河—之圖書

漠

婁壽碑恬佚淨—

澤

魏受禪表元—雲行

澤

石門頌—有所注

澤

華山廟碑山—通氣

測

魏封孔羨碑恩淪於不—

汁

史晨奏銘—光之精 隸釋云以汁爲叶字源云汁光之精卽黑帝叶光紀也

隸辨云禮記月令注迎冬者祭黑帝叶光紀釋文云本又作汁案說文協或从口作叶周禮春官大史讀禮書而協事注故書協作叶杜子春云叶協也書亦或爲協或爲汁秋官大行人協辭命注故書協辭命作叶詞命鄭司農云叶當爲協今本誤作叶當爲汁書或爲汁辭命今本誤作書或爲叶辭命爾雅釋天大歲在未曰協洽史記天官書作叶洽歷書作汁洽隸釋樊敏碑同叶古通用汁也

汁

西狹頌廣漢—邡 說文什邡廣漢縣後漢書郡國志同漢書張良傳作什方史記高祖功臣年表作汁邡如淳曰汁音什漢書地理志作汁方應劭曰汁音十什邡爲正什作汁邡作方皆通用也又隸續王君鄉道碑汁邡王卿

濕

禮器碑陰平原—陰 水出東郡東武陽入海桑欽云出平原高唐他合切漢書地理志作漯陰漯者濕之變耳經典則以濕爲幽溼字而專以漯爲水名故孫奭孟子音義謂漯作濕者誤其實非也又說見漯字

濕

孝堂山畫象題名平原—陰

泣

夏承碑咳孤憤—

泣

譙敏碑—涕雙流

晉太公呂望表來爲—令

校官碑河內—董竝

魏范式碑充—外內

洽

武氏祠祥瑞圖題字王者德純—

衡方碑受任—旬

郙閣頌醳散關之嶄—

漯卽濕也說見濕字隸省㬎爲累隸釋殷阬神祠碑隸續斥彰長田君斷碑顯作顯又變累爲累隸釋綏民校尉熊君碑顯作顯故此碑書濕爲漯漯當爲㵵之重文今依類篇分爲二字碑則以漯爲幽溼之溼以漯爲溼卽隸釋孫叔敖碑下濕墝埆之以濕爲溼亦卽經典之以濕爲溼也漢隸拾遺云濕字從水㬎聲㬎音五合反而古聲則與溼相近故說文溼字卽從㬎省聲也凡入聲合部中從合從及從立從集從㬎之字古聲皆在緝部濕音它合反而古聲亦與溼相近故經傳溼字多通作濕濕與漯本是一字此碑以漯爲溼猶經傳之以濕爲溼也漢書功臣表濕沃公士濕音它合反水經注作漯沃桊此縣爲漯水之所經故有漯沃之名而地理志作溼沃是溼漯可以互通燥溼之溼通作漯猶沛漯之漯通作溼無足異也

林

景北海碑陰齊—字文達

卽林字說文林二水也鄭氏易坎爲林象重坎也齊冰字文達葢取盈科而進之義孔宙碑陰高冰字季超取行險不陷之義也

孔宙碑陰高—字季超

夏承碑—恩褒善

說文㴑水行也流篆文从水

譙敏碑泣—涕雙

郙閣頌水—蕩蕩

曹全碑陰任午子—

曹全碑惠政之—

張遷碑—化入基

孔彪碑順如—水

祀三公山碑民—道荒

尹宙碑支判—儇

嵩山太室闕銘潤施源—

史晨後碑西—里外

禮器碑以注水—

吳谷朗碑淑問宣—

石門頌垂—億載

張壽殘碑—後昆

深

武氏祠祥瑞圖題字壁—離

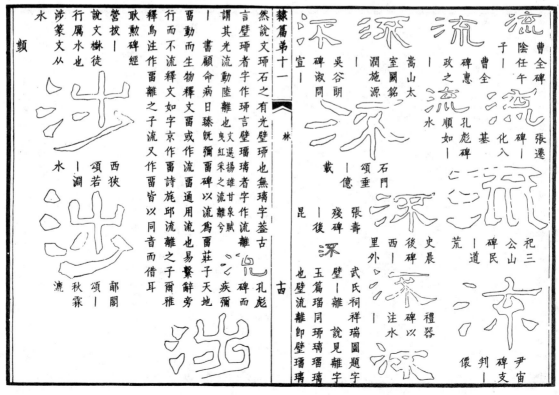

說見離字玉篇瑠同琊璃瑠璃也壁流離卽壁瑠璃然說文琊石之有光壁琊也無璃字葢古言壁琊者字作琊言壁瑠璃者字作流離謂其光流動陸離也文選揚雄甘泉賦曳紅采之流離兮

孔彪碑而疾彌

—書顧命病日臻既彌留碑以流爲留莊子天地留動而生物釋文留或作流留通用流也易繫辭旁行而不流釋文如字京作留詩旄邱流離之子爾雅釋鳥注作留離之子流又作留皆以同音而借耳

耿勳碑經營拔—

說文㵱徒行厲水也涉篆文从水

西狹頌若—淵水

郙閣頌—秋霖滮

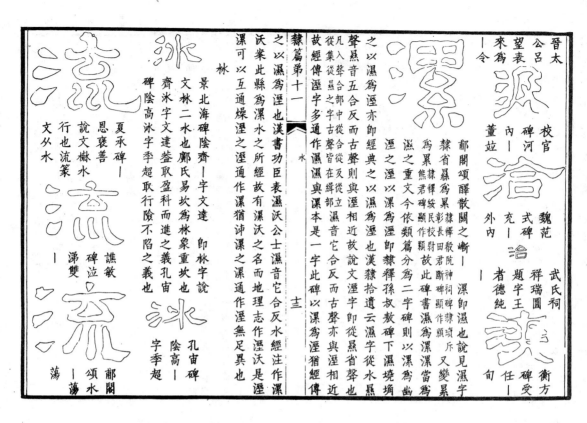

頻

華嶽廟殘碑陰丨陽游殷　說文顰水厓人所賓附瀕蹙不前而止从頁从涉徐鉉曰今俗別作水濱非是碑省作頻經典相承用之

巛

禮器碑陰穎丨長社

嵩山太室闕銘穎丨大守

曹全碑安殊丨以巟爲荒易泰卦包荒釋文本亦作巟說文巟水廣也易曰包巟周易集解包巟虞翻曰巟大川也是如巟字本義左傳桓十三年莫敖縊于荒谷釋文本或作巟荒古通用巟也又隸釋費鳳碑歲偺于大巟卽爾雅釋天太歲在巳曰大荒落周憬功勳銘口勿巟忽柳敏碑不廢巟兮沈子琚江堰碑田邸巟荒皆作巟

州

北海相景君銘守郡益丨　說文州水中可居曰州昔堯遭洪水民居水中高土故曰九州詩曰在河之州徐鉉曰今別作洲非是

李孟初神祠碑益丨刺史

禮器碑陰故豫丨從事

楊淮表紀丨里失覆

尹宙碑辟從丨事

吳谷朗碑于口交丨

衡方碑閻丨侃

泉

武梁祠畫象題字脉丨知陰

曹全碑謀若涌丨

曹全碑陰郎中拜酒丨祿福長

武氏祠祥瑞圖題字水丨流通

湶

石門頌平阿丨泥　卽泉字孫叔敖碑波障源湶隸釋云泉添水而爲湶字與碑同

灥

吳谷朗碑君承洪丨之清流

原篆文灥又說見源字

石門頌推序本丨

張遷碑陰丨宣德

孔龢碑平丨高唐人平

原之原本作邍說文邍高平之野人所登諸碑皆以原爲邍經典相承用之惟周禮夏官司馬序官邍師作邍地官大司徒辨其山林川澤邱陵墳衍原隰之名物則作原矣又釋文本作邍

永

白石神君碑永丨番昌

北海相景君銘不丨槩壽

孔宙碑丨矢不刊

孔龢碑丨興元年

孔彪碑永丨無沂辰

魏王基殘碑丨懷慘悴

禮器碑丨享年壽

武梁祠畫象題字丨父

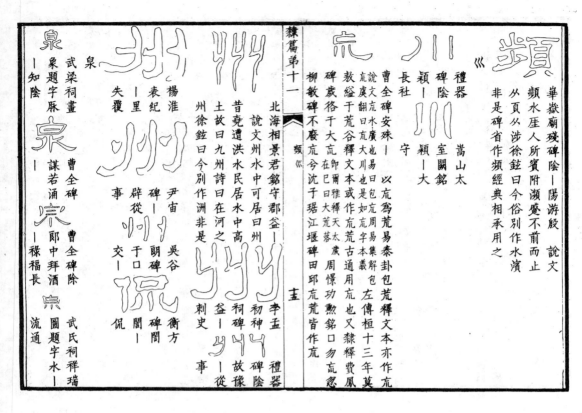

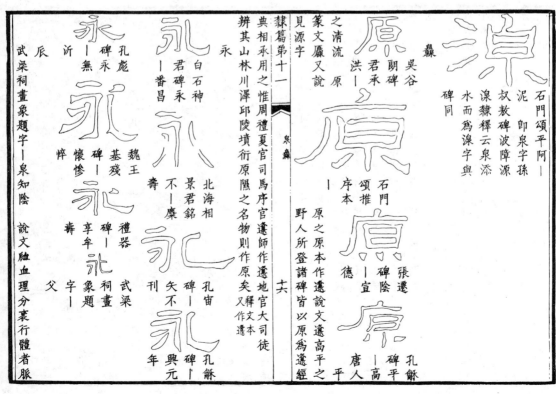

武梁祠畫象題字丨泉知陰　說文衇血理分衺行體者脈

或从肉碑作脈卽脈字其義則如周語順時覛土之覛謂相視也漢書東方朔傳脈脈善緣壁師古曰脈脈視貌也或疑脈脈之譌脈與覛同玉篇脈相視也不知其以脈為脈與碑可互證也

谷

唐公房碑公房乃先歸於|口

晉太公呂望表般|之下

吳谷朗碑封於秦|

曹全碑遭白茅|水灾害

西狹頌下有不測之|

鄐閣頌|源漂疾

仌

唐公房碑秋|鮮繁霜

石門頌仲|上旬

開通襃斜道石刻部掾級|王宏

雨

曹全碑風|時節

禮器碑天|降澍

晉太公呂望表能興雲|

魏封孔羨碑遭世|亂 說文霿地气發天不應徐鍇曰今俗从務籀文作雺霿天气下地不應曰霿霿晦也此碑文義當用霿字如漢書敘傳思心既霿之霿借霧為霿猶書洪範曰蒙漢書五行志作霿而史記宋微子世家作霧也然爾雅釋天天氣下地不應曰雺地氣發天不應曰霧霧謂之晦則霧霿二字相混久矣

孔彪碑固執謙丄

武榮碑|震電舉五經文字靁雷上說文下字林案說文靁畾象回轉形田者畾之省也

禮器碑|洗觴觚 隸釋云以雷為罍案說文櫑龜目酒尊刻木作雲雷象象施不窮也从木畾聲罍櫑或从缶又說文靁畾為象形更無畾字凡字从畾者皆當云靁省聲籀文櫑作𤳳亦省古文靁為聲是罍字兼靁字音義其以雷為罍宜矣漢書文三王傳孝王有𤳳尊師古曰𤳳古雷字當是譌罍為雷蓋𤳳為古文罍古文雷自作𤳳不應誤合為一否則漢書及注字本作𤳳亦如碑之以雷為罍傳寫者改𤳳為𤳳而忘其與雷不合也

北海相景君銘歔口|絕

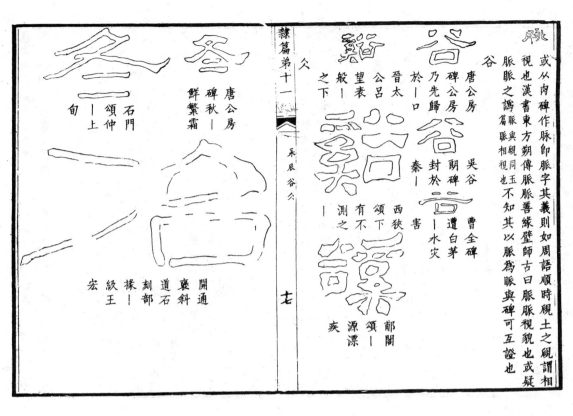

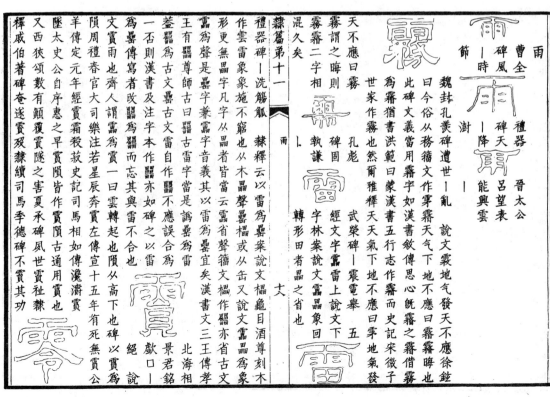

說文霣雨也齊人謂靁為霣一曰雲轉起也隕从高下也碑以霣為隕周禮春官大司樂注若星辰奔霣左傳宣十五年宥死無霣公羊傳定元年經霣霜殺菽史記司馬相如傳瀺灂霣墜太史公自序惠之早霣隕皆作霣隕古通用霣也又西狹頌數有顛覆霣隧之害夏承碑夙世霣祉隸釋戚伯著碑奄遂霣殁隸續司馬季德碑不霣其功

魏受禪表甘露丨於豐草 說文零餘雨也霝雨零也詩曰霝雨其濛今詩作零碑以零為霝經典相承用之音同而義相因，如一字也

霜

禮器碑丨月之靈

霜

石門頌秋丨貶若丨

霖

鄐閣頌涉秋丨漉

露

魏受禪表甘丨零於豐草

露

西狹頌致黃龍嘉禾木連甘丨之瑞

露

黽池五瑞圖題字甘丨降

震

孔宙碑陰趙丨字叔政

震

張遷碑二月丨節

電

武榮碑雷震丨擧

雷

張遷碑丨白之性 說文作靁

雲

雲

西狹頌隆崇造丨

雲

魏王基殘碑王師丨集

雲

曹全碑反者如丨

雲

嵩山太室闕銘□寸起丨

云

石經論語殘碑書丨孝于惟孝友于兄弟 說文云古文省雨

云

白石神君碑卜丨其吉

云

張遷碑詩丨舊國

魚

魚

孔宙碑陰丨淵字漢長

魚

曹全碑直慕史丨

鯢

魏王基殘碑圍城則鯨丨□□

鱗

孔褎碑丨浮□□

鰥

曹全碑撫育丨寡

鰥

北海相景君銘元二丨寡

鮮

朱龜碑丨卑數犯鄣塞

鮮

唐公房碑知德者丨 說文鮮魚名尟是少也尟俱存也碑以鮮為尟經典相承用之惟易繫辭故君子之道鮮矣釋文鄭作尟周易集解同

鮮

石門頌常蔭丨晏 義同上

鱻

白石神君碑地無丨陽 說文鱻新魚精也經典多通用鮮周禮天官庖人鱻羽禮記內則作鮮羽又借鮮為尟字碑則借鱻為尟集韻尟或作鱻是也漢書敘傳鱻生民之晦在師古曰鱻少也亦以鱻為尟晉灼以鱻為古鮮字疏矣

鱻

武榮碑丨於雙匹 義同上

鮑

孔龢碑令丨疊字文公

鯨

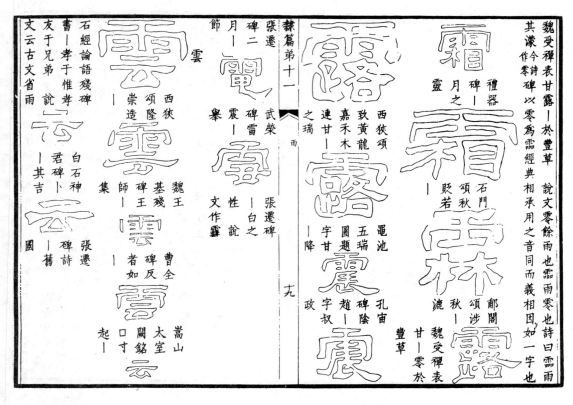

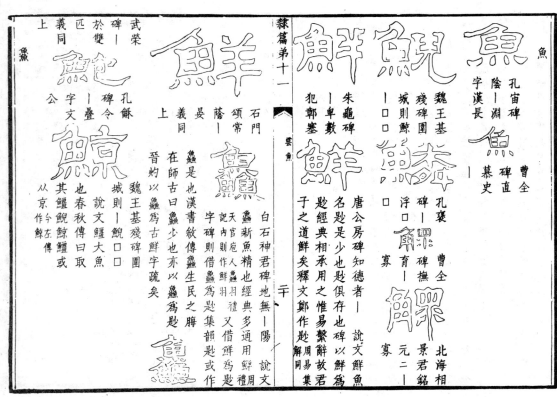

魏王基殘碑圍城則丨鯢□□ 說文鱷大魚也春秋傳曰取其鱷鯢鯨鱷或从京今左傳作鯨

漁 武氏祠祥瑞圖題字不漉池如丨
說文瀺捕魚也漁篆文瀺从魚

燕
燕 魏上尊號奏雉鳩丨爵

龍
龍 魯峻碑陰路丨顯公
龍 禮器碑青丨在涒歎
龍 黽池五瑞圖題字黃丨
龍

魏受禪表襲衰丨
龍 白石神君碑體連封丨

飛
飛 魏王基殘碑故能野戰則丨虎摧翼
飛 夏承碑丨躍臨津
翼 魏范式碑丨崇霸業　說文𩙣翄也翼篆文𩙣从羽
翼 景北海碑陰張翼字元丨
翼

尹宙碑佐丨牧伯

非
非 韓仁銘典統丨任
非 張遷碑丨社稷之重
靡 夏承碑丨不尋暘
靡 魯峻碑痛昊天之丨嘉
靡 武榮碑丨不貫綜

卂
熒 魏黃初殘碑熒丨靡所瞻

綴說

孔彪碑沂　方言徐土邳圻之閒即漢書敘傳所謂邳沂此正而彼通也

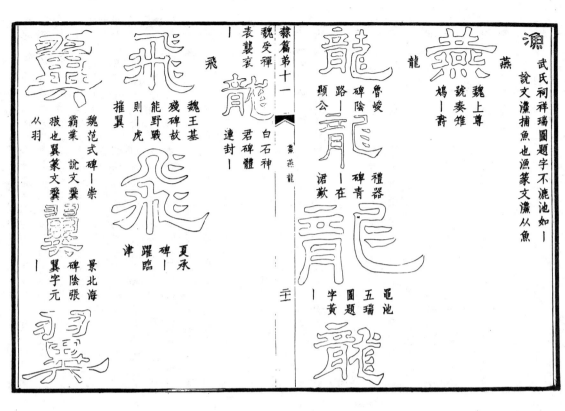

淮源廟碑淮　字林考逸淮平也王楙野客叢書顧炎武金石文字記皆詳之案野客叢書云今史文用承淮字合書準說者謂因寇公當國人避其諱遂去十字只書淮僕攷魏晉石本吏文多書此淮字又觀秦漢間書與夫隸刻平準多作淮知此體古矣干祿書廣韻注謂淮俗準字既古有是體不可謂俗書要皆通用石林燕語言京師舊有平準務自漢以來有是名蔡魯公爲相以其父

名準改爲平貨務僕謂平準字自古以來更革不一觀宋書平準令避順帝諱改曰染署其他言準字處所避可知金石文字記嵩山會善寺戒壇勑牒跋云碑文准字本當作準宋周必大二老堂雜志曰勑牒準字去十爲准或謂本朝因寇準爲相而改胡三省通鑑注亦云本朝寇準爲相省吏避其名凡文書準字皆去十後遂因而不改又云會公亮蔡京父皆名準而避其實不然予見唐告已作准又攷五代堂判亦然頃在密院令吏用準字既而作相又令三省如此寫至今遂定今據大歷時牒已用准字則知此字自取省筆果若益公之言而改爲準字則未見後人之遵用也廣韻二字竝收准字下注曰俗然管子書準字皆作准莊子平中准文子放准循繩淮南子眇者使之准王褒洞簫賦夔襄准法皆用此字緯書有洛書靈准聽京房造准形如瑟十三弦郭忠恕佩觿集曰字林用准爲平準之準而後魏仇儒爲趙準造袄言曰燕當傾趙當續欲知其名淮水不足北史長孫肥傳則准字之來久矣又案宋順帝名準故沈約宋書平準令王準之皆

作准然管莊諸書亦豈因此而改乎二說辨矣然顧氏不引此碑王氏但言秦漢隸刻亦不確指此碑猶未爲探本袪疑之論且准字雖漢隸所有亦止爲俗字耳說文且有俗字無論漢隸又準字作准不惟去十亦且省氵爲冫二說但言去十不言省氵準但去十豈不爲淮字邪惟淮水不足一語得之

曹全碑巟　五經文字巟古荒字荒古通用巟非巟爲荒之古文也

魏封孔羨碑霚　爾雅釋天天氣下地不應曰雺釋文或作霧字霧字爲下所特出既以爲地氣發天不應之正文又以爲雺之或文尤墮後人於疑網矣

武榮碑靁　玉篇畾音雷田閒也或古自有畾字从畾之字爲諧聲在靁又象形也

隸篇第十一

隸篇第十二

乙

孔龢碑丨子子孫

曹全碑陰秦尚丨都

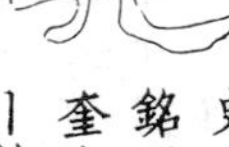
史晨奏銘得在奎婁周丨舊寓

禮器碑側處土魯丨徵

禮器碑側丨昭叔祖

武氏前石室畫象題字丨母

不

嵩山太室闕銘莫丨蒙恩

郙閣頌莫丨創楚

楊淮表紀丨辛早隕

堂谿典嵩山石闕銘歿而丨歾

石門頌終年丨登

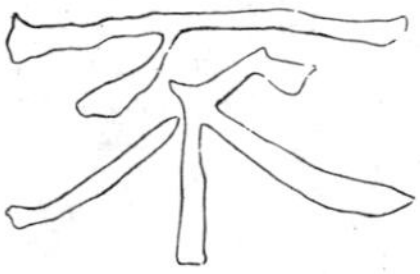
西狹頌丨嚴而治

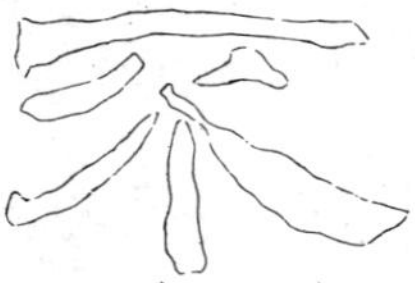
西狹頌丨肅而成

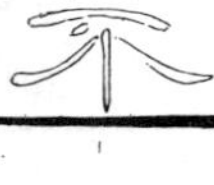
曹全碑君乃閔縉紳之徒丨濟

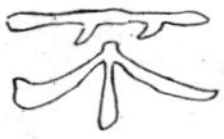
李孟初神祠碑皆丨口令

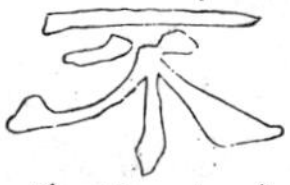
史晨後碑丨能得香酒美肉

魏封孔羨碑四時丨睹烝嘗之位

正直殘碑莫丨口口

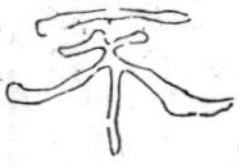
史晨奏銘丨能闡宏德政

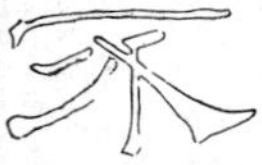
禮器碑百王丨改

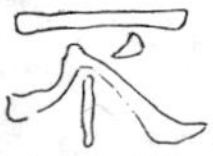
白石神君碑灾害丨起

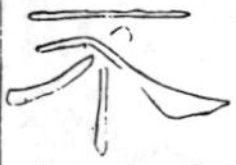
禮器碑制丨空作

祀三公山碑和氣丨臻

韓仁銘丨幸揎命

子游殘碑可丨之開以不為否說文不鳥飛上翔不下來也否不也竝方久切音義皆同故通用史記漢書否多作不

石經尚書殘碑予丨口口口 孔作予丕克羞爾碑以不為丕又書金縢是有丕子之責於天疏鄭元曰丕讀曰不愛子孫曰子元孫遇疾若汝不救是將有不愛子孫之過為天所責是不與丕古互通也

劉熊碑相繼丨顯 亦以不為丕不顯如書之丕顯丕承在詩為不顯不承也鐘鼎款識遲父鐘銘盉和鐘銘齊侯鎛鐘銘金石文字記焦山寺鼎銘鐘鼎彝器款識宗周鐘銘寰盤銘頌敦銘師酉敦銘頌壺銘丕顯皆作不顯

孔彪碑薦可黜丨

耿勳碑賞恭罰丨

至

石經儀禮殘碑上介丨亦如之

鄭固碑丨德不紀

禮器碑丨于初學

孔龢碑事親丨孝

曹全碑親丨離亭

曹全碑羽檄仍丨丨

孔彪碑不丨於穀 論語同集注至疑當作志攷後漢書列女傳十五而至於學矣卽用論語十有五而志於學之文又荀子正論是王者之至也注至當為志其至意至闇也注至意當為志意志通用至也或曰志為說文新修字古止作至非是古自有志字見汗簡

孔宙碑陰吳進字升丨

李壽石刻解大丨

禮器碑陰趙煇彥丨

曹全碑陰姚閔升丨

魯峻碑陰魏顥文丨

禮器碑上合紫丨

魏受禪表眾兆陪丨

張遷碑陰韋伯丨

祀三公山碑和氣不丨

魏受禪表祥風來丨

韓仁銘除書未丨

史晨後碑四月十一日戊子丨官

孔龢碑書丨言

西

魯峻碑陰平原丨平昌劉本

華山廟碑巖巖丨嶽

史晨後碑丨流里外

史晨奏銘丨狩獲麟

鹵

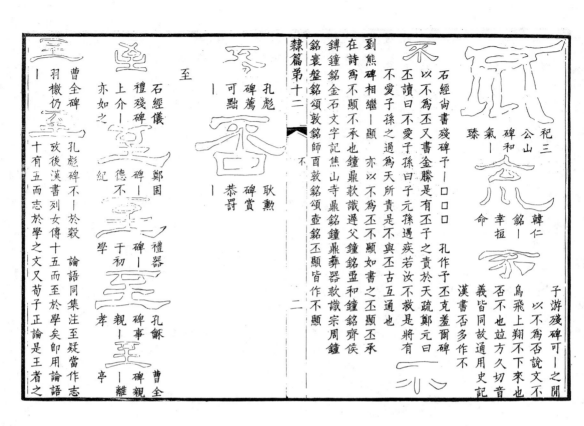

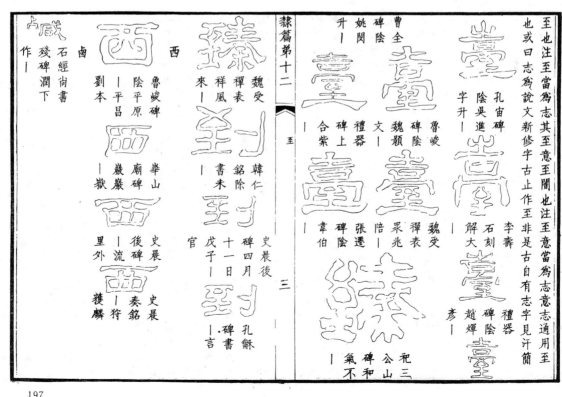

石經尚書殘碑潤下作丨

鹽

武梁祠畫象題字無丨媿女鍾離春

戶

校官碑制丨六百

史晨後碑丨曹掾

曹全碑丨曹掾秦尙

耿勳碑三百餘丨

淮源廟碑丨曹史宛謝綜

婁壽碑蓬丨茅宇

吳谷朗碑至于丨子封於秦谷因而氏焉兩漢金石記云秦本紀非子邑於秦而此與朗子永寧侯相碑皆爲扉子莫詳其義也

嶨嶽廟殘碑陰吉華伯丨

唐公房碑公丨乃先歸於谷口

校官碑董竝宇公丨

禮器碑陰周丨伯臺

孔褒碑濟渡窮丨

門

張遷碑不閉四丨

魯峻碑開丨靜居

曹全碑陰故丨下掾

魏受禪表天關啟丨

晉孫夫人碑別丨族

孔宙碑而丨闓之行允恭

白石神君碑於是遂丨祏舊兆

李孟初神祠碑琅邪丨陽貴君

景北海碑陰淳于丨

禮器碑前丨九頭以闓爲開易繫辭開物成務釋文王肅作闓又詩大東箋喻王闓置官司釋文字亦作開儀禮鄉射禮大射儀注猶闓也釋文竝云音開漢書兒寬傳發祉闓門匈奴傳迺遣闓陵侯將兵別圍車師又今欲與漢闓大關師古竝云闓讀與開同方言楚謂之闓注亦開字也說文開張也闓開也義同故通用

熹平殘碑以禮丨風

亦以闓爲開又隸釋韓勑後碑大帝闓門孔耽神祠碑恃闓郭藏祝睦後碑闓道綱

孔宙碑丨闓是虔

魏王基殘碑賜爵丨內侯

郙閣頌醳散丨之嶄漯

張遷碑文景之丨

曹全碑退於戌亥之丨

景北海碑陰丨廣

魏范式碑口清源之深丨

韓仁銘空丨

景北海碑陰諒丨沈思諒闇尙書論語作亮陰陰者闇之借闇爲正也

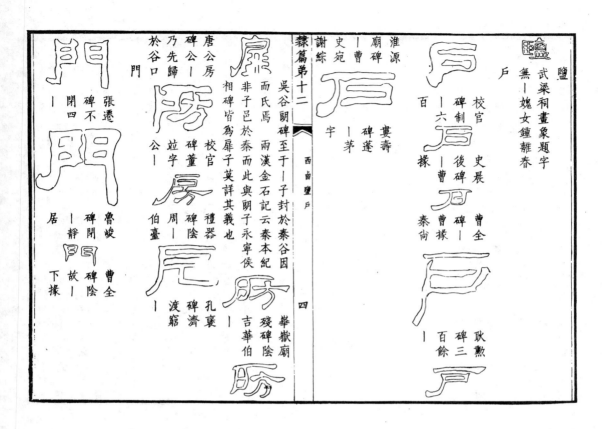

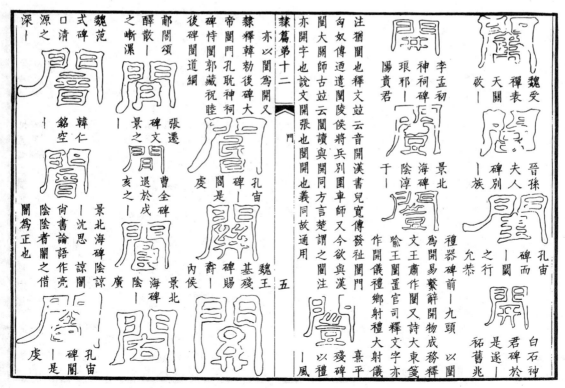

孔宙碑闇丨是虔

祀三公山碑五官掾｜祐

曹全碑陰姚｜升臺

石門頌王府君｜谷道危難 說文閔弔者在門也徐鉉曰今別作憫非是愍痛也其義相近故諸碑多以閔爲愍經典及諸書亦相承用之一切經音義引字詁古文愍今作閔又說見愍字

子游殘碑口庶｜悼

史晨奏銘不能｜宏德政

魏受禪表｜帝載

魏范式碑耀仁｜於權輿

魯峻碑｜門靜居

張遷碑不｜四門

曹全碑禮無遺｜

淮源廟碑立｜四達

華山廟碑易碑飾｜

曹全碑廷曹廊｜

蜀侍中楊公石闕蜀故侍中楊公之｜

西狹頌緣崖俾｜

孔宙碑而閭｜之行允恭

耳

魏封孔羨碑諸侯之國｜

譙敏碑才｜略叡

楊叔恭殘碑開四｜

張遷碑｜麗摧略

衡方碑｜斯行諸

華山廟碑夏商則未｜所損益

聽

禮器碑｜君風燿

韓仁銘仁前在｜憙

張遷碑僉然同｜

孔宙碑嗇載揚｜

熹平殘碑名立｜著

婁壽碑身歿｜亾

魏封孔羨碑騰｜乎千載

魏范式碑陰夏侯｜發

晉太公呂望表｜烈彌洪

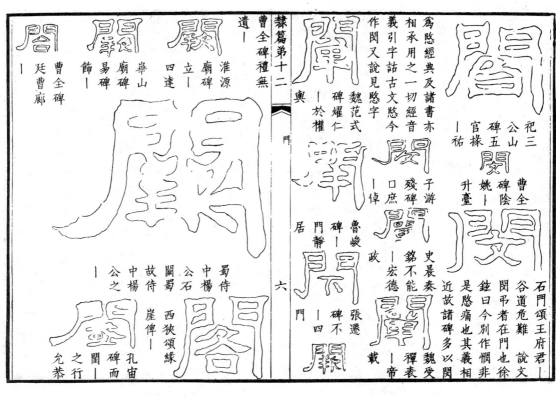

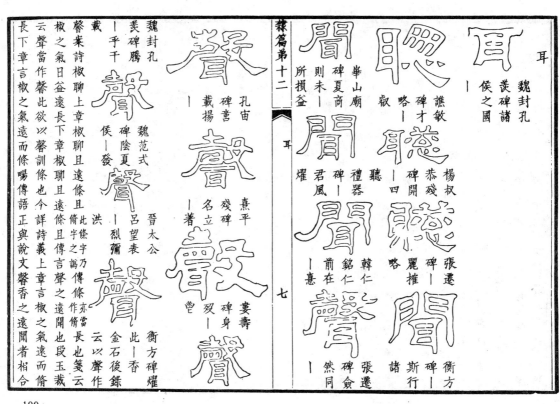

衡方碑燿此｜香金石後錄云以聲作馨案詩椒聊上章椒聊且遠條且此條字乃脩字之譌傳條亦當作脩長也箋云椒之氣日益遠長下章椒聊且遠條且傳言聲之遠聞也段玉裁云聲當作馨此欲以馨訓條也今詳詩義上章言椒之氣遠而脩長下章言椒之氣遠而條暢傳語正與說文馨香之遠聞者相合

則聲爲馨之假借無疑碑義亦如是彼此可互證也蓋馨聲皆以殸得聲故通用

聽 白石神君碑聖朝見丨

聽 李孟初神祠碑今丨復

聽 楊叔恭殘碑開聽四丨

聽 孔宙碑屢省乃丨

聽 石門頌帝用是丨

聽 曹全碑廓廣丨事官舍 增韻聽事言受事察訟於是漢晉皆作聽六朝以來乃加广南史傅昭傳飄郡聽事入隍中字猶作聽隋唐諸書皆作廳事

聆 劉熊碑講禮習丨

耽 史晨後碑縣吏劉丨等

耽 景北海碑陰張丨

耽 衡方碑丨詩悅書

耿 耿勲碑右扶風茂陵丨君

耿 史晨奏銘臣寢息耿丨

聖 孔龢碑能奉先丨之禮

聖 禮器碑離敗丨輿

聖 曹全碑于時丨主諮諏羣僚

聖 石經儀禮殘碑以君命丨于口口

聖 禮器碑并官丨妃

聖 孔彪碑前後丨召

聖 嵩山太室闕銘丨朝肅敬

聖 景北海碑陰丨典有制正直

職 華山廟碑周禮丨方氏

職 殘碑部丨究口

職 吳谷朗碑歷右丨

職 武梁祠畫象題字丨政

匠

頤 校官碑矜孤丨老 說文頤篆文匠

頤 鄭固碑丨親誨弟

手

手 史晨後碑屏氣拜丨

拱 石經論語殘碑子路丨而立

提 張遷碑歲在攝丨

摛 鄭季宣碑丨口鬱口卽摛字

[illegible] 張遷碑丨覽詩雅

[illegible] 石門頌丨序本原

持 華山廟碑重使使者丨節祀焉

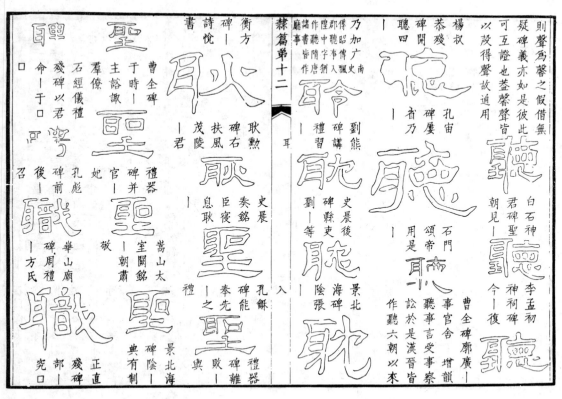

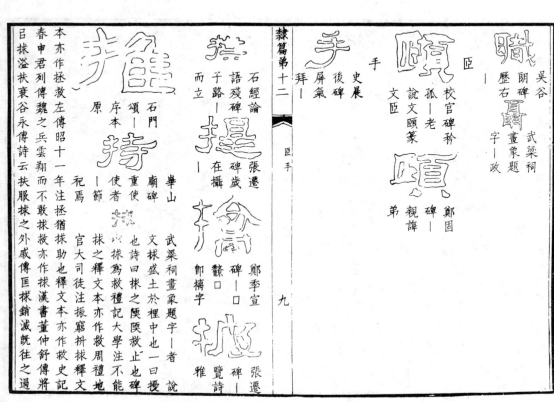

捄 武梁祠畫象題字丨者 說文捄盛土於梩中也一曰擾也詩曰捄之陾陾救止也碑以捄爲救禮記大學注不能捄之釋文本亦作救周禮地官大司徒注振窮抍捄釋文本亦作拯救左傳昭十一年注拯猶捄助也釋文本亦作救史記春申君列傳魏之兵雲翔而不敢捄救亦作捄漢書董仲舒傳將㠯捄溢扶衰谷永傳詩云扶服捄之外戚傳匡捄銷滅既往之過

師古竝云拺古救字

西狹頌右|風陳倉呂國

曹全碑分止右|風

魏封孔羨碑搏|揚歌

淮源廟碑扶老|息

張遷碑陰韋|山

北海相景君銘顛倒剝|

魏上尊號奏|武將軍

曹全碑還師|旅

耿勳碑開倉|濟 漢書文帝紀其議所㠯振貸之師古曰振起也諸振救振贍其義皆同今流俗作字從貝者非也自別有訓顏氏所謂別有訓者說文賑富也與振救振贍之義無涉故經典皆作振無作賑者隸釋繁陽令楊君碑助官振貧字亦作振又說文振舉救也拒給也竊謂振贍字或當作拒也

婁壽碑|髮傳業 說文作堅

魏上尊號奏拘|狹 口

唐公房碑妻子|家 隸釋云攣卽戀字案說文攣係也易小畜有孚攣如虞翻曰攣引也碑與下碑其義如是思攣之義亦卽係引之義不勞更作戀字易釋文子夏傳作戀云思也蓋後人改攣為戀古無戀字也

北海相景君銘路遐|親 隸釋亦云攣卽戀字

夏承碑旌|俯就

衡方碑|拔隱逸

北海相景君銘遠近|首

魯峻碑秉仁義之|

華山廟碑文字|滅 易繫辭剛柔相摩禮記樂記陰陽相摩釋文竝云本又作磨詩淇奧如琢如磨釋文本又作摩禮記大學論語引詩釋文竝出摩云本又作磨說文摩研也研礦也礦磨本字礦石磑也摩與磨字義相需故經典同用之碑與隸釋州輔碑所謂摩而不粼張公神碑刊鑿涿摩亦卽用摩字非必以摩為磨也又左傳史記漢書凡如碑義者皆作摩

孔宙碑音|載聲

地節買山石刻巴州民|量 此揚姓也字从手說見揚字

禮器碑|天之語

吳谷朗碑君|洪原之清流

史晨後碑乃敢|祀

華山廟碑|斂吉祥 說文韉收束也揫韉或从秋手又揫束也

武梁祠畫象題字慈母|杼

魏范式碑|嘖研機

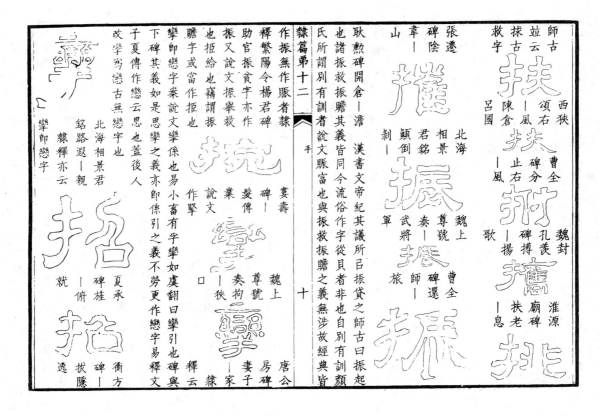

校官碑有天口德之|絕 摻卽操字說見偏旁類篇別出非是干祿字書摻操上俗下正魏了翁曰魏晉間避曹操諱改操為摻或謂詩鄭風摻執子之袪本作操傳解擥不誤箋注音所覽所斬二切謬也此說是矣但以是碑與隸釋議郎元賓碑卽有殊摻證之漢時操已作摻不自避曹諱始避曹諱者特用變文耳又說文攕好手皃詩曰攕攕女手今詩作摻者以操變從參音與韱近遂有讀摻如攕者因而致誤摻執之摻音

所覽所斬二切其誤亦由是也

指 白石神君碑丨日刻期

指 孔謙碣深究聖丨以指爲旨旨古通用指書大誥率寧人有指疆土王肅曰有旨意盡天下疆土漢書翟方進傳亦作有旨疆土漢書孔光傳不希指苟合師古曰希望天子之旨意也又隸釋楊著碑順元卯之指旨皆作指然說文旨美也恉意也以指爲旨實以指爲恉也

擬 石門頌丨往卓

擬 史晨奏銘丨卻丨未然

擬 今魏受禪表丨陽春以播惠義作儗儗說字見漢書揚雄傳常擬之己爲式師古曰擬猶比象也儗亦作擬後人直以擬爲正字故顏注不言通說文擬度也非碑義也

擬 曹全碑清丨夷齊義 同上

舉 孔龢碑乙君察丨守宅除吏

舉 景北海碑陰蔡規字中丨

舉 曹全碑丨孝廉除郎中

舉 禮器碑丨國蒙慶

舉 武氏石闕銘曹府君察丨孝廉

舉 禮器碑側孔徵子丨

抒 禮器碑宣丨元汙

撫 孔宙碑丨茲岱方

撫 晉孫夫人碑少爲父所見慈丨

撫 曹全碑丨育鰥寡

撫 北海相景君銘丨萬民兮

損 石經論語殘碑所丨益

損 華山廟碑夏商則未聞所丨益

擾 曹全碑萬民騷丨說文作擾

擾

史晨後碑侵丨百姓

抱 夏承碑丨器幽潛 說文抙引取也步侯切抱抙或从包徐鉉曰今作薄報切以爲褱袌字非是袌褱也徐鉉曰今俗作抱非是

掌 孔龢碑無常人丨領 說文掌手中也爪亦丮也丮持也爪疑是掌領本字

挺 白石神君碑髦士丨生

挺 史晨奏銘乾巛所丨

挺 史晨奏銘大帝所丨

抍 孔彪碑丨馬蹈害 隸釋云抍即拯字案說文抍上舉也易曰抍馬壯吉撜抍或从登徐鉉曰今俗別作拯非是今易明夷渙卦皆作拯明夷釋文亦出用拯云拯救之拯說文云舉也子夏作抍字林云抍上舉抍拯本字也見今經典者惟周禮天官職幣地官大司徒注耳

擥 衡方碑丨英接秀 擥即擥字也漢書息夫躬傳撫神龍兮擥其須師古曰擥與擥同

據 夏承碑印紱典丨

據 孔彪碑將丨師輔

摶 魏封孔羨碑丨掛揚歌

摶 孔宙碑陰丨巡字升臺

李孟初神祠碑賊丨掾李龍

拜 魯峻碑徵丨議郎 說文𢷎首至地也拜揚雄說拜从兩手下

拜 張遷碑徵丨郎中

拜 曹全碑轉丨郃陽令

拜 曹全碑丨酒泉祿福長

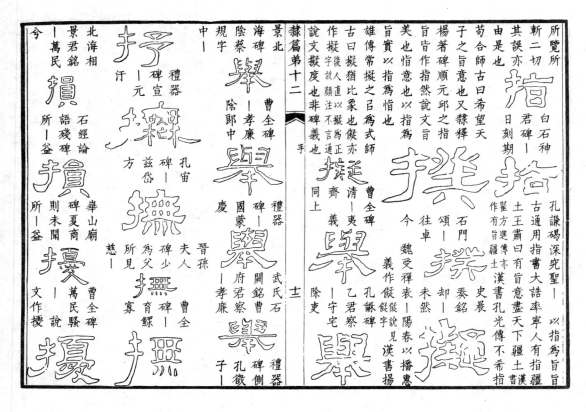

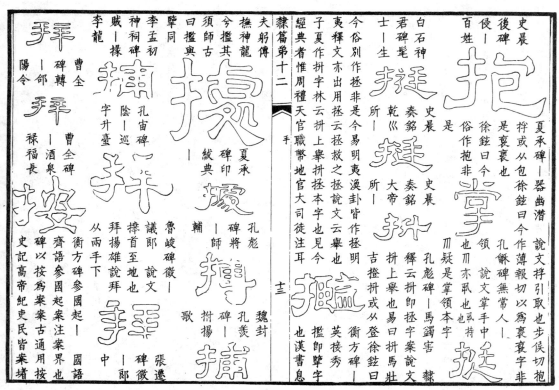

按 衡方碑參國起丨 國語齊語參國起案注案界也碑以按爲案案古通用按史記高帝紀吏民皆案堵

如故漢書作按堵又說文案几屬案爲人所依據諸碑案字多是依據之義經典亦通用按也

史晨奏銘故孝經|神挈曰

李壽石刻|漢中成固令

孔龢碑卞守長|

孔褒碑|名之口

史晨奏銘綴紀|書

開通褒斜道石刻部|治級王宏

曹全碑陰故市|杜靖彥淵

曹全碑建武泉戶曹|掾范大僕秦尚監|蒼

武氏前石室畫象題字君爲市|時

孔龢碑謹問大常祠曹|馮牟

楊淮表紀故司隸|尉　說文有校無挍廣韻校字兩見一胡教切校尉官名一古孝切檢校又攷校玉篇與廣韻同而又別出挍字古效切報也訓報者卽論語犯而不校包注及左傳有人而校杜注之文論語左傳固作校不作挍挍者校之變類篇分爲二者沿玉篇之誤耳是碑校尉作挍而本碑校尉亦有作校者則其爲一字明矣經典釋文言校人

祀三公山碑將作|王稱

字從木若從手旁作者是比挍之字佩觿言挍比校校校尉以五經文字皆從木爲非竝誤也

郙閣頌|致攻堅

楊叔恭殘碑宣仁|威

北海相景君銘|呂符命

禮器碑於盛復|

曹全碑陰王|文博

韓仁銘不幸|命　廣韻拒同短書堯典日短星昴古文尚書作日拒星昴又隸釋逢盛碑命有悠拒郭究碑不幸拒祚短皆作拒

武氏左石室畫象題字未明蒸盡|笮續之　山左金石志云詩巷伯傳云顏叔子獨處於室鄰之嫠婦又獨處於室夜暴風雨至室壞婦人趨至顏叔子納之使執燭放乎旦蒸盡縮屋而繼之卽其事也惟此云燃蒸自燭又揗苲續之皆與彼異案苲卽笮字錢辛楣少詹云何休注公羊傳云禮取毀室笮以爲死者炊沐則笮可爲薪矣揗之言抽抽屋笮以當蒸燭二文相須其義乃備今案詩傳釋文縮屋又作揗同據碑則縮揗皆揗之譌也

張遷碑聰|麗略

武氏左石室畫象題字顏淑|火

孔宙碑乃|君典戎

北海相景君銘英彥|疇

校官碑官|不實

晉孫夫人碑雖有隱|傅母之訓罔以加　說文栝櫽也一曰矢栝築弦處碑以括爲栝猶書大甲省栝之作省括也

魏上尊號奏爲世|亂

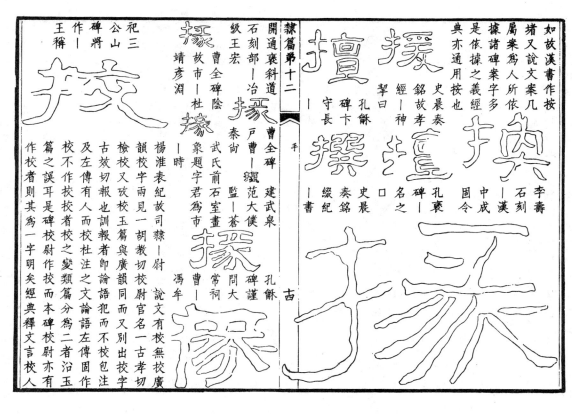

衡方碑招|隱逸

婁壽碑榷平其不可｜也

耿勳碑經營｜涉 隸釋云以拔爲跋案詩狼跋其胡釋文字或作拔同皇矣箋猶跋扈也釋文出拔云字或作跋文選西京賦睢盱拔扈注拔與跋古字通

魯峻碑外｜強虐

白石神君碑陰郭｜仲業

史晨奏銘故孝經援神｜曰 隸釋云挈卽契字案詩緜爰契我龜釋文本又作挈文王有聲箋必契灼龜而卜之釋文同漢書敘傳注亦作爰挈我龜周禮春官菙氏掌共焳契儀禮士喪禮作掌共焳挈釋文本又作契爾雅釋詁契滅殄絕也釋文本作挈漢書溝洫志今內史稻田租挈重張湯傳受而著讞法廷尉挈敘傳旦算祀于挈龜師古竝云挈音口計反又經典挈亦作契契與挈古互通也

校官碑眾僞｜聖亦以挈爲契又魏受禪表書挈所錄

張壽殘碑不｜其節 說文篆文斷从手

白石神君碑｜其令辰

祀三公山碑卜｜吉土

朱龜碑鮮不糾｜ 說文擿搔也一曰投也 玉篇擿與擲同摘拓果樹實也一曰指近之也碑以擿爲摘禮記曲禮注尚可指擿漢書劉向傳乃著疾讒擿要救危及世頌入篇趙廣漢傳其發姦擿伏如神孫寶傳故欲擿觖吕揚我惡後漢書賈逵列傳臣謹擿出左氏三事李固列傳指擿變象三國魏志劉馥傳加之以明擿幽微吴志步隲傳擿抉細微摘皆作擿又詩君子偕老傳所以摘髮也釋文本又作擿非北門箋敦猶投擿釋文與擲同本或作摘非實則摘髮又作擿者如碑之借擿爲摘投擿或作摘者轉借摘爲擿耳說文擿从手適聲摘从手啻聲徐鉉曰當从適省乃得聲摘與擿義異而字略同故互通也

史晨奏銘鉤河｜雒 義同上又隸釋蔡湛頌少律以擿姦

劉熊碑采｜謠言 說文拓或从庶

曹全碑張｜屬國都尉丞

曹全碑張｜居延都尉

孔彪碑彈琴｜磬

曹全碑升降｜讓

魏封孔羨碑於是｜五瑞 隸辨云書舜典作輯史記五帝本紀漢書郊祀志引書竝作揖師古曰揖與輯同又漢書兒寬傳統楫羣元師古曰輯楫與集三字竝同虞書曰楫五瑞是也其字從木揖與楫兩處不同證以此碑則從手者爲是山左金石志云段若膺大令尚書撰異云揖唐石經以下作輯當是衛包改也王肅尚書注揖合也五帝本紀作揖正義曰揖音集漢書郊祀志揖五瑞字從手凡揖訓合凡輯訓和似同實別玉篇廣韻皆曰輯和也不言聚也案此說甚精今諸家以此碑揖字與輯同是不知揖輯二字絕不相通且不知尚書本作揖字其作輯者唐以後譌本也

張遷碑路無｜遺

白石神君碑猶自｜損 以挹損爲抑損史記十二諸侯年表爲有所刺譏褒諱挹損之言後漢書光武帝紀陛下情存挹損三國蜀志諸葛亮傳而久自挹損吴志張紘傳注孠自挹損荀子宥坐此所謂挹而損之之道也抑損皆作挹損抑古通用挹也

衡方碑擥英｜秀

尹宙碑守｜百里

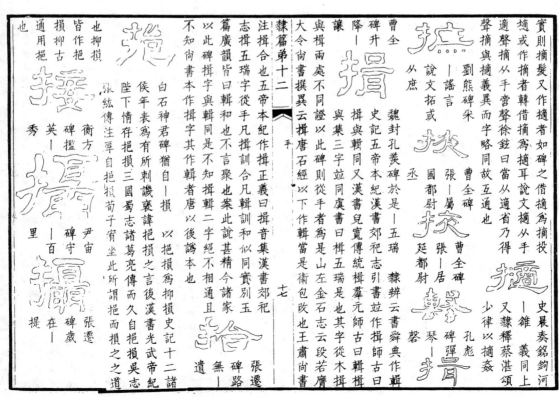

張遷碑歲在｜提

女

曹全碑大丨桃婓等

曹全碑陰楊休當丨

華山廟碑汝南丨陽人　隸釋云以女陽爲汝陽隸辨云漢書地理志作女陽師古曰讀曰汝案是碑汝南之下更書女陽猶敬恭之上先書肅共亦如仲中之互用好變以見奇也

石經魯詩殘碑三歲宦丨　爾女之女經典亦作汝孝經開宗明義汝知之乎釋文出女云音汝本或作汝凡本女字皆放此汝水名音同義別

魏封孔羨碑丨大聖之才　說文姿態也碑義當如易乾卦萬物資始釋文鄭云資取也之資而通用姿也釋名釋姿容姿資也資取也形貌之稟取爲資本也義同故通用

孔宙碑天丨醇嘏　天姿它碑作天資資謂材質漢書董仲舒傳又有能致之資師古曰資材質也亦資取之義碑作

姿猶孔羨碑之以姿爲資也史漢諸書言材質者多通用姿

鄭固碑昔丨口口武

禮器碑并官聖丨　隸釋云以妃爲配也案說文妃匹也配酒色也妃爲正字配通用也

曹全碑大女桃丨等　以婓爲妃金石文字記云揚雄反離騷昔仲尼之去魯兮婓婓遲遲而周邁師古曰婓婓往來貌也列仙傳江婓二女則竟以爲妃之異文文選左思蜀都賦娉江婓與神遊吳都賦江婓於是往來五臣竝作妃魏書刑法志有河陰縣民張智壽妹容妃則固有以民間女而稱妃者

西狹頌丨儀抑抑

曹全碑丨牟諸賁

西狹頌穆丨清風

魯峻碑喪父丨禮

武榮碑仁丨不壽　以如爲而而古通用如左傳隱七年歃如忘莊七年經星隕如雨僖二十六年室如縣罄注禮記曾子問注如有昆弟及諸父疏竝云如而也荀子儒效鄉是如不臧倍是如不亡注如讀爲而漢書郊祀志無雲如靁劉向傳作無雲而雷又武梁祠畫象題字赴火如亡武氏祠祥瑞圖題字不漉池如漁隸釋堯廟碑故能高如不危滿如不溢靈臺碑感赤龍交如生堯今本誤作始郭輔碑其長也寬舒如好施劉寬碑去鞭拊如獲其情弗用刑如弭其姦唐扶頌嵩如不傾而皆作如經典又多以而爲如若書顧命其能而亂四方詩都人士垂帶而厲左傳昭四年牛謂叔孫見仲而何孟子請野九一而助之類

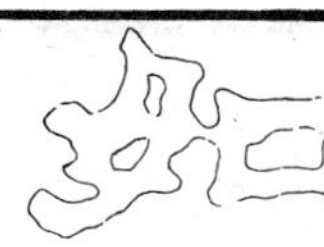

魯峻碑琴書自丨

魏受禪表口匈丨

武梁祠畫象題字丨姊兒

晉孫夫人碑有寡丨伏氏

武梁祠畫象題字朱明丨

衡方碑隕霜剿丨

曹全碑陰丨閔升臺

禮器碑陰丨尋子長

西狹頌丨納字元嗣

吳谷朗碑賜姓丨氏

武氏左石室畫象題字侯丨　史記信陵君列傳魏有隱士曰侯嬴索隱音盈又曹植嬴音羸瘦之羸是碑字竟從羊不第音如羸矣然以隸釋郭仲奇碑遭嬴項之際嬴字證之則漢人多譌嬴如羸羸有嬴音卽因譌而起耳又字左從貝而多一點略與嬴字相混或借贏爲嬴與存疑以俟知者

武梁祠畫象題字丨兒之態

史晨奏銘得在奎丨周孔舊寓

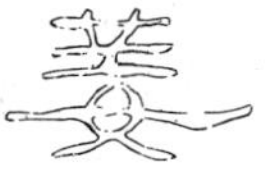

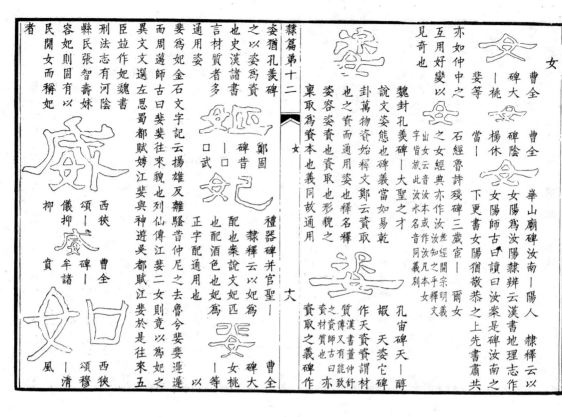

張壽殘碑｜炕忠謇 說見屢字屢本作婁也經典釋文屢多作婁其作屢者云本又作婁於易繫辭其爲道也屢遷云屢古文作婁漢書屢亦多作婁師古竝云婁古屢字亦云婁讀曰屢也又吳谷朗碑戎車婁駕

劉熊碑卷｜舒遲

孔宙碑乃｜其榮 義作萎禮記檀弓哲人其萎乎釋文出委乎云本又作萎文選豬白馬賦長委離兮注楚詞曰遂萎絕而離異萎與委古字通然據說文萎食牛也蔫菸也菸殘也以委爲萎實以委爲殘耳

武梁祠畫象題字梁節姑｜

鄭固碑以慰考｜之心

孔龢碑於是｜

武榮碑蓋觀德於｜

晉孫夫人碑姒｜宗其德音

晉孫夫人碑｜姒宗其德音

晉孫夫人碑是以舅姑｜嘉其淑｜

北海相景君銘分明｜惡 說文好美也敔人姓也（姓性之譌）商書曰無有作敔是好醜字宜作好好惡字宜作敔諸碑皆以好爲敔經典相承用之

曹全碑君童齔｜學

武氏前石室畫象題字秋胡｜

曹全碑農夫織｜

武梁祠畫象題字無鹽｜女鍾離春 隸釋云以媿女爲醜女案說文媿慙也卽愧正字碑以爲醜集韻醜古作媿又莊子德充符寡人醜乎釋文引崔注醜愧也呂覽恃君以醜後世人主之不知其臣者也注醜愧也是媿亦通用醜也

史晨後碑史君念孔瀆顏｜井去市遼遠

楊淮表紀伯｜憂

劉熊碑斅其｜ 說見眇字

魯峻碑陰周普｜高

史晨奏銘皆爲百｜與利除害

史晨後碑侵擾百｜

夏承碑百｜號咷

石經儀禮殘碑一｜爵者執觶待于□□

魯峻碑樂於陵灌園之｜ 隸釋云㛉卽潔案古潔字作絜說見絜字玉篇絜㛉皆訓清字異而實同也又隸釋苑鎮碑㛉擬季文隸續梁休碑秉忠蹈㛉絜亦作㛉

魯峻碑令德孔｜ 隸釋云鑠易從女隸辨云玉篇㜰媄好也碑蓋以㜰爲鑠非易從女也

毋

天鳳石刻後子孫｜壞敗

孔宙碑陰｜樓字世光 說見樓字今本廣韻作毋婁據碑足證其誤

石經論語殘碑｜以萬方

石經尚書殘碑｜偏毋黨 隸釋云兩毋字孔作無案毋無二字經典互通漢書車千秋傳引書亦作毋偏毋黨也

民

魯峻碑臨｜則惠

曹全碑而縣｜郭家等

史晨後碑恐縣吏斂｜

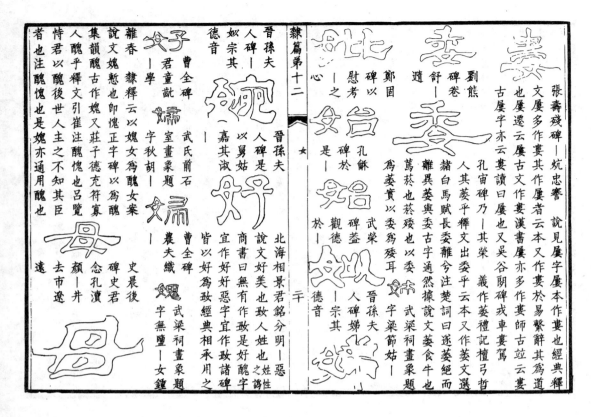

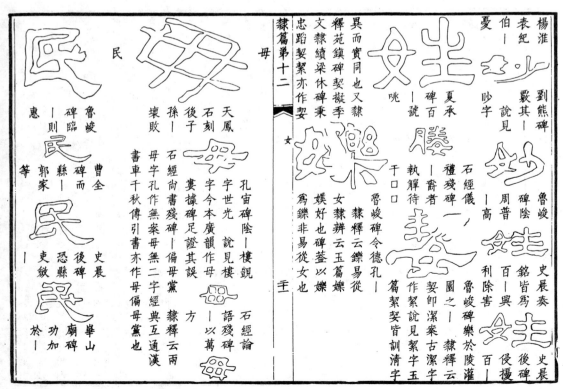

華山廟碑功加於｜

民 郙閣頌愛|如口

丿

乂 白石神君碑濟濟俊|

乂 吳谷朗碑帝思俾|說見艾字

刈 校官碑栔|髗雄 說文乂或从刀

弗 北海相景君銘明府|畱

乀

也 魏王基殘碑口於九有|

也 楊叔恭殘碑甄口者|

也 史晨奏銘重教化|

也 魏上尊號奏畏天命|

也 武榮碑敦煌長史之次弟|

氏

氏 孔龢碑脩春秋嚴|經

氏 曹全碑因|焉

氏 張遷碑治京|易

氏

氐 譙敏碑優遊|京 以氏爲邸邸京卽京邸倒轉稱韻古文多如此周禮春官典瑞四圭有邸注邸讀爲抵欺之抵漢書杜周傳大氏盡詆吕不道吕上師古曰氏讀與抵同邸氏皆可通以爲抵故邸亦通用氏也

戈

戎 張遷碑纘|鴻緒

戈 孔宙碑乃擢君典|

戔 校官碑禽姦|猾 隸釋云剗省其刀隸辨云博雅戔傷也通志六書略云戔楚限切擣傷也碑蓋卽用本字非省剗爲戔也案碑似是以戔爲殘猶周禮夏官大司馬放弑其君則殘之注殘殺也王霸記曰殘滅其爲惡周禮地官稾人注雖其潘灡戔餘釋文本亦作殘殘古通用戔也 戔又通用殘易賁卦束帛戔戔釋文子夏傳作殘殘說文戔殘皆訓賊義亦同也

武 西狹頌漢|都大守

武 武榮碑允文允|

武 禮器碑側東郡|陽桓仲豫

武 曹全碑或處|都

武 武氏前石室畫象題字秦|陽 武梁祠畫象題字亦有秦武陽隸釋云以秦武陽爲秦舞陽山左金石志云左傳蔡侯獻舞穀梁作獻武是舞與武通也案國策及漢書古今人表皆作秦武陽不知孰正孰通前說特據史記刺客傳言之耳

武 景北海碑陰字|平

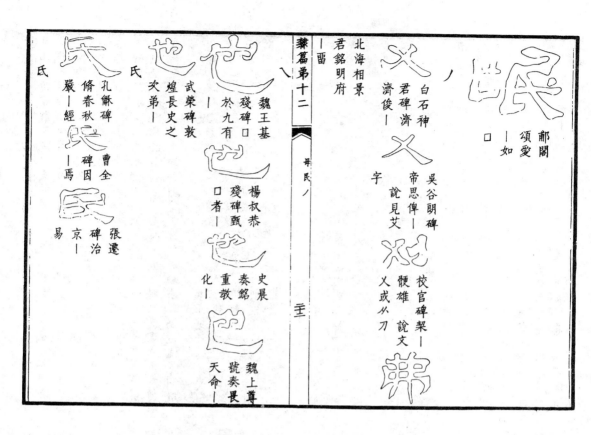

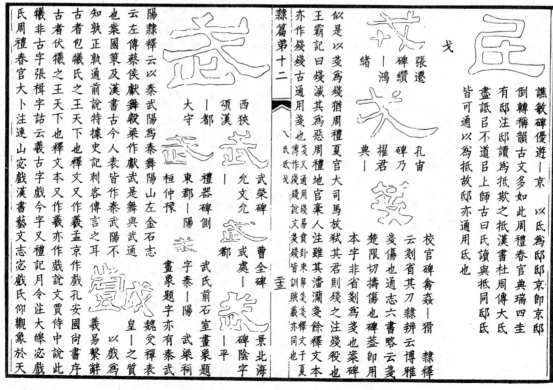

戲 魏受禪表皇|之質 以戲爲羲易繫辭古者包犧氏之王天下也釋文又作羲孟京作戲孔安國尚書序古者伏犧之王天下也釋文本又作羲亦作戲說文賈侍中說此犧非古字張揖字詁云羲古字戲今字又禮記月令注大皞宓戲氏周禮春官大卜注連山宓戲漢書藝文志宓戲氏仰觀象於天

司馬遷傳虙戲至純厚楚詞哀時命上同鑿枘於伏戲兮管子輕重戊虙戲作莊子大宗師伏戲得之義皆作戲戲者義之通也隸釋孫叔敖碑恨不與戲皇帝代同世

禮器碑皇丨統華胥

武梁祠畫象題字伏丨倉精 二碑亦以戲爲義又

石經尚書殘碑於丨君口曰時我孔作嗚呼於戲亦嗚呼也詩烈文於乎前王不忘禮記大學引作於戲前王不忘釋文戲好胡反漢書東方朔傳先生曰於戲楊王孫傳於戲古不爲也董賢傳於戲傷哉師古竝云戲讀曰呼·

魏受禪表罷丨役

曹全碑攻城野丨

魏王基殘碑故能野丨則飛虎摧翼

耿勳碑威不丨仁

石門頌未秋丨霜

曹全碑丨居隴西 說文或邦也說見域字

華山廟碑丨在天子

李孟初神祠碑丨捕掾李龍

禮器碑陰相中丨史

曹全碑嗟逆丨

曹全碑訞丨張角

鄭季宣碑下文闕

耿勳碑柔嘉惟丨 涵貞閣漢碑文字跋云柔嘉惟則則字碑竟作賊字雖漢人善於借用不應謬戾至此然筆勢自然絕非重經開鑿者案此與張遷碑之以殯爲賓

武氏前石室畫象題字丨曹車

曹全碑陰故丨曹史趙福

同爲無理不可從也

衡方碑戎丨土佚

曹全碑丨治廧屋 隸辨云碑葢以戢爲葺亦同音而借玉篇戢音阻立切葺音七入切分爲兩音古音則不分也

戉

禮器碑陰彭城廣丨 卽戚字

我

魏封孔羨碑彬彬丨后

華山廟碑雨丨農桑

北海相景君銘奪丨慈父

衡方碑峨峨丨君

鄭固碑導丨礼則

孔宙碑於顯丨君

張遷碑於穆丨君

禮器碑制作之義 說文義己之威儀也誼人所宜也諸碑皆以義爲誼經典相承用之周禮春官肆師注古者書儀但爲義今時所謂義爲誼說文繫傳誼徐鍇曰史記仁義字亦或作此作誼者本字也

魯峻碑陰丨士梁國

華山廟碑易之丨也

張遷碑陰韋丨才

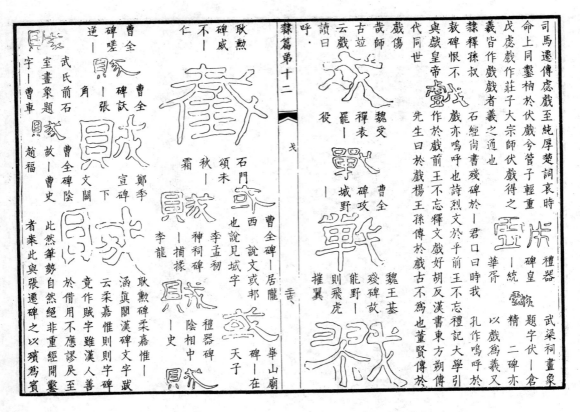

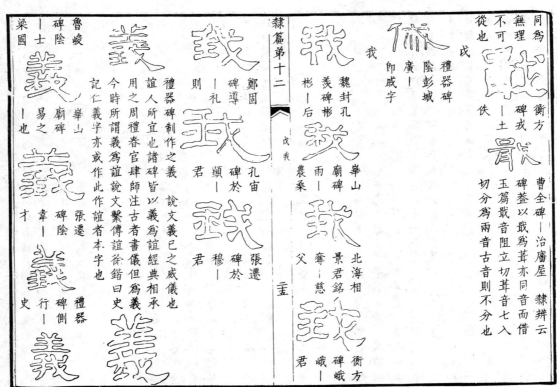

禮器碑側行丨史

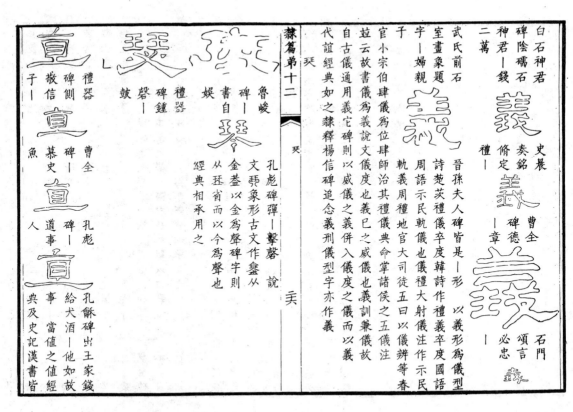

白石神君碑陰禱石神君丨錢二萬

義

史晨奏銘脩定禮丨

義

曹全碑德丨章

義

石門頌言必忠丨

義

武氏前石室畫象題字丨婦親子

義

晉孫夫人碑皆是丨形　以義形為儀型詩楚茨禮儀卒度韓詩作禮義卒度國語周語示民軌儀也儀禮大射儀注作示民軌義周禮地官大司徒五曰以儀辨等春官小宗伯肆儀為位肆師治其禮儀典命掌諸侯之五儀注竝云故書儀為義說文儀度也義已之威儀也義訓兼儀故自古儀通用義它碑則以威儀之義併入儀度之儀而以義代誼經典如之隸釋楊信碑追念義刑儀型字亦作義

珡

美

琴

魯峻碑丨書自娛

琴

孔彪碑彈丨擊磬　說文珡象形古文作鑋从金巹以金為聲碑字則从珡省而以今為聲也經典相承用之

琴

禮器碑鍾磬丨鼓

直

禮器碑側敬信子丨

直

曹全碑丨慕史魚

直

孔彪碑丨道事人

直

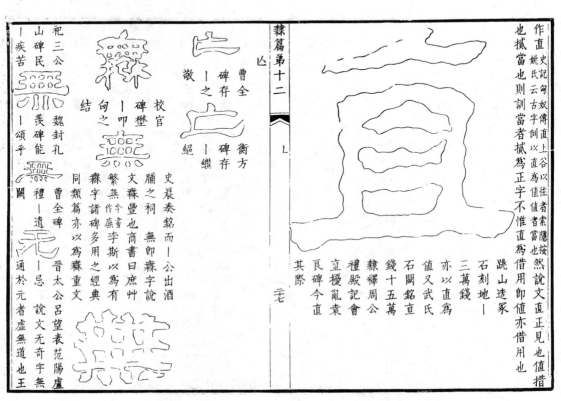

孔龢碑出王家錢給犬酒丨他如故事當值之值經典及史記漢書皆作直（史記匈奴傳直上谷以往者索隱按姚氏云古字例以直為值值者當也）然說文直正見也值措也擿當也則訓當者擿為正字不惟直為借用即值亦借用也

直

跳山造冢石刻地丨三萬錢　亦以直為值又武氏石闕銘亘錢十五萬隸釋周公禮殿記會亘擾亂袁良碑今直其際

亾

乚

亡

曹全碑存丨之敬

亡

衡方碑存丨繼絕

無

校官碑壄丨叩句之結

無

史晨奏銘而丨公出酒脯之祠　無即𣞤字說文𣞤豐也商書曰庶艸繁無（今書作庶）李斯以為有𣞤字諸碑多用之經典同類篇亦以為𣞤重文

無

祀三公山碑民丨疾苦

無

魏封孔羨碑能丨頌乎

無

曹全碑禮丨遺闕

无

晉太公呂望表范陽盧丨忌　說文无奇字無通於元者虛無道也王

育說天屈西北
爲无易乾卦无
咎釋文无音無
易內皆作此字
碑云盧无忌水
經注作盧無忌

孔龢碑功垂丨竆

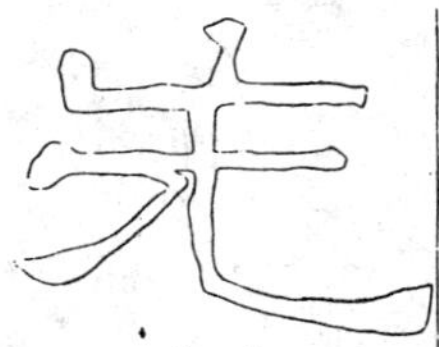

西狄頌四方丨雍雨漢金石記云先卽无字

晉太公呂望表領大公呂丨表

華山廟碑是秩是丨說文望出亾在
外望其還也朢月滿與日相朢以朝君
也諸碑多以望爲朢經典相承用之

曹全碑承丨舉獄

匸

張遷碑其道丨別

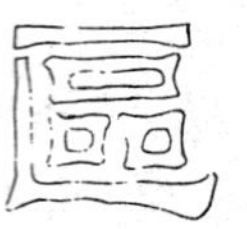

魏封孔羨碑肇造丨夏

禮器碑側河南丨師胥
鄭匽師卽偃師周禮
天官獻人注梁水偃也
釋文徐本作匽其宮人爲井匽

釋文徐音偃漢書律歷志康公子景公偃立史記魯周公世家作康公
卒子匽立是爲景公漢書禮樂志興文匽武天文志天下匽兵王
吉傳冬則爲風寒之所匽薄偃皆作匽偃古通用匽也又隸釋修
堯廟碑河南匽師

武榮碑鑫於雙丨

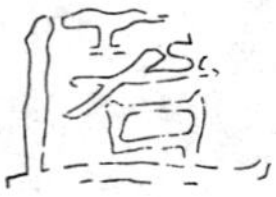

孔褒碑莫口藏丨

匸

校官碑丨豆用瞰說文匲籒文籩

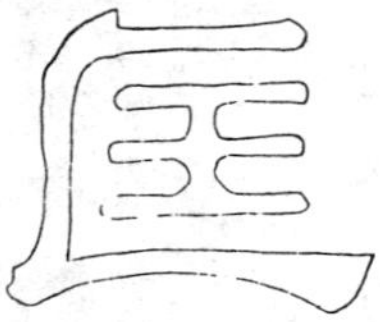

夏承碑屈已丨君

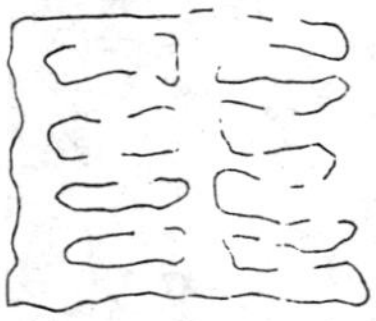

祀三公山碑元氏令茅丨卽匡字

石門頌丨石厥章
說文匪器似竹篋諸
碑及經典多借爲非

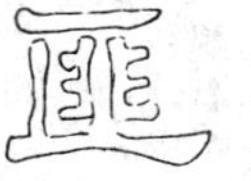

白石神君碑丨奢匪儉

石門頌丨饑之患

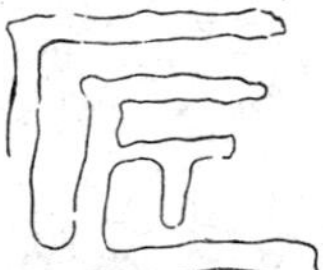

楊淮表紀將作大丨

曲

禮器碑陰丨成侯王暠
說文𠙹象器曲受物
之形或說曲蠶薄也𠙹
歈曲也諸碑字皆𠙹之變而以
𠙹爲𠙹也經典相承用之

西狄頌平夷正丨

正直殘碑守丨口口

瓦

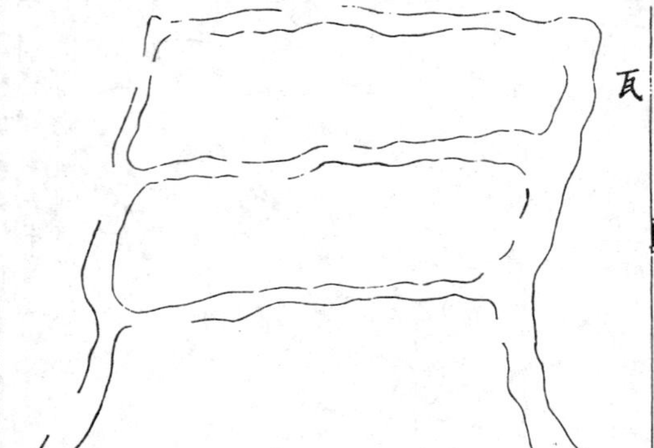

開通褒斜道石刻丨世六萬九千八百

甄 楊叔恭殘碑丨口者、也

甄 曹全碑丨極毖緯

甑 魏封孔羨碑豊其丨宇

甕 婁壽碑棬樞丨牖說文作罋

甗 武氏祠祥瑞圖題字銀丨

弓

弓 禮器碑陰薛丨奉高

弓 禮器碑陰魯丨如

彌 孔龢碑赫赫丨章 說文彊弛弓也彌久長也彌卽彊之省諸碑以為彌經典相承用之玉篇彌今作彌弥集韻彌通作彌 亹弥亹卽書之既亹彌亹也說見上易繫辭故能彌綸天地之道釋文本又作弥

彌 史晨後碑丨歷億萬

弥 石門頌熇煥丨光 魏王基殘碑口口丨

彈 曹全碑丨枉糾邪

彈 孔彪碑丨琴擊磬

張 曹全碑丨掖屬國都尉丞

張 西狹頌丄祿丨亢

張 張遷碑有丨仲以孝友為行

張 張遷碑有丨良善用籌策

彊 校官碑扶弱抑丨

彊 石門頌綏億衙丨

彊 石門頌屬褒中鼂漢丨

彊 張遷碑干祿无丨以彊為疆史記越王句踐世家越王無彊越絕書外傳記地傳作無疆漢書司馬相如傳封疆畫界者師古曰疆讀曰彊彊古通用彊耳漢書文帝紀遂弟辟彊師古曰辟彊言辟禦彊梁者亦猶辟兵辟非耳辟音必亦反彊音其良反一說辟讀曰闢彊讀曰疆闢疆言開土地也賈誼書曰衛侯朝於周周人問其名衛侯曰辟彊行人還之曰啓疆辟疆天子之號也諸侯弗得用更其名曰燬則其義兩說並通後說是前說非也衡方碑口口无疆疆亦作彊

彊 魯峻碑丨中獨斷

弘 廟諱 宜敬謹避用遵功令以宏字代偏旁缺末筆

弘 孔彪碑丨論窮理

弘 孔龢碑經通一藝雜試能奉丨先聖之禮為宗所歸者

弛 淮源廟碑惟前廢丨 說文作弛

弛 白石神君碑祈以丨害

彊 禮器碑違丨之思 說文作彊說見彌字類篇誤分為二碑亦以彊為彌 違彊遠久也

引 丨

引 謙敬碑丨已倍權

引 孔褒碑臨難丨口

發 耿勳碑丨荒田耕種

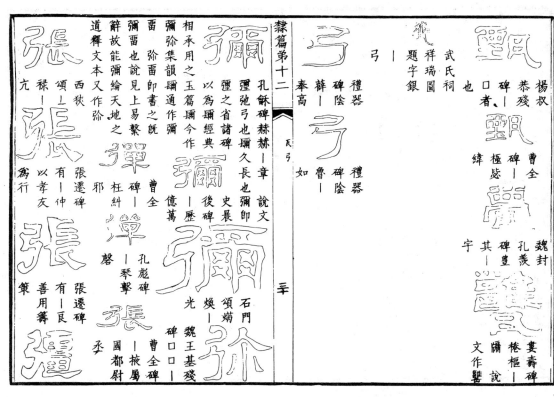

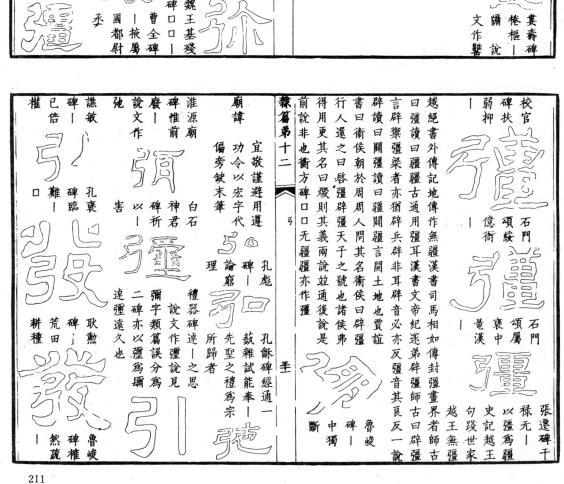

發 魯峻碑權然疏丨

武氏前石室畫象題字口王—

弜

楊淮表紀伯邳從弟諱—

張遷碑建忠—之謨

弦

張遷碑西門帶—說文弦弓弦也从弓象絲軫之形徐鉉曰今別作絃非是

北海相景君銘或毄頌於管—二字說見偏旁

系

朱龜碑君—祖考

夏承碑東萊府君之—

尹宙碑富波侯相之—

孔龢碑孔子子—

張遷碑陰—升高

校官碑子子孫—

張遷碑子子孫—

嵩山少室東闕題名—口 兩漢金石記云紆字當闕以侯攷案題名凡四行行六字每二字爲一姓名紆在第四行之首是姓蓋孫字也諸碑孫字多省從糸此復移糸於左與本碑查字移木於旁爲一例所謂隸行也六書通引古銅印孫竝孫亦作紆又見漢長宜子孫洗篆文

婁壽碑—之日月

禮器碑復顏氏幷官氏邑中—發 卽說文䌛隨從也徐鉉曰今俗从䍃碑以爲傜字詩民勞序箋繇役煩多禮記檀弓注謂時繇役左傳哀十一年注繇役煩釋文竝云本亦作傜史記秦始皇本紀黎庶無繇高祖本紀常繇咸陽漢書高帝紀復勿繇戍景帝紀省繇賦傜皆作繇然說文無傜字或古傜字止作繇耳

西狹頌因常—道徒 亦以繇爲傜詩緜乃召司徒箋司徒掌徒役之事荀子王霸人徒有數注人徒謂胥徒給傜役者也碑義蓋謂因常給修治此道之傜役而使之也

朱龜碑養善—時雨之澍品物 以繇爲猶廣韻繇猶也爾雅釋詁鬱陶繇喜也注禮記人喜則斯陶陶斯詠詠斯猶猶卽繇也古今字耳又經典猶多作由繇古由字

魏上尊號奏東武亭侯臣— 卽繇字說見上玉篇繇同繇是也類篇分爲二非

校官碑省無正— 亦以繇爲傜說見上

綏說

劉熊碑不 以詩不顯不承及金石文證之詩言有周不顯不顯亦世不顯其光不顯申伯於乎不顯不顯維德不顯成康皆丕顯耳

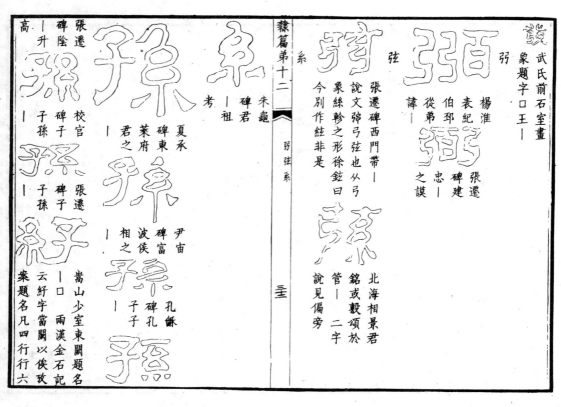

孔彪碑至 說文繫傳疑義𢀩說文有誌而無此字亦脫誤臣鍇據詩序在心爲志發言爲詩當云从心之聲當在心部又說文意志也皆可證古有志字

唐公房碑攣　漢書外戚傳上所吕攣攣顧念我者師古曰攣音力全反又讀曰戀是亦不主戀字也

孔謙碣指　漢書河間獻王德傳文約指明師古曰指謂義之所趨若人以手指物也與它注微異

楊淮表紀校　漢書校尉字多如碑作挍又詩子衿序刺學校廢也箋言可以挍正道藝是攷校字亦作挍也

魏封孔羨碑揖　國語晉語君輯大夫就車注輯音揖或爲揖據此則輯與揖古互通或尚書故作輯漢以來皆以揖爲輯也又國語周語和協輯睦注輯聚也是輯亦有聚義

禮器碑妃　易豐卦遇其配主釋文鄭作妃云嘉耦曰妃它經皆出妃云本亦作配皆妃爲正字又史記外戚世家甚哉妃匹之愛漢書高帝紀高祖微時妃

曹全碑斐　說文斐往來斐斐也師古注揚雄反離騷本此

孔宙碑陰毋　通志氏族略無婁氏莒公子無婁之後毋樓即無婁也

曹全碑氏　漢書地理志代郡狋氏孟康曰氏音精廣韻集韻皆入清韻然音異而字不異類篇氏部別出氏字云咨盈切狋氏縣名在代郡則以書狋氏者或用漢隸加點之字以別之因誤以有點者爲各一字也

史晨奏銘無　說文新修字義橆此本蕃廡之廡李借爲有無之無後人尚其簡便故皆从之有無字本从亡李陽冰乃云不當加亡且蕃廡字从大从卌數之積也从林亦蕃多之義若不加亡何以得爲有無之無六書通橆字注云李斯書碑諱亡以諛始皇借此爲有無字後世仍之然以豐盛之義而爲消亡之用大不相侔矣

隸篇第十二

隸篇第十三

糸

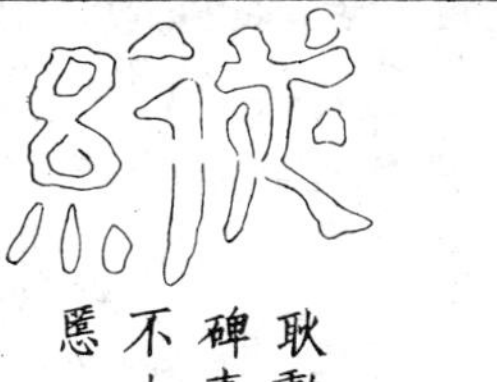

耿勳碑喜不丨慝

石門頌君其繼丨　隸釋云以縱爲蹤桒漢書伍被傳被詣吏自告與淮南王謀反縱跡如此張敞傳吏逐捕窮窘縱迹皆入王宮三國蜀志諸葛亮傳邁縱古聖縱皆作縱又漢書蕭何傳而發縱指示獸處者人也師古曰發縱謂解紲而放之也而讀者乃爲蹤蹟之蹤非也史記蕭相國世家作發蹤則以蹤爲縱後漢書苟彧列傳是故先帝貴指縱之功注縱或作蹤兩通是也然說文䡩車迹也徐鉉曰今俗別作蹤非是以縱爲蹤實以縱爲䡩也

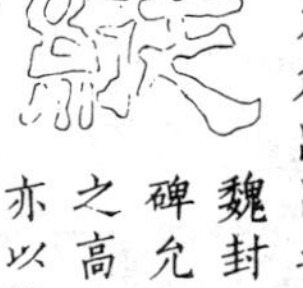

魏封孔羨碑允軒轅之高丨　亦以縱爲

蹤又夏承碑紹縱先軌魯峻碑比縱豹產吳谷朗碑勳齊往縱隸釋郭仲奇碑有山甫之縱圍令趙君碑羨其縱高彪碑莫與比縱

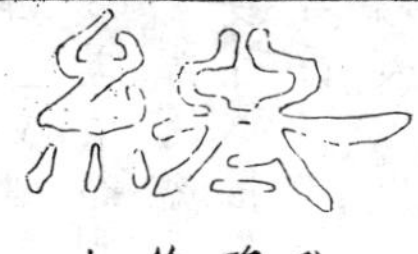

孔宙碑恭儉自丨

堂谿典嵩山石闕銘早丨

魏上尊號奏謂之受丨

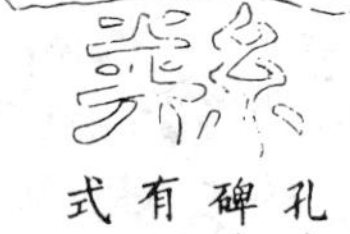

孔宙碑俾有丨式

魏封孔羨碑斑宗丨

北海相景君銘丨元二兮

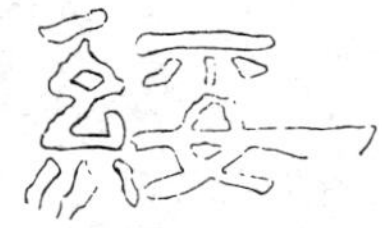

孔宙碑乃丨二縣

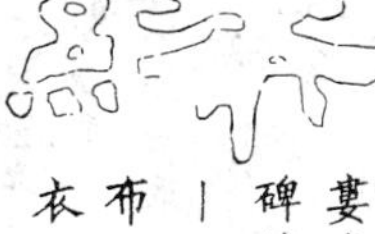

婁壽碑蔍丨大布之衣

魯峻碑陰周｜元興

魏封孔羨碑｜黃初元年說見惟字

魏受禪表殊｜號

朱龜碑永昌大守曹鸞上｜孫星衍云隸釋鈌紞字玉篇云紞所除所去二切亦疏字據此知即上疏異文又證顧野王之有本案類篇紞又所據切條陳也

景北海碑陰｜良即繻字

曹全碑君乃閔縉｜之徒不濟

魯峻碑體｜龢之德

張遷碑既敦既｜

衡方碑懿列孔｜

尹宙碑含和履｜

景北海碑陰董｜字元祖

晉孫夫人碑冈不彌｜

北海相景君銘紛｜令儀

夏承碑竝時｜祉說文作緐

魯峻碑陰魏郡｜陽

衡方碑將授｜職隸釋云以緄為衮又魯峻碑當口緄職隸釋高頤碑當登緄職樊敏碑當窮台緄衮皆作緄

魏封孔羨碑殊俗解｜髮而慕義隸釋云終軍傳辮髮作編髮案史記西南夷列傳漢書嚴安傳西南夷兩粵朝鮮傳皆作編髮惟後漢書南蠻西南夷列傳作辮髮耳又詩君子偕老傳副者編髮為之周禮天官追師

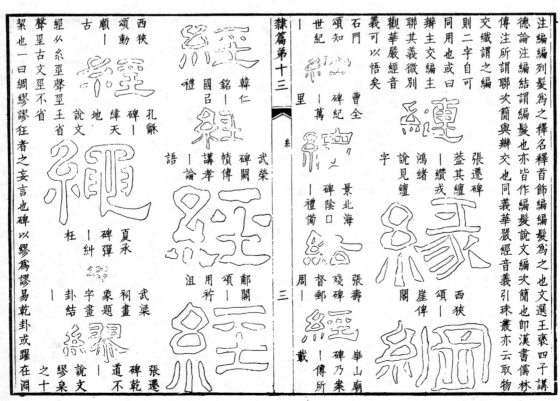

注編編列髮為之釋名首飾編編髮為之也文選王褒四子講德論注編結謂編髮也亦皆作編髮說文編次簡也即漢書儒林傳注所謂聯次簡與辮交也同義華嚴經音義引珠叢亦云取物交織謂之編則二字自可同用也或曰辮主交編主聯其義微別觀華嚴經音義可以悟矣

張遷碑蓋其繵｜纘戎鴻緒說見繵字

西狹頌｜崖俾閣

石門頌知世紀｜

曹全碑紀｜萬里

景北海碑陰口｜禮備

張壽殘碑督郵周｜

華山廟碑乃案｜傳所載

韓仁銘｜國呂禮

武榮碑闕幘傳講孝｜論語

鄐閣頌｜用衍沮

西狹頌動順｜古

孔龢碑｜緯天地說文經从糸巠聲巠王省聲巠古文巠不省

夏承碑彈｜糾杜

武梁祠畫象題字畫卦結｜

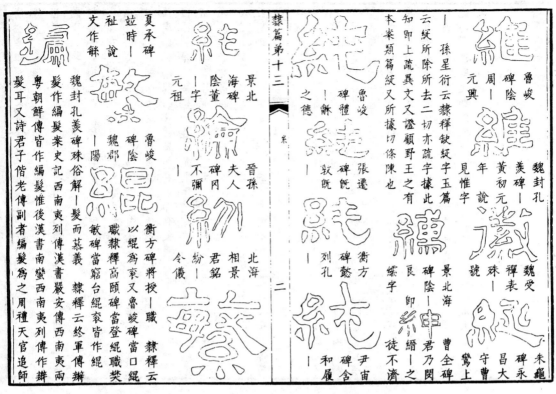

張遷碑乾道不｜說文繆枲之十絜也一曰綢繆謬狂者之妄言也碑以繆為謬易乾卦或躍在淵

注不謬於果釋文本或作繆莊子庚桑楚解心之謬釋文本作繆又禮記大傳五者一物紕繆釋文本或作謬管子輕重丁惟繆數爲可耳注繆讀曰謬謬古通用繆也衡方碑淡界繆動謬亦作繆

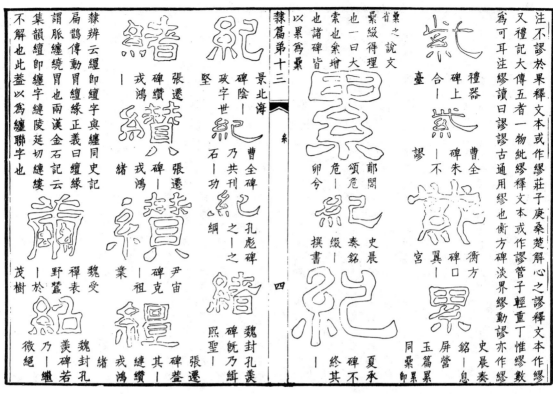

禮器碑上合丨臺

曹全碑朱丨不謬

衡方碑口翼丨宮

史晨奏銘丨息屏營

玉篇累同纍卽累

說文纍之省 纍綴得理也一曰大索也糸增也諸碑皆以累爲纍

鄐閣頌危危丨卵今

史晨奏銘綴丨撰書

夏承碑不終其丨

景北海碑陰丨政字世堅

曹全碑乃共刊石丨功

孔彪碑之丨之綱

魏封孔羨碑既乃緝熙聖丨

張遷碑纘戎鴻丨

張遷碑丨戎鴻緒

尹宙碑克丨祖業

張遷碑蓋其丨纏纘戎鴻緒

隸辨云纏卽纏字與纏同史記扁鵲傳動胃纏緣正義曰纏緣謂脈纏繞胃也兩漢金石記云集韻纏卽纏字纏陵延切纏纏不解也此蓋以爲纏聯字也

魏受禪表野蠶丨於茂樹

魏封孔羨碑若乃丨繼微絕

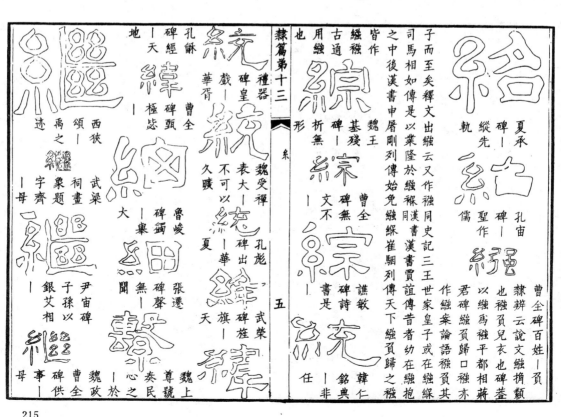

夏承碑丨縱先軌

孔宙碑丨聖作儒

曹全碑百姓丨負

隸辨云說文緥攜纇也襁負兒衣也碑蓋以緥爲襁平都相蔣君碑緥負歸口襁亦作緥案論語襁負其子而至矣釋文出緥云又作襁同史記三王世家皇子或在緥緥之中後漢書申屠剛列傳始免緥緥崔駰列傳天下緥負歸之襁皆作緥襁古通用緥也

司馬相如傳是以業隆於緥褓同漢書漢書賈誼傳昔者幼在緥抱

魏王基殘碑丨析無形

曹全碑無文不丨

譙敏碑詩書是丨

韓仁銘典丨非任

禮器碑皇戲丨華胥

魏受禪表大丨不可以久曠

孔彪碑出丨華夏

武榮碑旌旗丨天

孔龢碑經丨天地

曹全碑甄極毖丨

魯峻碑鋤舉丨大

張遷碑聲無丨聞

西狹頌丨禹之迹

武梁祠畫象題字齊丨母

尹宙碑子孫以銀艾相丨

魏上尊號奏民心之丨於

魏政曹全碑供事丨母

繼
石門頌君其丨縱隸釋云繼卽繼字

縉
曹全碑君乃閔丨紳之徒不濟

練
張遷碑隱丨職位

繕
唐公房碑丨廣斯廟

繕
曹全碑丨官寺

繡
校官碑琢丨質章

綬
魏王基殘碑蜜印丨

續
曹全碑丨遇禁冈

續
鄐閣頌經記厥丨隸釋云以厥續爲厥績隸辨云書堯典九載績用弗成古文尚書作續穀梁傳伯尊其無績乎釋文云績本又作續續與績古或借用案穀梁傳注云績功也績或作續謂無儷嗣今以碑證之則作續而訓功可也

絀
楊叔恭殘碑口碑丨十城

紱
夏承碑印丨典據說文載篆文市徐鉉曰今俗作紱

絜
孔彪碑而丨白駒

絜
白石神君碑丨其粢盛

廣韻潔清也經典用絜史記魏公子列傳臣修身絜行鄭當時列傳內行修絜漢書匡衡傳顯絜白之士張禹傳擇日絜齋露著後漢書李固列傳源清者流必絜潔皆作絜然說文新附潔瀞也玉篇絜清也潔俗絜字蓋訓瀞者古止用絜說文絜麻一耑也俗作潔玉篇潔字乃潔之譌也

絜
夏承碑忠丨清肅

絜
淮源廟碑齊丨沈祭二碑義並同上又石經論語殘碑欲絜其身校官碑蹈公儀之絜

結
校官碑墊無叩匈之結

絕
魏封孔羨碑若乃紹繼微丨

絕
曹全碑丨其本根

絕
鄐閣頌激揚丨道

縛
西狹頌面丨二千餘人

縛
曹全碑和德面丨歸死

約
西狹頌政丨令行

約
譙敏碑帥下惟丨

綽
魯峻碑雅度宏丨說文繛鬆也綽繛或省

續
孔宙碑三載考丨

績
韓仁銘素丨無勳

績
衡方碑口靜有丨

織
曹全碑農夫丨婦

緝
魏封孔羨碑既乃丨熙聖緒

緝
孔宙碑丨熙之業既就

給
孔龢碑財出王家錢丨犬酒直

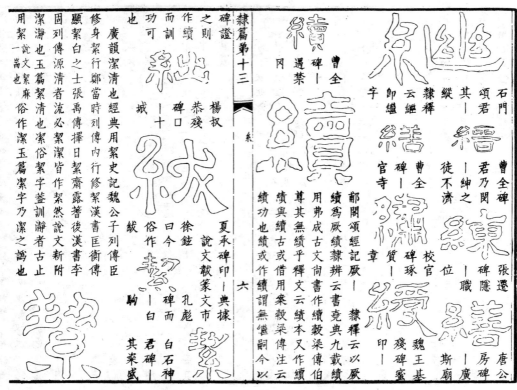

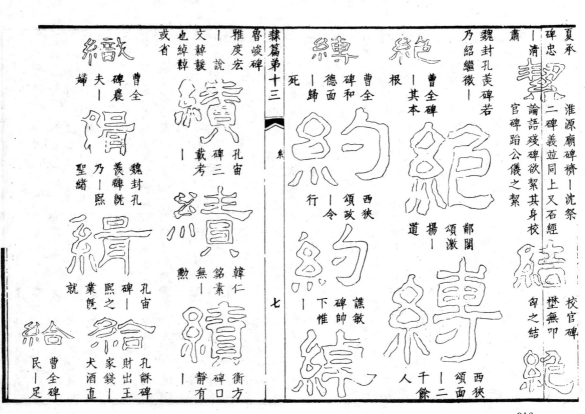

給
曹全碑民丨足

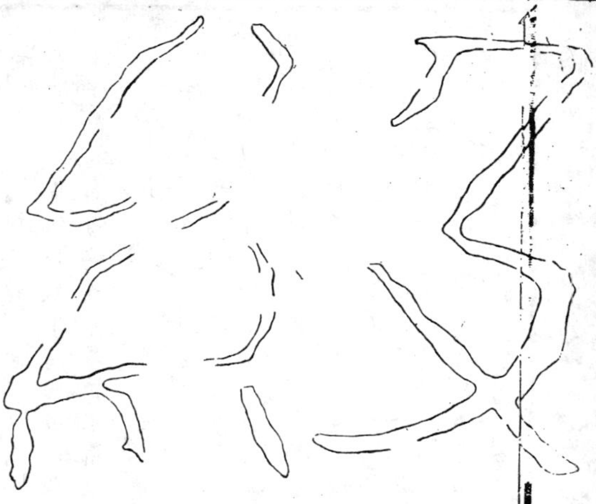

開通褒斜道石刻部掾冶丨王宏

孔宙碑陰齊丨字榮謀

魏上尊號奏宜蒙丨許

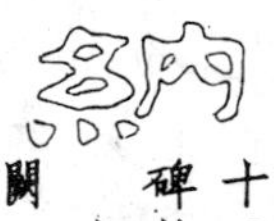

十三字殘碑牧伯丨上下文闕

素

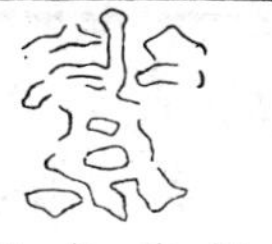

校官碑雅容丨閑

白石神君碑皓皓丨質

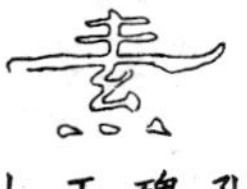

孔彪碑遵王之丨

魏王基殘碑悳章墳丨墳素卽墳索

左傳昭十二年是能讀三墳五典入索九邱疏求其義也釋文本或作素索古通用素也禮記中庸素隱行怪漢書藝文志作索隱行怪復以碑證之鄭注素讀爲攻城攻其所傃之傃非是又說文索艸有莖葉可作繩索索入家接也以素爲索實以素爲索也

絲

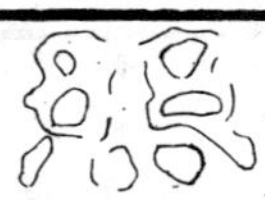

衡方碑素丨羔羊

夏承碑轓軒六丨玉篇戀同戀

率

耿勲碑丨土普議說文率捕鳥畢也玉篇衛循也碑以率爲衛經典多相承用之詩北山率土之濱正如碑作率土也

虫

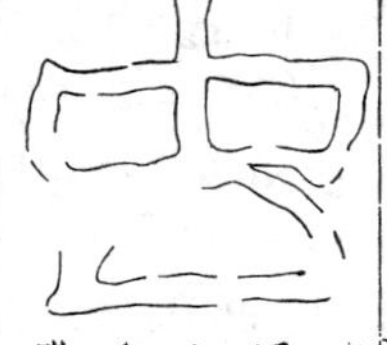

石門頌惡丨蟲狩 說文虫一名蝮蟲有足謂之蟲無足謂之豸碑以惡虫蟲狩對舉爲文乃泛言蟲豸下文蛇蛭始專言之蓋以虫爲蟲也隸釋唐扶頌德及草虫蟲亦作虫佩觿云蛇虫之虫爲蟲其順非有如此者

魏封孔羨碑丨大晧遊龍以君世

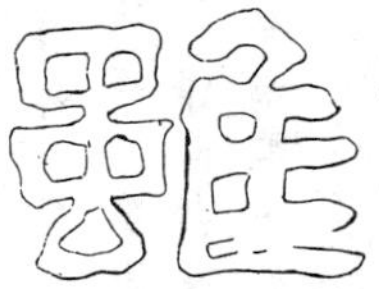

鄘閣頌丨昔魯斑

張遷碑丨遠猶近

史晨奏銘丨有褒成世享之封

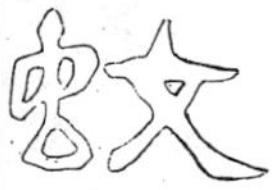

唐公房碑春夏無丨蚋 說文蟁齧人飛蟲从䖵民聲蚊俗蟁从虫从文

石門頌虵蛭毒丨 玉篇蝬螟蛉蟲也螟蛉小蟲與碑義不類葢獸名也漢書司馬相如傳蝬蜓貙犴注郭璞曰蝬蜓大獸似狸長百尋廣韻作獌狿說文獌狼屬也集韻獌通作蝬碑言虵蛭應上惡虫毒蝬應上幣狩也

魏受禪表東夷南丨

張遷碑南苞入丨

孔彪碑拼馬丨害 隸釋云卽鐲字

衡方碑綏來王之丨

裴岑碑丨四郡之害

魯峻碑丨細舉大

北海相景君銘丨衙改節 說文強蚚也彊弓有力也卽彊盛字諸碑多以強爲彊經典亦多相承用之

魯峻碑陰史強丨艮

孔彪碑不以丨人 說文彊迫也古文作彊是勉彊字碑以強爲彊經典亦多相承用之

西狹頌丨不暴寡

魯峻碑陰汝南㶏丨尹顥

祀三公山碑丨旱鬲并

晉太公呂望表丨賊遠迸 說文虫部蝥螌蝥也徐鉉曰今俗作蟊非是蟊卽蠿蟊蜘蛛之別名也䖵部蟊蠿蟊也蟲部蠹蟲食艸根者从蟲象其形吏抵冒取民財則生徐鍇曰唯此一字象蟲形不从矛書者

多誤蝥蟊或从敄蟊當作蠹徐鉉曰虫部已有莫交切作螌蝥蟲此重出蛑古文蟊亦當作蠹从虫从牟是蝥蟊蠹三字截然不同許氏既以蝥爲螌蝥復以爲蠹之或文大徐謂其重出卽駁其誤也蛑亦但爲蠹之古文與蝥字無涉汲古閣本說文又於虫部之末附蛑字云古文蝥葢以蟲部蛑字在重出蝥字下故復以爲虫部蝥字古文次弟既淆筆跡亦異其爲後人妄加無疑今以碑蛑賊字義與蠹字合證之益見蛑爲古文蠹非古文蝥矣若詩大田及其蟊賊釋文本又作蛑瞻卬蟊賊蟊疾釋文出蛑賊云本又作蟊爾雅釋蟲食根蟊釋文本亦作蛑則又譌蠹爲蟊小徐所謂書者多誤也

魏受禪表地出大丨

孔龢碑丨郡成都

曹全碑丨郡西部都尉

石門頌虵丨毒蝬

石經魯詩殘碑蟋丨在堂 說文蟋悉蟋也徐鉉曰今俗作蟀非是

石經魯詩殘碑丨蟀在堂 說文新附蟋蟋蟀也蟋字注止作悉

魏王基殘碑丨印綬

說文蠠蠭甘飴也蜜蠠或从宓

蚰

魏受禪表野丨蘭於茂樹

張遷碑丨月之務

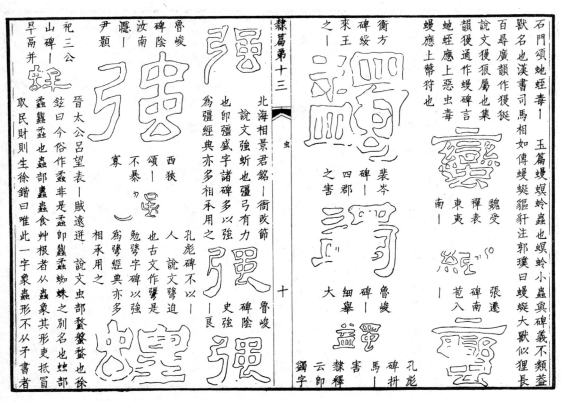

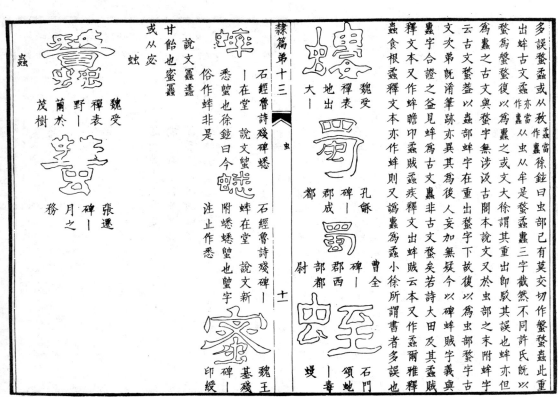

蟲

唐公房碑癘丨不遐

風

魏封孔羨碑揚仁丨以作教

衡方碑有單襄穆箕謨之丨

曹全碑還右扶丨槐里令

熹平殘碑以禮閭丨

周仲鏡銘丨雨時節五穀孰

夏承碑丨俗改易

武氏左石室畫象題字丨風暴雨

魏范式碑光丨前列

它

石門頌丨蛭毒蠆 卽蛇字說文它虫也蛇它或从虫

龜

淮源廟碑靈丨十四

龜

尹宙碑丨銀之冑

魏受禪表卜以守丨

校官碑仰止丨艾

龜池五瑞圖題字君昔在丨池

石門頌屬褒中丨漢彊 卽鼂字徐鉉曰今俗作晁

卯

鄐閣頌危危累丨兮

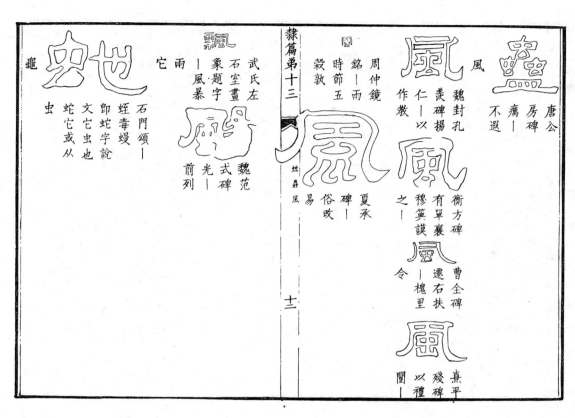

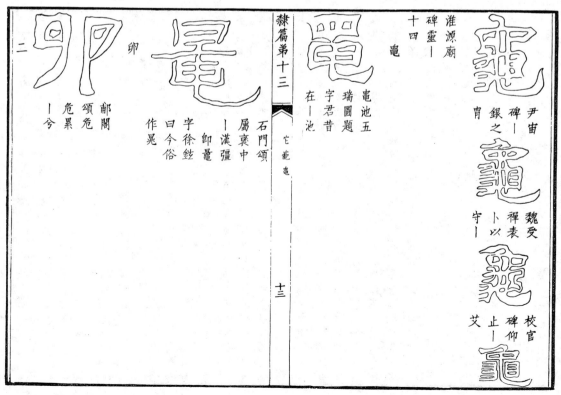

二

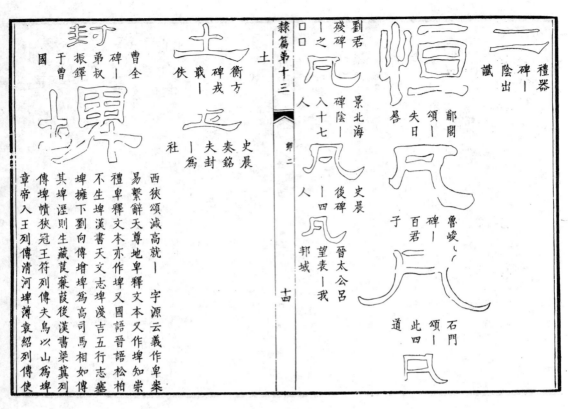

禮器碑丨陰出讖

郙閣頌丨失日晷

魯峻碑丨百君子

石門頌丨此四道

劉君殘碑丨之口口

景北海碑陰丨八十七人

史晨後碑丨四人

晉太公呂望表丨我邦域

土

衡方碑戎戰丨佚

史晨奏銘夫封丨爲社

曹全碑丨弟叔振鐸于曹國

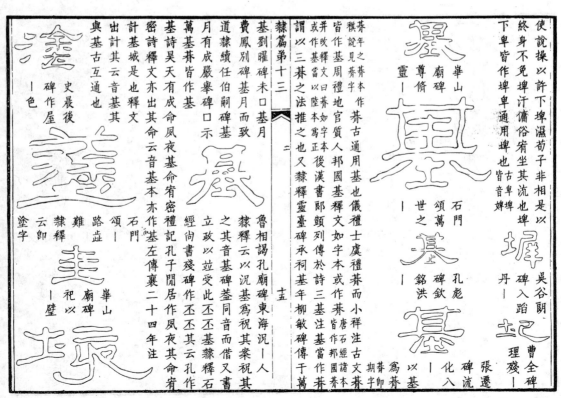

西狹頌滅高就丨　字源云義作卑棠易繫辭天尊地卑釋文本亦作埤知崇禮卑釋文本亦作埤又國語晉語松柏不生埤漢書天文志埤淺吉五行志塞埤擁下劉向傳增埤爲高司馬相如傳其埤溼則生藏莨蒹葭後漢書梁冀列傳埤幘狹冠王符列傳夫鳥以山爲埤章帝八王列傳清河埤薄袁紹列傳使說操以許下埤濕荀子非相是以終身不免埤汙傭俗宥坐其流也埤下卑皆作埤卑通用埤也古卑埤皆音婢

吳谷朗碑入蹈丹丨

曹全碑理殘丨

張遷碑流化入丨以基爲朞朞卽期字

華山廟碑尊脩靈丨

石門頌萬世之丨

孔彪碑欽銘洪丨

朞年之朞本作稘說見朞字　朞古通用基也儀禮士虞禮朞而小祥注古文朞皆作基周禮地官質人邦國基釋文如字本或作朞唐石經諸本皆作邦國朞并攺釋文曰朞如字本或作基當以陸本爲正後漢書郎顗列傳於詩三基注基當作朞謂以三朞之法推之也又隸釋靈臺碑承祠基年柳敏碑傳于萬

基劉曜碑未口基月費鳳別碑基月而致道隸續任伯嗣碑基月有成嚴舉碑口示萬基朞皆作基

魯相謁孔廟碑東海況丨人　隸釋云以況基爲祝其案祝其之其音基碑蓋同音而借又書立政以竝受此丕丕基隸釋石經尚書殘碑作丕丕其云孔作基詩昊天有成命夙夜基命宥密禮記孔子閒居作夙夜其命宥密詩釋文亦出其命云音基本亦作基左傳襄二十四年注

石門頌丨路歨難隸釋云卽塗字

史晨後碑作屋丨色

華山廟碑祀以丨壁

石門頌丨鬲尤艱　潛研堂金石文跋尾云垓鬲義與閡隔同玉篇閡與礙同後漢書虞詡傳注閡與礙同左思吳都賦寒暑隔閡於邃宇又古人多用隔閡閡隔字碑蓋以垓爲閡也

垓　孔彪碑浮斿塵丨之外

坰　郙閣頌口平丨

墳　景北海碑陰守衛丨園

墳　魏王基殘碑憲章丨素

垣　華山廟碑訖今丨趾營兆猶存

垣　史晨後碑廧丨壞決

巛　魏受禪表下發丨珍　隸辨云易坤卦釋文云坤本亦作巛巛今字也六書正誤云巛字三畫作六段象小成坤卦巛古坤字陸氏以爲今字誤矣案玉篇巛齒緣切注瀆曰川也古爲坤字據此則巛卽川字而又爲古文坤故諸碑書坤爲巛如川之本字且作巛川如川之變體集古錄云以巛爲坤漢人皆爾亦正謂漢人以川爲坤非言巛別爲一字六書正誤之說雖爲精切然古訓所無未敢遽以斷諸碑之譌也其譏陸氏以巛爲今字爲誤亦臆說耳

巛　史晨奏銘乾丨所挺

巛　孔龢碑則象乾丨

川　衡方碑威肅剝丨

壇　華山廟碑肅共丨場

壇　鄭固碑配食斯丨

壇　白石神君碑脩設丨屛

場　魏上尊號奏輒營壇丨

場　華山廟碑肅共壇丨

堂　禮器碑禮器升丨

堂　永元石刻作立是丨

坑　晉太公呂望表當秦丨儒之先說文阬閬也徐鉉曰今俗作坑非是

城　孔宙碑遷元丨令

城　孔宙碑陰任丨任口

城　楊叔恭殘碑上文闕

城　魯峻碑陰任城任丨吳盛

城　白石神君碑陰務丨神君

城　禮器碑陰任丨王子松

城　魯峻碑陰任丨樊兒雄

城　禮器碑側下盧丨子

城　曹全碑金丨長史

城　曹全碑幡丨市

增　魏王基殘碑丨邑五千戶

壐　北海相景君銘丨追嘉錫卽壐字說文壐王者印也所以主土壐籀文从玉經典皆用籀文作壐也

壝　魏受禪表設丨宮

在　華山廟碑或丨諸侯

在　曹全碑所丨爲雄

在　張遷碑丨帷幕之內

在　孔君墓碣所丨口行

在　夏承碑羔羊丨公

在　吳寶鼎甎歲丨丁亥

在　史晨奏銘得丨奎婁周孔舊寓

在　晉太康甎歲丨癸卯

墠　魏范式碑感靈丨之不饗

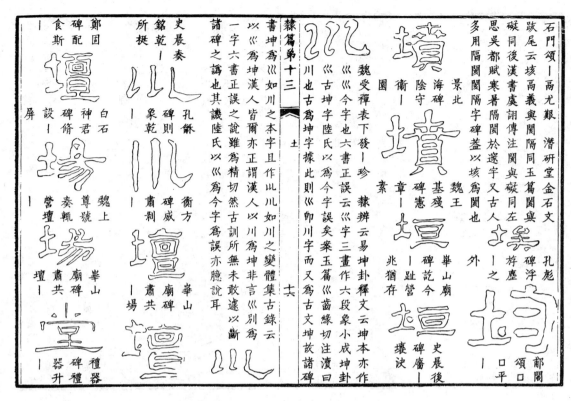

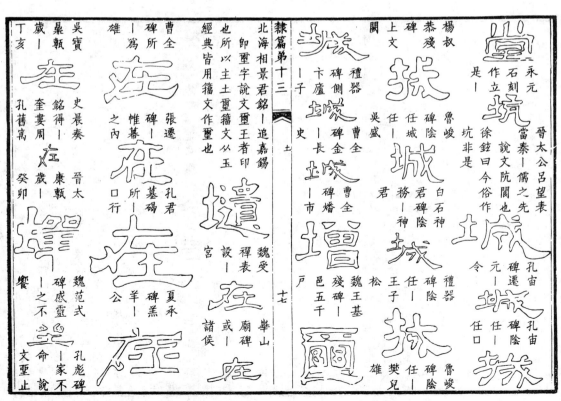

坐　孔彪碑丨家不命說文㘴止

也坐古文𡋯經典皆用古文

坐

史晨奏銘拜謁神｜ 玉篇座牀座也神坐之坐義當作座然說文無座字漢書梅福傳當戶牖之法坐後漢書孔融列傳坐上客恆滿皆如碑書座爲坐蓋古座字止用坐耳韻會座通用坐非是

地

地

白石神君碑 幽讚天｜

地

淮源廟碑 天｜清和

地

華山廟碑 天子祭天｜及山川

地

孔龢碑 經緯天｜

地

石門頌 咸｜曉理

地

曹全碑 北｜大守

地

武梁祠畫象題字長於｜理

跳山造冢石刻 ｜直三萬錢

墓

魏上尊號奏則 重華必忽慣於倉梧之神｜

墓

魏王基殘碑 鐫石表｜

墓

晉大公呂望表 而藏於邱｜

壞

魏封孔羨碑 百祀墮｜

壞

天鳳石刻 後子孫毋｜敗

壞

史晨後碑 磨垣｜決 隸釋云即壞字

凷

衡方碑 寢闇苫｜ 說文凷墣也塊凷或从鬼經典皆用塊字惟儀禮喪服傳寢苫枕塊釋文本又作凷

墍

華山廟碑｜曰存僊墍 隸辨云玉篇墍堂也集韻云通作殿周公禮殿記脩舊築周公禮墍堯廟碑敬脩宗墍殿皆作墍

墳

郙閣頌 地｜既确分

壁

白石神君碑陰 ｜神君義錢一萬

壁

西狹頌 雨山｜立

域

曹全碑 拜西｜戊部司馬 說文或邦也从口从戈以守一一地也于通切徐鉉曰今俗作胡國切以爲疑或不定之意域或又从土徐鉉曰今無復或音

域

石門頌 益｜爲充

垚

堯

衡方碑 肇先蓋｜之苗

堯

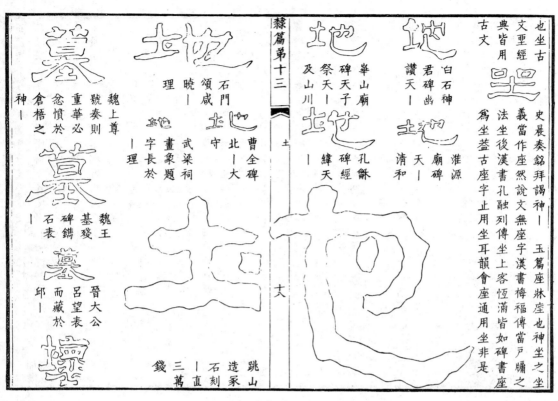

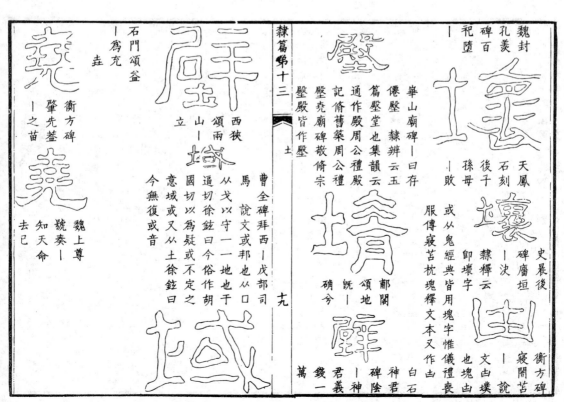

魏上尊號奏｜知天命去已

堇

祀三公山碑處幽道｜

石門頌垓鬲尤｜

里

韓仁銘遷槐｜令

魏封孔羨碑降｜下

白石神君碑朝｜充

楊叔恭殘碑上下文闕

魏王基殘碑故能｜戰則飛虎摧翼

土

魯峻碑陰南陽新｜

盈

曹全碑攻城｜戰

田

華嶽廟殘碑陰蓮勺｜巴

孔宙碑｜畯喜於荒圃

張遷碑開｜定寓

曹全碑陰楊休｜女

孔龢碑下｜用者

北海相景君銘英彥失｜字源云義作儔案說文疇耕治之田也从田象耕屈之形書洪範九疇鄭訓疇爲類者謂龜背之文分行齊列如田耕屈之形是有類義易否卦疇離祉九家注疇者類也國策齊策夫物各有疇注疇類也漢書韓信傳其疇十三人師古曰疇類也皆是碑與隸釋議郎元賓碑故朋疇宗親督郵斑碑與此爲疇同爲疇類之義說文儔翳也不言儔類也則作疇爲正字而荀子勸學草木疇生正論至賢疇四海楊注竝云疇與儔同字源之說蓋緣起於此不知儔之訓類於古無所據也

華山廟碑是以唐虞｜咨四嶽　說文曱詞也虞書帝曰曱咨碑與魏封孔羨碑疇咨稽古隸續郭旻碑帝曱言綏隸辨云郎疇咨之疇字原云義作籌非是皆以疇爲曱今書相承用之詳見偏旁

魏王基殘碑口口弥｜

楊叔恭殘碑側陳｜圍

張遷碑析珪於｜

孔龢碑上黨屯｜人

魏上尊號奏好｜鄉侯

孔宙碑南｜孔饁　說文晦六尺爲步步百爲晦畞晦或从田十久爾雅釋訓履帝武敏武迹也敏拇也釋文舍人本作敂玉篇敂同晦釋云古者姜嫄履天帝之迹於畎畝之中而生后稷碑畞字作畝正與敏大同小異或詩本作畞或書作畝因譌爲敏舍人之說得此可證其有本然則敏拇也當作畞晦也但以畮釋畞似難通耳

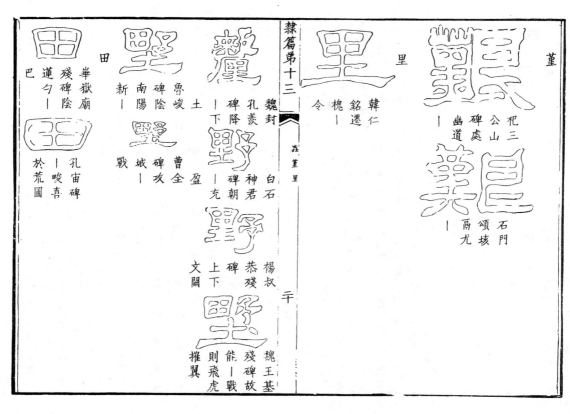

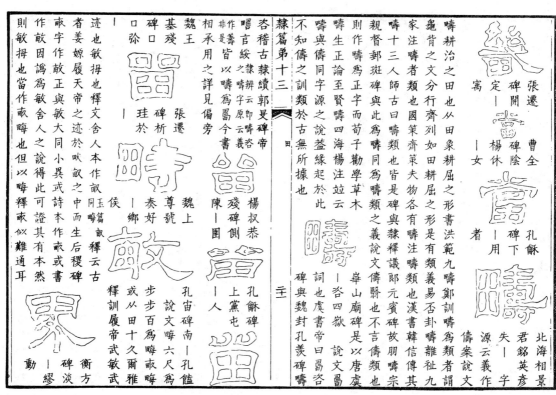

衡方碑淡｜繆動

白石神君碑縣丨有六名山

孔宙碑田丨喜於荒圃

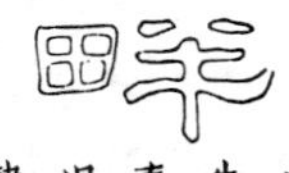

史晨後碑并丨宮文學先生 以畔爲泮史晨奏銘飲酒畔宮畢隸釋周公禮殿記開建畔宮隸續任伯嗣碑脩序畔校泮皆作畔詩坻隰則有泮箋泮讀爲畔釋文畔鄭音畔畔又通用泮矣

禮器碑倍道丨德 隸辨云經典叛通作畔案左傳莊十八年釋文以畔本或作叛俗字今左傳作以叛引釋文本或作畔俗字也今本左傳及所引釋文皆唐人所改則陸氏以畔爲正矣然說文畔田界也叛半也物中分爲半有相背之義書分北三苗疏北背也使分背也玉篇叛背也廣韻叛奔他國爲叛是仍以叛爲正畔爲通也 又孔宙碑遺畔未寧叛亦作畔

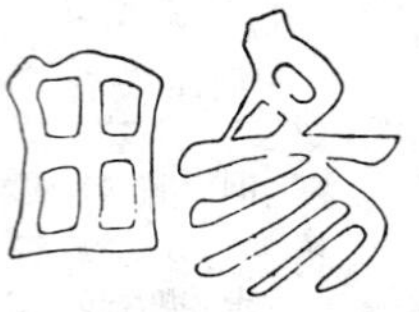

隸篇第十三 田 廿二

夏承碑靡不尋丨 說文暘不生也不當作才徐鉉曰借爲通暘之暘今俗別作暢非是

曹全碑陰精丨文亮

史晨後碑五官掾魯孔丨

武氏祠祥瑞圖題字南夷乘鹿來獻巨丨 山左金石志云以巨暘爲秬鬯也案禮記王制賜圭瓚然後爲鬯白虎通考黜引作然後爲暢雜記暢白以椈釋文出鬯云本亦作暢又詩旱麓傳然後錫以秬鬯圭瓚釋文其氣芬香條暢故謂之秬鬯鬯卽以暘爲義故通用暘又說見鬯字

唐公房碑飲牛馬六丨

白石神君碑陰都督趙丨

魏王基殘碑兼文武丨

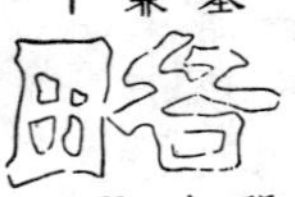

張遷碑聰麗權丨

畐

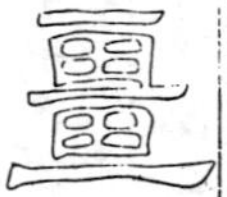

白石神君碑萬壽無丨 字源云卽疆字隸辨云說文畺界畫也或从彊土作疆書召誥無疆惟休古文尚書作畺案經史多用畺字又隸釋張公神碑畺界家靜和睦口樊敏碑華南西畺朱龜碑綏我畺土魏橫海將軍呂君碑愼守畺易隸續魏三體石經左傳遺字畺疆兩見

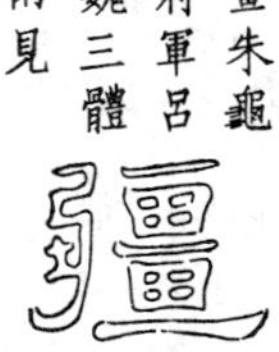

崋山廟碑民說無丨 爾雅釋詁疆界邊衛圉釋文出壃云字又作畺經典作疆假借字非也廣韻疆同畺壃俗

黃

西狹頌致丨龍嘉禾木連甘露之瑞

北海相景君銘丨朱邵父

魯峻碑有丨霸召信臣在穎南之歌

隸篇第十三 畐黃 廿三

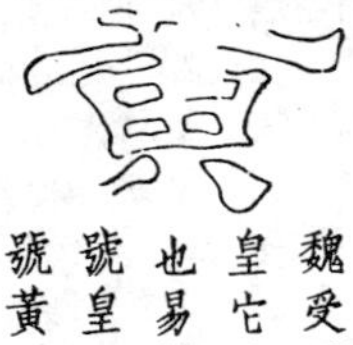

魏受禪表紹有虞之丨裔 義作皇亡碑以皇爲黃此則以黃爲皇也易繫辭疏引帝王世紀包犧一號皇雄氏禮記月令疏引之作一號黃熊氏是皇通用黃之證

男

鄭固碑君大丨孟子

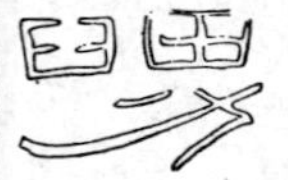

禮器碑顏氏聖丨

力

史晨奏
銘臣盡
丨思惟

武梁祠
畫象題
字氣丨
稍衰

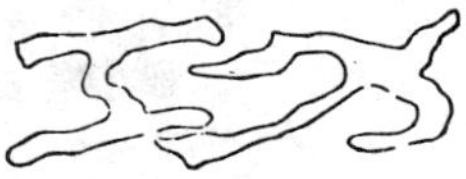

延光
碑口
其丨
譽

孔宙
碑濟
宏丨
於易
簡

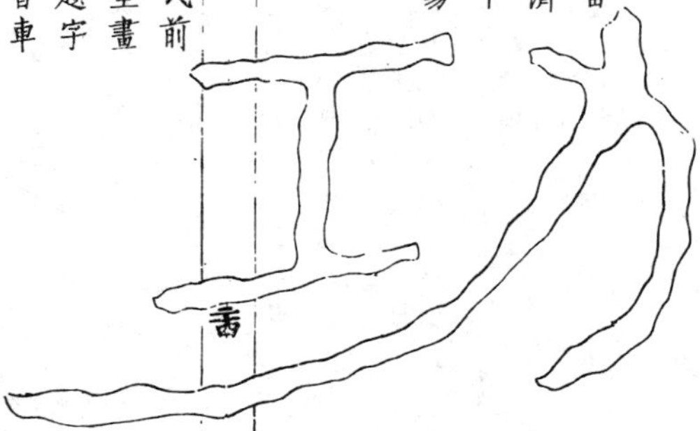

開通褒
斜道石
刻凡用
丨七十
六萬六
千八百
餘人
以功爲
工工古

魏王基
碑澲無
廢丨

武氏前
石室畫
象題字
丨曹車

通用功
也書皋
陶謨天
工人其
代之漢書律歷志作天功人其代之益稷苗頑弗卽工史記夏本
紀作苗頑不卽功又周禮夏官稾人注鄭司農云書工功拙高下
之等漢書貢禹傳一歲功十萬人已上三國魏志管輅傳注拙而
不功也吳志三嗣王傳工役之費馮本作功工皆作功周禮春官肆師凡師不功則
助牽主車
注故書功
爲工鄭司
農云讀爲
功古者工
與功同字

孔宙
碑忠
告慇
丨

魏上
尊號
奏丨
恤民
隱

郙閣
頌惟
惠丨
勤

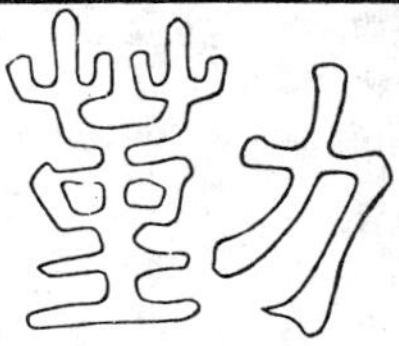

夏承
碑積
德約
丨

郙閣
頌丨
勞曰
稷兮

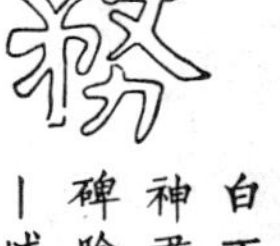

白石
神君
碑陰
丨城
神君

衡方
碑君
丨在
寬

魏上尊
號奏猶
丨奉天
命以則
堯道

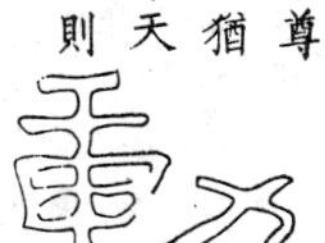

韓仁
銘素
無績
丨

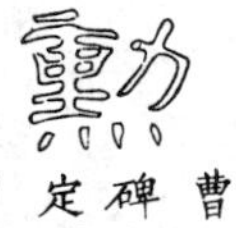

曹全
碑旣
定爾
丨

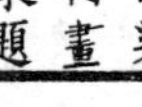

武梁
祠畫
象題
字帝堯
放丨

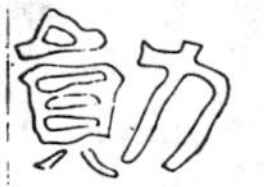

張遷碑綏御有丨說文勳能成王功也勛古文勳从
員書堯典曰若稽古帝堯曰放勳史記五帝本紀三國
魏志文帝紀皆作放勛周禮夏官序官司勳注故書勳

作勛鄭司農
云勛讀爲勳
又尹宙碑弈
世載勛

武氏祠祥
瑞圖題字
王者丨來
口口

魏上尊
號奏丨
者休之

郙閣
頌劬
丨日
稷兮

史晨奏銘
誠朝廷聖
恩所宜特
丨

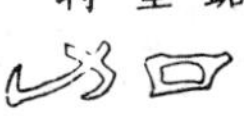

禮器
碑陰
蕃丨
進

張遷
碑決
丨員
千里
之外

景北海
碑陰文
不可丨

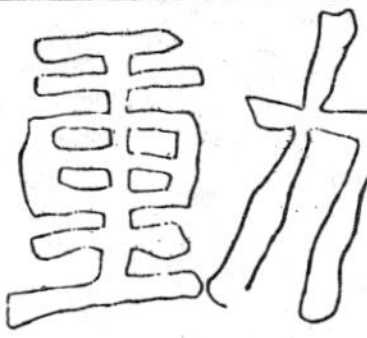

西狹
頌丨
順經
古

曹全碑
陰楊丨

孔彪碑
仁必有
丨

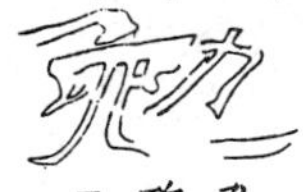

孔龢
碑丨
口蓺

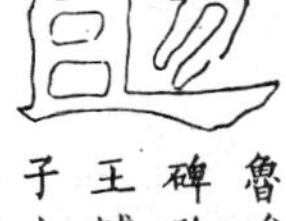

魯峻
碑陰
王輔
子丨

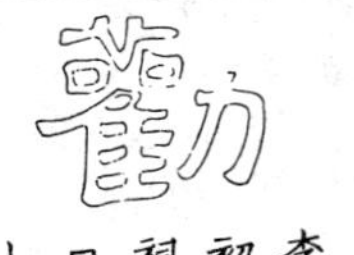

李孟初神祠碑口部丨農

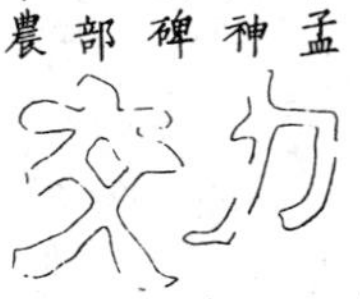

耿勳碑分子丨力

玉篇効俗效字經典多如說文作效或作効類篇分效効爲二今俗因以效爲效法功效効爲効力非也

韓仁銘丨厲清惠

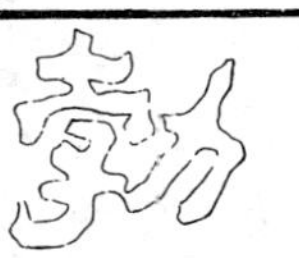

魯峻碑陰丨海重合

梁㥦 說文郭郭海地徐鉉曰今俗作渤非是諸碑及兩漢書地志皆書郭海爲勃海隸釋孫叔敖碑陰作渤海

魯峻碑陰丨海

南皮劉扶

尹宙碑優丨殊分

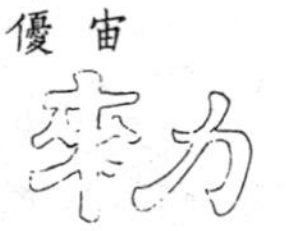

華山廟碑丨監都水掾

說文敕誡也从攴束聲恥力切勑勞也从力來聲洛代切敕或譌從力廣韻勑同敕是也勑又譌從朿朿或變爲夾因變爲來左右皆譌且變遂與勞勑之勑無別諸碑敕皆作勑經典亦或相承用之（易噬嗑先王以明罰敕法釋文出勑法云此俗字也字林作勅實則勅亦俗字）玉篇敕今作勑廣韻敕今相承用勑類篇勑本音賚世以爲敕字行之久矣

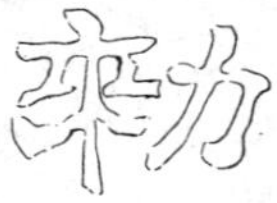

史晨後碑又丨瀆井復民

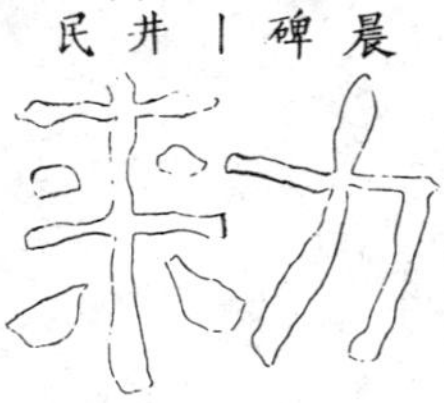

西狹頌丨衡官有秩李瑾

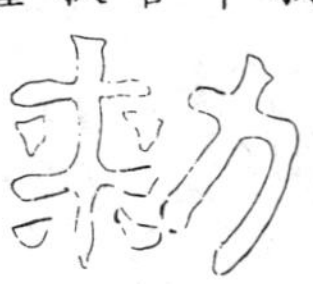

衡方碑退就丨巾 義作飭說見巾字穀梁傳莊二十四年注斷斷自脩飭釋文本作勑漢書藝文志易曰先王以明罰飭法（飭卽飾字說見飾字）今易作敕法飭亦通用敕也經典敕又作飭漢書凡飭字師古竝云讀與勑同其中不必盡合要其義可互通也

禮器碑韓明府名丨字叔節以字證名義亦當作飭

婁壽碑不丨小行

劦

魏范式碑人神丨休茂之慶焉

綴說

魏封孔羨碑編 一切經音義編髮注三蒼古文辮字同蒲典反編與辮同此證尤顯

張遷碑纒 漢書古今人表安陵纒師古曰纒卽纏字也

白石神君碑絜 廣韻潔經典用絜今經典亦有作潔者非古本也善見律音義引字林潔麻一耑也潔乃絜之誤（字林考逸齋戒潔也禋潔祀也字林似別有潔字）

孔彪碑素 山左金石志云遵王之素與古今尚書不同當卽遵王之路駁文也

石門頌虫 爾雅釋魚蝮虺釋文出虫云卽虺字也本今作虺詩草蟲序草蟲釋文本或作虫非也虫音許鬼反靈臺序以及鳥獸昆蟲焉釋文本或作虫非

北海相景君銘強 易乾象傳君子以自強不息唐石經初刻作彊後改爲強改正爲通何爲者

晉太公呂望表蚌 徐氏說文韻譜尤部蟲作蝨亦傳寫之誤其以蚌爲古文蟲則是而其中橫隔螿字云同蟲則非也

西狹頌埤 一切經音義埤濕注字宜作卑蒼頡篇云卑下也不

知卑通用埤也

魏受禪表巛　經典作巛者僅見釋文今本皆作坤矣漢書律歷志小周乘巛策王莽傳乘乾車駕巛馬後漢書輿服志蓋取諸乾巛字猶作巛

華山廟碑勑　爾雅釋詁敕釋文案說文字林來旁作力是勞來之字東旁作攴是始音丑力反古易音訓勑字林作敕據此則字林無勑字而易噬嗑釋文謂字林作勑何也

隸篇第十四

金

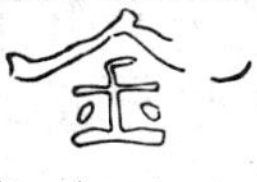

孔彪碑―鉉利貞

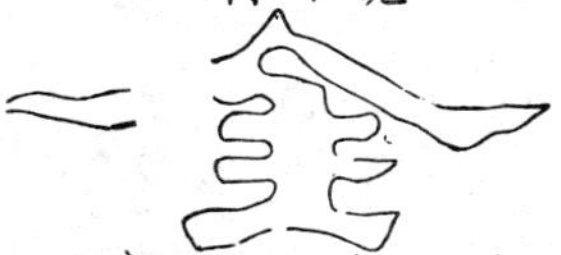

武榮碑領漢故執―吾丞武君之碑

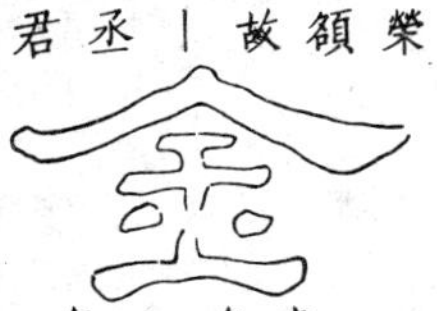

婁壽碑與―石存

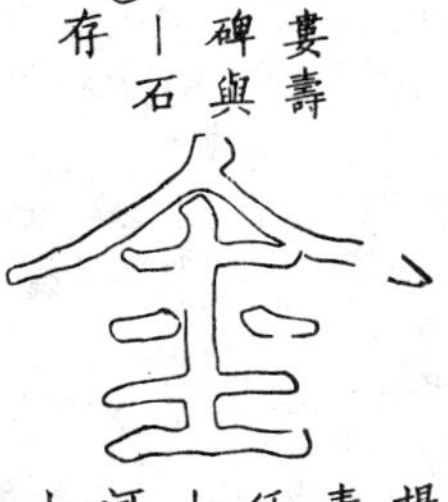

楊淮表紀任城―河東山陽大守

張遷碑陰韋―石

曹全碑―城西部都尉

尹宙碑致位執―吾

耿勳碑又開故道―官

武梁祠畫象題字無鹽媿女―離春

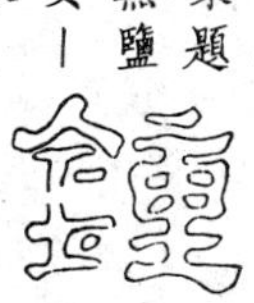

景北海碑陰營陵―顯

鄭固碑則―鼎奚銘　說文鍾酒器也鐘樂鐘也碑以鍾爲鐘經典多相承用之五經文字云鐘鍾上樂器下量名又聚也今經典或通用鍾爲樂器是也又隸釋楊著碑元乾鐘德繁陽令楊君碑膺天鐘慶復以鐘爲鍾葢字從童重者隸多互用故致無別

禮器碑―磬瑟鼓　亦以鍾爲鐘又校官碑鐘磬縣矣晉孫夫人碑古者鐘鼎ロロ

魏封孔羡碑―衡石　說文鈞三十斤也均平偏也碑以鈞爲均經典多相承用之禮記月令與此同文集韻均通作鈞也隸釋魏大饗碑夏啟有均臺之饗鈞又作均

銀

尹宙碑子孫以丨艾相繼

銀

郙閣頌三納符丨

鑽

武榮碑仰高丨堅

錢

史晨奏銘臣卽自以奉丨

說文錢銚也古田器詩曰庤乃錢鎛後人以爲泉布字國語周語景王將鑄大錢注錢古曰泉後轉曰錢是也今所見諸碑以地節買山石刻爲最先時已有錢字葢自秦廢貝而行錢卽書泉爲錢古書作泉者多經改易周禮地官序官泉府注故書泉或作錢是周禮惟亦有經改易者泉布之文不改如貨泉大泉五十云

錢

武氏石闕銘直丨十五萬

錢

張遷碑陰范齊公丨五百

錢

史晨後碑還所斂民丨材

錢

跳山造冢石刻地直三萬丨

錢

曹全碑以家丨糴米粟

錢

祀三公山碑穀斗五丨

錢

西狹頌粟麥五丨

錢

張遷碑陰韋元考丨五百

鑄

魏王基殘碑丨石表墓

鑄

衡方碑丨茂伐

鑄

晉太公呂望表丨口勒表

鐉

西狹頌丨燒破析說文鐉巺篆作巽文所以鉤門戶樞也一曰治門戶器也碑以爲琢鑿之義疑借鐉爲鐫

銘

楊淮表紀追述韶丨

銘

孔宙碑有漢泰山都尉孔君之丨

銘

孔彪碑欽丨洪基

鉅

禮器碑側泰山丨平

鉅

孔宙碑陰丨鹿慶陶趙政

鉅

孔宙碑陰丨鹿慶陶張雲

鉅

尹宙碑分趙地爲丨鐃

鉉

孔彪碑金丨利貞

錮

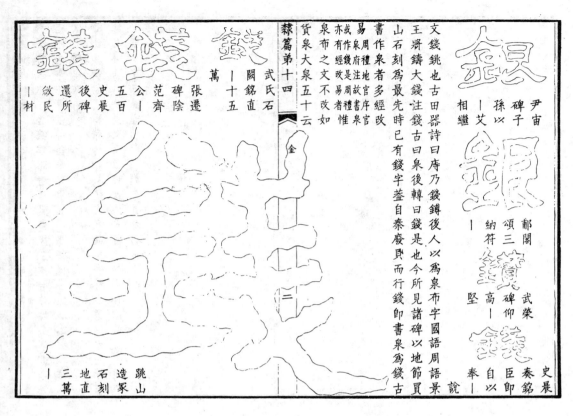

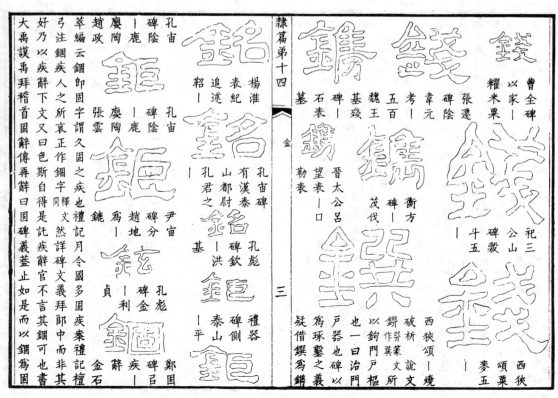

鄭固碑呂疾丨辭金石萃編云錮卽固字謂久固之疾也禮記月令國多固疾桼禮記檀弓注錮疾人之所哀正作錮字釋文同然詳碑文義拜郎中而非其好乃以疾辭下文又曰色斯自得是託疾辭官不言其錮可也書大禹謨禹拜稽首固辭傳再辭曰固碑義葢止如是而以錮爲固

兩漢金石記引張埍曰錮當作固其弟撰碑避其兄之諱也其說甚確集古錄云錮當作固疑漢人用字多假借（此與隸釋云以錮爲固皆如書錮辭之義）又疑以疾固辭謂疾已堅固若云以疾篤辭前說當矣

白石神君碑秉斧丨之威　說文戉斧也徐鉉曰今俗别作鉞非是鉞車鑾聲也詩曰鑾聲鉞鉞徐鉉曰今俗作鐬以鉞作斧戉之戉非是

孔宙碑陰李丨字世君

衡方碑邊民是丨

禮器碑嘆印師丨

孔彪碑申錫丨思

華山廟碑周丨於二代　論語作周監於二代監古通用鑒詩文王宜監于殷禮記大學作儀鑒于殷皇矣監觀四方漢書敘傳作鑒觀四方左傳莊三十二年監其德也釋文本又作鑑莊子盜跖不監於道釋文本亦作鑒又詩柏舟我心匪鑒釋文出匪監云本又作鑒蕩殷鑒不遠漢書杜欽傳作殷監不遠周禮天官凌人春始治鑑釋文本或作監監與鑒古互通也

尹宙碑分趙地爲鉅丨　廣韻鉅鏕郡名然它碑及兩漢諸書皆作鉅鹿說見鹿字金石文字記謂鉅鹿之鹿不當從金是也廣韻但據作鏕者言之耳

曹全碑丨事掾王畢

魏受禪表書挈所丨

校官碑沛國丨趙勳

尹宙碑於丨明德

吳谷朗碑於丨府君

孔彪碑如列宿之丨置

曹全碑封弟叔振丨于曹國

郙閣頌緣丨崖石

石門頌禹丨龍門　玉篇鑒同鑒

孔彪碑申鑒丨思

北海相景君銘亜追嘉丨

勺

華嶽廟殘碑陰蓮丨田巴

耿勳碑賦丨寡獨　說文与賜予也一勺爲与此与與同（當作此與予同）它碑及經典皆通用與說文與黨與也

几

史晨奏銘俯視丨筵

尹宙碑舉衡以丨事　說文処止也从几从夂處処或从虍聲

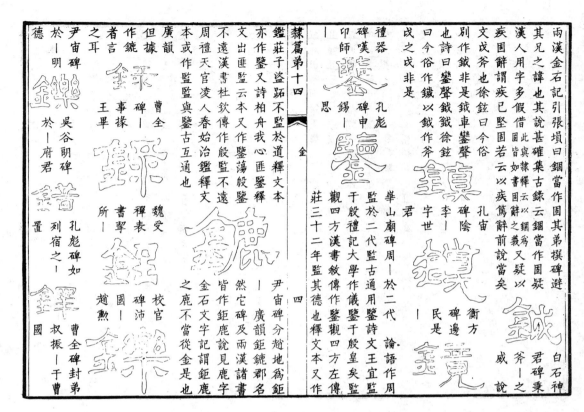

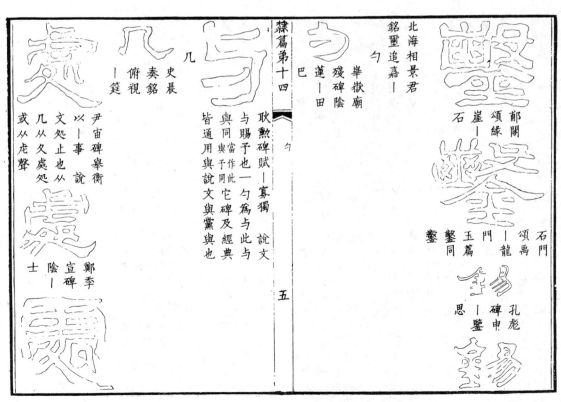

鄭季宣碑陰丨士

祀三公山碑丨幽道艱

曹全碑陰丨士

婁壽碑國□人乃

武氏左石室畫象題字顏淑獨丨

晉劉韜墓志叔考丨士君之元子也

相與論悳□丨謚

武梁祠畫象題字丨士

史最後碑丨士孔褒

曹全碑或丨武□都

武氏前石室畫象題字口叔丨此霍叔處也字省几

且

魏上尊號奏丨漢政在奄官

曹全碑丨二百萬

張遷碑爰既丨於君誤分暨爲既且說見既字

武梁祠畫象題字范丨潛研堂金石文跋尾云戰國策秦漢人多以且爲名讀子余切如穰且豫且夏無且龍且皆是且旁或加隹如范雎唐雎文殊而音不殊也胡身之注通鑑輒音范雎之雎爲雎是誤以爲目旁矣據此碑可證胡注之誤案韓子外儲說左上范且竊工而弓折亦作范且復以碑證之則字本作且史記作雎者或加隹也

婁壽碑縈丨溺之耦耕以且溺爲沮溺集韻類篇沮且竝子余切碑蓋同音而借也

魏封孔羨碑觀丨豆之初設

斤

華山廟碑銘勒丨石

衡方碑丨干作歌

張遷碑丨縣獨全

張遷碑奚丨讚魯

華山廟碑至干亡丨

晉孫夫人碑口問日丨

魯峻碑陰南陽丨野

孔褒碑丨過直口

鄭固碑君夫人丨共哀也

張遷碑問禽狩丨有

張壽殘碑悉無丨畱

晉太公呂望表豈皇天丨以章明先哲

禮器碑禮丨宜異

白石神君碑丨以昭孝息民

石門頌橋梁丨絕

白石神君碑秉丨鉞之威

隸釋云卽斷字

裴岑碑丨獻部衆

魏王基殘碑丨首萬計

魯峻碑丨薪弗何左傳作析隸辨云書堯典厥民析古文尚書作斨隸釋云以斨爲析非是

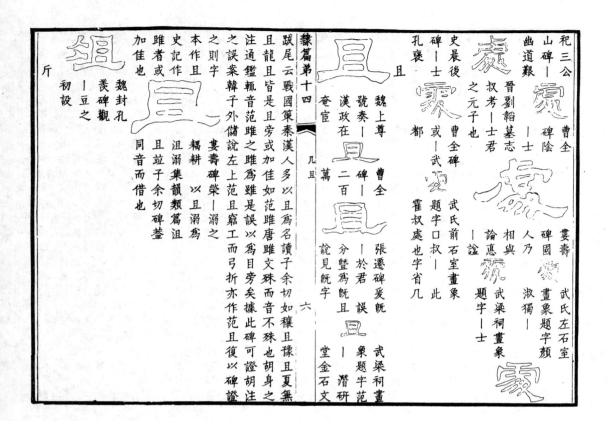

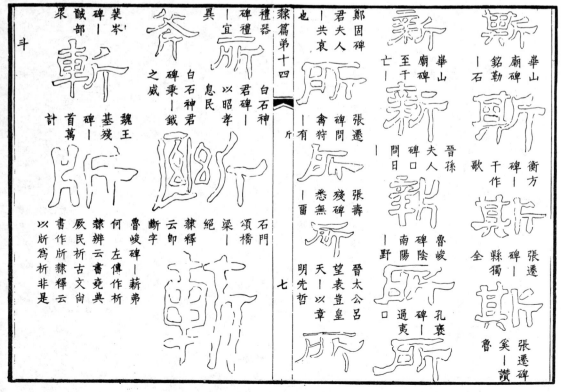

斗

石門頌上順｜極

白石神君碑粟｜五錢

禮器碑以｜言教兩漢金石記云什字吾友錢辛楣陳竹厂皆讀爲什辛楣云什言者十言也春秋正義引易云伏羲作十言之教曰乾坤震巽坎離艮兌消息碑蓋用其語上二句言贊易下二句言作春秋也婁機顧藹吉皆釋爲斗文義殊難通矣方綱按婁顧釋爲斗蓋隸體實如此漢碑人旁未有作ㄅ者既以釋隸爲主自不得復牽於他說如以此碑之語必盡合於經義則上句前圖九頭是何語乎且碑語之不合經者尚多不能更僕數也愚但知就隸書以讀碑而已此字當從婁顧釋爲斗字無疑今案它碑斗字皆如此作此自是斗字然錢說亦精切有據所宜存參攷史記匈奴列傳漢亦棄上谷之什辟縣

造陽地以予胡漢書作斗辟師古曰斗絕也辟讀曰僻豈以隸書升與什相似故傳寫史記者譌升爲什而碑則譌什爲升與

石門頌奉｜承杓

魏受禪表｜敵用兵

曹全碑君高｜

曹全碑｜降揖讓

禮器碑陰孔朝｜高

孔宙碑陰吳進字｜臺

孔宙碑陰捕巡字｜臺

魏上尊號奏爲世撥亂則致｜平升平俗作昇平說文新附昇日上也古只用升公羊傳襄二十三年注知以近升平書也後漢書光武帝紀是呂化致升

平郎顗列傳興致｜平文選張衡東京賦治致升平之德竝與碑同

予

校官碑｜孤頤老

魏受禪表哀｜庶獄

車

史晨後碑餝治桐｜馬於瀆上

魏王基殘碑送呂輕｜

禮器碑離敗聖｜

孔宙碑陰汝南平｜謝洋

石門頌㢈｜寫淵

魏上尊號奏使持節行都督｜鎮西將軍

曹全碑陰故將｜令史

魏李苞開通閣道題名將中｜兵石木工二千人

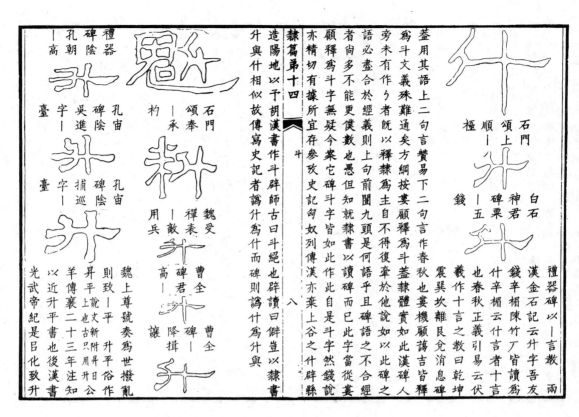

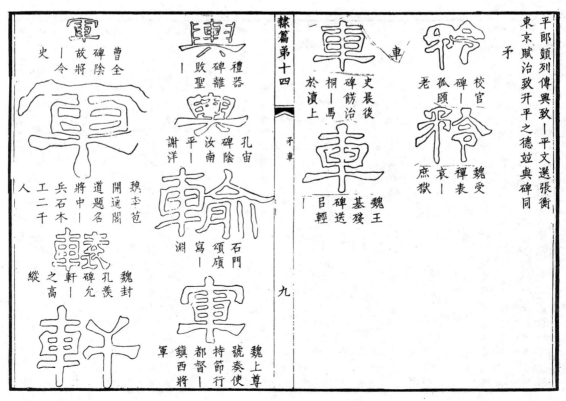

魏封孔羨碑允軒｜之高縱

軒

魏封孔羨碑允|轅之高縱

輜

夏承碑|軒六轡

軻

武氏前石室畫象題字荆|

輕

魏上尊號奏|車將軍

輕

石門頌空輿|騎

軓

衡方碑馮隆鴻|

軓

夏承碑紹縱先|

軓

尹宙碑含純履|

軓

朱龜碑君系祖考之鴻|

輔

白石神君碑王翊字元|

輔

曹全碑曹參夾|王室

輔

尹宙碑爲漢|臣

輔

孔宙碑陰薛顗字勝|

輔

衡方碑飛翼|之精

轉

曹全碑|拜郃陽令

輦

禮器碑胡|器用

隸釋云胡輦者瑚璉也案禮記明堂位夏后氏之四璉釋文出四連云本又作璉力展反周禮地官鄉師與其輂輦注故書輦作連春官巾車連車組輓釋文本亦作輦莊子讓王相連而從之釋文力展切司馬云連讀曰輦是璉古通用連輦亦通用連皆同音而借碑故以輦爲璉璉本作槤說見璉字又文選何晏景福殿賦又宏璉以豐敞注璉與連古字通彼以璉爲連碑以連爲璉而借用輦也

轝

北海相景君銘隨|飲淚

轝與輿同易大畜曰閑輿衛釋文音餘本或作轝音同是也說文輿車輿也从車舁聲以諸切輿以舁得聲卽寓舁車之義後人讀舁車之輿爲去聲故廣韻輿字分收魚御二韻然皆作輿不更作轝也集韻魚韻輿重文⿰車与盖卽轝字引說文車輿也御韻輿重文轝舁車也亦但分音而不分字類篇略同集韻而又別出轝字云羊茹切舁車也攷史漢諸書作轝者多如說文車輿之義其作舁車解者如後漢書宦者列傳逐共轝車入門之類亦止是輿之變文類篇別出轝字專訓舁車非也

載

尹宙碑景王|在史典

載

禮器碑三九之|

載

華山廟碑乃案經傳所|

載

武氏前石室畫象題字口季|

載

子游殘碑口|不隕

載

郿閣頌|乘爲下

較

魯峻碑礌落彰|

隸辨云卽較字說文本作較

輟

石經論語殘碑櫌不|

說文罬从网輟罬或从車

輯

白石神君碑|寧上下也

輯

魏范式碑爰|訓典

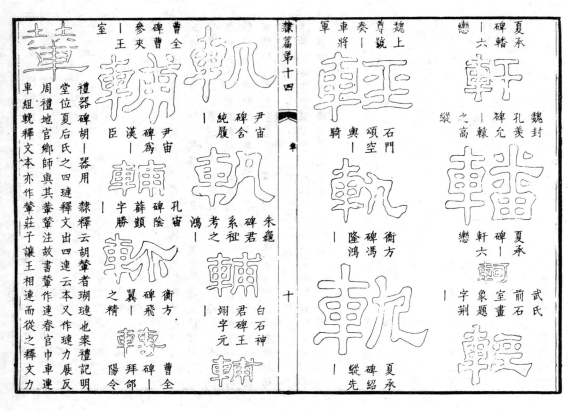

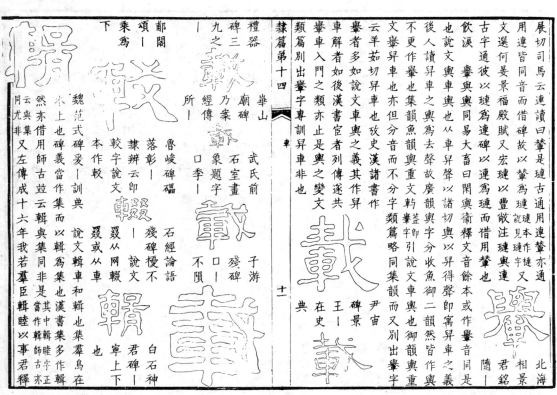

說文輯車和輯也集羣鳥在木上也碑義當作集而以輯爲集也漢書集多作輯然亦借用師古竝云輯與集同非是其中輯睦字正當作輯師古亦云與集同尤非又左傳成十六年我若羣臣輯睦以事君釋

文出集睦云又作輯襄十九年其天下輯睦釋文本作集是輯亦通用集也

自

華山廟碑|過亨祭

朱龜碑|呂疾辭

魯峻碑以公事去|

尹宙碑卑|不以爲恥

校官碑頌校|之碑

禮器碑并|聖妃

阜

魯峻碑陰河閒|成東鄉恭

衡方碑褘|在公 以褘隋爲委蛇說見褘字褘隋在公猶劉熊碑之卷舒委隨隸釋唐扶頌之在朝逶隨也作隋者遺之省文說文遺从辵𡐦省聲碑復省辵適與說文裂肉也徒果切之隋字無別類篇阜部隋旬爲切亦訓順裂肉非是經典釋文諸書乃有隋文帝去遺辵爲隋之說金石文字記嘗辨之

晉太公呂望表口今|廢 說文𡐦篆文陸類篇陸重文墮墮卽墮也墮又吐火切墜也說文陊落也徒果切徐鉉曰今俗作墮非是

魏封孔羨碑百祀|壞

郙閣頌人物俱|

吳谷朗碑|郎中尚書令史

韓仁銘|書未到

曹全碑七年三月|郎中

衡方碑|郎中

婁壽碑不攸廉|

曹全碑右扶風|槃侯相

魯峻碑陰呂圖世|

曹全碑朝覲之|

衡方碑|夷愍之貢

郙閣頌遭|遇納

魏受禪表罘兆|臺

校官碑|國長平人

魯峻碑陰|雷尉氏胡昱

孔宙碑陰|褒

禮器碑陰|漢方

曹全碑市肆列| 說見敶字碑以陳爲敶經典皆相承用之不可改正矣又西狹頌陳之呂德義

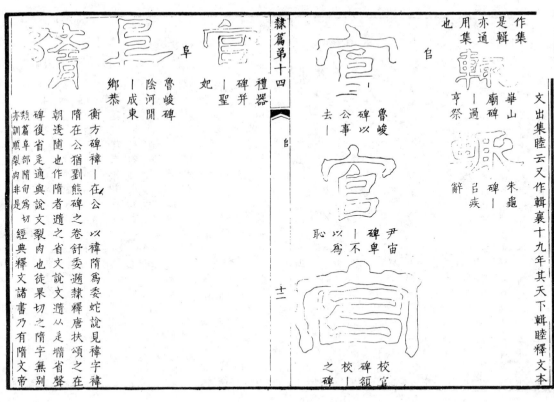

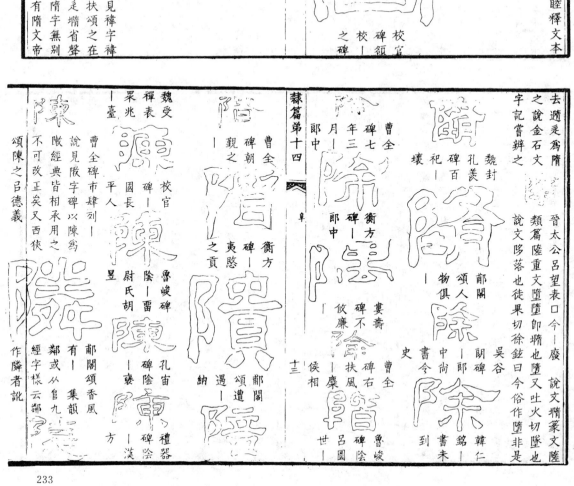

郙閣頌香風有| 集韻鄰或从㠯九經字樣云鄰作隣者訛

禮器碑側淳于｜

陶

孔彪碑膺皋｜之廉

陶

禮器碑魯薛｜

陶

孔宙碑陰魏郡館｜張上

陶

魯峻碑陰濟陰定｜

陶

魏范式碑擬泰和以｜化說文陶再成邱也匋瓦器也陶化義如甄陶字當作匋碑以陶爲匋也經典相承用之

阿

校官碑陰曲｜尉

阿

衡方碑號稱｜衡

陽

吳谷朗碑桂｜耒陽人

陽

竹葉碑陰文｜馬琮

陽

禮器碑側山｜瑕邱

陽

魯峻碑陰東郡濮｜

陽

孔宙碑陰東平寧｜周順

陽

嵩山太室闕銘｜陵格

陽

嵩山少室東闕題名潘｜

陽

白石神君碑地無鹽｜

陽

禮器碑陰南｜宛

陽

武梁祠畫象題字秦武｜

陽

禮器碑三｜吐圖

陽

禮器碑側東郡武｜董元厚

陽

禮器碑側河南雒｜

陽

曹全碑轉拜郃｜令

陽

衡方碑不虞不｜ 不虞不陽卽詩不吳不揚也詩野有蔓草清揚婉兮說苑尊賢作清陽正月燎之方揚漢書谷永傳作方陽左傳文十八年解揚漢書古今人表作解陽公羊傳昭二十五年次于揚州釋文左氏作陽州揚皆作陽又禮記玉藻盛氣顛實揚休注揚讀爲陽聲之誤也竊謂是又以揚爲陽耳

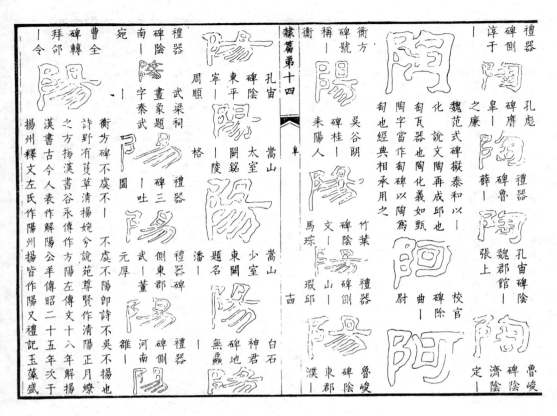

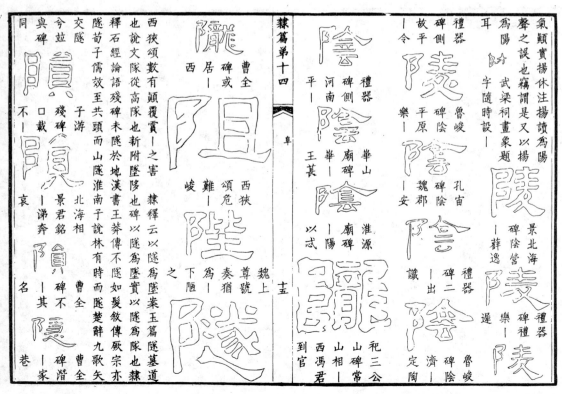

武梁祠畫象題字隨時設｜

陵

景北海碑陰營｜薛逸

陵

禮器碑禮樂｜遲

陵

禮器碑側故平｜令

陵

魯峻碑陰平原樂｜

陰

孔宙碑陰魏郡｜安

陰

禮器碑二｜出識

陰

魯峻碑陰濟｜定陶

陰

禮器碑側河南平｜

陰

華山廟碑華｜王萇

陰

淮源廟碑｜陽以忒

隴

祀三公山碑常山相｜西馮君到官

隴

曹全碑或居｜西

阻

西狹頌危難｜峻

陛

魏上尊號奏猶爲｜下陋之

隧

西狹頌數有顛覆實｜之害 隸釋云以隧爲墜案玉篇隧墓道也說文隊從高隊也新附墜隊也碑以隧爲墜實以隧爲隊也隸釋石經論語殘碑未隧於地漢書王莽傳不隧如髮敘傳厥宗亦隧荀子儒效至共頭而山隧淮南子說林有時而隧楚辭九歌矢交隧兮並與碑同

隕

子游殘碑口載不｜

隕

北海相景君銘｜涕奔哀

隕

曹全碑不｜其名

隱

曹全碑潛｜家巷

武氏祠祥瑞圖題字王者不丨過

後也直太元經元掜五經括矩注五經隱括其矩檃括皆作隱括也又開通褒斜道石刻去就安隱（其文今泐）（見宋晏袤釋文）

晉孫夫人碑雖有丨括傅母之訓冈以加　以隱括爲檃括何休公羊傳序故遂隱括使就繩墨焉後漢書鄧訓列傳考量隱括必待隱括蒸揉然（注孫卿子曰拘木）鄐閣頌卽便求丨　金石存云隱卽穩字案說文新附穩蹂穀聚也一曰安也古通用安隱詩大明迺慰迺止箋民心定乃安隱其居古今法書苑王羲之帖袁彭祖何日過江想安隱耳皆用隱字釋典安穩字亦皆作隱

鄭固碑未滿期丨

張遷碑邵伯分丨

魏封孔羨碑遐夷越丨阻而來賓

西狹頌君踐其丨

禮器碑天雨丨澍

魏王基殘碑升丨順道

西狹頌瑞丨豐稔

衡方碑誕丨于君

黽池五瑞圖題字甘露丨

西狹頌丨笮促迫

曹全碑升丨揖讓

史晨奏銘丘生倉丨

曹全碑秦漢之丨

譙敏碑深明箕丨　以隩爲奧爾雅釋宮西南隅謂之奧釋文本或作隩禮記仲尼燕居目巧之室則有奧作家語問玉作則有隩作釋文亦云字又作隩奧古通用隩也書禹貢四隩既宅史記夏本紀漢書地理志四隩皆作四奧則又以奧爲隩矣

校官碑於是遠人聆聲景丨

魏上尊號奏宣萬方之景丨

鄭固碑於蔑丨歍曷敢忘

禮器碑陰東平丨

孔宙碑陰丨遲

衡方碑家于平丨

淮源廟碑丨彼高岡

魏上尊號奏臣丨臣祖

孔宙碑乃共丨名山

石經魯詩殘碑丨岵三章

白石神君碑介乃丨景山

石經魯詩殘碑丨有榆

四

北海相景君銘丨海冠蓋

禮器碑於是丨方土仁

魏王基殘碑下文闕

魏上尊號奏若孤者胡足以辱丨海

張遷碑陰范巨錢丨百

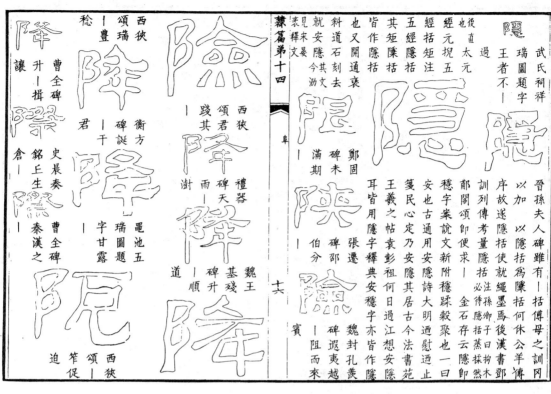

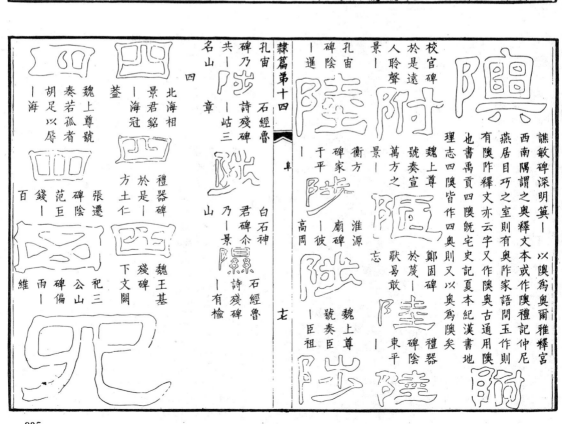

祀三公山碑偏雨丨維

仙集題字丨月十八日 說文罒古文四

叕

史晨奏銘丨紀撰書

亞

史晨奏銘德丨皇代

五

魯孝王石刻丨鳳二年

周仲鏡銘風雨時節丨穀孰

石經尚書殘碑曰陳其丨行

夏承碑年丨十有六

魏王基殘碑兼苞丨才九德之茂

張遷碑陰韋元雅錢丨百

張遷碑陰韋閨德錢丨百

西狹頌粟麥丨錢

曹全碑陰伯祺丨百

曹全碑陰元就丨百

六

魯孝王石刻丨月四日成

史晨奏銘刪定丨藝

孔宙碑年丨十一

七

史晨後碑合九百丨人

曹全碑潛隱家巷丨年

孔龢碑三月廿丨日

華山廟碑丨月甲子

九

孔龢碑孔子十丨世孫麟

史晨後碑合丨百七人

張遷碑東勤丨夷

晉逢將軍甎丨月 反文也

内

淮源廟碑丨獸碩茂

魯峻碑口口伯丨之懿緒

張遷碑問丨狩所有

校官碑丨姦宄猾 隸辨云擒通作禽

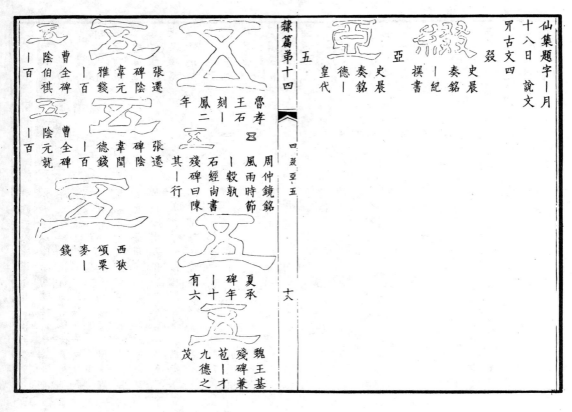

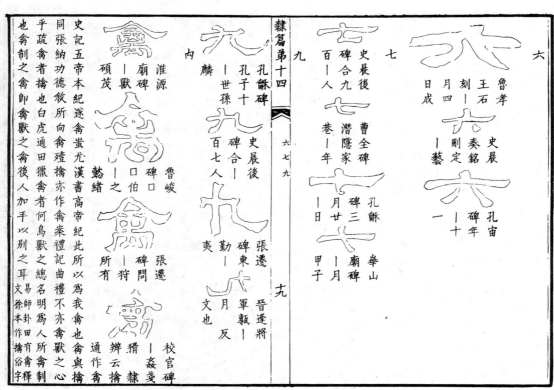

史記五帝本紀遂禽蚩尤漢書高帝紀此所以爲我禽也禽與擒同張納功德敘所向禽殪擒亦作禽案禮記曲禮不亦禽獸之心乎疏禽者擒也白虎通田獵禽者何鳥獸之總名明爲人所禽制也禽制之禽卽禽獸之禽後人加手以別之耳易師卦田有禽釋文徐本作擒俗字

景北海碑陰乘|字伯度

魏封孔羨碑伯|命元宮而爲夏后

西狹頌繼|之迹

石門頌|鑿龍門

曹全碑|民騷擾說見万字

曹全碑且二百|

曹全碑紀綱|里

白石神君碑|壽無畺

魏上尊號奏爲民請命則活|國

尹宙碑|祀不泯

張遷碑億|載年

禮器碑側楊|子

張遷碑銘勒|載

武氏石闕銘直錢十五|

嘼

石經論語殘碑鳥|不可與同口

唐公房碑知鳥|言語

淮源廟碑禽|碩茂說文獸从嘼古文嘼下从厹

武氏祠祥瑞圖題字比肩|

甲

華山廟碑七月|子

楊叔恭殘碑七月六日|子造

乙

熹平殘碑十一月|未

孔龢碑相|瑛

淮源廟碑正月入日|酉

史晨奏銘與|比崇

張遷碑|道不|繆

禮器碑與|運燿

孔龢碑則象|巛

禮器碑側王自子|

衡方碑州舉|異

禮器碑秦項作|說文亂治也敿煩也諸碑皆以亂爲敿經典相承用之

曹全碑復遭逆|

武氏左石室畫象題字|宿婦

乞卽气之省文說見气字

武梁祠畫象題字|漿者

丙

孔龢碑三月|子朔

曹全碑十月|辰造

建武泉范三月|申

丁

魯峻碑二月|卯

孔宙碑陰|瑨字實堅

吳寶鼎甎歲在|亥

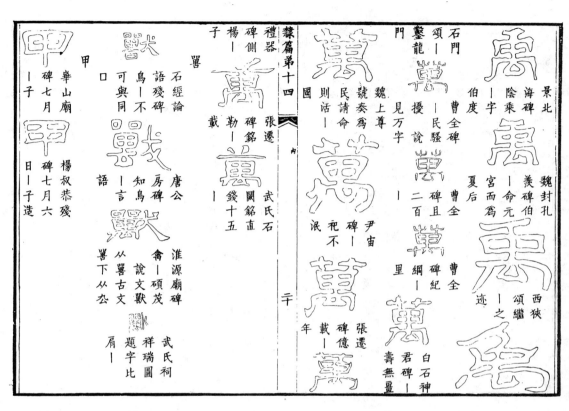

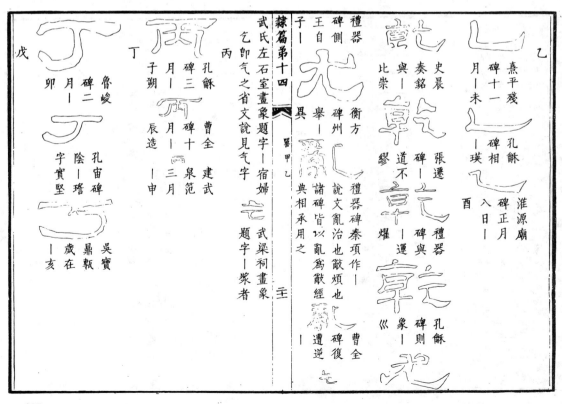

戊

史晨後碑四月十一日丨子到官

曹全碑拜西域丨部司馬

西狹頌不肅而丨

韓仁銘口墳道頭訖丨

白石神君碑五穀熟丨

張遷碑陰故吏范丨

孝堂山畫象題字丨王

魯峻碑陰河閒阜丨東鄉晨兩漢書皆作阜城碑以成爲城也（碑又有勃海高成 漢書地理志後漢）書陸康傳同郡又禮器碑陰曲成侯石門國志作高城頌西成隸續劉寬碑陰聊成城皆作成

己

史晨奏銘七日丨酉

北海相景君銘剋丨治身

夏承碑先人後丨

巳

華嶽廟殘碑陰蓮勺田丨

曹全碑丨郡朐忍令

地節買山石刻丨州民揚量

庚

晉孫夫人碑口月丨寅

延光碑廿一日丨戌

武氏石闕銘三月丨戌朔

華山廟碑彝以致丨說文康穅或省

十三字殘碑丨事以上下文闕

晉太公呂望表丨王六年

晉逢將軍甄晉元丨

郙閣頌艾丨萬里

辛

劉君殘碑側歲在丨酉

孔龢碑十入日丨酉

曹全碑陰姚之丨卿

吳谷朗碑功成丨退

孔褒碑固丨峻口

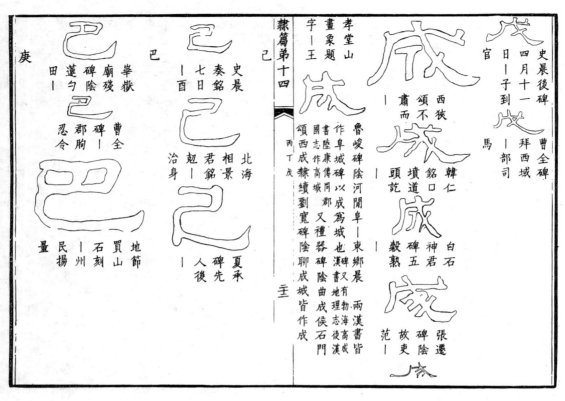

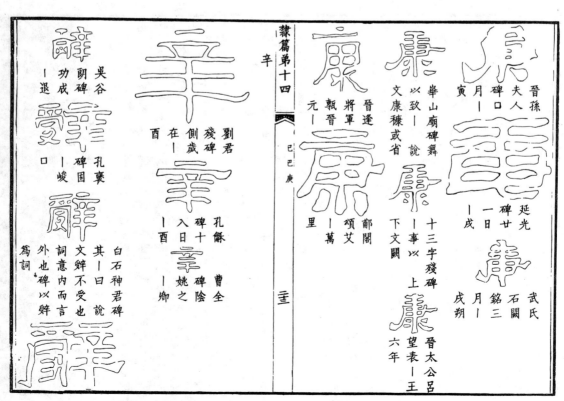

白石神君碑其丨曰說文辤不受也詞意內而言外也碑以辤爲詞

石門頌其｜曰

孔龢碑演易繫｜二碑皆以辤爲詞

晉孫夫人碑何不以嘗同寮｜之即辝字說文辝籒文辤

晉孫夫人碑爲之｜曰此以籒文辤爲詞也

孔彪碑掾胥斅｜諸碑又以辭爲詞經典相承用之說文辭訟也玉篇辭上理獄爭訟之辭也是如書呂刑單辭兩辭之辭義與詞近故通用

曹全碑其｜曰

正直殘碑六｜曰

譙敏碑其｜曰

夏承碑其｜曰

熹平殘碑必以疾｜

碑以辭爲辤經典相承用之

熹平殘碑何｜皆倉

孔宙碑兼禹湯之｜已說文辠犯法也秦以辠似皇字改爲罪

辡

魏王基殘碑文｜贍口

孔彪碑｜物居方　易作辯物居方經典辨釋文多作辯辨古通用辯也史記田叔列傳辯治官漢書地理志吕星土辯九州之地後漢書仲長統列傳苟目能辯色耳能辯聲口能辯味體能辯寒温者辯皆作辨

晉孫夫人碑明敏足以｜物亦以辯爲辨

壬

孔龢碑三月廿七日｜寅

癸

夏承碑六月｜巳說文癸象水從四方流入地中之形癸承壬象人足癸籒文从癶从矢

魯峻碑口月｜酉卒

耿勳碑歲在｜丑

史晨奏銘三月｜卯朔

子

北海相景君銘分｜還養

鄭固碑嗟嗟孟｜

禮器碑側上黨長｜

君子館軓君｜

禮器碑側卞盧城｜

史晨後碑四月十一日戊｜到官

魏封孔羨碑命孔｜廿一世孫議郎孔羨爲宗聖侯

西狹頌皇甫彥字｜才

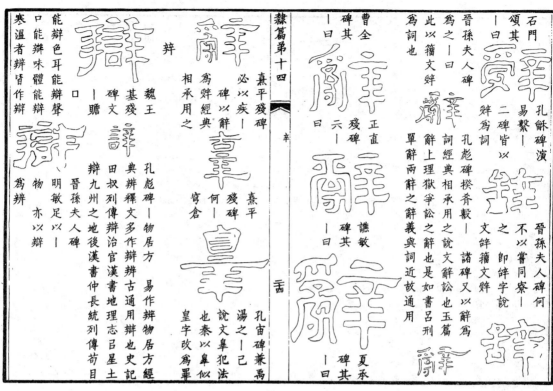

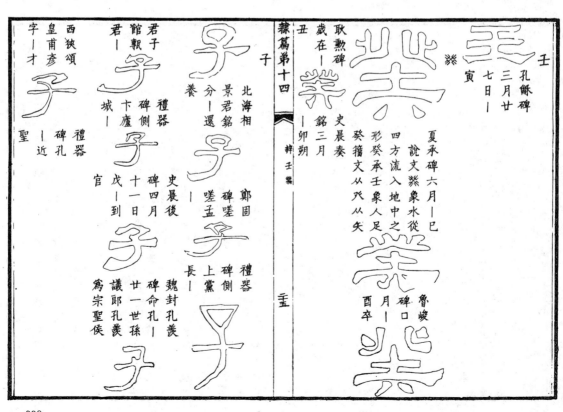

禮器碑孔｜近聖

武氏左石室畫象題字懼見意—
校官碑咨—元老
曹全碑陰楊榮長—
孔彪碑遺—忉絕
晉孫夫人碑忉忉遺—
魏上尊號奏若—者胡足以辱四海
夏承碑咳—憒泣
婁壽碑先生童—多奇 說見咳字
婁壽碑與金石—
華山廟碑訖今垣趾營兆猶—
曹全碑—亡之敬
北海相景君銘體亡而名—

子

三六

石門頌魏整—伯玉
景北海碑陰齊晏—本子
孔龢碑令鮑疊—文公
景北海碑陰晋敏—元成
張遷碑陰范—考
孔龢碑吳雄字—高
白石神君碑馮巡字—祖
鄭固碑嗟嗟—子
禮器碑陰王季—
張遷碑陰韋—平
武氏石闕銘使石工—孚李弟卯造此闕說文禾古文孟碑用古文加皿石門頌字孟文景北海碑陰

字孟堅李孟初神祠碑字孟初隸釋韓勑後碑孟秋之旬江原長進德碣孟彥造作竝與碑同
嵩山少室東闕題名鄭—亦孟字又楊淮表紀俱大司隸孟文之元孫也與碑同

𠫓

魯峻碑權—然發
淮源廟碑—穢濟遠
曹全碑時—勤國王和德
禮器碑陰任城呂—
譙敏碑且以—姿 說文育从𠫓肉聲毓育或从每育从到子毓
曹全碑撫—鰥寡
吳谷朗碑播渥惠以—物
魏受禪表—物奮庸

𠫓

三七

从到古文子也
史晨奏銘顏母—靈

丑

武氏石闕銘四日癸—

寅

孔龢碑司徒司空府壬—詔書
衡方碑夙夜惟—
曹全碑李儒欒規程—等
晉太公呂望表三月丙—朔

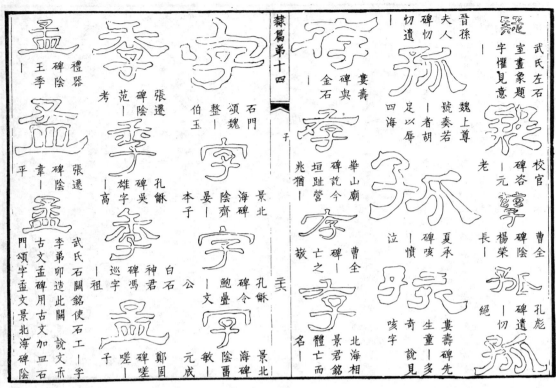

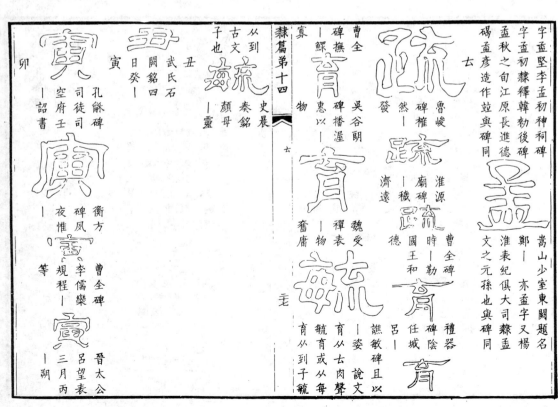

卯

永元石刻九月辛丨朔
武班碑廿三日癸丨
武氏石闕銘使石工孟孚李弟丨造此闕
史晨奏銘元卯制命帝丨行

辰

孔龢碑六月甲丨朔
曹全碑十月丙丨造
華山廟碑日月星丨天時也曆日月合宿為辰 說文辰震也房星曆當作碑以辰為曆經典相承用之
石經論語殘碑口志丨身矣
魏上尊號奏若孤者胡足以丨四海

巳

夏承碑六月癸丨
耿勳碑可謂卬之若明神者丨
西狹頌為害無丨 史記律書巳者言陽氣之巳盡也終巳字卽辰巳字故玉篇於辰巳字訓止廣韻諸書別作巳訓止非也
魏膠東令王君殘碑丨後巠干京師 以巳為以詩谷風不我屑以孟子注引作不我屑巳禮記內則由命士以上釋文或作巳論語毋吾以也釋文鄭本作巳又詩文王傳帝乙巳上也釋文本作以荀子非相人之所以為人者何巳也注巳與以同以古通用巳也隸釋楊著碑皆所巳紀盛德帝堯碑巳章聖德巳報嘉瑞敦我巳德厲我巳仁以皆作巳經典復以以為巳如禮記雜記注而哀巳殺釋文或作以之類是也

魏王基殘碑送丨輕車
譙敏碑丨直佐主
韓仁銘丨旌其美
武梁祠畫象題字丨通神明
鄭固碑刊石丨旌遺芳
孔宙碑躬忠恕丨及人 說文新修字義以說文不从人直作㠯李斯刻石文如此後人因之
熹平殘碑丨禮閭風
吳谷朗碑丨顯行績
孔彪碑可丨託六
尹宙碑清身丨厲時
華山廟碑是丨唐虞疇咨四嶽
史晨後碑自丨城池道濡麥給令
禮器碑自天王丨下

魏黃初殘碑丨黃初五口
曹全碑丨河平元年
孔褒碑上下文闕
正直殘碑正直是丨 安陽縣金石錄云正直是以詩小明作正直是與攷儀禮鄉射禮執弓各以其耦進注以猶與也今文以為與則詩所謂與者今文此碑所据古文也

午

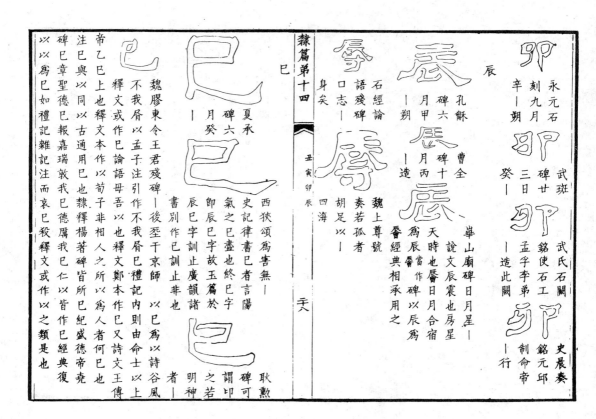

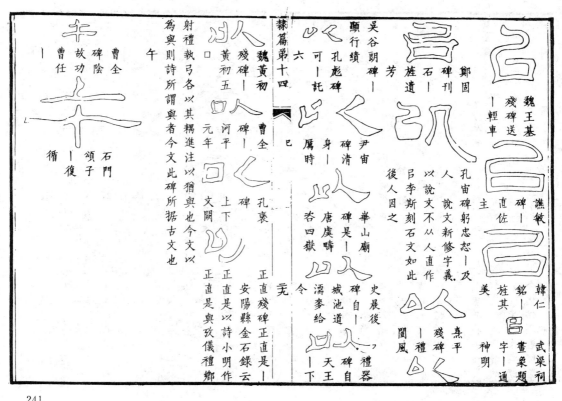

曹全碑陰故功曹任丨
石門頌子丨復循

未

未

韓仁銘除書｜到

未

孔宙碑遺畔｜寧

申

申

白石神君碑｜屠熊

申

孔彪碑｜錫鑒思詩烈祖申錫無疆傳申重義當作㬪說文㬪引也碑以申爲㬪經典相承用之

㬪

唐公房碑須｜有大風元雲

酉

酉

韓仁銘十一月廿二日乙｜

酉

韓仁銘甲子朔廿二日乙｜

酉

孔龢碑十八日辛｜

酉

史晨奏銘七日己｜

醫

楊淮表紀大｜令

醫

衡方碑遷大｜令

酤

史晨後碑百姓｜買

醇

孔宙碑天姿｜嘏醇嘏純嘏也純通用醇漢書禮樂志河龍供鯉醇犧牲食貨志自天子不能具醇駟賈山傳不能爲醇儒師古竝云不雜也又隸釋脩崋嶽廟碑天惟醇祐用書君奭文今書作純佑

魏范式碑實此｜懿

醇

婁壽碑禮義滋｜

醇

醻

曹全碑分｜之惠

酬

孔宙碑復長幼於｜酢說文醻主人進客也酬醻或从州

醴

魏上尊號奏后土則挺芝草而吐｜泉據隸韻作

酒

曹全碑陰故門下祭｜

酒

史晨後碑不能得香｜美肉

酒

史晨奏銘而無公出｜脯之祠

酢

醴

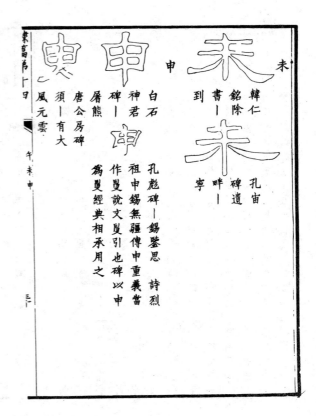

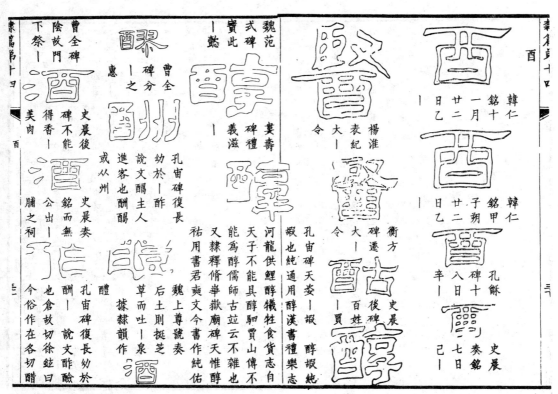

孔宙碑復長幼於酬｜說文酢醶也倉故切徐鉉曰今俗作在各切醋

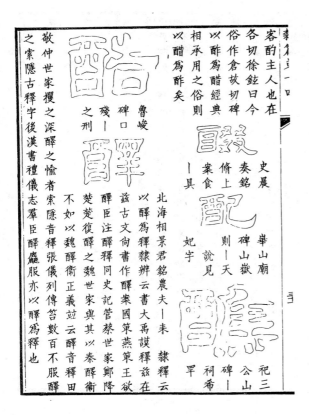

客酌主人也在各切徐鉉曰今俗作倉故切碑以酢爲醋經典相承用之俗則以醋爲酢矣

史晨奏銘脩上案食丨具

華山廟碑山嶽則丨天說見妃字

祀三公山碑丨祠希罕

北海相景君銘農夫丨耒　隸釋云以醳爲釋隸辨云書大禹謨釋茲在茲古文尚書作醳案國策燕策王欲醳臣注醳釋同史記管蔡世家鄭降楚楚復醳之魏世家與其以秦醳衛不如以魏醳衛正義竝云醳音釋田

魯峻碑口殘丨之刑

敬仲世家擭之深醳之愉者索隱音釋張儀列傳笞數百不服醳之索隱古釋字後漢書禮儀志羣臣醳醼服亦以醳爲釋也

郙閣頌又丨散關之嶄漯

石門頌丨難卽安二碑皆以醳爲釋

酋

石經論語殘碑丨其瞻視說文尊从酋廾以奉之尊或从寸

禮器碑以丨孔心

孔宙碑丨賢養老

石門頌丨者弗安

戌

武氏石闕銘三月庚丨朔

曹全碑退於丨亥之間

延光碑廿一日庚丨

亥

武斑碑大歲在丁丨

武氏左石室畫象題字侯朱丨

武氏石闕銘大歲在丁丨

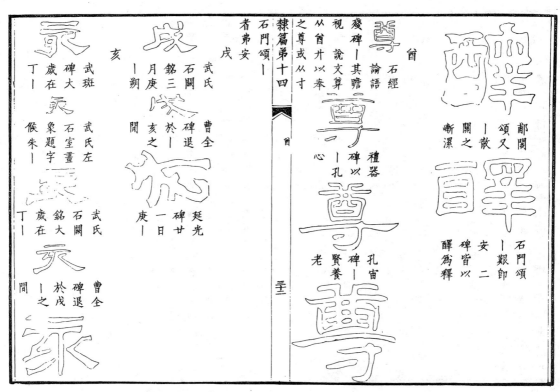

曹全碑退於戌丨之間

吳寳鼎䡊

歲在丁丨

綴說

尹宙碑鑢　玉篇鉅鹿鄉名俗作鑢集韻鑢釜也

婁壽碑且　史記匈奴列傳都尉當戶且渠之屬正義曰且子餘反顏師古曰今之沮渠姓葢本因此官是且卽沮也

禮器碑什　史記匈奴列傳什辟注亦音什爲斗

朱龜碑軓　詩匏有苦葉濟盈不濡軌釋文舊龜美反謂車轊頭也依傳意宜音犯案說文云軌車轍也從車九聲龜美反軓車軾前也從車凡聲音犯車轊頭所謂軓也相亂故具論之碑云系祖考之鴻軓自是軌之變非軓字釋文疑詩譌軓爲軌碑則譌軌爲軓也

衡方碑隋　碑以隋爲遺非徒省辵亦以墮可省土而得遺聲遂以同音而借用也此碑及隸釋州輔碑陰故隋守長晉張平子碑

在珠詠隋皆去辵不始隋文之確證又如隋姚辯墓志銘在大業間猶書爲隨葢隋人仍用隨字有作隋者承漢人隸省耳

郙閣頌隣　詩車鄰序車鄰釋文本亦作隣

西狹頌隧　說文又有𨻵字云陊也新附墜字云古通𨻵

子游殘碑隕　說文又有磒字云落也春秋傳曰磒石于宋五今春秋傳作隕

西狹頌巳　韻會巳象菡切釋名云巳巳也如出有所爲畢巳復還而入也今釋名作巳巳也陽氣畢布巳也然其義實同

疑字附

禮器碑側　丁丨叔舉

曹全碑陰　故市掾王丨季　晦

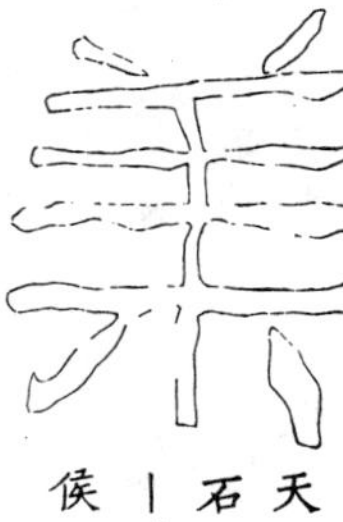

天鳳石刻　丨子侯

景北海碑陰　逢訢字丨成

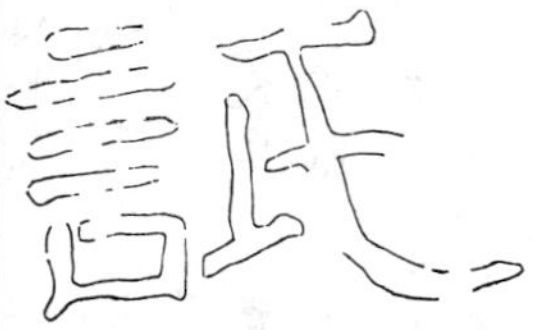

石門頌　以漢丨焉　兩漢金石記云此訫字下無點與詆不同當是氏字猶費汎碑以衹爲氏也潛研堂金石文跋尾云訫卽氏字謂高帝與於漢中故定有天下之號曰漢猶陶唐氏有虞氏之例也案右說較諸說爲優但未得所據耳

孔褒碑　仁風旣丨　舊釋爲敷今驗碑字實作敫又以上下字勢度之僅居一格五分之四而偏右也

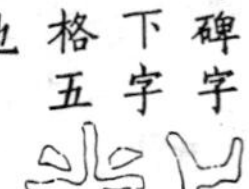

楊叔恭殘碑　丨紲十城

婁壽碑　親愛丨懷

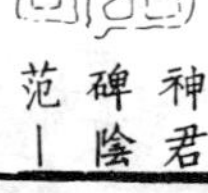

白石神君碑陰　范丨孔周

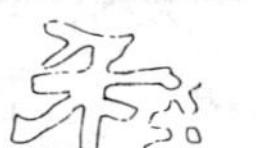

十三字殘碑　丨弟故上下闕

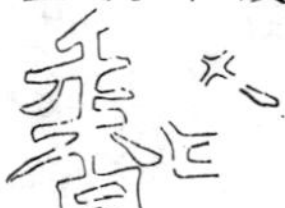

鄭季宣碑　上下闕　隸續作䕇

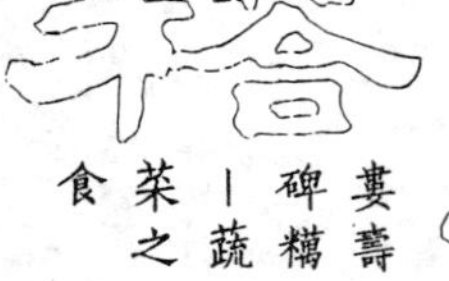

婁壽碑　糲丨蔬菜之食

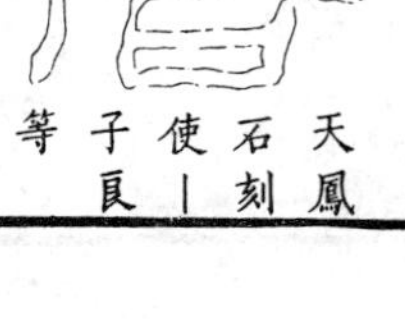

天鳳石刻　使丨子良等

晉太公呂望表　文王夢天帝服元丨　金石錄云襪字字書所無廣川書跋云其言服元襪而說文無此字惟曰漢令解衣耕謂之襄而衛宏字說與昭卿字指則有之知許

愼所遺古文眾矣案此亦未確指碑字之義

張遷碑　兩漢金石記云其正文第十四行末刊石立表句表字之旁又刻丕字郃陽褚峻千峯云嘗見舊搨本無牛氏圖据此說以爲此半表字殆後人所刻方綱案此半字實是原石所有褚氏牛氏之說非也今案刊石立表之表作表此半字作丕豈書丹者偶思變其筆迹試作於旁石師因竝刻之與景北海碑陰竪建庨｜

熹平殘碑　是末一字上文闕此字上半亦似不完

北海相景君銘　孝子𢤱｜　說見𢤱字然二字恐別有義也字从臯臯之變

北海相景君銘　宜參鼎｜

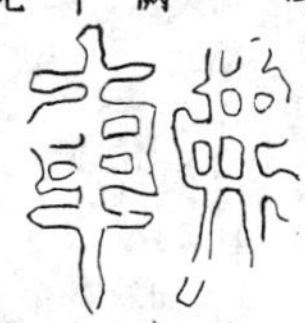

隸釋以下解者不一皆無的據愚復臆爲之說曰疑卽苐字詩韓奕簟苐錯衡箋簟苐㯃簟以爲車蔽今之藩也韓

侯受命爲侯伯宣王以此賜之苐爲車飾故碑字从車

禮器碑陰張晉｜堅　兩漢金石記云以阡爲仲案碑側又有桓阡豫字書無阡字以義斷爲仲耳

隸篇第十四

隸篇第十五

偏旁　具載全目以備參攷凡在所屬正變竝陳其有未賅是用特出亦或附注互見各隨所宜不設定格務在一文一字原始要終篇內已注者不偏及也

一　一　說文　一　本　吏　又見乛辵丰业㔾部正部亞乛部乛

丕　說文从一不聲　邳　邳　邳　郝

上　上　說文此古文上又帝字注古文諸上字皆从一篆文皆从二二古文上字　帝　說文無从丄之字　帝

帝　又見帝部

旁　說文从二闕方聲　旁　旁　旁

示　示　說文从二三垂　祚通用秖祚也　示　示　示　神　禋　奈　齋　齋　說文齋从示齊省聲　秠　變示爲禾又祚亦變从禾非秖

三　三　說文从三數　三

王　王　說文董仲舒曰古之造文者三畫而連其中謂之王李陽冰曰中畫近上王者則天之義古款識己有之而稍變也　王　王　與玉本字無別

壬　武梁祠畫象題字秦王字亦作壬左傳文七年宋公王臣卒公羊傳同穀梁傳作壬臣沿漢人作王之舊

玉　六書通玊古文王又以爲古文玉未詳隸辨注樊安碑玉字云說文玉爲古玉字汗簡王作丙出華獄碑則古

文本有是體今觀說文古文玉作丙汗簡王作丙中畫近上玉作丙三畫正均與各字本文相符豈二字正以此區別而說文丙字亦本三畫正均字傳寫者失之邪如此則樊安碑玉字爲汗簡丙字之變與說文丙字初不相涉玊亦丙之或體也　壬

六書通引雲臺碑王作玊　皇

玉　王　說文象三玉之連｜其貫也陽冰曰三畫正均如貫玉也說見玊字諸碑从玉之字多作王亦玉玊非兩字之確證　玉　廣韻玉說文本作王隸加點以別王字　金　壐　辟　頊　說文丙古文玉　琮　珪

珏　珏　說文二玉相合爲一珏　班　斑

气　气　說文雲气也象形　乞　乞　乞　亡　迄　迄　訖　氣　氣　氣

士　士　說文从一从十　士　土　圡　諸碑士多作土鐘鼎款識周牧敦銘昔先王卽命女作司土司土卽司士也又書呂刑有邦有土史記周本紀作有國有士詩長發相土烈烈周禮夏官校人注引世本作相士作乘馬周禮地官大司徒其附于刑者歸于士注或謂歸于圖土是士與土久無別矣其加點者或曰所以別土非是荅土亦有加點者　士　說見下　杰　六書通本古老子士詮次曰揚桓說古士字从木乃籀文才字然則說文之朩亦可通爲㞢矣今魯峻碑士字正作㞢詮次之說得此爲有據今說文才字作丰　杰　汗簡士作杰　智　吉　話

｜　｜　說文上下通也。見丰部弓部引

中　說文从口｜　中　中　中　忠　婁　婁　數　數　屢

屮 屮 說文屮艸木初生也象丨出形有枝莖也 每 海 余 除 奏 薰 勳 勳 又見艸部 岂部 歬

屯 說文屯从屮貫一一尾曲 屯 屯 屯 純 頓 春 。 共 說文从屮六聲 埶 埶 陸 陸 陵

艸 艸 說文二屮 畓 苗 苗 芇 董 莬 蓏 春 騰 此从葛變 。 臾 說文賁象形古文 賁 賁 賁 遺 遺 遺 。 卅 說文从艸中 賁 墳 憒 叔 叔

蔴 蔴 說文辱从艸寸 莽 莫 莫 莫 莫 慕 墓 墓 葬 又見部

茻 茻 說文四屮 又見八部

小 小 說文見而八象之 丨小 小 八 截 又見部 公 絲 不 真 甚 瞻 遂 塵 爾 練

入 入 說文相背之象从八 分之 别)(八 公

釆 釆 說文分別象獸指爪也 番 說文五經文字番上隸相承省 下石經 番 糫 卷

半 半 說文从八牛 扳

牛 牛 說文大牲也象角頭三封尾之形 牛 牢 說文牛冬省 从 粅 牟 說文牛鳴也象其聲气从口出

牽 牽 說文从牛从叀聲 又見部 抎

告 告 說文牛从口从牛 吿 告 造 廷

口 口 說文人所以言食也象形 口 口 吐 咨 吉 事 唯 我 我 我 我 我 辞 又見|部 嵒部 中

𠮦 說文从口从省聲 讜 此从黨省 口 括 活 。 谷 說文从口从水敗兒 充 恍 衮 爾雅釋言 獻也 釋文說 衰

𠮛 說文从口从谷省 口 之谷也或云从谷作公也 變此復作公 从衣

凵 凵 說文張口也象形

吅 吅 說文驚嘑也从二口 嚴 嚴 歡 闡

哭 哭 說文哀聲也从吅 斝 說文从吅从交 交工交 構形 象交 徐 㬥 譞 襄 。 單 說文从吅甲 亦聲 闕 單

走 走 說文趨也从夭止 省聲 走 趨 趙 趙 起 起 起 起 赴 超

止 止 說文象艸木出有址 止 止 止 止 歷 歸 歸 賦 賦 前 前 前 又見辵部 弓部 步部 斷部 是

癶 癶 說文足剌癶也从止少 登 登 又見癶部 咎

步 步 說文行也从止少相背 止 步 歲 歲 歲 歲 歲 嵗 歲 穢 穢 陟 陟 陟 陟

此 此 說文止也从止从匕 此 此 此 此 此 此 此 此 紫 紫

正 正 說文是也从止一以止 正 正 正 正 征 征 政 政 定 定 定 定 定 定 又見是部

是 是 說文直也从日正 是 是 是 是 是 是 是 是 是 是 疋 說文反正為乏春秋傳曰 乏 乏 乏

辵 辵 說文乍行乍止从彳从止 徒 徒 徒 從 違 遣 遠 遠 逢 逢 遷 通 遇 過 邂 逼 退 道 縺 往 隨 徒 徒

彳 彳 說文小步也象人脛三屬相連也 微 說文微从彳散聲 徐鍇曰 从人从支豈省聲 不應从散 从豈省 蓋傳寫之誤 疑从耑省 御 後 後 後 後 德 德 征 又見辵部 徵 徵 徵

廴 廴 說文長行也从彳引之 廷 廷 廷 廷 挺 挺 建 建 建 建 又見部

延 延 說文安步延延也从廴从止 延 延 延 延 延 誕 誕 莚

行 行 說文人之步趨也从彳从亍 行 行 行 衙 衛 衛 衛 衛 衛 韋 字佩觿云衛是隸省 衛之謂夢

齒 齒 說文口齗骨也象口齒之形止聲 齒 齡 齔

牙 牙 說文牡齒也象上下相錯之形 牙 雅 雅 雅 雅 雅 雅 雅 雅 雅 雅 雅 雅 邪 耶 禮記樂記 中 亦作正無邪耶 釋文 邪文字又作耶 隸變作牙耶 與同 閒相與耳 喪注 混也 邪中廣韻 以猶頭耶 釋文 為俗出耶 耶中字是 邪 字云

足 足 說文人之足也在下从止口 徐鍇曰 口象股脛之形 足 足 足 足 踐 躍 踵 跡 路 路 路 露

疋 疋 說文足也上象腓腸下从止 疏 踈 楚 楚 楚 楚 胥 胥 胥 胥 緹

品 品 說文眾庶也从三口 品 品 品 喿 說文鳥羣鳴也从品在木上 參 操

龠 龠 說文樂之竹管三孔以和眾聲也从品侖 龢

冊 冊 說文符命也諸侯進受於王也象其札一長一短中有二編之形 冊 典 典 典 典 嗣 嗣 又見龠部

㗊 㗊 說文眾口也从四口 器 器

舌 舌 說文在口所以言也別味者也从干从口干亦聲 恬 又見舌部 話

干 干 說文犯也从反入从一 干 干 干 干 干 干 乓 又見舌部

屰 屰 說文不順也从干下屮屰之也 南 南 南 南 南 幸 又見部 。 羊 說文从干入一為干入二為羊

朔 朔 朔 朔 逆 厥 厥 闕 鄂 斥 說文斥 从广屰聲 徐鍇曰 說文以為斥字 經典相承隸省 作斥 干祿字書 斥通 衆字在廣韻日厂聲 古文作厂 之作斥 為斥省聲 諸作无 音呼旱 故庠字省 作庠 非是 庠為厂聲 蓋非省聲 籀文作庠 與此 說文以 讝斥見厂 切音 作庠字 为古

谷 谷 說文口上阿也从口上象其理 卻 卻
西 說文舌兒从谷省象形 弻 說文西古文西弻字从此而弻字从西不从西
只 只 說文从口象气下引之形
㕯 㕯 說文从口从内 啇 啇 矞
句 句 說文从口丩聲 句 句 鉤 朐 耇
丩 丩 說文相糾繚也一曰瓜弧結丩起象形 糾 糾
古 古 說文从十口 古 古 胡
十 十 說文數之具也一爲東西丨爲南北則四方中央備矣 十 直 直 德
仟 說文从十从人 千 千 千 千 千 秊 秊 秊 ○ 廿 說文二十并也 廿 廿 世 滿 又見卄部
卅 卅 說文三十并也 世 卋 丗 世 世 世 世 世
言 言 說文从口辛聲 言 言 譽 詩 訪 謇 信 瞻 語 善 善 善 善 又見誩部
詈 說文从言肉 䜌 䜌 䜌
誩 誩 說文从二言 譱

音 音 說文从言含一 音 音 識 竟
辛 辛 說文从干二二古文上字 僖 商 說文啇从章省○又見言音辛部
童 說文从辛重省聲 童 董 董 董 董 皆童之變
丵 丵 說文叢生艸也象丵嶽相竝出也 業 業 業 業 業 業 對 對 對 又見丵毀部
菐 菐 說文从丵从廾亦聲 僕 僕 濮
廾 廾 說文从屮从又 弈 兵 兵 械 奉 丞 又見丵丵異部㚔部䊮臾部𠬞
㚇 說文从廾夐省㚇从㚇从人在穴上 奐 煥 換 渙 ○ 䙴 說文从廾从貝省 具 具 具
俱 俱
𠬞 𠬞 說文从反廾 樊 說文𠬞徐注今變隸作大 樊 樊 樊
共 共 說文从廿廾 共 共 共 拱
異 異 說文从廾从畀𢍏說文田𠙴由皆或作由鬼𢍏是也田⊗又或作田𢍏𢍏是也異字从畀說文畀从由而異从四也
異 異 冀 冀
舁 𦥑 說文从臼从廾 與 與 與 與 與 與
𦦔 說文𦦔从舁臼聲𦦔卑或从卩 遷 遷 遷 遷 遷 遷 遷 僊 僊

臼 𦥑 說文从EヨE案E卽爪ヨ卽爪也○見𦥑申部乂部臾
𦥑 說文古文要 要 說文無𠀠字而要與興皆从𠀠豈本有而今佚邪然質之舁𦦔又不相應存疑佚攷
晨 晨 說文从臼从辰辰亦聲
農 說文从晨囟聲徐錯曰當从凶乃得聲案𦦔爲古文農亦作囟似非以凶得聲也隸釋云農上安西之類顏之推以世俗爲非今字皆然益各是一家之書不可拘以古法也案農上不盡安西黃門指其一而言又它字安西者如𡕘要票之類亦多 農 農 農 農 農 農
爨 爨 說文齊謂之炊爨臼象持甑冂爲竈口廾推林内火案𠕁盖象甑形 釁 說文釁从爨省从酉从分分亦聲
革 革 說文獸皮治去其毛更之象古文革之形 革 革 勒 勒 勒 勒 勒 勒 鞫 羈
鬲 鬲 說文鼎屬象腹交文三足 鬲 鬲 融 獻 𩰫
𩰲 𩰲 說文歷也古文亦鬲字象孰飪五味气上出也
爪 爪 說文覆手曰爪象形 采 采 稱 又見𠬪部爯部爲
爲 說文母猴也其爲禽好爪爪母猴象也下腹爲母猴形 爲 爲 爲 爲 爲
丮 丮 說文象手有所丮據也 執 執 執 執 執 埶 藝 朝 朝 又見倝部
鬥 鬥 說文兩士相對兵杖在後象鬥之形

又 ヨ 說文手也三指者手之列多略不過三也 又 尹 君 友 友 度 度 度 度 反 侵 彥 寡 募
及 報 報 報 又見ヨ彐部部隸乀部乁隶
厷 說文从又从古文乙 肱 雄 雄 ○ 𠃊 說文古文厷象形 弘 弘 强 說文弘徐鍇曰秦刻
文从口 ○ 㕚 說文手足甲也从又象叉形 騷 搔 ○ 𠂇 說文从又舉杖 父 父 父 布
布 布 甫 甫 甫 敝 傅 薄 薄 薄 ○ 夬 說文分決也从又中象決形 決 ○ 彗 說文
从又持甡 雪 ○ 叚 說文闕 叚 說文譚長說叚如此 遐 遐 遐 遐 遐 瑕 瑕 瑕 假
假 假 假 叚 叚
ナ ナ 說文ナ手也象形 卑 卑 又見𠂇部
史 史 說文从又持中 史 史 事 說文事从史之省聲 事 吏
支 支 說文从手持半竹 支 支 岐 岐
聿 聿 說文从又持巾 肅 肅 肅 肅
聿 聿 說文从聿一聲 聿 聿 建 書 又見廴部隶畫部
𦘠 說文从聿从彡 津
畫 說文象田四界聿所以畫之 畫 畫 晝 說文畫从畫省从日

隶 隶 說文从又从尾省案尾卽㞋字說見本字竊謂彔卽隶也隶从又从水隸法从米之字或變爲氺彔則變氺爲米耳九經字樣據周禮秋官司厲之文謂𥿗爲又持米攷男爲罪隸與女之入春槀者迴異不得謂又持米也得毋田字而附會其說與

肆 棣 六書通貫棣印字作糠金石萃編云漢人繆篆多書棣爲棣是也

𥿗 𣪊 此變又爲而省米者

𥹆 爲 爲 攴

臤 臤 說文从又臣聲 臤 堅 賢

臣 臣 說文事君也象屈服之形 臣 臣 臧

殳 殳 說文从又几聲 㱿 毆 役 殿 穀 穀 叚 敃 股 磬 罄 發 廢 設 又見殸部

段 說文从殳耑省聲 段

殺 殺 說文从殳杀聲徐鉉曰說文無杀字相傳云音察未知所出 殺 殺 弒 說文从殺省式聲

几 几 說文鳥之短羽飛几几也象形。見几部

寸 寸 說文从又从一 寸 寸 寺 持 等 洔 導

㝷 說文从工从口从又从寸彡聲 尋 尋 尋

皮 皮 說文从又爲省聲 皮 皮 㓟 彼 波 柀

𤿺 說文从北从皮省从夐省

攴 攴 說文从又卜聲 敦 敦 敦 敦 殷 攷 攻 敆 故 政 敃 敘 變 數 敷 敗 脩 循 脩

勑

攸 說文从攴从人水省 攸

敎 敎 說文从攴从孝 敎 敎 敎 敎 學 說文斆从敎从冂臼聲學篆文斆省 學 學 學

卜 卜 說文象灸龜之形一曰象龜兆之從橫也 卜 貞 外 外 赴 又見卜部

兆 說文兆从卜兆兆古文兆省 兆 兆 兆 兆 姚 頫

用 用 說文从卜从中 用 用 周 周 通 通 通 備 備 叀 傳 傳 傳 博

爻 爻 說文象易六爻頭交也 較 肴 郗 說文郗从邑希聲稀字注从禾希聲徐鍇曰當言从爻从巾無聲字爻者稀疏之義與爽同意巾象禾之根莖至於莃晞皆當从稀省何以知之說文無希字故也繫傳疑義希說文有稀莃等字而無此字亦脫誤

樊 樊 又見𠬞部出部棥

㸚 㸚 說文二爻也 爾 彌 爾

旻 旻 說文从攴从目

目 目 說文人眼象形重童子也 目 相 督 相 直 㝵 說文凡橫目皆作罒 眔 眔 眔 又見介部罘

還 鰥 又見衣部。 𡘋 說文古文睦 讀

䀠 䀠 說文从二目。見瞿部介部罘

眉 眉 說文目上毛也从目象眉之形上象額理也 眉

盾 盾 說文瞂也象形 循 循

自 自 說文鼻也象鼻形 自 自 皇 皇 說見白部 煌

臱 說文宀宀不見也闕案宀宀疑當作冂冂 邊 邊 邊 邊 邊

白 白 說文此亦自字也省自者詞言之气从鼻出與口相助也 百 百 百 百 百 皆 皆 階

者 說文从白米聲米古文旅字 者 者 者 者 都 都 書 書

鼻 鼻 說文从自畀 𢡾 見疑字

皕 皕 說文二百也

習 習 說文从羽从白 習 習

羽 羽 說文鳥長毛也象形 羽 羽 詡 詡 翼 又見習部

隹 隹 說文鳥之短尾總名也象形 雖 雖 難 唯 惟 雄 雄 雋 應 又見雈部

雟 說文周燕也从隹屮象其冠也冏聲 攜。 雇 說文从隹戶聲 顧

奞 奞 說文从大从隹 奮 奮 奪

雈 雈 說文从隹从丫 舊 舊 舊 舊 舊 舊 舊 舊 舊 二字變雈爲雈 獲 獲 獲 亦與雈相混 護

勸 權 二字正

丫 丫 說文羊角也象形。見羊雈部

首 首 說文从丫从目 夢 蔑 又見萈部

羊 羊 說文祥也从丫象頭角足尾之形 𦎫 亯 部 羊 羊 羙 祥 祥 善 善 翔 美 羣 義 義 羛 𢦏 又見

羴 羴 說文从三羊 羼

瞿 瞿 說文从隹从䀠䀠亦聲 衢 懼

雔 雔 說文从二隹 雙

雥 雥 說文从三隹

鳥 鳥 說文長尾禽總名也象形 鳥 鳥 鴻 鴻 鴻 鵄 鶘 鷹 鳩 梟 鳳 鳳 鳳 鳳 鳳

鳳 說文古文鳳象形 朋 朋 弸

烏 烏 說文孝鳥也象形 烏 嗚 鳴 鳴 歍 歍

𢇍 說文𢇍古文烏象形於象古文烏省 於 於 於 扵 扵 於 於 九經字樣㫃部於本是烏字象形隸變作於本非从㫃作於者。

舄 說文鵲也象形 寫 寫 寫。

焉 說文焉鳥象形 焉 焉 焉 焉 焉

焉 焉
華 華 說文所以推棄之器也象形 畢 畢 畢 棄 弃 說見本字
冓 冓 說文交積材也象對交之形 構 遘 遘 溝 講 再 說文再从一冓省 冄 冄 稱 說文
稱从禾爯聲爯从爪冓省 稱
幺 幺 說文象子初生之形 多 多 後 後 肩 又見玄部 𢆶
𢆶 𢆶 說文从二幺 幽 幽 幾 關
叀 叀 說文从幺省屮財見也屮亦聲案从幺省下當有闕文 惠 惠 惠
元 亢 說文象幽而入覆之也 玄 玄 玄 玄 玆 茲 茲 玆 茲 兹 遞變至於从艸因變致譌隸體大抵皆然。又見弜部
予 予 說文推予也象相予之形 予 予 舒 舒 墅
放 放 說文从攴放聲 放 放 放 徼 傚 毄
𠬪 𠬪 說文从爪从又 爰 爰 爭 爭 爭 靜 靜
𤔔 說文幺子相亂受治之也徐鍇日冂坰也界也繫傳日呂無識也 𤔔 亂 辭 辭 辭 辭 辭 。
受 說文从𠬪舟省聲 受 受 受 秦瓦當文永受嘉福六書通陳受私印受皆作受隸作受受月冃皆舟之省而

有所自來 辭。 𤔔 說文从受工 隱。 殷 說文籀文敢 敢 敢 敢 敢 敢 嚴
巖 儼
叔 叔 說文从又从步 叡 叡
歺 歺 說文从半冎徐鉉曰義不應有中一秦刻石文有之案睿為古文叡是古巳有中一矣 殊 殊 殊 𣩵 殞
𣦼 𣦼 殖 又見歺部
死 死 說文从歺从人 死 死 斃
冎 冎 說文剔人肉置其骨也象形 過 過 過 過 過 過 禍 別 別 別 又見骨部
骨 骨 說文从冎有肉 骨 體 體 體 猾 猾
肉 肉 說文胔肉象形 肉 脯 朐 膏 胡 膌 臙 然 將 祭 祭
胃 說文穀府也从肉囷象形 謂 謂。 𦝫 說文或曰獸名象形闕 嬴 說文嬴从女𦝫省聲
貝聲 贏 贏
筋 筋 說文从力从肉从竹
刀 刀 說文兵也象形 刀 名 招 利 昭 昭 髭 物 初 分 別 班 刪 刌 前 剉 辨 辨 辨
一 賊 賊 賊 罰 惪 解 解 省刀。又見㓞部

說文古文利 黎 黎 梨 犂 說文犂从牛黎聲黎从黍秎省聲碑復省余直如黎之以秎為聲矣
刃 刃 說文象刀有刃之形 忍 忍
刅 說文从刃从一 梁 梁 梁 梁
韧 韧 說文从刀丰聲 㓞 絜 絜 絜
丰 丰 說文象艸生之散亂也 競 害 又見韧丰部部
耒 耒 說文从木推丰 耒 耒 耘 耕 耕 藉
角 角 說文獸角也象形角與刀魚相似 角 觚 衡 衡 衡 衡 說文古文衡作奧此疑奧之變
竹 竹 說文冬生艸也象形 ⺮ 竹 箸 等 簹 笘 薄 節 盡 竹省
箕 箕 說文簸也从竹甘象形
𠀠 說見其字下 其 其 其 其 其 其 其 其 其 其 其 其 其 基 碁
丌 丌 說文薦物之丌象形 畀 开 又見其部箕
巽 說文从丌𢁺聲篆文巽 巽
左 左 說文从ナ工 左 左 左 佐 隨 隨 隨 隨 隨 隋 嗟 嗟 䓗
工 工 說文象人有規榘也 工 工 工 巧 貢 鴻 鴻 式 又見巨部

巨 說文規巨从工象手持之 巨 巨 鉅
㠭 㠭 說文从四工 塞 塞 展
巫 巫 說文女能事無形以舞降神者也象人兩褎舞形與工同意 莁 靈
甘 甘 說文从口含一 甘 甘 甘 即 謀 謀 謀 謀 猒 甚 又見旨部
曰 曰 說文从口乙聲亦象口气出也 曰 曰 曰 曰 曰 曰 曰 謁 竭
朁 說文从曰兓聲 朁 潛 潛 潛 簪
乃 乃 說文曳詞之難也象气之出難 乃 說文从乃之字作乃 乃 乃 乃 乃 迺
丂 丂 說文气欲舒出ㄅ上礙於一也 考 考 考 攷 寧 又見兮号亏部
可 可 說文从口丂丂亦聲 可 可 河 歌
兮 兮 說文从丂八 兮 兮 兮 乎 說文乎語之餘也从兮象聲上越揚之形也案象聲上越揚之形謂首筆也
乎
羲 說文从兮義聲 犧
号 号 說文从口在丂上 号 號 號 號
亏 亏 說文从丂从一 亐 于 爰 援 宇 平 平 晉

旨 㫖 說文从甘匕聲 𣅀 嘗 嘗 拾 耆
喜 喜 說文从壴从口 喜 喜 憙 憙 憙 熹 嘻
壴 壴 說文从中从豆 嘉 嘉 嘉 嘉 彭 樹 又見喜部
鼓 鼓 說文从壴支象其手擊之也 鼓 說見本字
豈 豈 說文从豆微省聲 豈 豈 豈 凱 闓 闓 覬
豆 豆 說文古食肉器也从口象形 豆 又見喜壴豈豊豐部
豊 豊 說文行禮之器也从豆象形 體 說見豐部 禮 禮 禮 禮 禮 禮 禮 禮
豐 豐 說文豆之豐滿者也从豆象形 豐 豐 它碑从豐之字變為豐且變為豐此碑豐字亦變為豐隸韻靈臺碑陰从豐之字竝變為豐是豐豊二字隸法相混無別經典則豐仍作豐豊皆作豐或人習見豐之為豊不習見豐之為豐遂專以豐為豊之變豊或作豐則曰為別體實則豐不知為豊之變豊之變也易豐豐釋文豐依字作豐今竝三直畫猶是變體若曲下作豆禮字耳非也世人亂之久矣其說未當 豐 豊
䖒 𧯛 說文从豆虍聲 戲 戲 戲 戲
虍 虍 說文虎文也象形 虞 虞 虔 盧 盧 盧 盧 盧 慮 虛 獻 處 處 處 又見虎部 虘
虐 𧇠 說文从虍虎足反爪人也 虐 虐

虎 虎 說文从虍虎足象人足象形 虎 虎 虎 虎 虎 虎 彪 虒 號 號 號 號
虤 虤 說文从二虎
皿 皿 說文飲食之用器也象形 盡 盛 盛 寍 寧
凵 凵 說文凵盧飯器象形◦見厺部
去 去 說文从大厶聲 去 去 去 去 去
血 血 說文祭所薦牲血也从皿一象血形 血 恤 卹 盇 盟 又見卹部盟
丶 丶 說文有所絕止丶而識之也
主 說文鐙中火主也从𡈼象形从丶丶亦聲 主 主 住 ◦ 咅 說文从丶从否否亦聲 部 部
丹 丹 說文巴越之赤石也象采丹井•象丹形 月 丹 又見彤部
青 青 說文从生丹 青 青 精 靜 靜
井 井 說文八家一井象構韓形•罋之象也 井 开 刱
皀 皀 說文象嘉穀在裏中之形匕所以扱之 即 即 即 節 鄉 嚮 又見食部
鬯 鬯 說文从凵中象米匕所以扱之 鬯 鬱
食 食 說文从皀亼聲 食 食 食 食 食 餘 餘 餘 饗 饗 養 養 養

亼 亼 說文从入一象三合之形徐鉉曰此疑只象形非从入一也 合 合 洽 佮
今 說文从亼从㇇㇇古文及 今 說文从今之字亦作今 今 今 今 念 稔 稔 陰 陰 陰
合 合 翕 又見内部禽金部
會 會 說文从亼从曾省 會 會 會 會
倉 倉 說文穀藏也从食省口象倉形 倉 倉
入 入 說文象从上俱下也 入 人 人 全 内 爾 又見㒳部 内
缶 缶 說文瓦器象形 䍃 䍃 䍃 䍃 䍃 寶 寶 寶 寶 寶 陶 陶 陶
䍃 說文从缶肉聲徐鉉曰當从䍃省乃得聲 瑤 瑤
矢 矢 說文弓弩矢也从入象鏑栝羽之形 夫 共 矩 矩 榘 榘 知 知 知 矦 矦 矦 族 揆 智
疾 疾 疾 疾 吳
高 高 說文象臺觀高之形从冂口 高 高 高 高 高 膏 膏 亭 說文从高省丁聲
冂 冂 說文象遠界也 英 說文冋古文冂从八臾从下𠂹之冂無別變隸因之 一 沈 沈 沈 榷 攉 鬳
市 㞕 說文从冂从㇏㇏古文及之省聲 市 市
𩫏 𩫏 說文从回象城𩫏之重兩亭相對也 郭 郭 廓

京 京 說文从高省丨象高形 京 京 亰 就 就 就 景 景
亯 亯 說文獻也从高省曰象進孰物形 亯 說文篆文亯 享 享 享 亨 亨 ◦ 𦎫 說文𦎫从亯从羊𦎫篆文𦎫 醇 𣪘 敦 敦 敦
敦 朝 朝 惇 淳
𣆪 𣆪 說文从反亯 厚 厚 厚 厚 厚
畐 畐 說文从高省象高厚之形 福 福 福 福 福 說文从畐之字多作畐 福 副 富 良 說文𡋟从
畐省亡聲 良 良 良 朗 復 說文復从彳复聲复从夂畐省聲 復 復 復 復 復 復 復 腹
㐭 㐭 說文从入回象屋形中有戶牖 稟 稟 圖 圖 圖 圖 圖 壇 壇 繵 壇 又見嗇部
嗇 嗇 說文从來从㐭 嗇 嗇 嗇 嗇 嗇 穡 穡 嗇
來 來 說文周所受瑞麥來麰一來二縫象芒朿之形 來 來 來 來 來 來 又見嗇部
麥 麥 說文从來从夊 麦 爾雅釋草大菊蘧麥釋文字亦作麦 麦
夊 夊 說文象人兩脛有所躧也 後 愛 致 致 致 致 致 致 致 致 履 逡 退 憂 又見舛部
竷 說文从章从夅从夂 贛 說文贛从貝竷省聲 贛 ◦ 夓 說文从夊从頁从臼 憂 夏 夏 夏 夏
舛 舛 說文从夊中相背 桀中卯反𠂹也 舝 鄰 鄰 鄰 隣 麟 又見韋部

舜 說文艸也象形从舛舛亦聲 舜 舜
韋 韋 說文从舛口聲 韋 韋 韋 韓 韓 韓 韓 緯 褘 諱 諱 諱 闈 又見衞部 弗 說文
从丿从韋省 貫 貫
弟 說文韋東之次弟也从古字之象 弟 弟 弟 弟 弟
夂 夂 說文象人兩脛後有致之者 各 各 路 路 路 格 逢 盈 霰 處 處 降 隆 隆
亍 說文从反夂 降 降 隆 隆 隆
久 久 說文象人兩脛後有距也 久 久 久 敵
桀 桀 說文从舛在木上也 桀 桀 乘 乘
木 木 說文東方之行从中下象其根 木 木 米 朱 朽 柤 松 桓 宋 本 夲 佩觿云以進趨之夲為本
末 有其順非如此者 柰 采 技 又見米部
亲 說文从木辛聲 親 說文新修字義親左旁業从辛从木 文不省李斯刻石文如此後人因之 說 親 親
新 新 新 ○ 果 說文木實也从木象果形在木之上 果 ○ 樂 說文五聲八音總名象鼓鞞木虡也 樂 樂 樂
東 東 說文从日在木中 東 東 東 東 又見𣍘部

㯥 說文二東曹从此 曹 曹 曹 曹 曹 曹 遭 遭 遭
林 林 說文从二木 林 楚 楚
𣞤 說文从林𡘋或說規模字从大冊 無 無 無 無 𣞤 撫 撫 諸碑以𣞤為𣞤此則以𣞤為𣞤 舞
才 才 說文艸木之初也从丨上貫一將生枝葉一地也 才 才 才 才 才 在 在 在 在 在 林 財
存 存 問 載 載 栽 木木古才字見士部
叒 說文叒木也象形 桑
之 之 說文象艸過屮枝莖益大有所之一者地也 之 之 之 之 之 之 之 寺 寺 寺 等 等 又見
先部 事 說文事从史之省聲
㞷 說文从之在土上 往 往 往 往 枉 匡
帀 帀 說文从反之而帀也 師 師 師 師 師 又見衞部
出 出 說文象艸木益滋上出達也 出 說文从屮之字多作出 出 款 又見𣪊部 日
朩 朩 說文艸木盛朩朩然象形八聲 沛 沛 沛 沛 南 南 勃
𣎳 說文从朩盛而一橫止之也 姊
生 生 說文象艸木生出土上 生 生 性 性 旌 隆

丰 說文从生上下達也 逢 逢 邦 奉
乇 乇 說文艸葉也从垂穗上貫一下有根象形 宅 宅
𠂹 說文艸木華葉𠂹象形 垂 嗟 嗟 嗟 䓍 垂 垂 垂 垂 垂 垂 垂 垂 垂 垂 郵
郵 郵 郵 郵 莊子天地以二缶鍾惑釋文缶應作垂司馬本作二垂鍾 案垂宜書作垂蓋隸省垂與缶相似遂致譌耳○又見
又見𦍌部
𠌶 說文从𠂹亏聲 𠌶 崋 崋 崋 華 又見𦍌部
華 華 說文从艸从𠌶 華 華 華 華 華 華 華 華
禾 說文木之曲頭止不能上也○見𥝌部
稽 稽 說文从禾从尤旨聲 稽 稽 稽 稽 稽 稽
巢 巢 說文鳥在木上曰巢从木象形 巢 剿
桼 桼 說文木汁象形 漆 脒
束 束 說文从口木 束 速 頼
㯻 說文从束圂聲
口 口 說文象回帀之形 回 圖 或 又見部

回 說文从口中象回轉形 在口中 四 熅 溫 溫 溫 溫
回 回 說文古文 桓 宣 宣 宣 㲉 㲉 没 ○ 囚 說文从人
員 員 說文从貝口聲 員 損
貝 貝 說文海介蟲也象形 貝 賢 貢 贏 說見本字
賏 說文从二貝 嬰 癭
邑 邑 說文从口从卪 邑 邑 邑 郘 郘 郘 邦 邪 邪 又見巛部
𨙨 說文从邑从𨙨 鄉 鄉 鄉 鄉 鄉 鄉 嚮 巷 說文巷从𨙨从共篆文从𨙨省
日 日 說文太陽之精从口一象形 日 日 日 日 時 普 莫 莫 暹 顯 又見㬎部 易 易
晚 說文从日免聲繫傳疑義免說文有晚晚等字而無免字脫誤 晚 免 篇內免字附又見丙部新 ○ 㬥 說文
从日从出从廾从米 暴 暴 暴 暴 暴 ○ 昔 說文从殘肉日以晞之 昝 昔 昔
旦 旦 說文从日見一上 旦 旦
倝 倝 說文从旦㫃聲 幹 幹 韓 韓 朝 朝 廟
㫃 㫃 說文从屮曲而下𣃘㫃相出入也 施 旌 栓 挃 烇 挨 族 游 游
冥 冥 說文从日从六冂聲 冥 冥 寞

晶 晶 說文从三日 疊
曑 說文曑从晶㐱聲或省 曑 曑 慘
月 月 說文太陰之精象形 月 月 月 月 月 朔 望 望 又見有部
有 有 說文从月又聲 有 有 有
明 朙 說文从月从囧 明 明 明
囧 囧 說文窗牖麗廔闓明象形。見朙部日部晉
夕 夕 說文从月半見 夕 外 外 外 外 夙 名 名 銘 宛 䍃 苑 掖
多 多 說文从重夕 多 多
毌 毌 說文从一橫貫象寶貨之形 貫 貫 貫 貫 實 實 實 實 實
𢎘 𢎘 說文艸木之華未發函然象形 氾 氾 范 范 犯 犯 通 通 通 通
東 東 說文从木𢎘𢎘亦聲
鹵 鹵 說文艸木實垂鹵鹵然象形 粟 粟 栗 說見本字亦或如栗之直變鹵為西非省二鹵也
齊 齊 說文禾麥吐穗上平也象形 齊 齊 齊 齊 齊 齊 濟 濟 濟
朿 朿 說文木芒也象形 茦 茦 茦 此顏氏家訓所謂似杞宋之宋也後人傳寫竟成宋矣 棘 帝 說文帝从朿二束小異聲 與 帝 敵 適 績 嘖 積 封 詩雄雉序刺衛宣公也釋文俗作刺五經文字刺作刾譌 封 莢

隸篇第十五 偏旁 十四

刺 六書通教下引靈臺碑作刺 刺 刺 刺
片 片 說文从半木 牖 牒
鼎 鼎 說文象析木以炊也 鼎 鼎 鼎 鼎 鼎
克 克 說文象屋下刻木之形 克 克 克 克 克
彔 彔 說文刻木彔彔也象形 彔 祿 祿 祿
禾 禾 說文从木从𠂹省 禾 禾 知 和 積 稄 穎 穎 秉 秋 年 年 年 年 年 年 年
秊 稷 又見秫部
秀 說文徐鍇曰禾實也有實之象下𠂹也 秀 秀。
秫 說文𥝩稷之黏者从禾朮象形秫或省禾
述 述 述 術 術 殺 敘 敍
秝 秝 說文从二禾 歷 歷 歷 歷 兼 兼 兼 兼 廡 廡
黍 黍 說文从禾雨省聲 黍 黍 黍 又見𣏟部
香 香 說文从黍从甘 香 香 香
米 米 說文粟實也象禾實之形 米 氣 康 康 康 穎 又見頁部

竊 說文从穴从米禼廿皆聲廿古文疾禼古文偰 竊 竊
毇 毇 說文从殳从毇省 毀 說文毀从土毇省聲 鑿 說文鑿从金糳省聲 鑿
糳 說文从毇丵聲 糳
臼 臼 說文舂也象形中米也 舊 舊 臽 閻 閻 蹈 又見毇部
凶 凶 說文象地穿交陷其中也 凶
朩 朩 說文从中八象枲之皮莖也。見林部 散 又見麻部
林 林 說文从二朩 總
麻 麻 說文从广从林 靡 靡 摩
尗 尗 說文豆也象尗豆生之形也 叔 叔 叔 尌 尌 尌 尌 尌 曶 曶 曶 慽 慼
耑 耑 說文物初生之題也上象生形下象其根也徐鉉曰中一地也 瑞 瑞 瑞 端 端 顓 顓
韭 韭 說文菜名一種而久者故謂之韭象形在一之上 殲 殲
瓜 瓜 說文𤓰也象形 瓜 瓜 狐 狐 觚 孤 孤 菰
瓠 瓠 說文从瓜夸聲
宀 宀 說文交覆深屋也象形 宕 宗 寓 案 菅 亢 真 隩 窖 又見㝢部

隸篇第十五 偏旁 十五

宀 說文从宀多省聲 宜 又見古文宜之下一之上 宜 說文从宀之下一之上多省聲 寓 說文从宀从𠃬在宀下以茻薦覆之下有仌 塞 塞
寢 說文从宀侵聲 寢 寢 寑
宮 宮 說文从宀躳省聲 宮 宮 宮 營
呂 呂 說文象形 呂 呂 呂 又見宮部
穴 穴 說文从宀八聲 究 究 窮 又見穴部 窶 又見米部
㝱 㝱 說文从宀从疒夢聲 深 深
疒 疒 說文人有疾病象倚箸之形 疾 疾 疾 疾 疾 痛 癰 孏 說文孏从寢省寢聲孏从宀从疒夢省聲
壯 說文牀字注安身之坐者从木爿聲徐鍇曰左傳蓬子馮詐病掘地下冰而牀焉至於恭坐則席也故从木爿則疒之省象人衺身有所倚箸至於牆壯戕狀之屬竝當从牀省聲李陽冰言木右為片左為爿音牆且說文無爿字其書亦異故知其妄又鐘鼎彝器款識商秉仲鼎銘跋說文解鼎字云易卦巽木於下者為鼎象析木以炊也明以鼎下鼎為析木形矣又解片字云判木也從半木而無爿部壯牀等字皆從爿聲不應無此部戴氏六書故云爿在㫐切李陽冰曰右為片左為爿徐錯日說文無爿部李妄也桼唐本說文有爿部張參五經文字亦有之李氏未可厚非據此知說文爿字義與片同合文為鼎鼎字从之今本似有闕文矣桼如後說則依說文例爿字當屬片部書作爿其作爿者肇迹之異如亞之亦作亞也二說未審

執是並威廧卽牆字以它碑爿變爲广例之牆實从爿省也。又見西部牆
冖冖說文从一下垂也冠冠納又見隶高奧部
冃冃說文从冂一蒙蒙蒙
同說文从冃从口同同興興興興興。肯說文幬帳之象从冃㞢其飾也殼殼
冃冃說文小兒蠻夷頭衣也从冂二其飾也冕冑冒尋幬撖
㒳㒳說文从冂闕兩兩
网网說文从冂下象网交文罓円冈㕚罒罡剄
襾襾說文从冂上下覆之要覈覆覆
巾巾說文佩巾也从冂丨象系也巾巾帷業薾此蔽下加巾亦似幣上加艸故不特出
帶說文紳也象繫佩之形从巾帶帶。帚說文从又持巾埽冂內婦婦侵
市市說文韠也从巾象連帶之形
帛帛說文从巾白聲帛
白白說文从入合二白白皦皦皦睾
𡭴說文从白上下小見穆說文穆从禾㣎聲㣎从彡𡭴省聲穆穆穆

㡀㡀說文从巾象衣敗之形敝幣
黹黹說文从㡀丵省黹說文黹从系从虫黹省
人儿說文天地之性最貴者也此籀文象臂脛之形人仁仙儒倶俾偏及及負極極極
攸備兵咎飭弔串叱凱徵徹徹又見舟皿卽旨部十部孖口部囗卡部亦
保說文从人采省采古文孚又呆古文保保保保保𠊸說文古文保不省褎說文褎从
衣保省聲保古文保案采古文孚省爪作禾爲古文保加人
作保亦古文保省爪加人爲今保字保省人則與古文孚無
別故諸碑褎
字直用孚也
匕匕說文从到人化化化化眞眞眞顚顚瑱又見旨部
匕匕說文从反人七卬卬仰瀕尻卓梠柦鋃艱又見邶旨皀食部
从从說文从二人従従從旅旅旗幷幷識僉
比比說文反从爲比比比皆
北北說文从二人相背北北冀又見丠部
丘丠說文从北从一工工仜壺
乑㐺說文从三人衆衆衆衆衆衆

王𡈼說文从人士一曰象物出地挺生也徐鉉曰人在土上王然而立也案據字當从後說然隸亦有从士者呈聖
望朢徵淫廷廷聽省王
重重說文从王東聲重重重重重種量說文量从重省鄉省聲量暈糧童量章重皆重
之變
臥臥說文休也从人臣取其伏也臨臨臨
監說文从臥𧖴省聲臨臨覽覽覽覽覽
身身說文象人之身从人厂聲身身身身身身軀躬躬躬躬窮窮
㐆㐆說文从反身殷殷殷殷殷殷慇
衣衣說文上曰衣下曰裳象覆二人之形衣衣初初初初初衦補褭褘袥卒卒雜
哀哀襄
褱說文从衣眔聲褱懷懷懷壞。𧘝說文从衣叀省聲袁遠遠遠遠遠
還還還圜。衰說文艸雨衣从衣象形衰衰衰衰衰榱
裘裘說文皮衣也从衣求聲一曰象形
求說文古文省衣求求求来球

老耂說文七十曰老从人毛匕言須髮變白也老老老老老老考說文考从老省丂聲孝說文孝从
老省从子
𦔻說文从老省𠷎聲壽說文𤰝耕治之田也𠷎疇或省𠷎字注𠷎古
文疇𠷎字注𠷎與疇同是𠷎爲不加田之疇
字也加口加又則爲𠷎說文𠷎誰也加白則爲𠷎說文𠷎詞
也虞書帝曰𠷎咨加叏加口則爲𦔻說文𦔻久也从老省𠷎
聲說文無𠷎字而牛部犗字亦从𠷎是本有而今佚也據說
文雉字注南方曰𠷎爾雅釋鳥作𠷎周禮天官染人注同又
據易否卦釋文疇鄭作古𠷎字詩祈父注釋文若𠷎此古疇
字本又作壽則𠷎亦𠷎疇字也釋文所謂本又作壽者乃誤
認爲𦔻字耳然則田疇當作疇𠷎書𠷎若予工𠷎若予上下
艸木鳥獸當作𠷎𠷎咨若時登唐𠷎咨若予采當作𠷎老𦔻
當作𦔻隸變𦔻爲壽介在𦔻𠷎之間而疇字亦改从壽壽壽
經典𠷎𠷎二字竝以疇代之字形字義相混無別矣
壽壽𦔻禱
毛毛說文眉髮之屬及獸毛也象形毛毛髦耄耄又見老部
毳毳說文从三毛
尸尸說文象臥之形尼尼
𡰥說文从尸下丌居几殿
尺𡰪說文从尸从乙

尾 尾 說文从到毛在尸後 尾 屢 犀 遲 遲 屬 屬 屈

履 履 說文足所依也从尸从彳从夊舟象履形 履 履 履 履 屨 說文从履省婁聲 又見履部

舟 舟 說文船也象形 肙 股 股 股 般 服 服 前 前 前 朝 廟 廟 廟 恒

朕 說文闕 朕 朕 騰 送 說文送从辵倂省倂从人弃徐鉉曰弃不成字當从朕省聲

方 方 說文象兩舟省總頭形 方 方 方 方 方 芳 髣 訪 旁 又見㫃部上部旁

儿 儿 說文古文奇字人也象形 元 沈 稷 晙 俊 省儿

兒 說文从儿象小兒頭囟未合 兒 兒

兄 兄 說文从儿从口 兄

先 先 說文首笄也从儿ヒ象簪形 㚇 愛 僾

兟 說文从二先○見兂部 簪

皃 皃 說文从儿白象人面形 邋 說文新附邋从辵獵聲此則从貌而變也 邋

㒵 說文㒵皃也从皃象形㒵或皃字 六 六 下 下

兆 兆 說文从儿象左右皆蔽形

先 先 說文从儿从之 先 先 先

兟 說文从二先 賛 讃 讃 讃

禿 禿 說文从儿上象禾粟之形取其聲 穨

見 見 說文从儿从目 見 見 㝵 得 得 得

覞 覞 說文从二見

欠 欠 說文象气从儿上出之形 欣 欣 歆 歆 欺 歡 次 歌 欲 欲 欶 厥 厥 闕 懿 懿

㱃 㱃 說文从欠酓聲 飲 飲

次 次 說文从欠从水 羨 盜

旡 旡 說文从反欠 既 既 既 既 既 既 既

頁 頁 說文从百从儿 頁 頡 顯 顏 顛 憂 憂 㥑 亶 又見夊部

百 百 說文頭也象形○見𦣻部

面 面 說文从百象人面形 面

丏 丏 說文象壅蔽之形 賓 賓 賔 殯

首 首 說文古文百也巛象髮 首 首 首 首 道 道 道 道 道

県 県 說文到首也 縣 縣 縣

須 須 說文从頁从彡 湏 說文須徐鉉曰俗書从水非是易賁卦賁其須釋文亦云字从彡水邊作非隸變彡爲氵適與水之變無別也

彡 彡 說文毛飾畫文也象形 蔘 彫 形 彔 彔 玢 珍 弱 鬱 又見彰部 須

彣 彣 說文从彡从文 彣 彥 彥 彥

文 文 說文錯畫也象交文 文 文 文 文 雯 雯 又見彣部

髟 髟 說文从長从彡 髳 毦 毦

后 后 說文繼體君也象人之形施令以告四方故厂之从一口 后 后 后 后

司 司 說文从反后 司 司

卮 卮 說文象人卩在其下也

卩 卩 說文瑞信也象相合之形 卷 巽 宛 令 令 令 令 節 仰 丞 承 承 卻 報 報 報 又見

㔾辟部部闢

卸 說文从卩止午 御 御 御 御 御 御 御

印 印 說文从爪从卩 印 印

𠨘 說文从反印 抑

色 色 說文从人从卩 色 色 色 色

卯 卯 說文从卩卩 卿 卿 卿 卿 卿 卿

辟 辟 說文从卩从辛从口 辟 辟 辟 闢

勹 勹 說文象人曲形有所包裹 旬 旬 旬 匍 匍 冢 冢 騊 又見茍部 勹

包 包 說文象人裹妊巳在中象子未成形也 包 苞 苞 苞 軍 說文軍从車从包省 軍

茍 茍 說文从羊省从包省 敬 敬 敬 敬 敬 備 說文備从人葡聲葡从用茍省

鬼 鬼 說文从儿象鬼頭陰气賊害从厶 鬼 醜 魁 裹 又見嵬部

甶 甶 說文鬼頭也象形 畏 說文畏从甶虎省 畏 又見鬼部

厶 厶 說文 公 公 公 篡 又見嵬部

嵬 嵬 說文从山鬼聲 嵬 巍 巍 巍 巍 巍

山 山 說文有石而高象形 山 山 山 崇 丞 又見屵部

𡴳 說文古文嶽象高形 岳 岳

屾 屾 說文二山也

屵 屵 說文从山厂厂亦聲 崖

隸篇第十五 偏旁 二十

广 广 說文因广爲屋象對剌高屋之形 廓 廱 庭 府 厥 㾜 瘦

厂 厂 說文山石之厓巖人可居象形 反 反 歷 厚 鴈

𠂆 𠂆 說文从反仄

危 危 說文从厃自卩止之 危 危

石 石 說文山石也在厂之下口象形 石 石 石 腊

卝 說文古文礦 關 關 ○ 磬 說文樂石也从石象縣虡之形殳擊之也 磬 磬 磬 殸 說文

籒省 聲 磬 聲 馨

長 長 說文从兀从匕亾聲𠀤者到亾也 長 長 長 長 肆 肆 又見髟部

勿 勿 說文州里所建旗象其柄有三游 勿

昜 昜 說文从日一勿 人𥏻省聲𥏻从角𥏻省聲而𥏻字但云从矢易聲闕人故附傷觴二字於易不爲𥏻省也 楊 楊 楊 楊 湯 陽 陽 陽 陽 陽 陽 傷 傷 傷 觴 說文傷从

冄 冄 說文毛冄冄也象形 冊

而 而 說文頰毛也象毛之形 丙 丙 丙 丙 而 而

豕 豕 說文彘也象毛足而後有尾 豩 家 彖 豪

豖 說文从豕繫二足 琢 涿 豖 ○ 豦 說文从虍豕 劇 劇 劇 劇 劇 勮 據 據

㣇 㣇 說文脩豪獸从彑下象毛足

彑 彑 說文豕之頭象其銳而上見也 彙 彙 緣 掾 掾 掾 掾

豚 豚 說文小豕也从彖省象形从又持肉以給祠祀

豸 豸 說文獸長脊行豸豸然欲有所司殺形 豹 邈 貊

兕 兕 說文如野牛而青象形

𠒋 說文古文从儿 光 經典作兕詩七月稱彼兕觥釋文本或作光吉日殪此大兕釋文本又作光光光疑皆光之譌

易 易 說文蜥易蝘蜓守宮也象形祕書說日月爲易象陰陽也一曰从勿 易 易 易 易 易 賜 賜 賜

象 象 說文長鼻牙南越大獸象耳牙四足之形 象 象 豫 豫 豫 像

馬 馬 說文象馬頭髦尾四足之形 馬 騫 篤 馳 駐 騰

馽 說文从馬口其足 縶

廌 廌 說文解廌獸也象形从豸省 薦 薦 薦

鹿 鹿 說文獸也象頭角四足之形鳥鹿足相似从匕 鹿 鹿 鹿 鹿 蔍 鏕

麗 說文从鹿丽聲 丽 說文古文 麗 麗 麗 酈

隸篇第十五 偏旁 二十一

麤 麤 說文从三鹿 塵 麄

㲋 㲋 說文獸也象形頭與兔同足與鹿同 逸

兔 兔 說文獸名象踞後其尾形兔頭與㲋頭同 逸 逸 冤 又見兔部

莧 莧 說文从兔足苜聲讀若凡徐鍇曰苜徒結切非聲疑象形 寬

犬 犬 說文狗之有縣蹏者也象形 犬 獻 獻 戾 器 器 器 器 獒 燃 伏 伏 循 猶 猶 狼

犰 攫 獨 類 頮 蠲 又見罒部

犮 說文从犬而丿之 紱 拔 拔 扶 髮 髮

犾 犾 說文从二犬 獄 嶽

鼠 鼠 說文穴蟲之總名也象形 鼠

能 能 說文熊屬足似鹿从肉㠯聲徐鍇曰㠯非聲疑皆象形 能 能 能 能 能 能 能 又見熊部

熊 熊 說文从能炎省聲 熊 熊 羆

火 火 說文南方之行炎而上象形 火 悷 愁 燿 燿 柔 熹 尉 尉 光 光 又見內部

𤈦 說文从火从𤇫古文慎字 徐鍇曰聿非聲疑从聿省 盡 盡 盡 ○ 與 說文从火聿加一未詳又說見日部 寮 賨 寶 燎 燎 僚 僚 僨 遼 遺 ○ 𤈦 說文从火聿聲 焱部 漂 飄 ○

灾 說文烖从火𢦔聲灾或从宀火 度 說文無度字依字當从㝨說文㝨从灾从又經典皆書㝨爲叟則漢魏閒印文已有之其時參篆多參隸體叟益叟之異文耳至於說文㕜字注傾覆也从寸臼覆之寸人手也从巢省杜林說以爲貶損之貶文从又而注作寸必有一誤證以徐氏韻譜書作㕜及漢書司馬相如傳而適足㠯貶君自損也則其字本从寸傳寫者誤驗一畫遂成又字實與叟不相涉也 ○ 度从广炗从又庶省聲 庋 席 說文席从巾庶省 炗 說文光古文 庶 庶 又見黃部 度 說文

炎 炎 說文从重火 炎 又見𤇾部

粦 說文从炎舛 麟 麟 麟 鱗 鄰

黑 黑 說文从炎上出囪 黑 黨

囪 囪 說文在牆曰牖在屋曰囪象形 曽 又見會部 聰 聽

𡆮 說文古文

焱 焱 說文从三火

熒 說文从焱冂 榮 榮 榮 說文榮从木熒省聲 勞 說文勞从力熒省 營 說文營从宮熒省聲

炙 炙 說文从肉在火上 炙

赤 赤 說文从大从火 赤 赤 赤

隸篇弟十五 偏旁 卅二

大 大 說文天大地大人亦大故大象人形古文大也 大 亣 亣 夷 夷 夷 美 奇 奇 琦 囯 田 患 逢

赫 說文从二赤 赫 赫 赫 赫

奰 又見夲部 奎 壹 壺 奞

夾 說文持也从大俠二人 夾 夾 莢 狹 狹

亦 亦 說文人之臂亦也从大象兩亦之形 亦 亦 亦 奕

夾 說文盜竊褱物也从亦有所持 陝

夜 說文舍也天下休舍也从夕亦省聲 夜 夜 夜 夜 庬

夨 夨 說文傾頭也从大象形 吳 吳 吳 吳 吳 呉 咼

夭 夭 說文屈也从大象形 夭 夭 妖 妖 笑 訞 誤 奔 峯 幸 乖 槁 槁 僑 驕 又見敍部

交 交 說文交脛也从大象交形 交 交 交 效 效 郊 校

尣 尣 說文𠢕曲脛也从大象偏曲之形

壺 壺 說文昆吾圜器也象形从大象其蓋也 壹 又見壺部

壹 壹 說文專壹也从壺吉聲 壹 壹 壹 懿 懿 懿 懿 懿 懿 懿 懿 懿 懿 懿

幸 幸 說文从大从羊 圉 報 䍐 澤

奢 奢 說文張也从大者聲 奢

亢 亢 說文人頸也从大省象頸脈形 亢 亢 亢 炕 亢 坑

夲 夲 說文進趣也从大从十 皋 說文字與澤字同後漢書馬援傳注引東觀記云皋字外者然皋亦作睪 白下羊漢魏印文多兼隸體也 皋 奏 奏 略同顏氏家訓所謂皋澤之別體澤外設 皋謂皋亦可分也

夰 夰 說文放也从大而八分也 昊

夰 亣 說文籒文大改古文亦象人形 奕 說文从夰从臣聲 需 說文从雨从而 濡 孺 雨部又見 需二字說 奚 奚 奚 雞 英 衡 衡 䚒 說文从夰从皕 顛 顛

夫 夫 說文丈夫也从大一以象簪也 扶 說文並行也从二夫 輦 說文輦字从此 規 規 規 規 規 規 規 隸作輦形 已是

立 立 說文住也从大立一之上 立 立 立 端 竭

竝 竝 說文併也从二立 竝 竝 竝

囟 囟 說文頭會匘蓋也象形 又見囟部 㐫 毗 匘 巤 說文毛巤也象髮在囟上及毛巤之形 从囟 作字多从囟 巤 㒸

思 思 說文容也从心囟聲 思 思

心 心 說文人心也象形 心 心 心 心 恭 恭 恭 恭 慕 悅 悅 惶 懌 懷 懷 慎 悼 㦤 恂 惟 惟 惟 惑 悤 寧 寧 愛 憂 忠 恥 恥 慶 省心

憲 說文敏也从心从目害省聲 憲 憲 憲 憲 憲 ○ 惠 說文从心从中害聲 从心上貫叩叩亦聲 患

億 ○ 意 說文从言从心 億 億 億

惢 惢 說文心疑也从三心

水 水 說文準也北方之行象衆水並流中有微陽之气也 水 水 水 益 益 蠲 詛 滕 江 況 說文見本字从水之字

沝 沝 說文二水也 冰

淵 淵 說文回水也从水象形左右岸也中象水兒 淵 淵 淵 淵 淵 淵 淵 淵 說文淵或省水 肅 肅 肅 肅 肅 ○ 𣹰 說文从水大聲 从廾 泰 泰 肅

瀕 瀕 說文水厓人所賓附頻蹙不前而止从頁从涉 頻 見頁部 ○ 頻

𡿨 𡿨 說文《

巜 巜 說文《 踰 部 歈 榆 陰

川 川 說文川 川 巟 巟 荒 巡 巡 巡 巡

巠 說文从川在一下王省聲 輕 經 經 經 經 巠 說文古文巠不省 經 ○ 𢀖 說文

州 州 州 說文水中可居曰州周遶其旁从重川 州 州 州 州 ○ 巛 說文从巛 籒文 ○ 𡿧 重川 从州 州 州 州 州 說文 雝 雝 雝 雝 離 ○ 巛 說文从川从邕 雝 雝 說文从川 災 說文从巛从火 對 對 對 對 ○ 邕 說文从川从邑 雝 雝

泉 泉 說文水原也象水流出成川形 泉 泉 泉 涼 原 原

灥 灥 說文三泉也

永 永 說文長也象水巠理之長 永 永 永 永 永 永 詠

𠂢 𠂢 說文水之衺流別也从反永 脈

谷 谷 說文泉出通川為谷从水半見出於口 谷 谷 俗 容

仌 仌 說文凍也象水凝之形 冶 馮

冬 冬 說文四時盡也从仌从夊 冬 冬 終 終

雨 雨 說文水从雲下也一象天冂象雲水需其閒也 雨 雨 霖

靁 說文陰陽薄動靁雨生物者也从雨畾象回轉形 累 說文从畾字見 雷 ○ 靈 說文从巫 霝 說文雨零也从雨㗊象零形 靈 靈 靈 ○ 需

會 字象形 說文从品从雨 累 雷 六書故从品 畾字从三口 而品 又似 鼎 說文 音 鳴 則相近 未知其 審

說文从雨而聲
需 緜
經典釋文从需之字多書爲耎 釋堯廟碑濡衕之宗需亦作耎
碑陰礝譑耎爲需爾雅釋地注黃金礝石之屬釋文本或作
磸作磸爲正集韻磸或作礝實駁文也此則譌需爲耎又以
詩楚茨箋擩于醢釋文出擩云而專反證之則需亦耎之變
而譌以爲需史晨後碑自以城池道濡麦給令隸釋云以濡
爲壖攻史記張丞相列傳太上皇廟堧垣如淳曰
堧音畏愞之愞碑乃以濡爲堧非以濡爲壖也
隸 儒 偄
白石神君

雲 說文从雨云象雲回轉形 雲 雲 雲
云 說文古文省雨 云 云 云 䰟

魚 說文水蟲也象形魚尾與燕尾相似 魚 魯 魯 鰥 鰥

𩺰 說文二魚也

燕 說文元鳥也篇口布猴枝尾象形 燕

龍 說文从肉飛之形童省聲 龍 龍 龍 龍 龍 龔

飛 說文鳥翥也象形 飛 飛

非 說文从飛下猴取其相背 非 非 扉

卂 說文从飛而羽不見 訊 迅 縈

乙 說文元鳥也象形 孔 孔 孔 孔

不 說文鳥飛上翔不下來也从一一猶天也象形 不 不 不 不 不 不 不 不 不

至 說文鳥飛从高下至地也从一一猶地也象形 至 至 至 至 至 臺 臺 臺 臺 臻

臸 說文从二至 晉 晉 晉 晉 晉

西 說文鳥在巢上象形 西 西 西

卤 說文从西省象鹽形㮚疑是从古文西省或从籀文西古文西作卤籀文西作卤也 鹹 又見鹽部

鹽 說文从鹵監聲 鹽

戶 說文半門曰戶象形 戶 戶 戶 戶 房 所 所 所 偏 扉 顧

門 說文从二戶象形 門 門 門

耳 說文主聽也象形 耳 聞 聞 聲 聲 聲 揖 緝 輯 諏 寂 聆 聶 職 職 職 職 職

耽 聽 聽

耴 說文耳垂也从耳下垂象形 輒

𦣝 說文顅也象形 頤 頤 姬

手 說文拳也象形 手 攣 拜 拜 拜 承 舉 舉 擁 摩 括 失 失

𠦬 說文背呂也象脅肋形 塉

女 說文婦人也象形 女 婁 屢
母 說文象女裹子形一曰象乳子也 母 母 每 敏 悔 海 海 海 毓

毋 說文从女有奸之者 毋 毋 毋 婁 螻 數 數 數 藪 毒

民 說文眾萌也从古文之象 民 民 民 民 民 昬

丿 說文象左引之形 少
乂 說文从丿从乀 乂 艾

厂 說文象抴引之形 爭 又見后部 負
弋 說文象析木衺銳箸形从丿象物挂之也 代 必 戉

乁 說文从反厂氏𠂢部丿部 乂○

也 說文女陰也象形 也 也 也 也 地 地 地 地

氏 說文巴蜀名山岸脅之旁箸欲落墒者曰氏氏崩聲聞數百里象形乀聲 氏 氏 又見𠂢部

氐 說文从氏下箸一 𢀖 祗 祗 祗 祗 祗 祗 砥 砥 低

戈 說文平頭戟也从弋一橫之象形 戔 武 武 戮 戟 戚 識 國 國 戲 戲 戲 戲 殘 殘
戰 又見我部 戉

戍 說文从人持戈 戍 幾 幾 幾 機 機

戉 說文从戈𠄌聲 辭胝張揖曰戚湊理也爲戚者由隸之作僟而書戚戀 鉞 越 越 僟
禮記曲禮注雖有貴戚近習釋文出貴僟云本亦作戚漢書司馬相如傳躬僟

我 說文从戈从手手或譌也古垂字一曰古殺字說 我 我 我 我 我 我 我 義 義 義 義 義 義
議 議 儀 儀 儀 儀 儀 儀

丨 說文鉤逆者謂丨象形

珡 說文神農所作洞越練朱五弦周加二弦象形 琹 琴 說見本字 瑟

乚 說文象迟曲隱蔽形 亘 亘 又見乚部

亡 說文从入从乚 亡 亡 罔 罔 贏 喪 喪 郎 郎 郎 郎 郎 朗

乍 說文从乚从一 乍 作 作 作 乍卽乍字古款識以爲作 祉 胙 ○
匃 說文逯安說亡人爲匃案

人疑當作儿儿作㔾如南之从先作告也闕疑故不直入𠃊部

匸 說文从乚上有一覆之 區 區 毆 匽 匿 匹 甚
医 說文从匚从矢 醫

匚 說文受物之器象形 匠 匡 匪 匪

曲 𠙺 說文象器曲受物之形・曲 㔭 說文籒文曲 𡋬 𠙴 曲 曲

甾 𠀠 說文東楚名缶曰甾象形 从由作甾非由見巳異部 甾燒 盧 盧 𢍰 篇內以此爲𢍰字疑是甾字注甾音弗說文𢍰从廾由聲據此爲傳寫𢍰字是𢍰从

瓦 𠄠 亦从 說文土器已燒之總名象形 凡

弓 𢎗 說文窮也以近窮遠者象形 引弓 說文从弓丨 引丿 彊 張 張 弜 鐫 說文从弓从矢引省聲 𢎗 引 說文 不省復移从矢於左也此 雋 雋

弜 𢏏 說文二弓文从 弜百 弦 弦 說文弓弦也从弓象絲軫之形 亦作𢎗者以𢎗爲弦 弦 說文此从古文弦元以𢎗爲古文𢎗字 糸 𢎗爲弦聲是姜鼎亦古文據說文二古文見元六書通古號 玄 者作𢎗 𢎗非孫象弦形矣

系 𥾅 則文 說文申古亦作系从系聲象形 隸證𢎗从義 孫 孫 孫 說文从系

系 𥾅 說文糸从 東 𥾅 之形 經 經 紡 維 紳 纏 綏 緝

絕 𢇍 說文从刀从卩糸 絕 絕 絕 𢇍 說文一日反絕 古 𢇍 說文斷 與𢇍所从同此用 斷 𣃔 之从 說文 𢇍 蠿反

省者也蠿之 繼 說文从糸蠿 蠿反 說文曰絕一 反繼爲繼 繼 繼 繼 繼 繼 蠿無 字繼 之從 說文

素 𥿩 說文白緻繒也从系从𠂹取其澤也 𥿩 素

絲 𢇁 說文二系 顯 顯 顯 𣾰 濕 漯 欒 說文从絲省丱聲 𢍰 辮 辯 關 關

率 𠦌 說文捕鳥畢也象絲罔上下其竿柄也 幸 粦

虫 𧈧 說文一名蝮博三寸首大如擘指象其臥形 蟲 說文其象形也 本字見 雖 雖 强 說文𢇍又見𢇍部

𧖄 蠆 說文毒蟲也象形 若有作蠆萬者不得省爲萬 蠆 說文萬字矣然从𧖄 亦正𧖄 廣 廣 廣 廣 萬 萬 隸作萬 萬省作萬 厂 从 蠆 當省 蠆 省 聲 之 蠆 𧖅 省傳或耳寫不者省 不 蠆 蠆省聲 或 𧈧 遭 萬 𧖄

𧑒 蜀 說文葵中蠶也从虫上目象蜀頭形中象其身蜎蜎 蜀 蜀 蠋 蠋 獨 屬 屬 屬 屬 𧖄 𧖄 ○ 𧖄

蚰 𧈧 說文二虫 蠶 蠶 蛬

蟲 𧕻 說文三虫 盤 蠱

風 𠙊 說文从虫凡聲 風 風 凧 風 凨 凬

它 𠕁 說文虫也从虫而長象冤曲垂尾形 蛇 說文它或从虫 上古草居患它故相問無它乎 它 蛇 說文 地 𧉮 它 字 釋 文 云 本 亦 作 蛇 𧉮 與 𧉮 形 近 故 从 它 之 字 多 譌 爲 也 詩 云 委 委 佗 佗 作 委 蛇 亦 作 委 移 釋 文 本 作 佗 佗 又 作 蛇 蛇 它 音 它 他 他 字 本 亦 作 他

鶴鳴云它山之石釋文本亦作他 凡有如此者皆承隸變也 儀禮記作佗 字見 它部 池 佗少儀作他 君將適他 釋文云本又作它 古今字 詩 經典作他 蛇 龍蛇 古 它 蠻

黽 𪓕 說文鼃黽也从它象形黽頭與它頭同 凡黽之屬皆从黽 黿 黽 黽 𪓕 黿 𪓕 黿

蠅 𪓕 說文蟲之大腹者 从黽从虫 𧕊 㴋 鼉 𪔂

卵 𡖩 說文凡物無乳者卵生象形 卵 卵

二 二 說文地之數也从偶一 二 二

𠀢 說文古文二从弋 二 古文 𠀢 从二不 均 次

凡 𠘧 說文最括也从二从𠄎 𠄎古文及 凡 凡 及 凡 見 凡 部 𠘧 凡

土 土 說文地之吐生物者也二象地之下地之中物出形也 土 土 土 坙 𡉙 壚 㙡 至 由 在 封 說文 爵諸侯之土也从之从土从寸守其制度也公侯百里 伯七十里子男五十里 封 說文古文封省 𡉚 說文籒文从𡉚

左傳襄二十二年而何敢差池 釋文池徐本作沱 沱 同用古字也 池 說文 沱 離 沼 池 本 作 沱

垚 垚 說文土高也从三土 堯 堯 曉 燒

堇 𡎸 說文黏土也从土从黃省 堇 謹 謹 瑾 勤 懃 艱 艱 難 難 漢 說文漢水也从水難省聲 漢 漢 漢 漢 漢 漢 嘆 從 說 文 難 大 堯 字 疑 與 象 从 古 文 艱 字 皆 从 堇 蓋 隸 變 相 承 作 𦰩 从 𦰩 省 又 从 大 从 土 字 並 從 隸 作 𦰩 說 文 鷬 从 鳥 堇 聲 或 作 難 鷬 省 作 難 蓋 本 字 鷬 鷬 从 隹 古 文 漢 从 水 𦰩 省 聲 亦 大 漢 者 从 作 漢

里 里 說文居也从田从土 里 埋 𡐰 𡐰

田 田 說文陳也樹穀曰田象四口十阡陌之制也 田 田 畋 暢

畕 畕 說文比田也从二田 畺 彊 畺

黃 黃 說文地之色也从田从炗炗亦聲 黃 黃 黃 璜 橫

男 男 說文丈夫也从田从力言男用力於田也 男

力 力 說文筋也象人筋之形 力 勞 務 勇 功 嘉

劦 劦 說文同力也从三力 協 說文勢 从力免聲 見日部 勉 晚

金 金 說文五色金也生於土从土左右注象金在土中形今聲 金 金 金 金 金 金 金 鍾 銅 銀 鑽 錢

錢 錢 錢 鎸 鉅 鉅 錫 鈥

幵 幵 說文象二干對構上平也 栞 開 開

勺 勺 說文挹取也象形中有實 勺

与 与 說文一勺為与 与 與 與 與 與 與 舉 舉 舉 舉 譽

几 几 說文踞几也象形 几 凱 処 處 處 處 処 又見尸部 又見且部

且 且 說文从几足有二橫一其下地也 且 且 柤

俎 說文从半肉在且上 俎

斤 斤 說文斫木也象形 斯 斯 斯 新 新 所 斬 括

斦 說文二斤也从二斤 質 質

斗 斗 說文十升也象形 升

升 說文十龠也从斗亦象形 升 升 升 升 升 升

矛 矛 說文酋矛也象形 矜 常 茅 茅 柔 柔 柔 變矛為予與柔字相混說文柔相也 務 務

車 車 說文輿輪之總名象形 車 車 載 軍

軎 說文車軸耑也从車象形 轂 轡

𠂤 𠂤 說文小𠂤也象形 官 官 官 官 師 師 師 師 歸 歸 歸 歸

說文从𠂤中聲 辥 辥

阜 阜 說文大陸山無石者象形 阜 隴 隕 隊 防 阻 陵 遣 遣 遣

陳 說文宛邱舜後媯滿之所封从𠂤从木申聲 陳 古款識已从東不自隸始也 陳 陳

𨺅 𨺅 說文二𠂤也

厽 厽 說文絫坺土為牆壁象形

四 四 說文象四分之形 四 古文 兕 四 罒 罒 罒

宁 宁 說文辨積物也象形 佇

叕 叕 說文綴聯也象形 綴

亞 亞 說文醜也象人局背之形 亞 惡 惡 惡

五 五 說文五行也从二陰陽在天地閒交午也 乂 乂 五 五 五 五 㐅 吾 又見乂部

六 六 說文易之數陰變於六正於八从入从八 六 六 六

七 七 說文陽之正也从一微陰从中衺出也 七 七

九 九 說文陽之變也象其屈曲究盡之形 九 九 軌 軌 軌

禸 禸 說文獸足蹂地也象形 禺

禽 說文走獸總名从禸象形今聲 禽 禽 禽 禽 ○

离 說文山神獸也从禽頭从禸从屮徐鉉曰从屮義無所取疑象形 離 離 離 離 ○ 諸碑離字仍有作离 積習相承 自禹來 隸書 隸辨云 經典釋文 顏氏家訓云 離亦謂以離為離 邊作側配禹 直禹為是 世俗字譌

萬 說文蟲也从禸象形 萬 萬 萬 萬 萬 萬 萬

嘼 嘼 說文犍也象耳頭足禸地之形古文嘼下从禸 嘼 嘼 嘼 獸 獸 獸 獸

甲 甲 說文从木戴孚甲之象 甲 甲 卑 卑 碑 碑 碑 埤 早 早 弋

乙 乙 說文象春艸木冤曲而出陰气尚彊其出乙乙也 乚 乙 乾 亂 亂 臾 庫 又見臼部

尤 說文異也从乙又聲 尤 尤 就 就 就 就 就 又見京部

丙 丙 說文一入冂 丙 丙 更 更 鞕 炳 加二

丁 丁 說文夏時萬物皆丁實象形 丁 丁 成 成 成 城 盛 盛

戊 戊 說文中宮也象六甲五龍相拘絞也 戊 成 城 又見戌部

己 己 說文中宮也象萬物辟藏詘形也 己 己 記 改 紀 紀 紀 忌

巳 巳 說文蟲也象形 巴 巴

庚 庚 說文位西方象秋時萬物庚庚有實也 庚 庚 庚 唐 唐 康 康 慷

辛 辛 說文秋時萬物成而孰从一从辛 辛 辛 辭 辭 辭 又見木部 辠辭部

辡 辡 說文辠人相與訟也从二辛 辯 辯 辨 辨 辨 辨 辨 辨

壬 壬 說文位北方也陰極陽生象人褱妊之形 王 任 任 任 隸釋石經尚書殘碑厥遺任父母弟不迪云孔 作王古王任通用蓋有書任為王者孔傳乃譌

癸 癸 說文冬時水土平可揆度也象水从四方流入地中之形 癸 說文籒文从癶从矢 癸 癸 癸 癸 揆

子 子 說文十一月陽气動萬物滋入以為偁象形 子 子 子 子 子 子 子 子 子 孝

疑 說文惑也从子止匕矢聲 疑 疑 疑 擬 擬 徐鍇曰古文矣字 簡作疑 隸則不作反匕

了 了 說文尦也从子無臂象形

孨 孨 說文謹也从三子

𠫓 𠫓 說文不順忽出也从到子 育 育 充 統

㐬 說文或从到古文子 古文子 㐬 流 流 流 流 流 流 流 流 流 流 流

酉 申 未 午 巳 辰 卯 寅 丑
酉 申 未 午 巳 辰 卯 寅 丑
民等 丣 酎說自說重說逆說 㠯 萬說乙說而說陰說動說非作 沔
無字出說酒文申文枝文陽文反說物文匕文出文尙文用文古沔辱玉
盡而丣文象八東七葉象冒五巳文見四象三象二彊正事十文者其篇
劉無爲古古月从月也木地月 从成月芒月開月象月象二也隸沔沔
當此秋文文黍臼陰 未 而陰 㠯 文陽達陽門萬宀陽手月 體長古
云字門酉酉成自气 未 出气 㠯 章气厂气之物不气之萬 棄 矣文
从疑萬从之可持成 午 㠯 故巳聲動形冒達動形物 棄 注流
刀脫物丣形爲也體 制 𠦃 㠯 巳出也物 地髕去 丑 竝公
金漏巳丣 酉 申 制 午 㠯 爲陰从皆 卯 寅黃 云羊
丣臣入爲 酉 制 蛇气二生 卯 於泉 沔傳
聲錯一春 酉 神 制 許 以 象巳 从 卯 下欲 古桓
或以閉門 𥘵 鼇 秦 以 形藏 辰 也上 流八
曰爲門萬 醫 奄 部又 以 巳 辰 出 字年
从丣象物 醳 電 卸見 以 巳 寅 不注
刀雅也巳 醱 曳 㔾 以 辱 寅 知沔
鐂劉 酋又 以 祀 震 寅 充血
省殺 𨛰 部見 以 祀 不尤
聲也劉說 以 巸 演 二深
又尙說文 以 起 字釋
說書文繫 沿 趄 變文
見曰有傳 允 隸荀
下重劉疑 允 互子
我劉義 允 譌榮

亥 戌 酉
亥 戌 酋
一
山一 也說盛說半說本禮備存敏而卯字𠂇丣同畱 劉
出人涉合科相 變 从文於文見文亦記攷以所知也卯與石叔字 劉
匕个庬此不疇 隸 乙从戊五於从作問 ○ 謂不丁金上鼓籀从 劉
三屮雜視在仍 通 象二从行上酉𪏆喪 𨟴 近應火刀一柳敦丣 畱
巛小亦它此寓 例 褢一戌土 水作水从說鄙指漢也器字畱疑畱 鐘
勹午無爲例說合以子人含生 𣴎𣴎酉文別丣氏正徵从旁是字 鼎
𢓊采異又文成隸咳男一於 尊 者不𠂇从字爲之月異丣亦卯說 彝
眔乀馬嫌如據字統咳一 戌 尊 不入聲𠙵者卯德剛𠂇可从古文 器
㫃乀 周形或篆之人 戌 尊 省口 可雖也卯菨證卯文作 款
半乀 暂系翦用形女 戊 奠 將釋 將 比語卯金𠧩也菨韓畱 識
从丿 巽聯取副 亥 戌 貟 也文寸說則近劉刀之又卯氏从 周
儿 巢之爲偏 亥 鄭 𤖩文亦圖姓之異一有款丣 畱
附刀 適意文旁 亥 咸 鄭 省將劉識所利文器戊識丣 君
見𠂆 符其竝倡 亥 感 鄭 聲从字殆㠯皆桼畱音劉古 簠
㐭八 吉一歸俗 亥 歲 遭 將 从非爲不漢字畱公文 銘
乞● 知形變承 歲 猶 將 卯或字得書作字簠酉 當
占冂 共止體譌 剢 歲 猶 將 不入也行王畱从劉玉 君
亩日 果於舍增 剢 歲 猶 从口劉又莽𨁲之字篇 招
自㠯 之一義多 剢 猶 𢱭 丣水爲受傳云得从作 作
○ 類字尙滅 垓 水說之丑圍命夫此聲𠂹畱 餴
二 乃非象少 該 將文一木姓之劉畱古與从 簠
丁二 翦有舉或 孩 省𢱭證如夫日之字不此卯 𨁲
大 彼同似駢 聲从也尹人丁爲从从𤴓此 云

○ 止㬎芔 生 㞢肖羊卢朱 ○ 見旦 ○ 附玨 丰附𦍌从芖
昔 ○ 革夾 生 𡉀 巠十㝅夾 冊 㫗日 王 見𤦡附辛見企 ○
畓笞 𡉀 𣎵夾 㞢 㞢 土从半亨𡬠𧃈附 ○ 見㐄豊 見午高丼 二
○ 見炎囟网 ○ ○ 𢦏 ○ 帶見 旦 𡍮 ○ 𠫯𢦏𦍌 彡二
𦍌 𦍌 𠫓从 㞢 主附出 六 ○ 且旦 附 壬 三乀 ○ 丰二
𡍮 高 附𦧘 由 㞢見大㚒大 亠 ○ ○ 坙王天大 意 土人
从 ○ 𨽻附𢆉𦥑我王坙夭 六 丄 亘 丌 ○ 央 𡩛𡩛辛大
○ 丗 𡩍見 ○ 从㞢墓 史介附一見亘附㐄 壬 亏𦎫 ○ 大
丯 附芖 ○ 立 㭘 月 大見二𦋠 見辛𢀖坙 从 吾 ○
附芔見笞 兰 企附丰 ○ ○ 𢖩十 附𡍮 ○ ○ 音 三
見玨㚔从 羊 附㐄見朱 吉 上 高𠂇 ○ ○ 土 吾 𠮷𠭞辛 三
𣪘 𠦃羊見辛墓朱附吉从坙高 八 且 二 土坙吉𠭞 ○ 彡
○ ○ ○ 高辛豊夫見吉 二米刀附且𠀠丠 ○ ○ 丙 ○
丯 𡗜 羊 ○ ○ 𡩋古附𠂆事𠂆見貝从 主 王 附𠅏 亓
玨芔㚔世附羊 章 圭 見 㝯匕室𠂤 ○ 我㞢㞢王見从㚒大
○ ○ 見𠦃𡍮章附圭 吉 乞疑大乀直 丄 从 从王𠅏 辛介
実 丗 蓋丰从 見㞢 壴 ○ 夭巛 ○ 包几 ○ 王 ○ 六
寔 从玨 ○ 對𡍮 ○ 土 方乀 皿 ○ 玉 附坙 酉 六
見𡩦 辛 ○ 丷 士 二土乞𢦏𠀡𠀡 且 㚔王見㞢𡩋𠅏 㫃
𡩦 附林 𡳿 𣎵廿 ○ 大士㞢工𡳿屮 ○ 附白 ○ 易㞢 ○ 六
附見 火止止辛 𡳿 ○ 𡗗王古人 皿 見日 王 金 工 𡗗
○ 革笞 ○ 𠂇半𡳿 木 火坙央 見𠀡昜 坴 我㞢工 ○
止 𦲸㚔 业 芖芔 匕 土丰士大眔謚 ○ 壬 ○ 二土 亓
匕止𦾔芖芔𠂇𦰩芔 ○ 木 朱一貟从 附 旦 从我 玨 甘土辛辛

○見 見雨雲 ○ ○ 冂 ○ 見山 ○ 亾 𡵂見附皀 㠯
月 㑒附系 壹 丙 宀 月 臼 𢆶匕 コ 亾 ○ 見㕚 ○
𠂣夕 ○ 附 ○ 見丙宀宀附 見臼㠯 㠯甘疑匕 仫 㿝皀 止
月 月 ○ 𩃬 丽 爿見𠬝貝 附万个从爪見匕 㞢
○ 夕 需 雺 附附冂𡪆从 附 ○ 宀 㐭 ○ 止
月 𦥑夕𡧛需 𩂈 ○ 見冂 ○ ○ 㠯 ○ ○ 附 食 㠯 止
𠂣夕从㫚 ○ 𡪆𡪆 冂 𡕒 内 力 臼 見山 彐 㡀 ○ 𩚃食 山
月 同 冖 ○ 𦥑内 ○ 冂𠂇見臼系 彐巛匕匕 衣 ○ 匕𠂆
𠂣附日个宀 雨 丙 𦉪 ○ 貝 附 ○ ○ 見㐭 艮 ○
○ 見目万爿𠑹雨 ○ 附𠅏 禹 𣎆附 ○ 丑 㠯 㐭 見皀 正
月 目囘 巛 冎 内 見从見𡴀 ○ 屾 見丑㠯㠯𡈼附 ○ 正正
夕月㑒𠃓 ○ ○ 附内𠅏 𠆭 冖 芖艸𩃬 㠯㠯 衣 匕 匠山
○ 𡪆刀 ㇉ 亩 見冂 ○ 附宀冂从𦣻 附㠯㠯𦣼附𠂆卜 ○
月 多个爿冎雨𡧛宀 冊 禹 巛爿 ○ ○ 見 ○ 長
高附 ○ 巛日 雨 寘月㑒𦉪 𡯁 月 ○ 臼 巨 ○ 匕彡𡵂
㑒見 月 𠂆㝉 丙夕𡗜从 禹 月口 山 臼甘臣 巨 匚 附匕 ○
𦥑𠭥月夕 ○ ○ ○ 𦋠𠅏中見𡆧 ○ ○ 𡆧匚見𠂆 巳
○ 𠆢夕 𡕓 而 ○ 内 禹 从宀㠯 凵 𦣝 𠂆乁𠩺匕附皀
月 月日 㫃見𠑹 丙 附回 𡯁 ○ 附附日𠥔臣 工㐭爪見㕚
夕 ○ 西 系 雨冎見内 ○ 冂 ○ 見凵 ○ ○ 得見
附𠂣 有 从㬎 附 丙尸 禼 冂 𠚍 㑒 臤 匚 ○ 㿝皀
見日見𠬝 ○ ○ ○ ○ 𦋠𠅏月見𠚍 ○ 監臤工匚 𠃊
𦥑月𦉪 月 而 雲 内 禼 从中𨟴 山 臤 匕乁 𡆧 ○
○ 附几日介而 壹回内 𡯁 ○ 附止山𦣝臤 ○ 附从 臣

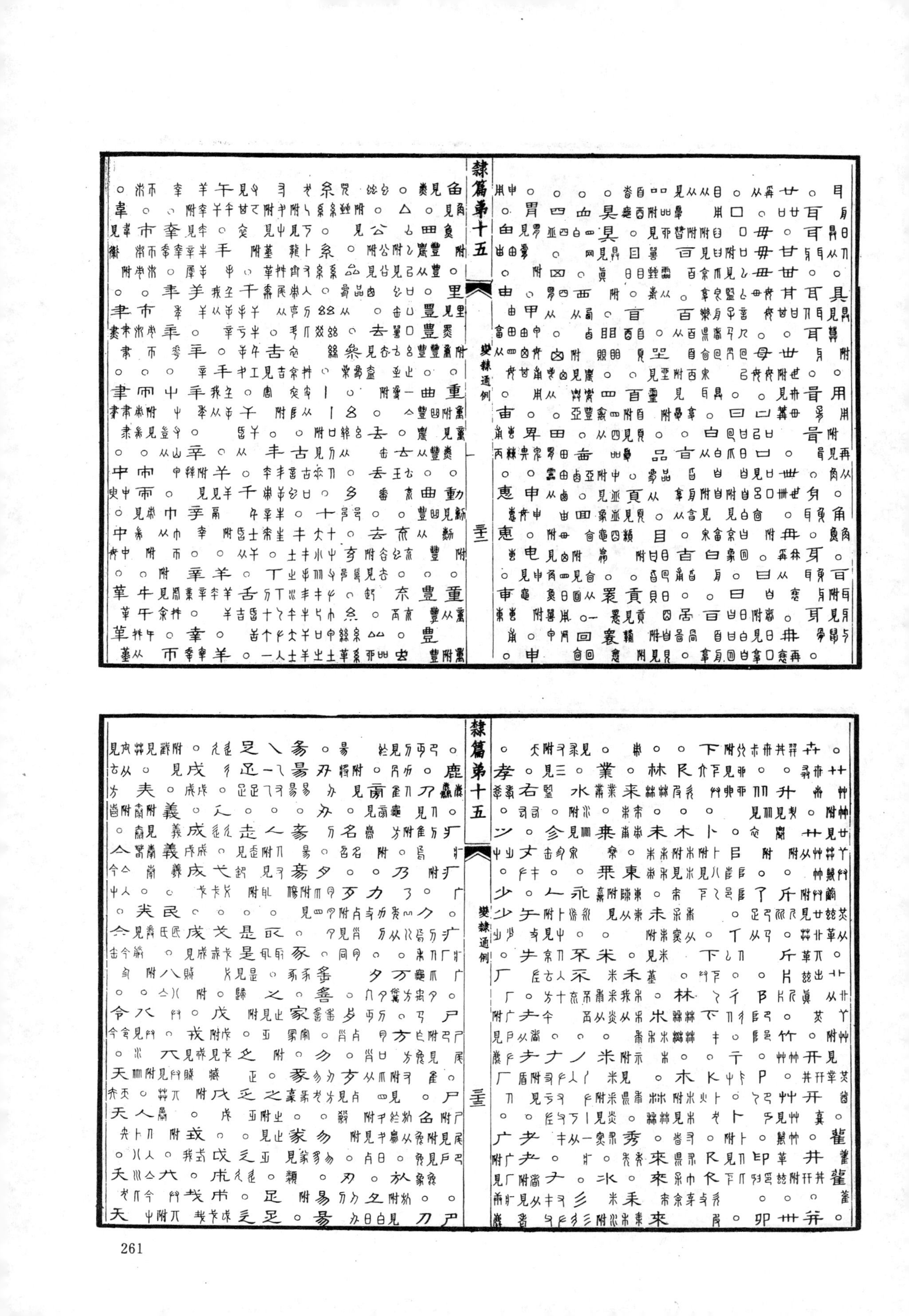

隸篇第十五
變隸通例

隸篇第十五

隸篇續

再續

道光十六年八月許槤題

隸篇續再續序

隸篇集既成同志者復以有力之彊冥搜苦索發不宣之祕拼巳湮之蹟抉未有之奇以金石拓本鉤本詒我者仍至且加密焉不及三年檢所得數巳過前編之半時諸君謬以前編挈棗棃固思踵事又欲繕刻之出自一手也乃集爲續編續編垂成又有所得是爲再續因邱陵以增高資鈒鏤以致飾凡厥體例一如前編惟其字在前爲通在今爲正而形非殊異者不更錄入凡四閱月次弟付棃夫以余之鄙陋有志竟成成至於續續至於再質之近今諸著錄家輒見其贏尟有所絀於是爲厚幸矣方再續之草創也通州馮集軒大令雲鵷以書來謂畫象題字在嘉祥焦城邨寶應射陽聚者皆可力致得之曷少須焉余應之曰衛荆今見爲富有馮煖亦不復歌且遺珠之在天壤者又奚止於此設有後至別爲三續可也道光戊戌歲重陽後一日翟云升識

隸篇續金石目

西漢

五鳳甎 五鳳二年十月廿二日

五鳳二年十月廿二日造

出杭州許珊林藏

東漢

建武殘玉 建武三年

建武三年

甘泉汪孟慈喜孫藏

陽泉使者舍熏鑪口口五年六安十三年 鐘鼎彝器款識引江鄭堂云顏師古漢書地理志注魚豢云漢火行忌水故去洛水而加佳器文洛作雒其為光武以後之器無疑第五行剥蝕不可辨蓋兩數及年號也云六安十三年者乃侯國紀年如孔廟漢石既書五鳳二年又書魯三十四年也攷漢書寶融傳有六安侯盱又楚王英傳肅宗建初二年封英子楚侯种後徙封六侯續漢書郡國志無六縣是光武時省入六安國然一地無封兩侯之理自必盱國除後乃徙封种則所缺年號當在章和後矣

永元鴈足鐙 永元二年

王稚子右闕 說見前編王稚子左闕

沙南侯碑 永和五年六月十五日

惟漢永和五年六月十五日使口雲中沙南侯犭口口闕下口壄

口曼闕下

吳子苾依拓本手鉤自跋云碑在新疆焕采溝大道旁屬宜禾縣碑陰今刻焕采溝三大字石既摩泐彼處又無善拓者故可辨者止此數字

食堂畫象題字 建康元年八月十九日

建康元年八月乚此字不甚分明或乙或己丑朔十九日丁未壽貴里文叔陽食堂叔陽故曹史行亭市掾鄉嗇夫廷掾功曹府文學掾有立子三人女寧男弟叔明女弟思叔明蚤失春秋長子道士口立口口口直錢萬口故曹史市掾

前畫象二人對坐上有飛鳥道光十三年魚台馬銕橋星垣得此石於魚台之凫陽山移置其家牟農星以拓本見寄來書云案十九日丁未則朔日當是己丑然後漢書順帝紀建康元年八月庚午帝崩袁宏後漢紀同如朔日己丑月內何得有庚午則朔日仍當是乙丑矣庚午為月之六日而十九日當是癸未作丁未者誤也

石門頌頟 建和二年

延熹甎 延熹二年

延熹二年

錢塘韓小亭泰華藏

蒼頡廟碑 延熹五年

蒼頡廟碑陰

蒼頡廟碑側

楊著碑 建寧元年

此碑與楊震碑其石久佚拓本世不多見陳壽卿於京都琉

璃廠帖肆中偶檢得之皆翦禙本楊震碑各行之末微燬於火

柳敏碑 建寧二年十月

後人翻刻中多誤字擇其合於隸釋者録之惟陃字小異以有意義姑存之

靈臺碑 建寧五年五月

此碑與魏元丕碑圉令趙君碑皆黃氏小蓬萊閣金石文字雙鉤本

楊震碑 建寧後

魏元丕碑 光和四年

圉令趙君碑 初平元年十二月廿八日

樊敏碑 建安十年三月上旬

翁覃谿鉤江秋史重刻本又借黃秋盦本校看

張桓侯破張郃銘 建安二十年

漢將軍飛率精卒萬人大破賊首張郃於八濛立馬勒銘

許珊林以拓本借觀并附跋尾云張桓侯紀功摩厓在今四川綏定府渠縣即古宜漢地梁置渠州後魏改置流江縣唐分置大竹縣明爲渠縣入濛山在渠縣東北案飛本傳張郃進軍宕渠蒙頭盪石與飛相距五十餘日飛精卒從他道邀郃軍交戰山道窄狹前後不得相救遂破事在漢獻帝建安二十年此銘文義簡勁字蹟蒼秀可想見戰勝時氣概矣道光辛卯六月吳江翁徵君廣平所贈

蜀漢

徐造甎 建興六年六月廿三日 晉愍帝亦改元建興而無六年

建興六年六月廿三日徐造

出寧波呂堯仙藏

殷比干墓題字 以下無年月

甘泉山石刻

司農碑額

司農公碑

魯君闕

中平魯君魏公闕

右二種葉潤臣藏俱未詳所出

尚浴府金行燭盤

丙午鉤

丙午鉤君高遷

奉山宮行鐙

奉山宮行鐙并重四斤造六年

大泉五十泉笵

曰幕泉

以上三種陳壽卿藏拓本

西晉 凡漢晉紀元相同而無年數干支可證及字體不類漢人者並入晉代

太康元甎 太康元年

太康元

出杭州西湖仁和趙寬夫坦藏

韓氏甎 太康三年

太康三年韓氏造

山陰甎 太康四年八月 太康五年七月五日

黃从大康四年八月造 大康五年十月五日山陰來折拙口

口

張異甎 太康七年

太康七年常山張異宅六

葛作甎 太康七八年

大康口七八年葛作

太歲在申甎 太康九年二月十七日

大康九年大歲在申二月十七日 余文

鳳作甎 太康九年七月五日

大康九年七月五日鳳女作

鳳形甎 太康九年八月十日

大康九年八月十日口日作 鳳形作

湯氏甎 太康九年八月

大康九年太歲在戊申八月作湯氏埑

談孝廉甎 元康元年

元康元年大歲 闕下 談孝廉 闕下

元康二年甎 元康二年十二月

元康二年十二月

元康四年甎 元康四年八月九日

元康四年八月九日

以上十一甎皆出寧波呂堯仙藏

建辰甎 元康六年六月廿日

元康六年六月廿日造 其年建辰

出浙江道州吳晉齋廷康藏
傅家甎 元康八年八月十日
元康八年太歲在戊午八月闕下 闕上戊午八月十日傅家所造
塼
黃平甎 元康八年
元康八年黃平 㼜公𥅤丁
以上二甎皆出寧波呂堯仙藏
永寧元年六月十九日甎 永寧元年六月十九日
永寧元年六月十九日立
出杭州許珊林藏
永寧元年六月甎 永寧元年六月
永寧元年六月
出寧波呂堯仙藏
永寧甎 永寧

永寧
出杭州海寧朱筱漚鈞藏
永興甎 永興二年八月廿日
永興二年八月廿日立
出浙江吳晉齋藏
盧恕甎 建興二年十月
卽 貝似作具日亦似作口 建興二年十月盧恕造
建興甎 建興
建興
以上二甎皆出寧波呂堯仙藏
東晉
楊吉甎 永昌元年六月廿日
永昌元年六月廿日楊吉
出紹興許珊林藏

咸康三年甎 咸康三年八月廿日
咸康三年八月廿日所建
出寧波呂堯仙藏
咸康四年甎
咸康四年
出杭州許珊林藏
故民甎 建元二年七月八日
建元二年七月八日故民闕下 王有張申明仲味馬闕下 張闕下
朱筱漚藏
永和四年甎 永和四年
永和四年
出紹興許珊林藏
王氏甎 永和六年八月一日
永和六年八月一日王氏

莫龍編甎 永和六年
永和六年大歲庚戌莫龍編侯之闕下
升平甎 升平五年七月廿日
升平五年七月廿闕下
周遷甎 隆和元年八月十八日
晉故隆和元年八月十八日鄮縣周遷造
黃氏甎 泰和元年 泰和泰元史皆作太
泰和元年黃氏 此字不甚分明
黃氏甎 泰和三年七月
晉泰和三年歲在戊辰七月黃氏作
歲在辛未甎 泰和六年
泰和六年歲在辛未拓打
以上七甎皆出寧波呂堯仙藏
錢師甎 寧康元年 寧康二年

太歲甲戌甎 太康元年張 宗 寧康二年太歲甲戌錢師造

寧康二年七月

寧康二年太歲甲戌十月造瓦一尺五寸 大歲甲戌 中

以上二甎皆出海鹽許珊林藏

泰元甎 泰元九年十月三十日

晉泰元九年十月三十日

出寧波呂堯仙藏

蜀師甎 以下無年月

蜀師 蜀師

出杭州許珊林藏

魯文𥻘孝廉甎

魯文𥻘孝廬

出寧波呂堯仙藏

右依篇內標題計六十六種未經采字列目備核者一種蒼頡廟碑陰甎文繁多未采字者不列目也

隸篇續金石目

隸篇續部目

第一 一 示 玉 艸 茻

第二 釆 告 口 哭 步 此 正 是 辵 彳 廴 延

行 牙 足

第三 丩 十 卉 言 誩 丵 廾 異 舁 䢅 革 鬲

又 隶 臣 殳 寸 支 用

第四 䀠 白 隹 萑 羊 烏 鳥 華 幺 受 歺 死

刀

第五 竹 箕 巫 曰 丂 亏 旨 皿 血 豐 倉 缶

矢 京 亯 亩 嗇 夊 舜 韋 弟 桀

第六 木 米 生 𠌶 口 貝 邑 𨛜

第七 日 㫃 冥 晶 有 朙 毌 禾 米 宀 穴 㝱

网 巾 白 黹

第八 人 从 重 臥 身 衣 尺 尾 儿 皃 見 欠

次

第九 頁 文 卯 山 广 石 長 象

第十 馬 廌 犬 火 夭 壹 立 心

第十一 水 頻 雲 魚 龍 飛 非

第十二 門 耳 手 女 氏 戈 我 弓

第十三 糸 率 虫 蚰 黽 土 黃 力

第十四 金 斤 斗 車 阜 四 六 禸 戊 庚 辛 壬

子 丑 午 酉 戌

隸篇續部目

隸篇續字目

第一

一 丕 元

示 祇 禧 神 祚 禝

玉 琪 珠 瑗 瑩 琰 瑞

艸 萊 著 蘆 莬 薰 蓮 莚 英 萌 藐 蔽 茀

蓋 莫 葛

茻 莫 埊

第二

釆 番

告 告

口 皆 咸 啓 吅

哭 喪

步 歲

此 此

正 正

是 是

辵 通 䢖 遵 還 遷 送 造

彳 徐 徂 徵 彼 復 德

廴 建

延 延

行 衛 衙

牙 牙

足 踰 踊 蹈 躡

第三

丩 糾

十 博

卉 世

言 該 譚 謹 誓 譴 譜

誩 善 競

丵 僕

廾 奉

異 異

舁 興

晨 農

革 革 鞏 勒

丮 孰

又 及

隶 隸 隷

臣 臧

殳 殿

寸 尋

攴 數 數 故 變 攸 徹

用 甫

第四

眉 眉

白 魯 智

隹 雕

萑 舊

羊 羣 羌

鳥 鳳 鴈

烏 焉

𠦒 棄

幺 幼

𠬪 敢

歺 𣦸

兂 堯
刀 刊 剛 刑
第五
竹 范 箕 策
箕 箕 其
巫 巫 靈
曰 曹 曷
丂 寧
亐 虧 平
旨 嘗
皿 盧 盈
血 血
皀 爵
倉 倉

缶 垂
矢 侯 矣
京 就
亯 享
亩 稟 亶
嗇 嗇
夊 憂 夏
舛 舜
韋 韓
弟 弟
桀 乘
第六
木 梨 楷 核 楨 桄 柜 柳 構 極
朩 南

生 隆
𠌶 華
口 圖 因
貝 賵 賻
邑 邦 邪 御 鄖
𨛜 鄉
第七
日 暴 留
㫃 旋
冥 冥
晶 參
有 有
朙 明
毌 貫

禾 年 科 穰 秋 穟 穎 穀 穆
米 氣 粲
宀 寬 宕 宓
穴 穹 竄 究
㝱 寤
网 罔
巾 帶 飾
白 皦
㡀 黻
第八
人 催 伸 僊 傳 假 倡 仕 仉 儉 付 佞 伏
作
从 并 從
重 重

臥 臥 監
月 般
衣 衰 裴 褸 卒
尺 尺
尾 屬
儿 充
皃 貌
見 視
欠 歆 歔 歐
次 羨

第九

頁 頎 題 顧
文 文
卯 卿

山 山
广 廬 庖 廉 序
石 礫
長 肆
彖 彖

第十

馬 馬 騰
廌 薦
犬 狡 犯
火 熹 尞 炯
夭 奔
壹 懿
立 竭
心 恢 恂 愁 悟 恥 惲 慕 怒 憲 惡

第十一

水 洞 瀼 涯 治 濱 汶 溫 泠 激 波 沙 湯
洋 汸 浿 渘 洿 泰 渲 濯 浴
頻 頻
雲 雲
魚 鮮
龍 龍
飛 飛 翼
非 靡

第十二

門 闕
耳 聲 聖
手 捐 招 撓 指 舉 捧 掾 失
女 娉 嫉

氏 氏
戈 戈 武 賊
我 義
弓 張

第十三

糸 總 彝 編 緣 繼 綏
幸 幸
虫 蠲 蠅 蚤 蜀
䖵 蠡
黽 黽
土 塼 堂 坐 在 墠 基
黃 黃
力 勤 勝 劵

第十四

金　鐘鉏鋻錢鐙録鍚
斤　斤所斸
斗　升
車　輿輶輯
阜　陰阪降陋陷
四　四
六　六
内　禽萬
戊　戊
庚　庚康
辛　辛辭
壬　壬
子　疑
丑　丑

午　午
酉　酌醳
戌　戌

一

丕
魏元丕碑君諱口字元丨

元
晉永寧元年六月瓴永寧丨年六月

元
晉黃民瓴泰和丨年

示

祇
楊震碑是以神丨降祚說文祇敬也祇地祇碑譌以祇爲祇

禧
靈臺碑萬國丨寧以禧爲熙漢書禮樂志熙事備成師古曰熙與禧同禧又通用熙也

神
楊震碑是以丨祇降祚

祉
楊震碑天鍾嘉丨

祉
楊震碑是以神祇降丨

禝

樊敏碑肇祖后丨說見前編

禝
靈臺碑日丨不夏以禝爲昃說見前編禝字及禝字綴說以禝爲昃猶以禝爲昃也

玉

瑱
蒼頡廟碑側夏陽侯長馬丨

珠
蒼頡廟碑側臨晉口丨

璦
蒼頡廟碑側萬年長沙丨

瑩
楊著碑如玉如丨反文

廟諱
功令炎下作又仍宜避用以昭敬慎

琰
魏元丕碑威牧丨等上文闕

瑞
靈臺碑靈丨未卜

艸

萊
楊震碑東丨涿郡大守

著
靈臺碑丨立功訓

蘆
靈臺碑元礫莞丨

莞
靈臺碑元礫丨蘆

薰
陽泉使者舍熏鑪陽泉使者舍丨盧一以薰爲熏爾雅釋訓爞爞炎炎薰也釋文出熏云或作薰熏通用薰也

蓮
蒼頡廟碑側丨勺左鄉有秩

莚
靈臺碑元礫莞蘆生丨臺涯隸釋云莚卽延字隸辨云爾雅釋言注蔓莚釋文云莚本今作延莚與延蓋通用案玉篇集韻莚皆專訓蔓莚是爾雅注莚爲正延爲借也碑亦正用本字耳

英
楊震碑郡丨雲集

萌
楊震碑凡百棃丨義作

坻諸書亦多以萌爲坻集韻坻通作萌是也管子山國軌謂高田之萌曰注萌田民也文選司馬相如上林賦以瞻萌隸注引韋昭曰萌民也是直謂萌卽坻矣一切經音義羣萌云古文坻同

[illegible]
魏元丕碑[illegible]丨蘋字也上下文闕

蔽
魏元丕碑丨芾其縱隸釋云以蔽芾其縱爲蔽芾其蹤說見前編

蔽
靈臺碑永未丨兮義作敝孔宙碑以幣爲敝幣亦幣之加艸者也

芾
魏元丕碑丨其縱

蓋
靈臺碑名丨世兮

蓋
陽泉使者舍熏鑪有般及丨

薁
靈臺碑河洛祕丨隸辨云卽奧字碑變加艹案說文薁从艸奧聲亦同音而借也

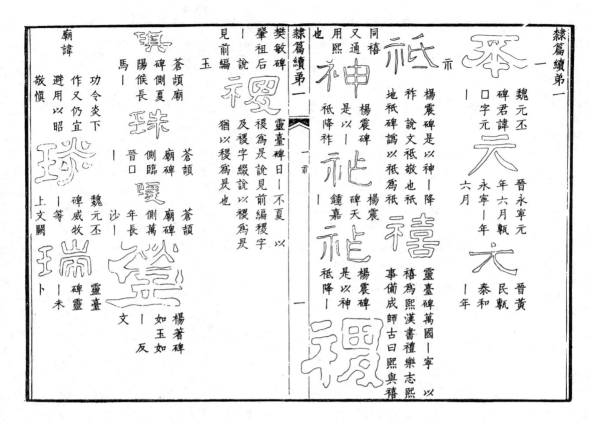

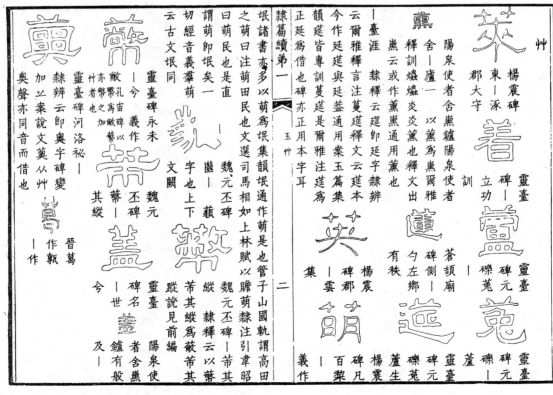

葛
晉葛作瓴丨作

隸篇續第一

隸篇續第一　艸　三

艸

晉莫龍編甎丨龍編

晉湯氏甎湯氏丨

靈臺碑蓋丨于玆

隸篇續第二

采

魏元丕碑尚書郎丨尋軌上

告

靈臺碑慶都丨以河龍

口

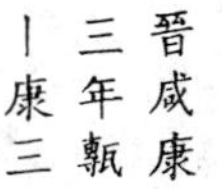

柳敏碑丨其鳴兮

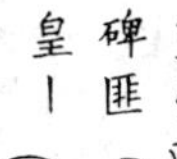

晉咸康三年甎丨康三年

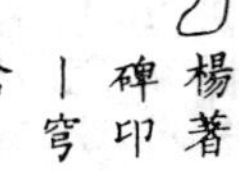

靈臺碑匪皇丨居

楊著碑卬丨穹倉

隸篇續第二　采告口　一

哭

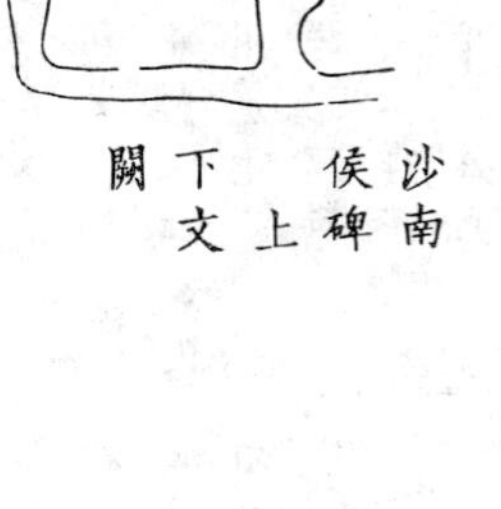

沙南侯碑上下文闕

步

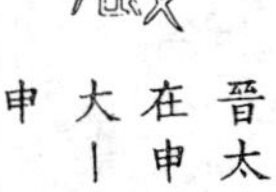

晉莫龍編甎大丨庚戌

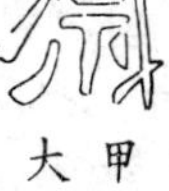

晉太歲在申甎大丨在申

晉大歲甲戌甎大丨甲戌七月

晉湯氏甎太丨在戌申

靈臺碑億萬丨令

晉黃氏甎丨在戊辰

晉錢師甎太丨甲戌

晉歲在辛未甎丨在辛未反文

此

樊敏碑敢若丨者

正

陽泉使者舍熏鑪六安十三年丨月乙未

是

楊震碑丨以神祇降祚

辵

楊震碑至德丨洞

楊著碑追丨曾參 隸釋云𨒪卽蹤字案集韻𨒪步緩也碑借以爲蹤非卽蹤字也

楊震碑奉丨先訓

靈臺碑五運精丨

丙午鉤君丨高

楊著碑丨定穎侯相

圍令趙君碑丨圍令

楊震碑神鳥丨葬

晉山陰甎黃以大康四年八月丨

晉周暹甎鄮縣周暹丨

彳

徐造甎丨造 變彳爲亻非以徐爲徐也

魏元丕碑丨疾來升

蒼頡廟碑側御門下游丨

靈臺碑德丨四表 說見下

靈臺碑廣丨之恩 隸釋云以德被廣被爲彼案荀子宥坐復瞻被九蓋皆繼被有說邪注被皆當爲彼據碑以彼爲被知荀子乃以被爲彼彼與被古以同音而互通也

楊震碑丨登上司

蒼頡廟碑側張嚋字元丨

靈臺碑丨彊大兮

又

晉咸康三年甎咸康三年八月廿日所丨

建武殘玉丨武三年

徐造甎丨興六年

延

延熹甎丨熹二年

行

靈臺碑魚師丨仕

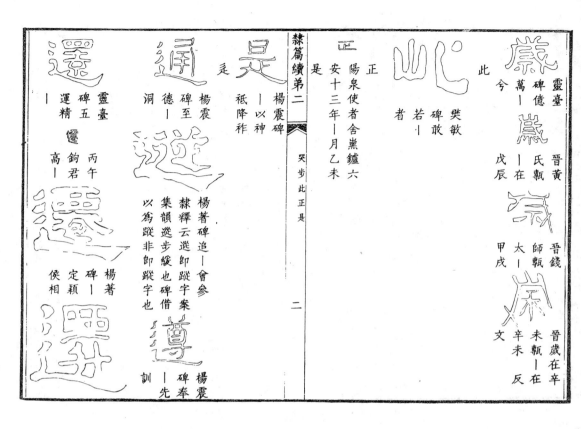

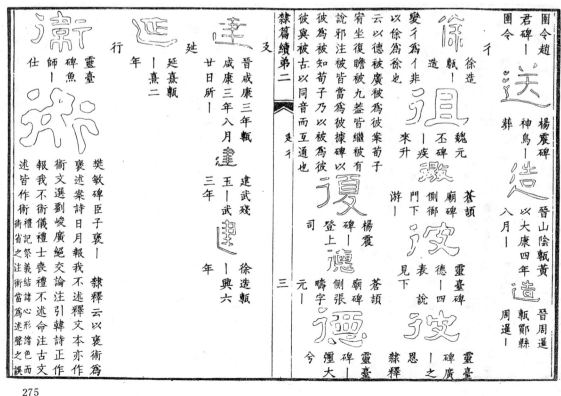

樊敏碑臣子褒丨 隸釋云以褒術爲褒述案詩日月報我不述釋文本亦作術文選劉峻廣絕交論注引韓詩正作報我不術儀禮士喪禮不述命注古文述皆作術禮記祭義結諸心形諸色而術省之注術當爲述聲之誤

也與儀禮注異此注非也述古通用術也又隸釋堯廟碑歌術功稱靈臺碑陰州里稱術韓勑後碑共術韓君德政張表碑方伯術職述皆作術

牙

牙

魏元丕碑口―都尉之下闕

足

踰

楊震碑有―三千

踊

靈臺碑汾―波流義作涌說文涌滕也滕通作騰詩十月之交百川沸騰漢書食貨志注踊騰一也踊與涌音同而義通碑故以踊爲涌

蹈

圉令趙君碑―中庸

躡

魏元丕碑―貢―帝宇

丩

糾

樊敏碑彈饕―貪

十

愽

楊震碑―學甄微卽博字靈臺碑愽陵管遵隸釋孫根碑先施愽愛博皆變十爲心

卅

世

楊震碑遠近由是知爲亦―繼明而出者矣

卋

楊著碑躅歷―之疑

言

訣

楊震碑靡道不―說見前編

譚

樊敏碑―思舊制　隸釋云以譚思爲覃思案文選班固荅賓戲揚雄譚思覃思亦作譚思詩生民實覃實訏釋文本或作譚又碩人譚公維私白虎通號作覃公維私譚覃古互通也

謹

靈臺碑―愼儀牲

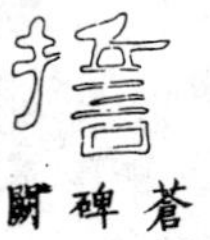

蒼頡廟碑上闕

譴

靈臺碑天以―告

諧

楊震碑橫共構―

詰

魏元丕碑求｜不猒

楊震碑｜以禮招

業

楊震碑歷大｜大常

卄

楊震碑｜遵先訓

異

楊著碑天子｜馬

昇

晉建興甎建｜

盧恕甎建｜二年十月

晉永興甎永｜二年以上皆與字

晨

司農碑領司｜公碑

革

魏元丕碑而垂式度不可｜

張桓侯破

魏元丕碑議郎河南｜王遲

張郃銘立馬｜銘

丮

靈臺碑百穀｜成

又說見前編

又

陽泉使者舍熏鑪有般｜荃及字

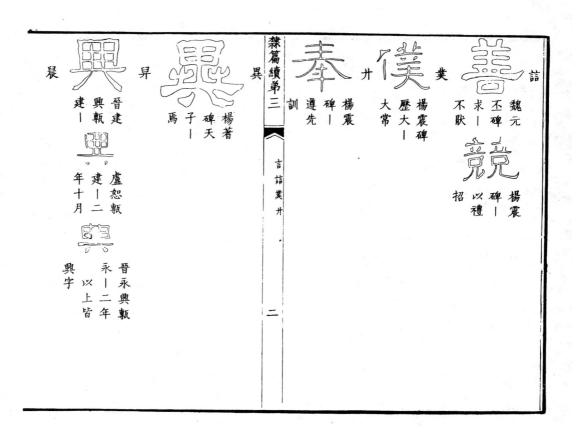

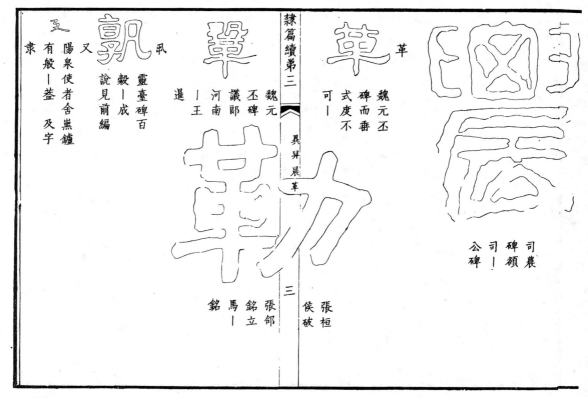

隸

石門頌領故司丨校尉

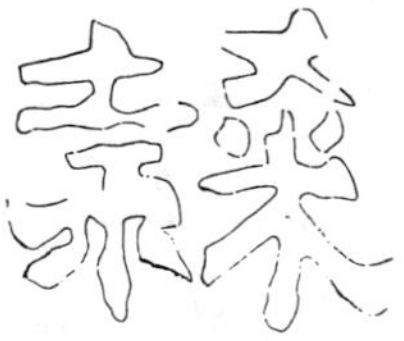

楊著碑司丨從事

臣

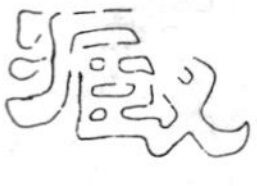

魏元丕碑干戈戢丨說見前編

殳

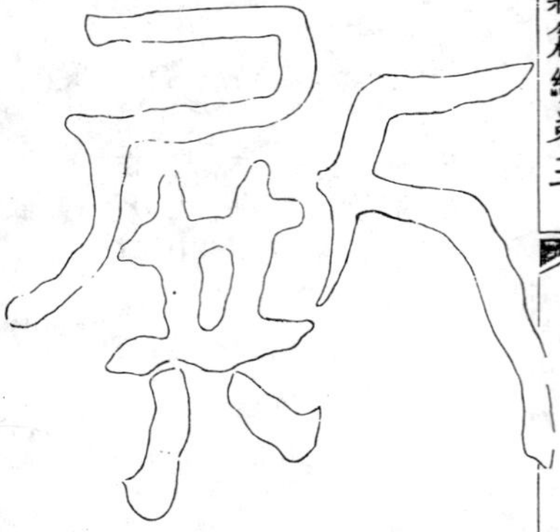

甘泉山石刻中丨第廿八

寸

魏元丕碑尚書郎番丨軌上

攴

楊著碑丨聞于下

靈臺碑四夷丨侵

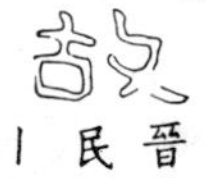

晉故民甎丨民

楊震碑竆神知丨

楊震碑長子丨富波侯相

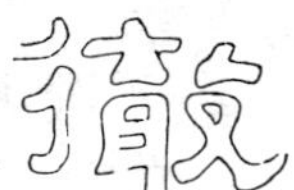

魏元丕碑公儀丨纖庖圍之節

用

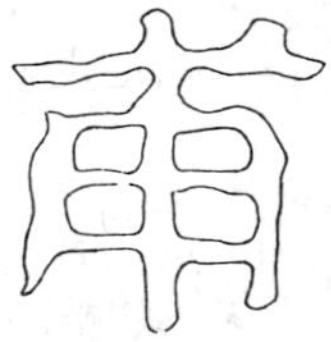

楊著碑頎丨班爵說文甫男子美稱也經典多通用父書酒誥圻父薄違碑作頎甫甫正字也又樊敏碑天頎亶丨

看

魏元丕碑而丨者不往徂疾來升

白

魯君闕中年丨君魏公闕

晉魯文粲孝廉甎丨文粲孝廉

蒼頡廟碑側萬年左鄉有秩游丨

佳

柳敏碑汶飭不丨說文雕皺也彫琢文也碑以雕為彫經典多相承用之

雀

魏元丕碑遂耽思丨章

羊

楊震碑于時丨后卿士

魏元丕碑西丨放動

烏

晉鳳作甎丨口口作

五鳳甎五丨二年十月廿二日造反文

永元鴈足鐙中尚方造銅丨足鐙

烏

楊震碑氏丨上闕

苹

魏元丕碑丨榮潛處

幺

受

魏元丕碑周龍丨興

歺

樊敏碑丨若此者

楊震碑故丨慕奚斯之追述

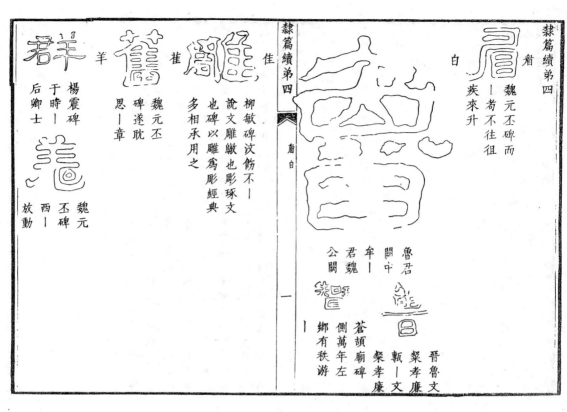

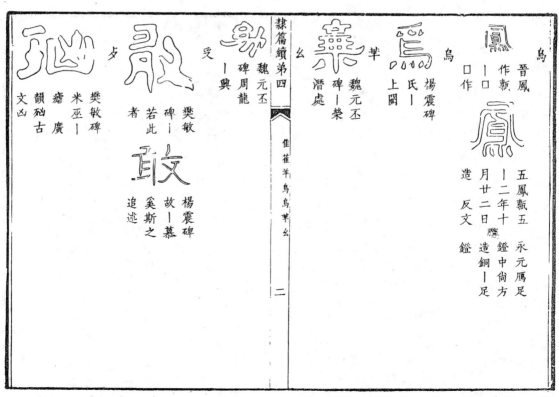

樊敏碑米巫丨瘧廣韻殂古文凶

夗

楊震碑慷慨暴丨

刀

楊著碑若茲不丨

樊敏碑濯冤題丨據隸韻作罰隸釋云以題剛爲題綱

靈臺碑靈龜隱丨隸釋云以刑爲形案形古通用刑荀子彊國刑范正注刑與形同又隸釋馮緄碑遺令墳塋取藏刑而已孫叔敖碑因埋掩其荆（荆刑通用說見前編荆字）李翊碑懷松柏而憔荆李翊夫人碑收荆元都形皆作刑高彪碑荆不妄濫又以形爲刑也

隸篇續第五

竹

楊著碑喪茲師丨　隸釋云以師范爲師範案范卽范字（經典亦作范承隸變也與从艸之字不同）說文笵法也經典多通用範碑作范正也又隸釋劉衡碑師訓之范隸續司空殘碑納我鎔范

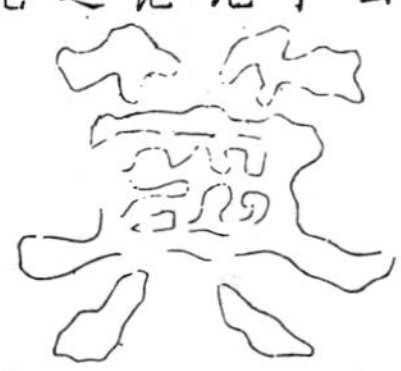

楊著碑竆七道之丨　以奠爲奧猶靈臺碑奧作奠也

箕

楊震碑丨書慰勞

樊敏碑體蹈丨首

晉建辰甎丨年建辰

楊震碑丨辭曰

巫

樊敏碑米丨𡿨瘧

王稚子右闕漢故先丨侍御史河內緜令王君稚子闕

曰

楊著碑歷五官掾功丨

楊著碑後丨哲聞

丂

御名

食堂畫象題字丨女

晉永寧元年六月十九日甎永丨元年六月十九日

晉錢師甎丨康二年

晉太歲甲戌甎丨康二年反文

丂

旨

魏元丕碑辰五盈丨

晉升平甎升丨五年七月

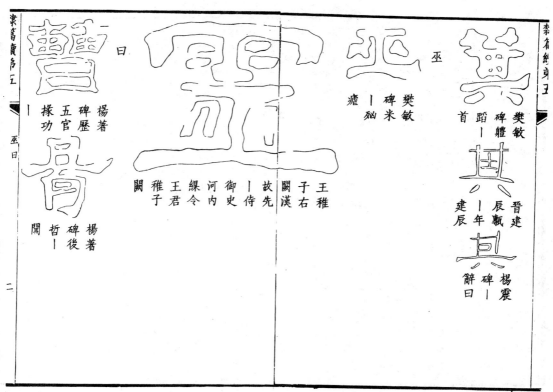

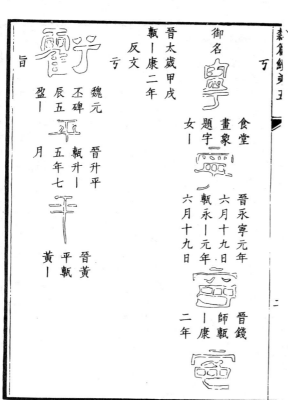

晉黃平甎黃丨

皿

楊著碑躬丨親禱

盧恕甄丨恕造

魏元丕碑辰五丨虧

血

靈臺碑先薦毛丨

鬯

楊著碑頋甫班丨

倉

楊著碑卬叫穹丨隸釋云以穹倉為穹蒼說見前編

缶

矢

楊震碑靡不赦歔丨涕

魏元丕碑而丨式度不可革

楊震碑萬世丨榮

楊著碑擇思善丨相

楊震碑公丨之胄

楊震碑遠近由是知為亦世繼明而出者丨

京

蒼頡廟碑側任丨子口

亯

靈臺碑丨大祭今

亩

魏元丕碑丨乾氣之純懿說見前編

樊敏碑天頋丨甫

嗇

食堂畫象題宇鄉丨夫

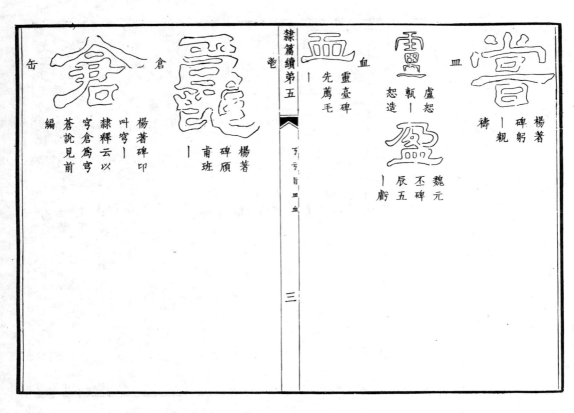

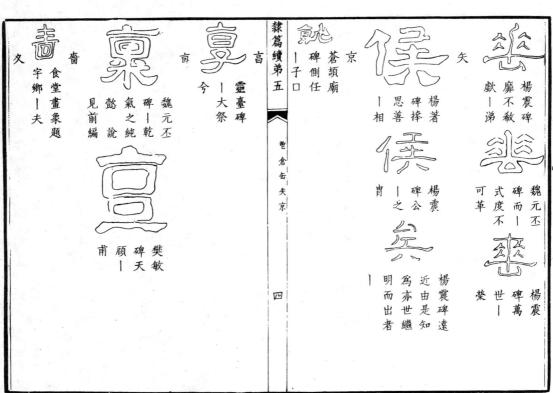

夊

隸篇續第五

言亩嗇夊舜韋弟桀

五

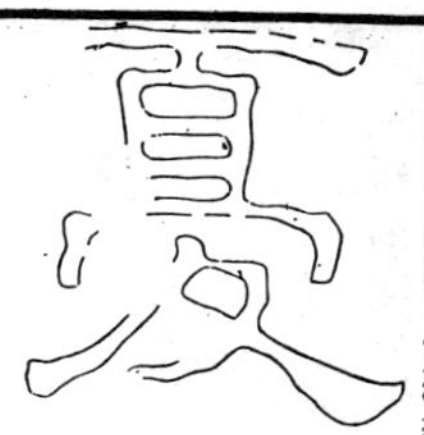

圉令趙君碑以兄丨不至

靈臺碑日稷不丨隸釋云以不夏爲不暇案書多方須暇之子孫鄭本暇作夏云夏之言暇暇古通用夏也

舜

魏元丕碑不雷丨禹

韋

晉韓氏甑丨氏造

弟

尚浴府金行燭鋈丨初入十四

甘泉山石刻中殿丨廿入

桀

尚浴府金行燭鋈丨輿金行燭鋈

隸篇續第五

隸篇續第六

木

楊震碑凡百丨萌以桑爲黎說見前編

樊敏碑楷丨後生

樊敏碑投丨長驅據隸韻字源作桋隸釋云以核爲劾也

樊敏碑股肱幹丨

樊敏碑畢志丨邱

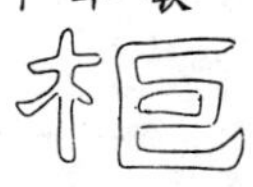

靈臺碑履規丨之度以柜爲矩隸釋堯廟碑圖象規柜韓勑後碑規柜元汙郭仲奇碑規柜禮義矩皆作柜

隸篇續第六

木

一

魏元丕碑伯丨彥高

楊震碑橫共丨譜

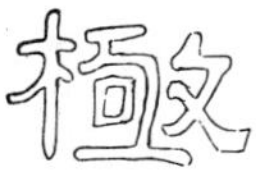

靈臺碑垂視冈丨

楊震碑永世冈丨

朩

沙南侯碑雲中沙丨侯

生

晉周遲甎
晉故丨和
元年

萼

靈臺
碑五
色丨
精

口

靈臺碑丨
立規埊
據隸韻字
源作圖

柳敏
碑丨
勒銘
歎之

貝

楊震碑
賻丨有
加

楊震碑
丨賵有
加

邑

圉令
趙君
碑示
萬丨

魏元
丕碑
吕盪
丨志

蒼頡
廟碑
側丨
門下
功曹

晉周
遲甎
丨縣
周遲
造

䣙

靈臺碑戶丨
少陽　說見
前編鄉字

日

楊震碑
慷慨丨
蘼

樊敏碑奄丨
臧形　說見
前編晻字

㫃

楊震
碑徵
丨本
朝

冥

楊震碑
冥丨六
合

晶

楊著
碑追
遊會
丨

有

晉故民甎王
丨張申明仲
味馬　下闕

明

楊震碑遠近由
是知爲亦世繼
丨而出者矣

楊震碑又丨
尚書歐陽河
洛緯度

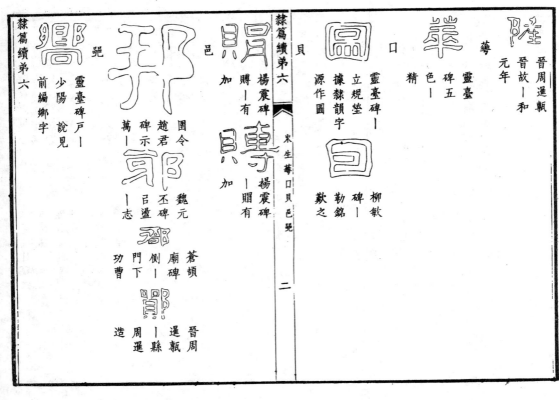

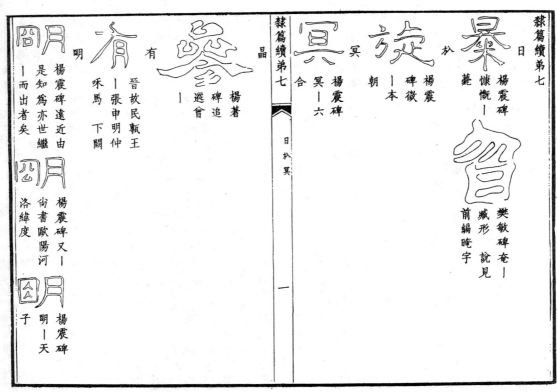

楊震碑
明丨天
子

隸篇續弟七 晶有明毌禾 二

毌

魏元丕碑尋微|口

禾

晉永和四年甎永和四|

晉周暹甎晉故隆和元|

晉楊吉甎永昌元|

晉湯氏甎大康九|

晉咸康三年甎咸康三|

晉永寧元年六月甎永寧元|

晉太歲甲戌甎寧康二|

晉錢師甎寧康元|

晉泰元甎晉泰元九|

晉王氏甎永和六|

晉永興甎永興二|

晉錢師甎寧康二|

延熹甎延熹二|

晉張異甎太康七|

魏元丕碑延|續上闕

樊敏碑京師擾|攘隸韻字源作穰隸釋云以擾穰為擾攘案禮記月令九門磔攘釋文出穰云本又作攘攘古通用穰也又隸釋李翊碑時穰益部擾穰擾攘亦作擾穰

秋

蒼頡廟碑側時勤伯|

楊著碑畏如|旻隸釋云即秋字案說文秌从禾𪔳省聲龝籒文不省

隸篇續弟七 米宀 三

楊著碑遷定|侯相

靈臺碑百|孰成

圉令趙君碑風|曜清

魏元丕碑乃與門生平原曹|等

米

靈臺碑神靈精|

晉魯文粲孝廉甎魯孝廉文|孝廉即粲字

宀

楊震碑|猛惟中

樊敏碑遷|渠令

樊敏碑肈祖|戲　尚書序古者伏犧氏之王天下也釋文伏古作虙漢書古今人表太皞帝宓羲氏師古曰宓音伏字本作虙其音同宓者虙之或文也又禮記月令注大皞宓戲氏、疏或作密戲氏密字誤也當宀下著必是古之伏字

穴

楊著碑卬叫|倉

楊震碑|神知變

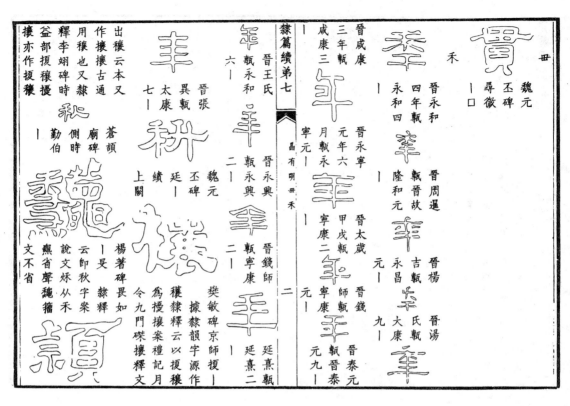

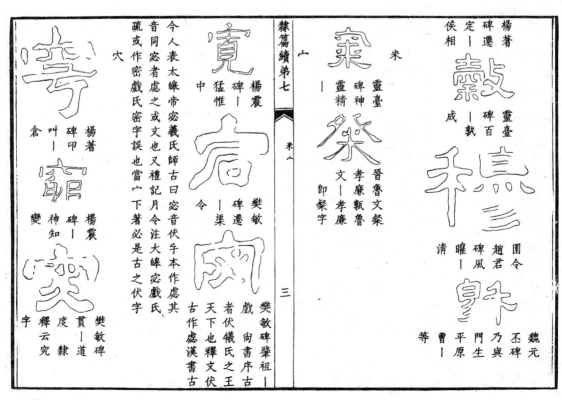

樊敏碑貫|道度隸釋云究字

寥

楊震碑王室感丨說見前編

网

楊震碑永世丨極

巾

楊著碑衣不暇丨

柳敏碑汶丨不雕譌飾爲飭說見前編巾部飭字

白

楊震碑丨皦其清

㡀

楊著碑醳縈投丨 隸釋云以醳縈投黻爲釋縈投紱案文選江淹雜體謝光祿詩雲裱信解黻注蒼頡篇曰紱綬也黻與紱通又潘岳楊荊州誄亦朱其紱注毛萇詩傳曰諸侯赤黻黻與紱古今字同

人

楊著碑縉紳丨傷 隸釋隸韻竝作催今石本實作傕彼誤也它碑傕傷字又作摧說文傕相擣也摧擠也二字古同用之詩北門室人交徧摧我釋文或作傕說文引亦作傕 隸釋成碑鴻儀傕零徐氏紀產碑五內傕碎二碑義正作傕洪反以爲摧之借非是

楊著碑丨無竆者也

楊震碑公功乃丨

靈臺碑慶都丨沒

魏元丕碑丨去仕晉 桂馥跋云僊卽遷字又說見前編

蒼頡廟碑側軍丨司馬

樊敏碑不顧丨偃 隸釋云以倡偃爲猖獗

靈臺碑魚師衛丨 隸釋云疑仕當讀爲士案禮記曲禮前有士師注士或爲仕士古通用仕也隸釋馬江碑仕喪儀宗士亦作仕周禮地官載師以宅田士田賈田任近郊之地注士讀爲仕又以士爲仕

蒼頡廟碑側上郡丨君 卽仭字之變類篇別有仭字非姓也

楊著碑躬尚節丨 則

陽泉使者舍䓕鑪雒陽丨守長

楊震碑姦丨伏辜

楊震碑姦佞丨辜 卽伏字省犬爲大非伏字也隸釋老子銘倚伏禍福之門隸韻字源皆作伏

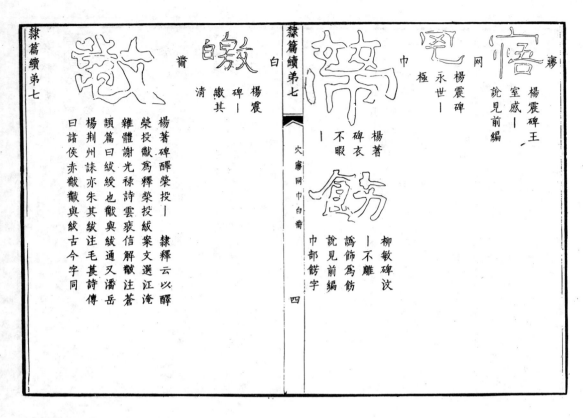

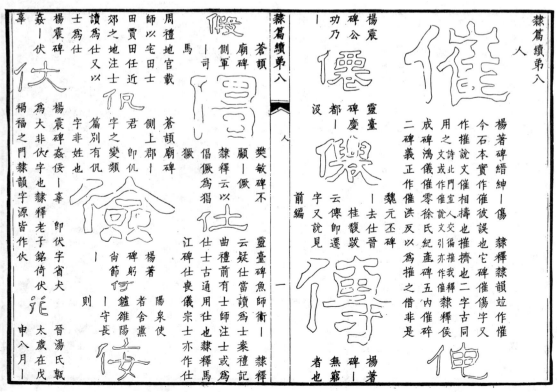

晉湯氏甎太歲在戊申八月丨

从

陽泉使
者舍巢
鑪丨重
四斤一
口

楊著
碑司
隸丨
事

重

奉山宮行鐙
并丨四斤

臥

尚浴府
金行燭
鎜溫丨

楊震碑乾丨孔
照 以監為鑒
說見前編鑒字

肙

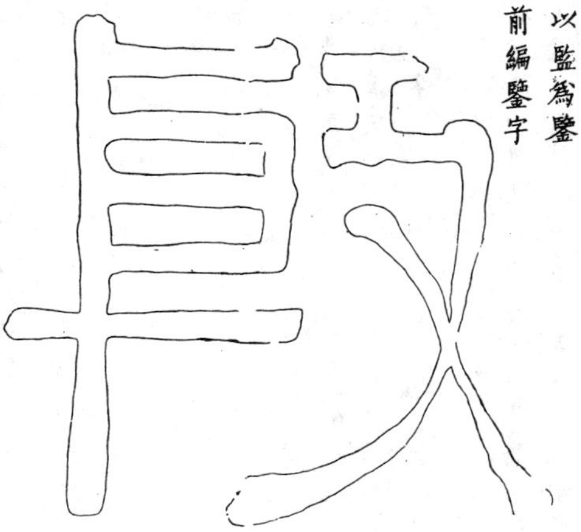

殷比
干墓
題字

丨比
干墓

衣

靈臺碑
道小丨
沮

蒼頡廟
碑側丨
篤伯安

魏元丕碑斷制丨
裳 說文纕从糸
衰聲碑變从衣集
韻纕或作𧝓

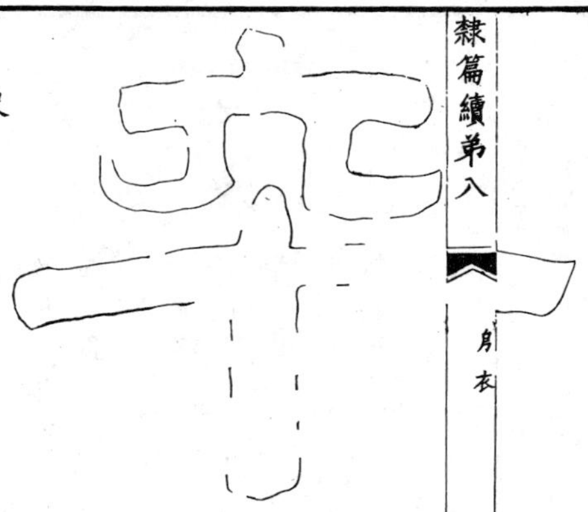

張桓
侯破
張郃
銘率
精丨
萬人

尺

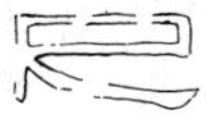

晉太歲
甲戌朝
長一丨
五寸

尾
陽泉使者舍熏
鑪內史｜賢造

儿
陽泉使者舍熏
鑪傳舍嗇夫｜

皃
蒼頡廟碑五常之
｜說文額皃或
从頁豹省聲

見
靈臺碑垂｜冈極　以視為示詩鹿鳴視民不恌箋視古
示字也禮記曲禮幼子常視毋誑注視今之示字莊子應
帝王嘗試與來以予示之釋文本亦作視崔云視示之也

隸篇續第八

尸尾儿皃見欠次　四

欠
楊震碑
靡不｜
歔歑涕

楊震碑
靡不歔
｜歑涕

楊震碑又
明尚書｜
陽河洛緯
度

次
圉令
趙君
碑｜
其縱

隸篇續第八

隸篇續第九

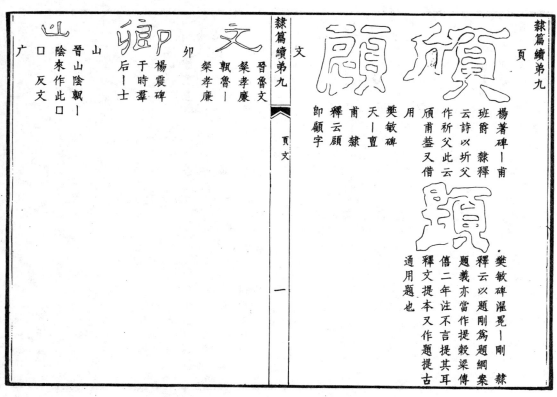

頁
楊著碑｜甫
班爵　隸釋
云詩以圻父
作祈父此云
頎甫盖又借
用

樊敏碑
天｜亶
甫　隸
釋云頎
卽顧字

·樊敏碑濯冕｜剛　隸
釋云以題剛為題綱案
題義亦當作提穀梁傳
僖二年注不言提其耳
釋文提本又作題提古
通用題也

隸篇續第九

頁文　一

文
晉魯文
粲孝廉
靓魯｜
粲孝廉

卯
楊震碑
于時羣
后｜士

山
晉山陰靓｜
陰來作此口
口　反文

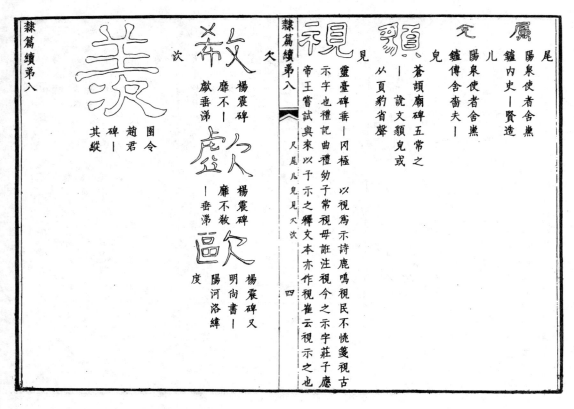

广

陽泉使者舍
㷭鑪陽泉使
者舍薰丨一
以盧爲鑪

魏元丕
碑公儀
徹纖丨
圓之節

晉談
孝廉
甄談
孝丨

晉魯文
粲孝廉
甄魯文
粲孝丨

魏元丕
碑蓋四
時之丨

石

靈臺
碑元
丨菟
蘆

長

蒼頡廟
碑側高
陵口丨

象

蒼頡廟
碑卬覽
縣丨

隸篇續弟十

馬

晉故民甄王
有張申明仲
咊丨　下闕

魏元丕
碑丨述
元才

廌

靈臺碑先
丨毛血
隸釋云𧇧
卽薦字

犬

樊敏
碑姦
丨竝
起

魏元
丕碑
丨而
勿欺

火

延熹甄
延丨三
年丨

靈臺碑神龍
所丨　隸辨
云借熹爲嬉

魏元丕碑
訓咨羣丨
隸釋云
以訓咨羣寮爲疇咨羣寮隸辨
云書多方有服在大僚古文尚
書作大寮案隸釋祝睦後碑寮
屬欽熙僚亦作寮寮僚同用說見前編寮字

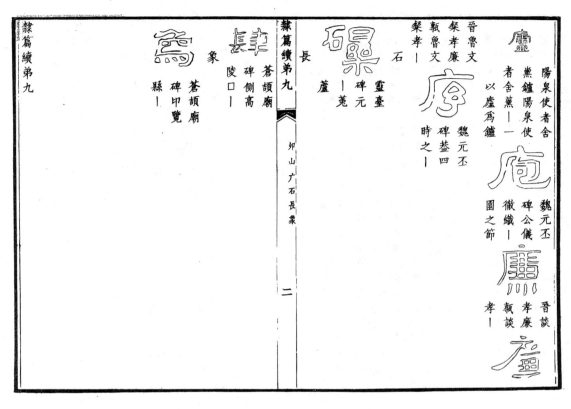

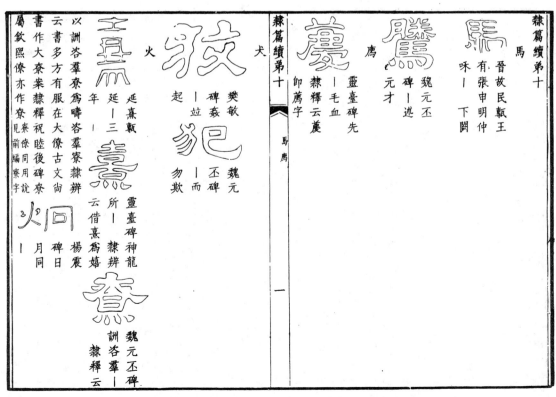

楊震
碑日
月同
丨

天

魏元丕碑感恩｜哀

壹

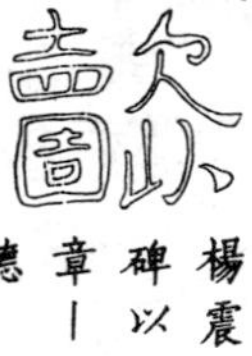

楊震碑以章｜德

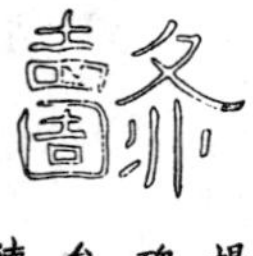

楊震碑｜矣盛德

立

楊震碑恪勤｜忠

心

靈臺碑｜踐帝宮 隸釋云逡卽悛字

楊震碑｜美且仁 今詩叔于田作洵美且仁箋洵信也攷溱洧洵訏且樂釋文洵韓詩作恂漢書地理志引作恂盱且樂師古曰恂信也羔裘洵直且侯韓詩外傳作恂直且侯是韓詩洵皆作恂碑用韓詩也說文恂信心也大戴禮衛將軍文子爲下國恂蒙注恂信也方言恂信也宋衛汝潁之閒曰恂洵過水中也訓信之字當以恂爲正

楊著碑不我｜遺 說文憖从心猌聲愸愓或从狄碑譌愸爲愸

蒼頡廟碑側許｜功上

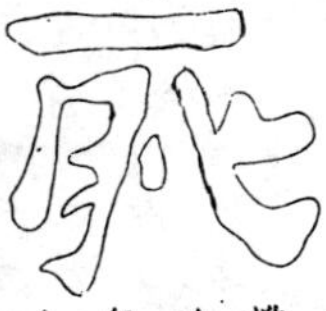

樊敏碑賴無洿｜

蒼頡廟碑側栗邑候長何｜

楊震碑故敢｜奚斯之追述

靈臺碑共｜市碑石 字源云義作募桼上句云貪富相均正言募事或曰如字非是

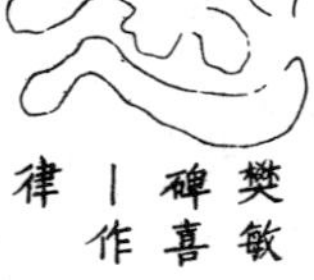

樊敏碑喜｜作律

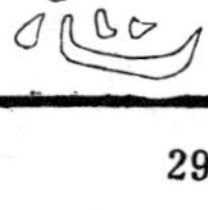

靈臺碑驛｜鮱魚 據隸韻字源作悪隸釋云疑憲當讀爲獻

楊震碑靡｜不形

隸篇續第十

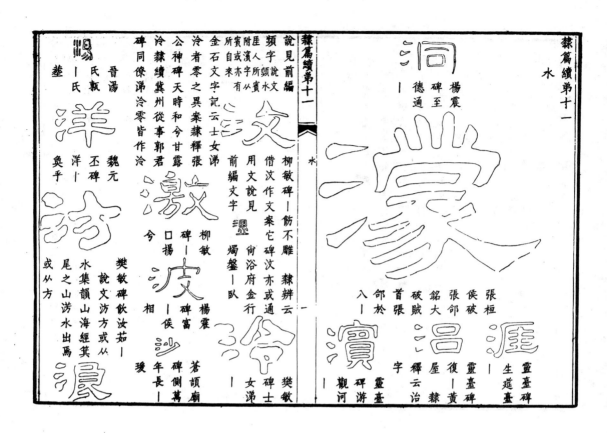

水

洞

楊震碑至德通丨

濛

張桓侯破張郃銘大破賊首張郃於入丨

涯

靈臺碑生延臺丨

[氵呂]

靈臺碑復丨黃屋隸釋云治字

濱

靈臺碑游觀河丨

說見前編頻字說文顈水厓人所賓附濱字从賓或亦有所自來

汶

柳敏碑丨飭不雕隸辨云借汶作文案它碑汶亦或通用文說見前編文字

溫

尙浴府金行燭盤丨臥

泠

樊敏碑士女涕丨

金石文字記云士女涕泠者零之異案隸釋張公神碑天時和兮甘露泠隸續冀州從事郭君碑同像涕泠零皆作泠

激

柳敏碑丨口揚兮

波

楊震碑富丨侯相

沙

蒼頡廟碑側萬年長丨瑗

湯

晉湯氏甎丨氏[差瓦]

洋

魏元丕碑洋丨奐乎

汸

樊敏碑飲汝茹丨說文汸方或从水集韻山海經箕尾之山汸水出焉或从方

浪

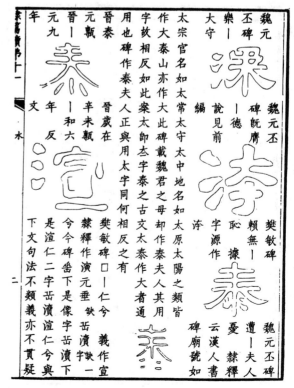

魏元丕碑樂丨大守

淑

魏元丕碑旣膺丨德說見前編

洿

樊敏碑賴無丨恥據字源作洊

泰

魏元丕碑遭丨夫人憂隸釋云漢人書碑廟號如太宗官名如太常太守太中地名如太原太陽之類皆作大泰山亦作大此碑載魏君之母却作泰夫人其用字故相反如此案太卽夳字泰之古文太泰作大者通用也碑作泰夫人正與用太字同何相反之有

泰

晉泰元甎晉丨元九年

泰

晉歲在辛未甎丨和六年反文

渲

樊敏碑口丨仁兮義作宣隸釋作演元垂缺茁瀆缺一字兮今碑茁下是像字茁瀆下是渲仁二字茁瀆渲仁兮與下文句法不類義亦不貫疑

當作演元番像口口口令
丕濱口口口渲仁令此本
與隸釋皆有脫文也

靈臺碑　尙浴府金
丨鱗通𤃬行燭鑿尙
泉　丨府

頻

蒼頡廟碑側
丨陽成扶

雲

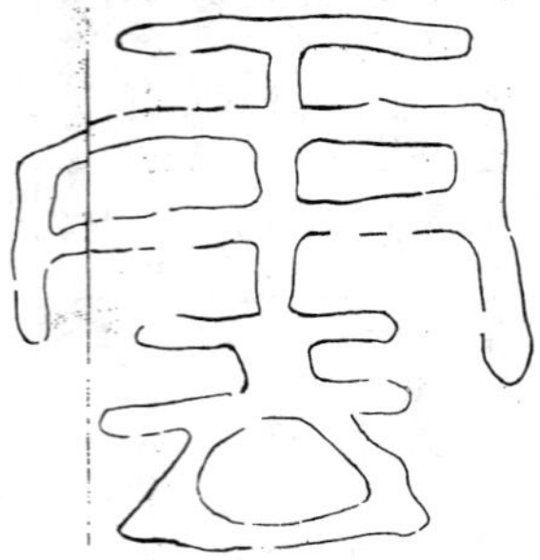

沙南
侯碑
丨中
沙南
侯

魚

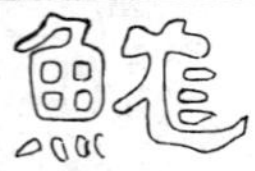

靈臺碑比目丨魚　隸釋云淮南子
墜形訓載海外三十六國西北方有
無繼民硥魚在其南注云硥魚如鯉
魚有神靈者乘行九野硥讀如蚌字
書蚌或作鮮硥無鯱字也所謂鯱魚
疑卽此爾今以當類篇鮮字

龍

楊震
碑聖
漢丨
興

晉莫
龍編
甄莫
丨編

飛

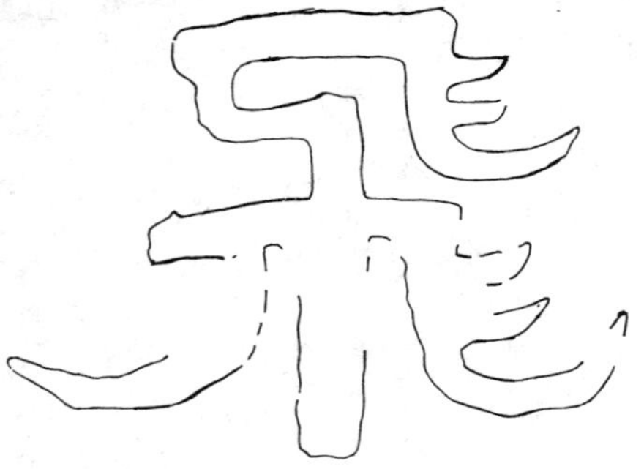

張桓
侯破
張郃
銘漢
將軍
丨

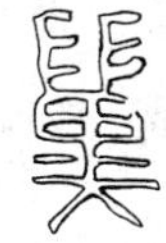

晉黃平瓴
鄧公丨作
反文

非

楊震
碑丨
道不
該

隸篇續第十一

隸篇續第十二

門

魏元丕
碑服丨
還臺

耳

靈臺碑
咸歌頌
丨

靈臺碑
叒生丨
堯

手

樊敏
碑而
丨陪
臣

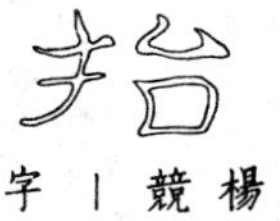

楊震碑
競以禮
丨招
字

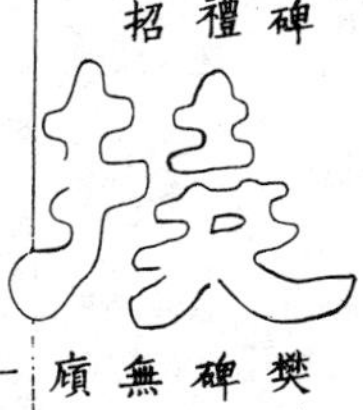

樊敏
碑能
無丨
頎
一

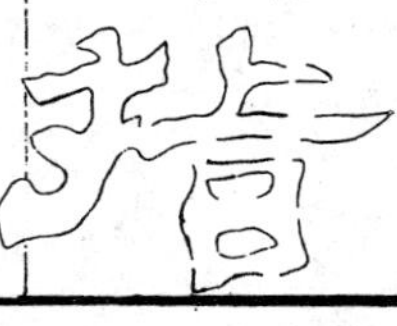

楊著碑
順元邱
之丨
以指爲
旨說見
前編

楊著
碑飄
然輕
丨

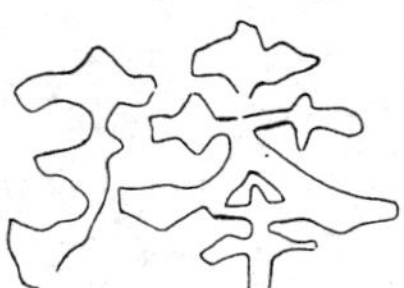

楊著
碑丨
思善
侯相
說
見下

楊著碑擢丨
議郎　隸釋
云擀即拜字
案擀拜本字
說見前編拜
字擀拝皆擀
之變也

女

陽泉
使者
舍黑
鑪丨
勝

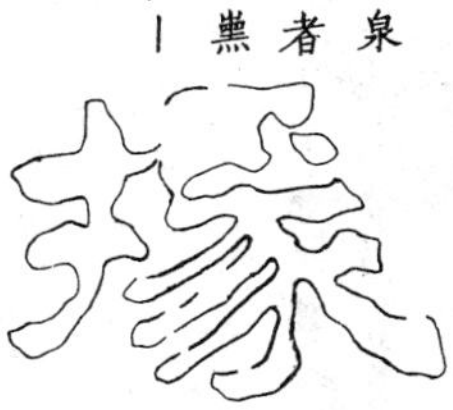

楊著
碑歷
五官
丨功
曹

食堂
畫象
題字
蚤丨
春秋

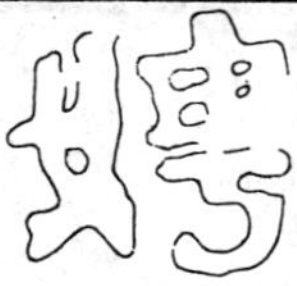

樊敏碑再奉朝｜ 隸釋云以朝娉爲朝聘案說文娉問也聘訪也二字義通古同用之左傳成十一年聲伯之母不聘釋文出不娉云本亦作聘是也今經典專用聘字世遂以娉爲别字矣

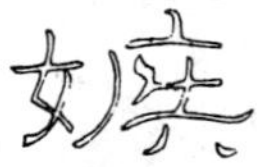

楊震碑而青蠅｜正

氏

晉王氏鞁 王｜

晉黃氏鞁 黃｜作

戈

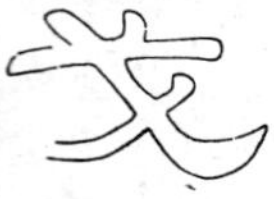

魏元丕碑 干｜戢臧

建武殘玉 建｜三年

張桓侯破張郃銘 大破｜首張郃於入濛

我

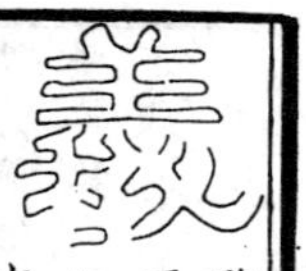

魏元丕碑 仁｜充衍

弓

晉故民鞁王 有｜申明仲咊馬 下闕

晉張異鞁 常山｜異 反文

隸篇續第十二

糸

樊敏碑丨角好學

魏元丕碑丨戎賓服　隸釋云彝卽彝字案碑以彝爲夷經典又多以夷爲彝

晉莫龍編飄莫龍丨

楊震碑丨在三義一

楊著碑丨迹樂正

魏元丕碑丨蘋　上下文闕此亦繼字也說文所謂反𢇍說文無𢇍字而繼字云从𢇍復以此碑及隸釋帝堯碑𢇍擬前緒證之蓋古有而今佚也

蒼頡廟碑側楊丨子長

卒

張桓侯破張郃銘丨精卒萬人

靈臺碑幽荒丨服

虫

楊著碑丨歷世之疑

楊震碑而青丨嫉正

食堂畫象題字丨失春秋卽蚤字說文蚤齧人跳蟲从蚰叉聲蚤或从虫廣韻蚤古借爲早暮字儀禮士相見禮問日之早晏注古文早作蚤漢書早皆作蚤注竝云蚤古早字又隸釋樊安碑不幸蚤終逢盛碑蚤克岐嶷字與碑同佩觿云蚤蝨爲早暮其相承有如此者

晉蜀師飄丨師

蚰

靈臺碑博陵丨吾

黽

靈臺碑靈丨隱刑

土

晉傅家飄傅家所造丨

食堂畫象題字文叔陽食丨

靈臺碑圖立規丨

晉歲在辛未飄歲丨桒未反文

晉太歲在申飄申大歲丨申

靈臺碑地致石丨

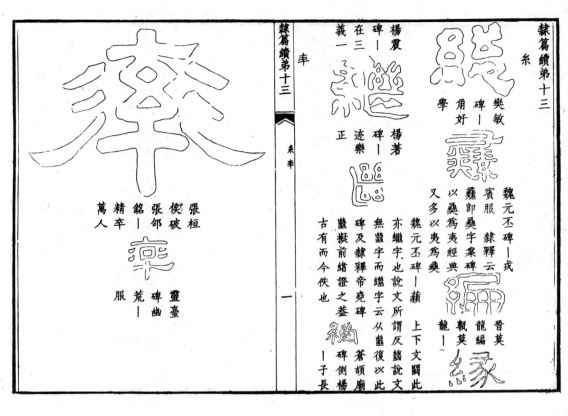

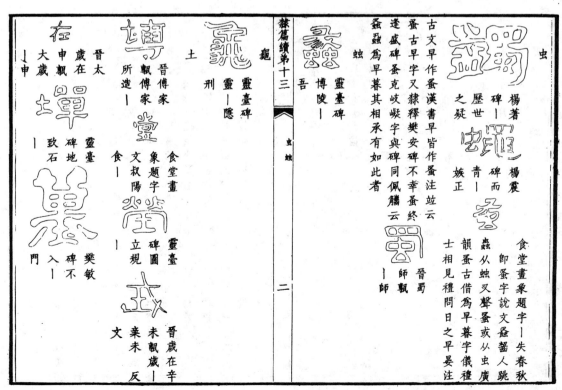

樊敏碑不入丨門

黃

晉山陰甎丨以大康四年八月造
以黃爲壙壙古通用廣家語困誓自望其廣注廣宜爲壙此復省廣爲黃也

力

蒼頡廟碑側時丨伯秋

陽泉使者舍熏鑪椽丨

魏元丕碑施舍弗丨隸釋云弗倦作弗券案券倦之正說見前編倦字

隸篇續第十三　黽土黃力　三

隸篇續第十三

隸篇續第十四

金

楊著碑元乾丨德以鐘爲鍾說見前編鍾字

樊敏碑務丨民穠

尚浴府金行燭盤尚浴府乘輿金行燭丨說文槃承槃也从木般聲盤古文从金盤籀文从皿經典用槃盤

晉錢師甎丨師甎造

永元鴈足鐙中尚方造銅鴈足丨說文鐙錠也徐鉉曰錠中置燭故謂之鐙今俗別作燈非是

奉山宮行鐙奉山宮行丨

楊震碑追丨元勳

隸篇續第十四　金　一

楊震碑丨口口口錫字

斤

陽泉使者舍熏鑪并重四丨一口

楊震碑丨在

魏元丕碑丨制褎裳

斗

晉升平甎丨平五年七月反文

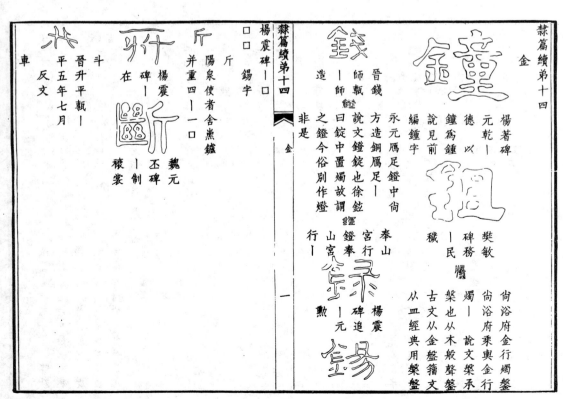

車

轝

尚浴府金行燭盤尚浴府乘丨金行燭盤

魏元丕碑履丨奚之口口

魏元丕碑餘類未丨

皐

靈臺碑濟丨大守

樊敏碑王路丨險

楊震碑是以神祇丨祚

柳敏碑固窮守丨 說文陋从𨸏匧聲匧从匚丙聲徐鉉曰丙非聲義當从内會意疑傳寫之誤據碑則徐說其信

樊敏碑丨附者衆

四

晉元康四年甎元康丨年 倒文

六

晉歲在辛未甎泰和丨年 反文

晉永寧元年六月十九日甎永寧元年丨月十九日

内

蒼頡廟碑側楊丨孟布

大泉五十泉范日丨泉

戊

晉傅家甎丨午八月十日

庚

晉莫龍編甎大歲丨戊

晉太康元甎太丨元

晉張異甎太丨七年

晉元康四年甎元丨四年

晉鳳形甎大丨九年八月十日

晉傅家甎元丨八年

晉湯氏甎大丨九年

晉元康二年甎元丨二年十二月

晉黃平甎元丨八年

晉咸康四年甎咸丨四年

晉咸康三年甎咸丨三年

辛

晉歲在辛未甎歲在丨未 反文與亲無別

楊震碑其丨曰

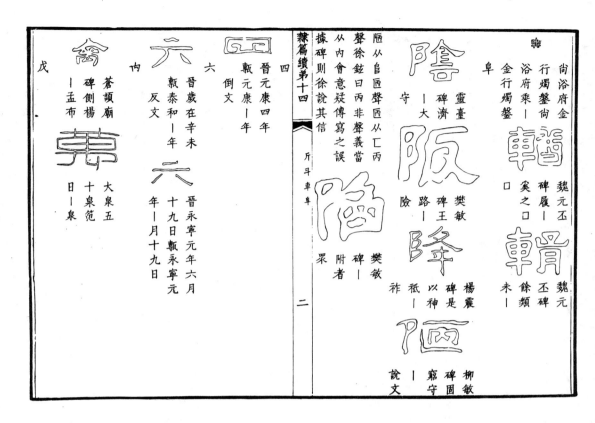

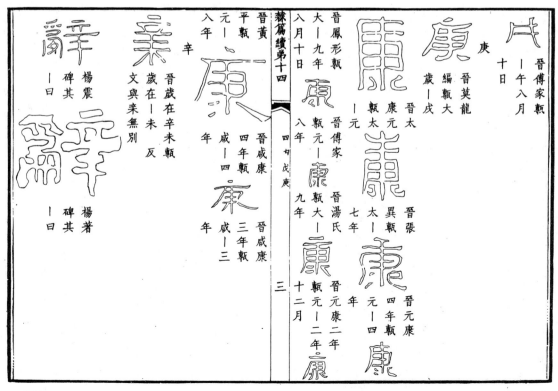

楊著碑其丨曰

壬

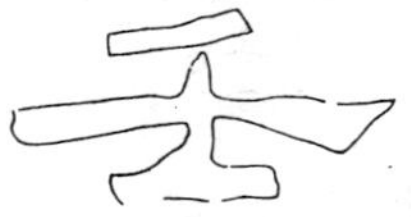

楊著碑十月廿八日|寅

子

楊著碑錫歷世之|

丑

食堂畫象題字八月己|朔

午

晉傳家甎戊|八月十日

酉

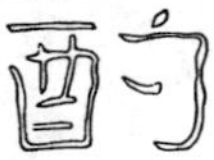

楊震碑咸共飲|其流者

楊著碑|榮投𢿱．隸釋云以醳榮投𢿱爲釋榮投紱棨釋古通用醳說見前編

戌

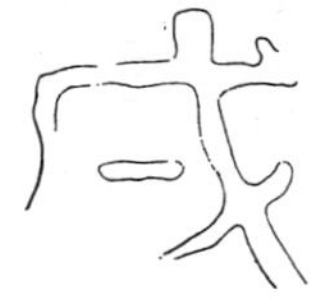

圉令趙君碑上下文闕

晉錢師甎太歲甲|

晉莫龍編甎大歲庚|

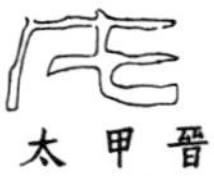

晉太歲甲戌甎太歲甲|

隸篇續第十五

偏旁

一一 元

示示 神

气气 氣

屮屮 薰 省屮

艸艸 濛

茻 見芇部茻

小小 見白部泉

牛半 牧

口ㄩ 輯

吅吅 見㖾部

哭㖾 噩

止止 見步是辵顯部

步步 歲歲歲 又見顯部

此此此

正正正

是是是

辵辵 造造遊遵

彳彳 徐

廴廴 建建 又見㢟部

㢟㢟 延 进、

行行

衞衞

牙牙牙 邪

足足 踰

疋足 旋

品品 歐

干干 刋

丩丩 糾

十十 慱

𢆉 秊秊秊

卉卉 𠁁𠁁

言言 善

誩誩 競

丵丵 僕

廾廾 見異部

異異異 冀

舁舁 興興

臼 遷遷遷

晨晨

農農

革革革 勒

又又 隸極 又見舟夃部

叚叚 假

隶隶 隸隸

臣臣 見臤部臨

殳殳 厮轂殹 又見殳部殸

寸寸 敷

䙴尋

皮皮 波波

攴攴 數變故 又見𢼸部

爻爻 敘

目目 䀹

眉眉眉

白白

𡕒着
隹隺屋顧
萑雈舊
𠂇𠂇見萈部
苜首薨
烏烏鳳鳳鷹
烏烏
焉爲
冓冓構
幺𢆶多
叀𠦝傳
元𠀞見李部
予𠂔序
放㫃𣀡
𠬪𠬪
𦥑辭辭○𤔔 續○殳殸敢
奴㚢粲
𣦵𣦵楚𨻶
刀刀指賊
𥝢棃
箕𠀠其
𠀠其
巫巫巫靈
曰白昌
替譖
旨𣅀嘗指
喜𠵎嘉

虍𠂆歔廬
血𧖧盃盖
皀皀卿
𠤏㐫龜
亼亼今陰
倉倉𠎤
缶缶𢀴
矢𠀡𠈁㜸
冂冂英
高高
𩫏享○𦎫𦎫
𩫖說文从皁鹹省聲
皁皁
譚說文無譚字依字當以𩫖爲聲
向向圖又見書部
畵書𦘠
來朿萊
夊夂𡕒夏
舜舜𦨕
韋韋韓
弟𢎧𢎧第此皆弟字由是遞變遂至从竹
夊夂盈
午降隆午省
桀桀乘
木木
樂礫
東東見𩫖部

生生
半 邦
乎乎 垂 又見䔢部
䔢䔢華
口口 囗 溫
日日 㬥暴
冥冥冥
晶晶
參參
有有有
明朙朙明明
囧囧 部見朙

毌毌 貫
马马 通
東東 萧
彔彔 録
禾禾 季季季季年年年年年年年年年 頪
秝秝 應 鏖
米米 康康康康康康
臼臼 陷
麻麻 靡
耑耑 瑞
宀宀 寧
冂冂 同 典典〇肖 穀
月月 朋

巾巾
白白 帶帶
帛 穆
㡀㡀 幣
黹黹 黻
人人 又侯侯極 又見亟部
匕匕 部見旨
从从 儉
丘丘 歔
壬壬 聖
重重重
臥臥臥 監 臨

衣衣 卒 恵 還〇褱褱 褸
尺尺尺
尾尾 屬
舟舟
儿儿 羌 元 艤 驚 送
先先 兟 部見旨 替
欠欠 敘 齡
頁頁 夏
文文文
卩卩 部見卯
厂厂 侯

長镸 張㢮
勿勿
昜 惕
彑彑 掾蠡緣揚
象象㒸
馬馬馬
鳶鳶 薦
莧莧 寬
犬犮 龍
犮 黻
火灬
炗 見黃部
大大 蓋 回
壹壹 懿

夲夲 醳
本夲
𣏟 說文从本屮聲 捧捸
心㣺 慕寧悳懿懿
㥁 說文古文悳 德
水氵 瀉泰騰 說文騰从馬朕聲此加水是以滕爲聲也蠲
瀕顭頻
雨雨 見雨部
靁 靈
雲雲雲
魚魚 魯魯
龍龍龍 龍
飛飛飛
非非 靡

鹵鹵 見鹵部
戶戶 啓編孫
耳耳 聲輯躡
手手 奉舉失
氏氏氐 𠘧
戈戈戈 錢
我我 義
亾亾 壺罔
巳 祀祀○㠯 萬竭
甾甾 薑
弓弓 穹
糸糸 蠡
繼繼
幸幸幸幸

虫虫
罒 蜀
龜龜龜 龝
黽黽 蠅
土土 塼
堇堇 謹勤
田田 稷
黃黃黃
金金 鑿鋥錄
幵幵 耕
斤斤斤 㪿
斗斗 斛
禾 禾
矛矛 梁

車車輿
阜𨸏降
亞亞惡
五㐅寤
六𠕁亣亣
九𠃤究
内内
禽禽○禺萬
乙乚
乁就
丁个𡧍
戊戌戊戉又部見
庚𢀈庚康康康康康
辛辛亲

壬壬壬
子孚
疑疑
去厺兊
丑丑丑
巳𢀳
己沼
午午午
酉酉
丣柳
戌戌戌戌戌𢦒咸歲
亥亥該
變隸通例與前編相需為備
一靁从見魚鱻附○亖𠕁亖𠕁○王金附見○王金○丌全○丑臼○

丄大○土民㞢从○臣𦣞𦣞臣𦣝○衣礻○匕𡰪○匚大巨其
乎丂○彐○彐𠂇彐附見○凶見凶○附○尚尚○冂从冂○附附○
㒳附見○冖附見○月目夕○口己○㠯呂呂㠯○冋月見○見附
車○百㫗○西見○四目㠯○○四田○田冋○○回專日專
尊○黑㚇○厶直○合○台从○○多○十○○丰十○大
○丰丰步丰牛○干○○羊蓋附見○畢帛早八个○升○干
什尺○艸附○彳○○尹倉○从○石戶石○尸戶○夕○戊
疋戊○从○从米○天央○火附見○○从○文○○○
文○支○夂糸○叒○○交○○慶○小見○附○六
附見禾米示○巛艸○手齒从○手半○享○乚久○乚久
○从彐○巳見八米附○先先○八附○六乃附○丶一丶○亖附見
○⋯小
補○屮十屮

隸篇續弟十五

隸篇再續金石目

西漢

苦宮銅鳧喙燭錠 始元二年

𦬸宮銅鳧喙燭錠重一斤九兩任五寸始元二年初

葉東卿藏器

元延銅鈁 元延二年

銅鈁容六斗元延二年併工長𦀚銅佐普守嗇夫建王守左丞

寶令倚宗省

候騎鉦 新地皇二年

候騎鉦重六斤五兩新始建國地皇上戊二年右工=晦造嗇

夫放掾衡守左丞況令嘉掌共工大夫弘省

右二種吳子苾所藏拓本

東漢

三公山神碑 年月說見下

闕年二月丁巳朔八日甲子大常臣口丞臣口頓首上尚書口

口暢闕仲口元氏三公山神主薄口仲自口當比闕問口三公

山闕上黨界中照祭塞言無輒告縣闕山口口在西八十里闕

宋口邊有竪石如闕狀有闕三丈餘闕祠口口民口忠口前闕

門間有闕餘闕上闕所闕大山四員口口東闕出闕吕北口山

口爲廿闕三公二百餘里闕追闕輒蒙報口慱問自手段王子

段孫王達等皆曰永平闕三月闕中部問處三公御語山時口

米遣戶曹史孫闕三公山刑狀口口北山闕通遮往來用闕

四年闕間知三公山神久闕甲申闕詣山請雨計得雨闕之口

於縣秋番田闕奉口典曰口口胄闕山闕山靈神口口通遮

闕俱通利故道病闕求闕責塞ラ相馮麒此

此與祀三公山碑三公山碑皆在元氏縣從來著録家所未

收吳子苾始訪得之其字漫漶已甚隱隱有碑額三行略可辨認者

如右攷隸釋無極山碑常山薹高上黨范遷詣缺字三爲元氏

三公神缺一字集一字似誤本初元年二月癸酉光和二年二月戊子

詔書出其縣錢給四時祠具蓋言高遷爲三公山詣太常求

法食及太常爲上尚書而尚書爲之奏請事此碑陰有云二

月口巳朔癸酉尚書令臣口奏雒陽宮則無極山碑所謂本

初元年二月癸酉者正言尚書爲之奏請是日與光和二年

二月戊子皆有詔書出縣錢給祠具也詔書再下者蓋本初元年質帝遇弒雖有

詔書而未奉行至光和二年又申命之也碑首行云某年二月丁巳朔八日甲子

太常臣口丞臣口頓首上尚書是太常爲高遷上尚書之時

在尚書奏請前九日然則年字之上當是本初元三字而碑

爲太常爲三公山求法食碑也然未敢遽信爲然以碑之次

行有三公山神四字姑以名之以竢博雅更爲詳覈且正釋

文之未審者字未審者皆不入篇

三公山神碑陰

闕吏臣闕山下去縣廿五里闕吏闕郡縣轉相闕民吏闕奉祠

山䏻興闕曰山川闕潤百里者闕声王土启口牲四時祠闕六千

口王冢絰錢給亶增設闕給珪辟闕以爲口山口臣計臣訪頁

首上闕二月口巳朔癸酉尚書令臣頁奏雒陽宮闕曰闕祠祀

闕縣闕丁巳朔闕尚書令頁下闕丁酉大尙闕佐進闕書闕掾

琦口圖書

三公山神碑陰額

常山三公

吳子苾云額三行十五字止四字可辨

上辛甎 建和元年五月

彭咊元口五月土余　彭咊元丰五　五月土余

吳晉齋藏

陳德殘碑 建寧四年三月

陳德殘碑陰

陳德殘碑陰額

三公山碑 光和四年四月二日
此隸釋所載之三公山碑也
三公山碑頟
三公山碑頟題字
家官鍾 以下有年數無紀元
十二年家官鍾一重廿九斤五兩宮一石四外十三籥有盖蔑
廿二中尚食
大官鍾
十五年大官六日口重一鈞𢦏八百四二司𤅷 今元年司糟
蔑三百一十重一鈞容八升
右二種吳子苾所藏拓本
四老神坐神祚机 以下無年月
圈公神坐 圈公神祚机 角里先生神坐 甪闕
綺里季神坐 綺里季神祚机 夏黃公神坐 夏黃公卜三

朳
吳江楊龍石 澥 所藏拓本錢梅溪摹刻視隸釋所載為全文故並録之
嵬氏瓦
崀氏冢舍
吳江陸直之 繩 所拓秦漢瓦當文字
大吉壺
劉郃洪福院畫象題字
朱長舒墓石室畫象題字
魏
孫二娘等題名 黃初元年三月十九日
黃初元年三月十九日孫二娘李三娘李十三娘陳九娘衛十五娘衛十娘吳口娘為口𠃍造
王五娘等題名 黃初元年三月廿六日
黃初元年三月廿六日王五娘張十三娘馮九娘馮六娘李十三娘朱五娘馬十二娘為父造至正十八年十月二十四日劉一先劉和光劉天文到此同觀
右二種張不羣寄雙鉤本自跋云魏黃初造象題名二段不知刻於何處翁覃溪得前段刻於兩漢金石記余並得後段且前段比翁本多數字是翁所見本尚在余本後也案此本前段視翁本多李十三三字及半母字故並録前段全文攷東晉始有造象曹魏時無聞疑此為造冢記故不題曰造象也兩漢金石記載此前段與十三字殘碑說見前編金石目黃初殘碑相連前總題云黃初殘字二種以十三字殘碑與黃初殘碑為一石兩面據金石萃編云十三字殘碑自為一石藏郃陽康氏黃初殘碑三石藏郃陽許氏其二石翁未之見也後總跋云以上相傳是黃初殘字者二種後一種多言其是偽造故系於後今亦姑存之耳
太和熨斗 太和三年二月廿三日
大和三年二月廿三日中尚方造銅慰人尉片重卌四斤十二兩　弟百六
吳子苾所藏拓本
景初帳構銅 景初元年五月
景初元年五月口日中尚方造長一丈廣六尺澤米平𡊣帳上邊構銅重二斤十兩
張不羣寄贈拓本
西晉
高平檀君甎 太康八年二月七日
高平檀君 山壬辰
張不羣寄鉤本自跋云此晉太康甎文鄒縣徐氏有晉甎文在兩側左云晉故夜令高平檀君右云大康八年二月七日壬辰此馮晏海不全甎一有高平檀君四字一有壬辰二字與徐氏甎合故知是太康甎文也
元康甎 元康六年

天康七闕

周行思瓵 建興四年八月十五日

建興四丰八月十五日鄮周行思九堂造也

東晉

永和二年瓵 永和二年

㼧咊二丰 反文

興寗瓵 興寗二年八月七日

𠔺寗二手八𠕀十日

右四種皆出寗波吳堯仙藏

右依篇內標題計二十四種未經采字列目備核者五種三公

山神碑陰領陳德殘碑陰領三公山碑領大吉壺朱長舒墓

石室畫象題字又曾得苻秦鄭宏道碑旋爲友人假觀至於

遺失未

入録

隸篇再續部目

第一 一 示 玉 士 艸

第二 口 走 辵

第三 言 誩 辛 舁 又 臤 几

第四 白 刀 耒 角

第五 竹 左 珏 巫 曰 食 亼 嗇 夊 弟

第六 木 之 桼 口 貝 邑

第七 日 禾 米 宀 穴 网 巾

第八 人 匕 重 身 尸 欠

第九 県 卩 勹 嵬

第十 火 夨 夭 壺 心

第十一 永 龍

第十二 手 女 氏

第十三 糸 虫 黃

第十四 金 斤 斗 車 辛 壬

隸篇再續字目

第一

一 元

示 神 祚

玉 瑋

士 士

艸 薪 苛 苦 芋 蓋

第二

口 喙 吸

走 越

辵 迡 遁 造

第三

言 謹

誩 譱

辛 妾

舁 興

又 叔

臤 竪

几 鳧

第四

白 魯

刀 刻

耒 耜

角 角 衡

第五

竹 籥

左 左

㠭 塞

巫 靈

曰 曹

食 食 饑

亼 舍

嗇 嗇

夊 夏

弟 第

第六

木 机 朱 檀 構 札

之 之

桼 桼

口 圈

貝 賽

邑 邪 郎 鄭

第七

日 暑 晧

禾 年 稔 秀

米 粮

宀 家 定

穴 窕 窈

㒳 兩

巾 幣 帳

第八

人 僊 俓 併 仞 候

匕 艮

重 重

㐆 殷

尸 尸

欠 歐
第九
県 縣
卩 令
勹 冢
嵬 嵬
第十
火 燭
夨 吳
夭 喬
壺 壺
心 急 惔 慰
第十一
永 永

龍 龍
第十二
手 攜 攘 扞
女 娘
氏 氏
第十三
糸 綺
虫 蚑
黃 黃
第十四
金 銅 鐘 鉤 鈁 鉦
斤 新
斗 斗 升
車 轉 輻

辛 辛
壬 壬

隸篇再續字目

一

苦宮銅梟喙
燭錠始丨二
年刻

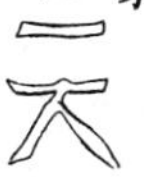
晉元康
甎丨康
六口

示

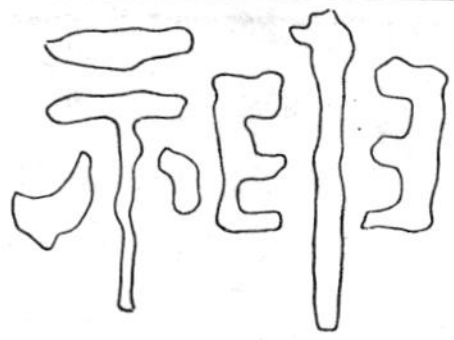
四老
神坐
神祚
机夏
黃公
丨坐

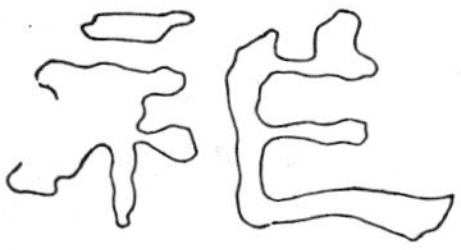
四老神坐神祚机
圖公神丨机　祚
胙也祚今胙字說
見前編經典福祚
字仍多作胙而胙
俎字無作祚者惟
此刻爲然

玉

三公山
碑白土
樊丨

士

三公山碑丨宧得志
義作仕士仕古互
通說見續編仕字

艸

三公
山碑
或有
丨采

三公
山碑
不爲
丨煩

苦宮銅梟
喙燭錠丨
宮銅梟喙
燭定

三公山碑
或秐或丨
隸釋云
芓即秄字
桼詩甫田或秐或秄漢書食貨志作或芸或芓周禮甸師注王一
耕之而使庶人芸芓終之秄亦作芓說文芓麻母也秄古通用芓

非芓
即秄
也

家官
鐘有
丨

隸篇再續第一

隸篇再續弟二

口

三公山碑蚑行｜息

苦宮銅匜喙燭錠苦宮銅匜｜燭定

三公山碑或有呼｜

走

三公山碑姦口｜竟

辵

三公山碑愍俗陵｜　隸釋云以迟爲遲案說文遲或从尸尸古文夷碑譌迟爲迟非以迟爲遲也

三公山碑或有隱｜說文遁遷也一

隸篇再續弟二　口走辵　一

曰逃也遯逃也經典兩用之

魏王五娘等題名爲父｜

隸篇再續弟三

言

三公山碑明口口｜

詰

三公山碑路無怨｜

辛

三公山碑童｜壺饁

隸篇再續弟三　言詰辛舁　一

舁

晉興寧瓶｜寧二年八月七日　興字反文

又

三公山碑｜粟如火　隸釋云以叔爲菽案詩七月七月亨葵及菽采菽序采菽釋文竝云本亦作叔左傳定元年經隕霜殺菽禮記檀弓啜菽飲水釋文出殺叔啜叔竝云叔或作菽漢書昭帝紀曰叔粟當賦師古曰叔豆也菽古通用叔也

臤

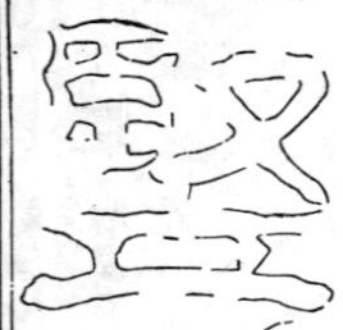

三公山神碑有｜石如闕狀說文豎立也从臤豆聲廣韻豎俗

九

苦宮銅凫喙
燭錠苦宮銅
|喙燭定

白

劉郜洪福院畫
象題字|公

刀

苦宮銅
凫喙燭
錠始元
二年|

三公
山碑
|石
紀德

耒

三公
山碑
農夫
執|

角

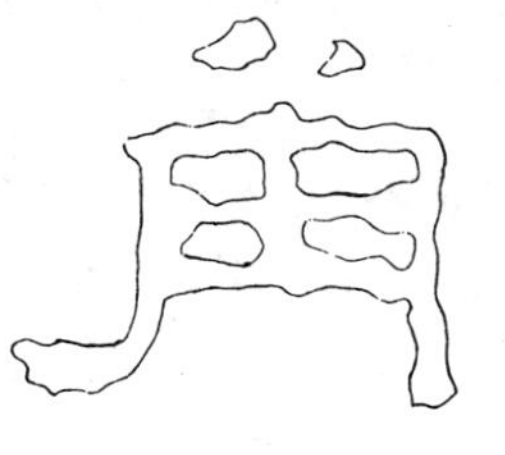

候騎
鉦掾
|

四老神坐神祚机|里先生神坐角古音禄說見前編鹿字俗書角里先生之角為甪前人辨之詳矣以此刻證之益信今隸釋亦作甪者後人傳寫狃於習俗而妄改耳其上作兩點乃涉筆小異崔偓佺乃謂刀下用音権兩點下用音鹿亦大謬也

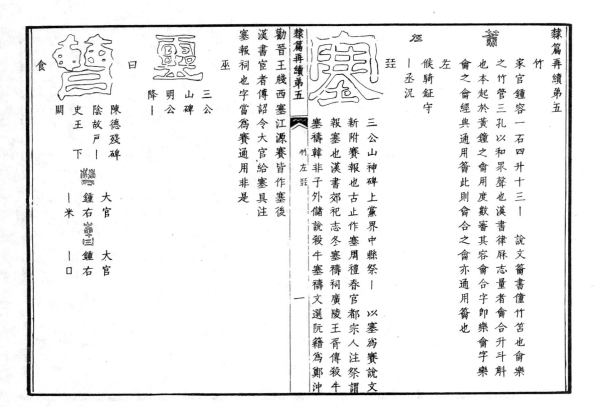

隸篇再續弟五

竹

家官鍾容一石四升十三|　說文籥書僮竹笘也龠樂之竹管三孔以和眾聲也漢書律厤志量者龠合升斗斛也本起於黃鐘之龠用度數審其容龠合字即樂龠字樂龠之龠經典通用籥此則龠合之龠亦通用籥也

左

候騎鉦守

|丞況

玨

三公山神碑上黨界中縣祭|　以塞為賽說文新附賽報也古止作塞周禮春官都宗人注祭謂報塞也漢書郊祀志冬塞禱祠廣陵王胥傳殺牛塞禱韓非子外儲說殺牛塞禱文選阮籍為鄭沖

勸晉王牋西塞江源賽皆作塞後漢書官者傳詔令大官給塞具注塞報祠也字當為賽通用非是

巫

三公山碑

明公

降|

曰

陳德殘碑

陰故戶|

史王　下

闕

大官鍾右

|米

大官鍾右

|口

食

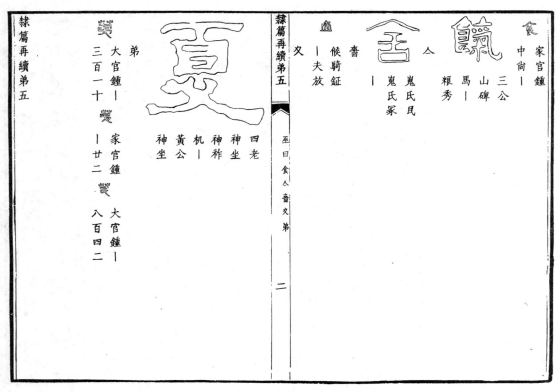

家官鍾

中尚|

三公山碑

馬|

粮秀

亼

鬼氏民

鬼氏冢

|

㽞

候騎鉦

|夫放

文

四老

神坐

神祚

机|

黃公

神坐

弟

大官鍾|

三百一十

家官鍾

|廿二

大官鍾|

八百四二

木

四老神坐神祚机綺里季
神祚丨　說文机木也几
踞几也此以机為几易渙
卦渙奔其机釋文音几左
傳襄十年投之以机釋文
出以几云本又作机同几
古通用机也

魏王
五娘
等題
名丨
五娘

晉高
平檀
君飘
高平
丨君

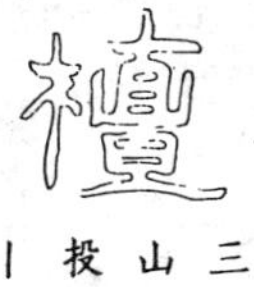

三公
山碑
投輻
丨今

魏景初帳
構銅澤桼
平坐帳上
邊丨銅

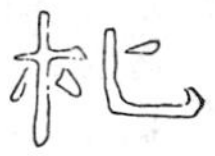

三公
山碑
喬丨
季文

之

三公
山碑
施丨
王口

桼

魏景初帳構銅澤丨平坐帳上邊
構銅　桼字也說見前編漆字

口

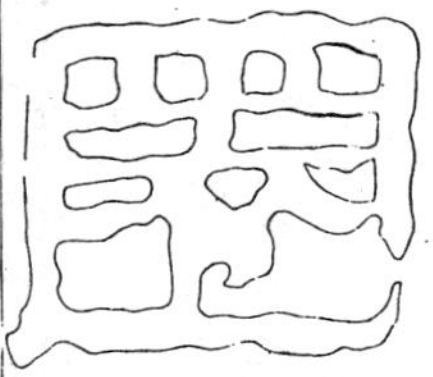

四老
神坐
神祚
机丨
公神
坐

貝

元延銅鈁主守
左丞丨　賚字

邑

三公山
碑口丨
进口
邪字也
說見前
編偏旁

陳德
殘碑
拜丨
中

晉周行
思飘丨
周行思
九堂造
也

日

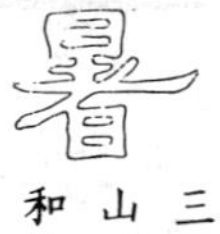

三公山碑和其寒丨

三公山碑養丨然今 孟子我善養吾浩然之氣注我能自養育我之所有浩然之大氣也碑浩作皓文選班固荅賓戲孟軻養皓然之氣今本譌皓爲浩注項岱曰皓白也如天之氣皓然也皓皆當作皓說見前編浩亦作皓漢人傳經各有師承也

禾

大官鍾十·五丨

家官鍾十二丨

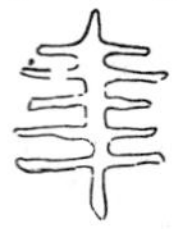

晉永和二年甎永和二丨

三公山碑年豐歲丨

三公山碑馬餼粮丨 隸釋云以秀爲莠案莠省艸而爲秀猶菽之作叔也

米

三公山碑馬餼丨秀 國語魯語馬餼不過稂莠碑以粮爲稂疑筆誤也隸釋作稂據石本實作粮

宀

家官鍾丨

官鍾一

三公山神碑陰以王丨經錢給 直从古文豕而變

苦宮銅鳧喙燭錠

苦宮銅鳧喙燭丨以定爲錠爾雅釋器斪斸謂之定釋文或作錠定錠同音故互通也

穴

三公山碑山谷窈丨

三公山碑山谷丨窕

网

苦宮銅鳧喙燭錠重一斤九丨

家官鍾重廿九斤五丨

巾

三公山碑永永不丨以幣爲幣說見前編

魏景初帳構銅澤桼平坐丨上邊構銅

人

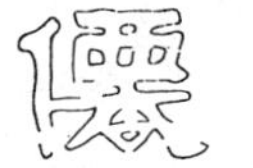

三公山碑｜于喬木 以僊爲遷說見前編

苦宮銅鳧喙燭錠｜五寸 義作徑謂圓中之直周髀算經注其徑者圓中之直者也爾雅釋水直波爲徑釋文出徑云或作徑俓者徑之通也玉篇俓急也廣韻集韻俓亦訓直

元延銅鈁｜工長繕併字

三公山碑巨｜不數 隸釋云以仞爲牣隸辨云孟子於牣魚躍孫奭音義云牣丁本作仞史記殷本紀充仞宮室司馬相如傳充仞其中者不可勝記牣皆作仞桒漢書司馬相如傳虛宮館而勿仞師古曰仞亦滿也後漢書宦者張讓傳仞積其中注仞滿也皆牣之通也

候騎鉦｜騎鉦

匕

三公山碑｜土爲山

重

家官鍾｜廿九斤五兩

𠂤

三公山碑國富｜兮

尸

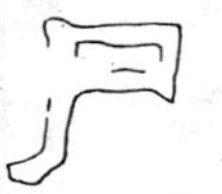

三公山碑｜素食祿

欠

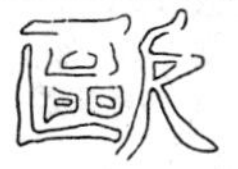

三公山碑百姓｜歌 隸釋云以歐爲謳桒說文歐吐也謳齊歌也歐吐字古通用嘔玉篇嘔哯嘔也左傳哀二年吾伏弢嘔血是也謳歌字亦通用嘔漢書朱買臣傳數止買臣毋歌嘔道中是也玉篇嘔訓歌也又以歐爲謳猶以嘔爲謳耳

隸篇再續弟八

県

陳德殘碑陰丨丞張公

同上

下闕

卩

元延銅鈁丨脩

勹

鬼氏瓦

鬼氏丨

舍

鬼

鬼氏瓦丨氏冢舍　鬼氏卽魏氏魏本作魏說見前編魏字此則省魏爲鬼故集韻以鬼爲魏之省文也

火

苦宮銅鳧喙燭錠

苦宮銅鳧喙丨定

夨

魏孫二娘等題名丨

口娘

夭

三公山碑丨札季文　喬謂鄭國僑僑古通用喬後漢書陳寵傳而美鄭喬之仁政隸釋議郎元賓碑有喬宰鄭見思之歌僑皆作喬左傳文十一年獲長狄僑如穀梁傳成二年經叔孫僑如釋文竝云本又作喬樊敏碑松僑協軌又以僑爲喬

壺

三公山碑童妾丨饁

心

三公山碑敬而不丨

三公山碑或有恬丨　一切經音義惔然云蒼頡篇惔恬也說文惔安也廣雅惔靜也今皆作淡案今說文作惔憂也詩曰憂心如惔

魏太和尉斗中尚方造銅丨人慰斗　說文慰安也从心叞聲叞隸作尉叞从上案下也从𡰣又持火以叞申繒也徐鉉曰今俗別作熨非是此以慰爲尉而省火也又慰安字古或作尉漢書韓安國傳吕尉士大夫心師古曰古慰安之字正如此其後流俗乃加心耳車千秋傳尉安衆庶

師古曰尉安之字本無心也隸釋度尚碑冊書尉薦實則

魏太和尉斗中尚方造銅慰人一斗

尉者慰之通非本字也

隸篇再續第十

隸篇再續第十一

永

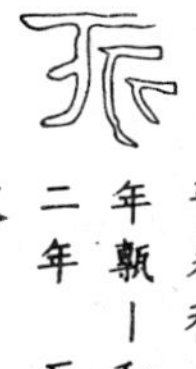

晉永和二年甎一和二年反文

龍

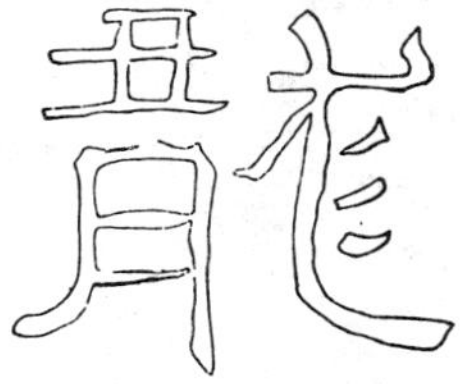

三公山碑領題宇封一君

隸篇再續第十一

手

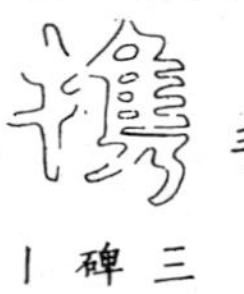

三公山碑遐邇｜負

三公山碑｜去四[歹凶]

三公山碑消｜口難

女

魏王五娘等題名馬十二｜ 玉篇孃母也娘少女之号廣韻同此正用娘字也世或二字同用且以娘爲孃之俗非是

氏

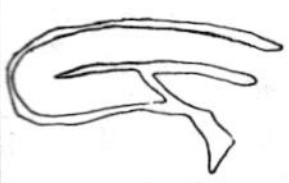

鬼氏

瓦鬼

｜家

舍

糸

四老神坐

神祚

机｜

里季

神坐

虫

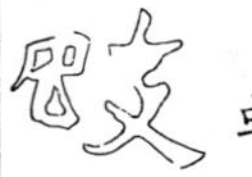

三公山碑｜行喙息

黃

四老神坐

神祚

机夏

｜公

神坐

金

苦宮銅凫喙 家官鍾家官丨 大官鍾重 大官

燭錠苦宮丨 一 以鍾爲鍾 二丨第八 鍾第

凫喙燭定 說見前編鍾字 百四二 三百

一十 元延銅 候騎

重一 鈁銅丨 鉦候

丨 容六斗 、 騎丨

斤

候騎鉦丨始建國

地皇上戊二年

斗

大官鍾 魏太和尉斗中尚

容八丨 方造銅尉人尉丨

家官鍾容一石

四丨十三籥

車

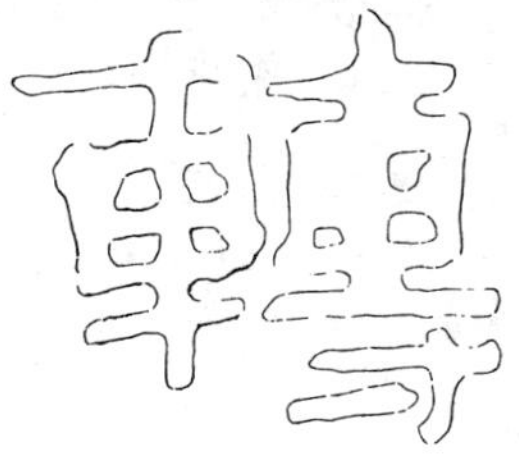

三公山神碑陰郡縣丨相下闕

三公山碑投丨檀令

辛

上辛甎建和元

口五月上丨

辛字反文

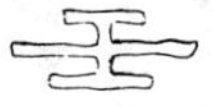

壬

晉高

平檀

君甎

丨辰

隸篇再續第十四

隸篇再續第十五

偏旁

牛 牜 見告部

告 吿 造

止 㞢 見正部

正 𤴓 定 鉦

牙 㸦 邪 說見前編

冊 𠕋 蓄

古 古 喾

十 十 見古部

孖 丰 手

廾 𠬞 賫 廾省

九 尺 䲨

寸 ヨ 尉 本从尉从又

佳 隹

舊 攜

鳥 𠨧 鳥

茻 茻 構

刀 㓁 刎

刃 㓚 仞

耒 耒 耠

角 角 角 衡

左 𠂇 左

巫 巫 靈

豆 豆 竪

皿 皿 見皿部

血 𥃲 盎

食 㑹 食

亼 亼 薔

畐 畐 輻

亶 㐭 檀 檀

耆 耆 耆

夂 夂

木 木

夏 夏

朱 朱

亲 新

東 東

棘

替 替 朁

之 㞢 㞢

桼 桼 桼

邑 邑 郎 鄭

禾 禾 丰 丰

卡 朩 尌

月 月

同 興

网 网 兩 兩

匕 𠤎 㠯

从 㐺 併

重 𨤏 重

㐆 貞 殷

尸 𡰯 尸

儿 𠘧 兀 天

県 県 縣

卩 㔾 令

鬼 鬼 見鬼部

嵬 嵬 嵬

豕豕 家
豕 冢
火火 尉 火省
矢矢 吳
壺壺壺
亣介 衛 亣省
永永 𠂢 反文
魚魚 魯
龍龍龍
至至
氏氏氏
戊戊 越
虫虫
蜀 蠋

黃黃黃
金金 鈞釗鉅銅
斗斗 什片
斗 外
辛辛 余
壬壬壬
卯卯 鄉
巳巳
己 紿
申申 神
亥亥 劾刻

變隸通例

一 冊附見 ○ 壬 附見 ○ 壬 附見 ○ 圭 附見 ○ 杢 亞 ○ 立 豆 ○ 亘 亘
目 亘 貞 ○ 事 𦘔 ○ 旁 从竹 ○ 井 丼 ○ 邑 邑 ○ 邑 邑 ○ 卩 邑 ○ 余 余

余 辛 ○ 禾 秉 禾 秦 ○ 隽 雋 ○ 力 ○ 戊 戌 ○ 人

隸篇再續第十五

芝陔太守珍藏 永樵持贈

隸篇再續金石目

西漢

土軍侯燭豆 高祖十一年後元朔二年前　案史記高祖功臣侯年表高祖十一年二月丁亥封宣義爲土軍侯義子莫如莫如子平平子生元朔二年國除

土軍侯燭豆八斤十三兩

陳壽卿藏器

谷口鼎 太初四年

谷口　谷口大初四年造

劉燕庭寄拓本

苦宮鳧喙燭錠 始元二年

苦宮銅鳧喙燭定重一斤九兩侄五寸始元二年制

葉東卿藏器

竟寧鴈足鐙 竟寧元年

竟寧元年考工護爲内者造銅鴈足鐙重三斤十二兩護武嗇夫霸掾廣漢主右丞賞守令尊護工卒史不禁省　中宮内者第廿五　受内者

海昌釋六舟達受寄拓本

信都食官行鐙 建始二年六月

信都食官銅行鐙一容重二斤闕建始二年六月工趙餞造廿枚

吳江翁叔均大年寄拓本自跋云吾邑淩氏所藏案漢書百官公卿表食官屬詹事師古曰皇后太子各置詹事隨其所在以名官此在信都故曰信都食官攷錢坫新斠漢書地理志信都在今冀州東北鐙造於成帝建始二年是時爲信都王者乃元帝子中山孝王興也

元延鈁 元延二年

銅鈁容六斗元延二年供工長繕鍋佐普守嗇夫建主守左丞褒令脩宗省

此與候騎鉦並吳子苾寄拓本

臨虞宮鐙 元延四年正月

臨虞宮銅鐙高二尺重十六斤四兩元延四年正月工張博造掾並守令史鳳主解右尉賢省

劉燕庭寄拓本

萬歲宮鐙 元延四年

萬歲宮銅鐙高二尺重廿斤元延四年工駘寬造掾巻守令史賈主解右尉賢省

上林一升鼎 綏和二年二月

己帣　己帣銅一升鼎并重十一斤八兩綏和二年二月工李張造嗇夫釺省

右二種皆陳壽卿寄拓本

候騎鉦 新地皇二年

候騎鉦重六斤五兩新始建國地皇上戊二年右工二晦造嗇夫放掾衡守左丞況令嘉衛共工大夫弘省

東漢

永寧丙午鉤 永寧元年五月廿一日

永寧元年五月廿一日丙午鉤

汪孟慈得於濟寧許印林手拓本字細如髮辨認未真

嵩山太室闕後銘 延光四年

闕三闕三于周闕至孝闕延光四年三丙闕紀子大而闕穎川大守易闕丞陽闕北海相闕朝闕呂闕縣闕懷闕聿闕辟曰闕中嶽闕先被闕命闕孝巍乎闕然匕庭京羅東闕淵闕至闕曰闕李闕置闕雨亍闕亍子闕亍闕所亍可闕亍闕字闕

陳壽卿寄拓本與兩漢金石記所載小異故錄其文

永建食堂畫象題字 永建五年二月廿三日

永建五年大歲在庚午二月廿三日闕立此食堂當闕并闕學曲阝何意被天災蚤離父母闕

許印林自濟寧寄拓本商城楊石卿鐸記云道光十九年魚臺馬錢橋星垣訪得此石於雨城王鳳林移至魯橋藏於家廿一年四月徐樹人刺史移置州學與孔子見老子畫象膠東令王君廟門殘碑朱君長諸石竝列又有印林釋文視今所釋者多五字有半益各據所見耳此與續編所録建康元年食堂刻同類故加永建字以別之

三公山神碑 年月說見下

闕丰二月丁巳朔八日甲子大常臣□丞臣□頓首上尚書□□峰闕仲□元氏三公山神王薄□仲自□當比闕問□三公山闕上黨界中照祭塞言無輒告縣闕山□□在西八十里闕宋□邊有堅石如闕狀有闕三丈餘闕祠□□民□忠□前闕門間有闕餘闕上闕所闕大山四負□□東闕出闕吕北□山□爲廿闕三公二百餘里闕追闕輒蒙郖□慱問自手叚王子叚孫王達等皆曰亦平闕三月闕中詔問索三公御語山時□米遺戶曹史孫闕三公山刑狀□□□北山闕通追往來用闕四丰闕間知三公山神久闕甲申闕詰山請雨計得雨闕之□於縣秋毋国闕奉□典曰□□□冑闕山闕山雷神□□通追闕俱通利故道痲闕求闕責塞ㄋ相馮龍此

此與祀三公山碑三公山碑皆在元氏縣從來著録家所未收吳子苾始訪得之其字漫漶已甚隱隱有碑領三行略可辨認者如右攷隸釋無極山碑常山益高上黨范遷諳缺三字爲元氏三公神缺一字案一字似誤本初元年二月癸酉光和二年二月戊子詔書出其縣錢給四時祠具益言高遷爲三公山詣太常求法食及太常爲上尚書而尚書爲之奏請事此碑陰有云二月□巳朔癸酉尚書令臣□奏雒陽宮則無極山碑所謂本初元年二月癸酉者正言尚書爲之奏請是日與光和二年二月戊子皆有詔書出縣錢給祠具也詔書再下者益本初元年質帝遇弒雖有詔書而未奉行至光和二年又申命之也碑首行云某年二月丁巳朔八日甲子

太常臣□丞臣□頓首上尚書是太常爲高遷上尚書之時在尚書奏請前九日然則年字之上當是本初元三字而碑爲太常爲三公山求法食碑也然未敢遽信爲然以碑之次行有三公山神四字姑以名之以竢博雅更爲詳覈且正釋文之未審者字未審者皆不入篇

三公山神碑陰

闕吏臣闕山下去縣廿五里闕吏闕郡縣轉相闕民吏闕奉祠山能興闕曰山川闕潤百里者闕声玨居□牲四時祠闕六千□王冢經錢給亶增設闕給珪壁闕以爲□山□臣許臣訪頁首上闕二月□巳朔癸酉尚書令臣頁奏雒陽宮闕曰闕祠祀闕縣闕丁巳朔闕尚書令頁下闕丁酉大片闕佐進闕書闕掾琦□囟書

三公山神碑陰領

常山三公

吳子苾云領三行十五字止四字可辨

上辛甎 建和元年五月

圭吓亓□ㄨ凡丄余　圭吓亓丰ㄨ　ㄨ凡丄余

吳晉齋藏

楊統碑 建寧元年

滋陽江曉塘暿寄雙鉤本録其可信者又照以黃小松臨本補録字附第十四後

陳德殘碑 建寧四年三月

陳德殘碑陰

陳德殘碑陰領

東海廟碑殘字 熹平元年四月

翁叔均寄雙鉤本自跋其略云全文載洪氏隸釋此本可辨者堇九字碑陰十七字則完好無闕向藏淮南田氏道光辛丑歸我郡顧氏頃獲觀於韓履卿寶鐵齋案其末別有史字隸釋所無字體視本文差大與碑陰適符所未詳也

東海廟碑陰殘字
三公山碑 光和四年四月二日
　此隸釋所載之三公山碑也陳壽卿寄拓本
三公山碑領
三公山碑領題字
保子宜孫甎 光和六年
　許印林寄雙鉤本云見訪碑録
家官鍾 以下有年數無紀元
　十二年家官鍾一重廿九斤五兩容一石四升十三籥有蓋𦬇
　廿二中尚食
大官鍾
　十五年大官六日口重一鈞𦬇八百四二司鑄　今元年書糟
　𦬇三百一十重一鈞容八升
　右二種吳子苾所藏拓本

四老神坐神祚机 以下無年月
　圂公神坐　圂公神祚机　甪里先生神坐　甪闕
　綺里季神坐　綺里季神祚机　夏黃公神坐　夏黃公神祚
机
　吳江楊龍石澥所藏拓本錢梅溪摹刻視隸釋所載爲全文
　故竝録之
蒐氏瓦
　蒐氏冢舍
　　吳江陸直之繩所拓秦漢瓦當文字
劉邨洪福院畫象題字
朱長舒墓石室畫象題字
焦城邨畫象題字
　右二種竝馮集軒寄拓本
寶應畫象題字

　　馮集軒得拓本於汪孟慈
第六置鼎
　𦬇六圖錫一容一升五斗重十二斤蓋備
　翁叔均寄拓本自跋云嘉興張叔未所藏
鍪座鼎
　鍪座共鼎容五升重廿八斤𦬇廿一
　劉燕庭寄拓本
陽周鼎
　陽周禽全鼎重十四斤十三兩容二斗一升少升
　陳壽卿藏器
司徒殘碑
　劉燕庭寄雙鉤本自跋云右漢司徒殘碑未詳所在卽訪碑
　録載自然之性云云藏錢唐黃氏者道光庚子春日得於任
　城攜歸邸寓此碑不惟上下殘闕文内亦多不成理義疑後

　人湊合所有字而重摹上石者愚案兩漢金石記題曰漢碑
　殘字
館陶家鐙
　口徑二寸八分高三寸九分重一斤八兩館陶家口
　翁叔均寄拓本自跋云嘉興張叔未解元廷濟所藏題云西
　漢未詳所據也
前浴鐎斗
　前浴
曲成家錠
　曲成家銅錠一重一斤十兩第六
　右二種皆劉燕庭寄拓本
中岳廟前石人頂上刻字
　馬
　在河南登封縣拓本得之曲阜拓工劉世欽

浣筆泉漢石殘字
許印林寄拓本自跋云濟甯城東門外有浣筆泉相傳李太白浣筆處也道光廿一年秋九月散步泉上見一石色甚古略有華紋似漢刻之粗者細審華紋閒有一金字結體謹嚴乃手拓以歸徐樹人刺史見之謂可與中岳石人項上字合之作金馬也

金

上太山鏡銘
上大山見神鮮糸駕非龍飲禮泉食王央五遊備俱歌樂清
翁叔均寄雙鉤本自跋云杭州戴氏所藏

會年益壽鏡銘
吾口明鏡幽闕商天闕祿百福曾年益壽口号照立爲侯王吳
吾鄉五闕大口聖人

俳洄名山鏡銘

尚方御竟大毋傷去訖右虎辟不羊朱鳥玄武調陰陽子孫備具居中央長保二親樂富昌俳洄名山采神草壽敝金石如侯王
右三種皆翁叔均寄摹本

王氏鏡銘
王氏佳竟真大好上有仙人不知老渴飲玉泉飢食棗浮游天下敖三海壽如金石之國保大音右兩

袁氏鏡銘
袁氏作竟分真上有東王父西王母山人子僑侍左右辟邪喜怒日與谷長保二賦王久

尚方鏡銘
尚方御竟真毋傷巧工刻之成文章左龍右虎辟不詳朱鳥玄武調陰陽子孫備具居中央上有仙人人爲常長保二親樂富昌壽敝令石侯王

右三種皆許印林寄拓本

石牆邨石刻
闕侶其身闕足孝信闕及三卩闕者藩昌闕者得其闕見者闕
故時伐闕堂口言闕者后五卩中闕君于中郎口子闕中闕
出鄒縣石牆邨道光十八年移置孟子廟致嚴堂後有曲阜孔繼壎題字鄒縣董湘溪長林寄拓本

宜子孫鐸
許印林寄雙鉤本又一器同

魏

孫二娘等題名 黃初元年三月十九日
黃初元丰三月十九日孫二娘李三娘李十三娘陳九娘衛十五娘衛十娘吳口娘爲口㔾造

王五娘等題名 黃初元年三月廿六日
黃初元丰三月廿六日王五娘張十三娘馮九娘馮六娘李十

三娘朱五娘馬十二娘爲父造至正十八年十月二十四日劉一先劉和光劉天文到此同觀
右二種張不羣寄雙鉤本自跋云魏黃初造象題名二段不知刻於何處翁覃溪得前段刻於兩漢金石記余並得後段且前段比翁本多數字是翁所見本尚在余本後也案此本前段視翁本多李十三三字及半母字故並錄前段全文攷東晉始有造象曹魏時無聞疑此爲造冢記故不題曰造象也兩漢金石記載此前段與十三字殘碑說見前編金石目黃初殘碑相連前總題云黃初殘字二種以十三字殘碑與黃初殘碑爲一石兩面據金石萃編云十三字殘碑自爲一石藏郃陽康氏黃初殘碑三石藏郃陽許氏其二石翁未之見也後總跋云以上相傳是黃初殘字者二種後一種多言其是僞造故系於後今亦姑存之耳

太和熨斗 太和三年二月廿三日
大和三壬二月廿三日中尚方造銅慰人尉斗重卌四斤十二兩　弟百六

吴子苾寄拓本

曹眞殘碑 魏志明帝太和五年三月大司馬曹眞薨

闕刁之後陳氏有齊國當愍王時伐宋并典闕烏基長以清愼
為限文以親仁為已仕以忠勳闕虎騎夫后間豫侍坐公子將
穌同生使少長有闕荒公使持節鎮西將軍遂牧我州張掖張
進仁闕人羌胡讙之妖道公張羅設穽陷之坑网生闕公不能
於是徵公拜巳軍大將軍擁生闕獻節鉞如故闕乍蜀口諸
葛亮稱兵巳邽公拜大將軍援人闕乀援於賊公斬典造意顯
有忠義原典脅闕自約立化柔嘉百姓特戴豈卬陽春殊闕癸
霜於陸議奮靁霆於朱然屠蜀賊於闕丁績家有注記登我末
臣所能備載ㄇ闕兵如何多詮一命而俯宋孔之敬闕乀從俗
以社稷不恣古以建憲寛闕嗟悼羣臣哀酸賻賵之贈禮闕異
令趙謨大尉掾嚴武雝州闕岳登舉佽鑽含后示後嗣亠闕亠
為周輔東平峨峨佐漢闕毛杖鉞牧我陝西威同霜闕李溪立

碑佐頌萬載不忖闕

道光二十三年劉燕庭得之長安西門外土中陳壽卿寄贈拓本來札云攷為曹子丹碑嗣得徐星伯松沈朗亭兆霖及燕庭跋尾皆討覈精詳不遺餘力洵爲曹眞碑無疑也跋尾字繁燕庭當自有成書故不具録

曹眞殘碑陰

闕征皇甫口乂忠闕八李泰甫闕竔山泰伯謀闕口季超闕珍
仲倫闕熙詳元衡闕兵安定梁瑋稚十闕郎北地梁幾彥章闕
隴西彭紃士蒲闕安定皇甫聲季雍闕尉北地謝述祖然闕代
公時闕位竺誼公達闕丿地傅均休平闕騎都尉西鄉兵京北
張緝敬仲闕司馬馮翊李翼國祐闕口農丞北地傅信子思闕
竺茂林北地傅芬蘭后闕將軍司馬安定席觀仲歷闕尉主簿
中郎天水姜北元龜闕將軍馮翊李先彥進闕督廣武亭兵南
安龐孚凶奉闕尉參戰事郎中京兆韓汜德揹闕領司金丞扶
風韋昺丘文闕前典虞令安定王嘉公惠闕民京令京兆趙審
安偉闕民臨濟令扶風士孫秋鄉伯闕民鄜令隴西李温士恭
闕民永平令安定皇甫肇多載闕民中了三乙口口口闕州
民中郎卄口乓闕州民中郎北地御仚闕州民中郎京兆郭沇
闕州民中郎安定胡牧闕州民中郎隴西辛繇闕州民秦國長
史馮翊闕州民謹羌長史安定闕州民西郡長史安定闕州民
下辨長天水趙闕州民廣至長安定胡闕州民濟武長京兆郭
洼闕州民武安長京兆趙欽闕州民王門長京兆宋悏闕州民
小平農都尉安定闕州民曲汲農都尉京兆闕州民郎中扶風
姜潛公陷闕州民郎中安定皇甫隆始闕州民郎中馮翊王濟
文雍闕州民郎中京兆尹夏休和闕州民郎中天水尹肇村獻
闕州民郎中安定胡廣宣祖闕州民郎中安定楊宗初伯闕州
民王門侯京兆鄔靖多艹闕州民騎副督天水古成凱伯闕州
民雍州部從事天水梁𤉎闕州民雍州部從事安定皇甫闕州

民雍州部從事安定梁馥卢闕州民雍州從事天水孫季季乡
闕州民雍州從事京兆蕭儀公闕州民雍州書左上定阝闕

景初帳構銅 景初元年五月

景初元年五月口日中尚方造長一丈廣六尺澤米玊罡帳上邊構銅重二斤十兩

張不羣寄贈拓本與鐘鼎彝器款識所載不同

郛休碑 泰始二年六月

西晉

君諱休字公彥東萊曲成人也其先出自黄軒后稷之裔王季之穆有鄒封者以德建國命氏為邦君其後也丕動顯緒歷載縝邈建君之身含海岱之英靈纂乃祖之洪流偉姿表於岐嶷聰達兆于自然孝友著乎鄉里德行立於當時夫其抗節亮直度操弘毅岳峙淵渟威而不厲仁愛足以容衆範格足以正世初志羣藝道心博鑒九思通朗令聞宣希然其天林器為事與

方冉季之㕵略超張趙之逸蹤弱冠入朝上計掾州辟部司治中别駕讚翼萬里克昭茂績察孝秀卞竝以不就再辟公府爲相國掾實隆鼎棟光輔和味于時巴蜀未賓侵犯王略元戎啓行口蔄精帥朝推其能以君爲使持節征蜀將軍司馬遂遷鄴督軍糧治書侍御史魏之本部主公所在典司外臺統攝叚廣君明敏㕵埶達于治體損益時務闓塞世教讜言嘉謨屢抗其謀清商邁於河朔仁風發於異野朝廷欽羡拜子男騎都尉還新成大守爾乃宣恵康敦素樸崇四術正雅俗敦五教以訓民明賞罰以治國翔晨風於北林縶曰駒於空谷猶公孫之處鄭文翁之在蜀也於是政行化成上下交和邦畿雍穆晨旅作歌吴越狌狡劇劉巳東邊人告急君乃震威龍驤虒奮躬踐虜場斬將搴旗積尸如京封豕遠遁三巳用康天府蔄動俾侯于臺加明威將軍賜子男爵關中侯又遷江夏大守旌蓋未稆迴臨我邦追娫文之遺風匡二南以誕化崇爲政之以德帥大禮則興讓故能期月緝熙宣曜仁恩馳於區域重光被於遐荒遵禹稷之勳美蒹信臣之惠跌胥原隰以澍灌務稼穡以豐國吴肆鯨鯢潛厄襄陽君芭神籌順風迅發以貔貅七千摧犬羊三萬陸伉奔北於南施績輿尸於東赫赫振旅元功是揚率土稱慶江漢攸寧方將客宇崇爵翼亮天明致皇代乎隆熙激潰流於九野旻天不惠降年不永春秋六十有三泰始五年八月庚辰甍于位天子閔悼羣后諮嗟謂者币祠於是故吏弩羡謝放等追慕遺化永懷罔極僉以爲先民即世庸器勒勳殁而不朽賴之斯文乃相與刊石立銘撰紀口行俾彼来昆有所瞻仰其辭曰皇皇大極芒芒渾元含靈吐寶萬生彝倫邈矣君侯鍾此清醇晧然秋素品藻如春内弘九德六行外宣應期作度命世立言龍蟠鴻漸爰發其芬口翼三事揚光台辰賦政于外口暢遐鄰頌聲不顯至教入神將登紫庭皇極是銓遺命口口九鼎沮淪爰勒金石永昭後昆　泰始六年二月丙子造

道光十九年掖城東北上泊邨農人耕地得之篆額曰晉故明威將軍南鄉大守郛府君侯之碑碑陽字多漫漶以數拓本參互證之然後可辨筆畫稍涉疑似者不入録也郛姓弩姓皆從來姓氏書所不載得此可補其闕佚矣郛字左上模糊或曰當是郭字號國名亦作郭其後因以爲氏故隸釋郭究碑云其先出自郭叔不聞有氏郛者然篆額顯作郛無庸存疑也

郛休碑陰

故吏南鄉弩羡字方口故吏南鄉謝攽字長舒故吏陰張述字令國故吏順陽郭状字肘弘故吏筑陽梁習字代伯故吏陰張友字景仲故吏順陽郭瑜字世元故吏筑陽鄧承字獻之故吏南鄉馮和字建龍故吏武當陳襲字偉祖故吏順陽宋柳字建之故吏順陽楊晞字子顔故吏武當李他字文子故吏陰張觀字伯之故吏鄧董寶字子玉故吏南鄉鄭岱字兆先故吏順陽張造字長周故吏順陽黄戒字季仕故吏順陽黄讜字欽第故吏順陽馮禮字芝齊故吏武當楊輿字元肘故吏武當張建字仕烈故吏丹水李真字長恭故吏順陽王華字道英故吏鄧張獲字長護口主順陽王羣字宣肘義民順陽郭貞字仕良義民順陽吕崇字脩文義民武當文定字長淵司馬順陽黄根字巨原義武猛掾武當華吴郡領縣八戸萬七千五百卅職散吏三百廿人兵三千人騎三百匹叅戰二人騎督一人部曲督八人部曲將卅四人

高平檀君甎　太康八年二月七日

高平檀君　山壬辰

張不羣寄鉤本自跋云此晉太康甎文鄒縣徐氏有晉甎文在兩側左云晉故夜令高平檀君右云大康八年二月七日壬辰此馮晏海不全甎一有高平檀君四字一有壬辰二字與徐氏甎合故知是太康甎文也

元康甎 元康六年
元康亡 闕
周行思甎 建興四年八月十五日
建興四年八月十五日鄧周行思九堂造也
東晉
永和甎 永和二年
永和二年 反文
興寧甎 興寧二年八月七日
興寧二年八月十日
右四種皆出寧波吴堯仙藏
苻秦修魏太尉鄧公祠碑 太和二年苻秦建元三年
大秦苻氏建元三年歲在丁卯馮翊護軍建威將軍奉車都尉城安縣侯丰山鄭能口字弘道聖世鎮南參軍水衡都尉石安令治書侍御史南軍督都水使者被除右護軍甘露四年十二

月廿五日到官以北接玄朔給兵三百人軍府口屬一百五十人統和寧戎鄜城洛川定陽五部領屠各上郡夫施黑羌白羌高涼西羌盧水白虜支胡粟特口水雜戶七千夷類十二種兼統夏陽治在職六載遐無異卞履性忠孝事上恪懃夙夜匪口以大尉鄧公祠張馮翊所造歲久頹朽因舊修飾故記之以其年六月左降為尚書庫部郎護軍司馬奉車都尉關內侯始平解虔字臣文聖世水衡令蒲子北掘令安口將軍司馬都水參事被除為司馬軍參事北地富平楊洸少論軍參事北地靈武孟口口廣軍參事和戎鉗耳口口龍軍門下督和戎鉗耳口世帶軍功曹和戎鉗耳亘當世興軍主簿河西臨晉楊口世和軍主簿和戎雷夫口道口軍主簿河西重口范高延思軍主簿和戎雷通子安軍主簿和戎雷川口光軍主簿和戎雷口口文軍主簿和戎西羌騎世龍軍錄事和戎雷顏道口軍錄事和戎尚陵道卩軍錄事和戎儁蒙理子讓功曹書佐和戎雷陵道進功曹書佐和戎儁蒙口彥軍門下督馮翊朱進超石軍功曹寧戎蓋周彥容軍主簿寧戎郝子星永文軍主簿寧戎屈口童道訖軍主簿寧戎當共永甚軍主簿寧戎雷樹進嘔軍錄事馮翊呂騫慎蔥軍錄事寧戎當投欽詳軍功曹書佐寧戎利非口永遠治下部大鉗耳丁比

此即鄭宏道碑也宏道之名下一字不可辨故以其字稱前甫得之未及審詳旋失去歲壬寅翁叔均借寄今本鉤摹入錄檢金石存已錄此碑依其命名而稍易之如右金石存釋文字有缺誤故幷錄文元和韓履卿崇云碑在陝西蒲城縣

義熙甎 義熙三年七月廿日
義熙三年七月廿日作　大堵　大堵
翁叔均寄嚴氏古甎存拓本

右依篇內標題計五十八種未經采字列目備核者九種永寧丙午鉤三公山神碑陰領陳德殘碑陰領東海廟碑陰殘字三公山碑領朱長舒墓石室畫象題字中岳廟前石人頂上

刻字浣筆泉漢石殘字宜子孫鐸又已見續編今復補字者四種靈臺碑楊震碑圉令趙君碑樊敏碑樊碑久佚前據雙鉤本摹入續編北平楊海琴翰博雅嗜古訪得元石於蘆山荒郊中專工拓之幷碑陰宋人題記二段由陳壽卿轉寄雖模糊過半而古氣渾然視鉤本且較明畫乃重摹續編所錄字逐一刓改惟核字拓本亦不甚可辨仍其舊復審視得若干字補入今編

隸篇再續金石目

隸篇再續部目

第一 一上示玉士屮
第二 八口走止步辵彳廴延足
第三 㗊冊言誩音䇂廾廾共舁革爪丮
又史臤臣殳几寸支卜用爻
第四 目眉白隹羊烏冓丝放肉刀㓞
耒角
第五 竹箕左工㠭巫曰乃喜豐虍虎
皿食亼缶矢冂亯嗇夊韋弟
第六 木林才之𣎵生華桼橐囗貝邑
𨛜
第七 日倝㫃晶月夕多毌齊朿鼎克
禾秝香米宀穴疒㒳网巾㡀
第八 人七匕从比丘重身㐆衣老毛

尸尺履方儿見欠㱃
第九 頁面県卪辟勹嵬山广厂石長
冄豕豸易象
第十 馬廌犬火大夨夭壺㚔本立竝
心
第十一 水巛泉灥永谷仌雨魚龍非
第十二 乙西戶耳手女毋民氏戈戉我
匸匚弓系
第十三 糸虫䖵黽二土黃力
第十四 金斤斗車𠂤阜四六戊庚辛壬
子午申酉

隸篇再續部目

隸篇再續字目

第一
一 元吏
丄 上
示 齋神祥禮禍祕祚福禄
玉 玉璵瑜珍璠琿瑋
士 士
屮 芝茹苻蒲薪藩蕭苛芒萇英苦
藐又補藻芋蓋葛若

第二
八 八公分曾尚
口 口嘷哀和喙召吸
走 越
止 歷

步 歲
辵 通追迴逮遁道造
彳 徦御律德
廴 建
延 延
足 蹤跡

第三
㗊 嚚
冊 冊世
言 諮謨詵讙調詳誼護謝誑詘謁
設
誩 讟
音 章竟
辛 童妾

廾 兵 奉 具
共 共
舁 輿 與
革 革
爪 爲
丮 藝
又 父 叔
史 史
臤 豎
臣 臧
殳 毅
几 鳧
寸 專 將
攴 攸 故 牧

卜 兆
用 甫
爻 爾

第四

目 督
眉 省
白 魯
隹 雖
羊 羊 羌
鳥 鳥 鴈
冓 再
丝 幾
放 敖
肉 脩 散 脅

刀 初 劇 前 辦 副 刻
㓞 㓞
耒 耜
角 角 衡 解

第五

竹 簿 範 筑 節 籥
箕 其
左 左
工 巧 巨
㠭 塞
巫 靈
曰 曹
乃 迺
喜 喜

豊 豐
虍 虞 虔
虎 虎 虢
皿 盈 盪
主
食 食 飢 饗 館 饑
亼 今 舍
缶 缶
矢 矢 侯 矣
冂 央
亯 良
嗇 嗇
夊 夏
韋 韓

第 第

第六

木 机朱枝材根檀梁柔采杖枉柳

構欒札極

林 楚

才 才

之 之

𣎵 南

生 隆

𠌶 華

桼 桼

櫜 櫜

口 圖

貝 賵貳賦賻賽

邑 鄘鄔邪郮都邦酇郎邶鄭鄧郝

郭

𨛜 鄉

第七

日 晞昌暑晧

倝 朝

㫃 游

晶 星參

月 月霸

夕 夜

多 多

毌 虜

齊 齊

朿 棗

鼎 鼎

克 克

禾 移年稔穢秀

秝 兼

香 馥

米 米粮

宀 家宏宕定富寔

穴 窕窈穽

疒 疾癕

㒳 兩

网 网羅

巾 帥幣帳飾席

㡀 敝

第八

人 儀俱俳份佺僊僑他傷伉偉保

佐併咎備侍偈仞候傶增傑億

匕 眞

七 艮

从 并從

比 毖

丘 丘

重 重

身 身軄

㐆 殷

衣 表被袿襲衷補

老 壽

毛 毛

尸 尸屢

尺　尺
履　履
方　方
儿　亮
見　親
欠　歍　歌　歐　欽
㱃　飲

第九

頁　頼　顯　顯
面　面
県　縣
卩　令
辟　辟
勹　冢
嵬　嵬
山　峙　崋　岳
广　龐　庫　座
厂　厥
石　碑
長　長
冄　冄
豕　豕
豸　貔　貅
易　易
象　豫

第十

馬　馬　馮　駕　騰
廌　灋

犬　狂　狻　猛　類　獻　狀
火　熙　尉　燭
大　大　夷
夨　吴
夭　喬
壺　壺
㚔　盩　執
夲　皋
立　立　竦
竝　竝
心　恭　恣　急　恢　懃　恩　惔　恃　慰　怒　慎　恪
　　惜　愍

第十一

水　冲　洄　漬　濱　汶　湲　渾　漢　潺　淵　洸　渟
　　澮　濟　海　渴　沃　浴　泊
巜　川
泉　泉
灥　原
永　永
谷　谷
仌　冬
雨　雷　霆
魚　鮦　鮮
龍　龍
非　非

第十二

乚　孔
西　西

戶 尼
耳 耳 聲 聖
手 攜 搴 攘 抗 投 攤 舉 扞 擾 換 掾 掘
掖
女 姬 妖 娘 母
毋 毋
民 民
氏 氏
戈 戎 武 肇 戲
戉 戚
我 義
匚 匹
匚 匪
弓 張 弩

系 孫

第十三

糸 紆 紃 縹 增 紫 綺 纂 績 緝 縶
虫 蚑 蟠
䖵 蠶
黽 鼅
二 竺
土 基 圻 垓 坑 堵 在 地
黃 黃
力 勝 助

第十四

金 金 銅 鍾 鈞 鑽 銓 鈁 鉦 鐙 鉗 錮 鎮
錠
斤 斤 新 所

斗 斗 升
車 軍 轉 輦 輻 轂
𠂤 官
阜 陽 障 陰 隴 隱 限 陜 陷 陸
四 四
六 六
戊 成
庚 庚
辛 辛
壬 壬
子 子
午 午
申 暢
酉 酸

隸篇再續字目

隸篇再續第一

一
苦宮鳧喙 晉元康 晉郛休碑
元 燭錠始一 甎一康 陰故一武
二年刻 六口 當張建
上
魏曹眞殘
碑交以親
仁爲一
說見前編
示
焦城 四老 樊敏 魏曹
郙畫 神坐 碑季 眞殘
象題字此 神祚 碑

隸篇再續第一 一上示 一

一王也 机夏 世不 下闕
以齋爲齊 黃公 一 上太山鏡銘
說見前編 一坐 補 飲一泉 以
禮爲醴祀三公山碑薦牲納禮與銘同儀禮士冠禮士昏禮聘禮
記禮內則昏義注或以禮醴爲古今文或曰醴當作禮以銘及碑
證之 樊敏 四老神坐神祚
禮與 碑乃 靈臺 机圈公神一机
醴古 辟一 碑河 祚胙也祚今
互通 今 洛一 胙字說見前編
耳 禍字 奠 經典福祚字仍
也補 補 多作胙而胙組
字無作祚者 會年益壽鏡 會年益壽鏡
惟此刻爲然 銘口祿百一 銘口一百福
玉

王氏鏡銘渴飲 上太山鏡
一泉飢食棗 銘食一英
楊統碑器其 晉郛 魏曹
一璠之質 休碑 眞殘
據隸韻字源 陰郭 碑陰
作璵隸釋云 一字 一仲儉
璵卽璵字 世元 上闕
楊統碑
器其璵 符秦修魏太 三公山
一之質 尉鄧公祠碑 碑白土
士 雋蒙一子謙 樊一
三公山碑一宦得志
義作仕士仕古互
通說見續編仕字

隸篇再續第一 玉士 二

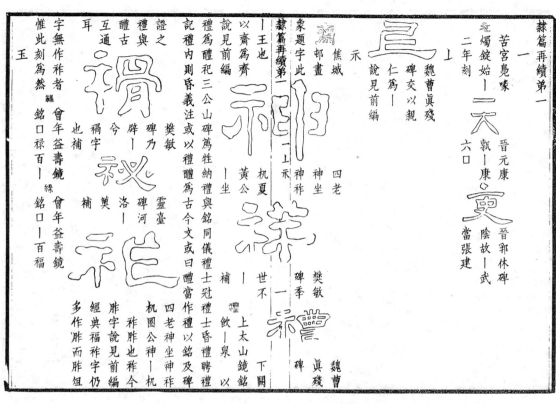

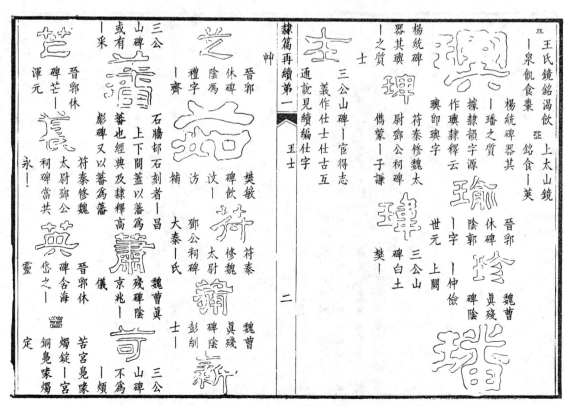

屮
晉郛 樊敏 符秦 魏曹
休碑 碑飲 修魏 眞殘
陰馮 汶一 太尉 碑陰
禮字 汸 鄧公祠碑 彭糾
一齊 補 大秦一氏 士一
三公 石牆郙石刻者一昌 魏曹眞 三公
山碑 上下闕蓋以藩爲 殘碑陰 山碑
或有 蕃也經典及隸釋高 京兆一 不爲
一采 彪碑又以蕃爲藩 儀 一煩
晉郛休 符秦修魏 晉郛休 苦宮鳧喙
碑芒一 太尉鄧公 碑舍海 燭錠一宮
渾元 祠碑當共 岱之一 銅鳧喙燭
永一 靈 定

嵩山太室闕後銘存丨乎
上下闕

晉郛休碑品丨
如春

三公山碑或
耘或丨　隸
釋云芓即耔
字案詩甫田或耘或耔漢書食貨志作或芸或芋　家官
周禮甸師注王一耕之而使庶人芸芓終之耔亦　鍾有
作芓說文芓麻母也耔古通用芓非芓卽耔也　丨
第六
置鼎
丨通

魏曹眞殘
碑蜀口諸
丨亮稱兵
上邽

魏曹眞殘
碑丨印陽
春　玉篇
豈籒文若

隸篇再續第二

八
土軍侯燭豆　盩厔鼎重
丨斤十三兩　廿丨斤
曾年益壽鏡銘立　館陶家鐙口
爲侯王與丨卿　徑二寸八丨
曾益其所不能音義張云曾與
增同荀子榮辱篇引作增又隸
續沛相范君闕斷甎日利千萬
曾羊增亦作曾翁叔均日晉永和甎延年曾壽

曾年益壽鏡銘丨年益壽
宜子孫　以曾爲增孟子
苻秦修魏太
尉鄧公祠碑
左降爲丨書
庫部郎

口
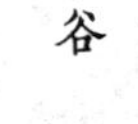
谷口
鼎谷
丨

樊敏碑歍丨
㥏哉　隸釋
云歍嘑卽烏
呼字又說見
前編補

樊敏碑歍嘑丨哉　卽哀
字隸釋栜敏碑嗚呼㥏哉
李翊碑㥏松柏而憔刑益
州太守無名碑嗚呼㥏哉
仲秋下旬碑歍猷㥏哉隸
續平輿令
辪君碑㥏
㥏士儁哀
皆作㥏補

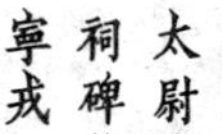
苻秦修魏
太尉鄧公
祠碑統丨
寧戎

苦宮䖒
喙燭錠
苦宮銅䖒
丨燭定

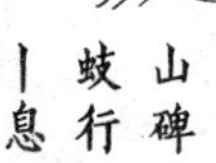
三公
山碑
蚑行
丨息

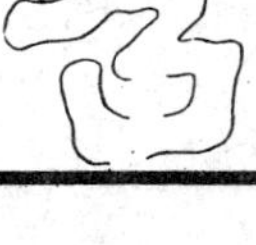
楊統
碑以
掾史
丨見

三公
山碑
或有
呼丨

走

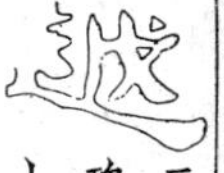
三公山
碑姦口
丨竟

止

魏曹眞殘
碑陰席觀
仲丨

步

歲　萬歲宮鐙萬
丨宮銅鐙

辵

第六置
滿鼎蓋丨
通字

三公山碑愍俗陵丨　隸釋云
以迟爲遲案說文遲或从𡰥碑
譌迟爲迟非以迟爲遲也

晉鄈休
碑丨臨
我邦

晉鄈休
碑丨君
之身

三公山碑或有隱丨
說文遁遷也一曰逃也
遯逃也經典兩用之

苻秦
修魏
太尉

鄧公祠
碑屈口
童丨誂

魏王五娘　臨虞宮
等題名爲迴鐙工張
父丨　博丨

谷口鼎　上林一
太初四造升鼎工
年丨　李張丨

彳

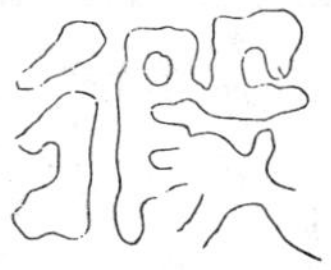
楊統碑
文懷丨
冥說
見前編

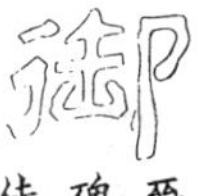
晉鄈休
碑治書
侍丨史
碑治書侍
丨史

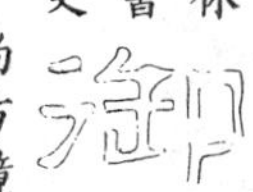
苻秦修
魏太尉
鄧公祠
尚方鏡銘尚方
丨竟眞毋傷

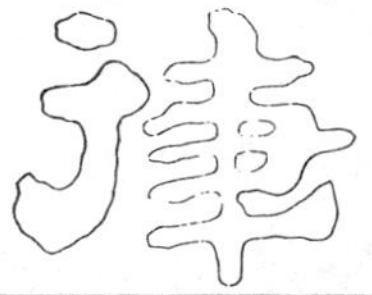

樊敏碑喜怒
作丨　補
上太山鏡銘五
丨徧俱歌樂清

廴

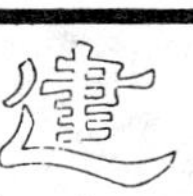
晉鄈休碑
陰馮和字
丨龍

延

延　萬歲宮鐙
元丨四年
延　臨虞宮鐙元
丨四年正月

足

晉鄈休碑
超張趙之
逸丨

晉鄈休碑羨信
臣之惠丨　廣
韻跡同迹

隸篇再續第三

㗊

符秦修魏太
尉鄧公祠碑
雷樹進丨

冊

晉郛休碑
陰戶萬七
千五百丨

樊敏碑
季丨不
祥　補

言

晉郛休碑羣后丨
嗟　諮同咨說見
前編諮字它碑及
經典皆以咨爲嗞說見前
編咨字碑則以諮爲嗞也

三公山碑明口口丨　尚方鏡銘　尚方鏡銘左龍右

楊統碑
丨茲箕
猶　玉
篇謩同

謨

符秦修
魏太尉
鄧公祠
碑屈口
童道丨

說文讙譁也碑蓋以讙　觀朱鳥元武　辭虎辟不丨　以詳
爲歡經典歡亦通用讙　丨陰陽　爲祥說見前編此
義直如

魏曹眞殘
碑陰竺丨
公達

祥而無
岐說者

魏曹眞殘
碑陰丨羌

符秦修魏太
尉鄧公祠碑
長史　　被除右丨軍

符秦修魏太
尉鄧公祠碑
馮翊丨軍

晉郛休碑
陰張獲字　讚足鐙寺　讃鐙丨武嗇
長丨　工丨　夫霸

竟寧鴈　竟寧鴈足

魏曹
眞殘
碑陰
丨述
祖然

魏曹
眞殘
碑丨
之妖
道

楊統
碑君
雖丨
而就
之

晉郛
休碑
丨者
弔祠

魏曹眞殘碑
公張羅丨穽

詁

三公山
碑路無
怨丨

音

俳洄名山鏡銘俳
洄名山采神丨

俳洄名山鏡銘尚
方御丨大毋傷

袁氏鏡銘袁
氏作丨兮眞

尚方
鏡銘

尚方御丨眞毋傷　三字
皆以竟爲鏡說見前編

辛

符秦修魏太
尉鄧公祠碑
屈口丨道詵

三公山
碑童丨
壺鎰

廾

魏曹眞殘
碑蜀口諸
葛亮稱丨

晉郛休
碑陰丨
三千人

符秦修魏
太尉鄧公
祠碑丨車
都尉

俳洄
名山
鏡銘
子孫

僃丨居
上邽

中央

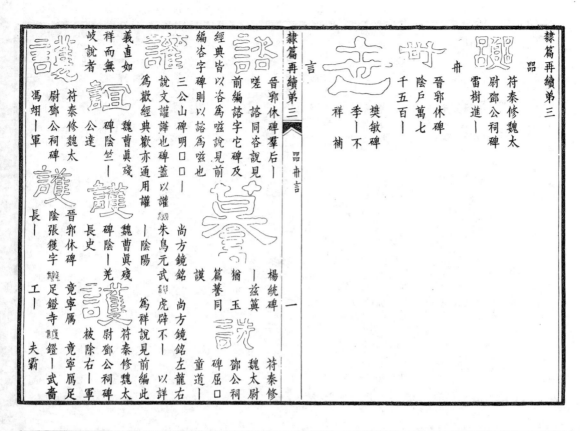

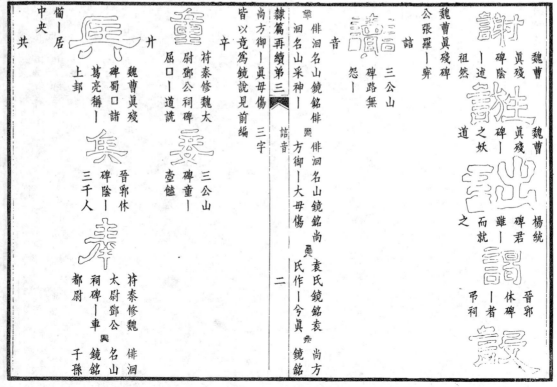

共

廾
鍌座鼎鍌座丨鼎
以共爲供說見前編

舁
晉興寧甎丨寧二年八月七日　興字反文
興
會年益壽鏡銘立爲侯王丨公卿

革
楊統碑帥口靡丨

爪
苻秦修魏太尉鄧公祠碑被除丨司馬
苻秦修魏太尉鄧公祠碑左降丨尚書庫部郎

巩
晉郛休碑君明敏多丨　說見前編蓺字埶字

又
袁氏鏡銘上有東王丨西王母
三公山碑丨粟如火　隸釋云以叔爲菽案詩七月七月亨葵及菽采菽序采菽釋文竝云本亦作叔左傳定元年經隕霜殺菽禮記檀弓啜菽飲水釋文出殺叔啜叔竝云叔或作菽漢書昭帝紀已叔粟當賦師古曰叔豆也菽古通用叔也

史
苻秦修魏太尉鄧公祠碑治書侍御丨

臤
三公山神碑有丨石如闕狀　說文豎立也从臤豆聲廣韻豎俗

臣
樊敏碑奄曶丨形　藏本作臧說見前編補

殳
晉郛休碑度操宏丨

几
苦宮鳧喙燭錠苦宮銅丨喙燭定

寸
楊統碑遺貴戚丨權
晉郛休碑陰部曲丨卌四人

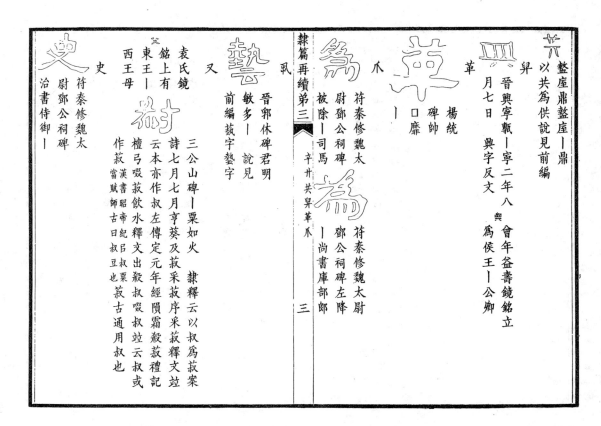

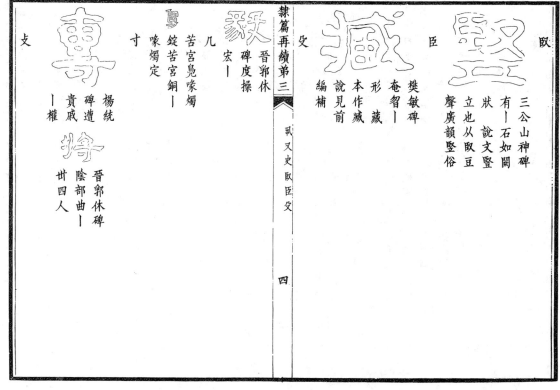

攴

隸篇再續第三

楊統碑剛柔丨得

晉郛休碑陰丨吏順陽郭瑜

魏曹眞殘碑陰安定胡丨

卜

魏曹眞殘碑陰京丨蕭儀

魏曹眞殘碑陰姜丨元龜

用

樊敏碑天頗亶丨補

魏曹眞殘碑陰皇丨聲季雍

爻

楊統碑口民假丨莫不隕涕　隸釋云以退邇作假爾案經典邇亦多通用爾

隸篇再續第三

隸篇再續第四

目

苻秦修魏太尉鄧公祠碑南軍丨都水使者

省

臨虞宮鐙右上林一尉賢丨　說文 升鼎嗇夫欽丨見前編

白

劉郃洪福院畫象題宇丨公

隹

魏曹眞殘碑丨州下闕

魏曹眞殘碑陰皇甫聲季丨

魏曹眞殘碑陰王濟文丨

羊

俳徊名山鏡銘左龍右虎辟不丨　以羊爲祥隸續沛相范君闕斷輒日利千萬會羊云漢代器物銘多以羊爲祥又元嘉刀銘宜侯王大吉羊鐘鼎彝器款識漢吉羊洗大吉羊洗大吉羊宜用洗案說文羊祥也春秋繁露執贄故羊之爲言猶祥與羊卽以祥爲義非省文借用比也

魏曹眞殘碑陰護丨長史

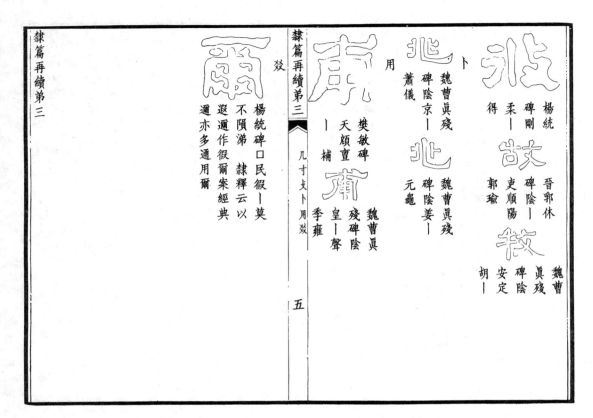

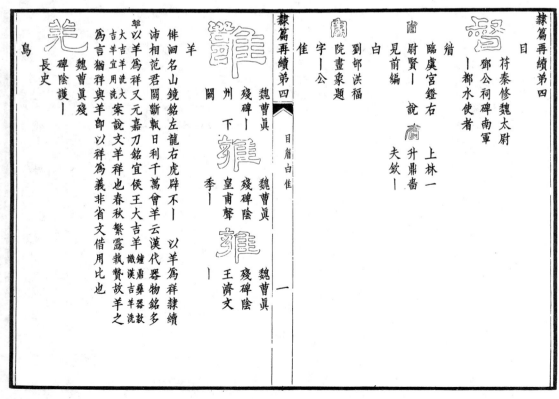

鳥

俳洄名山鏡　尚方鏡銘
鳳銘朱丨元武鳳朱丨元武
調陰陽　調陰陽
竟寧鴈足鐙爲内
者造銅丨足鐙

冓

晉鄆休
碑丨辟
公府

丝

魏曹眞殘
碑陰梁丨
彦章

放

王氏鏡銘浮游
天下丨三海

内

符秦修魏太尉鄧　晉鄆休碑　魏曹眞殘
公祠碑因舊丨餝　陰職丨吏　碑原其丨
説見前編　三百廿人　下闕

刀

谷口　晉鄆休碑丨劉巴東　左傳成十三年虔劉
鼎太　我邊陲注虔劉皆殺也據碑則虔爲省文劇
丨四　爲本字耳集韻類篇竝渠馬切削也或曰古止作虔後人
年造　加刀以配劉字然刀爲義虔爲聲於六書亦
未嘗　魏曹眞殘碑　前浴　魏曹眞　魏曹眞
不合　陰丨典虞令　鐎斗　殘碑陰　殘碑陰
也　説見前編　丨浴　下丨長　騎丨督

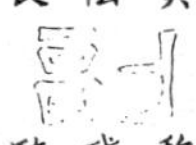

苦宮梟喙　尚方鏡銘　三公山
燭錠始元巧工丨之　碑丨石
二年丨　成文章　紀德

㓞

楊統
碑丨
銘鴻
烈

耒

三公山碑農夫執丨
説文耜臿也从木㠯聲
徐鉉曰今俗作耜

角

四老神坐神祚机丨里先生神坐
角古音禄説見前編鹿字俗書角里
先生之角爲甪前人辨之詳矣以此
刻證之益信今隸釋亦作甪者後人
傳寫狃於習俗而妄改耳其上作兩
點乃涉筆小異崔偓佺乃謂刀下用
音権兩點下用音鹿亦大謬也

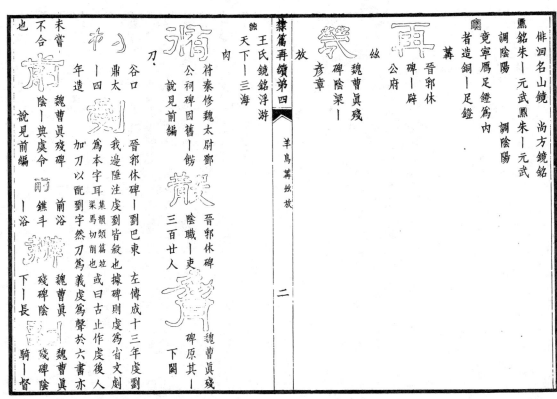

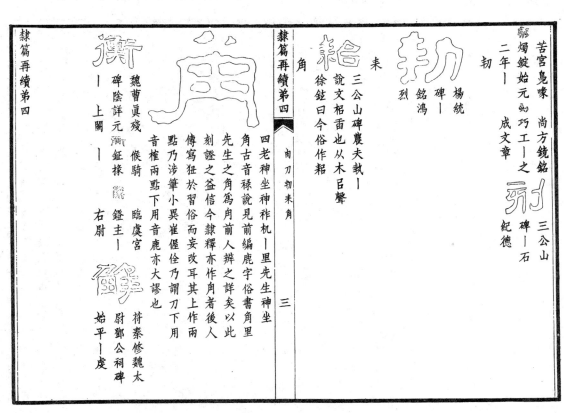

魏曹眞殘　候騎　臨虞宮　符秦修魏太
碑陰詳元　鉦掾　鐙主丨　尉鄧公祠碑
丨　上闕　丨　右尉　始平丨虔

竹

魏曹眞殘
碑陰尉主
｜中郎
上闕

晉郛休碑｜
格足以正世
說見續編
笵字

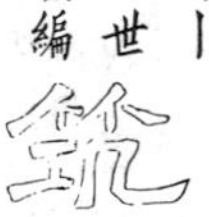

晉郛休
碑陰｜
陽鄉承

魏曹
眞殘
碑公
使持
｜鎭
西將
軍

家官鍾容一石四升十三｜說
文籥書僮竹笘也龠樂之竹管三
孔以和眾聲也漢書律厤志量者
龠合升斗斛也本起於黃鐘之龠
用度數審其容龠合字卽樂龠字
樂龠之龠經典通用籥此則龠合
之龠亦通用籥也

箕

魏曹眞殘
碑公斬｜
造意　說
見前編

左

苻秦修魏太
尉鄧公祠碑
｜降爲尚書

候騎
鉦守
｜丞

袁氏鏡
銘山人
子僑侍

庫部郎
況
｜右

工

尚方鏡銘

｜工刻之
成文章

魏曹眞殘
碑陰韋曷
｜文

珏

三公山神碑上黨界中縣祭｜　以塞爲賽說文
新附賽報也古止作塞周禮春官都宗人注祭謂
報塞也漢書郊祀志冬塞禱祠廣陵王胥傳殺牛
塞禱韓非子外儲說殺牛塞禱文選阮籍爲鄭沖
勸晉王牋西塞江源賽皆作塞後漢書宦者傳詔
令大官給塞具注塞報祠
也字當爲賽通用非是

巫

三公
山碑
明公
降｜

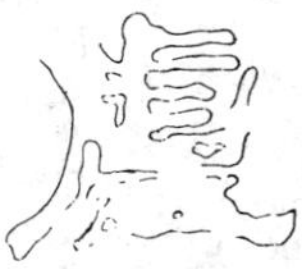

東海廟
碑殘字
凡尊｜
祇靈
字

曰

陳德殘碑
陰故戶｜
史王　下
闕

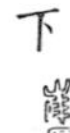
大官
鍾右
｜米

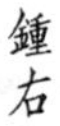
大官
鍾右
｜口

乃

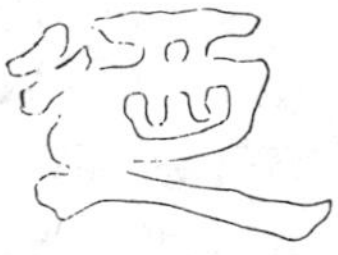

楊統碑
｜翻然
輕舉
說見前
編

喜

袁氏鏡銘辟邪
｜怒母央咎

豐

司徒殘碑如穀之丨

虍

臨虞宮鐙臨丨宮銅鐙

符秦修魏太尉鄧公祠碑始平解丨

虎

王氏鏡銘口龍右丨

尚方鏡銘左龍右丨辟不詳

晉郛休碑有丨叔者

皿

司徒殘碑損沖丨口盌字

司徒殘碑縈祿不能丨其志卽盪字

符秦修魏太尉鄧公祠碑軍丨簿寧戎郝子星

晉郛休碑陰口丨順陽王犨

食

家官鐘中尚丨

王氏鏡銘渴飲王泉丨食棗飢字

樊敏碑彈丨糾貪據隸韻字源作饕補

館陶家鐙丨陶家口

三公山碑馬丨粮芻說文氣或从食又說見前編氣字

亼

尚方鏡銘壽敝丨

石侯王以今爲金同音借用也

嵬氏瓦嵬氏冢丨

缶

樊敏碑渾元丨像以罊爲缶說見前編補

矢

魏曹眞殘碑丨石闕𨽻

曾年益壽鏡銘立爲丨王與公卿

晉郛休碑邈丨君侯

冂

尚方鏡銘子孫備具居中丨

俳泂名山鏡銘子孫備具居中丨

袁氏鏡銘辟邪喜怒毋丨咎以央爲殃隸釋

無極山碑爲民來福除央

上太山鏡銘食玉丨以央爲英詩出車

臭仲山碑而遭旃旐央央釋文本亦作英同六月白旆央

禍央隸續嚴訢碑君

央釋文音英孫炎爾雅釋天注引作帛旆

獲其央殃皆作央

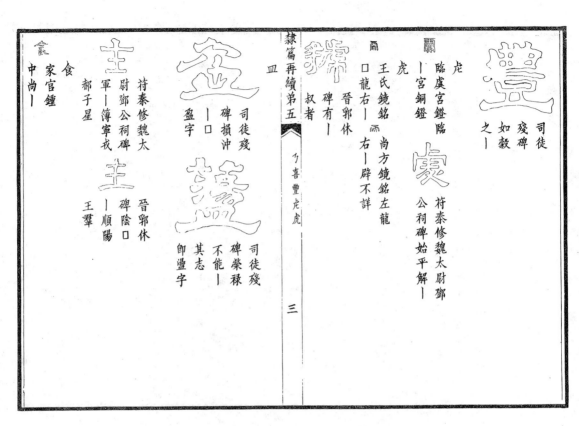

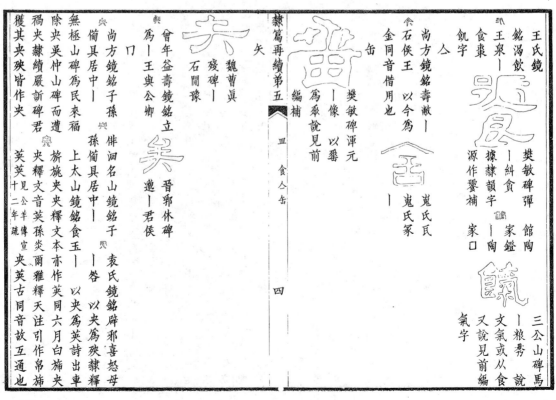

英英見公羊傳宣十二年疏央英古同音故互通也

畗

晉鄃休碑陰郭貞字仕丨

畗

文

竟寧鴈足鐙 候騎鉦 上林一升鼎
護武丨夫霸 丨夫放 丨夫欽省

衎秦修魏太尉鄧公祠碑兼統丨暘治

四老神坐神祚机丨黃公神坐

韋

樊敏碑晉爲丨

魏補

弟

晉鄃休碑陰黃謙字弟足鐙丨欽丨
竟寧鴈 家鋋 廿五
曲成 丨三百 鍾丨 丨六
大官鍾 一十
家官 廿二

第六置鼎 大官鍾丨八百四二
丨六置鏽 以上皆第字說見前編

隸篇再續第五

隸篇再續第六

木

四老神坐神祚机綺里季 神祚丨 說文机木也几踞几也此以机爲几易渙汁渙奔其机釋文音几左傳襄十年投之以机釋文出以几云本又作机同几古通用机也

俳佪名山鏡銘丨烏元武官行鐙調陰陽

信都食廿丨

魏曹眞殘碑陰茂丨北地傅芬蘭石

晉鄃休碑陰黃丨宇巨原

晉高平檀君輒高平丨君

三公山碑投轄丨兮

魏曹眞殘碑陰安定丨馥

魏曹眞殘碑立化丨嘉

俳佪名山鏡銘俳佪名山丨神章

魏曹眞殘碑口毛丨鐵

魏曹眞殘碑口從俗以丨瀘

晉鄃休碑陰宋丨宇建之

魏景初帳構銅澤泰平坐帳上邊丨銅

俳佪名山鏡銘長保二親丨富昌

三公山碑喬丨季文

晉鄃休碑皇丨是銓

林

樊敏碑丨漢之際

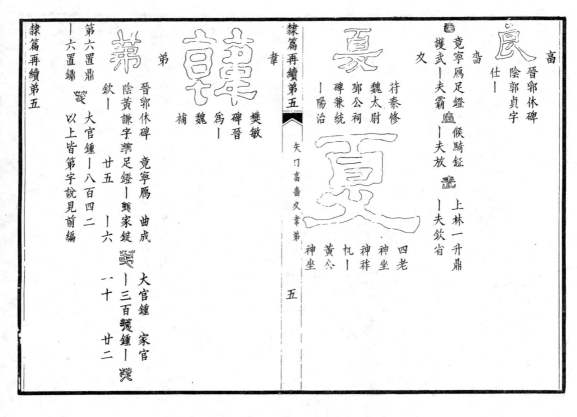

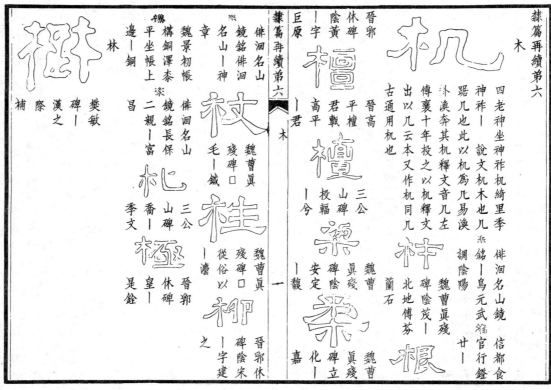

補

才

栫秦修魏太尉鄧公祠碑邈無異丨

之

三公山碑施丨王□

栫秦修魏太尉鄧公祠碑故記丨

米

晉郛休碑陰丨鄉鄭岱

生

魏曹眞殘碑陰安定皇甫丨

荂

晉郛休碑陰武當丨吳

樊敏碑丨南西畺以華爲崋說見前編　補

桼

魏景初帳構銅澤丨平坐帳上邊構銅　桼字也說見前編漆字

橐

樊敏碑冠履同丨　補

口

四老神坐神祚机丨公神坐　姓氏急就篇四晧圜公一曰圈公漢末圈稱撰陳畱風俗傳匡謬正俗引圈稱陳畱風俗傳自序圈公之後云云而疑圈公非四晧圜公據此刻則圈公卽園公無疑而姓氏急就篇之說亦有徵矣

貝

魏曹眞殘碑賻丨之贈

楊統碑武稜攜丨隸釋云貳卽貳字

晉郛休碑丨政干外

魏曹眞殘碑丨賵之贈　以賻爲賻

玉篇賻以財助喪也扶句切集韻賻

以財相酬蒲故切音義皆近故通用

萬歲宮鐙橡武　元延

守令史丨　賽鈁主

字也說見塞字　守左

丞丨

亦賽字

邑

魏曹眞殘碑陰丨令隴西李溫

魏曹眞殘碑陰京兆丨靖

袁氏鏡銘辟丨喜怒母央咎　邪字也說見前編偏旁

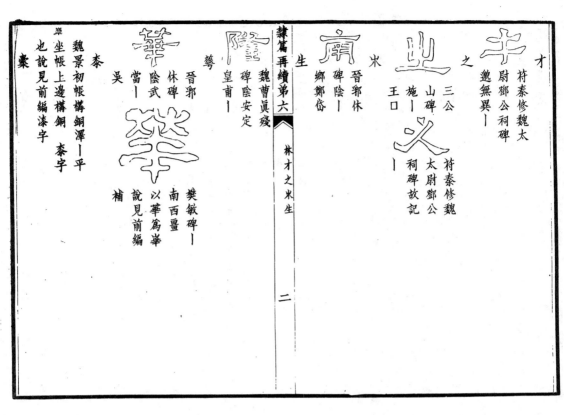

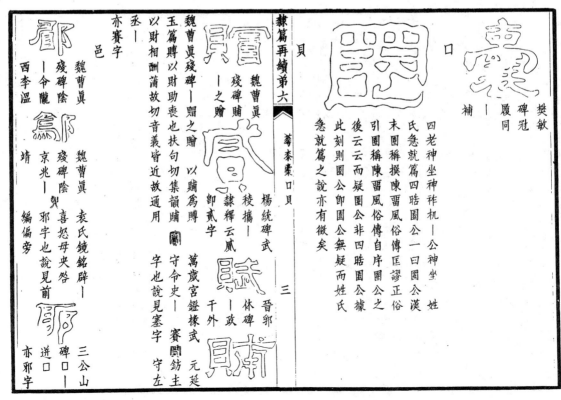

三公山碑□丨迸□　亦邪字

隷篇再續第六

符秦修魏太尉鄧公祠碑和寧戎丨城洛川定陽
信都食官行鐙信丨食官銅行鐙
魏曹眞殘碑蜀口諸葛亮稱兵上丨
晉鄒休碑陰丨董寶

說文本作鄜

魏曹眞殘碑陰丨中安定胡廣
陳德殘碑拜丨中
樊敏碑晏嬰丨殿補
晉鄒休碑陰丨岱宇永先

晉周行思
翺丨周行思九堂造
也
郶

符秦修魏太尉鄧公祠碑丨子星永文
魏曹眞殘碑陰中郎京光丨允

晉鄒休碑陰南丨馮和
魏曹眞殘碑陰騎都尉西丨侯　上闕

日

晉鄒休碑陰楊丨宇子顏
俳洄名山鏡銘長保二親樂富丨
三公山碑和其寒丨
三公山碑養丨然兮

孟子我善養吾浩然之氣注我能自養育我之所有浩然之大氣也碑浩作晧文選班固荅賓戲孟軻養皓然之氣今本譌皓爲浩注項岱曰晧白也如天之氣晧然也皓皆當作晧說見前編浩亦作晧

𠃵

扒

樊敏碑再奉丨娉補

王氏鏡銘浮丨天下敖三海　孔彪碑偕游爲浮省作斿見前編此則省游爲浮也

晶

符秦修魏太尉鄧公祠碑郙子丨永文　上太山鏡銘丨駕非龍　以參爲驂周禮春官筮人八曰巫參疏參謂參乘之事參乘即驂乘增修禮部韻略曾參字子輿蓋取驂乘之義驂古通用參也隷釋孫叔敖碑自曹臧孤竹吳札子罕之倫不能驂也郎中郭君碑追顏驂冉又以驂爲參

月

符秦修魏太尉鄧公祠碑十二丨廿五日
竟寧鴈足鐙護武嗇夫丨

夕

苻秦修魏太尉鄧公祠碑夙丨匪口

多

冊

晉鄆休碑方冉季之丨略

苻秦修魏太尉鄧公祠碑盧水白丨

齊

晉鄆休碑陰馮禮字芝丨

束

王氏鏡銘渴飲玉泉飢食丨

鼎

盩座鼎盩座共丨

陽周鼎陽周口金丨

上林一升鼎上林銅一升丨

第六置鼎第六置鼎　鼎之異文

克

楊統碑官忠丨力　隸釋云官卽克字

禾

晉鄆休碑旌蓋未丨

萬歲宮鐙元延四丨

曾年益壽鏡銘曾丨益壽宜子孫

家宮鍾十二丨

大宮鍾十五丨

晉永和甎永和二丨

以移爲迻詭見前編

臨虞宮鐙元延四丨正月

三公山碑年豐歲丨

樊敏碑務鉏民丨

補

三公山碑馬餼粮丨　隸釋云以秀爲莠案莠省艸而爲秀猶菽之作叔也

秝

苻秦修魏太尉鄧公祠碑丨統夏暘治

香

魏曹眞殘碑陰安定梁丨

米

樊敏碑丨

巫㓕

瘧

補

三公山碑馬餼丨秀　國語魯語馬餼不過稂莠碑以粮爲稂疑筆誤也隸釋作稂據石本實作粮

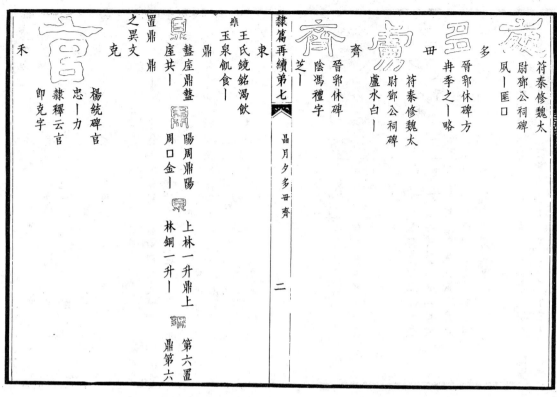

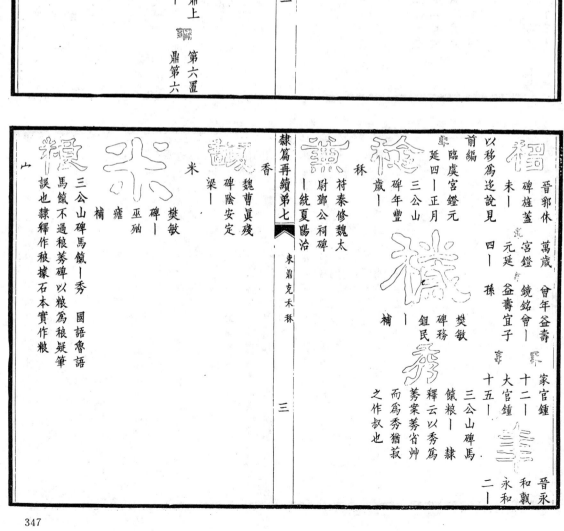

山

家官鍾
丨官鍾
一
曲成家
錠曲成
丨銅錠
一
樊敏碑遷丨
渠令　補
俳洄名
山鏡銘
長保二
親樂丨
昌

三公山神
碑陰以王
丨經錢給
直　从古
文豕而變
苦宮甈喙燭錠苦宮銅甈喙燭丨
以定爲錠爾雅釋器斪斸謂之定釋
文或作錠蓋亦錠爲本字通用定也
符秦修
魏太尉
鄧公祠
碑北地
丨平

晉鄐
休碑
方將
丨宇
崇爵
尚方鏡銘
長保二親
樂丨昌
樊敏碑丨
生賢兮
卽寔字說
見前編補

穴

三公
山碑
山谷
竅丨

三公
山碑
山谷
丨窕

魏曹眞
殘碑公
張羅設
丨

疒

楊統
碑復
以丨
辭

樊敏碑米巫𣧑丨　隸
辨云碑蓋以瘧爲虐案
釋名釋疾病瘧酷虐也
是瘧卽有虐義非直同
音借用也補

网

苦宮甈喙燭錠
重一斤九丨
竟寍鴈足鐙重
三斤十二丨
土軍侯燭豆
八斤十三丨
臨虞
宮鐙
重十六
斤四丨
家官鍾重廿九斤五丨　以上
五字皆以兩爲㒳說見前編

网

魏曹眞
殘碑陷
之坑丨

魏曹眞殘
碑公張丨
設穽

巾

晉鄐休碑
丨大禮則
興讓

三公山碑永永
不丨　以幣爲
敝說見前編

魏景初帳構
銅澤桼平坐
丨上邊構銅

苻秦修魏太尉鄧公祠碑因
舊脩丨　此如隸釋韓勑後
碑謂以餝爲飾也說見前編

魏曹眞殘
碑陰丨觀
仲歷

㡀

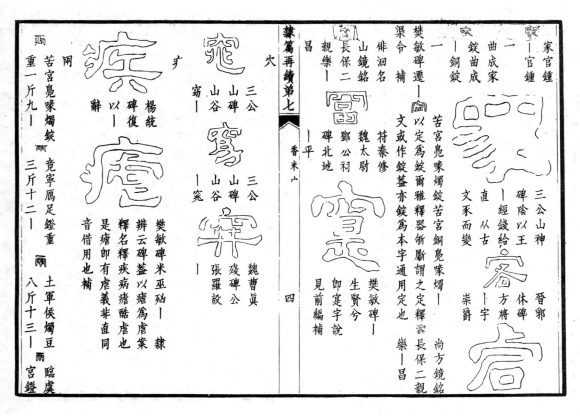

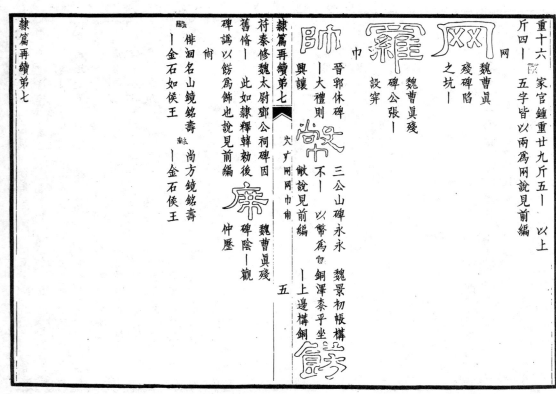

俳洄名山鏡銘壽
丨金石如侯王
尚方鏡銘壽
丨金石侯王

隸篇再續第八
人
魏曹眞殘 上太山鏡銘五德備丨歌樂 俳洄名山鏡
碑陰京兆清 以俱爲具它鏡銘皆作具經典 銘丨洄名山
蕭丨 又多以具爲俱以其義通也 采神章 以
俳洄 苦宮皃喙燭錠丨五寸 義作徑謂圜中
爲裴 楊統 之直爾雅釋水直波爲徑釋文出俓云或
回說 碑丨 作徑俓者徑之 三公山碑丨于
見洄 士充 通也玉篇俓急也廣韻集 喬木 以僊爲
字 庭 韻俓亦訓直 遷說見前編
表氏鏡銘山人子丨侍左右 晉鄡休碑陰 俳洄名山
以僑爲喬與隸釋樊敏碑 李丨字文子 鏡銘尚方
松僑協軌同它碑及經典又 說見前編 御竟大母
多以喬爲僑說見喬字 偏旁 丨

尚方鏡 晉鄡休碑陸丨奔北於南 三國 晉鄡休
銘尚方 吳志陸遜次子抗字幼節以字證 碑陰陳
御竟眞 名蓋如石門頌深執忠伉之義碑 襲字丨
母丨 作伉是史作抗者通用或譌誤也 祖
魏曹眞殘 晉鄡休碑 表氏鏡銘 符秦
碑陰趙審 丨姿表於 長丨二親 修魏
安丨 岐嶷 王久 太尉
鄧公祠碑軍 符秦修魏太尉鄧 符秦修魏太尉鄧
功曹書丨 公祠碑功曹書丨 公祠碑功曹書丨
說見前編 和戎儁蒙口彥 和戎雷陵道進
元延鈁丨工長 表氏鏡銘辟邪喜 尚方 石牆郵
繕 併字 怒母央丨 咎字 鏡銘 石刻丨
子孫丨具 上太山鏡銘五 表氏鏡銘山人 其身
居中央 德丨俱歌樂清 子僑丨左右 上下闕

三公山碑巨丨不數 隸釋云以仞爲牣隸辨云孟子於
牣魚躍孫奭音義云牣丁本作仞史記殷本紀充仞宮室
司馬相如傳充仞其中者不可勝記牣皆作仞案漢書司
馬相如傳虛宮館而 魏曹 樊敏碑不
勿仞師古曰仞亦滿 眞殘 候騎 頋倡丨
也後漢書宦者張讓 碑陰鉦丨 隸釋云以
傳仞積其中注仞滿 玉門 騎鉦 倡偃爲猖
也皆物之通也 丨 獗案字書
無偃 樊敏 楊統碑光
字失 碑丨 于丨載
載也 立忠 憶之省以
補 謇 爲意說見
補 前編
七

鏡 尚方鏡銘尚方
御竟丨毋傷
鏡 袁氏鏡銘袁
氏作竟兮丨

匕

三公山
碑丨土
爲山

从

上林一升
鼎丨重十
一斤八兩

魏曹眞殘碑陰雍
州部丨事天水良
苗 說見前編

比

圉令
趙君
碑以
丨後
昆
補

丘

樊敏
碑畢
志枕
聖諱
丨
補

重

竟寧鴈足
鐙丨三斤
十二兩
家官鍾
丨廿九
斤五兩
第六置
鼎丨十
二斤

身

樊敏碑
秋老乞
身
補

晉鄭休碑陰
丨散吏三百
廿人 說見
前編

苻秦修魏
太尉鄧公
祠碑在丨
六載

衣

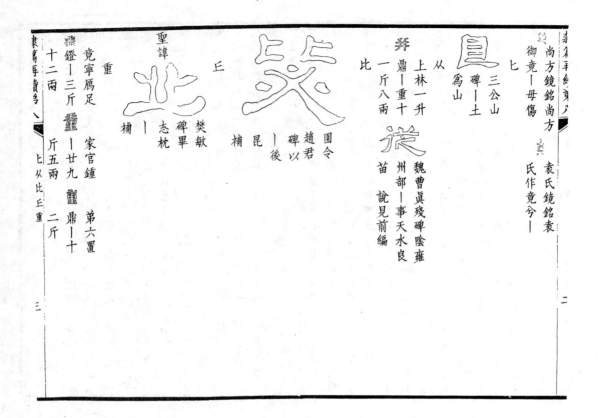

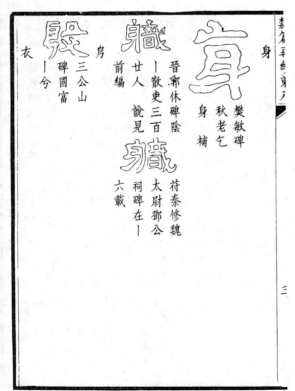

三公山
碑國富
丨兮

表氏
鏡銘
丨氏
作竟
今眞

符秦修魏太尉鄧公祠碑丨除右護軍

符秦修魏太尉鄧公祠碑丨除爲司馬

楊統碑帥服者變丨而屬 說文袵衣裣也廣韻袵臥席也碑以袵爲袵經典又多以袵爲袵

晉鄖休碑陰陳丨

老

曾年益壽鏡銘曾年益丨宜子孫

王氏鏡銘丨如金石口國保

俳徊名山鏡銘丨敝金石如侯王

毛

魏曹眞殘碑口丨杖鉞 蓋用書牧誓左杖黃鉞右秉白旄之文而以毛爲旄也書禹貢厥貢羽毛齒革史記夏本紀漢書地理志毛竝作旄旄與毛古互通也

尸

晉鄖休碑積丨如京

三公山碑丨素食祿

晉鄖休碑丨抗其謀 說見前編

尺

萬歲宮鐙高二丨

臨虞宮鐙高二丨

履

符秦修魏太尉鄧公祠碑丨性忠孝

方

晉鄖休碑丨冉季之多略

俳徊名山鏡銘尚丨御竟大毋傷

儿

司徒殘碑協丨漢皇 說見前編

見

尚方鏡銘長保二丨樂富昌

俳徊名山鏡銘長保二丨樂富昌

欠

樊敏碑丨嘑悵哉以歍爲鳴卽以歍爲烏說見前編補

上太山鏡銘五德備俱丨樂清

三公山碑百姓丨歌 隸釋云以歐爲謳案說文歐吐也謳齊歌也歐吐字古通用嘔玉篇嘔吧嘔也左傳哀二年吾伏弢嘔血是也謳歌字亦通用嘔漢書朱買臣傳數止買臣毋歌嘔道中是也玉篇嘔歌也又以歐爲謳猶以嘔爲謳耳

符秦修魏太尉鄧公祠碑當投丨詳

㱃

上太山鏡銘丨禮泉 說見前編

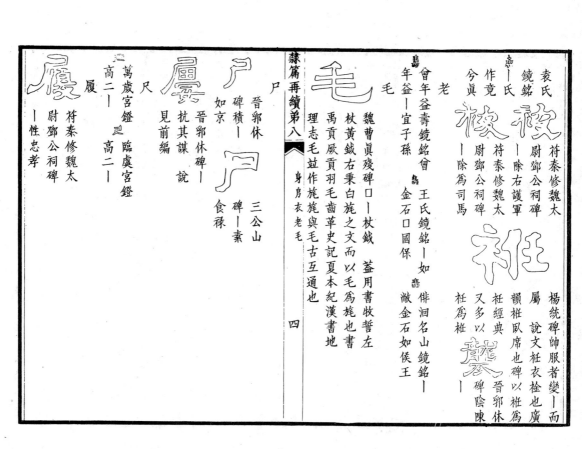

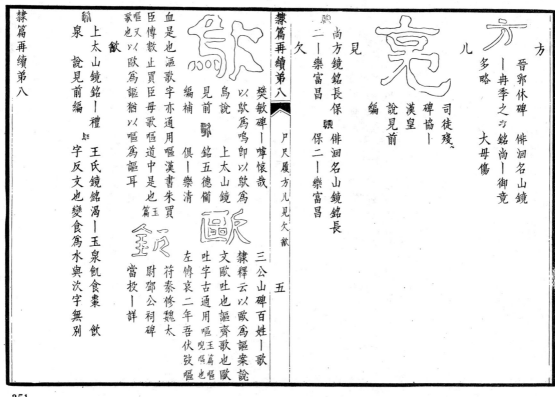

王氏鏡銘渴丨玉泉飢食棗 飲字反文也變食爲水與次字無別

隸篇再續第九

頁

衸秦修魏太尉鄧公祠碑歲久丨杇　玉篇穨亦作頹廣韻頹同穨

楊統碑功丨不伐　顯字

楊統碑丨從贖其無由　隸釋云顯卽顧字又說見前編

面

東海廟碑殘字四丨竝集

県

陳德殘碑陰丨丞張公

同上

下闕說見前編

卩

元延鈁丨脩

辟

晉郛休碑再丨公府

俳洄名山鏡銘左龍右虎丨不羊

袁氏鏡銘丨邪喜怒毋央咎

勹

嵬氏瓦嵬氏丨舍

嵬

嵬氏瓦丨氏冢舍　嵬氏卽魏氏魏本作魏說見前編魏字此則省魏爲嵬故集韻以嵬爲魏之省文也

山

魏曹眞殘碑陰龐乎丨舉

俳洄名山鏡銘俳洄名丨采神章

袁氏鏡銘丨人子僑侍左右　以山爲仙

晉郛休碑岳丨淵渟

魏曹眞殘碑登丨岱

樊敏碑丨瀆口仁兮說見前編補

晉郛休碑丨峙淵渟

广

魏曹眞殘碑陰丨乎山舉

衸秦修魏太尉鄧公祠碑左降爲尚書丨部郎

鏊座鼎鏊丨共鼎

广

樊敏碑丨土河東補

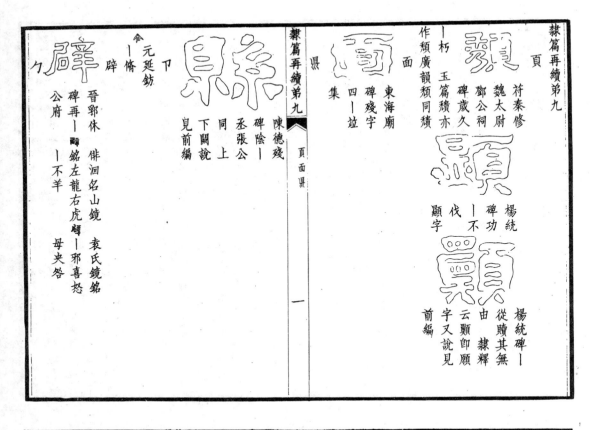

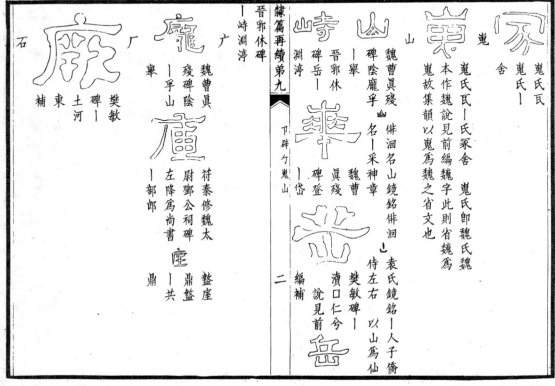

石

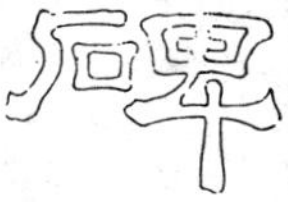
魏曹眞殘碑立｜作頌

長

魏曹眞殘碑使少｜有下闕 尚方鏡銘｜保二親樂富昌 俳洄名山鏡銘｜保二親樂富昌

冉

晉鄐休碑方｜季之多略

豕

晉鄐休碑封｜遠遁

豸

晉鄐休碑以｜貀七千

晉鄐休碑以貔｜七千

易

楊統碑疆｜不爭 以易爲場易大壯喪羊于易釋文陸作場謂壇場也詩載芟傳畛易也今本誤作場釋文本又作場漢書禮樂志吾易久遠注晉灼曰易疆易也荀子富國至於疆易注易與場同又隸釋魏橫海將軍呂君碑愼守壘易場亦作易場通用易也或曰說文新附場疆也古止作易

象

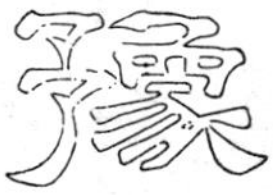
魏曹眞殘碑矢石間｜

隸篇再續弟九

馬

萬歲宮鐙工丨寬造

苻秦修魏太尉鄧公祠碑丨翊朱進

上太山鏡銘參丨非龍

晉鄴休碑龍丨虎奮

廌

魏曹眞殘碑口從俗以柱丨

犬

晉鄴休碑吳越丨狡

晉鄴休碑吳越狂丨

晉鄴休碑陰義武丨掾

苻秦修魏太尉鄧公祠碑夷丨十二種

晉鄴休碑陰鄭承字丨之

晉鄴休碑陰郭丨字叔宏

火

晉鄴休碑緝丨宣曜

臨虞宮鐙右丨賢省

苦宮鳧喙燭錠苦宮銅鳧喙丨定

土軍侯燭豆土軍侯丨豆

大

谷口鼎丨初四年造以大爲太說見前編

上太山鏡銘上丨山以大爲太卽以大爲泰說見前編大字太字

苻秦修魏太尉鄧公祠碑丨類十二種

矢

晉鄴休碑陰武當華丨

魏孫二娘等題名丨口娘

天

三公山碑丨札季文書陳寵傳而美鄭喬之仁政隸釋議郎元賓碑有鄭見思之歌僑皆作喬 喬謂鄭國僑僑古通用喬後漢髙宰 左傳文十一年獲長狄僑如穀梁傳成二年經叔孫僑如釋文竝云本又作喬樊敏碑松僑協軌又以僑爲喬

壺

三公山碑童妾丨鎰

夲

鼇座鼎丨座共鼎本

樊敏碑君丨一心補

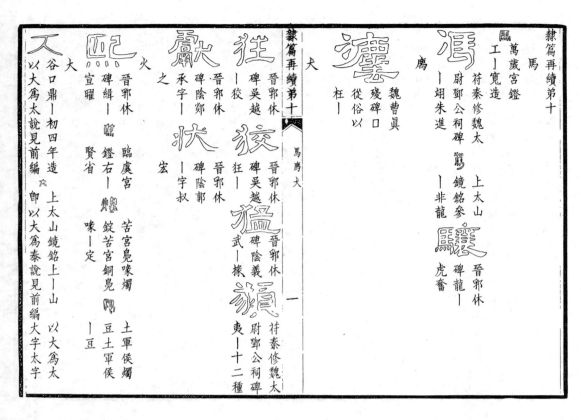

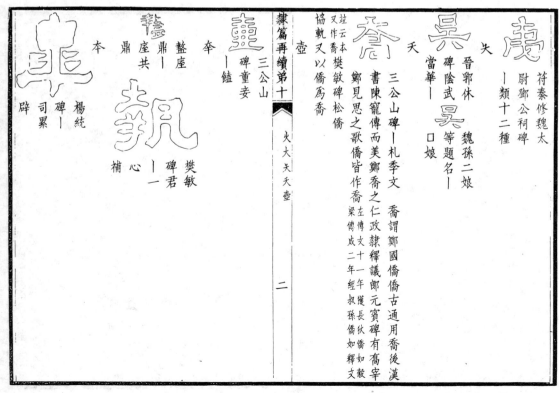

楊統碑丨司累辟

立

立會年益壽鏡銘丨爲侯王與公卿　以立爲位周禮春官小宗伯掌建國之神位注故書位作立鄭司農云古者立位同字

楊統碑欣悅丨慄

竝
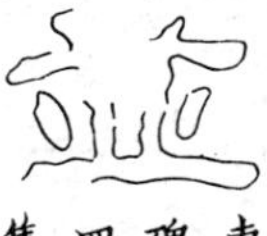
東海廟碑殘字四面丨集

心

晉鄧休碑陰李眞字長丨

苻秦修魏太尉鄧公祠碑事上恪丨說見前編懃字

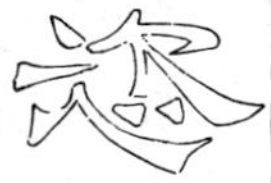
魏曹眞殘碑不丨世以違憲

晉鄧休碑仁丨馳於區域

魏曹眞殘碑百慰姓丨戴

三公山碑敬而不丨

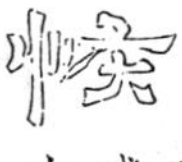
魏曹眞殘碑陰京兆宋丨

三公山碑或有恬丨一切經音義惔然云蒼頡篇惔恬也說文惔安也廣雅惔靜也今皆作淡案今說文作惔憂也詩曰憂心如惔

魏太和尉斗中尚方造銅丨人慰斗　說文慰安也从心㷉聲㷉隸作尉㷉从上案下也从𡰥又持火以㷉申繒也徐鉉曰今俗別作熨非是此銘則以慰爲尉而省火也又慰安字古或作尉漢書韓安國傳吕尉士大夫心師古曰古慰安之字正如此其後流俗乃加心耳車千秋傳尉安衆庶師古曰尉安之字本無心也 隸釋度尚碑冊書尉薦 實則尉者慰之通非本字也

慰 魏太和尉斗中尚方造銅慰人丨斗

慰 袁氏鏡銘辟邪喜丨毋央咎

苻秦修魏太尉鄧公祠碑事上丨懃說見前編

楊統碑朝廷愍丨

楊統碑丨馬永傷

魏曹眞殘碑長以清丨爲限

隸篇再續第十

隸篇再續第十一

水

洄 司徒殘碑損|盈口

俳洄名山鏡銘俳|名山采神章　說文裵長衣皃徐鉉曰漢書裵回用此燕剌王旦傳裵回石渠閒兮今俗作徘徊非是案漢書又作俳佪息夫躬傳鷹隼橫厲鸞俳佪兮高后紀俳佪往來俳佪疑俳佪之譌今銘正作俳合之北海相景君銘歔欷低佪之佪爲俳佪也而以洄爲佪者玉篇佪佪惽也爾雅釋訓作洄洄惽也佪與洄古通用耳又爾雅釋水過辨回川釋文回又作洄文選七發洄闇悽愴馬注洄與回同是回洄古亦通用銘以洄爲佪即以洄爲回也

潰 晉鄃休碑激|流於九野

濆 樊敏碑|近聖禹說見續編　補

汶 樊敏碑飲|茹

汸　補

魏曹眞殘碑作|下闕

湲 魏曹眞殘碑潺|上闕

潺 魏曹眞殘碑|湲上闕　玉篇潺湲流皃此潺字也

渟 晉鄃休碑岳峙淵|

渾 晉鄃休碑芒芒|元

淵 晉鄃休碑岳峙|渟

澹 司徒殘碑|泊也

潭 樊敏碑|元垂像　補

洸 苻秦修魏太尉鄧公祠碑楊|少論洸字也

濟 魏曹眞殘碑陰臨|令　說見前編

漢 王氏鏡銘浮游天下敖三|　王氏鏡銘|飲玉泉飢食

棗渴字說見前編竭字

淺 魏曹眞殘碑陰曲|農部尉

浴 前浴鐎斗前|

泊 司徒殘碑澹|也

巜

巜 苻秦修魏太尉鄧公祠碑洛|定陽

泉

泉 上太山鏡銘飲禮|

灥

原 晉鄃休碑陰黃根字巨|說見前編

永

永 東海廟碑殘字|壽元口

𠂢 晉永和甎|和二年反文

谷

谷 谷口鼎|口

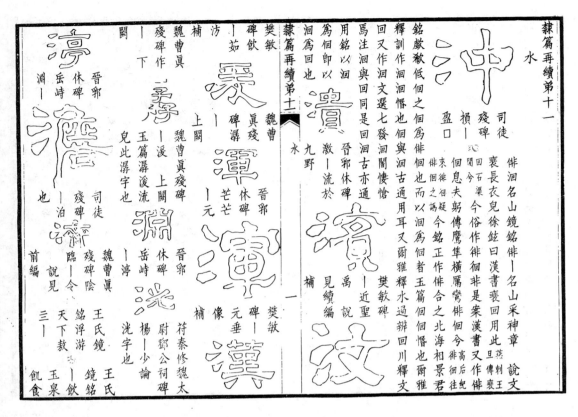

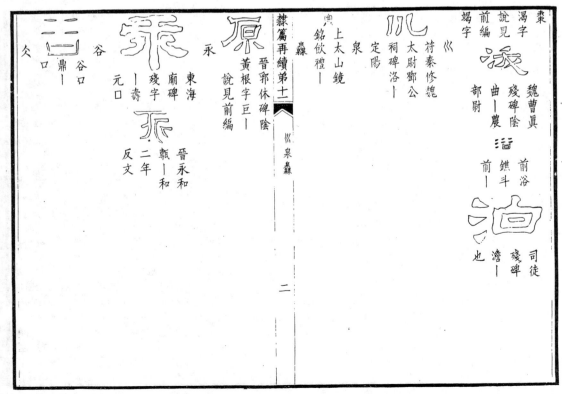

仌

雨

魏曹眞殘碑口丨霜於陸議

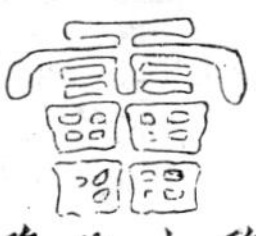

魏曹眞殘碑奮丨霆於朱然

說文靁籒文靁碑从籒文省

苻秦修魏太尉鄧公祠碑丨樹進邈

說見前編

苻秦修魏太尉鄧公祠碑丨陵道進

魏曹眞殘碑奮靁丨於朱然

魚

楊統碑還丨陽侯相

上太山鏡銘見神丨以鮮爲仙同音借用耳

龍

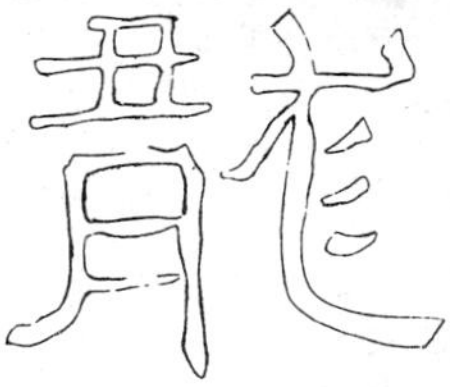

三公山碑頌題宇封丨君

晉鄴休碑陰馮和宇建丨

倠洄名山鏡銘左丨右虎辟不羊

上太山鏡銘參駕非丨

非

上太山鏡銘參駕丨龍　以非爲飛說文非从飛下翍

非有飛義故通用若隸釋蔡湛頌飛陶唐氏其孰能口

口口乎孔耽碑飛其學也以飛爲非則同音而借矣

隸篇再續第十一

乙

寶應畫象題字 丨子

西

魏曹眞殘碑公使持節鎭丨將軍

戶

晉鄧佽碑潛丨襄陽 說文戹隘也从戶乙聲厄科厄木節也从卪厂聲碑謂以厄爲戹俗相承用之佩觿云有以科厄之厄爲困戹其順非有如此者

耳

符秦修魏太尉鄧公祠碑軍門下督和戎鉗丨口世

符秦修魏太尉鄧公祠碑治下部大鉗丨丁比

魏曹眞殘碑陰皇甫丨季雍

符秦修魏太尉鄧公祠碑丨世鎭南參軍

樊敏碑濱近丨禹補

曾年益壽鏡銘丨人上下闕

手

三公山碑遐邇丨負

晉鄧休碑斬將丨旗 說文本作攓

三公山碑丨去四殉

晉鄧休碑夫其丨節亮直

符秦修魏太尉鄧公祠碑當丨欽詳

魏曹眞殘碑下闕

魏曹眞殘碑陰龐乎山丨舉 說文弁古文與字

三公山碑消丨口難

樊敏碑京師丨穰 隸釋云以擾穰爲擾攘案字書無擾字碑變憂爲夏耳補

楊統碑丨犍爲府丞

萬歲宮鐙丨武

竟寧鴈足鐙丨廣漢

符秦修魏太尉鄧公祠碑蒲乎北丨令

魏曹眞殘碑張丨張進

女

晉鄧休碑追丨文之遺風

魏曹眞殘碑誑之丨道 妖字也說見前編訞字

魏王五娘等題名馬卞二丨 玉篇孃母也娘少女之号廣韻同此正用娘字也世或二字同用或以娘爲孃之俗竝非

母

袁氏鏡銘上有東王父西王丨

仲洄名山鏡銘尚方御竟大丨傷 以母爲無說見前編

袁氏鏡銘辟邪喜怒丨央咎 亦以母爲無字作毋者以上西王母字相涉而誤也 春秋傳七年盟于甯母左氏傳釋文甯母如字又音無公羊傳釋文甯母音無或音某穀梁傳釋文寧母下音無又茂后反字作毋而皆有無音形與聲必有一誤耳

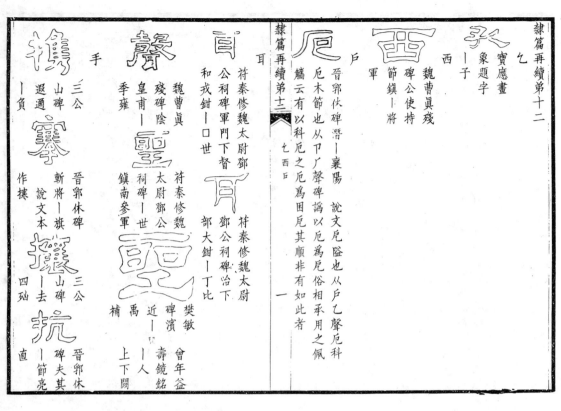

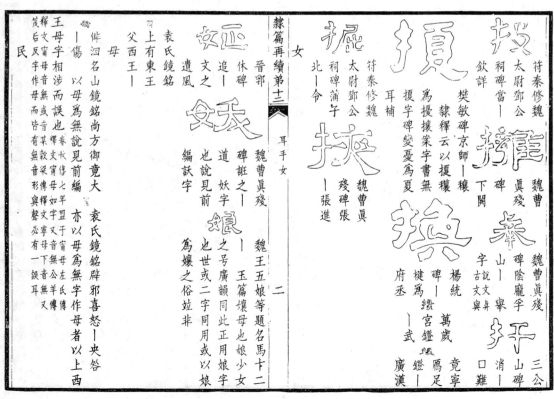

民

魏曹眞殘碑
陰州丨郎中
安定楊宗

氏

嵬氏　袁氏鏡
氐嵬　銘袁丨
丨冢　作鏡兮
舍　眞

戈

苻秦修魏太尉鄧
公祠碑軍參事和
丨鉗耳口口龍
碑軍主簿寧
丨郝子星

苻秦修魏太尉鄧公祠
碑北地靈丨盂口口廣

苻秦修魏太尉
鄧公祠碑軍録
事和丨雋蒙瑒

苻秦修
魏太尉
鄧公祠

臨虞宮　尚方
鐙掾丨　鏡銘

朱鳥　魏曹眞殘碑陰
元丨　皇甫丨幼載
調陰　以字證名義當
陽　爲肁說文肁始
開也肇徐鉉曰案李舟切韻
云擊也碑以肇爲肁隸釋樊
敏碑肇祖宓戲肁亦作肇

樊敏碑
肇祖宓
丨　以
戲爲義
說見前
編補

戉

楊統碑
遭貴丨
專權
戚字也

我

楊統碑
殊俗慕
丨者不
肅而成

匚

晉鄧休
碑陰騎
三百丨

匸

苻秦修魏太尉鄧公
祠碑夙夜丨口　以
匪爲非說見前編

弓

魏曹眞殘
碑陰丨緝
敬仲

晉鄧休碑於
是故吏丨羨
謝放等

糸

曾年益壽鏡
銘曾年益壽
宜子丨

保子宜
孫軑保
子宜丨

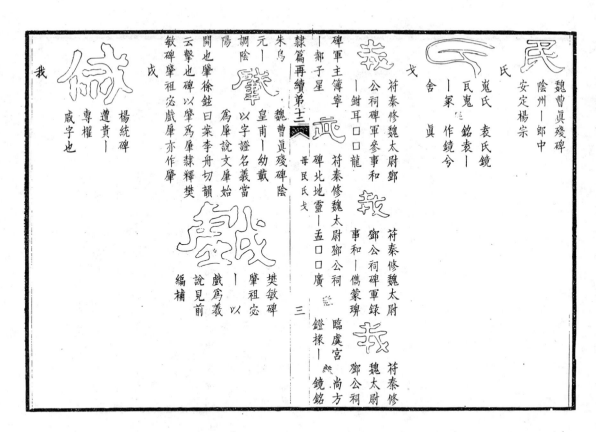

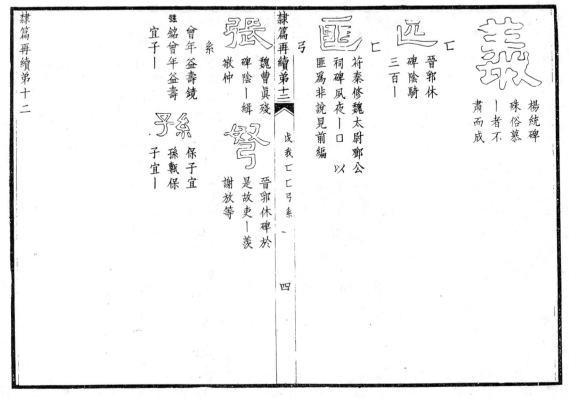

隸篇再續第十二

糸

紆 司徒殘碑如龍之丨

紈 魏曹眞殘碑陰彭丨士蒲

緽 晉郛休碑歷載丨邈 字書無緽字義當與緜同說文瞑从目冥冥亦聲唐韻武延切是冥有緜音緽亦以冥得聲也今以當類篇緜字玉篇緜今作綿 類篇緜糸部 部兩見在糸部 者重文作綿

紫 晉郛休碑將登丨庭

綺 四老神坐神祚机丨里季神坐

纂 晉郛休碑丨乃祖之洪流 說文纂似組而赤纘繼也碑以纂爲纘經典纘亦多通用纂也爾雅釋詁纂繼也疏纂者魯頌閟宮云纘禹之緒又隸釋圉令趙君碑纂脩其緒劉衡碑纂周行而彌長纘皆作纂

續 司徒殘碑司徒建丨

縃 魏曹眞殘碑陰張丨敬仲

縶 晉郛休碑丨白駒於空谷

虫

蚑 三公山碑丨行喙息

蟠 晉郛休碑龍丨鴻漸

蚰

蠢 楊統碑直南蠻丨迪

龜

龜 魏曹眞殘碑陰姜光元丨

二

亘 魏曹眞殘碑陰丨誼公達

土

基 魏曹眞殘碑爲丨上闕

圻 楊統碑德吕化丨說文垠或丨从斤也補

塙 楊震碑克丨項於垓宇

坑 魏曹眞殘碑陷之丨网 說文阬閬也徐鉉曰今俗作坑非是

堵 晉義熙甎大丨

在 苻秦修魏太尉鄧公祠碑丨職六載

地 魏曹眞殘碑陰北丨梁幾

黃

黃 四老神坐神祚机夏丨公神坐

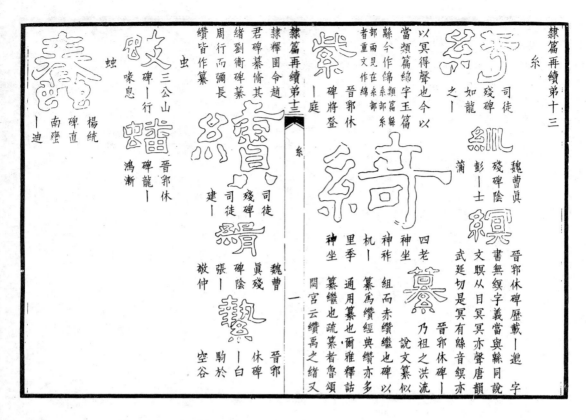

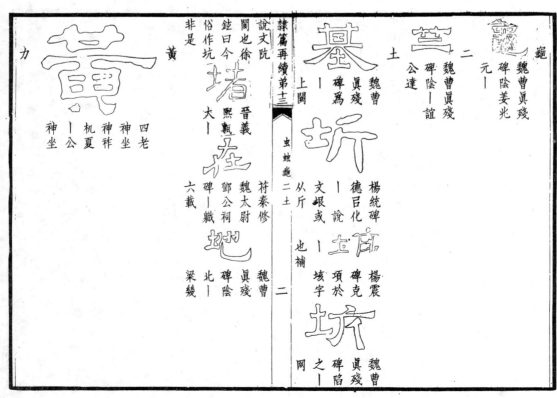

力

隸篇再續弟十三

黄力

楊統碑
廟｜先
戰

樊敏碑
以｜義
都尉養
疾閭里
補

三

隸篇再續弟十三

隸篇再續弟十四

金

陽周鼎陽
周口｜鼎
萬歲宮　上林一升　臨虞宮　苦宮蒐喙燭　家宮
鐙萬歲　鼎上林｜　鐙臨虞　錠苦宮｜蒐　鍾家
宮｜鐙　一升鼎　宮｜鐙　喙燭定　官｜
一　以　大官鍾　大官鍾　魏曹　晉鄂
鍾為鍾　重一｜　第三百　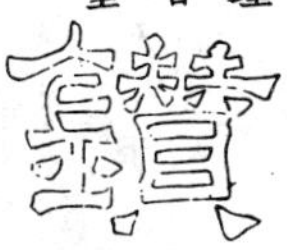　眞殘　休碑
說見前　第八百　一十重　碑｜　　皇極
編鍾字　四二　一｜　元石　是｜
元延鈁　候騎　萬歲宮鐙萬　臨虞宮　信都食官行
銅｜容　鉦候　歲宮銅｜　鐙臨虞　鐙信都食官
六斗　騎｜　說見續編　宮銅｜　銅行｜　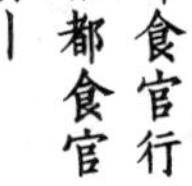

隸篇再續弟十四　金　一

苻秦修魏太尉鄧　苻秦修魏太尉　元延鈁　苻秦
公祠碑門下督和　鄧公祠碑治下　繕｜佐　修魏
戎｜耳口世虎　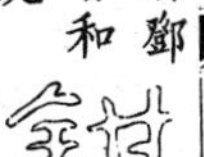　部大｜耳丁比　普　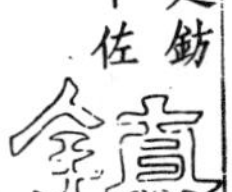　太尉
鄧公祠碑聖　曲成家錠曲
世｜南參軍　成家銅｜一
斤 
盩庢鼎重　土軍侯燭豆　館陶家鐙重
廿八｜　八｜十三兩　一｜八兩
候騎鉦｜始　苻秦修魏太
建國地皇上　尉鄧公祠碑
戊二年　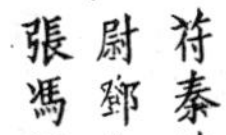　張馮翊｜造
斗
盩庢鼎　大官鍾　魏太和尉斗中尚　陽周鼎容二
容五｜　容八｜　方造銅熨人熨｜　｜一升半升

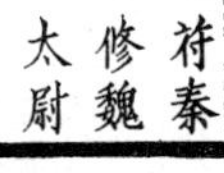

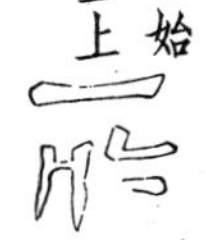

斗家官鍾容一石四丨十三籥

斗第六置鼎容一斗五丨

車

軍

魏曹眞殘碑公使持節鎮西將丨

轉

三公山神碑陰郡縣丨相下

輦

魏曹眞殘碑陰尹丨人轂

輻

三公山碑投丨檀兮

轂

魏曹眞殘碑陰尹輂叔丨

轂

魏曹眞殘碑丨節鉞如故上闕

𠂤

官 信都食官行鐙信都食丨銅行鐙

阜

陽

陽周鼎丨周口金鼎

尚方鏡銘朱鳥陽元武調陰丨

俳洄名山鏡銘朱鳥元陽武調陰丨

障

楊統碑丨塞無事

陰

晉郛休碑陰丨張觀

陸

尚方鏡銘朱·鳥元調丨陽

陰俳洄名山鏡銘朱鳥元武調丨陽

隴

魏曹眞殘碑陰丨西李溫

隱

司徒殘碑避言丨燿

限

魏曹眞殘碑長以清愼爲丨

陜

魏曹眞殘碑牧我丨西

陷

魏曹眞殘碑丨之坑网

陸

魏曹眞殘碑口冬霜於丨議

陸

晉郛休碑丨伉奔北於南

陸

符秦修魏太尉鄧公祠碑當丨道口

四

四 谷口鼎大初丨年造

亖 王氏鏡銘浮游天下敖丨海 說文三籀文四

六

六 信都食官行鐙建始二年丨月

六 第六置鼎第丨置鏁一

六 曲成家錠第丨

戊

戊 曲成家錠曲丨家銅錠 說見前編

庚

庚

永建食堂畫象題字大歲在丨午

庚

晉郛休碑八月丨辰

辛

辛

上辛瓶建和元口五月上丨

辛字反文

壬

壬

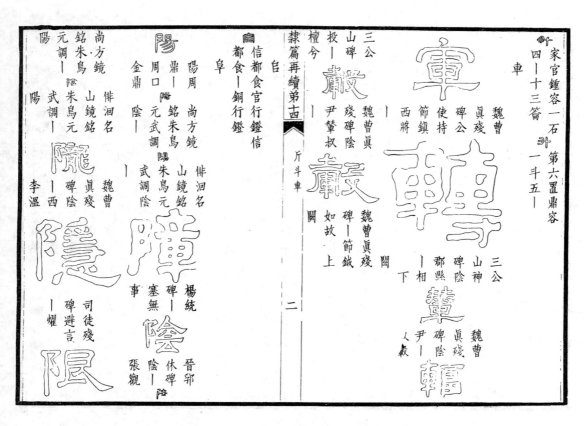

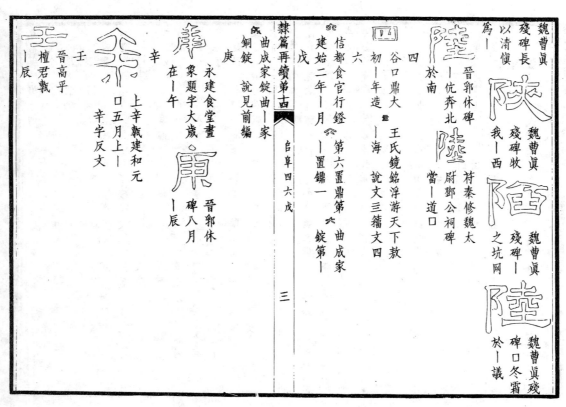

晉高平檀君甎丨辰

子
曾年益壽鏡
銘曾年益壽
宜丨孫
午

永建食堂畫
象題字大歲
在庚丨
申

晉郛休碑
口丨遐鄰
說見前
編暘字
酉

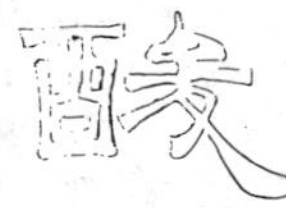
魏曹
眞殘
碑羣
寮哀
丨
補録楊統碑字
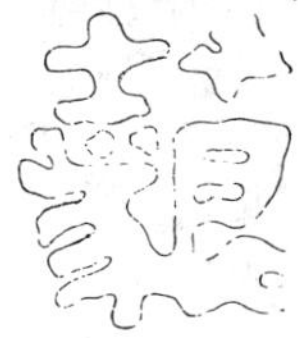
勳逮
丨矣

寬猛
必丨

疑字附

苻秦修魏
太尉鄧公
祠碑呂騫
幘丨
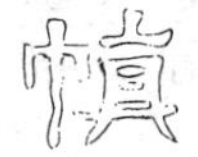
苻秦修
魏太尉
鄧公祠
碑呂騫
丨蒧

苻秦修魏　曾年益壽鏡
太尉鄧公　銘丨天　上谷口
祠碑利非　下闕翁叔均　鼎谷
口永丨　釋爲商字　丨

司徒殘碑如口丨　廣韻体麤皃又劣
也碑雖殘闕不成理義而以上下文勢
度之体字無安置處據兩漢金石記作
休則此又爲譌誤矣故存疑不入録至
體或作体乃世俗書不可以訓也

隸篇再續第十四

隸篇再續第十五

偏旁

玉王王
屮屮 圥 陸
艸艸 蘱
小小 少 說文从小丿聲 省
牛牛 解解 又見告部
告告 造造
口口 稍
止止 歨 又見疋部㢟部
癶癶 鐙鐙鐙
此此 紫

正正 定鉈錠
辵辵 建造造造通
延延 延延
牙牙 邪邪
龠龠 籥
冊冊 見龠部
㗊㗊 嚻
干干
芊 麻
古古 苦 故
十十 見古部
卉卉卅 西
言言 設譫
音音 竟

辛辛 見晉部
廾廾 具 廣省廾 俱纂
舁舁 共
鬲鬲 獻
爪爪 采
爲為為
丮丮 埶
ナナ 見左部
聿聿 律
隶隶 建
殳殳 殼投
几几 鳧
寸寸 尉 从尉本文

皮皮 被被
攴攴 敲
攸 循
卜卜
兆北
爻爻 晞 說見前編爻部
目目 纂
自自 鄏
白白
省 韶
隹隹 見雀部
舊 攜
雀雀 護護
鳥鳥馬馬鴈梟

蕃蕃 構再
叀叀 轉
放㪅 敖
肉月 散
刃刃 仞
夊 梁
㓞㓞㓞
丰丰 見㓞部
角角角 衝解
竹艸 薄
箕箕
甚 㒸
左左左左 佐佐
工工 見臣部

珏珏 㻌
巫巫 靈
甘甘 鉗
曰白 書
了丂 廼
喜喜喜
壴壴 見喜部
豐豐 禮禮
豐豐豐
虘虘 䖑
虍虍 虜 虜又見虘部
䖑 䖑
虎虎虎 虒
皿皿 見皿部

血血 蓋盖盞
皀皀 鄉 又見食部
食食食 饑飲館汎
亼亼 見侖部
缶缶 畣
冂冂 央亮
畐畐 福富富富 良郎郎
亩亩 檀檀
嗇嗇嗇
夊夊 㬹 說文从夊㥯聲 擾。㬹夏夏
夊夊 夃 隆。夃 說文从了从夊 盈 省夊了隸作乃它碑作盈盈者皆變了爲乃正書作盈者仍从了也
木木

粟 親親新。樂楽
東東 棘 曹曹書
之屮屮 芝
生 甡詵
出出 敖
米米 南
𠦝𠦝 畱
華華華
泰泰泰
橐橐 囊
邑邑 龍鄭郎
㫃㫃 冷
马马 涌

齊亝 濟
朿朿 來績
鼎鼎鼎鼎鼎鍚
克亨㐭
录彔 祿
禾𥝌 和秊秊秊秊秊秊
米米 類
朮朮 術儀
宀宀 宕富
丬爿 狀 說見前編偏旁爿部壯
网网 兩兩兩兩兩
㡀㡀 幣
人儿 佐極夬
郤 說文从人从各谷

隸篇再續第十五 偏旁

五

七八 旦
从从 併
比比 貔
丘丠 丠
壬𡈼 聖垩 又見𤔔部
重重重重重
身身身
㐆㐆 殷
衣衣 被衼襲 裹 補
㞢志
老耂 壽壽壽壽
尺尺尺尺
履履履

舟月 前 又見履部
方方方方 旂 又見部
儿儿 元元 又見見部
皃皃 貌 說文皃或从頁豹省聲 顡 貌 藐
見見 親
欠欠 欽 又見㱃部
㱃㱃飮 旅
頁頁 鄉
面圓面
県県 縣
夊夊 夔
卩㔾 令
卸 御御

隸篇再續第十五 偏旁

六

辟辟辟
勹勹 鈞鈞
茍茍 備
厶ㄙ 吾
山山凶凶
石石
長镸長長 髟 聲
勿勿 易 傷偽
冄冄冉
豕豕 豕 家家 冢
彑彑 彖彖

豸豸 貅
象豸 豫
馬馬馬 篤馮
廌廌 灋
鹿鹿 鄜
犬犬 獻狀類
火火 恢洸熨 火省
大大 蓋夷
亦亦 跡夜
夾 陝
矢大 吳吳
壺壺壺
㚔幸 執盩
亢介 伉坑

本本 皐
亣介 央央衎 亣省
巽 顯
夫夫
林 輦
竝竝並
囟囟 貔
心心 恪尉
惪 德。惪 儒
水水
淵淵
巛巛 瑜
永永乑 辰 文反
谷谷谷 浴

仌仌 冬冬
雨雨 靁靁雷。靁 靈
雲雲 侌 說文霒或省 陰
魚魚 鱻解
龍龍龍龍
非非 匪
乚乙 孔
耳耳耳 聖
手手 攜
女女 怒
每目 海

毋毋毋 屢
丿丿 肯
乀乀
也 池
氏氏氏
戈戈 𢦏我找武
戍 幾
戉戉 越
亾亾
內 侶涓
絲絲 顯
虫虫
罒 熄熄
龜龜龜

二二
黃黃黃 弍說文古文二弍 貮
金金 銅銅銅銅鈞鈞鉅鋸鐙
几几 汎
斤斤斤斤斤 兵兵丘
斗升升升升升升
六六六六六 多外
丁个 戌
庚庚庚庚
辛辛辛 殺又見辟部 木部棄
辡辡 辯
壬壬壬

子子子 孫孟
丣丣 鄮
巳巳 己 秙
申申 神
酋酋 鄭
亥亥 刻刻刻坂 閡下

變隸通例

一 附見䨻 二 辛 ○ 天 ○ 工 工 ○ 壬 壬 ○ 垂 見壺 附金 ○ 亚
辛 ○ 丠 ○ 亚 亚 亚 亚 亚 ○ 亚 繇 ○ 上 附見 ○ 太 ○ 圭 附見金畫
○ 圭 附見金 ○ 北 附見米 兆 冊 ○ 吕 附見亭 ○ 彐 ○ 彐 ○ 彳 尗 附見鼎 附
○ 四 八 ○ 月 日 ○ 可 月 月 ○ 冉 冉 ○ 回 目 ○ 田 皮 ○ 田 皮 ○ 由
甘 ○ 專 叀 ○ 豐 豐 豐 ○ 丰 扌 ○ 丰 奉 ○ 羊 羊 ○ 艸 ○ 井 井 ○ 卝
爪 ○ 卩 卩 卪 ○ 卩 卪 ○ 余 余 余 辛 ○ 禾 棄 禾 朿 ○ 十 支 ○ 厂

彳 ○ 㫃 㫃 甬 ○ 鹿 ○ 乃 ○ 雋 雋 ○ 力 ○ 豕 豕 豕 ○
人 ○ 乏 ○ 戊 ○ 共 ○ 今 ○ 大 火 ○ 又 ○ 父 附見 ○ 手
○ 叉 ○ 夊 ○ 夏 夏 ○ 憂 ○ 夏 附見 ○ 小 附見 ○ 𡿨 亦 ○
丰 手 ○ 乚 ○ 乚 見工 附 ○ 心 附見 ○ 凡 ○ 乡 ○ 三 食
○ 八 ○ 二 附見樂 ○ 夨 ○ 先 无 大

隸篇再續第十五